Lutherjahrbuch

Organ der internationalen Lutherforschung

Im Auftrag der Luther-Gesellschaft herausgegeben von
Christopher Spehr

88. Jahrgang 2021

Vandenhoeck & Ruprecht

Bibliografische Information der Deutschen Bibliothek:
Die Deutsche Nationalbibliothek verzeichnet diese Publikation in der
Deutschen Nationalbibliografie; detaillierte bibliografische Daten
sind im Internet über https://dnb.de abrufbar.

© 2021 Vandenhoeck & Ruprecht, Theaterstraße 13, D-37073 Göttingen,
ein Imprint der Brill-Gruppe
(Koninklijke Brill NV, Leiden, Niederlande; Brill USA Inc., Boston MA, USA;
Brill Asia Pte Ltd, Singapore; Brill Deutschland GmbH, Paderborn, Deutschland;
Brill Österreich GmbH, Wien, Österreich)
Koninklijke Brill NV umfasst die Imprints Brill, Brill Nijhoff, Brill Hotei,
Brill Schöningh, Brill Fink, Brill mentis, Vandenhoeck & Ruprecht,
Böhlau, Verlag Antike und V&R unipress.

Satz: Dörlemann Satz, Lemförde
Druck und Bindung: Hubert & Co. BuchPartner, Göttingen
Printed in the EU

Vandenhoeck & Ruprecht Verlage | www.vandenhoeck-ruprecht-verlage.com

ISSN 0342-0914
ISBN 978-3-525-55869-0

6

Anschriften

der Mitarbeiter:

Dr. Ferdinand Ahuis, Hauptpastor em., Nußkamp 6, D-22339 Hamburg; f.ahuis@aol.de; PD Dr. Patrick Bahl, Westfälische Wilhelms-Universität, Evangelisch-Theologische Fakultät, Seminar für Kirchengeschichte II, Universitätsstraße 13–17, D-48143 Münster; patrickbahl@uni-muenster.de; Dr. Michael Beyer, Pfarrer i. E., Schönbach, Kirchweg 14, D-04680 Colditz; michaelbeyer@t-online.de; Prof. Dr. Thorsten Dietz, Evangelische Hochschule TABOR, Dürerstraße 43, D-35039 Marburg; thorsten.dietz@eh-tabor.de; Prof. Dr. Berndt Hamm, Berblingerstr. 1, D-89073 Ulm; berndthamm@web.de; Prof. Dr. Hans-Martin Kirn, König-Karl-Str. 42, D-70372 Stuttgart; hmkirn@ pthu.nl; Prof. Dr. Benjamin T.G. Mayes, Concordia Theological Seminary 6600 N. Clinton St., Fort Wayne, IN 46825 USA; Benjamin.Mayes@ctsfw.edu; Dr. Jonathan Reinert, Institut für Spätmittelalter und Reformation, Liebermeisterstraße 12, D-72076 Tübingen; jonathan.reinert@uni-tuebingen.de; Dr. Stefan Rhein, Stiftung Luthergedenkstätten in Sachsen-Anhalt, Collegienstraße 54, D-06886 Lutherstadt Wittenberg; stefan.rhein@martinluther.de; Apl. Prof. Dr. Reinhold Rieger, Evangelisch-Theologische Fakultät der Eberhard Karls Universität Tübingen, Liebermeisterstraße 12, D-72076 Tübingen; reinhold.rieger@uni-tuebingen.de; Prof. Dr. Dr. Dr. h.c. Johannes Schilling, Esmarchstr. 64, D-24105 Kiel; jschilling@kg.uni-kiel.de; Prof. Dr. Wolfgang Sommer, Sonnenstr. 45, D-91564 Neuendettelsau; prof.wolfgang.sommer@ t-online.de; Prof. Dr. Christopher Spehr, Fritz-Krieger-Str. 1, D-07743 Jena; christopher.spehr@uni-jena.de; PD Dr. Andreas Stegmann, Dunckerstraße 34, D-10439 Berlin; andreas.stegmann@cms.hu-berlin.de; Dr. Martin Treu, Kupferstr. 10, D-06886 Lutherstadt Wittenberg; karl.thust@arcor.de *für Rezensionsexemplare, Sonderdrucke, Mitteilungen sowie Anfragen:*

Prof. Dr. Christopher Spehr, Lehrstuhl für Kirchengeschichte, Theologische Fakultät, Friedrich-Schiller-Universität Jena, Fürstengraben 6, D-07743 Jena; Tel.: (03641) 942730; Fax: (03641) 942732; E-Mail: christopher.spehr@uni-jena.de

der Geschäftsstelle der Luther-Gesellschaft in der Leucorea:

Collegienstr. 62, D-06886 Lutherstadt Wittenberg; Tel.: (03491) 466233; Fax: (03491) 466278; E-Mail: info@luther-gesellschaft.de; www.luther-gesellschaft.de

Vorwort des Herausgebers

Der 88. Jahrgang des Lutherjahrbuches bietet tiefschürfende und hoch interessante Forschungsbeiträge, die einen Bogen von der Zeit der Vorreformation bis hin zum 500-jährigen Reformationsjubiläum 2017 spannen. *Berndt Hamm* eröffnet mit seinem luziden Beirag »Das Jahr 1514« den Aufsatzteil. Anhand der Arche-Noah-Predigten entfaltet er anschaulich die Theologie des Ulmer Pfarrers Ulrich Krafft. Der Bedeutung des Herzens in Luthers Theologie spürt *Jonathan Reinert* nach, welcher das Thema umsichtig mit dem »Denkweg des werdenden Reformators« verknüpft. *Patrick Bahl* analysiert Luthers Rede vom Heiligen Geist auf der Grundlage von *De servo arbitrio* und fragt sachorientiert nach dem »solus spiritus«. Anhand zentraler Diputationsthesen und Auslegungen wendet sich *Benjamin T. G. Mayes* der Thematik Ursprung der Seele beim älteren Luther zu, welche dieser in Auseinandersetzung mit Augustins Anthropologie und der scholastischen Lehre gewinnt.

Einem in gegenwärtigen Pandemiezeiten hoch aktuellen Komplex widmet sich *Andreas Stegmann*, indem er die Brandenburgischen Pestschriften des Reformationsjahrhunderts pointiert und interpretiert. Mit den Regentenpredigten zur Zeit der lutherischen Orthodoxie befasst sich *Wolfgang Sommer*. In profilierter Weise thematisiert er das in zahlreichen Kanzelreden ventilierte lutherische Obrigkeitsverständnis, durch das verstärkt die Unabhängigkeit des geistlichen Amtes gegenüber der weltlichen Obrigkeit zum Ausdruck gebracht wird. Mittels ausgewählter Lutherbiographien akzentuiert *Reinhold Rieger* in seinem detailreichen Beitrag »Stationen der Geschichte biographischer Luther-Konstruktionen«.

Unter der Rubrik »Miszelle« bietet *Ferdinand Ahuis* einen poinierte Untersuchung zu Luthers Sterbehaus. Und unter der Rubrik »Literaturbericht« befasst sich *Stefan Rhein* kritisch mit Hartmut Lehmanns 2021 erschienenem Buch *Das Reformationsjubiläum 2017. Umstrittenes Erinnern* und stellt aus der Perspektive der Akteure die berechtigte Frage »Wie an Luther erinnern …?«

In bewährter Weise wird das Jahrbuch 2021 schließlich durch ausgewählte Rezensionen und durch die international hoch angesehene Lutherbibliographie abgerundet.

Auch im zweiten Jahr in Folge stellte die Corona-Pandemie den Redaktionsprozess vor besondere Herausforderungen. Insofern gilt es Danke zu sagen allen, die durch ihre Beiträge zum Profil des Bandes beigetragen haben. Zu danken habe ich zudem meinen Jenaer Mitarbeiterinnen und Mitarbeitern *Petra Richter, Klara Simon, Marius Stachowski, Kristin Sommerschuh* und besonders *Maximilian Rosin* und *Karl-Christoph Goldammer*, welche nicht nur die Redaktionsarbeiten konzentriert und engagiert realisierten, sondern auch wertvolle Gesprächspartner im Entstehungsprozess des Jahrbuches waren und sind. Ein ausgezeichneter Dank geht an *Michael Beyer*, der sich in eindrucksvoller Weise erneut der Erstellung der Lutherbibliographie unterzogen hat. Schließlich sei *Izaak de Hulster, Miriam Espenhain, Renate Rehkopf* und weiteren Mitarbeiterinnen und Mitarbeitern von Vandenhoeck & Ruprecht in der Verlagsgruppe BRILL Deutschland GmbH für Kontinuität, vorzügliche Betreuung und professionelle Herstellung gedankt.

Jena, den 20. Juli 2021   Christopher Spehr

Das Jahr 1514:

Ulrich Kraffts Arche-Noah-Predigten und Martin Luthers ›Erste Psalmenvorlesung‹

Von Berndt Hamm

I Krafft über die Arche Noah und Luther über die Psalmen

Zu den erstaunlichsten und überraschendsten Predigten, die aus den Jahren unmittelbar vor der Reformation überliefert sind, gehört der Zyklus von 44 Predigten über die »Arche Noe«, die der Ulmer Pfarrer Ulrich Krafft während des Jahres 1514 von der Kanzel des Ulmer Münsters hielt.[1] Sie führen uns in dieselbe Zeit, in der Martin Luther im Hörsaal des Wittenberger Augustinerklosters seine erste Vorlesung, die *Dictata super Psalterium* (1513–1515), hielt. Diese *Erste Psalmenvorlesung* des jungen Theologieprofessors war ebenfalls, rückblickend geurteilt, ein frappierendes und erstaunliches Ereignis. Ihr Innovationsgehalt war allerdings weitaus radikaler als die exponierten Ausführungen des Münsterpredigers. Während dieser zu ungewöhnlichen Zuspitzungen der damals gängigen Theologie vorstieß,

---

1 Vgl. B. Hᴀᴍᴍ, Spielräume eines Pfarrers vor der Reformation – Ulrich Krafft in Ulm (Veröffentlichungen der Stadtbibliothek Ulm 27), 2020. Zu den Arche-Predigten vgl. aaO., 69–92.112–205; ich zitiere sie nach dem Druck vom Winter 1517, s. unten Anm. 18. Den ebenfalls berücksichtigten Predigtzyklus Ulrich Kraffts *Der Geistliche Streit* zitiere ich nach dem Druck vom Sommer 1517, s. unten Anm. 17. – Im Folgenden verzichte ich weitgehend auf die Erwähnung der einschlägigen Forschungsliteratur. Hinweise darauf finden sich ebenso wie ausführliche Quellenzitate in den jeweils angeführten Abschnitten meines Buches. Allerdings wurden die beiden Predigtzyklen Kraffts von 1503 und 1514 in der Forschung nur spärlich berücksichtigt. Mein Buch ist der Versuch, erstmals eine Untersuchung dieser insgesamt 78 Predigten vorzulegen. Zur Krafft-Forschung vgl. die Überblicke aaO., XVI.69 f. – Für freundliche Hilfe bei der Fertigstellung des Aufsatzes danke ich Kerstin Kristen, Gudrun Litz, Fidel Rädle (†), Charlotte Winter und Christine Wulf.

bewegte sich Luther gleichzeitig bereits aus dem Koordinatensystem aller Sinnvarianten der spätmittelalterlichen Theologie heraus.[2] Darauf möchte ich am Ende zurückkommen, nachdem ich den besonderen Charakter der Krafft'schen Archepredigten vorgestellt habe.[3] Da Ulrich Krafft auch unter den Kennern der Zeit um 1500 ein weithin Unbekannter ist, muss ich etwas weiter ausholen, um seine Predigten historisch zu kontextualisieren.

II Kraffts Weg zu juristischer und theologischer Gelehrsamkeit

Der reichsstädtische Pfarrer, geboren um 1455 und gestorben am 11. April 1516, stammte väterlicher- und mütterlicherseits aus zwei prominenten Familien des Ulmer Patriziats, der Kraffts und der Neithardts, in denen sich politische Spitzenstellung mit ungewöhnlicher Gelehrsamkeit, vor allem mit herausragender juristischer Kompetenz, und hohen kirchlichen Ämtern verband. Nach dem Besuch der angesehenen, von humanistischem Geist ergriffenen Lateinschule Ulms studierte Ulrich Krafft von 1475 bis 1479 an den Universitäten Basel und Tübingen. Als frisch gebackener *Magister artium* ging er dann für etwa fünf Jahre zum juristischen Studium an

---

2 Zu dieser Deutung von Luthers Erster Psalmenvorlesung vgl. zuletzt B. HAMM, Verinnerlichung und Außenorientierung. Luthers reformatorische Neuorientierung bis 1518 (in: Lutero 500 anni dopo. Una rilettura della Riforma luterana nel suo contesto storico ed ecclesiale, hg. v. G. MELVILLE / J.I.S. CLOSA, 2019, 343–390), bes. 364–372, mit dem Hinweis in Anm. 46 auf die älteren Arbeiten zu Luthers Erster Psalmenvorlesung von A. BRANDENBURG, Gericht und Evangelium. Zur Worttheologie in Luthers erster Psalmenvorlesung (KKTS 4), 1960; R. PRENTER, Der barmherzige Richter. Iustitia die passiva in Luthers Dictata super Psalterium 1513–1515 (AJut.T 8), 1961; G. METZGER, Gelebter Glaube. Die Formierung reformatorischen Denkens in Luthers erster Psalmenvorlesung (FKDG 14), 1964; R. SCHWARZ, Vorgeschichte der reformatorischen Bußtheologie (AKG 41), 1968; K.-H. ZUR MÜHLEN, Nos extra nos. Luthers Theologie zwischen Mystik und Scholastik (BHTh 46), 1972; und S.H. HENDRIX, Ecclesia in via. Ecclesiological developments in the medieval Psalms exegesis and the Dictata super Psalterium (1513–1515) of Martin Luther (SMRT 8), 1974. Den sorgfältigen Textanalysen dieser sechs Autoren steht keine gleichwertige Intensität der Beschäftigung mit Luthers Psalmenvorlesung in der jüngeren Lutherforschung gegenüber.

3 Zum Folgenden vgl. die entsprechenden Passagen in meinem Buch über Ulrich Krafft (s. Anm. 1).

die Universität Pavia, erwarb dort den Grad eines Doktors *utriusque iuris*, d.h. des Geistlichen und Weltlichen Rechts, und wurde daraufhin 1484 nach Tübingen auf eine Professur für Zivilrecht berufen. Es folgten Wechsel an die Universitäten Freiburg i.Br. (1492) und Basel (1495), jeweils wieder auf Lehrstühle für weltliches Zivilrecht. Gleichzeitig wurde er Domherr in Augsburg und Konstanz und Stiftskanoniker in Basel.

Diese weltliche und geistlich-kirchliche Doppelkarriere Krafts entsprach ganz den damals üblichen Verhältnissen. Hervorzuheben an seinen Professorenjahren bis Frühjahr 1501 ist aber zweierlei: Der Ulmer Patrizier wurde zu einem der berühmtesten Experten des Römischen Rechts in Deutschland und gehörte damit zu der Elite gelehrter Juristen, die einer Rechtsreform aus dem Geist der Spätantike zum Durchbruch verhalf. Gleichzeitig aber tat Krafft etwas, was für Rechtsgelehrte in seiner Stellung völlig ungewöhnlich war: Er begnügte sich nicht mit seiner juristischen Virtuosität, sondern machte sich auch zum Experten der Gottesgelehrsamkeit. Seine Randnotizen in den zahlreichen – teilweise heute noch erhaltenen – theologischen Druckwerken, die er sich damals erwarb, legen Zeugnis von der Gründlichkeit seiner theologischen Studien ab.[4]

III Die Ulmer Pfarrei, das Münster und der gelehrte Pfarrer

In den ersten Monaten des Jahres 1501 gab Ulrich Krafft seine Basler Professur auf und wurde Pfarrer der Reichsstadt Ulm, nachdem er vorher noch die Priesterweihe empfangen hatte. Ulm war eine außergewöhnliche Pfarrei, die im Reich ihresgleichen suchte. Die Stadt hatte annähernd 20.000 Einwohner und gehörte damit etwa zu den zwölf größten Städten Deutschlands. Im Unterschied zu allen anderen Großstädten von über 10.000 Einwohnern hatte Ulm aber nur eine einzige Pfarrei, die für alle Stadtbewohner zuständig war, nachdem der Magistrat 1499 die jüdische Bevölkerung aus der Stadt

---

4 Zur einstigen Gelehrtenbibliothek Ulrich Krafts, d.h. zu den teils verschollenen, teils (etwa zur Hälfte) heute noch in der Ulmer Stadtbibliothek vorhandenen Drucken sowie zu den Exemplaren mit Randnotizen Krafts, vgl. das grundlegende Werk von B. Breitenbruch, Catalogus et inuentarium librorum omnium qui inueti sunt Vlmae in bibliotheca summi et parochialis templi, anno 1549. Der erste Katalog der Stadtbibliothek Ulm: Edition und Bestandsanalyse (Veröffentlichung der Stadtbibliothek Ulm 26), 2018.

vertrieben hatte. Die Stellung des Ulmer Pfarrers wurde daher von Zeitgenossen mit der eines mächtigen Bischofs verglichen.[5] Seine Kirche, das Ulmer Münster, konnte mit den Ausmaßen ihres Innenraums als die größte Pfarrkirche des Erdkreises gelten, die nur von wenigen Kathedral- und Patriarchatskirchen übertroffen werde.[6] Die prächtige Bürgerkirche spiegelte den Reichtum, den die Stadt besonders ihrem blühenden Textilgewerbe und -handel verdankte. Die Baugeschichte des Münsters war eng mit dem Namen ›Krafft‹ verbunden. Ein Vorfahre Ulrichs, der Bürgermeister Lutz Krafft, hatte 1377 die Grundsteinlegung vollzogen[7]; und unter ihm selbst, während seiner Pfarrjahre von 1501 bis 1516, gewann das Münster seinen endgültigen fünfschiffigen Charakter: Der Baumeister Burkhardt Engelberg unterteilte zur Stabilisierung des Baus, zugleich aber auch mit großem raumästhetischen Gewinn die beiden bisherigen Seitenschiffe jeweils durch eine Reihe schlanker Rundpfeiler.[8] Auch die Kanzel, von der Ulrich Krafft predigte, erhielt erst unter seiner Ägide, zwischen 1502 und 1510, den pyramidal in lichte Höhen emporragenden Kanzeldeckel Jörg Syrlins d.J.

Als der Ulmer Rat Krafft auf diese exponierte Stelle berief, hatte er gewiss nur seine herausragende juristische Gelehrsamkeit im Blick; denn von einem Pfarrer in einer derartigen großstädtischen Position erwartete man damals vor allem die vielseitige Leitungskompetenz eines Rechtsgelehrten, der mit seinem Expertenwissen auch dem Magistrat als juristischer Berater dienen konnte. Mit Krafft kam aber nicht nur der gewünschte Doktor des Geistlichen und Weltlichen Rechts, sondern, wie gesagt, auch ein Meister

---

5 So spricht der Ulmer Dominikaner Felix Fabri in seinem *Traktat über die Stadt Ulm* von 1488/89 (s. Anm. 6), 76f von der »großartigen Stellung« (*magnificus status*) des Ulmer Pfarrers. Er habe nicht den Status eines Leutpriesters (*plebanus*) oder Kanonikers, sondern eines vermögenden Bischofs (*habundantis episcopi*); zitiert bei HAMM, Spielräume (s. Anm. 1), 49 mit Anm. 234.

6 Vgl. FELIX FABRI O.P., Tractatus de civitate Ulmensi / Traktat über die Stadt Ulm (Bibliotheca Suevica 35), hg. v. F. REICHERT, 2012. 74f: »[...] est ecclesia parrochialis maior quam quecunque alia.«

7 Vgl. E. BÜNZ, Der *fundamentstain* des Ulmer Münsters. Hintergründe, Ablauf und Bedeutung der Grundsteinlegung 1377 (Ulm und Oberschwaben 61, 2019, 9–58).

8 Vgl. A.-C. BREHM, Netzwerk Gotik. Das Ulmer Münster im Zentrum von Architektur- und Bautechniktransfer (Forschungen zur Geschichte der Stadt Ulm 36), 2020, 585 (Personenregister: Engelberg, Burkhardt).

theologischer Gelehrsamkeit. In seiner Bibliothek stand neben der juristischen Fachliteratur auch ein weites Spektrum an geistlicher Literatur von den Vätern der Alten Kirche bis zu den scholastischen Autoren und Frömmigkeitslehrern seines eigenen Zeitalters, darunter ein auffallend großer Anteil an bibelexegetischen Werken. Das wird weiter unten noch zu beachten sein. Darüber hinaus erwarb Krafft, besonders in seinen Pfarrjahren, auch eine beachtliche Zahl an Drucken, die sein humanistisches Interesse an den *studia humanitatis* der Renaissancekultur verraten. Seine Bibliothek enthielt insgesamt 416 Druckausgaben, aber, soweit wir wissen, keine einzige Handschrift. Auch das Altbewährte wie die Werke der spätantiken Kirchenväter wollte er im neuen Medium des Buchdrucks verfügbar haben. Er war ganz in der südwestdeutschen und besonders oberrheinischen Kultursymbiose von modernem Buchdruck, Humanismus, Jurisprudenz, Theologie und religiösem Erneuerungsstreben beheimatet und zeigt so auf vielfältige Weise ein deutliches Reformprofil.

IV Der Münsterpfarrer als Prediger

Die intensiven theologischen Studien, die Krafft als Juraprofessor getrieben hatte, verraten einen geistlich-seelsorgerlichen Impetus, der ihn dann als Ulmer Pfarrer dazu trieb, mit Eifer selbst die Münsterkanzel zu besteigen und nicht – wie sein Vorgänger Heinrich Neithardt[9] – nur selten bei besonderen Gelegenheiten zu predigen. Von Krafft erwartete man ebenso wenig wie andernorts von Pfarrern in vergleichbar großen Pfarreien, dass er sich als Prediger hervortat. Den Predigtdienst konnten ihm der Münsterprädikant, der dank einer Stiftung eigens dafür angestellt war, und die fünf Priester, die ihm als ›Helfer‹ bei seinen Amtsgeschäften zur Seite standen, abnehmen. Krafft legte aber sichtlich größten Wert darauf, sein Pfarramt nicht nur repräsentativ und verwaltungstechnisch als oberster Kleriker und Kirchenjurist wahrzunehmen, sondern seiner Gemeinde als Prediger auch spirituelle Wegweisung zu einem Frömmigkeitsleben nach den Geboten und Verheißungen Gottes zu geben. In diesem umfassenden Sinne verstand er sich offensichtlich als ›religiösen Dirigenten‹ des Gemeinwesens, von dem alle

---

9 Zu dem gelehrten Juristen Dr. Heinrich Neithardt, Ulmer Münsterpfarrer von 1471–1500, und zu seiner spärlichen Predigttätigkeit vgl. HAMM, Spielräume (s. Anm. 1), 72.

Stadtmenschen hilfreiche Lebensorientierung empfangen sollten. Anspornend, zurechtweisend, mahnend und drohend suchte er ihr Alltagsverhalten durch die Verkündigung von Gottes Gesetz zu einer christlichen Lebenszucht ohne Hochmut, Habgier und Unkeuschheit zu führen, und ebenso eindringlich wollte er ihre angefochtenen Seelen durch den Trost des Evangeliums stärken. Allen Menschen, auch den hartgesottenen Sündern, sollte so der Weg in den Himmel eröffnet und zugleich der Kommune der sichere Zugang zu göttlichem Segen und irdischem Gedeihen gewiesen werden.

Auf keine andere Weise, meinte der Ulmer Pfarrer, konnte er seine Aufgabe als religiöser Dirigent der Stadt wirkungsvoller wahrnehmen als durch Predigten, die alle Stadtbewohner zur Bußumkehr und zu konsequenter Lebensheiligung, auch in den Bereichen der städtischen Armenfürsorge und Wirtschaftsordnung, aufriefen. Die sprachliche Eindringlichkeit, die theologische Qualität und religiöse Originalität dieser Predigten machten auf die Zeitgenossen einen so großen Eindruck, dass sie als einzige Predigten eines spätmittelalterlichen Pfarrers vor der Reformation gedruckt wurden. Die zahlreichen Predigten und Predigtsammlungen des Mittelalters, die man vor Luthers Auftreten in Latein, Hoch- und Niederdeutsch überlieferte und druckte, stammen von Ordenspredigern oder Prädikanten wie Johannes Geiler von Kaysersberg am Straßburger Münster, aber nicht von Pfarrern, obwohl es in kleineren Städten und auf dem Lande in den hundert Jahren vor der Reformation eine blühende Predigttätigkeit von Gemeindepfarrern gab.[10]

V Die beiden Predigtzyklen Kraffts und ihr Herausgeber Johann Haselberg

Aus der Menge von deutschsprachigen Predigten, die Krafft nachweisbar gehalten hat[11], sind zwei große Zyklen überliefert: *Der geistlich streit* mit 33 Predigten von 1503 umspannt die ganze vorösterliche Fastenzeit und schließt dann noch die Predigt am Ostersonntag (16. April) und zwei

10 Zur seltenen handschriftlichen (aber nicht gedruckten) Überlieferung von Pfarrer-Predigten vgl. E. Bünz, Die mittelalterliche Pfarrei. Ausgewählte Studien zum 13.–16. Jahrhundert (SMHR 96), 2017, 324–326.

11 Vgl. aaO., 90–92.

Schlusspredigten an, die den Blick in die nachösterliche Zukunft richten. Der zweite Predigtzyklus *Die arch Noe* enthält 44 Predigten des Jahres 1514. Auch er beginnt mit dem ersten Sonntag der Passionszeit (*Invocavit*) und führt ebenfalls bis zum Ostersonntag, der wieder auf den 16. April fällt. Jetzt aber folgt erst der größere Teil des Arche-Zyklus mit 23 Festtags- und Heiligenpredigten von Pfingstsonntag bis zu den Festtagen des Märtyrers Stephanus und des Evangelisten Johannes am 26. und 27. Dezember. Damit endet die Predigtreihe über die Arche Noe. Angeschlossen ist noch eine zusätzliche (45.) Predigt zum Dreikönigs- oder Epiphaniasfest (6. Januar) über das Licht des Glaubens mit den zentralen Sätzen: »Du kannst zur ewigen Seligkeit nicht ohne ein Licht kommen. [...] Glaubst du vil, so hast du viel Lichts. Glaubst du wenig, so hast du wenig Lichts.«[12] Sprachlich erinnert diese Formulierung an Luthers berühmte Sätze: »Glaubst du, so hast du. Glaubst du nicht, so hast du nicht.«[13]

Herausgeber und Verleger der beiden Predigtzyklen Kraffts war der von der Bodensee-Insel Reichenau stammende Gelehrte Johann Haselberg.[14] Während der Jahre 1515 bis 1538 ließ er in vielen Städten des Reichs die von ihm verlegten Bücher, darunter so bedeutende Werke wie die des Humanistenabtes Johannes Trithemius, auf eigene Kosten durch ortsansässige Drucker herstellen. Sein Verlagsprogramm und seine selbst verfassten Werke lassen deutlich erkennen, dass er Anhänger eines dezidiert christlichen Humanismus und besonders einer humanistisch geprägten Tugendlehre war. Haselberg pflegte eine auffallende Nähe zum Hause Habsburg und besonders zum Hofe Kaiser Maximilians I. und zu dessen Tochter Herzogin Margarete von Österreich, der langjährigen Statthalterin der habsburgischen Niederlande. Diese Beziehungen führten offensichtlich dazu, dass fast alle Bücher, die Haselberg vor 1522 verlegte, mit einem besonderen kaiserlichen Privileg gedruckt wurden – eine Auszeichnung, die damals noch ausgesprochen selten war, vor allem gelehrten Humanisten, wie erstmals

---

12 »Du magst nit kommen zů ewiger seligkait on ain liecht. [...] Glaubst du vil, so hast du vil liechts. Glaubst du wenig, so hast du wenig liechtes.« Krafft fährt fort: »Wann du glaubst, das im Ewangelio vnd in der Epistel geschriben stat, das ist recht.« (KRAFFT, Das ist die arch Noe [s. Anm. 18], 93; zitiert bei HAMM, Spielräume [s. Anm. 1], 80).

13 Zitiert nach MARTIN LUTHER, Von der Freiheit eines Christenmenschen, 1520 (WA 7; 24,13f).

14 Zum Folgenden vgl. HAMM, Spielräume [s. Anm. 1], 74f.

Konrad Celtis 1501, verliehen wurde und eine gute inhaltliche und graphische Qualität des Drucks voraussetzte.

Auch Haselbergs Drucke der Predigten Ulrich Kraffts erhielten dieses Privileg Maximilians I. und verweisen darauf jeweils mit einer Schriftzeile der beiden Titelblätter.[15] In der Tat zeichnen sich diese zwei Druckausgaben durch eine geringe Fehlerquote und eine kunstvolle Gestaltung der Titelblätter und Predigtanfänge aus. Dazu passte, dass Haselberg sie durch Widmungsschreiben zwei Fürstinnen dedizierte, deren »besondere Begierde« nach Frömmigkeit er hervorhob.[16] Den *Geistlichen Streit* widmete er Kunigunde von Österreich, der Schwester Kaiser Maximilians, die als Witwe zurückgezogen in einem Münchener Konvent von Franziskaner-Terziarinnen lebte; die *Arche Noe* widmete er Elisabeth von der Pfalz, die mit Markgraf Philipp I. von Baden verheiratet war. Indem Haselberg offensichtlich selbst die beiden Predigtdrucke redigierte, in den Druckwerkstätten auf ihre konsequent durchgehaltene hohe typographische Qualität achtete, die beiden Predigtwerke schließlich hochadeligen Frauen widmete und mit kaiserlichem Privileg publizierte, fällt auf den Inhalt das Licht einer besonderen Kostbarkeit: Erlesenes soll nun in bestem Druck gelesen werden können. Die Würde des Autors und der hohe frömmigkeitsdienliche Wert der Predigten wird auf beiden Titelblättern und in den Widmungsschreiben hervorgehoben, im Fall der *Arche Noe* mit den Worten: »Geprediget durch den Hochgelerten bayder Rechten doctor Vlrich krafft pfarrer zů Vlm« und mit dem besonderen Hinweis, dass diese »guten« und »schönen Lehren« ausgiebig aus der Heiligen Schrift geschöpft seien. Haselberg habe sie der Fürstin zu Ehren und »mancher gaistlichen (d. h. geistlich gesinnten) person« zum seligen Nutzen herausgegeben und drucken lassen.

Beide Drucke erschienen in Straßburg 1517, der *Geistliche Streit* bei dem Drucker Johann Knobloch d. Ä.[17], die *Arche Noe* in der Offizin Konrad

---

15 Vgl. Titelblatt der *Arche Noe* (Abb. 2): *Cum gratia et privile[gio] K[ayserlicher] M[ayestat]*.

16 Zu den beiden Widmungsschreiben vgl. HAMM, Spielräume (s. Anm. 1), 75–78.

17 ULRICH KRAFFT, Das ist der geistlich streit [...], [1517] ohne Angabe von Druckort, Drucker und Druckdatum (VD16 K 2191). Zu diesem Druck vgl. Weiteres bei HAMM, Spielräume (s. Anm. 1), 75 f (dort auch Hinweis auf einen weitere Druckausgabe von 1555) und Titelblatt auf aaO., 95 (Abb. 19). Von mir benutztes Exemplar des Erstdrucks: Stadtbibliothek Ulm, 24648.

Kerners[18]. Die Datierung der Widmungsschreiben zum Streit-Druck auf den 22. Juni und zum Arche-Druck auf den 6. Dezember geben Anhaltspunkte zum Erscheinungszeitraum Sommer und Winter 1517. Die Texte, die Johann Haselberg in diesen zwei Ausgaben publizierte, waren keine vollständigen Predigten, sondern unterschiedlich lange Fragmente bzw. Textpartikel der mündlich vorgetragenen Münsterpredigten des Ulmer Pfarrers. Sie sind, wie man vermuten darf, Aufzeichnungen, die Krafft selbst angefertigt hat.[19] Seine Schrift war schwer zu lesen, weshalb offensichtlich leicht lesbare Abschriften angefertigt wurden. Im Fall des *Geistlichen Streits* ist ein derartiges Schönschrift-Exemplar in einer Handschrift von 1505 überliefert[20]; und der Vergleich mit dem Straßburger Druck zeigt, dass Haselberg am Wortbestand dieser Handschrift nichts veränderte, sondern als Redaktor nur eine andere Schreibweise der Wörter wählte, die Predigten nach »Gliedern« durchzählte und mit Überschriften versah. Ebenso dürfte er im Fall der *Arche Noe* verfahren sein: Auch hier lag ihm vermutlich eine Abschrift der Aufzeichnungen Kraffts vor; und auch hier wird er nicht in den Textbestand eingegriffen, sondern nur ›orthographische‹ Veränderungen vorgenommen haben – wobei anzumerken ist, dass es damals noch keine normierte Schreibung gab und daher der Begriff ›orthographisch‹ streng genommen ein irreführender Anachronismus ist. Auch die Kapitelzählung und die Kapitelüberschriften dürften auf das Konto Haselbergs gehen, der den Leserinnen und Lesern einen klar strukturierten und optimal lesbaren Text bieten wollte.

Die Predigtaufzeichnungen zur *Arche Noe* haben einen wesentlich anderen Charakter als die zum *Geistlichen Streit*. Dieser enthält offensichtlich Predigtnachschriften: Krafft hat nach der Predigt manche Passagen seines mündlichen Vortrags, die ihm besonders wichtig und bewahrenswert erschienen, in einem explizierenden und elaborierten Sprachstil mit vollständigen Sätzen niedergeschrieben, die einen Gedankengang zu Ende führen. Dagegen haben seine Arche-Aufzeichnungen den Charakter von knappen Konzepten

---

18 ULRICH KRAFFT, Das ist die arch Noe [...], 1517 (VD16 K 2193). Zu diesem Druck vgl. Weiteres bei HAMM, Spielräume (s. Anm. 1), 75 f und Titelblatt unten Abb. 2. Von mir benutztes Exemplar: Bayerische Staatsbibliothek München, Res. 4° Hom. 1901 48,19 (Digitalisat).

19 Vgl. HAMM, Spielräume (s. Anm 1), 88–92.

20 Bayerische Staatsbibliothek München, Cgm 460; Weiteres zu dieser Handschrift bei HAMM, Spielräume (s. Anm. 1), 82 f mit Anm. 400 und Schriftbeispiel in Abb. 16.

und Dispositionen, die oft nur stichwortartig, abbreviaturhaft und fast immer mit einem »etc.« abbrechend notieren, was er offensichtlich danach auf der Kanzel ausführen wollte. Während die Predigtstücke des *Geistlichen Streits*, die meist ohne ein »etc.« abschließen, im Druck bis zu zehn Seiten erreichen können, schwankt die Länge der Arche-Konzepte zwischen einer und drei Seiten. Gleichwohl steht ihr theologisches Niveau nicht hinter den Texten des Streit-Zyklus zurück. In seinen Arche-Aufzeichnungen bemüht sich Krafft weitaus stärker um theologische und sprachliche Verdichtung und stellt daher höhere Ansprüche an Lesende und Interpretierende.

VI Arche- und Schiffsmetaphorik – die Sonderstellung von Kraffts Arche-Zyklus

Diesen Predigtkonzepten von 1514 möchte ich mich nun zuwenden. Die ›Arche‹-Metaphorik zeigt auf den ersten Blick eine große Nähe zur religiösen Bildlichkeit des ›Schiffs‹ und der ›Schifffahrt‹.[21] Arche und Schiff sind Wasserfahrzeuge, die das Meer – stets als Chaosmacht der bösen, sündigen und gefährlichen Welt gedeutet – befahren können. Bei näherem Hinsehen fallen aber wichtige Unterschiede ins Auge, die für die gesamte Symbolgeschichte von Schiff und Arche relevant sind. Wie die zeitgenössische religiöse Ikonographie mit ihren vielen Varianten zeigt, hat ein Schiff in der Regel einen gerundeten Unterbau mit Kiel, Bug, Heck und Steuerruder, ein Deck, mindestens einen Mastbaum und Segel (Abb. 1).[22] Eine Arche dagegen ist kein Schiff. Als schwimmender Kasten ist sie ein einzigartiges Wasserfahrzeug ohne Deck, Masten und Segel, und zwar auch dann, wenn – wie auf vielen mittelalterlichen Bildern – der Archekasten auf einen Schiffsrumpf gesetzt ist (Abb. 2).[23]

---

21 Zum Folgenden vgl. HAMM, Spielräume (s. Anm. 1), 112–114.

22 Abb. 1: HANS BURGKMAIR, Titelholzschnitt zur Erstauflage des Drucks von JOHANNES GEILER VON KAYSERSBERG, Nauicula penitentie, 1511; dazu unten Anm. 24. Das Bild zeigt ein typisches Schiff, wie es um 1500 Meere befuhr. Auf der Heck-Plattform ist der stehende Prediger Geiler zu sehen, auf dem Deck des Schiffs seine Predigtgemeinde. In der rechten unteren Ecke stehen die Künstler-Initialen HB. Den Hinweis auf Hans Burgkmair d. Ä. (1473–1531) verdanke ich Thomas Noll (Göttingen).

23 Abb. 2: Titelholzschnitt zu Kraffts Arche Noe-Druck von 1517 (s. Anm. 18). Ein weiteres Beispiel für eine solche Konstruktion des Archekastens auf einem Schiffsrumpf findet

Die Realität der vielen Schiffe prägte die menschliche Alltagserfahrung, während die Arche keinen realen Bezug zum Alltag des christlichen Lebens hatte. Der Einzige, der nach dem Glauben der Kirche tatsächlich eine Arche baute, war der biblische Noah, der den göttlichen Baubefehl ausführte (Gen 6,14–16). Daher konnte die Arche nur als ›Arche Noah‹ und nur in einem übertragenen, geistlichen Sinn für die Christenheit weiterhin Relevanz haben; und das erklärt, weshalb die Typologie und Allegorie der rettenden Arche Noah durch die Jahrhunderte hindurch in der christlichen Literatur bei weitem nicht die Verbreitung und Dominanz der Schiffssymbolik erreichte. Die Metapher des Schiffs und der Schifffahrt (navis, navigare, navigatio) ist mit ihrer ekklesiologischen, christologischen, hagiographischen und frömmigkeitstheologischen Bedeutungsfülle – Schiff der Kirche, der Taufe und des Erlösers, Christus als Baumeister und Steuermann, der Mastbaum als Kreuz etc. – in der christlichen Literaturgeschichte seit Tertullian (um 200) bis in Kraffts Zeit weit verbreitet.

Gerade im 15. und beginnenden 16. Jahrhundert hat das Symbol des geistlichen Schiffs Hochkonjunktur. Man denke nur an die vielen Texte und Bilder, die im Rahmen des volkstümlichen Ursula-Kults und vieler Ursula-Bruderschaften das rettende Schiff der Hl. Ursula thematisieren, oder an die zur gleichen Zeit beliebte allegorische Ausmalung des Schiffs der Buße. So predigte der von Krafft hoch geschätzte Zeitgenosse Johannes Geiler von Kaysersberg im Straßburger Münster 1501 und 1502 über das »Schifflein der Buße«. Zunächst hatte er 1498 und 1499 eine Predigtreihe über Sebastian Brants Narrenschiff (dt. 1494, lat. 1497) gehalten. Als Gegenstück zu diesem Zyklus seines »Narrenschiffleins« (Navicula fatuorum) der Verdammten ließ Geiler sein »Bußschifflein« der Geretteten folgen. Nach seinem Tod (1510) erschien diese Buß-Predigtreihe zuerst in einem lateinischen Druck von 1511 als Navicula penitentie[24] und dann 1514

---

sich auf einem Bild des um 1430 geschaffenen Glasfenster-Zyklus in der Besserer-Kapelle des Ulmer Münsters; vgl. Hamm, Spielräume (s. Anm. 1), 122f (Abb. 22).

24 Johannes Geiler von Kaysersberg, Nauicula penitentie [...], 1. Aufl., hg. v. Jakob Otther, Augsburg: finanziert von Johann Otmar, gedruckt v. Georg Diemar, 1511 (VD16 G 772); Stadtbibliothek Ulm 15245. Dieses Druckexemplar war im Besitz Ulrich Kraffts (aber ohne Randbemerkungen), und er ließ es zusammenbinden mit der Apologia des Florentiner Humanisten Giovanni Pico del la Mirandola, einem Druck von 1487; vgl. Hamm, Spielräume (s. Anm. 1), 22. Im Besitz der Stadtbibliothek (15033–034) befin-

Abb. 1: Titelblatt zu Johannes
Geiler von Kaysersberg:
Nauicula penitentie, Erstdruck 1511, mit Bildholz-
schnitt von Hans Burgkmair
d. Ä. (vgl. Anm. 22).

auch auf Deutsch unter dem Titel *Das Schiff der penitentz vnd büßwür-*
ckung.[25] Nichts wäre in der Donaustadt Ulm naheliegender gewesen, als
dass Krafft seinen im gleichen Jahr gehaltenen Predigtzyklus auch unter

det sich noch ein weiteres Exemplar dieses Erstdrucks von Geilers *Nauicula peniten-*
tie. Ein drittes Ulmer Exemplar wurde im Januar 2021 in der Wengenkirche gefunden;
es gehörte wahrscheinlich zum vorreformatorischen Bücherbesitz eines Priesters des
Wengen-Chorherrenstifts. – Zum Titelholzschnitt Hans Burgkmairs s. oben Anm. 22.
25 Erstdruck: Augsburg: Hans Otmar, 1514 (VD16 G 776). Eine sorgfältige Zusammenstellung der gedruckten Werke Geilers von Kaysersberg bietet R. VOLTMER, Wie der Wächter
auf dem Turm. Ein Prediger und seine Stadt – Johannes Geiler von Kaysersberg (1445–
1510) und Straßburg (Beiträge zur Landes- und Kulturgeschichte 4), 2005, 942–1023; hier

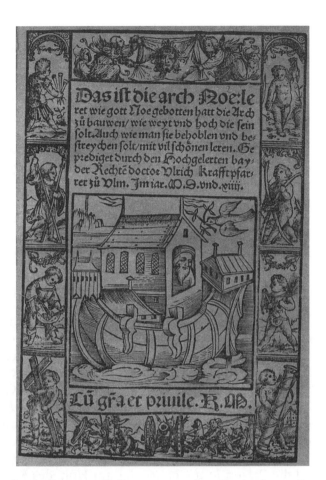

Das ist die arch Noe: leret wie gott Noe gebotten hatt die Arch zu bauwen/ wie weyt vnd hoch die sein solt. Auch wie man sie beholben vnd bestreychen solt/mit vil schönen leren. Ge prediget durch den Hochgelerten bayder Rechte doctor Vlrich Krafftpfarer zu Vlm. Im iar. M.D.vnd.viiij.

Lü gra et priuile. K.M.

Abb. 2: Titelblatt zu Ulrich Krafft: Arche Noe, Druck 1517 (vgl. Anm. 18).

das Leitthema des ›Schiffs der Buße‹ gestellt hätte, zumal er die Arche auch als Bußarche charakterisieren kann: Die Arche bauen und in die Arche gehen heißt für ihn nichts anderes als lebenslanges Bußwirken des frommen Menschen.[26]

finden sich auch die lateinischen und deutschen Ausgaben von Geilers Bußschiff auf 985 f bzw. 999 f.

26 Vgl. HAMM, Spielräume (s. Anm. 1), 125.

Krafft schloss sich aber ganz bewusst nicht der so gängigen und na-
heliegenden Schiffsmetaphorik an, obwohl er den lateinischen Druck des
Geiler'schen Bußschiffs von 1511 für seine Bibliothek erworben hatte.[27]
Das Archethema war ihm so wichtig, dass er offensichtlich als erster Prediger der abendländisch-lateinischen Kirche und vermutlich auch der Christenheit überhaupt einen Predigtzyklus über die Arche Noah gehalten hat,
jedenfalls die erste Arche-Predigtreihe, die uns schriftlich überliefert ist.
Es war nicht nur völlig ungewöhnlich, dass er als Ulmer Pfarrer überhaupt
solche langen Predigtzyklen vortrug; noch ungewöhnlicher, ja einzigartig
war es, dass er seine Gemeinde so ausführlich, ein ganzes Jahr hindurch,
mit dem Arche-Bau des Erzvaters Noah konfrontierte. Im *Geistlichen Streit*
von 1503 hatte er sie in die Nachfolge Christi gerufen; jetzt, 1514, rief er sie
in die Nachfolge Noahs. Was hatte das zu bedeuten? Was faszinierte Krafft
an der biblischen Arche-Erzählung Gen 6,14–22?

VII *Die traditionelle Auslegung der Arche-Noah-Erzählung*

Den Schlüssel zur Erklärung findet man nicht in der gängigen allegorischen Deutung der Arche-Geschichte, wie sie der Münsterprediger in der
Text-Bild-Tradition der vergangenen christlichen Jahrhunderte vor Augen
hatte. Die Arche-Symbolik der überlieferten Genesiskommentare und der
vielen kirchlichen Bildwerke hob dieselben Glaubensaussagen wie die
Schiffs- und Seefahrtsallegorien hervor: 1.) die *Rettung* des Menschen aus
dem ›Meer‹ der weltlichen und teuflischen Verführungsmächte, der Sün-
denverderbnis und Verdammnis, 2.) die *Kirche* als bergende Heilsgemeinschaft der Gnade, Taufe und Buße auf dem Weg zur ewigen Seligkeit und
3.) die Person *Jesu Christi*, der am Holz des Kreuzes die Menschen erlöst
und die Arche-Kirche gebaut hat und sie nun als Steuermann sicher durch
alle Gefährdungen des gegenwärtigen Äons dem himmlischen Hafen ent-
gegenführt.

Besonders wichtig für die Ausgestaltung dieser auf die Kirche und Christus hin zentrierten Arche-Typologie wurde Origenes († 253/254), der die
christliche Gemeinde mahnte: »Ex ipsa archa mysterium magnum, quod in

---

27 S. oben Anm. 24.

Christo et in ecclesia impletur, agnosce. [An dieser Arche erkenne das große Geheimnis, das in Christus und der Kirche erfüllt wird].«[28]

Eine weitere Stimme, die das übliche typologische Arche-Kirche-Christus-Schema besonders schön zum Klingen bringt, diesmal aus der Zeit vor oder um 1200, sei noch zitiert, die Strophe eines – sicher auch Krafft – bekannten Gebetshymnus:

> Ligno crucis fabricatur / arca Noe, qua salvatur / mundus a miseria. / Servos tuae crucis, Christe, / mundi maris duc per triste, /crucifer, naufragium. [Vom Holz des Kreuzes wird die Arche gezimmert, durch die die Welt aus dem Elend gerettet wird. Die Diener deines Kreuzes, Christus, führe durch den traurigen Schiffbruch des Meeres der Welt, du Kreuzträger!].[29]

Diese stark christologische und ekklesiologische Arche-Symbolik blieb zwar durch das gesamte Mittelalter in Text und Bild präsent, erreichte aber, wie oben bereits gesagt, nicht die Popularität der Schiffsmetapher. Nur selten wurde die Arche Noah zum Thema eines Buches oder Traktats. Aus dem patristischen Zeitalter ist nur die Schrift des Ambrosius von Mailand (339–397) *De Noe et Arca liber unus*[30] erwähnenswert und aus der frühscholastischen Ära die beiden zusammengehörigen Traktate *De arca Noe morali* und *De arca Noe mystica* des Pariser Theologen Hugo von St. Viktor († 1141).[31] Ein entsprechender Werktitel des späteren Mittelalters ist mir ebenso wenig bekannt wie eine Predigtreihe über die Arche Noah. Ulrich Krafft lebte also in einem Zeitalter, in dem die Arche-Allegorie für theologische Autoren und Prediger alles andere als attraktiv war.

---

28 Zitiert nach H. RAHNER, Symbole der Kirche. Die Ekklesiologie der Väter, 1964, 546.

29 Zitiert aaO., 546; ediert in: Analecta Hymnica, Bd. 8,29, Nr. 26: *De sancta cruce*, Strophen 21 und 3a.

30 CSEL 32/I, 411–497.

31 Patrologia Latina 176, hg. v. J.-P. MIGNE, 617–680: *De arca Noe morali* und aaO., 681–704: *De arca Noe mystica*. Diese zwei Traktate bilden zusammen mit einem dritten (aaO., 703–740: *De vanitate mundi et rerum transeuntium usu*) eine Trilogie Hugos über die Arche Noe.

VIII *Kraffts neue Arche-Deutung: der Mensch als Baumeister seiner eigenen Arche*

Trotzdem wählte der Ulmer Pfarrer die Arche Noah als Thema seines großen Predigtzyklus von 1514. Der Grund dafür liegt, wie ich meine, darin, dass er einen anderen Zugang zur Arche-Deutung wählte als die ganze Auslegungstradition der Spätantike und des Mittelalters. Deren Konzentration auf die rettende Macht Christi und der Kirche schob er kühn beiseite. Noah ist für ihn nicht länger die Präfiguration Christi; und Christus ist nicht länger der zweite Noah und der Architekt, Baumeister und Steuermann der Arche-Kirche, in deren Heilsraum die Menschen nach dem Schiffbruch der Sünde gnädig aufgenommen werden. Krafft sieht in Noah nur den vorbildhaft gerechten Menschen der Urgeschichte, in dessen Nachfolge alle Menschen, die nach Gerechtigkeit und Heil streben, ihre eigene rettende Lebensarche bauen sollen. Was ihn offensichtlich an der biblischen Noah-Geschichte faszinierte, war das Zentralmotiv des Selber-Bauens, der göttliche Imperativ von Gen 6,14: »Mache dir eine Arche (Luther: Kasten)!« (*Fac tibi arcam!*) – wobei Krafft das lateinische *facere* sowohl mit »machen« als auch mit »bauwen« oder »bawen« übersetzt, da im Frühneuhochdeutschen das Verbum ›machen‹, sobald es auf ein Bauwerk bezogen wird, generell ein Synonym für ›bauen‹ ist. Und diesen Imperativ Gottes »Baue dir!« wollte der Arche-Prediger durch die permanente Anrede »Du sollst« oder »Du musst« allegorisch, als spirituelles Bauen, in das Frömmigkeitsleben jedes Christenmenschen übertragen.

Durch den gesamten Arche-Zyklus hindurch entfaltet Krafft daher in immer neuen Anläufen den Grundgedanken, dass sich der Mensch inmitten des Meers der Sünde selbst, für sich persönlich, in der Nachahmung des gerechten Noah, des typologisch ersten Archebauers, in seinem Herzen und durch seine gerechte Lebensführung eine geistliche Arche baut, die ihn nach dem Tod in die ewige Seligkeit hinüberträgt. Jeder Stadtbewohner, Mann und Frau, vornehm oder sozial verachtet, tugendsam oder notorischer Bösewicht, soll Noah werden und nach Gottes Anweisung eine Arche des Glaubens und der Buße, der Gottesfurcht, der Gottes- und Nächstenliebe, der Duldsamkeit, Demut und Hoffnung bauen, um so in Gottes Gericht bestehen zu können. Den Gesamtertrag eines frommen Lebens, die Bilanz christlicher ›Erbauung‹, bezeichnet Krafft als den von Gott gebo-

tenen »bauw/baw«, den er auch »Haus« oder »Wohnung« der Seele nennen
kann:

> Item, zů ainem baw gehŏrt, das man holtz hab. Auß was holtz sol ich dann bauwen, das
> ich müg [= vermag] machenn meiner seel ain hauß oder ain wonung, auff das [= zu dem
> Zweck], das über vns nit komm die straff gottes vmb vnnser übel vnnd missethat willen,
> das wir gethon haben?[32]

Ulrich Krafft thematisiert also in seinem Predigtzyklus den göttlichen Auftrag an jeden Menschen, durch ein frommes Tugendleben die *Arche Noe*
geistlich nachzubauen.[33] Diese Ethisierung der Arche bedeutet erstens Ak-
tivierung des Menschen; er muss in der Nachfolge Noahs zum geistlichen
Zimmermann werden: »Noe was ain gerechter mann, das ist der zymmer-
man. Wŏlcher nit gerecht ist, der zymmert die arch nit. Der gerecht mann
zymmert die arch.«[34] Zweitens verbindet Krafft mit der moralischen Akti-
vierung eine gewisse Art von personaler Individualisierung, auch wenn das
leitende Tugend- und Frömmigkeitsideal transindividuell ist. Das *eigentliche*, wahre Christsein bedeutet für Krafft Überwindung der Ichsucht, ihrer
egozentrischen Selbstgefälligkeit (*hoffart*), ihres Eigensinns und Eigenwil-
lens, und die freiwillige gehorsam-demütige Angleichung der Einzelseele
an die allgemein gültige Norm der göttlichen Gebote. Um dieses Ziel seiner
Gemeindepädagogik zu erreichen, wendet sich Krafft aber gerade an die
Individuen, spricht jeden persönlich an und fordert ihn auf: Mache selbst
wie Noah für dich eine Arche der Rettung! »Du bist es selbs[t].«[35] Jeder
muss sich selbst seine eigene Arche zimmern, die ihn vor Sünde und Verdammnis schützt. Stets ist er dabei zur Selbstprüfung aufgefordert: »Frag
dich selbs, ob du gerecht seyest!«[36] Das heißt aber drittens, dass der fromme
Mensch den Arche-Bau verinnerlicht: Den ethischen Heiligungsprozess eines christlichen Lebens der guten Werke verankert er in der inneren Grund-
ausrichtung seines Herzens auf Gott hin, wie sie durch Glaube, Furcht,
Demut, Liebe und die anderen geistlichen Tugenden geschieht. Alles, was

---

32 KRAFFT, Das ist die arch Noe (s. Anm. 18), 7; dazu HAMM, Spielräume (s. Anm. 1), 116.
33 Zum folgenden Abschnitt vgl. ebd.
34 KRAFFT, Das ist die arch Noe (s. Anm. 18), 9.
35 Dem in Anm. 34 zitierten Textstück gehen die Sätze voraus: »Wer ist der, der zymmert?
   Du bist es selbs.«
36 KRAFFT, Das ist die arch Noe (s. Anm. 18), 10.

Krafft mahnend und ermutigend über die Einübung der Tugenden predigt, richtet sich immer an den inneren Menschen, an das Gewissens-, Erkenntnis- und Gefühlszentrum seiner Person vor Gott.

Kraffts konsequente Deutung der Arche als gottwohlgefälliger Existenz, die jeder Christenmensch als geistlicher Zimmermann für sich selbst aus dem Material seiner Tugenden herzustellen hat, macht verständlich, weshalb in seinem Predigtzyklus nahezu die gesamte traditionelle und auch zeitgenössische Schiffs- und Archesymbolik fehlt. Es sei noch einmal betont, wie frappierend neu und ohne nachweisbare Parallelen es aus der heutigen vergleichenden Forschungsperspektive ist, dass der Ulmer Pfarrer überhaupt ein ganzes Jahr hindurch über das Archethema predigte und dann auch noch die gängigen typologischen und allegorischen Auslegungsmuster, wie sie seit der frühen Christenheit bis ins beginnende 16. Jahrhundert hinein bei der Ausdeutung der Arche Noah und der Schiffsmetapher gebräuchlich waren, ignorierte. In der christlichen Tradition und bei Zeitgenossen wie Geiler von Kaysersberg fand er nicht den Zentralgedanken, der ihn faszinierte: dass inmitten des tobenden Meers der Sünde der Mensch, und nur er selbst, der Erbauer seiner rettenden Arche oder seines Heilsschiffs ist. Markante Sätze der Vergangenheit wie die einflussreiche Erklärung des Origenes, dass Christus dank seiner Passion der *spiritualis Noe* und damit der eigentliche Architekt und Erbauer der Arche, der *architectus ecclesiae*, sei,[37] verloren in Kraffts Arche-Auslegung ihre Relevanz. Das Holz, der elementare Baustoff der Arche, ist jetzt nicht mehr Metapher für das Kreuzesholz der erlösenden Passion des Gottessohnes, sondern für die demütige Furcht des Menschen vor Gottes strafender Strenge.[38]

Zugespitzt gesagt, kommt es so in Kraffts Arche-Zyklus zu einer überraschenden anthropozentrischen Wende gegenüber der bisherigen christlichen Symbolgeschichte von Schiff und Arche – obwohl der Prediger zugleich das Panorama einer konsequenten Theozentrik entfaltet: Was der Mensch als selbsttätiger Archebauer fabriziert, soll sich ganz und gar an Gottes Willen und an dessen Geboten und Verboten, die er sich verinnerlicht, orientieren. Er handelt nicht als autonomes Individuum, sondern in

---

37 Zitate nach RAHNER, Symbole der Kirche (s. Anm. 28), 527.
38 Vgl. HAMM, Spielräume (s. Anm. 1), 117f.126.175.

Konformität mit Gottes Gesetz. Gleichwohl muss betont werden: Zum Erbauer der Arche wird bei Krafft allein das menschliche Subjekt.

IX Die Anziehungskraft des Arche-Textes Gen 6,14–16 für den Bibeltheologen Krafft

Man versteht jetzt, warum sich Ulrich Krafft nicht wie seine Zeitgenossen der gängigen Schiffsmetapher bediente. Eine Fortsetzung der üblichen ekklesiologischen und christologischen Schiffsallegorien hätte nicht zum frömmigkeitstheologischen Vorhaben des Ulmer Münsterpredigers im Jahre 1514 gepasst; und für das menschliche Selbst-Bauen eines geistlichen Schiffs fand er keinen Anhaltspunkt in der theologischen Tradition und vor allem nicht in den biblischen Texten. Die theologische Basis aller seiner Predigten war für Krafft allein die Heilige Schrift: Alle Gedankenschritte belegt er Schritt für Schritt mit Bibelworten. Als einzige Autorität zitiert er im Arche-Zyklus die Bibel, wenn man von einer Berufung auf (den auch von Luther hoch geschätzten) Bernhard von Clairvaux absieht.[39] Oben erwähnte ich bereits, dass seine Bibliothek Aufschluss über sein besonderes Interesse an bibelexegetischen Werken gibt. In dieser Hinsicht war er auf der Suche nach den besten und neuesten Drucken des Bibelhumanismus. Er wollte als Experte der Bibelauslegung auf der Höhe der Zeit sein; und alles deutet darauf hin, dass er bei seinen Münsterpredigten vor allem das Bestreben hatte, die Früchte seiner Bemühungen um das richtige Verständnis des Bibeltextes und um ein theologisches Argumentieren mit der Heiligen Schrift in eine von allem scholastischen Autoritätenballast befreite, entakademisierte, anschauliche und volkssprachige Predigtweise umzusetzen.

Jetzt wird auch deutlich, was ihm 1514 die Arche Noah so attraktiv als Bibelstoff machte. Denn hier – und nirgendwo sonst in der Bibel – fand Krafft eine Erzählung, die genau das bot, was seinem Interesse am akti-

---

39 Vgl. KRAFFT, Das ist die arch Noe (s. Anm. 18), 51 f. Im *Geistlichen Streit* von 1503 hat sich Krafft noch achtmal auf nicht-biblische Autoritäten berufen: einmal auf Ambrosius, zweimal auf Augustinus, einmal auf Anselm von Canterbury, zweimal auf Bernhard von Clairvaux und zweimal auf den römischen Meister der Naturkunde, Plinius den Älteren. Vgl. HAMM, Spielräume (s. Anm. 1), 263 f.

ven und individuellen ›Erbauen‹ eines persönlichen Tugend- und Frömmig-
keitslebens entgegenkam. Hier baute im Auftrag Gottes ein »gerechter«,
d.h. gottesfürchtiger, Mann selbsttätig das Bauwerk, das ihn und die Seinen
vor dem verderblichen Meer schützen konnte. Gottes Wille, das Bauen, gedeutet als gelebte Tugendhaftigkeit, und die Rettung, verstanden als Gewinn des Seelenheils, bilden zusammen die drei Zentralaspekte, die Kraffts
Arche-Auslegung leiten. Und mit der detaillierten Bauanleitung Gottes bot
ihm der Bibeltext die Chance, durch die allegorische Deutung der einzelnen
Konstruktionsfortschritte der Arche, Stufe um Stufe voranschreitend, eine
ethisch breit ausgefächerte Frömmigkeitslehre zu entfalten und so biblisch
zu veranschaulichen, was jeder Gläubige zur Realisierung einer christlichen Stadtgemeinschaft beitragen kann. Daher orientierte sich Krafft durch
den gesamten Predigtzyklus hindurch am Vulgata-Text der göttlichen Bauanleitung Gen 6,14–16:

> Mach dir eine Arche aus gehobelten Hölzern! Mach in die Arche kleine Wohnungen
> und beschmiere [die Arche] innen und außen mit Pech! Und mache sie so: die Länge der
> Arche soll 300 Ellen betragen, die Breite 50 Ellen und ihre Höhe 30 Ellen! Setze in die
> Arche ein Fenster ein und schließe sie ganz oben mit einer Elle [d.h. wohl mit einem
> Flachdach von einer Elle im Quadrat]! Die Tür der Arche aber bringe an der Seite unten
> an, und richte in ihr ein zweites und ein drittes Stockwerk ein![40]

Zu diesem Text nimmt Krafft noch den Befehl Gottes von Vers 28 hinzu,
dass Noah für Mensch und Tier Speise mit in die Arche nehmen soll.

X Die allegorische Deutung der Einzelkomponenten des Arche-Baus

Indem ich nun kurz den Predigtzyklus entlanggehe und zeige, wie Krafft
die einzelnen Komponenten des Arche-Baus als Symbole eines geistlichen
Geschehens erklärt, tritt deutlich hervor, wie konsequent er die Subjekt-

---

40 »Fac tibi arcam de lignis laevigatis, mansiunculas in arca facies et bitumine linies intrin-
secus et extrinsecus. Et sic facies eam: Trecentorum cubitorum erit longitudo arcae,
quinquaginta cubitorum latitudo et triginta cubitorum altitudo illius. Fenestram in arca
facies et in cubito consummabis summitatem eius. Ostium autem arcae pones ex latere
deorsum; coenacula et tristega facies in ea.« (Gen 6,14–16).

rolle des bauenden Menschen hervorhebt und thematisch auffächert.[41] Er beginnt mit einer Gesamtbetrachtung des Arche-Baus, indem er die Arche als Symbol der aktiven Lebensgerechtigkeit des Menschen interpretiert, die durch die lebenslange Erfüllung der Gebote Gottes geschieht und immer neu in tätiger Buße besteht.

Die Reihe der Baukomponenten eröffnet er mit einer originellen, schon erwähnten Deutung des *Holzes*: Er bezieht es nicht mehr auf das Kreuzesholz Christi, sondern versteht es als die grundlegende Furcht des sündigen Menschen vor Gottes strengem Gericht, das ihm bis zur Todesstunde Angst und Schrecken einjagen soll. Bei spätmittelalterlichen Theologen ist es gängige Lehre, dass die Angst-Furcht – im Unterschied zur kindlichen Ehrfurcht vor dem himmlischen Vater – nur ein Durchgangsstadium im Leben des Christenmenschen sein darf, das spätestens auf dem Sterbelager der vertrauensvollen Gottesliebe weichen muss. Dagegen überrascht es, mit welchem Nachdruck Krafft auf der lebenslangen Koexistenz der panischen Gerichts- und Straffurcht mit der Hoffnungsliebe zu Gott besteht.

Der geistliche *Zimmermann* ist, wie gesagt, für Krafft nicht länger Christus, obwohl die biblische Angabe von Jesu Beruf (Mk 6,3) ja genau dies nahelegt, sondern jeder »gerechte«, d.h. bußfertige und fromm lebende, Mensch in der Nachfolge Noahs.[42] Den *Hobel*, den der Zimmermann handhabt, deutet der Prediger als die christliche »Geduld« – im Sinne von leidensbereiter Duldsamkeit – in allen Drangsalen des Lebens. Auf der Ebene der frommen Lebensgerechtigkeit der Gläubigen liegt auch die Allegorie des *Leims* oder *Pechs*, mit dem Noah die Arche von innen und außen bestrich. Krafft interpretiert das »von innen« als die Gottesliebe des Menschen und das »von außen« als seine Nächstenliebe. Hineinverwoben in diese Liebesorientierung der gesamten Frömmigkeit ist gut augustinisch die legitime, von Gott gewollte Selbstliebe des Menschen, mit der er für sich die eigene Seligkeit begehrt.

Die von Noah in die Arche mitgenommene *Speise* versteht Krafft als Symbol für die eucharistische Speise des Altarsakraments. Damit unterbricht er scheinbar die Leitthematik des ›Bauens‹ der Arche. Doch rückt er nicht etwa das sakramentale Gnadengeschenk Christi in den Mittelpunkt

---

41 Zum Folgenden vgl. HAMM, Spielräume (s. Anm. 1), 124–174.
42 Vgl. oben bei Anm. 34.

dieser Speise-Predigten, sondern eine zweifache Pflichtenlehre: erstens eine Unterweisung über die geforderte fromme Vorbereitung des sündigen Menschen auf den Empfang des Leibes Christi; zweitens eine Unterrichtung über die durch die Kommunion stimulierte dauerhafte Lebensveränderung auf dem Wege zur geistlichen Vollkommenheit. Also auch hier geht es um den tätigen Menschen, der an seiner Frömmigkeit baut.

Der menschliche Arche-Bau setzt sich fort im göttlichen Auftrag, in die Arche *kleine Wohnungen* einzubauen, wobei Krafft vor allem von den »vielen« Wohnungen spricht. Er deutet sie als Sinnbilder für die frommen Tugenden des Menschen, die sein Leben nach dem Vorbild des gesetzestreuen Mose auf die verheißenen himmlischen Wohnungen ausrichten.

Darauf wendet sich Krafft den biblischen Längen-, Breiten- und Höhenmaßen zu, nach denen Noah die Arche bauen soll. Anders als viele Ausleger des Mittelalters zeigt er kein Interesse an einer symbolischen Zahlendeutung der biblischen Ellenangaben von 300, 50 und 30. Es geht ihm um den geistlichen Sinngehalt der drei Raumdimensionen. Unter der geistlichen *Länge* der menschlichen Lebensarche versteht er die Orientierungsnorm des biblischen Gotteswortes, d. h. der göttlichen Gebote, die der Mensch in ihrer Ganzheit mit Gedanken, Worten und Werken aus purer Gottesverehrung erfüllen soll und kann. Bei der geistlichen *Höhe* der Arche kommt es, wie Krafft betont, darauf an, das rechte Maß der Lebensführung zu finden, indem man in der Nachfolge des leidenden und sterbenden Christus lebt: Baut man zu niedrig, dann versinkt man im Zeitlichen und Irdischen, baut man zu hoch, dann erliegt man – wie manche Mystikerinnen und Mystiker – der Versuchung, zu einem Übermaß an geistlicher Höhe emporsteigen zu wollen und die Demut der Glaubensexistenz unter dem Kreuz Christi aus dem Blick zu verlieren.

Den Hauptakzent seiner allegorischen Deutung der drei Arche-Dimensionen legt Krafft auf die *Breite*, die er auch als »Weite« bezeichnet. Den Gegensatz zur geistlichen Weite brandmarkt er als Enge der Seele und Lebensführung, die sich gegenüber dem Mitmenschen verschließt. Die Arche in die Breite und Weite bauen, bedeutet dann für den Ulmer Pfarrer, durch die gemeinnützige Ausrichtung einer christlich geformten Bürgerethik, durch Barmherzigkeit und Duldsamkeit das gesamte persönliche und städtische Leben auf die Bedürfnisse und Nöte des Nächsten auszurichten. In diesem Zusammenhang formuliert er Sätze, die wie eine Grundsatzerklärung städtischer Religiosität und ihrer Grundwerte klingen. Sie bringen auf den Punkt, was damals und dann auch in der Reformationszeit die kommunalen Prediger überall ihren Gemeinden einzuschärfen pflegten:

> Wenn Wölfe miteinander laufen und nichts [zum Fressen] finden, so reißen sie einen unter ihnen nieder. Wenn einer hier [in Ulm] verdirbt, wessen Schuld ist es? Dass du allein deinen Nutzen suchst und nicht den der anderen. Wann sind wir Gott am gleichsten? Wenn wir unser Leben so ordnen, dass es jedermann Nutzen bringt. Der Gemeine Nutzen soll Vorrang haben vor dem Eigennutz. Der rechte Ulmer wagt Leib und Leben, wenn Feinde vor der Stadt liegen.[43]

So gewinnt die christlichen Botschaft der Nächstenliebe auf der Ulmer Kanzel die urbane politische Dimension des sozialethischen Appells zur *braite* und *weyte* des eigenen Lebens: dass man es opferbereit für die Stadtgemeinschaft einsetzt.

Das aus durchsichtigem Kristall gefertigte *Fenster* an einer der Seitenwände der Arche ist bei Krafft Symbol für das »andächtige Gebet«. Die durch lautere Bußfertigkeit charakterisierte »Andacht« des Menschen macht aus seinem Gebet das Lebensfenster, durch das die erhellenden Lichtstrahlen des Heiligen Geistes in seine Seele fallen und seinem gesamten Frömmigkeitsleben klare Orientierung geben. Am Beispiel des Gebets, das in Kraffts Predigtzyklen eine Schlüsselrolle einnimmt, ist modellhaft seine Sicht des Zusammenspiels von Gottes Gnade und freier Eigentätigkeit des Menschen zu erkennen: Der Mensch kann sich nicht selbst erleuchten und heiligen. Das geschieht allein durch Gottes Geist, der die verwandelnde Heiligungskraft seiner Gnade in der sündigen Seele ankommen lässt. Aber der Mensch muss sich auf diese Erleuchtung vorbereiten, indem er – bildlich gesprochen – selbst das Fenster für das einfallende Gnadenlicht baut. Krafft kann die Metapher des Fensters auch auf das nötige Öffnen des Fensterladens ausweiten, indem er sagt: »Wann du den laden uffthůst in deiner seel,

---

43 »Du můst dein leben richten nach der braite. Die erst weyte deins lebens: das du es richtest, das du dir vnd allen menschen nütz seyest. [...] Wann wölff mitainander lauffen vnd wann sie nichts finden, so reyssen sie ain vnder in nider. Wann ainer hie verdirbt, wes schuld ist es? Das du deinen nutz allain sůchest vnd nit der andern. Wenn seind wir got am gleychsten? Wenn wir vnser leben also ordnen, das es yederman zů nutz kompt. Der gemain nutz sol für gon für aygen nutz. Der recht Vlmer waget leyb vnd leben, wann feynd vor der statt ligen« (KRAFFT, Das ist die arch Noe [s. Anm. 18], 69); vgl. dazu HAMM, Spielräume (s. Anm. 1), 109.161.

so scheint die gnad gotes darein.«[44] Diese alle Seelenkräfte anspannende Selbsttätigkeit des Sünders ist, scholastisch gesprochen, sein *facere quod in se est*: dass er sein Bestmögliches tut oder – mit dem Lieblingsausdruck Kraffts formuliert – *sich fleyßt* (befleißigt) und so sein ganzes geistlichen Bemühen (*fleyß*) in die Waagschale wirft.[45] Es gehörte zum weit verbreiteten Lehrstandard vor der Reformation, dass man als schwacher Sünder auch noch den kleinsten Rest an eigener Moralität aktivieren muss, um die rechtfertigende Bekehrungsgnade empfangen zu können.

Dieser Eigenbeitrag des Menschen im Stand der Todsünde geschieht, wie Krafft ausführt, vor allem durch sein demütig flehendes, »seufzendes« Bittgebet. Auch dazu benötigt er Gottes Hilfe, eine Art zuvorkommender Gnade (*gratia praeveniens*). Sie erreicht ihn sowohl durch die mahnende und einladende Stimme des Predigers oder Beichtvaters als auch durch eine unmittelbare, innere und verborgene Anrede des Heiligen Geistes in seiner Seele.[46] Aber – und das ist nun in Kraffts Vorstellung vom Heilsweg des Sünders ausschlaggebend – es liegt an der Erkenntnisfähigkeit seiner Vernunft und an der Entscheidungskraft seines freien Willens, ob er diesem äußeren und inneren Ruf folgt, sich bekehrt und durch sein andächtiges Bußgebet das Fenster baut, d. h. seine Seele für das Licht der verwandelnden Liebe Gottes öffnet.[47] So ist, wie Krafft besonders in seinen Predigten über den *Geistlichen Streit* entfaltet, das gesamte Leben des Menschen umgeben und getragen von Gottes Güte, Liebe und Barmherzigkeit; und allein der Wirkung von Christi Passion und Auferstehung verdankt er seine Erlösung.

44 KRAFFT, Das ist die arch Noe (s. Anm. 18), 10.
45 Vgl. HAMM, Spielräume (s. Anm. 1), 437.438.
46 Vgl. aaO., 217–220.357–360, z.B. die Sätze: »›Meine Schäflein hören meine Stimme und folgen mir nach‹ [Joh 10,27], denn Gott ruft dich durch die würdigen Priester oder Prediger, die dir die Geschwüre der Sünden erklären und was für ein Schaden daraus entspringt und wie du wieder gesund wirst und wie du dich künftig davor hüten sollst. Auch ruft dich Gott durch deine Beichtväter und durch das heimliche Einsprechen [= Hineinsprechen des Heiligen Geistes in die Seele].« Originaltext: »Meine schåflin die hörent mein stym vnd folgent mir nach, wenn růfft dir gott durch die wirdigen priester oder prediger, die dir erklårent die schwårin der sünd vnd was schadens dir darauß entspringt vnd wie du wider gesund wirst vnd wie du dich fürhin darvor hyeten solt. Auch so růfft dir got durch deine beychtuåtter vnd durch das haimlich einsprechen.« (KRAFFT, Das ist der geistlich streit [s. Anm. 17], 64).
47 Vgl. HAMM, Spielräume (wie Anm. 1), 360–364.

Aber auf dieser Grundlage muss er als freies Subjekt selbsttätig die Arche seiner Andacht und Lebensgerechtigkeit bauen, um am Ende zu den Erlösten zu gehören. Das ist vor allem die Botschaft des Arche-Zyklus.

Zurück zu den Bauarbeiten an der rettenden Arche. Vom seitlichen Fenster (des Gebets) unterscheidet Krafft das *Dachfenster*, das den sich nach oben hin verjüngenden Arche-Bau an der Spitze abschließt. Diese geistliche Öffnung bauen heißt nach Kraffts allegorischer Deutung, den christlichen Tugenden und dem aktiven Frömmigkeitsleben der guten Werke Beharrlichkeit zu geben – allen teuflischen Versuchungen zum Trotz, die den Menschen zur geistlichen Unstetigkeit und zum Rückfall in die Todsünde drängen. Die Tugend der Tugenden und daher deren geistliche Spitze ist die christliche Ausdauer (*perseverantia*), die sich vor allem in der Kraft des Glaubens erweist.

Der Münsterprediger beschließt seinen Zyklus und damit seine allegorische Deutung des Arche-Baus mit dem Symbol der seitlich angebrachten *Tür*. Sie wurde in der traditionellen Auslegung auf Christus und besonders auf die Seitenwunde Christi bezogen – ein Überlieferungselement, das Krafft nur kurz am Ende seiner Predigt über die Tür der Arche berührt. Die Predigt wird aber insgesamt dominiert vom Verständnis der Tür als »Fürsichtigkeit« (*providentia*) des vernunftbegabten Menschen. Gemeint ist damit die rationale Fähigkeit seiner vorausblickenden Klugheit. Ihre bedächtige Vorsicht, Umsicht und Achtsamkeit steht im Kontrast zur Schnelligkeit der sündhaften Gier, mit der sich der schnell agierende Mensch, wie Krafft formuliert, selbst in den Abgrund der Hölle stürzt. Die »Fürsichtigkeit« führt den Menschen zu einem frommen Verhalten, das von einem besonnenen Unterscheidungsvermögen (*discretio*) und einer maßvollen Zurückhaltung (*beschaidenheit*) gegenüber extremen Formen der Frömmigkeit geleitet wird.[48]

Auffallend ist, dass Krafft den letzten Befehl in der göttlichen Anleitung zum Arche-Bau übergeht – jenes Textstück der Vulgata (Gen 6,16), für

---

48 Vgl. KRAFFT, Das ist die arch Noe (s. Anm. 18), 91 f und DERS., Das ist der geistlich streit (s. Anm. 17), 59 mit der oben im Text zitierten Formulierung: »Das übel, das dir kombt auß der vnfürsichtigkait, das ist schnelligkait, das ist: Der mensch ist schnell in seiner begird, vnd was i[h]m in sein begird kombt, das thůt er gar schnell vnd stürzt sich [so die Münchener Handschrift, im Druck: dich] selbs also in abgrund der hell.«

das sich die Übersetzung anbietet: »[...] und richte in ihr [der Arche] ein zweites und ein drittes Stockwerk ein!«[49] Das Fehlen einer eigenen Predigt über dieses Textstück dürfte sehr aufschlussreich sein. Stockwerke, Stufen und Grade der Frömmigkeit, wie sie in den geistlichen Unterweisungen des 15. Jahrhunderts allgegenwärtig sind, haben den Prediger des *Geistlichen Streits* und der *Arche Noe* prinzipiell nicht interessiert. Er unterscheidet generell nur zwischen dem Weg der Vorbereitung auf die Bekehrungsgnade und der auf ihr aufbauenden Existenz der Glaubensgerechtigkeit in tätiger Liebe. Die Bauelemente der Arche interpretiert Krafft nicht als emporsteigende Grade der Andacht, sondern als verschiedene, auf einer gemeinsamen spirituellen Ebene liegende Aspekte des Tugendlebens. Das Wesentliche an diesem Frömmigkeitsbau ist für ihn die horizontale Kontinuität und Beharrlichkeit, nicht ein vertikales Stufenmodell, wie es besonders in mystisch geprägten Theologiebereichen des Spätmittelalters variantenreich angewandt wurde. Für jeden Liebhaber derartiger gradualistischer Frömmigkeitslehren mussten die abschließenden Worte des göttlichen Baubefehls eine willkommene Einladung zu einer geistlichen Aufstiegsallegorie der drei Arche-Stockwerke sein; nicht aber für Ulrich Krafft.

XI Die anthropozentrische Konzeption Kraffts: die Wende des Jahres 1514

Überblickt man die Kette seiner allegorischen Einzelauslegungen des Arche-Baus, dann bestätigt sich im Detail und in jeder Predigt der Gesamteindruck der ungewöhnlichen und neuartigen Vorgehensweise des Ulmer Münsterpredigers. Er macht aus seinem Arche-Zyklus durchläufig eine Frömmigkeitsanweisung, die seine Gemeindeglieder darüber belehrt, wie sie selbsttätig – aber nicht ohne Gottes umgreifende, zuvorkommende und begleitende Gnade – ihre fromme Lebensarche bauen sollen und können, die sie vor dem Meer des Bösen beschützt. Nie rücken das erlösende Wirken Christi und die Heilsgemeinschaft der Kirche in das Zentrum der Einzelallegorien. Nie spricht Krafft von einem Mitbauen Christi, des Heiligen Geistes und der Gnade Gottes oder einem kooperierenden Bauen des Menschen

---

49 S. oben Anm. 40.

mit dem göttlichen Baumeister – etwa durch die Aufnahme des berühmten Anfangs von Psalm 126 (Vulgata): »Wenn der Herr nicht das Haus baut, mühen sich die Bauleute umsonst.« (*Nisi dominus aedificaverit domum, in vanum laboraverunt, qui aedificant eam*).

Den Begriff ›bauen‹ und sein Synonym ›machen‹ wendet Krafft ganz konsequent nur auf den bauenden Menschen, den zweiten Noah, an. Ihn beschreibt er als den einzigen Baumeister und Zimmermann der Arche: den durch seine Tugenden und Frömmigkeitswerke bauenden vernünftigen Menschen. Ganz anders der oben erwähnte Hugo von St. Viktor in seiner – zwischen 1120 und 1141 entstandenen – *Arca Noe moralis*: Für ihn hat die Tugendarche, die der Mensch in seinem Inneren bauen soll, zwei Baumeister. Wirkt doch Gott mit dem menschlichen Bauen und der Mensch mit dem göttlichen Bauen zusammen: *simul cooperantur*.[50] Hugo entfaltet hier das geradezu klassische Kooperationsmodell des göttlich-menschlichen Bauens, wie es auf der Grundlage der spätantiken Kirchenväter für das gesamte Mittelalter charakteristisch war. Krafft war dann am Ende dieser Ära der erste, der auf dem Gebiet der geistlichen Arche- und Schiffsallegorien dieses Zweiseitigkeitsmodell preisgab und nur noch von einem einzigen Baumeister, Zimmermann oder Architekten sprach.

Vor dem Hintergrund der traditionellen Exegese von Gen 6,14–16 kann man daher – eine bereits oben gewählte Begrifflichkeit aufnehmend – von einer anthropozentrischen Konzeption der Arche-Deutung Kraffts sprechen und von einer anthropozentrischen Wende der Auslegungsgeschichte der Arche Noah im Jahr 1514. Denn vor und neben Krafft gibt es, soweit ich sehe, keine thematische Gesamtauslegung der Arche-Erzählung, die so konsequent das Bauen des Menschen und damit seine ethische Leistungsfähigkeit und die rettende Tragkraft seiner Frömmigkeitstugenden und guten Werke hervorhebt. Ist es doch die selbst gebaute Arche, die in Kraffts

---

50 Vgl. besonders die Formulierung Hugos: »Et sicut diximus, locus [domus arcae] est cor hominis, materia cogitationes cordis; artificium autem duorum [artificum] est, dei videlicet et hominis; simul cooperantur haec duo. (Und wie wir gesagt haben, ist der Ort [für das Haus der Arche] das Herz des Menschen, der Baustoff die Gedanken des Herzens; das Bauwerk aber ist von zwei [Baumeistern gebaut], d.h. von Gott und dem Menschen; die beiden bewirken das gleichzeitig.« (De arca Noe morali, liber 4, cap. 1, Patrologia Latina 176, hg. v. J.-P. MIGNE, 663B–665C: 665A).

Zyklus den stets angefochtenen und verführbaren, dabei aber auch immer entscheidungsfreien Menschen vor dem Bösen bewahrt und seinem ewigen Heil entgegenträgt.

Dieses Ergebnis kann man auch auf den gesamten Bereich der mittelalterlichen Schiffsmetaphorik ausweiten. Es gibt vor und neben Krafft keine Schrift über das Schiff des Heils, der Kirche, der Buße, der Heiligen und Geretteten, die den Erwerb der himmlischen Seligkeit so konsequent und einseitig als Folge des menschlichen Bauens, der christlichen Tugenden und der frommen Werke darstellt. Ein Vergleich mit den zeitgenössischen Büchern von Geiler von Kayserberg über das bereits erwähnte *Bußschifflein* (1511)[51] und von Johannes Eck, dem späteren Luthergegner, über *Das schiff des heils* (1512)[52] kann das unterstreichen: Wo Krafft nur den bauenden Menschen im Blick hat, entfalten Geiler und sein Schüler Eck Kooperationsmodelle in der Art Hugos von St. Viktor, in denen dem reuig büßenden Menschen die Rolle des Mitwirkenden und Mitbauenden im Zusammenwirken mit dem Baumeister Christus zukommt.[53]

Die anthropozentrische Zuspitzung Kraffts im Jahr 1514 lag in der Luft. Sie repräsentierte auf ihre Weise eine kulturelle und religiöse Modernität, wie Krafft ja auch als Rechtsprofessor ein Modernisierer war, für seine Bibliothek die modernsten Erzeugnisse des Buchdrucks erwarb, z.B. die vierbändige Origenes-Werkausgabe des Pariser Humanisten Jacques Merlin von 1512[54], und bei seiner Gründung einer Stadtbibliothek neue Wege beschritt[55]. Im Hintergrund seines Menschenbildes, das die Würde des vernünftigen und frei entscheidenden Menschen betont, stand die ockhamistische Anthropologie seines Tübinger Kollegen Gabriel Biel, der für ihn offensichtlich zur wichtigsten theologischen Autorität wurde. Aber auch die Auffassung des Renaissance-Humanismus von der Würde des vernunftbegabten und freien Menschen zwischen Engel und Tier, wie sie

---

51 Vgl. oben Anm. 22 und 24.

52 Druck in Straßburg: Johannes Grüninger, 1512, VD16 G 775. Ecks Schrift will eine popularisierende Zusammenfassung von Geilers *Nauicula penitentie* (1511) bieten; vgl. HAMM, Spielräume (s. oben Anm. 1), 200–203.

53 Vgl. HAMM, Spielräume (s. Anm. 1), 203f.

54 Vgl. aaO., 59.61f.

55 Vgl. aaO., 7–18.

38

sein Zeitgenosse Pico della Mirandola hervorhob, dürfte Krafft geprägt haben.[56] Emphatisch kann er über die erhabene Position des Menschen auf der Skala der von Gott geschaffenen Wesen ausrufen: »Ist das nicht ein würdig Ding um einen Menschen!«[57] Schließlich ist auch hier zu berücksichtigen, dass Krafft Jurist war, der mit dem spätantiken Römischen Recht den Menschen als vernünftiges, frei wählendes und selbstverantwortlich handelndes Subjekt sah, das für seine Taten Rechenschaft vor irdischen Richtern und dem göttlichen Tribunal ablegen muss.

XII Die Leistungsdimension des menschlichen ›Bauens‹ und die Gnadendimension des göttlichen Schenkens: Kraffts Zweiseitigkeitsmodell

Den auffallend positiven Aussagen Kraffts über die – auch durch den Fall in schwerste Sünde nicht zerstörte – Vernunft- und Freiheitsnatur des Menschen[58] stehen in seinen Predigtzyklen allerdings ebenso pointierte Aussagen über die souveräne Hoheit des göttlichen Schenkens und Richtens gegenüber. Auch damit positioniert sich der Ulmer Pfarrer nahe bei Gabriel Biel und dem Bielschüler Geiler von Kaysersberg; doch übertreffen seine Sätze über Gottes »grundlose« Barmherzigkeit, seine bedingungslos schenkende Güte und die Unmöglichkeit menschlicher Verdienste[59] alles, was vor Luther über das Unvermögen der menschlichen Werke vor Gott gesagt wurde.[60] Das gilt vor allem für Kraffts Aussagen, dass ein Mensch, der alle guten Werke täte, die je auf Erden geschehen sind und noch geschehen werden, und sämtliche Martern erduldete, die alle Menschen auf Erden je erlitten haben, dennoch nicht den mindesten Augenblick des ewigen Le-

---

56 Zu Kraffts Aussagen über die Menschenwürde im Vergleich mit der Schrift *De hominis dignitate* (1496) des Florentiner Humanisten Giovanni Pico della Mirandola vgl. aaO., 133f.277f.
57 »Ist das nitt aynn wirdig ding vmb ain mensch!« (KRAFFT, Das ist der geistlich streit [s. Anm. 17], 101).
58 Vgl. HAMM, Spielräume (s. Amn. 1), 274–286.
59 Vgl. aaO., 343–351.
60 Vgl. A. ZUMKELLER, Das Ungenügen der menschlichen Werke bei den deutschen Predigern des Spätmittelalters (Zeitschrift für Katholische Theologie 81,1959, 265–305).

bens verdienen würde; »wenn dir es aber Gott gibt, so gibt er dir's allein aus seiner grundlosen Barmherzigkeit«.[61]

Trotz solch pointierter Barmherzigkeitsaussagen darf man bei Krafft die Gnadendimension des göttlichen Schenkens und die Leistungsdimension des menschlichen ›Bauens‹ nicht gegeneinander ausspielen und als Widerspruch verstehen. Das Miteinander der Zuspitzungen auf beiden Seiten ist sein Markenzeichen. Zwar war oben festzustellen, dass Krafft anders als die traditionelle Deutung von Arche und Schiff nur von einem einzigen Baumeister spricht und insofern kein Zweiseitigkeitsmodell des kooperierenden Bauens vertritt. Nimmt man aber das Ganze seiner Frömmigkeitstheologie in den Blick, wie es aus beiden Predigtzyklen zu erheben ist, dann kommt man zu einem anderen Urteil: Der Münsterprediger kultiviert geradezu ein forciertes Zweiseitigkeitsmodell der bedingungslosen Güte Gottes und der menschlichen Tugend- und Werkgerechtigkeit. Gott will, dass der Mensch selbsttätig sein rettendes Heiligkeitsschiff baut, aber es ist allein Gottes barmherzige Güte, die sein Bauen ermöglicht und ihm den Zielgewinn der ewigen Seligkeit schenkt. Weder setzt Gottes *grundlose* Barmherzigkeit die Subjektrolle des vernünftigen und freien Menschen außer Krafft noch mindert umgekehrt diese menschliche Würdestellung Gottes pures Geben und Schenken. Beide Dimensionen der Beziehung zwischen Gott

---

61 Vgl. besonders zwei Stellen aus Kraffts *Geistlichem Streit*, die ich oben im Text miteinander kombiniert habe: 1.) Ders., Das ist der geistlich streit (s. Anm. 17), 20: »So ist dein sicherhait von dem bößen gaist [d.h vom Teufel]. Wann [= denn] kain mensch soll sich in diser zeyt so frum schätzen, das er sich des ewigen lebens sicher acht. Vnd vollbråchtest du vnd littest alle die marter, die alle menschenn auff erden ye erlitten haben, so hettest du nit verdienet den mündtsten [= mindesten] augenblick der ewigen frewd, als [= wie] sant Paulus spricht.« Anspielung auf Röm 8,18 (Vulgata): »Existimo enim, quod non sunt condignae passiones huius temporis ad futuram gloriam, quae revelabitur in nobis.« 2.) aaO., 30: »Zů dem dritten, so betracht vnnd erkenn vonn grund deynes hertzen, das du das himelreich vnd die minsten frewd darjnne nit verdienen kanst. Vnd wenn du allain alles das gůt thåtest, das geschehen ist vnd nooch geschehen sol biß an den iüngsten tag, [den]noch so verdientest du nichts am ewigen leben. Wenn dir es aber got gibt, so geyt [= gibt] er dirs allain auß seiner grundloßen barmhertzigkayt.« – Für diese Aussagen fand ich keine Parallelen in spätmittelalterlichen Quellen, weder in den von Zumkeller (s. Anm. 60) zitierten Predigten noch an anderer Stelle. Zum Begriff des ›Grundlosen‹ in der Doppelbedeutung von ›unendlich, unermesslich‹ und ›ohne Begründung/*causa*, bedingugslos, umsonst geschehend‹ vgl. Hamm, Spielräume (s. Anm. 1), 349f.

und Mensch stehen in einem widerspruchsfreien Komplementaritätsverhältnis, wie es nachreformatorisch kaum noch zu verstehen ist.[62]

XIII Der theologische Grundgegensatz zwischen Krafft und Luther im Jahr 1514

Bevor Martin Luther im Sommer 1513 mit seiner Ersten Psalmenvorlesung begann, war ihm bereits eine derartige Zweiseitigkeit von göttlicher Souveränität und menschlicher Würde zerbrochen. Auch er war als Student, besonders in den ersten Jahren nach seinem Eintritt in den Erfurter Konvent der Augustinereremiten (1505), von Gabriel Biels Theologie fasziniert. Dann aber geriet er in das Gravitationsfeld einer für seinen Orden charakteristischen Lehrrichtung, die im Anschluss an die Spättheologie des Kirchenvaters Augustinus die völlige Unwürdigkeit des natürlichen Menschen vor Gott, die Nichtigkeit seiner Vernunftkräfte und seine Unfreiheit zum moralisch Guten hervorhob.[63] Sein Psalmenkolleg von 1513 bis 1515 bezeugt, wie tiefgehend der Bruch mit Gabriel Biels Wertschätzung der ethischen Leistungsfähigkeit der Vernunft- und Freiheitsnatur des Menschen vor Gott war. Wo Krafft unter dem Eindruck Biels die Chance für ein tugendhaftes Bauen des natürlichen und geheiligten Menschen sah, erfuhr Luther das völlige Scheitern seines Heiligkeitsstrebens – eine spirituelle Tiefenerfahrung, die er in einer theologischen Destruktion aller religiösen Ideale von Tugend- und Werkgerechtigkeit verarbeitete. Er dürfte sich gerade deshalb die Psalmen als ersten biblischen Vorlesungstext vorgenommen haben, weil er in diesen Gebetstexten seine existentielle Nichtigkeitserfahrung und das Klagen und Flehen des verzweifelten Menschen zu Gott ausgedrückt fand. Wie der biblische Arche-Text mit seiner Bauanleitung zu Kraffts Konstruktion eines Tugendlebens passte, so die Psalmen zu Luthers

---

62 Dieses Komplementaritätsverhältnis soll in dem unten Anm. 65 angekündigten Aufsatz noch präziser beschrieben werden.

63 Zu diesen Veränderungen von Luthers Selbsterfahrung und Theologie bereits vor Beginn seiner Ersten Psalmenvorlesung und zur Rolle, die dabei sein Ordensvorgesetzter, Seelsorger, theologischer Lehrer und väterliche Freund Johannes von Staupitz spielte, vgl. S.H. HENDRIX, Martin Luther. Visionary Reformer, 2015, 27–54; M. ARNOLD, Martin Luther, 33–80; zuletzt HAMM, Verinnerlichung (s. Anm. 2), 359–364. Vgl. auch DERS., Der frühe Luther. Etappen reformatorischer Neuorientierung, Tübingen 2010, 25–89.

Destruktion jeglichen Bauens auf Tugenden, Werke und eigene Gerechtigkeit. Den Ertrag seiner Psalmenvorlesung fasste er dann nahtlos am Anfang der im Laufe des Jahres 1515 anschließenden Römerbriefvorlesung in die Worte:

> Summe und Absicht des Apostels [Paulus] in diesem Brief ist es, alle eigene Gerechtigkeit und Weisheit einzureißen (*destruere*) und umgekehrt [unsere] Sünden und [unsere] Torheit [...] festzustellen, zu mehren und großzumachen [...] und so vollends zu zeigen, dass zu ihrer wahren Destruktion Christus und seine Gerechtigkeit uns nötig sind.[64]

So repräsentieren Krafft und Luther im Jahr 1514 paradigmatisch die theologischen Gegensätze ihrer Zeit: Krafft mit seiner erstaunlichen Wendung zum Leitbild eines Menschen, der als zweiter Noah eine Heilsarche der Frömmigkeit baut, Luther mit seiner noch überraschenderen, noch extremeren Wendung zu einem Glaubensverständnis, das dem Sein und Wirken des Menschen jede heilsrelevante Qualität abspricht, dagegen Rechtfertigung und Heil als pure Gabe Jesu Christi ohne jedes menschliche Mitwirken bestimmt. Man kann Luthers reformatorische Neuorientierung, die einen Systembruch mit dem bisherigen Gefüge von Theologie, Frömmigkeit und Kirchlichkeit bedeutete, nicht auf ein Jahr, eine Vorlesung, einen Text, ein Ereignis oder ein Erlebnis festlegen; sie war ein zeitlich gedehnter Vorgang. Deutlich ist aber auch, dass bereits seine *Dictata super Psalterium* einen tiefen, systemverändernden Gegensatz zu jener – bei allen überraschenden und gewagten Zuspitzungen – gut ›katholischen‹ Theologie enthalten, wie sie Ulrich Krafft gleichzeitig, 1514, in seinem Arche-Zyklus vorgetragen hat.[65] Auffallend an diesem Gegensatz ist nicht zuletzt, dass beide Theo-

---

64 »Summa et intentio Apostoli in ista Epistola est omnem Iustitiam et sapientiam propriam destruere et peccata atque insipientiam, que non erant, id est propter talem Iustitiam non esse putabantur a nobis, rursum statuere, augere et magnificare, id est facere, vt agnoscantur adhuc stare et multa et magna esse, ac sic demum pro illis vere destruendis Christum et Iustitiam eius nobis necessarios esse.« MARTIN LUTHER, Vorlesung über den Römerbrief, Glosse zu Röm 1,1; zitiert nach Martin Luther Studienausgabe, hg. v. H.-U. DELIUS, Bd. 1, 1979, 99,1–6; vgl. WA 56; 3,6–10.

65 Zum vorkonfessionellen Terminus des ›Katholischen‹, wie ich ihn hier verwende, vgl. meinen Aufsatz mit dem Arbeitstitel: B. HAMM, Katholischsein vor der Reformation: Klärungen am Beispiel des Ulmer Pfarrers Ulrich Krafft († 1516), erscheint voraussichtlich in: ZKG 2021.

logen, der junge Professor und der etwa doppelt so alte Pfarrer, nichts anderes sein wollten als gehorsame Ausleger des biblischen Gotteswortes. Für beide war die Heilige Schrift die letztgültige Legitimationsquelle ihrer ›Lehre‹.[66]

66 Zu Kraffts entakademisiertem, typisch frömmigkeitstheologischem Zentralbegriff der ›Lehre‹ (*lere*) als Synonym für Unterweisung und Anleitung zu einem gottwohlgefälligen Leben vgl. HAMM, Spielräume (s. Anm. 1), 261–266.

Das menschliche Herz und Luthers Theologie

Ein weiterer Blick auf den Denkweg des werdenden Reformators

Von Jonathan Reinert

Kaum ein Bereich der Theologiegeschichte ist so intensiv und kontrovers erforscht und diskutiert worden, wie der theologische Weg des jungen Augustinermönches und werdenden Reformators Martin Luther. Vielfach war und ist diese Forschung mit der Suche nach dessen ›Turmerlebnis‹ oder einem ›reformatorischen Durchbruch‹ verknüpft – was angesichts des eindrucksvollen Rückblicks Luthers auf seinen Werdegang in der *Vorrede zum ersten Band der Wittenberger Ausgabe seiner lateinischen Schriften*[1] kaum verwundert.[2] Wenn im Folgenden erneut der Fokus auf die frühen Schriften Luthers gelegt wird, so sei diese Frage jedoch zurückgestellt. Auch soll es nicht um die großen theologischen Begriffe wie Gerechtigkeit, Gnade, Wort Gottes usw. gehen – jedenfalls nicht direkt. Dem theologischen Werdegang Luthers soll sich vielmehr indirekt, gewissermaßen durch einen Nebeneingang genähert werden.

---

1 Vgl. WA 54; 176–187; LDStA 2; 491–509. Die Schriften Luthers werden nach der Weimarer Ausgabe zitiert (= WA). Außerdem wird, soweit vorhanden, der Nachweis in der Lateinisch-Deutschen Studienausgabe, Leipzig 2006–2009 (= LDStA) bzw. in der Deutsch-Deutschen Studienausgabe, Leipzig 2012–2016 (= DDStA) gegeben.

2 Vgl. aus der jüngeren Forschung nur den erneuten Versuch einer Datierung, nun mit der Unterscheidung zwischen einem denkerischen und einem existentiellen Durchbruch, von St. Leoni, Der Augustinkomplex. Luthers zwei reformatorische Bekehrungen (in: Reformatorische Theologie und Autoritäten. Studien zur Genese des Schriftprinzips beim jungen Luther [SMHR 85], hg. v. V. Leppin, 2015, 185–294) sowie die Einbeziehung archäologischer Befunde in die Frage nach dem Zusammenhang eines ›Turmerlebnisses‹ bei H. Junghans, Zeitpunkt und Ort von Luthers Turmerlebnis angesichts neuer Ausgrabungen. Aus dem Nachlass hg. v. M. Beyer (LuJ 84, 2017, 11–50).

Im Fokus steht der Begriff des Herzens in Luthers volkssprachlichen Schriften bis 1520. Dies hat einen quantitativen und einen qualitativen Grund. Zum einen begegnet der Herz-Begriff in Luthers Œuvre zu allen Zeiten seines Schaffens – er ist also denkbar unverdächtig, bloß ›(spät)mittelalterlich‹ oder ›reformatorisch‹ zu sein. Das liegt nicht zuletzt an seinem häufigen Vorkommen in der Bibel, insbesondere in den Psalmen.[3] Zum anderen stellt der Begriff auch für Luther einen anthropologischen Grundbegriff dar. Er bezeichnet – so viel kann vorläufig gesagt werden – wie auch der Wille (*voluntas*) oder das Gewissen (*conscientia*) das Personzentrum, den anthropologischen Ort der Gottesbeziehung,[4] wobei das Herz (*cor*) stärker als die anderen beiden Begriffe einen affektiven (emotiven) Aspekt enthält.[5]

Nähert man sich der Theologie Luthers über den Herz-Begriff, bekommt man es mit einem bestimmten Problem zu tun, das Notger Slenczka folgendermaßen beschrieben hat:

> Der Begriff des Herzens teilt [...] das Geschick aller anthropologischen Begriffe bei Luther, die eben nicht systematisch differenziert und mit präzisen semantischen Gehalten einander zugeordnet werden; vielmehr greift Luther nach ihnen, um jeweils im Kontext

---

3 Vgl. N. SLENCZKA, Art. Herz (in: Das Luther-Lexikon, hg. v. V. LEPPIN / G. SCHNEIDER-LUDORFF unter Mitarbeit von I. KLITZSCH, 2014, 293f), 293: »Luthers Verwendung des Begriffs verbindet die vorreformatorische Anthropologie mit der Bildsprache der Psalmen, von der seine Theologie zutiefst geprägt ist.«

4 Vgl. W. HÄRLE, »Der Mensch wird durch den Glauben gerechtfertigt«. Grundzüge der lutherischen Anthropologie (in: DERS., Menschsein in Beziehungen. Studien zur Rechtfertigungslehre und Anthropologie, 2005, 169–190), 182–184 unter Rückgriff auf W. JOEST, Ontologie der Person bei Luther, 1967, 228f: »Der ›Ort‹ der Bestimmung über die Lebensganzheit im Horizont der Gottesbeziehung als ›geistlich‹ oder ›fleischlich‹ liegt für Luther jenseits der Sphäre des rationalen Einsichts- und Entscheidungsvermögens. Luther kann diesen Ort als voluntas, cor, conscientia bezeichnen, und meint damit nicht eine Potenz, die je und je differente Akte setzen kann, sondern eine Grundbewegung des Selbst, die allen Potenzen und ihren Akten voraus je immer schon im Akt (und zwar in dem geistlich oder fleischlich *bestimmten* Akt) begriffen ist.«

5 Vgl. SLENCZKA, Art. Herz (s. Anm. 3). Vgl. ausführlich G. METZGER, Gelebter Glaube. Die Formierung reformatorischen Denkens in Luthers erster Psalmenvorlesung, dargestellt am Begriff des Affekts (FKDG 14), 1964.

menschliche Selbst- und Gotteserfahrungen in Worte zu fassen, wobei der semantische Gehalt von dieser Erfahrung regiert wird.[6]

Es gilt demnach, dem Begriff *in seinem jeweiligen literarischen Kontext* nachzuspüren und darin auf seine Verwendungsweise und Funktion zu achten.[7] Dabei stößt man, wie sich zeigen wird, durchaus ins Zentrum von Luthers theologischem Denken – jedoch nicht direkt, sondern eben durch einen Nebeneingang. Man erspäht dabei einen Blick auf die Denkbewegung, die Luther im Zeitraum zwischen 1517 und 1520 durchmacht.

I Das Herz als Ort der wahren Reue

Die erste eigene volkssprachliche Veröffentlichung Luthers – nach der Herausgabe der (unvollständigen) *Theologia deutsch* 1516[8] – war eine Vers-für-Vers-Auslegung der sieben Bußpsalmen.[9] Wahrscheinlich im März 1517 erschien die Auslegung im Druck,[10] unterzeichnet von »Martinus Luder«[11] – also noch vor der bedeutungsvollen Namensänderung in Luther, wie er den Brief vom 31. Oktober desselben Jahres mit den *95 Thesen gegen den Ablass* an Albrecht von Mainz unterzeichnete.[12] Zu diesem Zeitpunkt war Luther in der medialen Öffentlichkeit zwar noch unbekannt, doch aufgrund des Ordens und seine Einbindung in humanistische Kreise

6 Slenczka, Art. Herz (s. Anm. 3), 293.
7 Dass die Kontextualisierung und zeitliche Differenzierung innerhalb des Werkes Luthers weitgehend unterbleiben, ist ein Nachteil der ansonsten sehr anregenden, von der Rhetorik ausgehenden und am Begriff des Herzens bei Luther orientierten Analysen Birgit Stolts (vgl. B. Stolt, Martin Luthers Rhetorik des Herzens, Tübingen 2000 sowie Dies., »Laßt uns fröhlich springen!« Gefühlswelt und Gefühlsnavigierung in Luthers Reformationsarbeit. Eine kognitive Emotionalitätsanalyse auf philologischer Basis [Studium Litterarum 21], 2012).
8 Vgl. dazu A. Zecherle, Die Rezeption der ›Theologia Deutsch‹ bis 1523. Stationen der Wirkungsgeschichte im Spätmittelalter und in der frühen Reformationszeit (SHMR 112), 2019, 69–79.
9 WA 1; 154–220.
10 Vgl. WA 1; 154.
11 WA 1; 158,19.
12 Vgl. WAB 1; 108–115 (Nr. 48). Zur Änderung der Schreibweise seines Namens vgl. B. Moeller / K. Stackmann, Luder – Luther – Eleutherius. Erwägungen zu Luthers Namen (NAWG 7), 1981.

hatte sich bereits ein gutes Netzwerk gebildet – beispielsweise mit Kontakten nach Nürnberg, deren *Sodalitas Staupitziana* nach Luthers Lehrer und Beichtvater Johannes von Staupitz benannt wurde.[13] So verwundert es nicht, dass sich Luthers *Auslegung der sieben Bußpsalmen* – auch gegen seine Intention – schnell verbreitete: Am 6. Mai 1517 schreibt Luther an den Rechtskonsulenten der Stadt Nürnberg, Christoph Scheurl, mit dem er seit Anfang des Jahres – über ihren gemeinsamen Bezugspunkt Staupitz – in Kontakt war,[14] dass er, Luther, bedaure, dass seine Schrift bereits bis zu ihm gedrungen sei, da sie doch für rohe Sachsen und nicht für gebildete Nürnberger geschrieben sei.[15]

Die Bußpsalmen verbinden Luthers monastischen Frömmigkeitskontext und seinen akademischen Lehrkontext: Als Professor hatte Luther in seiner ersten Vorlesung die Psalmen ausgelegt (1513–1515),[16] also das Gebetbuch, welches seine eigene Frömmigkeit im monastischen Kontext in besonderer Weise geprägt hat.[17] Die Psalmen 6, 32 (Vg. 31), 38 (Vg. 37), 51 (Vg. 50), 102 (Vg. 101), 130 (Vg. 129) und 143 (Vg. 142) wurden bereits in der frühen Kirche zu einer eigenen Gruppe zusammengestellt und erlangten als solche besondere Bedeutung. Aufgrund ihres gemeinsamen inhaltlichen Merkmales, dem Bekenntnis der Schuld, bekamen sie zwei vorzügliche Verwendungszusammenhänge: zum einen im Bußsakrament und zum an-

---

13 Zur Entstehung dieser Sodalität durch die offenbar beeindruckenden Adventspredigten Staupitzens von 1516 vgl. B. Hamm, Humanistische Ethik und reichsstädtische Ehrbarkeit in Nürnberg (in: Ders., Lazarus Spengler [1479–1534]. Der Nürnberger Ratsschreiber im Spannungsfeld von Humanismus und Reformation, Politik und Glaube [SuR 25], 2004, 1–72), 60–68. Zur Bedeutung dieser Netzwerke für die Frühzeit der Reformation vgl. V. Leppin, Die fremde Reformation. Luthers mystische Wurzeln, 2016, 48–54.

14 Der erste Brief Scheurls an Luther ist auf den 2. Januar 1517 datiert (vgl. WAB 1; 84f [Nr. 32]).

15 Vgl. WAB 1; 93–95 (Nr. 38). Eine solche Demutsbekundung in humanistischen Zirkeln ist freilich auch ein rhetorisches Element.

16 Vgl. einführend Ch. Spehr, Luthers Psalmen-Vorlesung (1513–1515) – Historische und theologische Aspekte (in: Meilensteine der Reformation. Schlüsseldokumente der frühen Wirksamkeit Martin Luthers, hg. v. I. Dingel / H.P. Jürgens, 2014, 18–27.243f).

17 Vgl. U. Köpf, Monastische Traditionen bei Martin Luther (in: Luther – zwischen den Zeiten. Eine Jenaer Ringvorlesung, hg. v. Ch. Markschies / M. Trowitzsch, 1999, 17–35), 28.

deren im Gebet für Verstorbene.[18] Luther hat die genannten Psalmen also als ein zusammenhängendes Korpus kennen- und schätzen gelernt und sie entsprechend für den frommen Gebrauch des ›gemeinen Mannes‹ ausgelegt.

In Luthers *Auslegung der sieben Bußpsalmen* begegnet das Herz vor allem als der *Ort der wahren Reue*. Im Horizont des Bußsakraments, das aus der Reue (*contritio*), dem Bekenntnis der Sünde (*confessio*) und der Genugtuung (*satisfactio*) besteht und das bekanntlich den theologie- und frömmigkeitsgeschichtlichen Ort der Ablasses und Luthers Widerstand gegen diesen bzw. dessen Handhabung darstellt,[19] wird der Akzent somit ganz auf den ersten Aspekt gelegt. Eben dies begegnet dann auch wenig später in den Schriften, mit denen Luther öffentlich Kritik am Gebrauch des Bußsakraments und des Ablasshandels äußert.[20] Die Betonung der Reue vertrat in besonders pointierter Weise Johannes von Staupitz – und zwar nicht nur im Horizont des Bußsakraments, sondern insgesamt im (soteriologischen) Horizont des Gnadenhandelns Gottes am Menschen.[21]

Das Herz als Ort der wahren Reue gewinnt nun seine Kontur dadurch, dass es in drei die Auslegung bestimmende Gegenüberstellungen einge-

18 Vgl. C.C. KING'00, Miserere Mei: The Penitential Psalms in Late Medieval and Early Modern England, 2012, 13–19.

19 Luther selbst setzt die Dreiteilung voraus und erinnert beispielsweise am Beginn seines *Sermons von Ablass und Gnade* ausdrücklich daran (vgl. WA 1; 243,4–7; DDStA 1; 4,1–3), wobei er als zweiten Teil die Beichte nennt, die selbst wiederum aus dem Bekenntnis der Sünde vonseiten des Beichtenden und der Lossprechung (*absolutio*) vonseiten des Priesters besteht.

20 »Das sag ich, das man auß keyner schrifft beweren kann, dass gotlich gerechtigkeyt etwas peynn adder gnugthuung begere adder fordere von dem sunder, dann alleyn seyne hertzliche und ware rew adder bekerung, mit vorsatz, hynfurder dass Creutz Christi tzu tragenn unnd die obgenanten werck (auch von niemant auffgesetzt) tzu uben« (WA 1; 244,15–20; DDStA 1; 4,26–31).

21 Vgl. J. VON STAUPITZ, Salzburger Predigten. Eine textkritische Edition, ed. v. W. SCHNEIDER-LASTIN, 1990, besonders die dritte Predigt (aaO., 41–47) sowie eine Nürnberger Predigt über die Reue (in: Johann von Staupitzens sämmtliche Werke. Bd. 1: Deutsche Schriften, hg. v. J.K.F. KNAAKE, 1867, 15–19). S. dazu L. GRAF ZU DOHNA / R. WETZEL, Die Reue Christi. Zum theologischen Ort der Buße bei Johann von Staupitz (in: DIES., Staupitz, theologischer Lehrer Luthers. Neue Quellen – bleibende Erkenntnisse [SMHR 105], 2018, 151–175).

zeichnet wird: (a) in die Gegenüberstellung von *den Demütigen und den Hoffärtigen* als zwei gegeneinanderstehende Existenzweisen *coram deo*; (b) in die Gegenüberstellung von *innerem und äußerem Menschen*, die eine anthropologische Grundunterscheidung darstellt; und (c) in die Gegenüberstellung von *dem auf Gott ausgerichteten Herzen und dem nicht auf Gott ausgerichteten Herzen* (*cor incurvatus in seipsum*) als einer inhaltlichen Bestimmtheit dieser Existenzweisen *coram deo*. Dies sei anhand einiger ausgewählter Zitate verdeutlicht.

Im Anschluss an den berühmten ersten Vers des vierten Bußpsalms (*Miserere mei, Deus, secundum misericordiam tuam*; »Erbarme dich meyner, ach got, nach deyner großen barmhertzickeit«) erklärt Luther, was ein wahrhaft reuevolles Herz ausmacht:

> Eynem warhafftigem rewigen hertzen ligt nichtz vor augen,[22] dan seyne sund und elend ym gewissen. darumb mag der auß grundlichem ernst diße wort nit sprechen, der noch etwas radts ader tads yn sich findet, darumb er noch nit gantz elend ist, sundern eyn trostlein fület ynn yhm selber außer gottis barmhertzickeit.[23]

Auch der anschließende V.2 wird ausgelegt als »wort einer gruntlichen rewe,[24] die do groß macht und vill die gnade gottis, yn dem das sie groß und vill macht yre sunde«[25] und in den demütig-hoffärtig-Gegensatz eingezeichnet: »darumb schmeckt die gnade nit wol den hoffertigen, dan yhn schmeckent nach nit ubell yre sund«.[26] Dass es sich hierbei um einander

---

22 Die biblische Wendung von den Augen des Herzens (Eph 1,18) ist bei Luther geläufig. In der Römerbriefvorlesung verknüpft er sie u.a. mit der Passionsmeditation, wenn er empfiehlt, die Augen des Herzens in den Wunden Christi zu reinigen: »prius purget oculos cordis in mediatione Vulnerum Ihesu Christi« (WA 56; 400,3f). Die Meditation der Wunden Christi verweist sowohl in den Kontext der zeitgenössischen Passionsfrömmigkeit als auch auf seinen Lehrer und Beichtvater: Luther berichtet in seiner großen Genesisvorlesung davon, dass er in seiner Prädestinationsangst von Staupitz durch Verweis auf die Wunden und das Blut Christi »pro te« getröstet wurde (WA 43; 461,12; vgl. auch die Vorlesungsnachschrift, die versehentlich als Tischrede Nr. 5658a ediert wurde [WA.TR 5; 293–296; vgl. dazu WA 48; 363f]).

23 WA 1; 185,37–186,2.

24 Vgl. auch WA 1; 175,21f: »darumb malet disser psalm auffs aller klerest die weyß, wort, werck, gedancken und berden eyns waren rewigen hertzen«; WA 1; 206,29f: »Das sein hefftige und seer grundlich wort eins warhafftigen rewigen hertzen«.

25 WA 1; 186,11–13.

26 WA 1; 186,14f.

gegenüberstehende Existenzweisen handelt, zeigt sich u.a. daran, dass das Leben des Christen bleibend ein Leben in Buße ist. Was Luther in seiner ersten der 95 Ablassthesen besonders pointiert ausgedrückt hat,[27] wird hier im Anschluss an V.6 (»Sihe, yn ungerechtickeyt byn ich empfangen, unnd yn der sunde hat mich mein mutter empfangen.«), dem *locus classicus* der Erbsündenlehre, dargelegt.[28] In der Auslegung von V.7 (»Die ynnern und vorborgene deyner weyßheit hastu myr offenbart.«) schließlich werden der Demütige und der Hoffärtige antithetisch gegenübergestellt[29] und die Demut mit der mystisch grundierten Vorstellung von der Gelassenheit[30] verbunden:

> Das ynnerlich aber unnd vorborgen sidder weißheit ist nit anders, dan gruntlich erkennen sich selbs, und alßo sich selb hassen, und alle gerechtickeit nit bey sich, sondern bey got suchen, altzeit seyn vordrießen, und nach gote senen, das ist, demutig got lieben und sich laßen.[31]

Wie sehr sich Luthers theologische Arbeit im Gespräch mit dem Bibeltext vollzieht,[32] zeigt sich etwa daran, dass sich genau diese Konstellation – dass

---

27 »1 Dominus et magister noster Iesus Christus dicendo ›Penitenntiam agite &c.‹ omnem vitam fidelium penitentiam esse voluit.« (WA 1; 233,10f; LDStA 2; 2,6f).

28 Vgl. WA 1; 188,10–22. In der Adam-Christus-Antithetik ebenso bei V.3: »Nu ists mit unß alßo, das Adam auß muß und Christus eyn geen, Adam zu nichte werden und Christus allein regiren und seynn, derhalben ist waschens und reynigens kein ende yn disser tzeit« (WA 1; 186,25–27).

29 WA 1; 188,32–34: »Die weyßheyt gottis wirt den hoffertigen nur ym eußer scheyn offenbert, aber denn demutigen wirt sie yn ynnewendiger warheyt und vorborgenen grund ertzeigt.«

30 Der wohl von Meister Eckhart stammende, in dessen Predigten (v.a. Predigt 13) jedenfalls erstmals pointiert gebrauchte Begriff ist nach zwei Seiten gerichtet: Gelassen ist derjenige, »welcher die welt und sich selbst gelassen und sich gott gelassen hat« (Deutsches Wörterbuch von Jakob und Wilhelm Grimm. Bd. 5, Leipzig 1897, 2864f). Er wurde in der oberrheinischen Mystik vielfach aufgenommen und begegnet auch pointiert bei Staupitz, den nach Berndt Hamm gar insgesamt eine »Spiritualität der Gelassenheit« kennzeichne (B. HAMM, Art. Staupitz, Johann[es] von [ca. 1468–1524] [TRE 32, 2001, 119–127], 124).

31 WA 1; 189,4–8.

32 Etwas pathetisch, aber durchaus treffend schreibt der römisch-katholisch Lutherforscher Joseph Lortz zum Thema Luther und die Bibel: »Luther hat – nachdem die Heilige Schrift ihn in seinen frühen Jahren des reformatorischen Werdens ein erstes Mal

das Herz der Ort der wahren Reue ist und dass das wahrhaft reuevolle Herz den Demütigen vom Hochmütigen unterscheidet – in V.18 dieses Psalms findet: »Das opffer, das got gefellet, ist ein gebrochner geist, Eyn rewiges hertz unnd gedemütiget, das wirstu, o got, nit vorachten.«[33] Luther kommentiert:

> Alß sprech her, alls ander vorachtet er, an eynn hertz das gedemutiget und zurbrochen ist. dan das selb gibt yhm die eer unnd sich selb die sund. das hertz gibt got nichts, sundern nimpt nur von yhm. das wil auch gott haben, auff das er got sey warhafftig. den gote geburt zu geben und nit nehmen.[34]

Gerade in der Auslegung des reuigen Herzens als Opfer Gottes, von dem auch in den folgenden Psalmenversen die Rede ist, zeigt sich schließlich die Fundamentalunterscheidung zwischen innerem und äußerem Menschen, wie sie auch in den vorangegangenen Zitaten z. T. schon vorhanden war:[35] »ßo das hertz nit angenehm ist und zuvorn geopfert, seyn all eußere opfer umbsunst«.[36] Für das Innere des Menschen steht das Herz, das in dieser Funktion synonym mit Geist[37] oder Seele[38] verwendet wird.

Die Gegenüberstellung von innerem und äußerem Menschen und dass der Menschen wesentlich von seinem Inneren her verstanden werden muss, während der äußere Mensch Ausdruck des inneren Menschen ist, wird be-

wunderbar schnell überflutet hatte und in ihn eingegangen war – sein Leben lang nicht aufgehört, aus dieser Quelle zu trinken.« (J. LORTZ, Martin Luther. Grundzüge seiner geistigen Struktur [in: Reformata reformanda. Bd. 1. FS H. Jedin, hg. v. E. ISERLOH / K. REPGEN, 1965, 214–246], 241).

33 WA 1; 193,25–27.

34 WA 1; 193,28–32. Dass sich Reue und Demut bezüglich des menschlichen Existenzvollzuges *coram deo* wechselseitig interpretieren, zeigt etwa auch Luthers Formulierung von den »rewige[n] und demutige[n] menschen« (WA 1; 200,2), die von den ihrer selbst sicheren Menschen (d.h. den Hoffärtigen) verspottet werden.

35 Beispielsweise dann, wenn das Psalmwort als Ausdruck des reuevollen Herzens gedeutet wird (s.o., Anm. 22). Der Mund bzw. die Worte stehen für den äußeren Menschen, das Herz für den inneren Menschen. Was beim Demütigen in Einklang ist, fällt bei den Heuchlern auseinander, die etwa im Gebet nur mit dem Mund plappern, während das Herz nicht auf Gott, sondern auf anderes gerichtet ist (dazu s.u. ›II Das Herz als Ort des wahren Gebets‹).

36 WA 1; 194,29f.

37 Vgl. z.B. WA 1; 167,29f.

38 Vgl. z.B. WA 1; 176,5–8.

sonders anhand von Luthers Auslegung von Ps 38 (Vg. 37),7 (»Den gantzen tag byn ich betrubt gangen.«) deutlich. Die in dem Vers ausgedrückte Geste kommentiert Luther mit »Das seyn rechte tzeichen grundlicher rewe vor die sunde«[39] und vergleicht es mit dem reumütigen Zöllner aus Lk 18,13, dessen Geste, die Augen nicht zum Himmel zu erheben, nach Luther »meer mit dem hertzen dan mit dem leibe«[40] vollzogen worden sei.[41]

Wo in V.14 des zweiten Bußpsalms von dem ›richtigen Herzen‹ die Rede ist, erklärt Luther dieses durch der Gegensatz zwischen dem auf Gott ausgerichteten Herzen und dem *cor incurvatus in seipsum*: »an das hertz, das richtig ist zu got, unnd nit eyngekrumet auff sich selb ader etwas anders dan gott, ist auff das ewige gut gegrundt und steet.«[42] Dabei ist die Wandlung des Herzens ein Werk des Heiligen Geistes: »Der gute geist ist der heylge geist, der macht sanfft, gelinde und gutig hertzen, die geen yn dem richtigen weg, darynne sie nichts dann gotte suchen und nit sich selbs ynn allen dingen.«[43]

Zwei Aspekte der Verwendung des Herzbegriffs in Luthers *Auslegung der sieben Bußpsalmen* werden angerissen, treten jedoch hinter den Hauptaspekt des Herzens als Ort der wahren Reue zurück, ohne zu diesem in Widerspruch zu stehen: (1.) Im fünften Bußpsalm spricht der Psalmbeter davon, dass sein Herz dürr geworden ist, da er vergessen hat, sein Brot zu

---

39 WA 1; 178,2.

40 WA 1; 178,4.

41 Ähnlich auch die Auslegung von V.9 (»Ich hab geschryet vor seufftzen meyns hertzen«): »Geich wie eyn lawe schreyet und ruyget [d.h. brüllt], das ist, wan das hertz ßo voll leydens ist und seufftzens, das sichs nit enthalten kan, es bricht erauß durch ein cleglichs heulen, das ist gar ein volkommende rew.« (WA 1; 178,26–28). Interessanterweise fällt in Luthers Überarbeitung der *Auslegung der sieben Bußpsalmen*, die 1525 gedruckt wird, der letzte Halbsatz weg (vgl. WA 18; 494,26–29).

42 WA 1; 173,31–33. In der Auslegung des sechsen Bußpsalms erklärt Luther, was in dem Vers mit ›Israel‹ gemeint sein müsse: »Jsrael auff hebreisch heist ein man der gott sicht, adder der von gott ist richtig, das seyn die, der hertzen richtig steen zu gott, und auff yhn altzeit sehen, achthaben, warnemen, unnd nit sich krummen yn sich selb« (WA 1; 210,17–19).

43 WA 1; 218,21–23. Der Sache nach ähnlich, jedoch nicht im Bild der Richtung bzw. des Weges, sondern – mit Anklängen an Augustin – der Ruhe und der Unruhe: Das betrübte Herz ist ein unruhiges, das »auß meyner crafft nit widder tzur stille unnd ruge« (WA 1; 179,8) gebracht werden kann.

essen (V.5). Dies deutet Luther natürlich geistlich: »des dorren hertzen broet ist nimant dan gott selber, der allein mag die hertzen speysen, dan das hertz muß ein ewige speyß haben, sall es satt werden.«[44] (2.) Im ersten Bußpsalm geht es mehrfach um das Flehen und Sehnen des Menschen und die Erhörung durch Gott. Luther meint dazu, dass es sich um ein Rufen des Herzens handle. Denn: »gottis stercke und trost wirt niemand gegeben, er erbitte es dan mit gantzem grund des hertzen«.[45] Diese beiden Elemente werden zentral in Luthers Auslegung des Vaterunsers.

II Das Herz als Ort des wahren Gebets

In der Fastenzeit 1517 – also zeitlich nahe an der *Auslegung der sieben Bußpsalmen* – predigte Luther über das Vaterunser. Johann Agricola – ein zu dieser Zeit enger Begleiter und Bewunderer Luthers,[46] der v.a. aus dem ca. 20 Jahre später stattfindenden sogenannten ersten antinomistischen Streit (1537–1540) bekannt ist – schrieb die Predigten mit und ließ sie ohne Zustimmung Luthers im Januar 1518 drucken.[47] Luther jedoch war damit nicht einverstanden und bearbeitete den Text neu, der dann im April 1519 als *Auslegung deutsch des Vaterunsers für die einfältigen Laien* im Druck erschien.[48] Bis dahin hatte der Druck Agricolas bereits mehrere Auflagen erlebt und also weite Verbreitung erfahren.

Die Frage nach dem Quellengehalt der Ausgabe Agricolas für das Denken Luthers ist nicht eindeutig zu klären,[49] weil die Predigten Luthers nicht anderweitig überliefert sind. Jedoch spricht einiges für eine recht hohe Authentizität. Denn weder in der Vorrede zu ›seiner‹ Ausgabe von 1519 noch sonst irgendwo gibt Luther einen Hinweis darauf, dass er sich bei Agricola

---

44 WA 1; 197,32–34.
45 WA 1; 160,21f.
46 Vgl. St. Kjeldgaard-Pedersen, Gesetz, Evangelium und Buße. Theologiegeschichtliche Studien zum Verhältnis zwischen dem jungen Johann Agricola (Eisleben) und Martin Luther (ATDan 26), 1983, 10.
47 WA 9; 122–159.
48 WA 2; 74–130.
49 Für die Perspektive der Rezeption spielt diese Frage freilich gar keine Rolle, da die von Agricola ohnehin anonym herausgegebene Schrift selbstverständlich als ein Text Luthers gelesen wurde.

verfälscht wiedergegeben sah, obwohl er auf diesen Bezug nahm. Ein weiteres Argument dafür, dass er den Text Agricolas grundsätzlich als seinen anerkannte, ist, dass er eben diesen überarbeitete und nicht einfach eine neue Auslegung schrieb. Insofern scheint mir die Vermutung Ernst Bizers angemessen, dass Luther 1519 zum Teil andere Akzente setzen wollte als 1517 bzw. Anfang 1518 und daher inhaltliche Gründe für die Überarbeitung ausschlaggebend waren.[50] Im Folgenden wird zuerst die in beiden Versionen gemeinsame Verwendung des Herz-Begriffs darstellt, bevor anschließend auf einige Verschiebungen hingewiesen wird.

In Luthers Auslegung des Herrengebets begegnet das Herz vor allem als der *Ort des wahren Gebets*. Dies zeigt sich besonders in den Abschnitten zur Anrede ›Vater unser, der du bist im Himmel‹, wo Luther grundsätzliche Aussagen zum Gebet macht. Die Anrede sei zwar bloß ein kurzes Gebet, doch enthalte es bereits alles Wesentliche, da es sich vertrauensvoll an den Vater richtet und im gleichen Atemzug den unendlichen Abstand zwischen dem Vater im Himmel und dem Beter im irdischen Elend bekennt. Damit sei dieses Gebet schon ein so »hohes worth, das es nit muglich ist aus des menschen natur tzu reden, es sey dan der geist Christi im hertzen«;[51] »das halt ich fur das beste gebet, dan do redt das hertz meer dan der mundt«.[52]

Ebendies steht im Gegensatz zu der kirchlichen Praxis, die Luther erlebt:

> Es stehet die weil ein ander in der kirchen unnd wend die bletter umb, tzelet die pater noster korner und klappert fast da mit, und denckt mit dem hertzen weyth von dem, das er mit dem mundt bekennet, das heist nichts gebetet. Dan tzu den spricht Got durch

---

50 Vgl. E. BIZER, Fides ex auditu. Eine Untersuchung über die Entdeckung der Gerechtigkeit Gottes durch Martin Luther, ²1961, 131.

51 WA 2; 83,35 f; vgl. WA 9; 125,29 f.

52 WA 2; 84,8 f. Dies erinnert an Luthers Behauptung in der *Bußpsalmenauslegung*, die Geste des Zöllners in Lk 18,13 sei mehr mit dem Herzen als mit dem Leib vollzogen worden (s. o.). In Agricolas Ausgabe hieß es leicht differierend: »Unnd das halt ich vor das beste gebeth, wan das hertze tzu Christo fleuget« (WA 9; 127,1 f). Auch zur ersten Bitte (›Geheiligt werde dein Name‹) meint Luther, es sei »ein so gros uberschwenglich tieff gebet, so es mit dem hertzen gebeth wirt, wie woll von kurtzen worten« und schließt an: »und ist under den syben bitten kein grosser« als dieses (WA 2; 87,9 f; vgl. WA 9; 128,10–12).

den Propheten Jsaiam [Jes. 29,13]: Dis volck beth mich an mit dem mundt, aber ir hertz ist weyt von mir.[53]

Auf den möglichen Einwand, es sei doch geboten ohne Unterlass zu beten (Lk 18,1), antwortet Luther, dass eben da nicht das viele Plappern mit dem Mund gemeint sei, sondern das geistliche Gebet, also das wahre Gebet mit dem Herzen.[54] Luthers Fazit zum Wesen des Gebets lautet schließlich:

> Also beschlissen alle lerer der schrifft, das das wesen und natur des gebets sey nichts anders dan ein auffhebung des gemuts ader hertzen tzu got. Ist aber die natur unnd arth des gebets des hertzens auffhebung, so folget, das alles ander, was nit des hertzens erhebung ist, nit gebet ist.[55]

Welche Bedeutung haben dann aber die mündlichen Worte? Während in Agricolas Ausgabe darauf nur ganz knapp eingegangen wird,[56] führt Luther dies in seiner Überarbeitung weiter aus und wehrt sich dabei gegen den inzwischen offenbar aufgekommenen Vorwurf, er würde das mündlich-äußerliche Gebet verwerfen.[57] Die Worte sollen nichts anderes sein »als ein trometen, drummel adder orgele ader sunst ein geschrey, da mit das hertz bewegt und erhaben werd tzu got.«[58] Doch Luther warnt auch gleich darauf:

53 WA 2; 84,10–14; vgl. WA 9; 127,2–7.

54 Vgl. WA 2; 84,32–85,8; vgl. WA 9; 126,25–28.

55 WA 2; 85,9–12; vgl. WA 9; 127,15–20. Luther übernimmt eine weit verbreitete und in der christlichen Literatur bis in die Gegenwart (vgl. nur M. Schlosser, Erhebung des Herzens. Theologie des Gebets, 2015) immer wieder zitierte Definition des Gebetes als Erhebung (*ascensus / elevatio*) der Seele (*mentis / intellectus*) bzw. des Herzens (*cordis*) zu (*ad*) bzw. in (*in*) Gott. In der Form ›Erhebung der Seele zu Gott‹ findet sich die Definition bei Johannes Damascenus, De Fide orthodoxa, Buch III, Kapitel 24, auf den in diesem Zusammenhang immer wieder verwiesen wird.

56 Vgl. WA 9; 127,28–32.

57 WA 2; 85,31–35: »Dan das mundlich gebet ader die wort vorwirff ich nit, soll auch nyemant vorwerffen, Ja mit grossem danck annemen als sunderliche gros gottis gaben. Aber das ist zu vorwerffen, das man der wort nit tzu irem ampt und frucht gebraucht, nemlich das hertz tzu bewegen, sundern yn falscher tzuvorsicht sich vorlest dar auff, das man sie mit dem mundt nuer gemummelt ader geplepperet hat an alle frucht und besserung, Ja mit ergerung des hertzen.«

58 WA 2; 85,22–24.

Ja es soll niemand sich auff sein hertz vorlassen, das er an [= ohne] wort wolt beten, er sey dan wol geubt ym geyst und erfarung hab, die frembden gedancken aus tzuschlahen, sunst wurd yn der teuffel gar und gantz vorfuren und sein gebet im hertzen bald vorstoren.[59]

Was an der Überarbeitung auffällt, ist, dass Luther Unterscheidungen und wichtige Pointen klarer akzentuiert als dies in Agricolas Ausgabe der Fall ist. Oft stellt Luther das ihm Wichtige der Einzelauslegung voran oder formuliert es zusammenfassend am Schluss. So bekommt die Auslegung eine Vorrede, in der darauf hingewiesen wird, dass Jesus mit dem Vaterunser (Mt 6,9–13) nicht nur erklärt, *was* wir beten sollen, sondern in der Hinführung zu diesem auch *wie* wir – im Gegensatz zu den Heuchlern – beten sollen (Mt 6,5–8).[60] Luther zieht zur Verdeutlichung Jesu Aussage aus Joh 4,24 heran: »wer got wil an bethen, der musz yn dem geyst und yn der warheyt anbeten.«[61] Das Beten im Geist bzw. das geistliche Gebet sei dabei im Kontrast zum leiblichen Gebet zu verstehen und das Beten in der Wahrheit im Kontrast zum Gebet im Schein vor den Leuten.[62] Aus dieser Gegenüberstellung ergibt sich die Definition des falschen und wahren Gebets im Sinne Jesu: »das gebet ym scheyne und leyplich ist das eusserliche mummelen und plepperen mit dem munde an [= ohne] alle acht. [...] Aber das geystlich und warhafftig gebet ist das innerliche begirde, seufftzen und vorlangen aus hertzen grund«.[63] Damit ergibt sich, wie das äußerliche Gebet – denn um ein solches handelt es sich beim Vaterunser erst einmal – richtig zu beten ist: »mit andacht des hertzenn, do wirdt der scheyn in die warheit getzogen und das eusserlich yn das innerlich«.[64] Das Herz als Ort des wahren Gebetes in der *Auslegung des Vaterunsers* ist demnach genau wie als Ort der wahren Reue in der *Auslegung der sieben Bußpsalmen* das wahrhaft Innerliche im Gegensatz zum bloß Äußerlichen.

59 WA 2; 85,24–27.
60 Vgl. WA 2; 81,1–83,9.
61 WA 2; 81,18f.
62 Vgl. WA 2; 81,20–22.
63 WA 2; 81,22–26. Die Sehnsucht (*desiderium*) stellt ein wesentliches Element der Gebetslehre Augustins dar (vgl. T.J. van Bavel, Die Sehnsucht betet immer. Augustins Lehre über das Gebet, 2008).
64 WA 2; 82,5f.

Die wohl auffälligste Änderung in der Überarbeitung von 1519 ist ein angefügter Abschnitt, in dem das Wort ›Amen‹ erläutert wird.[65] Denn hier systematisiert und verdeutlicht Luther nicht bloß etwas, sondern wirft dadurch, dass die formale Schlussstellung der inhaltlich ausgeführten Letztgültigkeit entspricht, auf die Auslegung insgesamt ein anderes Licht. Worum geht es also bei diesem kleinen Wörtchen Amen? Es »druckt aus den glauben, den man haben soll in allen bitten.«[66] Die Relevanz dessen wird auch sogleich hervorgehoben:

> Drumb, wie der weysz man sagt, das end des gebets ist besser dan der anfang. Das am endt, so du ›amen‹ sprichst mit hertzlicher tzuvorsicht und glauben, so ist gewissz das gebeth befestiget und erhoret, Und wo dis endt nit ist, do ist wyder anfang noch mittel des gebets nutz.[67]

Etwas später bezeichnet Luther das Wort Amen als »ein wort des festen, hertzlichen glaubens«.[68] Der feste Glaube steht dabei im Gegensatz zum Zweifel: »Also solt ein mensch, der do beten wil, sich prufen und erforschen, ab er es auch gleub ader tzweiffel, das er erhoret werde.«[69] Dass es sich bei dem Adjektiv ›herzlich‹ (in der Formulierung des ›herzlichen Glaubens‹ oder der ›herzlichen Zuversicht‹) nicht bloß um eine Betonung im Sinne des ›besonders starken‹ Glaubens handelt, sondern auch um einer Verortung des Glaubens im Herzen, zeigt sich daran, dass dem festen Glauben ein stilles Herz korrespondiert, während dem Zweifel ein unruhiges, hin und her schwankendes Herz entspricht. So sagt Luther vom Zweifelnden: »er helt nith still sein hertz, sunder wappelt unnd schluttert hyn und herr«.[70]

Hier zeichnet sich meines Erachtens eine Verschiebung des Koordinatensystems ab, in dem Luther seine Theologie expliziert, und das damit auch eine Veränderung des Denkens anzeigt: Ist in der *Vaterunserauslegung* – sowohl in der Ausgabe Agricolas als auch in Luthers eigener Überarbeitung – die Gegenüberstellung von dem Demütigen und dem Hoffärti-

---

65 Vgl. WA 2; 126,28–128,2.
66 WA 2; 126,30f.
67 WA 2; 127,2–6.
68 WA 2; 127,20f.
69 Vgl. WA 2; 127,6f.
70 WA 2; 127,9f.

gen als Existenzweisen *coram deo* durchaus noch leitend,[71] so hat Luther in der Überarbeitung von 1519 den Glauben an einigen Stellen sozusagen pointiert eingearbeitet – beispielsweise in der Auslegung der vierten Bitte (›Unser tägliches Brot gib uns heute‹): In beiden Ausgaben ist das Brot geistlich ausgelegt als Jesus Christus bzw. als Wort Gottes, das zu Herzen gehen und die Seele speisen soll. Während aber in der ersten Ausgabe eine Anleitung zur Passionsmeditation gegeben wird, mit dem Ziel »aus den wunden Christi das unser [zu] saugen, dye bussz sunderlich«[72], um »tzu rechter rew des hertzen«[73] zu gelangen, heißt es 1519, wo diese Anleitung fehlt: »der glaube ist nit anders dan dis broet essen«.[74] Eine zunehmende Bedeutung des Glaubens in der Theologie Luthers spiegelt sich demzufolge deutlich in der Überarbeitung der *Vaterunserauslegung*.

Forschungsgeschichtliche Zwischenbemerkung

Es ist ein bleibendes Verdienst der Studie *Fides ex auditu* von Ernst Bizer, detailliert dargelegt zu haben, wie sich in Luthers Denken der Fokus von einer auf die Demut ausgerichteten Theologie zu einer auf den Christus im Wort ergreifenden Glauben ausgerichteten Theologie verschoben hat.[75] Nicht mehr die Polarität zwischen Demut und Hoffart, sondern die zwischen Glaube und Unglaube bildet fortan ein maßgebliches orientierendes Element im Koordinatensystem seines Denkens.

Die Studie Bizers war geleitet von der Frage nach der reformatorischen Entdeckung, »dem Zeitpunkt und dem theologischen Gehalt des sogenannten ›Turmerlebnisses‹«.[76] Diese Entdeckung datiert Bizer auf Ende 1518/

---

71 Vgl. etwa die prägnante Formulierung in der Auslegung der ersten Bitte (›Geheiligt werde dein Name‹): »Nu merckestu, das dis gebet wydder die leydige hoffart fichtet, die dan das heupt, leben und gantzes wesenn aller sund ist.« (WA 2; 95,3f). So ist auch die Auseinandersetzung mit der geistlichen Hoffart, also mit den »hoffertigen heyligen« (WA 2; 91,33; WA 9; 132,5) in beiden Ausgaben wichtig und entspricht darin der Schlusswarnung aus der *Bußpsalmenauslegung*: »die geistliche hoffart ist das letzt unnd aller tyffeste laßter« (WA 1; 220,7f).

72 WA 9; 145,31f.

73 WA 9; 145,35.

74 WA 2; 113,17.

75 Vgl. BIZER, Fides (s. Anm. 50), 167f.

76 AaO., 7.

Anfang 1519, also genau zwischen die beiden Versionen der *Vaterunser-auslegung*, die auch im hiesigen Zusammenhang behandelt wurden. Somit stellt für ihn die Überarbeitung Luthers von 1519 gewissermaßen den Lack-mustest dar, ob sich die Datierung der die Theologie Luthers umstürzenden Entdeckung bewährt. Tatsächlich wird Bizer fündig – neben zahlreichen Einzelbeobachtungen v. a. in der oben angeführten Stelle, in der Luther das Wort ›Amen‹ erklärt.[77] Das Gebet bekomme dadurch, so Bizer, einen gänzlich anderen Charakter: »Dort [in der Ausgabe Agricolas, J. R.] ist das Gebet in Wahrheit noch Übung der Andacht und Einübung der Demut; jetzt ist es Übung im Glauben und wird im Glauben wahrhaft Gebet.«[78]

Löst man allerdings die Frage nach der Entwicklung des Denkweges Luthers von der Frage nach der Datierung eines am Ende seines Lebens rückblickend geschilderten Schlüsselerlebnisses, wie dies in der Luther-forschung inzwischen weitgehend geschehen ist, so erübrigen sich Unter-stellungen, wie diejenige im vorangegangen Zitat, was Luther nämlich zu diesem und jenem Zeitpunkt »in Wahrheit noch« sage bzw. meine.[79] So

---

77 Vgl. aaO., 145 f.
78 AaO., 146.
79 Bizer war der Wegbereiter der sog. Spätdatierung des ›Turmerlebnisses‹, die geholfen hat, die tiefe und lang anhaltende Prägung von Luthers Theologie und Frömmigkeit durch ihre mittelalterlichen Wurzeln zu erkennen. Ihre Schwierigkeit besteht vor allem darin, dass sie unabhängig von der Begrifflichkeit der Schilderung von 1545 eine Definition ›des Reformatorischen‹ geben muss, um diese wiederum als Schablone zur Beurteilung dessen zu verwenden, was ›schon‹ oder ›noch nicht‹ als ›reformatorisch‹ gelten könne. Ein Vorteil der Verfechter der sog. Frühdatierung der reformatorischen Entdeckung ist in dieser Hinsicht, dass sie mannigfache theologische Entwicklung bei Luther ausmachen können, ohne in der Zeit nach 1515 noch den Bruch in der Theologie zeigen zu müssen. So formuliert beispielsweise Reinhard Schwarz, der zudem nicht von einer ›reformato-rischen Wende‹ oder ›reformatorischen Entdeckung‹ sprechen möchte, da er den 1545er Bericht auf die exegetische Erkenntnis des Verständnisses der *iustitia Dei* konzentriert: »Luthers Theologie hat in der Zeit von 1515 bis 1521 noch wichtige Wandlungen und Präzisierungen erfahren [...]. Diese *Fortentwicklung von Luthers Theologie geschah innerhalb eines religiösen Erfahrungsprozesses* und kann deshalb nicht einfach aus dem neuen Verständnis von iustitia Dei heraus konstruiert werden. Die Forschung hat viel-mehr danach zu fragen, unter welchen Bedingungen und dank welcher Impulse Luther weitere theologische Erkenntnisse im Laufe der Jahre zugewachsen sind« (R. Schwarz, Luther, ⁴2014, 44). Dass sich bei der Frühdatierung wiederum andere Probleme ergeben, wie die Einschätzung des literarisch ähnlichen Berichtes von 1518 in dem *Widmungs-*

kann im Blick auf die *Vaterunserauslegung* wahrgenommen werden, dass das ›wahrhafte Gebet‹ für Luther in der einen wie in der anderen Ausgabe das innere Gebet mit dem Herzen im Gegensatz zum bloß äußeren Plappern mit dem Mund ist. Beide Auslegungen kommen somit als Zeugnisse eines sich in Bewegung befindlichen theologischen Denkweges Luthers in den Blick.[80]

III Das Herz als Ort des wahren Glaubens

Die eben aufgezeigte Linie vom Herzen als Ort der wahren Reue über das Herz als Ort des wahren Gebets hin zum *Herzen als Ort des wahren Glaubens* bestätigt sich, wenn man weiter zu den sogenannten reformatorischen Hauptschriften[81] von 1520 voranschreitet. Insbesondere anhand der Sermone *Von den guten Werken*[82] und *Von der Freiheit eines Christenmenschen*[83] lässt sich dies zeigen.

In dem in der ersten Hälfte des Jahres 1520 entstandenen Sermon *Von den guten Werken* möchte Luther, wie er in der Widmungsrede schreibt, darlegen, »wie wir den glauben sollen in allen guten wercken uben, brau-

---

brief der *Resolutiones* der Ablassthesen an Staupitz, demzufolge die entscheidende Entdeckung nicht mit dem Gerechtigkeits-, sondern mit dem Bußbegriff zusammenhängt (vgl. WA 1; 522–527; LDStA 2; 17–23), sei hier nur der ausgleichenden Gerechtigkeit halber erwähnt.

80 Allein für die Auslegung von 1519 kommt Leppin aufgrund einer Analyse der zentralen theologischen Größen Gerechtigkeit, Sünde und Wort Gottes zu einem ähnlichen Fazit: »Die Vaterunserauslegungen des Jahres repräsentieren also eine Übergangsphase in Luthers Theologie« (V. LEPPIN, Luthers Vaterunserauslegung von 1519. Die Transformation spätmittelalterlicher Frömmigkeit zu reformatorischer [in: DERS., Transformationen. Studien zu den Wandlungsprozessen in Theologie und Frömmigkeit zwischen Spätmittelalter und Reformation (SMHR 86), 2015, 429–441], 432).

81 Vgl. CH. V. WITT, Wie kam es zu Luthers »reformatorischen Hauptschriften«? Schlaglichter vom 18. bis zum 20. Jahrhundert (Luther 91, 2020, 142–156); zum publizistischen Zusammenhang vgl. TH. KAUFMANN, Luthers Publizistik des Jahres 1520 (Luther 92, 2021, 9–28).

82 WA 6; 196–276; DDStA 1; 101–253.

83 WA 7; 12–38; DDStA 1; 277–315.

chen und das furnehmist werck sein lassen«.[84] Es gehe darum – wie es später im Text heißt –, den Vorwurf zu entkräften, »es seyen gute werck vorboten, wan wir den glauben allein predigen«.[85] Luther dreht indessen den Spieß um und antwortet: »Das erste und hochste, aller edlist gut werck ist der glauben in Christum«.[86] Denn, so das Argument, nur die Werke können sinnvollerweise als gut bezeichnet werden, die Gottes Gebote erfüllen – und allein der Glaube sei dasjenige, welches das oberste und erste Gebot erfüllt. Das heißt aber, »der glaub musz werckmeister und heubtman sein in allen wercken odder sein gar nichts«.[87] Was ist nun der Glaube? Es bedeutet, seine ganze Zuversicht allein auf Gott zu richten – und das heißt, sich nicht bloß mit dem Mund (äußerlich!) zu Gott zu bekennen, sondern ihm mit dem Herzen (innerlich!) zu vertrauen:

> Sich, das ist das werck des ersten gebots, da geboten ist ›Du solt nit andere gotter haben‹, das ist szo vil gesagt ›diweil ich allein got bin, soltu zu mir allein dein gantze zuvorsicht, traw unnd glauben setzen, und auff niemandt anders‹. Dan das heisset nit einen got haben, szo du euszerlich mit dem mund got nennest odder mit den knyen und geberden anbettest, szondern szo du hertzlich yhm trawist und dich alles guttis, gnaden unnd wolgefallhens tzu yhm vorsichst, es sey in werckenn odder leidenn, in lebenn odder sterbenn, in lieb odder leydt.[88]

Dass auch hier das Adjektiv ›herzlich‹ nicht bloß eine Betonung, sondern auch eine anthropologische Verortung ist, daran kann kein Zweifel sein. Kurz darauf redet Luther von »glaub, trew, zuversicht des herzens«[89] – viele weitere Beispiele ließen sich nennen.[90] Diese Verortung zeigt sich besonders deutlich daran, dass Luther die ersten drei Gebote, also die das Gottesver-

---

84 WA 6; 204,2f; DDStA 1; 106,26–28. Zur Einführung vgl. R.M. LEHMANN, Der Sermon »Von den guten Werken«. Eine Einführung in Martin Luthers Christentumsverständnis (Luther 92, 2021, 29–46).

85 WA 6; 213,8f; DDStA 1; 124,40–126,1.

86 WA 6; 204,25f; DDStA 1; 108,9f.

87 WA 6; 213,13f; DDStA 1; 126,6f.

88 WA 6; 209,24–31; DDStA 1; 118,12–20.

89 WA 6; 209,33f; DDStA 1; 118,22f.

90 Um nur ein einige anzuführen: »im hertzenn durch denn glaubenn« (WA 6; 218,6; DDStA 1; 136,4f); »die weil das hertz on glauben ist« (WA 6; 219,14; DDStA 1; 138,14f); »den glauben im hertzen uben« (WA 6; 230,11; DDStA 1; 160,26).

hältnis betreffende erste Gebotstafel,[91] anthropologisch verschiedenen Bereichen zuordnet: »Jn dem ersten ist gebottenn, wie sich unser hertz kegen got haben sol mit gedancken, Jm andern, wie sich der munt mit worten, Jn dissem dritten wirt geboten, wie wir uns gegen got sollen halten in werckenn«[92]. Der Glaube steht, wie auch in Luthers Auslegung des Wortes ›Amen‹ von 1519, im Gegensatz zum Zweifel: »das er got trawet und nit tzweifelt«[93]. In der Schrift *Von den guten Werken* hat sich jedoch genau dieser Gegensatz als Zentralunterscheidung – oder um die oben genannte Metapher beizubehalten: als neues Koordinatensystem – etabliert, da sich nach Luther nun an dieser Frage die Beziehung des Menschen zu Gott grundlegend entscheidet: »Dan mit keinem anderen werck mag man got erlangen odder vorliren, dan allein mit glauben odder unglauben, mit trawen odder tzweiffeln: der andern werck reichet keins nit bisz tzu got«[94]

Im November 1520 erschien die Schrift, in der Luther das Leben eines Christenmenschen in der Dialektik von Freiheit und Knechtschaft beschreibt.[95] Der Christenmensch lebe – so heißt es im Schlussabschnitt – nicht in sich selbst, sondern in Christus und in seinem Nächsten, »ynn Christo durch den glauben, ym nehsten durch die liebe«[96]. Die Gottesbeziehung also wird mithilfe des Glaubensbegriffs beschrieben – dargestellt anhand des mystischen Bildes von der ehelichen Vereinigung der Seele mit Christus, wobei der Brautring den Glauben darstellt[97] –, während der Liebesbegriff auf die Nächstenliebe bezogen wird. Für den Glaubensbegriff wird

---

91 Vgl. WA 6; 229,24–27; DDStA 1; 160,1–5.
92 WA 6; 229,21–23; DDStA 1; 158,37–160,1.
93 WA 6; 206,23; DDStA 1; 112,5.
94 WA 6; 217,34–36; DDStA 1; 134,35–38. In Bezug auf die Frage nach der Güte der Werke: »Hie kan nu ein iglicher selb mercken und fulen, wen er guttes und nit guttis thut: dan findet er sein hertz in der zuvorsicht, das es gote gefalle, szo ist das werck gut, wan es auch szo gering were als ein strohalmen auffheben, ist die zuvorsicht nit da odder tzweifelt dran, szo ist das werck nit gut, ob es schon alle todten auffweckt unnd sich der mensch vorbrennen liesz. Das leret sanct Paul Ro. xiiii. [V.23] alles was nit ausz odder im glauben geschicht, das ist sunde.« (WA 6; 206,8–14; DDStA 1; 110,26–32).
95 Der Traktat erschien sowohl auf Deutsch als auch auf Latein, wobei aller Wahrscheinlichkeit nach die deutsche Version älter ist (vgl. R. RIEGER, Von der Freiheit eines Christenmenschen. De libertate christiana [Kommentare zu Schriften Luthers 1], 2007, 5–12).
96 WA 7; 38,7f; DDStA 1; 314,31.
97 Vgl. WA 7; 25,37; DDStA 1; 290,25.

dabei in konzentrierten Formulierungen in Anspruch genommen, was im Sermon *Von den guten Werken* ausführlicher ausgeführt wurde: Das erste Gebot erfüllt »allein der glaube des hertzen«,[98] dagegen sei der Unglaube »ein abgott yres eygens synn ym hertzen widder gott auffricht«.[99] Glaube und Unglaube bilden inzwischen die selbstverständlichen Koordinaten.[100] Ganz thetisch heißt es: »der glaub des hertzen, das ist das haubt und gantzis weßens der frumkeyt«,[101] wobei ›frumkeyt‹ die Übersetzung von *iustitia* ist.[102] Im *Freiheitstraktat* führt Luther auch die Bibelstelle begründend heran, in der Paulus vom Glauben des Herzens redet (Röm 10,10): »Alßo sagt S. Pauel Ro. x. ›Das man von hertzen glaubt, das machtz eynen gerecht und frum‹.«[103]

Für den hiesigen Zusammenhang ist nun im Rückblick zweierlei interessant:

(1.) Die gesamte Darstellung der *Freiheitsschrift* wird gegliedert durch eine Zwei-Naturen-Anthropologie: Leitend ist die Unterscheidung zwischen dem geistlichen, neuen, inneren Menschen und dem leiblichen, alten, äußeren Menschen,[104] wobei der Glaube des Herzens den inneren Men-

---

98 WA 7; 26,21f; DDStA 1; 292,9.

99 WA 7; 25,17f; DDStA 1; 290,4f.

100 Vgl. in diesem Zusammenhang auch das Bild vom Baum und den Früchten: »Alßo seyn die werck des menschen auch, wie es mit yhm stett ym glauben oder unglauben, darnach seind seyne werck gutt oder böße.« (WA 7; 32,22–24; DDStA 1; 304,12–14).

101 WA 7; 26,27f; DDStA 1; 292,17f.

102 Vgl. WA 7; 56,11; LDStA 2; 13f: »Haec est fides cordis, caput et substantia totius iustitiae nostrae.« Zur Verwendung des Begriffs ›frumkeyt‹ in Luthers *Freiheitsschrift* vgl. V. Mätzke, Gerechtigkeit als ›fromkeit‹. Luthers Übersetzung von iustitia dei und ihre Bedeutung für die Rechtfertigungslehre heute (MThS 118), 2013, 206–246; zur Stelle aaO., 227–231. Mätzke schlägt als Übersetzung des Begriffs ›fromkeit‹ ins Neuhochdeutsche den Begriff ›Vertrauenswürdigkeit‹ vor, der das semantische Spektrum – und v.a. den mehr beziehungsorientierten als juristischen Akzent – von ›fromkeit‹ eher entspreche als die gängige Übersetzung mit ›Gerechtigkeit‹.

103 WA 7; 23,22f; DDStA 1; 286,9f. Im Sermon *Von den guten Werken* kommt Luther – merkwürdigerweise – an keiner Stelle auf Röm 10,10 zu sprechen. In der *Römerbriefvorlesung* von 1515/16 konzentriert sich Luther in seiner Erklärung von Röm 10,10 ganz auf die Frage des angemessenen Verständnisses von Gerechtigkeit (vgl. WA 56; 418,22–419,18).

104 Vgl. WA 7; 21,11–17; DDStA 1; 280,39–282,6.

schen ausmacht. Der Glaube als Erfüllung des ersten Gebotes bringt auch die wahre christliche Freiheit mit sich, »die das hertz frey macht von allen sundenn, gesetzen und gepotten«,[105] wie es ganz am Schluss heißt. Während sich also von Luthers *Auslegung der Bußpsalmen* über die *Auslegung des Vaterunsers* hin zu den Traktaten *Von den guten Werken* und *Von der Freiheit eines Christenmenschen* dasjenige, was im Herzen verortet wird, ändert – erst die wahre Reue, dann das wahre Gebet und schließlich der wahre Glaube –, so ist die Funktion dieser Verortung jeweils die gleiche, nämlich das wahrhaft Innere, das den Menschen insgesamt ausmacht, vom bloßen Äußeren zu unterscheiden.

(2.) Überschaut man nun diesen Weg, so fällt im *Freiheitstraktat* weiterhin auf, dass die in der *Bußpsalmenauslegung* im Zentrum stehende Reue neu ins Verhältnis zum nun im Zentrum stehenden Glauben gesetzt wird. Luther macht in der *Freiheitsschrift* eine bibelhermeneutische Unterscheidung, die in einem passionstheologischen Kontext ihren Ursprung hat und später unter dem Stichwort ›Gesetz und Evangelium‹ Berühmtheit erlangte:[106] »Und ist zu wissen, das die gantze heylige schrifft wirt yn zweyerley wort geteyllt, wilche seyn Gebot oder gesetz gottis und vorheyschen oder zusagunge.«[107] Diesen beiden Worten werden die Reue und der Glaube zugeordnet, wobei nun betont wird, die den Glauben weckende Predigt der Verheißung und Zusage dürfe nicht vergessen werden:

> Man muß nit eynerley allein predigen, sondernn alle beyde wort gottis. Die gepot sol man predigen, die sunder zurschreckenn und yhr sund zu offenbarnn, das sie rewe haben und sich bekeren. Aber da soll es nit bleyben, man muß das ander wort, Die zusagung der gnaden, auch predigen, den glauben zu leren, on wilchenn die gebot, rew und allis ander vorgebenß geschicht. [...] Denn die rew fleust auß den gepotten, der glaub auß den zusagung gottis, und alßo wirt der mensch durch den glauben gotlicher wort gerechtfer-

---

105 WA 7; 38,13f; DDStA 1; 314,37f.
106 Zur Begründung dieser These vgl. J. REINERT, Passionspredigt im 16. Jahrhundert. Das Leiden und Sterben Jesu Christi in den Postillen Martin Luthers, der Wittenberger Tradition und altgläubiger Prediger (SMHR 119), 2020, 59–68, besonders 63–66. Einführend zum Thema Gesetz und Evangelium bei Luther: G. EBELING, Luther. Einführung in sein Denken, ⁴1981, 120–136; R. KOLB, Martin Luther. Confessor of the Faith, 2009, 50–55.
107 WA 7; 23,29f; DDStA 1; 286,16–18.

tiget und erhaben, der durch die furcht gottis gepottis gedemütiget und ynn erkentniß kummen ist.[108]

IV Das menschliche Herz und Luthers Theologie

In dem behandelten Zeitraum zwischen 1517 und 1520 wird das menschliche Herz in den volkssprachlichen Schriften Luthers vom Ort der wahren Reue über den Ort des wahren Gebets zum Ort des wahren Glaubens.

Dies ist selbstverständlich mit bedingt durch die Themen der Schriften: Als Ort der wahren Reue behandelt Luther das Herz in seiner *Auslegung der Bußpsalmen*, als Ort des wahren Gebets ist es in der *Vaterunserauslegung* thematisiert und zum Ort des wahren Glaubens wird das Herz in der Auslegung der zehn Gebote im Sermon *Von den guten Werken*, insbesondere im Blick auf die Erfüllung des ersten Gebots. Als verbindendes Element hat sich gezeigt, dass das Herz den Ort des wahrhaft Inneren und also das Gottesverhältnis und die Lebensweise des Menschen Bestimmenden darstellt, im Gegensatz zum äußeren, leiblichen Menschen. Daher sind die Verortungen von der Reue, dem Gebet und dem Glauben auch keinesfalls an die entsprechenden Jahreszahlen gebunden. Betrachtet man etwa Luthers zweite Bearbeitung der *Bußpsalmenauslegung* von 1525,[109] so zeigt sich, dass Luther auch darin wesentliche Akzente in gleicher Weise setzen kann wie schon 1517. Abgesehen von einer Ausnahme,[110] lassen sich sämtliche oben angeführten Zitate aus der *Bußpsalmenauslegung* von 1517 auch in der Überarbeitung von 1525 verifizieren, obgleich der Text ansonsten zahlreiche Überarbeitung und v. a. Kürzung erfahren hat. Auch 1525 war es für Luther demnach noch angemessen, die Bußpsalmen als Ausdruck der wahren Reue des Herzens zu lesen und in den Gegensatz von dem Demütigen

---

108 WA 7; 34,11–22; DDStA 1; 308,1–13. Eine solch pointierte Unterscheidung zwischen dem Wort, das den Menschen zur Erkenntnis der Sünde bringt und demütigt, und dem Wort, das ihn tröstet und erhebt, findet sich mehrfach in Luthers überarbeiteter *Vaterunserauslegung* von 1519, doch ist es (a) dort immer die zweifache Wirkung der gleichen Bitte und (b) war es dort nicht auf die Begriffe von Reue und Glaube als Wirkung gebracht (vgl. WA 2; 93,20–94,3.95,13–18.99,13–23).

109 Vgl. WA 18; 467–530.

110 S. oben Anm. 41.

und dem Hoffärtigen einzuzeichnen. Und auch umgekehrt konnte Luther schon vor 1519 den Glauben und das Herz zusammenbringen, beispielsweise wenn er in der Auslegung von Röm 2,15 schreibt: »Cor enim credentis in Christum«.[111]

Gleichwohl sind die dargelegten Veränderungen mehr als ausschließlich situative, thematische Variationen. Denn erstens passen sich die Beobachtungen durch den Nebeneingang der Verwendung des Herz-Begriffs in das Bild des theologischen Denkweges Luthers, das die Forschung von diesem zutage gefördert hat. Verwiesen sei an dieser Stelle noch einmal auf die grundlegende Studie Ernst Bizers. Doch auch darüber hinaus ist unstrittig, dass der Glaube in Luthers Theologie sukzessive ins Zentrum des christlichen Lebens gerückt ist.[112]

Zweitens zeigt innerhalb der hier analysierten Schriften insbesondere die theologische Neuverortung der Reue im Verhältnis zum Glauben im Zusammenhang der *Freiheitsschrift*, dass es sich nicht nur um thematische Variationen, sondern um eine Veränderung des theologischen Koordinatensystems handelt. In den beiden Varianten der dazwischenliegenden *Vaterunserauslegungen* konnte beobachtet werden, wie der Glaube nach und nach seine das theologische Feld neu ordnende Zentralstellung erhält.[113]

Drittens ist im Blick auf die folgenden Jahre festzustellen, welch enge Verbindung das Herz und der Glaube bei Luther eingehen. Beispielhaft sei noch auf die *Vorrede zum Römerbrief* in Luthers Bibelübersetzung verwiesen.[114] Luther führt darin aus, dass es im Blick auf die Werke nicht lediglich um ein äußerliches Tun gehe, denn:

---

111 WA 56; 204,15.
112 Vgl. B. HAMM, Von der Gottesliebe des Mittelalters zum Glauben Luthers – ein Beitrag zur Bußgeschichte (in: DERS., Der frühe Luther. Etappen reformatorischer Neuorientierung, 2010, 1–24); DERS., Warum wurde für Luther der Glaube zum Zentralbegriff des christlichen Lebens (in: aaO., 65–89); V. LEPPIN, Sola fide und monastische Existenz. Die Amalgamierung von Paulus und Mystik in Luthers Römerbriefauslegung (in: DERS., Transformationen [s. Anm. 80], 333–354); R. SCHWARZ, Martin Luther. Lehrer der christlichen Religion, 2015, 323–389.
113 Vergleichbares kann auch im ebenfalls 1519 entstandenen *Sermon von dem Sakrament der Buße* beobachtet werden (vgl. aaO., 333f).
114 Die folgenden Stellen sind nach der Römerbriefvorrede im Septembertestament von 1522 zitiert, finden sich aber nahezu gleichlautend auch in der Fassung von 1546.

Gott richtet nach des herzten grundt, darum foddert auch seyn gesetz des hertzen grund, vnd lessit yhm an wercken nicht benugen, sondern strafft viel mehr die werck an herzen grundt getan, als heucheley vnd lugen [...] Wo nu nicht freye lust zum gutten, da ist des hertzen grund nicht am gesetz Gottis, da ist denn gewißlich auch sund vnd zorn verdienet bey Got, ob gleych ausswendig viel gutter werck vnd erbars leben scheynen.[115]

Die ›Lust zum Guten‹ entspringe dem Herzen jedoch nur, wenn der Heilige Geist dem Menschen im Glauben durch das Wort des Evangeliums ins Herz gegeben wurde:

Daher kompt, das alleyn der glawbe rechtfertig macht vnd das gesetz erfullet, den er bringet den geyst aus Christus verdienst, der geyst aber mach eyn lustig vnd frey hertz, wie das gesetz fodert, so gehen denn die gutten werck aus dem glawben selber.[116]

Dieser engen Verbindung entspricht schließlich, dass seit dem Sermon *Von den guten Werken* der ›Glaube des Herzens‹ nicht nur als Erfüllung des ersten Gebotes theologisch fundamentale Bedeutung erlangte, sondern sich auch als feste Wendung etablierte. Für Jahrhunderte prägend im Kontext lutherischer »Katechismus-Spiritualität«[117] wurde die Formulierung in der Auslegung des ersten Gebotes im *Großen Katechismus*:[118]

Also das ein Gott haben nichts anders ist denn yhm von hertzen trawen und gleuben, wie ich offt gesagt habe, das alleine das trawen und gleuben des hertzens machet beide Gott und abeGott. Jst der glaube und vertrawen recht, so ist auch dein Gott recht, und widerümb wo das vertrawen falsch und unrecht ist, da ist auch der rechte Gott nicht.

---

115 WADB 7; 2,22–4,8.
116 WADB 7; 6,20–23.
117 Vgl. A. BUCHHOLZ, Luthers reformatorische Katechismus-Spiritualität. Lernen wahren Menschseins (LuJ 81, 2014, 135–192).
118 Volker Leppin hat kürzlich aufgezeigt, welche großen Ähnlichkeiten diese Auslegung des ersten Gebots von Luther (1529) mit einer Passage aus den Schlussreden zur Ersten Zürcher Disputation von Zwingli (1523) hat und geschlussfolgert: »Es liegt also nahe, dass Luther in Zwinglis Auslegung einerseits eine große Ähnlichkeit mit Gedanken fand, die er schon zuvor selbst gedacht hat und ausgesprochen hatte – und andererseits eine Zuspitzung, die er sich selbst zu eigen machen konnte.« (V. LEPPIN, »Worauf du nu dein hertz hangest«. Zu Zwinglis Einfluss auf Luthers Auslegung des Ersten Gebots [Luther 90, 2019, 92–96], 95). Interessanterweise findet sich bei Zwingli an der entsprechenden Stelle keine Formulierungen mit dem Begriff des Herzens, wie zum Beispiel ›Glaube des Herzens‹ oder ›von Herzen vertrauen und glauben‹ oder ›das Herz hängen an‹, die somit zur genuinen Sprachgestalt Luthers gehören.

Denn die zwey gehören zuhauffe, glaube und Gott. Worauf du nu (sage ich) dein hertz hengest und verlessest, das ist eygentlich dein Gott. Darüber ist nu die meinung dieses gepots, das es foddert rechten glauben und zuversicht des hertzens, welche den rechten einigen Gott treffe und an yhm alleine hange.[119]

119 WA 30,1; 133,2–11.

»Solus spiritus«?

Luthers Rede vom Heiligen Geist in *De servo arbitrio* zwischen
Abgrenzungsargumentation und Unterscheidungslehre[1]

Von Patrick Bahl

In den letzten fünfzehn Jahren ist durch mehrere Untersuchungen die Frage
nach Luthers Pneumatologie wieder stärker in den Fokus der Forschung gerückt worden,[2] nachdem im 20. Jahrhundert vor allem ihre kontroverstheo-
logische Abgrenzungstendenz,[3] ihre innere Konsistenz[4] und ihre christologische Zuspitzung und abendmahlstheologische Relevanz[5] diskutiert
worden sind. In der vorliegenden, enger begrenzten Miniatur soll Luthers
Rede vom Heiligen Geist innerhalb seiner gegen Erasmus' *De libero arbitrio
ΔIATPIBH sive collatio* gerichteten Streitschrift *De servo arbitrio* (1525)[6] im

1 Der Aufsatz geht auf eine Ausarbeitung zurück, die im Rahmen der kirchengeschichtlichen Übung »Freier Wille? Die Auseinandersetzung zwischen Erasmus und Luther
  aus kirchengeschichtlicher und systematisch-theologischer Perspektive« entstanden
  ist, welche ich zusammen mit Dr. theol. Eike Herzig im Wintersemester 2020/21 an der
  WWU Münster angeboten habe. Dem Kollegen Herzig sei an dieser Stelle für die kritischen Impulse und instruktiven Diskussionen herzlich gedankt.
2 Vgl. die Arbeiten von U. ASENDORF, Heiliger Geist und Rechtfertigung, 2004; P. KÄRK-
  KÄINEN, Luthers trinitarische Theologie des Heiligen Geistes, 2005; M.T. DIETZ, De
  libertate et servitute spiritus. Pneumatologie in Luthers Freiheitstraktat (FSÖT 146),
  2015.
3 Vgl. R. PRENTER, Spiritus Creator, 1954.
4 Vgl. A. PETERS, Kommentar zu Luthers Katechismen, Bd. 2, 1991.
5 Vgl. E. SEEBERG, Der Gegensatz zwischen Zwingli, Schwenckfeld und Luther (in: Festschrift Reinhold Seeberg, Bd. 1, hg. v. W. KOEPP, 1929, 43–80).
6 Die lateinischen Zitate Luthers werden nach M. LUTHER, De servo arbitrio (1525), WA
  18; 600–787, lateinische und deutsche Erasmus-Zitate nach ERASMUS VON ROTTERDAM,
  De libero arbitrio ΔIATPIBH sive collatio (in: Ausgewählte Schriften, 8 Bde. Lateinisch
  und Deutsch, hg. v. W. WELZIG, Bd. 3, 4/52016 [ND 1995, 1–195]) erbracht. Bei Erasmus

Mittelpunkt stehen, nicht nur, weil sich diesbezüglich eine gewisse Lücke in der jüngeren Erkundung der Pneumatologie Luthers abzeichnet, sondern auch, weil Luthers berühmter Traktat nach wie vor außerordentlich große Beachtung in der Systematischen Theologie findet, hier jedoch vor allem aus soteriologisch-anthropologischer[7] und trinitätstheologisch-christologischer[8] Perspektive oder aber vor dem Hintergrund der kontrovers diskutier-

wird durchweg auf Welzigs parallele Textdarbietung und daher auf die Doppelseite verwiesen.

7 Sie wird exemplarisch greifbar bei G. EBELING, Luther – Einführung in sein Denken mit einem Nachwort v. A. BEUTEL, [6]2017, der Luthers Rede von der Unfreiheit des menschlichen Willens und der Notwendigkeit des göttlichen Willens vornehmlich als »Bekenntnis, d.h. im Glauben als Lobpreis Gottes« verstehen möchte (aaO., 257), d.h. als Anerkennung dessen, »seiner selbst nicht mächtig zu sein, sondern mitsamt seinem Willen sich dem Willen Gottes zu verdanken« (ebd.). Die Rede von der Unfreiheit des Willens ziele »auf gar nichts anderes ab als auf ein rechtes Reden von der Freiheit. [...] Die Bezeugung dessen, daß der freie Wille nichts sei, ist letztlich als Evangelium gemeint, also als Bezeugung der herrlichen Freiheit der Kinder Gottes. Und man könnte versuchen, den Weg aus der scheinbaren Widersprüchlichkeit durch eine begriffliche Nuance zu weisen: Luther vertrete die Unfreiheit des *Willens* um der Freiheit des *Gewissens* willen« (aaO., 247f). Ebeling verweist hier auf den Gewissensbegriff und spricht von einer Befreiung zur Freiheit: »Gerade der Glaube, der die Nichtigkeit des freien Willens erkennt, aber so das Gewissen frei macht, macht es dazu frei, den Anschein der Willensfreiheit in den ihr gesetzten Grenzen ins Recht zu setzen. Und gerade der Glaube, der Gott gelten läßt, gibt die Freiheit, in einer Gottes Willen entsprechenden und durch ihn begrenzten Weise von Gott abzusehen.« (aaO., 252). Luther einen »metaphysischen Dualismus und Determinismus« zu unterstellen, verbiete sich von daher (aaO., 256).

8 Eine i.e.S. *theologische bzw. christologische* Interpretationslinie zeigt sich z.B. bei E. JÜNGEL, der Luthers prägnante, an Sokrates angelehnte und ambig – weil einmal polemisch gegen Erasmus, einmal als Verdichtung seiner eigenen Rede vom *deus absconditus* und *revelatus* – verwendete Kurzformel »Quae supra nos, nihil ad nos« in seinem gleichnamigen Aufsatz (in: Entsprechungen: Gott – Wahrheit – Mensch. Theologische Erörterungen [BevT 88], 1972, 202–251) ins Zentrum rückt und damit das »mysterium trinitatis« zusammen mit der Menschwerdung Christi und dem »pro nobis der Passion Christi« als Teil der göttlichen Offenbarung einkreist (aaO., 223). *Eigentlich* verborgen ist nach Jüngel nicht die *alles in allem* wirkenden Gottheit, sondern der im Kreuzestod Christi offenbar werdende Gott (aaO., 249). Verborgen sei die »Gegenwart Gottes unter uns« (aaO., 249), die auf die Offenbarung von »Gottes Herrlichkeit unter dem Gegenteil der Kreuzesschmach Jesu« und das »göttliche Urteil« über das »faktische Elend des Menschen« (aaO., 249) abzielt, was wiederum nur das Wort erschließen könne, so dass

ten und weitreichenden Verhältnisbestimmung von Determinismus und Freiheit,[9] jedenfalls nur sehr flüchtig hinsichtlich der pneumatologischen Implikationen in den Blick genommen wird.[10] Dabei drängt sich der Heilige Geist aus der Schrift förmlich auf. Über zweihundert Mal verwendet Luther den Begriff *spiritus* oder *spiritus sanctus* bzw. adjektivische Derivate wie *spiritualis*. Im Verlauf seiner umfangreichen Auseinandersetzung mit Erasmus bricht Luther immer wieder in harsche, pneumatologisch kodierte Polemiken aus, um die Behauptung eines freien Willens energisch zu bestrei-

sich Luther durchweg auf den *revelatus* als den *praedicatus* beziehe (aaO., 250). Die Offenbarung definiere daher die Verborgenheit Gottes, nicht andersherum (aaO., 251).

9 Hier sei exemplarisch auf eine prominente Lesart verwiesen, nämlich F. HERMANNI, Metaphysik. Versuch über letzte Fragen, 2011. Hermanni bekräftigt, dass Luther dem Menschen die Möglichkeit einräume, »Handlungsalternativen zu unterscheiden und zwischen ihnen zu wählen« (aaO., 111), jedenfalls in dem Bereich, der dem Menschen unterstellt ist: »Bezogen auf die Entscheidungs- und Handlungsfreiheit, die dem Menschen in einem begrenzten Bereich eingeräumt ist, vertritt Luther also eine kompatibilistische Position« (aaO., 112). Unfrei bleibe der Wille nach Luther jedoch insofern, als der Mensch nach dem Sündenfall »durch die Abkehr von Gott und die Selbstliebe bestimmt« und unfähig sei, »seinen sittlichen Charakter zu verändern« (aaO., 112). Luther meine, dass die Frage nach der Verantwortlichkeit des Menschen und die Frage nach der Sanktionierung der Sünden durch Gott »zu den undurchdringlichen Rätseln [gehören], die sich erst im Lichte der Herrlichkeit auflösen« (aaO., 113). Hermanni selbst postuliert die Hintergehbarkeit des Charakters, der sich stets in der Handlung *äußert* – dass der Mensch nicht verantwortlich für diese »charakterbestimmten Handlungen« (aaO., 114) sei, möchte er dahingehend zurückweisen, dass er den Determinismus in einem teleologischen Sinne umkehrt und das Kausalitätsprinzip von der schöpfungstheologischen Warte aus in Frage stellt, so dass »Gott im Entwurf der möglichen Welt, zu der wir gehören, den früheren Weltzustand an den späteren und speziell an den Charakter der Personen angepasst hat, die im späteren eingeschlossen sind« (aaO., 114f). Insofern könne ein libertarischer Ansatz sein begrenztes Recht behalten, da die Menschen sich »als verantwortliche Akteure zu verstehen [hätten]« (aaO., 115). Hier sei nur auf wenige andere Untersuchungen verwiesen, v. a. auf den KuD-Teilband 64,3, welcher sich der Frage nach der Willensfreiheit in *De servo arbitrio* widmet; ferner S. SIEVERS, Bestimmtes Selbst: Personalität und Determination in neurowissenschaftlichen Konzepten und Luthers »De servo arbitrio« (FSÖT 145), 2015; A. KLEIN, »Ich bin so frei!« Willensfreiheit in der philosophischen, neurobiologischen und theologischen Diskussion, 2012 (vgl. hier die prägnante Diskussion des Forschungsstandes bis 2010, aaO., 111–141).

10 Selbst CH. DANZ, Gottes Geist. Eine Pneumatologie, 2019, nimmt Luthers Schrift vornehmlich hinsichtlich der Schrifthermeneutik in den Blick (vgl. aaO., 275–278).

ten, fragt etwa: »Was aber bleibt hier für die Gnade und den Heiligen Geist übrig?«[11] oder »Wozu ist noch Christus, wozu der Geist nötig?«[12] Die Kraft des freien Willens – so Luther – »weist [...] die Gnade und den Geist [...] zurück«[13]. Erasmus behaupte das freie Willensvermögen als »eine ganze Kraft und eine völlig freie Macht, alles ohne die Gnade Gottes zu tun, ohne den Heiligen Geist«[14] und ignoriere die pneumatologische Dimension der Auseinandersetzung völlig, wenn er den Geist im Sinne einer gleichermaßen zum Guten wie zum Bösen tendierenden Potentialität des Menschen begreift[15] oder dem menschlichen Willensvermögen die Möglichkeit zugesteht, gute Werke zu wollen: »[...] wo bleiben Gnade und Geist?«[16]

Hier sollen nicht erneut die theologiegeschichtlichen Voraussetzungen und weitreichenden Konsequenzen der Debatte zwischen Erasmus und Luther aufgearbeitet werden,[17] vielmehr soll auf dem folgenden Pla-

---

11 WA 18; 664,11f: »Quid autem hic relinquitur gratiae et spiritui sancto?«

12 WA 18; 686,36–38: »Cur non statim hunc locum produximus et liberum arbitrium asseruimus libero campo? Quid iam Christo? Quid spiritu opus?«

13 WA 18; 698,11–14: »[...] quam pauci sint, qui acceptent, repugnante scilicet libero arbitrio, cuius vis nulla est alia, quam ut regnante super ipsum Satana, etiam gratiam et spiritum, qui legem impleat, respuat; adeo pulchre valet conatus et Studium eius ad legem implendam.«

14 WA 18; 688,19f: »[...] sed totam vim et potestatem liberrimam faciendi omnia sine gratia Dei, sine spiritu sancto.«

15 WA 18; 665,15f: »[...] prorsus scilicet excludis spiritum sanctum cum omni virtute sua tanquam superfluum et non necessarium.«

16 WA 18; 696,30f: »Iam finge, fructus nostros dici, quia nos fecimus, ubi manet gratia et Spiritus?«

17 Dies hat in vortrefflicher und konziser Weise zuletzt TH. KAUFMANN in seinem Artikel für das Luther Handbuch (Luther und Erasmus, in: Luther Handbuch, hg. v. A. BEUTEL, ³2017, 173–183) getan, wo er zugleich deutlich macht, dass der literarische Schlagabtausch weder einen Bruch noch eine Singularität im vielfältigen Beziehungsgeflecht von Reformation und Humanismus darstellt. Vgl. zu den theologiegeschichtlichen Hintergründen der Auseinandersetzung fernerhin: A. LEXUTT, Die Rede vom verborgenen Gott. Eine Untersuchung zu Nikolaus von Kues mit einem Blick auf Martin Luther (NZST 47,4, 2005, 372–391); A. KRAL, Valla-Style Determinism and the Intellectual Background of Luther's De servo arbitrio (Harvard theological review 108,3, 2015, 402–422); V. LEPPIN, Deus absconditus und Deus revelatus. Transformationen mittelalterlicher Theologie in der Gotteslehre von »De servo arbitrio« (in: Transformationen [SMHR 86], hg. v. DEMS., 2015, 443–458); M. MATTHIAS, Zur Auseinandersetzung um Martin Luthers »De

kat – auch in Anbetracht früherer Geist-bezogener Aussagen Luthers bis 1525 und im Spiegel der Ausführungen Erasmus' – die *pneumatologische Sinnlinie* in *De servo arbitrio* rekonstruiert und auf ihre Schlüssigkeit und Gewichtigkeit hin untersucht werden. Dabei lassen sich fünf pneumatologisch akzentuierte Argumentationszusammenhänge voneinander abheben, in denen die Rede vom Heiligen Geist dominant hervortritt. Diese Zusammenhänge betreffen die polemische Gegenüberstellung von *Geist und Genius*, die Problematisierung und Zurückweisung der *Geistbegabung theologischer Autoritäten*, die Unterscheidung eines *äußeren und inneren Urteils über die widerstreitenden Geister*, die *geistgewirkte Offenbarung der Heilstatsachen* als eigentliche Bezugsgröße des Willensvermögens und die *motivationale Funktion des Geistes* hinsichtlich des moralischen Verhaltens des Menschen, mithin der guten Werke. Die hier präsentierte Anordnung dieser Argumentationszusammenhänge entspricht grob ihrer Verortung im Text selbst. Inwiefern sie jedoch eine konstitutive, kohärente Sinnlinie bilden, d.h. worin sie sich konzeptionell berühren, bedarf der eingehenderen Untersuchung: Handelt es sich bei Luthers Geistaussagen um verstreute und unzusammenhängende Reminiszenzen, die in ihrer Gesamtheit lediglich einen Nebenkrater in der Debatte umgrenzen, oder ist eine pneumatologische Gedankenbewegung erkennbar, die wesentlich für das Verständnis der Argumentation in *De servo arbitrio* ist? Könnte man unter dieser Voraussetzung sogar davon sprechen, dass es sich bei *De servo arbitrio* um einen pneumatologischen Schlüsseltext Luthers handelt?

servo arbitrio« im 16. Jahrhundert (Luther-Bulletin 19, 2010, 40–67); O. BAYER, Freiheit des Willens? Über Luthers de servo arbitrio (in: Geist und Willensfreiheit. Klassische Theorien von der Antike bis zur Moderne, hg. v. E. DÜSING, 2006, 65–81); A. MICHAEL, Omnia necessitate fieri – Darümb tue nur, was Du schuldig bist. Luthers Lehre vom unfreien Willen und seine Unterweisung im Christsein (KuD 64,3, 2018, 178–202); E.-W. KOHLS, Luther oder Erasmus. Luthers Theologie in der Auseinandersetzung mit Erasmus, 2 Bde., 1972/1978; J. KUNZE, Luther und Erasmus. Der Einfluß des Erasmus auf die Kommentierung des Galaterbriefes und der Psalmen durch Luther 1519–1521 (ASTh 2), 2000.

I Der Geist und das Genie

Zum Ausgangspunkt seiner Streitschrift wählt Luther – eng an den Duktus von *De libero arbitrio* angelehnt – das Problem der *Zulässigkeit* einer theologischen Erörterung des unfreien Willensvermögens. Während Erasmus diesen Lehrartikel nicht zu denjenigen zentralen theologischen Topoi zählen möchte, die in einer breiteren Öffentlichkeit, vor allem aber vor dem theologisch ungebildeten Kirchenvolk diskutiert werden sollen, da eine solche Diskussion die Fundamente der Moraltheologie erschüttern könnte, möchte Luther ihn geradewegs zum Dreh- und Angelpunkt der Theologie und allen Fragens nach Gott erheben: Ohne den unfreien Willen anzuerkennen, sei es völlig unmöglich, Gott zu (er)kennen und von Christus zu wissen. Innerhalb dieser Präliminarien sticht die kontrastive Gegenüberstellung der Begriffe *spiritus* und *ingenius* hervor. Erasmus hatte in der Diatribe auf die unausgeglichene Ausgangssituation des Disputs hingewiesen und spöttisch bemerkt, landläufig sei man wohl der Meinung, dass »Luther der Gelehrsamkeit am wenigsten zutraut, am meisten aber dem Geist, der bisweilen manches auch Niedrigen einflößt, was er jenen Weisen verweigert.«[18] Auch zum Ende seiner Schrift deutet Erasmus den pneumatologischen Horizont des Disputs zaghaft an, meine er doch, er werde von allen Seiten zu hören bekommen: »›Erasmus soll Christum lernen und menschliche Weisheit gut sein lassen; dies versteht niemand, außer wer den Geist Gottes hat.‹«[19] In ironischer Manier nimmt Luther diesen Fehdehandschuh auf, lobt Erasmus' »ingenium« und seine »eloquentia«, durch die sein eigener »spiritus« und »impetus« bezwungen worden seien.[20] Will

---

18 ERASMUS, De libero arbitrio, Ia6 (WELZIG, 8f): »Quod si quis vel ingenii tarditati vel imperitiae velit ascribere, cum hoc non contendam, modo tardioribus etiam permittant vel discendi gratia congredi cum his, quibus dei donum uberius contigit, praesertim cum Lutherus minimum tribuat eruditioni, plurimum spiritui, qui nonnumquam instillat quaedam humilioribus, quae σοφοῖς illis negat.«

19 ERASMUS, De libero arbitrio, IV.17 (WELZIG, 192f): »Hic audiam, sat scio: Discat Erasmus Christum et valere iubeat humanam prudentiam; haec nullus intelligit, nisi qui spiritum habet dei.«

20 Vgl. WA 18; 600,4–602,3, v.a. 600,14–19: »Verum illos non modo non accuso, sed ipsemet tibi palmam concedo, qualem nulli antea concessi, non solum, quod viribus eloqueutiae et iugenio me longissime superas, qualem nos omnes merito tibi concedimus,

74

er »ingenium« und die »dictio[] ingeniosa[]«²¹ ganz dem Erasmus zugestehen, beansprucht Luther den Begriff *spiritus* im Sinne des »spiritus meus«²² für sich und weist damit auf Würde, Wert und göttliche Herkunft des von ihm vorgebrachten Gegenstandes, des geknechteten Willens, hin.²³ Zwar habe das Wirken des Geistes auf sich warten lassen, jetzt müsse Luther aber entschieden zur Feder greifen, würde ihm doch der Offenbarungsrang des zu erörternden Themas nunmehr gänzlich einleuchten:

> Denn im Grunde ist unsere Sache so beschaffen dass sie sich nicht mit einem äußerlichen Lehrer [externo doctore] begnügt, sondern über den hinaus [praeter eum], der draußen pflanzt und gießt [qui plantat et rigat foris], ersehnt sie [desyderet] den *Geist Gottes* [spiritum Dei], der das Wachstum gibt und als Lebendiger die lebendigen Dinge innerlich lehrt [vivus viva doceat intus] (diese Überlegung drängte sich mir auf); dennoch – weil jener *Geist* frei ist und weht, nicht wo wir wollen, sondern wo er selbst will – war jene Regel des Paulus zu beachten: Halte an zur günstigen wie auch zur ungünstigen Zeit. Wir wissen nämlich nicht, zu welcher Stunde der Herr kommen wird.²⁴

Die Geist*losigkeit* des Erasmus konkretisiere sich vor allem darin, dass dieser in der eigentlichen Sachfrage laviert und nicht die »Wahrheit bezeugen möchte«²⁵. Daher solle es sich Erasmus, spottet Luther, gerne gefallen lassen, dass Gott ihm, einem »so herausragenden Geist«²⁶, in seiner Person

quanto magis ego barbarus in barbarie semper versatus, sed quod et spiritum meum et impetum remoratus es, et languidum ante puguam reddidisti [...].«
21 Vgl. WA 18; 601,8: »ingeniosam dictionem«.
22 Vgl. WA 18; 600,18: »spiritum meum«.
23 Tatsächlich verweist Luther schon früher darauf, dass sein Geist von Gott in Anspruch genommen und angetrieben, mitunter aber auch vom Teufel bestürmt wird. Dabei wird zwar nicht immer distinkt zwischen dem Geist Gottes und dem Geist als menschlicher Geisteskraft unterschieden, wohl aber immer auf das passive Moment hingewiesen, vgl. WA 7; 162,14; WA 7; 545,28; WA 8; 563,8; WA 9; 304,8f; WA 10,1,1; 640,22f; WA 10,2; 56,12; WA 10,2; 232,21; WA 15; 214,16f; WA 15; 360,14; WA 16; 35,23.
24 WA 18; 602,11–18: »Quamvis enim res nostra talis est, quae externo doctore non est contenta, sed praeter eum qui plantat et rigat foris, etiam desyderet spiritum Dei, qui incrementum det et vivus viva doceat intus (quae cogitatio mihi imposuit) tamen cum liber sit ille spiritus, ac spiret, non ubi nos volumus, sed ubi ipse vult, servanda fuerat regula illa Pauli, Insta oportune, importune, Non enim scimus, qua hora dominus venturus sit.«
25 Vgl. WA 18; 601,35: »dum nihil vis assertum, rursus tamen assertor videri«.
26 WA 18; 602,24f: »[...] a tali tantoque ingenio [...]«.

davon überzeugen wolle, dass der freie Wille »merum mendacium«, nichts als Lüge, sei.[27]

Ähnlich wie mit den Verfassern verhält es sich nach Luther auch mit den Lesern der beiden Streitschriften. Der Geist als »magister« habe nicht nur ihn selbst zum Verfassen dieser und seiner früheren Schriften veranlasst,[28] sondern sei auch zu deren *Verstehen* unerlässlich und könne dabei helfen, die überbordende Eloquenz des Erasmus zu durchschauen. Luther stellt zwei Lesergruppen gegenüber – solche mit Geist und solche ohne –, welche mit denen identifiziert werden, welche Erasmus verachten oder ihm den Sieg in der Debatte zugestehen:

> Denen nämlich, die *den Geist als Lehrer* in unseren Büchern aufgenommen haben, ist von uns mehr als genug aufgetischt worden, und sie verachten deine Angelegenheiten aufs Leichte; bei denjenigen, die aber tatsächlich *ohne Geist* lesen, nimmt es nicht Wunder, wenn sie von einem Windhauch wie ein Rohr bewegt werden; denen hätte auch Gott nicht genug sagen können, selbst wenn alle Geschöpfe mit Sprachen ausgestattet werden würden.[29]

Wie schon der Kontrast von Geistbesitz und Genius knüpft auch diese Gegenüberstellung parteiischer Leserschaften unmittelbar an *De libero* an, hatte Erasmus dort doch spitz bemerkt, dass er sich keineswegs mit denen streiten wolle, »die tapfer schreien, daß Luther mehr Gelehrsamkeit im kleinsten Fingerchen besitzt als Erasmus im ganzen Körper.«[30] Dass nun Luther Gott anfleht, »selbst Lehrer in unserer Mitte zu sein, der in uns spricht und hört«,[31] ist daher keine beiläufig hingesagte Floskel: Die Frage des freien Willens wird *vor dem Geist und Gott selbst* verhandelt, ihre Klärung ist angewiesen auf den *Rat* des Geistes und Gottes als *Lehrer*. Damit trägt, so Luther, der Disput auch zu einem Konsens in der Geistgemein-

---

27 WA 18; 602,26f.

28 So WA 18; 602,16f.

29 Hv. PB. WA 18; 601,24–27: »Illis enim, qui spiritum magistrum in nostris libellis hauserunt, satis abunde a nobis ministratum est, tuaque facile contemnunt, qui vero sine spiritu legunt, nihil mirum, si quovis vento, velut arundo, agitentur, quibus nec Deus satis dixerit, etiam si omnes creaturae in liuguas verterentur.«

30 ERASMUS, De libero arbitrio, 1a6 (WELZIG, 8f): »Haec ad illos, qui fortiter clamant Luthero plus esse eruditionis in minimo digitulo quam Erasmo in toto corpore, quod ego sane nunc non refellam.«

31 WA 18; 602,31f: »ipse magister coram in medio nostri, qui in nobis loquator et audiat.«

schaft der Kirche bei, in der – er verweist auf 1Kor 12,4 und Röm 12,6 – die Geistesgaben nun einmal in unterschiedlichem Maße verteilt seien, so dass immerzu ein Ausgleich erforderlich sei: »Wir können nicht alle alles, oder wie Paulus sagt: Es gibt Verteilungen der Gnaden, aber es ist *ein und derselbe Geist.*«[32] Damit dient der klärende Streit auch der intersubjektiven Vermittlung einer subjektiven, vom Geist ermöglichten Offenbarung und – vorausgreifend gesprochen – dem Ausgleich eines inneren und äußeren Urteils über die Geister, dem sich Erasmus gerne entziehen möchte.[33]

Luthers Vorwurf der Geistlosigkeit des Erasmus konzentriert sich im *exordium* der Schrift, bricht sich aber auch im Verlauf der Argumentation immer wieder Bahn. Wenn etwa Erasmus davon spricht, dass man die Buße »totis viribus« erstreben solle, um das Erbarmen des Herrn zu erlangen, und nicht an der Vergebung des »von Natur aus sanftesten Gottes« zweifeln dürfe, antwortet Luther schroff, Erasmus' Worte seien »ohne Christus, ohne Geist, kälter selbst als Eis«,[34] weil er leichthin zweifelhafte innerseelische Kräfte des Menschen, einen natürlich gerechten Gott oder ein erstrebenswertes Erbarmen postulieren würde, ohne diese Instanzen näherhin definieren, geschweige denn bibeltheologisch oder empirisch zu begründen – derartige Haltlosigkeiten würde nur ein Mann behaupten, der blind auf sein »ingenium« vertraue.[35] Auch wenn Erasmus den Christen nahele-

32 Hv. PB. WA 18; 602,34f: »Nec omnia possumus omnes seu ut Paulus ait, Distributiones donorum sunt, idem autem spiritus.«

33 Vgl. Erasmus, De libero arbitrio, Ia7 (Welzig 10f): »Sobald man daher bis zu diesem Punkt gekommen ist, dürfte es meiner Meinung nach besonnener und frömmer sein, mit Paulus auszurufen: ›O Tiefe des Reichtums und der Weisheit und der Erkenntnis Gottes, wie unerforschlich sind seine Ratschlüsse, wie unergründlich seine Wege!‹ und mit Isaias: ›Wer hat den Geist des Herren bestimmt, wer als Berater ihn unterwiesen?‹, als erklären zu wollen, was das Maß menschlicher Fassungskraft übersteigt [quam definire, quod humanae mentis excedit modum].«

34 Vgl. WA 18; 611,1–5: »Forma Christianismi a te descripta inter caetera hoc habet, ut totis viribus enitamur, adeamus remedium penitentiae, ac domini misericordiam modis omnibus ambiamus, sine qua nec voluntas humana efficax est nec conatus. Item nemini desperandam esse veniam a Deo natura clementissimo, Haec verba tua, sine Christo, sine spiritu, ipsa glacie frigidiora [...].«

35 Vgl. WA 18; 613,11–13: »Sed huc te perpellit fiducia ingenii tui, qui credis sic te posse per eloquentiam omnibus ingeniis imponere, ut nullus queat persentiscere, quid alas in animo et quid moliaris lubricis illis scriptis tuis.«

gen wolle, »waghalsige Täter« zu werden, ohne sie darüber zu unterrichten, »quid possint et non possint«,[36] notiert Luther scharf: »So aber wird ein Verstand zu sprechen gezwungen, der nicht mit sich selbst übereinstimmt, unsicher und unerfahren in den Dingen der Frömmigkeit.«[37]

Einen Ringschluss findet der pneumatologische Auftakt der Schrift in ihrer finalen *peroratio*. Hier möchte Luther Erasmus zumindest zugestehen, mit der Diatribe einen neuralgischen Punkt getroffen zu haben, der im Zentrum jedes theologischen Nachdenkens über das Verhältnis von Mensch und Gott, von Rechtfertigung und Gnadenhandeln stehen müsse. Zumindest daran sollten sich alle belehren lassen, die »gerade neue Geister, neue Offenbarungen im Munde führen«[38], d.h. solche (spiritualistischen) Irrlehrer, die abseits der Frage nach dem Heil des Menschen und jenseits der Schrift über geistinduzierte Offenbarungen spekulieren. Eindringlich bittet Luther Gott darum, Erasmus hinlänglich mit der Frage des unfreien Willens und damit nicht weniger als mit Christus selbst bekannt zu machen, so dass dieser das, was er hinsichtlich der Eloquenz und des Verstandes längst bewiesen habe, auch hinsichtlich der theologischen Expertise vollbringen könne: Luther beizukommen.[39] Und folgerichtig sieht sich Luther selbst in der Position Jitros, der Erasmus als Mose zu belehren verpflichtet gewesen sei, oder aber als Hannanias, der Paulus nach seiner damaskenischen Blendung besuchte,[40] wobei dessen dem Paulus überstellte, von Luther hier nicht offen ausgesprochene Verheißung bezeichnender Weise lautete (Apg 9,17): »du sollst wieder sehen und *mit dem Heiligen Geist erfüllt werden.*«

Luthers pneumatologische Abbreviaturen im *exordium* und in der *peroratio* von *De servo arbitrio* sind in ein feines Netz mal subtiler, mal beißender Polemik eingebunden und verspotten in höchst eloquenter Form den humanistischen Genius des Erasmus. Die Anrufung Gottes und des

---

36 Vgl. WA 18; 613,18–22: »At cum Christianos ipsos iubeas temerarios operarios fieri et in salute aeterna paranda incuriosos esse mandas, quid possint et non possint, hoc plane peccatum est vere irremissibile. Nesciunt enim, quid faciant, dum ignorant, quid et quantum possunt.«

37 Vgl. WA 18; 614,25f: »Sed sic loqui cogitur mens sibiipsi non constans, in rebus pietatis incerta et imperita.«

38 WA 18; 786,33: »[...] qui modo novos spiritus, novas revelationes iactant [...].«

39 Vgl. WA 18; 787,1f.

40 Vgl. WA 18; 787,2f.

Heiligen Geistes, die Disqualifizierung des Gegenübers als geist- und gott-losen Intellektualisten und die performative Differenzierung der Leser-schaft in geistbegabte und geistabtrünnige Rezipienten forcieren allesamt den Affront und öffentlichkeitswirksamen Bruch mit dem Humanisten. Gleichwohl handelt es sich nicht nur um haltlose Überspitzungen, die von der tiefer gehenden Sachargumentationen der Schrift völlig losgelöst wären. Wenn Luther auf den Offenbarungscharakter der Rede vom unfreien Willen und die Inspiration durch den Heiligen Geist als notwendige Voraussetzung jeder theologischen Reflexion hinweist, berührt er zentrale pneumatologi-sche Fragestellungen, die er im weiteren Verlauf seiner Schrift eingehend erörtert.

II Der Geist und die Geschichte

Die polemische Gegenüberstellung des geistbegabten Fürsprechers für das geknechtete und des geniehaften, aber geistlosen Sachwahrers des freien Willensvermögens erweist sich als richtungsweisend für Luthers Bewer-tung der Autorität derjenigen Kirchenväter und -lehrer, die der erasmischen Position den Weg geebnet haben – und damit für die Evaluation der gesam-ten Kirchengeschichte. Vor einem selbstermächtigenden Rückgriff auf die Geschichte als eine Geschichte der heiligen und inspirierten Autoritäten warnt Luther natürlich auch schon vor der Auseinandersetzung mit Eras-mus.[41] Der Humanist bietet aber in *De libero arbitrio* eine höchst kompri-mierte geschichtstheologische Betrachtung der Frage, wo der rechte Geist Gottes zu suchen ist, so dass sich Luther zu einer umfassenderen, pneu-matologischen Standortbestimmung genötigt sieht. Im Allgemeinen hält Erasmus die Abständigkeit zwischen Paulus' Zeitalter, »in welchem dieses Geistesgeschenk stark« und eine Prüfung der Geister unbedingt erforder-lich war, und »diesem fleischlichen Jahrhundert« für kaum einholbar,[42] doch nach wie vor müsse die *Wundertätigkeit* als wesentlicher Ausweis der Geistbegabung gelten, habe man doch selbst den ehrwürdigen Aposteln

---

41 Vgl. in Bezug auf die Kirchenväter u.a. WA 7; 687,6–14; WA 10,1,2; 337,19–29; WA 10,2; 239,10–22; WA 10,3; 144,19–146,22, v.a. 145,6–20 (hier in Bezug auf den Zusammenhang von Wundertaten und Geistbesitz); WA 10,3; 262,8–263,7; WA 15; 40,27–41,7.

42 ERASMUS, De libero arbitrio, Ib5 (WELZIG, 28f).

nur auf die Vollbringung aufsehenerregender Wundertaten hin Glauben geschenkt.[43] Seine Gegner, so Erasmus, hätten freilich bisher nicht »auch nur ein lahmes Pferd [...] heilen können«[44], womit er jene Aporien aufzeigen möchte, die es mit sich bringt, wenn der Heilige Geist reklamiert wird, ohne dass ihm entsprechende Fähigkeiten und Eigenschaften wie Wundertätigkeit und moralische Vollkommenheit nachgewiesen werden. Geschichtstheologisch grundiert ist dieser Zusammenhang in mehrerlei Hinsicht. Einmal, insofern Erasmus den Vorwurf der Evangelischen ironisch aufgreift, die Heiligen seien, selbst wenn sie Wundertaten verrichteten, abzulehnen, »wie wenn es seit dreizehnhundert Jahren kein Evangelium in der Welt gegeben hätte«[45]. Zweitens macht Erasmus darauf aufmerksam, dass die Befragung der Väter selbst dann legitim sei, wenn sie sich widersprechen würden, gebe doch der Heilige Geist nicht einer Person alles ein, so dass auch der »irgendwo ausgleiten und sich täuschen« könne, »der den Geist besitzt.«[46] Zuletzt macht Erasmus darauf aufmerksam, dass der Heilige Geist in der Kirche wohl kaum jahrhundertelang den Irrtum bezüglich des freien Willensvermögens geduldet hätte, welcher nach Luther ja einen zentralen Glaubensartikel darstellt.[47]

---

43 ERASMUS, De libero arbitrio, Ib6 (WELZIG 30f): »Paulus ruft aus: ›Oder sucht ihr einen Beweis dafür, daß Christus in mir wohnt?‹ Es wäre den Aposteln nicht geglaubt worden, wenn nicht Wunder der Lehre den Glauben hinzugefügt hätten; jetzt verlangt jeder beliebige, daß ihm geglaubt wird, weil er behauptet, evangelischen Geist zu besitzen [quod affirmet se habere spiritum evangelicum].«

44 ERASMUS, De libero arbitrio, Ib6 (WELZIG, 30f): »[...] nullus illorum adhuc exstitit, qui vel equum claudum sanare potuerit.«

45 ERASMUS, De libero arbitrio, Ib7 (WELZIG, 32f): »Si roges, cur illis, quorum aliquot etiam miraculis editis inclaruere mundo, defuerit spiritus potius quam ipsis, sic respondent, quasi mille trecentis annis nullum fuerit evangelium in mundo.«

46 ERASMUS, De libero arbitrio, Ib8 (WELZIG, 32f): »Iam ut demus eum, qui spiritum habet, certum esse de sensu scripturae, quomodo mihi constabit, quod ille sibi sumit? Quid faciam, ubi multi diversos sensus afferunt, quorum unusquisque se iurat habere spiritum? Ad haec, cum spiritus non iisdem suggerat omnia, labi fallique potest alicubi etiam is, qui habet spiritum. Haec adversus illos, qui tam facile reiciunt veterum interpretationem in sacris libris ac suam nobis sie opponunt, velut ex oraculo proditam.«

47 ERASMUS, De libero arbitrio, Ib8 (WELZIG, 32–35): »Um schließlich anzunehmen, daß der Geist Christi zugelassen hätte, daß sein Volk in weniger wichtigen Dingen irre, von denen nicht gerade das Heil der Menschen abhängt, wie kann man glauben, daß jener

Die pneumatologische Konfrontation ist also von Erasmus intendiert und Luther reagiert darauf umfassend. Wenn er zur Widerlegung der *disputatio*, d.h. der argumentativen Kernerörterung des Erasmus anhebt,[48] mimt er den unterlegenen Diskussionspartner, der nur Wyclif, Valla und – immerhin – Augustin auf seiner Seite weiß, während Erasmus mit glänzenden Kennern der Heiligen Schrift, Heiligen, Märtyrern und Wundertätern und auch neueren Theologen, hohen Universitäten, Bischöfen, Päpsten und Konzilen aufwarten könne.[49] Auf Erasmus' Seite stünden »Gelehrsamkeit, Geisteskraft, die Vielzahl, Größe, Erhabenheit, Stärke, Heiligkeit, Wunder, und was nicht sonst«.[50] Damit eröffnet auch Luther eine theologiegeschichtliche und zugleich geschichtstheologische Argumentationskette, denn er misst im Folgenden die Validität der von Erasmus aufgerufenen Zeugen an ihrer vermeintlichen *Geistbegabung* und schickt dieser Betrachtung voraus, was er im Proömium bereits angedeutet hat: Durch keinen geringeren als den Heiligen Geist dazu hingerissen, stellt er sich der schier endlosen Masse der Zeugen *für den freien Willen* entgegen:

> Aber das ist nicht der Ort, die Geschichte meines Lebens oder meiner Werke zu verfertigen; nicht damit wir uns selbst empfehlen, haben wir diese Angelegenheit auf uns genommen, sondern um die Gnade Gottes herauszustellen. Wer ich bin und *durch welchen Geist und Ratschluss* ich in diese Sachen hineingerissen worden bin, stelle ich jenem anheim, der weiß, dass alles nach seinem, nicht nach meinem Willen geschieht, auch wenn die Welt selbst das schon längst hätte spüren müssen.[51]

mehr als dreizehnhundert Jahre hindurch den Irrtum seiner Kirche übersehen habe und keinen einzigen von so vielen überaus heiligen Männern für würdig gehalten habe, ihm das einzugeben, von dem jene Leute behaupten, daß es das Hauptstück der gesamten Lehre des Evangeliums sei?«

48 Vgl. WA 18; 640,13f: »Ingressurus igitur disputationem, Promittis acturum te scripturis Canonicis, quandoquidem Lutherus nullius praeterea scriptoris authoritate tenetur.«

49 Vgl. WA 18; 640,4f: »[...] inter quos fuerunt pertissimi sacrarum literarum, item sanctissimi, aliqui martyres, multi miraculis clari [...].«

50 WA 18; 640,6f: »[...] ingenium, multitudo, magnitudo, altitudo, fortitudo, sanctimonia, miracula et quid non?« Vgl. auch die ähnlich aufgestellte Reihe in WA 18; 640,11f, wo Luther auch auf Erasmus' Aussage vom lahmen Pferd zu sprechen kommt: »[...] in quibus neque tanta eruditio, nec tantum ingenium, nec multitudo nec magnitudo, nec sanctimonia, nec mircaula, ut qui ne claudum quidem equum sanare queant.«

51 Hv. PB. WA 18; 641,13–17: »Sed non est nunc locus, meae vitae aut operum historiam texere, nec ut nos ipsos commendaremus, haec suscepta sunt, sed ut gratiam Dei extolle-

Entschieden weist Luther darauf hin, dass es der Geist selbst sei, der den freien Willen bestreiten wolle, und dass der Schlagabtausch mit Erasmus als Zeugnis für dieses opponierende Wirken des Geistes in der Welt verstanden werden müsse. Insofern kann Luther Erasmus wie auch den von ihm in Anspruch genommenen, angeblich durch Geist, Wunder und Heiligkeit legitimierten Kirchenlehrern ihre Autorität absprechen, *sofern sie für den freien Willen streiten.* Damit wird ein Kriterium aufgerufen, an dem Luther die ganze Theologiegeschichte misst. Aus fünf pneumatologischen Perspektiven hinterfragt er die vermeintliche Autorität und Heiligkeit der Väter, die *pro libero arbitrio* gesprochen haben sollen.

Erstens problematisiert Luther die *Zweckmäßigkeit und Zielrichtung* der Wundertätigkeit der von Erasmus aufgerufenen Autoritäten. Er fragt Erasmus, ob einer der von ihm aufgerufenen Zeugen, »um das Lehrstück des freien Willens zu bekräftigen« (*ad confirmandum dogma de libero arbitrio*), »heilig gewesen, den Geist empfangen, Wunder hervorgebracht hätte«, und erinnert daran, dass Heiligkeit, Geistempfang und Wundertätigkeit der Genannten vielmehr »im Namen und der Kraft Jesu Christi« wurzelten und auf »die Lehre Christi« bezogen gewesen waren,[52] worunter Luther jedoch nichts anderes verstehen möchte als die Predigt des unfreien Willens:

> Denn auch du verneinst ja nicht, sondern erklärst, dass der *freie Wille keine Angelegenheit des Geistes oder Christi sei* [liberum arbitrium non esse spiritu saut Christi negocium], sondern eine menschliche, *so dass der Geist, der verheißen war, Christus zu verherrlichen, den freien Willen nicht predigen kann.* Wenn also die Väter irgendwann einmal den freien Willen gepredigt haben, dann haben sie sicherlich aus dem Fleisch (da sie ja Menschen gewesen sind) gesprochen, nicht aus dem Geist Gottes, noch weniger haben sie für ihn [den freien Willen] Wunder hervorgebracht.[53]

remus. Quis sim et quo spiritu et consilio in istas res raptus sim, illi commendo, qui scit, haec omnia suo, non meo arbitrio libero gesta, quamvis et ipse mundus id iam dudum sensisse deberet.«

52 WA 18; 641,30–642,1: »Sed donemus tibi, si vis, etiam omnes fuisse sanctos, omnes habuisse spiritum, omnes fecisse miracula (quod tamen non petis). Hoc mihi dic, an in nomine aut virtute liberi arbitrii, aut ad confirmandum dogma de libero arbitrio ullus eorum fuerit sanctus, acceperit spiritum, ediderit miracula?«

53 Hv. PB. WA 18; 642,9–13: »Neque enim tu negas, sed asseris, liberum arbitrium non esse spiritus aut Christi negocium sed humanum, ita ut spiritus qui Christum clarificaturus promissus est, utique non possit liberum arbitrium praedicare. Si ergo patres aliquando

Wenn also die Lehre vom freien Willen eine göttliche und geistgewirkte Lehre darstellt, müsse Erasmus nachweisen, dass *um dieser Lehre willen* und nicht aus einer menschlich-fleischlichen Schwäche heraus diese Freiheit behauptet worden sei: Insofern konterkariert Luthers lautstarke Aufforderung »ostendite spiritum, edite miracula, monstrate sanctimoniam«[54] geradewegs die erasmische Prämisse, dass die Geistbegabung durch Wunder zu erweisen sei, wobei sich Luther – anders als Erasmus – auf Dtn 18,22 bezieht, das deuteronomische Gesetz zur Bestätigung eines Propheten: Es sei keine »Lehre zuzulassen, wenn sie nicht vorher durch göttliche Zeichen bewiesen worden ist«[55]. Für die Lehre vom freien Willen steht nach Luther dieser Beweis aus. Der syllogistische Kern dieses Arguments ist in der Gleichsetzung der Predigt Christi und der Predigt des unfreien Willens zu ersehen, welche hier jedoch nicht eingelöst oder näherhin erläutert wird. Luthers Argumentation kommt damit dem Zirkelschluss gefährlich nahe, insofern er die Geistlosigkeit der Predigt des freien Willens mit der Beobachtung belegt, dass der unfreie Wille vom Heiligen Geist gepredigt werde. Daher muss Luther die Identifizierung der Predigt des Evangeliums mit der Lehre Christi und dem Wirken des Heiligen Geistes voraussetzen, um von hier aus den *Zweck* der Heiligkeit, Geistbegabung und Wundertätigkeit der Väter bemessen zu können und letztlich zu beweisen, dass Erasmus' Berufung auf die Heiligkeit, den Geistbesitz und die Wundertätigkeit seiner Gewährsleute »inepta« sei: ungeeignet.[56]

In einem zweiten Anlauf variiert Luther das erste Argument, indem er danach fragt, inwiefern der freie Wille der Heiligen Ursache für die Taten und Lehren der genannten Autoritäten gewesen sei. Hatte er zuvor geleugnet, dass ihre Heiligkeit, Wundertätigkeit und Geistbegabung auf den freien Willen *abzwecken*, stellt er nun in Frage, dass diese Attribute ihren Wurzelgrund im freien Willensvermögen hätten, womit er eine *reductio ad absurdum* forciert: Luther fragt – explizit »aus dem Geist« (de spiritu)![57] –,

---

liberum arbitrium praedicaverunt, certe ex carne (ut fuerunt homines), non ex spiritu Dei sunt locuti, multo minus pro eo miracula ediderunt.«
54 WA 18; 642,18f.
55 WA 18; 642,26: »[...] nullum dogma admittere, signis divinis non ante probatum [...].«
56 WA 18; 642,14.
57 WA 18; 643,29.

ob seine Gegner auch nur »ein Werk, ein Wort oder einen Gedanken« aufweisen können,[58] die ihren Ursprung im freien Willensvermögen der genannten Heiligen hätten und durch das diese sich der Gnade zuwenden, den Geist verdienen, Vergebung erlangen oder in irgendeiner Form mit Gott in Verbindung treten konnten.[59] Im Gegenteil könne er selbst nachweisen, dass die genannten Männer, »wann immer sie sich Gott näherten, um zu beten oder mit ihm zu handeln«, das freie Willensvermögen vergaßen.[60]

Eingewoben in diese Beweisführung ist ein drittes geschichtskritisches Argument, das Luther ebenfalls aus einer pneumatologischen Perspektive konstruiert. Erasmus' Definition des freien Willens *als einer Kraft* sei schlichtweg zu unpräzise, entbehre einer *theologischen* Erläuterung und entspringe einem vorchristlichen, philosophischen Weltbild – ihr Ursprung liege »in den platonischen Ideen«[61]. Die Lehre vom freien Willen sei damit aber eine »res humana« und widerspreche dem »Zeugnis des Geistes«, weil sie »von Philosophen angeführt wurde und in der Welt war, bevor Christus kam *und der Geist vom Himmel geschickt wurde*« – sie ist Weltenlehre.[62]

Auch die vierte geschichtstheologische Perspektive ist pneumatologisch konnotiert: Luther fragt nach dem Kriterium der Abwägung derjenigen Väter, die das freie Willensvermögen behaupten, derjenigen, die es bestreiten, und derjenigen, die hinsichtlich dieser Frage widersprüchliche Angaben machen. Luther deutet bereits hier die für spätere Zusammenhänge bedeutsame, paulinische Dualität von Geist und Fleisch an: Hätten die einen Kirchenväter »in der Stärke des Geistes«[63] den freien Willen be-

---

58 WA 18; 643,15–16: »unum opus [...] aut unum verbum [...] vel unum cogitatum ex vi liberi arbitrii [...]«.
59 Vgl. WA 18; 643,17–20.
60 WA 18; 644,6: »[...] quam penitus obliti incedant liberi arbitrii sui [...]«.
61 WA 18; 646,2: »in Platonicis idaeis«.
62 WA 18; 647,4–8: »praesertim, cum ipsi fateamini esse rem humanam, quae spiritus testimonium non habet, ut quae Philosophis iactata et in mundo fuerit, antequam Christus veniret et spiritus de coelo mitteretur, ut certissimum sit, non de coelo missum, sed e terra iam ante natum hoc dogma, ideo magno opus testimonio, ut certum et verum esse confirmetur.«
63 WA 18; 649,12: »fortitudine spiritus«.

stritten, würden die anderen aus der »Schwachheit des Fleisches«[64] daran festhalten. Manche Väter würden, je nach geistlicher Konstitution, gar beides tun. Luther rät nun, man solle »sie auswählen und annehmen, wo sie aus dem Geist sprechen«, und außer Acht lassen, »wo sie fleischlich gesinnt sind«[65]. Seien die Väter selbst zu entschuldigen, insofern sie mitunter den in ihnen widerstreitenden Mächten erlegen gewesen seien, seien es diejenigen, die über sie urteilen, nicht, weil sie die herangezogenen Vätersprüche bloß »auf ihren Fleischessinn«[66] reimen. Insofern erweise der tendenziöse Rekurs auf die entsprechenden Kirchenväter eher die Voreingenommenheit und Geistlosigkeit ihrer Rezipienten als die Ambivalenz des patristischen Zeugnisses.

Die fünfte pneumatologische Perspektive auf die geschichtlich evidente Autorität der Väter tangiert die Frage nach Einheit und Rechtgläubigkeit der empirischen Kirche, berührt also die Ekklesiologie. Luther reagiert hier auf Erasmus' Behauptung, es sei »unglaubwürdig, dass Gott seiner Kirche den Irrtum [vom freien Willen] all die Jahrhunderte verheimlicht habe, und dass er nicht irgendeinem seiner Heiligen das offenbart habe, was wir für die Hauptsache der evangelischen Lehre halten.«[67] Der Reformator setzt dieser Auffassung die Lehre einer allein durch den Heiligen Geist konstituierten Kirche entgegen, die sich im Laufe der Kirchengeschichte immer wieder verborgen halte, sich in die Minderheit zurückziehe, jedoch immer auf den Beistand Christi und die Regierung des Geistes verlasse, so dass die empirische Kirche, die Erasmus im Blick hat, gar nicht der Kirche im eigentlichen Sinne entspreche:

> Die Kirche wird nämlich *von Gottes Geist* regiert, die Heiligen werden *vom Geist Gottes* getrieben, Röm 8[,14]. Und Christus bleibt bei seiner Kirche bis zur Vollendung der Welt. Und Gottes Kirche ist die Feste und Säule der Wahrheit.[68]

---

64 WA 18; 652,14: »pro infirmitate carnis«.

65 WA 18; 652,16f: »ubi carnem saperent«.

66 WA 18; 649,14: »faciunt ad sensum carnis«.

67 WA 18; 649,26–28: »Per haec ad illud respondeo, ubi dicis, Incredibile esse, ut Deus Ecclesiae suae errorem dissimularit tot saeculis nec ulli sanctorum suorum revelarit, id quod nos contendiumus esse doctrinae Evangelicae caput?«

68 Hv. PB. WA 18; 650,30–651,2: »Ecclesia enim spiritu Dei regitur, Sancti aguntur spiritu Dei, Rom. 8. Et Christus cum Ecclesia sua manet usque ad consummationem mundi.

Luther möchte diese Beobachtung etwa mit der Abkehr der Apostel von Christus während seiner Passion, der arianischen Verwerfung in der Alten Kirche oder den selbstbezüglichen Konzilsbeschlüssen des Mittelalters begründen,[69] die die papale Macht festigten und die man »nicht dem Heiligen Geist zurechnen kann, es sei denn man ist wahnsinnig.«[70]

Die Unterscheidung von verborgener Geist- und empirischer Kirche bemisst sich nach Luther an der Grenze von Irrtum und Nachsicht, mithin an der Liebe, denn die Kirche habe sich als eine Gemeinschaft zu bewähren, in der die Verirrung geduldet und *behutsam* behoben wird. Dennoch: Hatte Luther darauf gepocht, dass die Geistbegabung nur bei denen zu finden sei, die den geknechteten Willen vertreten, und denen die Geistbegabung abgesprochen, die den freien vertreten, steht die Beantwortung der Frage nach einem soliden Kriterium für diese Unterscheidung noch aus:

> Was werden wir also tun? Ist die Kirche verborgen, sind die Heiligen versteckt, was? Wem glauben wir? Oder, wie du scharfzüngig erörterst: Wer macht uns sicher? Woher werden wir *den Geist* erforschen?[71]

Die sich anschließende Erörterung des doppelten Urteils erweist sich daher nicht als eine von der vorigen Argumentation abgehobene Bekräftigung der Schriftautorität, sondern entpuppt sich vielmehr als ein Ringen um die intersubjektive Vermittelbarkeit der unmittelbaren Geisterfahrung.

Et Ecclesia Dei est firmamentum et columna veritatis.« Vgl. hierzu auch schon WA 7; 219,4; WA 7; 631,7; WA 8; 502,5.

69 Vgl. WA 18; 650,31–651,1.

70 WA 18; 651,1: »quae spiritui sancto tribuere, nisi insanus, non possit«. Demgegenüber wirke der Geist bei verfolgten Minderheiten und vermeintlichen Ketzern wie etwa Hus (WA 18; 651,5f), vgl. hierzu auch WA 15; 184,29–185,5; WA 19; 330,35–331,25; WA 30,2; 377,31–378,7.

71 Hv. PB. WA 18; 652,23–25: »Quid igitur faciemus? abscondita est Ecclesia, latent sancti. Quid? cui credemus? seu ut tu argutissime disputas: Quis nos certos facit? Unde explorabimus spiritum?«

III Der Geist und die Autorität der Kirche

Luthers Rede von der doppelten Klarheit der Schrift ist im Laufe der Rezeptionsgeschichte immer deutlicher von der Argumentationslinie in *De servo arbitrio* abgerückt und als eigenständiges Paradigma der Schrifthermeneutik eingekreist worden, stellt jedoch keinen Exkurs oder einen Fremdkörper im Gesamtgefüge der Schrift dar, sondern ist vor allem über die pneumatologische Sinnlinie eng mit der vorigen Erörterung über die Autorität der Tradition der Kirchenväter und dem Auslegungsmonopol von Kirche und Theologie verbunden.[72] Die Frage danach, wer »Gewissheit schafft« und woher der »Geist erforscht« werden kann, mit anderen Worten: auf welche Weise die geistliche Tauglichkeit der streitenden Parteien evaluiert werden kann, bleibt der Horizont auch der Diskussion bezüglich der »Durchschaubarkeit« der Schrift. Die Rede von der doppelten Klarheit der Schrift korrespondiert aufs Engste mit der Unterscheidung des doppelten Urteils über die Geister und stellt eine Abgrenzungsargumentation gegen die Verabsolutierung der subjektiven Geistoffenbarung dar, wie Luther sie bei den »phanatici« vorfindet[73] und wie sie ihm – auch in Erasmus'

---

72 Vgl. zu diesem Abschnitt TH. KAUFMANN, Luthers Bibelhermeneutik anhand seiner Vorrede auf das Neue Testament und De servo arbitrio (in: Handbuch der Bibelhermeneutiken, hg. v. O. WISCHMEYER, 2016, 313–322), insb. 320–322; A. BEUTEL, Die Formierung neuzeitlicher Schriftauslegung und ihre Bedeutung für die Kirchengeschichte (in: Schriftauslegung [Themen der Theologie 8], hg. v. F. NÜSSEL, 2014, 141–177), insb. 154–163; DERS., »Sola scriptura mus sein«. Begründung und Gebrauch des Schriftprinzips bei Martin Luther (in: Sola scriptura 1517–2017. Rekonstruktionen – Kritiken – Transformationen – Performanzen [Colloquia historica et theologica 7], hg. v. ST. ALKIER, 2019, 29–58); DERS., Erfahrene Bibel. Verständnis und Gebrauch des verbum dei scriptum bei Luther (in: Protestantische Konkretionen. Studien zur Kirchengeschichte, hg. v. DEMS., 1998, 66–103).

73 Vgl. WA 18; 654,3: »et adhuc est cum istis Phanaticis, qui scripturas suo spiritui subiiciunt interpretandas«. Vgl. in Bezug auf Müntzer WA 15; 395,24; WA 15; 215,13–15; WA 15; 220,13–20; WA 15; 239,5–10; WA 18; 85,19–21; WA 18; 92,5–16; WA 18; 93,29–34. Vgl. allgemein auf die Verbreitung neuer Lehren WA 10,1,2; 216,1–4; WA 16; 213,1–4. Von »Fladdergeistern« (WADB 10/1; 515 zu Ps 199,113) und »falschen geystern« spricht Luther ebenfalls (vgl. WA 10,1,1; 592,14–21; WA 15; 211,5–21; WA 15; 378,7–12; WA 17,2; 169,6–13; WA 17,2; 185,3–17; WA 18; 62,14–63,4; WA 18; 122,30–123,4).

Schrift –[74] als »spiritus interpres ex sede Apostolica Romae«[75] begegnet. In diesem Sinne kann Luther dann auch seine frühere Wortwahl variieren und von der »Erforschung *der Geister*« statt von der »Erforschung *des Geistes*« reden, um anzuzeigen, dass sämtliche vermeinten Geistbezüge der Prüfung auszusetzen sind.[76] Luthers Argumentation muss als unmittelbare Replik auf jene Aporien verstanden werden, die Erasmus in *De libero arbitrio* geltend gemacht hatte, als er das Verhältnis von persönlicher Geistoffenbarung und Schrift abwägte:

> Auf die Frage, an welchen Merkmalen man erkennen könne, welches die wahre Auslegung der Schrift ist, da auf beiden Seiten nur Menschen stehen, antworten sie: *Durch das Merkmal des Geistes.* [...] Wenn man Wunder sucht, sagen sie, daß sie schon längst aufgehört hätten und nicht mehr nötig seien, da nun die Leuchtkraft der Schrift so groß sei.[77]

---

74 Erasmus spitzt den Geistbesitz auf die Amtssukzession zu, vgl. ERASMUS, De libero arbitrio, Ib4 (WELZIG, 26–29): »Hier höre ich: Wozu ist ein Ausleger notwendig, wo die Schrift ganz klar ist? Wenn sie so klar ist, warum haben Männer in so vielen Jahrhunderten, und dazu so ausgezeichnete, hier falsch gesehen, und das in einer Sache von so großer Bedeutung, wie jene wollen, daß man es ansehe? Wenn die Schrift keine Dunkelheit an sich hat, wozu war dann die Prophetengabe in den Zeiten der Apostel notwendig? Das war ein Geschenk des Geistes. Aber ich weiß nicht, ob, wie Heilungen und Sprachengabe geschwunden sind, auch dieses Gnadengeschenk aufgehört hat. Wenn es nicht aufgehört hat, ist zu untersuchen, auf welche Leute es übertragen worden ist. Wenn auf irgendwelche beliebige, ist jede Auslegung unsicher. Wenn auf niemanden, obwohl auch heute so viele Dunkelheiten die Gelehrten quälen, dann ist keine Auslegung sicher. Wenn aber auf jene, welche an Stelle der Apostel nachfolgten, wird man dagegen vorbringen, daß schon seit vielen Jahrhunderten viele an die Stelle der Apostel nachgefolgt sind, welche nichts von apostolischem Geist besitzen. Und dennoch kann man von jenen, wenn die übrigen Bedingungen gleich sind, mit größerer Wahrscheinlichkeit annehmen, daß Gott diesen seinen Geist eingießt, denen er ein Amt geschenkt hat, so wie wir es für wahrscheinlicher halten, daß die Gnade eher einem Getauften gegeben wird als einem Ungetauften.«

75 Vgl. WA 18; 654,6: »oportere spiritum interpretem ex sede Apostolica Romae petere«.

76 Vgl. WA 18; 653,1f und WA 18; 653,13f gleich zweimal im Plural.

77 ERASMUS, De libero arbitrio, Ib7 (WELZIG, 32f): »Rogantibus, quonam argumento sciri possit, quae sit vera interpretatio scripturae, cum utrimque sint homines, respondent: indicio spiritus. Si requiras miracula, dicunt iam olim cessasse nec opus esse iam in tanta luce scripturarum.«

Erasmus hebt auf die Vielgestaltigkeit und Vielstimmigkeit der vermeintlichen Geistbegabung ab[78] und spricht von der Gefahr, dass die Kirchenvätertradition mit dem apodiktischen Hinweis zurückgewiesen wird, dass die Schriftauslegung »aus einem Orakel hervorgegangen wäre.«[79] Dass Geistbesitz und Schriftauslegung, Pneumatologie und Hermeneutik eng zusammengehören, setzt Erasmus damit voraus, Luther reagiert jedoch auf die Problemanzeigen mit einer prägnanten Unterscheidung, die ihren Ausgangspunkt nicht etwa bei der Schriftauslegung selbst, sondern bei der Prüfung der Geister nimmt: »Wir sagen es so: Mit einem doppelten Urteil [duplici iudicio] sind *die Geister* zu erforschen und zu prüfen [explorandos seu probandos].«[80] Das innere Urteil (»iudicium interius«), mit dem die Geister zu erforschen sind, beziehe sich auf den Glauben und sei für jeden Christen notwendig.[81] Dieses Urteil gehe auf die Erhellung (»illustrat«) »per spiritum sanctum vel donum Dei« zurück und beziehe sich auf die Selbstkundgabe Gottes, der es den Gläubigen »einzigartig, jedem für sich, und für sein eigenes Heil« mitteilt.[82] Einen mit dem inneren Urteil ausgestatteten Menschen bezeichnet Luther in Anschluss an 1Kor 2,15 als »geistlichen« Menschen (»spiritualis«), der dazu in der Lage ist, »*alles* zu beurteilen und von *niemandem* beurteilt wird« (ebenfalls in Anschluss an 1Kor 2,15). Dieses innere Urteil scheint Luther nun mit der inneren Klarheit der Schrift gleichzusetzen.

> Darüber [das innere Urteil] wird in 1Kor 2[,15] gesagt: Ein geistlicher [Mensch] beurteilt alles und wird von niemandem beurteilt. Diese Angelegenheit [haec] bezieht sich auf den Glauben [ad fidem] und ist notwendig für jeden Christen, auch als Privatmann, diesen [hanc] haben wir weiter oben die innere Klarheit der Schrift genannt. Das [hoc] wollten vielleicht diejenigen, die dir geantwortet haben, dass alle Dinge durch das Urteil des Geistes [iudicium spiritus] zu entscheiden sind. Aber dieses Urteil nützt keinem anderen

---

78 Vgl. ERASMUS, De libero arbitrio, Ib8 (WELZIG, 32f): »Was soll ich tun, wo viele Leute verschiedene Deutungen vorbringen, und jeder von ihnen schwört, den Geist zu besitzen?«

79 ERASMUS, De libero arbitrio, Ib8 (WELZIG, 32): »Haec adversus illos, qui tam facile reiciunt veterum interpretationem in sacris libris ac suam nobis sic opponunt, velut ex oraculo proditam.«

80 Hv. PB. WA 18; 653,13f.

81 WA 18; 653,17f: »Haec ad fidem pertinet et necessaria est cuilibet etiam privato Christiano [...]«.

82 WA 18; 653,14f: »singulare, quilibet pro se, suaque solius salute«.

[nulli alteri prodest], und nach diesem wird in dieser Angelegenheit auch nicht gefragt, und nicht einer, glaube ich, zweifelt über jenes, dass es sich so verhält.[83]

Das Demonstrativpronomen »hanc« bezieht sich hier auf »fidem«, so dass der Glaube mit der inneren Klarheit der Schrift und diese wiederum mit dem »iudicium spiritus« parallelisiert wird.[84] Glaube und inneres Urteil entziehen sich jeder näheren Erörterung, die geistgewirkte, persönliche Mitteilung der Heilstatsache klammert Luther daher aus der weitergehenden Diskussion aus und verlegt sich auf das *äußere Urteil*. Dieses Urteil sei dasjenige,

> durch das wir nicht nur für uns selbst, sondern auch für andere und wegen des Heils der anderen am allersichersten die Geister und die Lehrsätze aller beurteilen. Dieses Urteil ist Sache des öffentlichen Amtes am Wort und des äußeren Amtes, und es betrifft am meisten die Führer [duces] und die Prediger des Wortes [praecones verbi]. Dieses Urteil gebrauchen wir dann, wenn wir die Unsicheren im Glauben stärken und die Gegner widerlegen. Dieses [hoc] haben wir oben die äußere Klarheit der Schrift genannt.[85]

Damit sind als eigentlicher Gegenstand der Debatte Voraussetzungen und Referenzbereiche des *äußeren* Urteils eingekreist. Luther bezieht die Frage nach der Autorität der Schrift und ihrer Funktion hinsichtlich der Prüfung der Geister nicht auf das innere Urteil, sondern vielmehr auf die Frage nach

83 WA 18; 653,16–22: »[…] de quo dicitur 1. Cornth. 2: Spiritualis omnia iudicat et a nemine iudicatur. Haec ad fidem pertinet et necessaria est cuilibet etiam privato Christiano. Hanc superius appelavimus interiorem claritatem scripturae sanctar. Hoc forte voluerunt, qui tibi responderunt, Omnia esse iudicio spiritus decernenda. Sed hoc iudicium nulli alteri prodest, nec de hoc quaeritur in hac causa. Nec ullus, credo, de illo dubitat, quin sic se habeat.«

84 Auch schon früher betont Luther die enge Verbindung von Gottes Wort, Heiligem Geist und Glauben – ohne sie bleibt der Mensch unter das Gesetz geworfen: WA 10,1,1; 425,17; WA 11; 433,6–8; WA 12; 550,4–9; WA 18; 122,30–123,4; WA 12; 113,24–28; WA 7; 696,5–8; auch WA 6; 216,26–39; WA 9; 558,9–19; WA 16; 82,21–31; WA 17,1; 128,21–25; WA 17,2; 174,18–25; WA 17,2; 460,37–39; auch WA 6; 356,10–19; WA 6; 206,29–32; WA 7; 802,3–6; WA 8; 8,27–34; WA 8; 227,1–14; WA 9; 551,7–14; WA 9; 624,5–8 u.ö.

85 WA 18; 653,22–27: »[…] quo non modo pro nobis ipsis, sed et pro aliis et propter aliorum salutem, certissime iudicamus spiritus et dogmata omnium. Hoc iudicium est publici ministerii in verbo et officii externi et maxime pertinet ad duces et praecones verbi; Quo utimur, dum infirmos in fide roboramus et adversarios confutamus. Hoc supra vocavimus externa scripturae sanctae claritatem.«

der Autorität der Bibel hinsichtlich der Debatte innerhalb der Kirche und unter ihren Amtsträgern:

> So sagen wir, dass durch die Schrift als Richterin alle Geister im Angesicht der Kirche [in facie Ecclesiae] zu prüfen sind, denn es ist notwendig, dass es bei den Christen ganz besonders fest und völlig sicher ist, dass die Heiligen Schriften ein geistliches Licht sind, viel klarer als die Sonner selbst, besonders in Dingen, die das Heil und die Notwendigkeit betreffen.[86]

Die Schrift ist damit die verbindliche Grundlage zur Beurteilung von Lehrstreitigkeiten und muss für den Fall mit in die Diskussion einbezogen werden, dass die inneren Urteile miteinander kollidieren.[87] Nur so verstanden macht es Sinn, dass Luther in diesem Zusammenhang Dtn 17,8–13 heranzieht, wo davon die Rede ist, dass schwierige Angelegenheiten (»difficilis causa«) von den Priestern am Zentralheiligtum gemäß dem Gesetz Gottes entschieden werden müssen,[88] welches an sich hinreichend klar und eindeutig sein müsse, um verlässlich Auskunft geben zu können, da andernfalls, so Luther, ein Urteil »secundum spiritum suum«[89] völlig ausreichend wäre. Auch der von Luther herangezogene Ps 118 (Ps 119,105) bildet die Spannung von innerem und äußerem Urteil ab: »Er [der Psalm] sagt nicht: Eine Leuchte für meine Füße ist allein dein Geist, auch wenn er ihm sein Amt zuteilt, indem er sagt: Dein guter Geist führe mich auf ebener Erde«.[90]

Hinsichtlich der Unfreiheit des Willens stellt Luther nun die Frage in den Raum, warum die Schrift von der Kirche und ihren Lehrern bisher nicht richtig verstanden wurde, d.h. warum die ganzen »an Geisteskraft herausragenden Männer« blind waren, was den freien Willen angeht, wenn doch

---

86 WA 18; 653,27–31: Sic dicimus: Scriptura iudice omnes spiritus in facie Ecclesiae esse probandos. Nam id oportet apud Christianos esse imprimis ratum atque firmissimum, Scripturas sanctas esse lucem spiritualem, ipso sole longe clariorem, praesertim in iis quae pertinent ad salutem vel necessitatem.«

87 Vgl. zu dieser notwenigen Interdependenz von innerem und äußerem Urteil auch jene Äußerungen Luthers, in denen er unterstreicht, dass zur Ausübung des Predigeramtes der Heilige Geist unbedingt erforderlich sei, u.a. WA 28; 468,34–36; WA 21; 459,11–20; WA 1; 695,8–41; WA 16; 33,10–19 u.ö.

88 Vgl. WA 18; 654,3: »secundum LEGEM Domini«.

89 Vgl. WA 18; 654,6: »secundum spiritum suum«.

90 WA 18; 654,34–36: »Non ait: Lucerna pedibus meis solum spiritus tuus, licet et huic tribuat suum officium dicens: Spiritus tuus bonus deducet me in terra recta.«

die Schrift in dieser Sache »deutlich« ist.[91] Der Irrglaube der Kirche sei nicht auf die Schrift zurückzuführen, sondern vielmehr darauf, dass die *Prämisse* der Schriftauslegung falsch, der Glaube unrecht, ja der Geist nicht gegenwärtig gewesen, das innere Urteil fehlgegangen sei:

> Sie waren so blind im Lob und zur Ehre des freien Willens, damit jene Kraft, die so großartig gerühmt wird, erwiesen wird, durch die sich der Mensch dem zuwenden kann, was Sache des ewigen Heils ist, natürlich sieht sie [diese Kraft] das Gesehene nicht, hört das Gehörte nicht, viel weniger versteht sie es oder begehrt es.[92]

Das Lob des freien Willens resultiere daraus, dass »freier Wille und menschliches Herz« von der »Macht des Satans unterdrückt« worden sind, so dass sie das »Gesehene und Gehörte« nicht erfassen.[93] Dieser Missstand, den Luther elegisch beklagt – »tanta es miseria et caecitas humai generis«[94]! –, werde nur dadurch beseitigt, dass Herz und Wille »vom Geist Gottes auf wundersame Weise erweckt werden«.[95] Einen neutralen Zwischenraum, gewissermaßen eine voraussetzungsfreie Schrifthermeneutik jenseits dieses Geistes, gebe es jedoch nicht: »Denn was ist das ganze Menschengeschlecht außerhalb des Geistes außer ein Reich des Bösen, wie ich gesagt habe, ein verworrenes Chaos der Finsternis?«[96] Das Missverstehen der Schrift sei auch nicht auf verstandesmäßige Defizite, d.h. ein schwaches »ingenium«, zurückzuführen – im Gegenteil: Die Einfalt begünstige das Verstehen der Worte vielmehr, insofern sich Christus ja vor allem den geistig Schwachen

---

91 WA 18; 658,17f: »Si igitur Scriptura (inquis) dilucida est, cur in hac parte tot saeculis excellentes ingenio viri caecutierunt?«

92 WA 18; 658,18–21: »Respondeo: Caecutierunt sic in laudem et gloriam liberi arbitrii, ut ostenderetur illa magnifice iactata vis, qua se homo applicare potest ad ea quae sunt salutis aeternae, Scilicet quae nec visa videt, nec audita audit, multo minus intelligit vel appetit.«

93 WA 18; 658,23–27: »Quid hoc est aliud, quam liberum arbitrium seu cor humanum sic esse Satanae potentia oppressum, ut nisi spiritu Dei mirabiliter suscitetur, per sese nec ea videre possit nec audire, quae in ipsos oculos et in aure manifeste impingunt, ut palpari possint manu?«

94 WA 18; 658,27.

95 WA 18; 658,25: »nisi spiritu Dei mirabiliter suscitetur«.

96 WA 18; 659,6f: »Quid enim est universum genus humanum, extra spiritum nisi regnum Diaboli (ut dixi) confusum cahos tenebrarum?«

zuwenden wollte.[97] Korrumpiert würden alle menschlichen Bemühungen um das Wort Gottes vielmehr einzig und allein durch die »Boshaftigkeit des Satans, der in unserer Schwachheit sitzt, herrscht und sich dem Wort Gottes widersetzt«[98] – würde der Satan es nicht verhindern, wäre das Wort Gottes aus jeder Predigt sofort zu verstehen![99] Auch den Versuch, das freie Willensvermögen aus der Schrift herzuleiten, führt Luther auf diese satanische Intrige zurück: Der freie Wille ist weder aus der Schrift selbst noch »außerhalb der Schrift mit keiner Tat gezeigt« worden – im Gegenteil: Dass die entsprechende Lehre »in die Verdammnis unzähliger Seele« führe, sei klares Indiz für die Machenschaften des Teufels.[100]

Der Heilige Geist selbst ist also für das *innere Urteil* über die Geister nötig und zuständig, der Glaube dem Menschen vom Geist zugedacht, so dass er die Heilstatsachen in rechter Weise zu erkennen vermag. Die intersubjektive Validierung dieses inneren Urteils über die Geister und damit jeder weitergehende, innerkirchliche Disput über die Heilsdinge müsse sich wiederum an der – klaren und sich selbst auslegenden – Schrift und der Kirche messen lassen. Bezogen auf den freien Willen liegt die Sache damit auf der Hand: Das innere Urteil der früheren Ausleger stellt sich hinsichtlich des freien Willens als falsch heraus; aus den Befürwortern des freien Willens spricht der Teufel, so dass auch das äußerliche Urteil, die Bemessung des Lehrstücks an der Schrift, einer gefährlichen Schlagseite erliegt, weil es voreingenommen ist: Die Debatte um den freien Willen fasst Luther als eine solche auf, in der die konstitutive Interdependenz beider Urteile aufgelöst worden ist, ja das innere Urteil nicht stimmig ist, so dass auch das äußere fehlgeht. Dass das innere Urteil auf den Heiligen Geist zurückgeht und materialiter einen den Menschen allumfassend bestimmenden *Offenbarungsgehalt* darstellt, führt Luther nunmehr in konfrontativer Zuspitzung gegen Erasmus' Definition des freien Willens als einer Kraft und Neigung ins Feld.

---

97 Hier hallt die Gegenüberstellung von *ingenium* und *spiritus* nach, vgl. Kapitel I.

98 WA 18; 659,6f: »[...] sed nequitia Satanae est in nostra imbecilitate sedentis, regnantis ac verbo Dei resistentis.«

99 WA 18; 659,31–33: »Ni Satanas faceret, uno sermone Dei semel audito totus mundus hominum converteretur nec pluribus opus esst.«

100 WA 18; 661,20f: »Isti vero nostri re seria et quae ad aeternam salutem pertinet, insaniunt in perditione innumerabilium animarum.«

IV Der Geist und die Offenbarung

Mit den Erkundungen zum doppelten Urteil schreitet Luther zur endgültigen Dekonstruktion der von Erasmus vorgelegten Definition des freien Willens, den dieser bestimmt als »Kraft des menschlichen Willens, durch die sich der Mensch dem, was zum ewigen Heil führt, zu- und von demselben abwenden kann.«[101] Luther problematisiert die Definition aus verschiedenen Richtungen, destruiert u.a. den von Erasmus vorausgesetzten Freiheitsbegriff, seine insinuierte Gleichsetzung von Freiheit und Wechselhaftigkeit des Willens und die mangelnde Präzision hinsichtlich der Extension der Begriffe »Kraft«, »können«, »hinwenden« etc. Er schlägt stattdessen eine Reduktion der erasmischen Definition auf den Willensakt selbst vor, welcher sich notwendig stets auf *etwas* bezieht, das Wollen oder Nicht-wollen *hervorruft*.[102] Damit rückt Luther dasjenige aus Erasmus' Definition in den Fokus, »was zum ewigen Heil führt«, und setzt an diese Stelle die dem Menschen offerierten Worte und Werke Gottes.[103] Wenn er einen anderen Heilsweg außer diesen ausschließt, bringt Luther offensiv den Heiligen Geist ins Spiel:

> Es gibt nichts anderes, das zur Gnade Gottes und zum ewigen Heil führt, außer das Wort und das Werk Gottes. Denn *Gnade oder Geist* ist das Leben selbst, zu dem wir durch das göttliche Wort und Werk hingeführt werden.[104]

---

101 WA 18; 661,30–32: »Porro liberum arbitrium hoc loco sentimus vim humanae voluntatis, qua se possit homo applicare ad ea, quae perducunt ad aeternam salutem, aut ab iisdem avertere.« Vgl. den von Luther unverfälscht referierten Originalwortlaut bei Erasmus, De libero arbitrio, Ib10 (Welzig, 34–37).

102 WA 18; 663,2–7: »Iam quid sit eandem vim sese applicare et avertere, non video, nisi ipsum velle et nolle, eligere, contemnere, probare, refutare, ipsam scilicet actionem voluntatis, ut fingamus, Vim illam esse medium quiddam inter voluntatem ipsam et actionem suam, ut qua volutas ipsa actionem volendi et nolendi elicit, et qua ipsa actio volendi et nolendi elicitur.«

103 WA 18; 663,12–14: »Ea vero, quae ad aeternam salutem perducunt, arbitror esse Verba et opera Dei, quae offeruntur voluntati humanae, ut eisdem sese applicet vel avertat.«

104 Hv. PB. WA 18; 663,15–18: »Nulla enim sunt alia quae vel ad gratiam Dei vel ad salutem aeternam perducunt nisi verbum et opus Dei. Siquidem gratia vel spiritus est ipsa vita, ad quam verbo et opere divvino perducimur.«

Luther legt damit den Akzent der Definition des Willensvermögens auf das *Wahlvermögen*, welches sich aber seinerseits wiederum auf die menschliche Auffassungsgabe stützt: »Dieses ewige Leben und ewige Heil ist aber dem menschlichen Fassungsvermögen eine unfassbare Sache«[105]. Unter Rückgriff auf 1Kor 2,9 und 1Kor 2,15 führt Luther die Wahrnehmung der Heilsdinge auf das Wirken des Geistes zurück: »Gott hat uns diese Dinge *durch seinen Geist* offenbart«.[106] Damit spitzt Luther Bemerkungen zur Erkenntnisfunktion des Geistes früherer Jahre auf einen pneumatologischen Rigorismus in doppelter Hinsicht zu.[107] Im Allgemeinen sorge der Geist für die Erkenntnis des Heils:

> [...] wenn *der Geist* es nicht offenbart hat [revelavit], würde das Herz keines Menschen von dieser Sache wissen oder es verstehen [de ea re nosset aut cogitaret], viel weniger kann es sich dem zuwenden oder sich abwenden.[108]

Eine spezifischere Funktion des Geistes hinsichtlich der Kundgabe der Heilstatsachen liegt jedoch in der Bewirkung einer inneren Zustimmung des Menschen, die das äußere Verstehen und das bloße Lippenbekenntnis der Heilstatsachen übersteigt:

> Denn im Verborgenen kennt [novit] gar kein Mensch, wenn er nicht *vom Heiligen Geist durchflossen* ist [nisi Spiritu Sancto perfusus], glaubt oder wünscht [credit aut optat] das ewige Heil, auch wenn er es mit Stimme und Griffel [voce et stilo] im Munde führt.[109]

---

105 WA 18; 663,19f: »Haec autem vita vel salus aeterna res est incomprehensibilis captui humano [...].«

106 WA 18; 663,24f: »Deus (inquit [Paulus]) nobis ea revelavit per spiritum suum.«

107 Dass der Heilige Geist die Christuserkenntnis im Sinne einer Herzenserkenntnis, d.h. im Sinne des Glaubens, bewerkstellige, hat Luther schon einige Male zuvor pointiert hervorgehoben, vgl. WA 1; 169,1–9; WA 10,1,1; 522,9–12; WA 10,1,1; 726,11–15; WA 10,1,2; 222,11–15; WA 12; 419,20–27; WA 16; 448,7–9. In ähnlich zugespitzter Weise wie in *De servo* äußert sich Luther auch später noch: WA 50; 551,24–552,3; WA 46; 63,3–15; WA 50; 607,7–11. Der Heilige Geist erweist sich als diejenige Instanz, die den Glauben lebendig macht, vgl. WADB 7; 11,16–27; WA 10,2; 164,14–165,12, und als Lehrer, vgl. WA 7; 644,6–10; WA 9; 563,16–18; WA 9; 595,32–596,7; WA 10,1,1; 378,12–17; WA 12; 306,2–4; WA 18; 454,16f.

108 Hv. PB. WA 18; 663,25–28: »[...] quasi dicat: nisi spiritus revelarit, nullius hominis cor quicquam de ea re nosset aut cogitaret, tantum abest, ut sese applicare ad id vel appetere possit.«

109 WA 18; 663,36f: »Nam occulte nullus plane hominum, nisi spiritu sancto perfusus, novit, credit aut optat salutam aeternam, etiam si voce et stilo iactitent.«

Konkret hat Luther hier den Auferstehungsglauben im Blick. Dieser provoziere Zu- und Abwendung, ganz wie es etwa die Erzählung von der Areopagrede des Paulus (Apg 17,16–34) oder die konsequente Ablehnung der Auferstehungslehre durch Philosophen wie Lukian und Plinius demonstrieren: Allein der Geist ermöglicht Kenntnis und Annahme dieses Glaubens; dem Menschen ist beides in intellektueller und damit zugleich voluntativer Hinsicht entzogen. Insofern erweist sich die Frage nach dem freien Willen in ihrer letzten Konsequenz als eine pneumatologische in dem Sinne, dass sie auf die Souveränität und Gnadenwahl Gottes verweist:

> Was aber bleibt hier übrig *für die Gnade und den Heiligen Geist*? Das heißt geradewegs, dem freien Willen Göttlichkeit zuzuweisen, wenn es nämlich, wie Paulus nicht nur an einer Stelle sagt, der göttlichen Kraft allein zusteht, das Gesetz und Evangelium zu wollen, die Sünde nicht zu wollen und den Tod zu wollen.[110]

Der Wille kann nicht wollen, was ihm nicht offenbart worden ist und was sich ihm nicht erschließt. Der Heilige Geist garantiert damit gleichermaßen die initiale Offenbarung und die grundsätzliche Orientierung des Menschen am Heil. Luther legt also die voluntaristische auf die pneumatologische Frage um.

Freilich ist diese auf die Offenbarung beschränkte Funktionsbestimmung des Geistes noch zu eng gefasst, denn Luther versteht den Geist auch im Sinne einer motivationalen Größe, die die Autonomie des Menschen völlig, auch hinsichtlich des Handelns am Nächsten und der Welt, unterläuft. Auch das berühmte Diktum vom Reittier erweist sich – in Anbetracht der bisher aufgezeigten Sinnlinie – als pneumatologisch grundiert.

V Der Geist und das Reittier

Erasmus versteht den Heiligen Geist vor allem als Helfer des freien Willens des Menschen. Er wähnt sich in Übereinstimmung mit den Kirchenvätern, wenn er behauptet, »daß gewisse Samen des sittlich Guten dem Geist des Menschen eingepflanzt sind, durch die sie auf irgendeine Weise das sittlich Gute sehen und anstreben, daß aber gröbere Strebungen hinzukommen, die

---

110 WA 18; 664,11–14: »Quid autem hic relinquitur gratiae et spiritui sancto? Hoc plane est divinitatem libero arbitrio tribuere, siquidem legem et Euangelion velle, peccatum nolle et mortem velle, divinae virtutis est solius, ut Paulus non uno loco dicit.«

zum Gegenteil reizen.«[111] Die menschliche Handlung werde von den Vätern in drei Schritte unterteilt – Denken, Wollen und Ausführung –, wobei
sie dem freien Willen hinsichtlich des ersten und dritten keine, hinsichtlich des zweiten aber die Möglichkeit zuschreiben, »etwas auszuwirken«.
Hier erweisen sich der Geist des Menschen und die Gnade als gemeinsam
am Werk,[112] insofern Wille und Heiliger Geist auxiliar aufeinander bezogen sind, was sich im Neuen Testament etwa dann zeige, wenn davon die
Rede ist, dass die Apostel geistbegabt sprechen[113] oder der Heilige Geist
der Schwachheit des Menschen zur Hilfe komme.[114] Geist und freier Wille
kooperieren nach Erasmus also synergistisch miteinander.[115] Zweifellos
findet es, so Erasmus, seinen Beifall, wenn der Mensch alle guten Werke

111 ERASMUS, De libero arbitrio, IIIb4 (WELZIG, 128f): »Interim abutar veterum auctoritate,
qui semina quaedam honesti tradunt insita mentibus hominum, quibus aliquo modo
vident et expetunt honesta, sed additos affectus crassiores, qui sollicitant ad diversa.«
112 Vgl. ERASMUS, De libero arbitrio, IIIc4 (WELZIG, 140–143): »Und beim ersten und dritten
Schritt gestehen sie dem freien Willen keine Möglichkeit zu, etwas zu wirken. Denn
das Herz wird einzig von der Gnade angetrieben, das Gute zu denken, und einzig von
der Gnade dazu gebracht, auszuführen, was es gedacht hat. In der Mitte, d.h. bei der
Zustimmung, aber handelt zugleich die Gnade und der menschliche Wille, doch so, daß
die grundlegende Ursache die Gnade ist, die weniger grundlegende aber unser Wille.
Weil aber das Ganze einer Sache jenem zugeschrieben wird, was alles zur Ausführung
gebracht hat, ist es nicht möglich, daß der Mensch irgendetwas von einem guten Werk
für sich in Anspruch nimmt, weil gerade das, daß er imstande ist, der göttlichen Gnade
zuzustimmen und mit ihr zusammenzuwirken, ein Geschenk Gottes ist.«
113 Vgl. ERASMUS, De libero arbitrio, IIIc7 (WELZIG, 144–147).
114 Vgl. ERASMUS, De libero arbitrio, IIIc12 (WELZIG, 156f): »So Paulus Röm 8,26: ›Ebenso
steht auch der Geist uns in unserer Schwachheit bei.‹ Niemand nennt den schwach, der
nichts vermag, vielmehr den, dessen Kräfte nicht ausreichen zu vollenden, was er beginnt, noch nennt man den einen Helfer, der alles allein macht. Die ganze Schrift spricht
von Beistand, Hilfe, Beihilfe, Unterstützung. Man sagt doch nur dann, daß einer einem
anderen helfe, wenn dieser selbst etwas tut. Denn auch der Töpfer ›hilft‹ nicht dem Ton,
damit ein Gefäß entstehe, noch der Zimmermann der Axt, damit eine Bank entstehe.«
115 Vgl. ERASMUS, De libero arbitrio, IIIc2 (WELZIG, 138f) in Bezug auf Mt 10,20 (»Nicht ihr
seid es ja, die reden, sondern der Geist eures Vaters ist es, der in euch redet«): »Auch
dürfen nicht alle darauf warten, ob der Geist etwa den ungebildeten Jüngern eingegossen hat, was sie sagen sollen, wie er auch die Gabe des Zungenredens eingegossen hat.
Auch wenn er einmal eingegossen hat, so stimmte während des Redens ihr Wille dem
Anhauch des Geistes zu und handelte zusammen mit dem Handelnden.«

allein Gott zuschreibe; wenn dieser erwäge, dass er »nichts anderes ist als ein lebendes Werkzeug des göttlichen Geistes, das er sich selbst gereinigt und geheiligt hat durch seine ungeschuldete Güte, das er nach seiner unerforschlichen Weisheit lenkt und leitet«[116] und wenn dieser Gott darum bitte, »seinen Geist mitzuteilen und in uns zu vermehren«,[117] doch dürfe dies keinesfalls im Sinne eines exklusivistischen Rigorismus verstanden werden, als wären alle Werke des Menschen Sünde, solange man einen freien Willen annehme und nicht alles auf eine »absolute Notwendigkeit« zurückführen wolle.[118] Erasmus kritisiert – unter stereotypem Hinweis auf das seiner Meinung nach missverständliche Bild vom Töpfer und Ton – die Engführung der Debatte auf die alleinige Wirksamkeit Gottes im Menschen, nämlich:

> daß einzig die Gnade in uns wirke, unser Geist aber in allem ausschließlich leide als ein Werkzeug des Heiligen Geistes, so daß das Gute keineswegs als unsere Leistung bezeichnet werden kann, außer insofern die göttliche Güte es aus freien Stücken uns anrechnet [...]. [119]

Damit immanent kann Erasmus Luthers rigoristische Auffassung vor allem unter Verweis auf den *Heiligen Geist* polemisch zuspitzen:

> Nachdem sie den freien Willen abgetan [wörtlich: erwürgt] haben, lehren sie, daß der Mensch dann vom Geist Christi getrieben werde, dessen Natur keine Gemeinschaft mit

---

116 ERASMUS, De libero arbitrio, IV2 (WELZIG, 158f).
117 ERASMUS, De libero arbitrio, IV2 (WELZIG, 160f).
118 ERASMUS, De libero arbitrio, IV3 (WELZIG, 160f): »Cum enim audio adeo nullum esse hominis meritum, ut omnia quamvis piorum hominum opera peccata sint, cum audio nostram voluntatem nihilo plus agere, quam agat argilla in manu figuli, cum audio cuncta, quae facimus aut volumus, ad absolutam referri necessitatem, multis scrupis offenditur animus.«
119 ERASMUS, De libero arbitrio, IV11 (WELZIG, 176f): »Hic cum videamus minimum esse tributum libero arbitrio, tamen quibusdam hoc ipsum videtur esse plus satis, solam enim gratiam volunt in nobis agere, nostram mentem in omnibus nihil aliud quam pati, velut organum divini spiritus, ut nullo pacto bonum possit dici nostrum, nisi quatenus divina benignitas gratis hoc nobis imputat, gratiam enim non tam operari in nobis per liberum arbitrium quam in libero arbitrio, quemadmodum figulus operatur in argilla, non per argillam.«

der Sünde duldet. Und doch sagen dieselben Leute, daß der Mensch auch nach Empfang der Gnade nichts anderes tue als sündigen.[120]

Die pneumatologische Kampflinie ist also auch auf diesem Feld von Erasmus selbst vorgegeben – und Luther reagiert. Zwar deutet sich eine pneumatologische Grundierung christlicher Ethik bereits in einigen früheren Schriften Luthers an,[121] doch in *De servo arbitrio* formiert sich eine konzise, vielschichtige Argumentationslinie.

Bereits zum Auftakt weist Luther Erasmus' Argument zurück, die Behauptung eines unfreien Willens würde die Absicht des Menschen zur moralischen Besserung (»correctio«) unterlaufen und den Libertinismus fördern, und argumentiert dezidiert pneumatologisch, wenn er der moralischen Heuchelei die authentische Geistbegabung entgegenhält:

> Wer, fragst du, wird sich noch bemühen, sein Leben zu bessern [corrigere vitam suam]? Ich antworte: Kein Mensch, auch nicht ein einziger, wird es können, denn Gott gibt nichts auf deine Verbesserer [correctores tuos] *ohne den Geist* [sine spiritu], weil sie Heuchler sind. Gebessert werden aber die Auserwählten und die Frommen *durch den Heiligen Geist*, die übrigen gehen aber, ohne gebessert worden zu sein, zugrunde.[122]

Als richtungsweisend für das Verständnis der weiteren Schrift erweist sich hier das konzeptionelle Amalgam der Begriffe *Geist, Besserung, Gottesfurcht* und *Erwählung*. Luther geht davon aus, dass die Predigt des unfreien

120 ERASMUS, De libero arbitrio, IV15 (WELZIG, 184f): »Iugulato libero arbitrio docent hominem iam agi spiritu Christi, cuius natura non patitur consortii peccati. Et tamen iidem dicunt hominem etiam accepta gratia nihil aliud quam peccare.«

121 Diese pneumatologische Grundierung betrifft unterschiedliche Ebenen. Zum einen steht für Luther fest, dass der Teufel als böser Geist (vgl. v.a. WA 6; 445,13–15; WA 6; 447,28f; WA 9; 597,21–24; WA 15; 334,27–30) das Böse verursacht, seien es die bösen Gedanken (WA 16; 196,21–24) oder die Lüge (WA 6; 225,1–3; WA 6; 306,10–14; WA 6; 425,9–17; WA 7; 415,2–7; WA 7; 627,23–26; WA 7; 657,17f). Von einer Herrschaft des Geistes kann Luther ebenfalls gelegentlich sprechen (vgl. WA 11; 251,15–18; WA 17,1; 300,32–36), von der Erneuerung des Menschen durch den Geist noch öfter (WA 10,1,1; 49,3–7; WA 12; 298,29–32; WA 16; 249,27f; WA 17,2; 426,12–16). Dass der Geist heilige und rechtschaffene Menschen hervorbringe, erklärt Luther ebenfalls zuvor (WA 1; 52,15–30; WA 12; 383,12–30).

122 Hv. PB. Vgl. WA 18; 632,3–6: »Quis, inquis, studebit corrigere vitam suam? Respondeo: nullus hominum neque etiam ullus poterit, nam correctores tuos sine spiritu Deus nihil moratur, cum sint hypocritae. Corrigentur autem electi et pii per spiritum sanctum, Caeteri incorrecto peribunt.«

Willens nur das Selbstvertrauen und die Selbsterlösungsfantasien *der Auserwählten* zerstreut, allein sie demütigt und nach Gott fragen lässt. An den Verworfenen gehe sie hingegen ungehört vorbei, bewirke auch nicht deren Besserung.[123] Unverkennbar zieht Luther hier die unmittelbaren Konsequenz aus den bisherigen Gegenüberstellungen von *Geistbegabung* und *Schöngeisterei*, äußerlichem *Hören* bzw. bloßen *Bekennen* des Wortes »voce et stilo« und dem *Glauben* im Sinne der inneren *Glaubensüberzeugung*. Wenn Luther hier den Heiligen Geist als diejenige Kraft bestimmt, die das Böse überwindet, das – wie das Gute – aus reiner Notwendigkeit geschieht, wird deutlich, dass sich die pneumatologischen Linien in *De servo arbitrio* auch auf den Umgang des Menschen mit der Welt und dem Nächsten erstrecken, der Geist nicht nur als Offenbarer der Heilstatsachen, sondern auch als fortwährender Motivator des menschlichen Handelns wirksam ist. Luther bekräftigt, dass alles, »was von uns aus geschieht«, aus »reiner Notwendigkeit« geschehe.[124] Ohne dass »Gott mit seinem Werk in uns sei«, sei »alles böse, was wir tun« und, »was wir notwendig tun, taugt nichts zum Heil«.[125] Freilich handelt es sich bei diesen bösen und guten Werken nicht um Zwangs-, sondern um freiwillige Handlungen, die dem einen oder anderen Antrieb folgen, d.h. auf eine subtile Zustimmung zurückzuführen sind:

> [...] während der Mensch *des Geistes Gottes ermangelt* [homo cum vacat spiritu Dei], ist er nicht unter einer Gewalt tätig, als wäre er hingerissen und am Hals gepackt, und tut unwillig das Böse [nolens facit malum], [...] sondern er tut es von selbst und aus freudigem Willen [sponte et libenti voluntate].[126]

123 Vgl. WA 18; 632,9–14: »Nullus hominum credet neque poterit, electi vero credent, caeteri non credentes peribunt, indignantes et blasphemantes, sicut tu hic facis. Non igitur nulli erint, qui credent. Quod vero his dogmatibus fenestra aperitur ad impietatem, esto; illi pertineant ad lepram superius dictam tolerandi mali Nihilominus simul eisdem aperitur porta ad iustitiam et introitus ad coelum et via ad Deum pro piis et electis.«

124 WA 18; 634,14f: »Alterum paradoxon, quicquid fit a nobis, non arbitrio libero, sed mera necessitate fieri, breviter videamus, ne perniciosissimum dici patiamur.«

125 WA 18; 634,18–20: »[...] dum Deus opere suo in nobis non adest, omnia esse mala quae facimus et nos necessario operari, quae nihil ad salutem valent?«

126 WA 18; 634,21–25: »Necessario vero dico, non coacte, sed ut illi dicunt, necessitate immutabilitatis, non coactiones, hoc est, homo cum vacat spiritu Dei, non quidem violentia, velut raptus obtorto collo, nolens facit malum, quemadmodum fur aut latro nolens ad poenam ducitur, sed sponte et libenti voluntate facit.«

Diese Bereitwilligkeit (»libentia«) zu ändern, steht dem Menschen nun in keiner Weise offen.[127] Doch auch die Befreiung durch den Geist ist keine Befreiung *zum freien Willen* des Menschen – ganz im Gegenteil erteilt Luther der Vorstellung einer menschlichen Autonomie in ethisch-moralischer Hinsicht eine deutliche Absage:

> Dann wieder von der anderen Seite aus: Wenn Gott in uns wirkt, *wirkt und handelt der durch den Heiligen Geist veränderte und zugeflüsterte Wille*, wiederum aus reiner Freudigkeit und eigener Neigung und von selbst, nicht gezwungenermaßen, so dass er von nichts Entgegengesetztem in etwas anderes verwandelt, nicht einmal durch die Pforten der Hölle besiegt oder gezwungen werden kann, sondern er fährt fort, das Gute zu wollen, es freudig zu tun und zu lieben, ganz wie er vorher das Böse gewollt, freudig getan und geliebt hat.[128]

Der Heilige Geist erweist sich als diejenige Kraft, die das Willensvermögen auf das Gute hinlenkt, ihm das Gute gewissermaßen einflößt, dem Willen das Gute schmackhaft macht. Unfrei bleibt der Mensch jedoch auch hier:

> [...] so dass es auch hier keinerlei Freiheit oder einen freien Willen dazu gibt, sich etwas anderem zuzuwenden, oder etwa anderes zu wollen, solange *der Geist* und *die Gnade* Gottes im Menschen andauern. Zusammengefasst: Wenn wir unter *dem Gott dieser Welt* sind, ohne *das Werk und den Geist des wahren Gottes*, werden wir gefangen gehalten nach seinem Willen [ad ipsius voluntatem], wie Paulus zu Timotheus sagt, dass wir nämlich nichts wollen können außer dem, was er will.[129]

Vor diesem Hintergrund spricht Luther davon, dass sich im Menschen die Willensbestrebungen des Satans und Gottes miteinander abwechseln,

---

127 Vgl. WA 18; 634,25–29: »Verum hanc libentiam seu voluntatem faciendi non potest suis viribus omittere, cohercere aut mutare, sed pergit volendo et lubendo, etiam si ad extra cogatur aliud facere per vim, tamen voluntas intus manet aversa et indignatur cogenti aut resistenti.«

128 Hv. PB. WA 18; 634,37–635,2: »Rursus ex alter aparte, si Deus in nobis operatur, mutata et blande assibilata per spiritum Dei voluntas iterum mera lubentia et pronitate ac sponte sua vult et facit, non coacte, ut nullis contrariis mutari in aliud possit, ne portis quidem inferi vinci aut cogi, sed pergit volendo et lubendo et amando bonum, sicut antea voluit et lubuit et amavit malum.«

129 Hv. PB. WA 18; 635,5–9: »[...] ut ne hic sit ulla libertas vel liberum arbitrium alio sese vertendi aut aliud volendi, donec durat spiritus et gratia Dei in homine. Summa, si sub Deo huius saeculi sumus, sine opere et spiritu Dei veri, captivi tenemur ad ipsius voluntatem, ut Paulus ad Timotheon dicit, ut non possimus velle, nisi quod ipse velit.«

sich mal der eine, mal der andere als stärker erweist, doch auch unter Gott bleiben die Menschen »Knechte und Gefangene«, und zwar »durch seinen Geist«.[130] Vor diesem Hintergrund erweist sich Luthers geflügeltes Wort vom Lasttier, dessen Zügel Gott oder Satan in den Händen hält, nur als verallgemeinernde Zuspitzung eines vor allem pneumatologischen Sachverhaltes. Dass Luther von *Gott* und *Satan* als Reiter des Tieres spricht, ist womöglich vor allem der semantischen Unausgewogenheit geschuldet, dass auf der Seite des Satans kein spezifisches, dem Geist analoges Gegenüber entspricht. Distinguierter und präziser wäre es jedoch zu sagen, dass für die Willensveränderung des Menschen *der Heilige Geist* verantwortlich ist:

> Aber wenn wir die Kraft des freien Willens eine solche nennen, durch die der Mensch dazu in die Lage versetzt wird, *vom Geist hingerissen und von der Gnade Gottes erfüllt zu werden*, wie jeder geschaffen worden ist zum ewigen Leben oder zum Tod, dann wird recht geredet.[131]

Nur im Sinne einer »dispositiven Qualität und passiven Eignung« – Luther greift hier bewusst auf eine scholastische Begrifflichkeit zurück! – würde diese Kraft recht bestimmt,[132] womit auch die enge Verknüpfung der Begriffe »Geist« und »Gnade« einleuchtet, insofern beide der Interdependenz von menschlicher Empfänglichkeit und göttlicher Freiheit Ausdruck verleihen: Die Ausstattung mit dem Geist geht auf das gnadenhafte Handeln Gottes zurück.

Hartnäckig bekräftigt Luther die ethisch-moralische Dimension seiner pneumatologischen Erwägungen auch in den exegetischen Einzelstudien von *De servo arbitrio*: Wenn Erasmus aus Gen 4,7 die Fähigkeit des Menschen ableiten möchte, aus eigenem, freien Willen der Sünde zu entsagen, so dass die »Bewegungen der Seele zum Schändlichen [animi motus ad turpia] besiegt werden können und nicht die Notwendigkeit zu sündigen mit

---

130 WA 18; 635,14–17: »Si autem fortior superveniat et illo victo nos rapiat in spolium suum, rursus per spiritum eius servi et captivi sumus (quae tamen regia libertas est), ut velimus et faciamus lubentes quae ipse velit.«

131 Hv. PB. WA 18; 636,16–18: »At si vim liberi arbitrii eam diceremus, qua homo aptus est rapi spiritu et imbui gratia Dei, ut qui sit creatus ad vitam vel mortem aeternam, recte diceretur […].«

132 WA 18; 636,19f: »dispositivam qualitatem et passivam aptitudinem«.

sich bringen« – Erasmus legt also die Fähigkeiten des freien Willens auf die Affekte und die Neigung zum Schändlichen um –,[133] erneuert Luther seine frühere kritische Anfrage: »Quid opus spiritu? Quid Christo? Quid Deo?«[134] Nur weil Gott dem Menschen eine solche Möglichkeit eingeräumt habe, heißt das nicht, dass dieser sie auch verwirklichen könne. Ähnliches gilt für Dtn 30,15, wo davon die Rede ist, dass Gott den Menschen Tod und Leben zur Wahl vorlegt. Würden sie tatsächlich wählen können, was sie wählen sollen, »wäre der Geist wiederum nicht notwendig«[135]. Auch die Auslegung von Gen 6,3[136] dient Luther zur rigoristischen Grenzziehung gegenüber einer scholastischen, der Bibel fremden, antik-philosophischen Anthropologie: Der Geist könne nicht, wie Erasmus es vorschlägt, als »führender und vornehmer Teil des Menschen, welcher zum sittlich Guten strebt«[137] verstanden werden, d.h. als eine natürliche Anlage des Menschen. Solchen Positionen und auch denjenigen wie z.B. Origenes, welche Seele (*anima*), Geist (*spiritus*) und Fleisch (*caro*) unterscheiden und behaupten wollen, die Seele könne sich dem einen oder anderen frei zuwenden,[138] setzt Luther den paulinischen Dualismus von Fleisch und Geist entgegen und legt vor diesem Hintergrund alle fraglichen und fragwürdigen *loci scripturistici* aus, die einen freien Willen nahelegen könnten: Wenn Jesaja davon spreche, dass alles Fleisch Gras sei (Jes 40,6), habe er den ganzen Menschen als Leib und Seele im Blick.[139] Und wenn Christus Nikodemus daran erinnere, dass das, »was nicht aus Geist geboren ist, Fleisch ist«, nehme er eigenhändig eine Scheidung in diese beiden »Teile« vor.[140] Fleisch und Geist bezeichnen nach Luther grundsätzliche Ausrichtungen des Menschen, die seiner Autonomie jedoch gänzlich entzogen bleiben – ob im Denken, Streben *oder Handeln*:

---

133 WA 18; 676,5–7: »Ostenditur hic (ait Diatribe) animi motus ad turpia vinci posse nec affere necessitatem peccandi.«
134 WA 18; 676,11.
135 WA 18; 676,32f: »Igitur iterum non est necessarius spiritus.«
136 WA 18; 734,15–735,19.
137 WA 18; 743,11f: »[...] igemonicum principalem partem hominis ad honesta nitentem [...].«
138 Vgl. WA 18; 774,39–42.
139 Vgl. WA 18; 740,19–26.
140 Vgl. WA 18; 741,6f: »[...] qui omnes homines in duo dividit, in carnem et spiritum [...].«

So nennt die Heilige Schrift mit einer Epitasis den Menschen Fleisch, sozusagen Fleisch-lichkeit selbst [carnem, quasi ipsam carnalitatem], weil er im Übermaß nichts anderes erstrebt als das, was vom Fleisch ist, und [sie nennt ihn] Geist, weil er nichts anderes als das, was vom Geist ist, im Sinn hat, sucht, tut und bewegt [sapiat, quaerat, agat et ferat].[141]

Das vermeintlich sittlich Gute und die komplexe Geist-Anthropologie, die die antike Philosophie, die Scholastik und auch Erasmus voraussetzen, erweist sich im Lichte der paulinischen Rede von Fleisch und Geist als Schein: Vor der Welt (»coram mundo«) zählen die philosophischen Tugen-den als »ehrenhaft und gut«, vor Gott hingegen als »wahrhaftig dem Fleisch und dem Reich Satans dienstbar« und »gottlos, gotteslästerlich und in jeder Hinsicht böse«[142]. Jede Moral, die sich aus einer anderen Quelle als der lebendigen Wirksamkeit des Heiligen Geistes ableitet, wird damit rigoros zurückgewiesen, alle – im Sinne Gottes – *guten* Werke des Menschen müs-sen unmittelbar durch den Geist gewirkt sein.[143]

141 WA 18; 743,22–24: »Ita et scriptura sancta per Epitasin hominem vocat carnem, quasi ipsam carnalitatem, quod nimio ac nihil aliud sapiat, quam ea, quae carnis sunt, Et spi-ritum, quod nihil nisi ea, quae spiritus sunt, sapiat, quaerat, agat et ferat.«
142 WA 18; 744,2: »impia et sacrilega omnibusque nominibus mala.«
143 Diese einigermaßen abstrakte Distinktion veranschaulicht Luther anhand der Erzäh-lung von der Bekehrung des Kornelius in Apg 10, die schon Erasmus für den freien Willen ins Feld geführt hatte. Beide, Erasmus und Luther, verstehen die Perikope als Lehrstück der Interdependenz von Geistgabe und guten Werken – freilich in völlig konträrer Weise: Erasmus greift Kornelius als Beispiel auf, weil »dessen Gebete und Almosen gefällig [für Gott] waren, obwohl er noch nicht getauft und genau so wenig mit dem Heiligen Geist angehaucht war.« (WA 18; 739,6f: »[...] ut cuius praeces et elemosynae placuerint nondum baptisati necdum afflati spiritu sancto.«) Luther bricht dieser exegetischen Be-obachtungen die Spitze ab und verweist darauf, dass in der Apostelgeschichte allenfalls die Rede davon gewesen sei, dass Kornelius ungetauft gewesen sei und »er das Wort von Christus dem Auferweckten noch nicht gehört hatte. Folgt aber hieraus, dass er selbst ohne Heiligen Geist gewesen war?« (WA 18; 739,18–20: »Esto, nondum erat baptisatus et verbum de Christo suscitato nondum audierat. Nunquid hinc sequitur, ipsum sine spiritu sancto fuisse?«) Das sei unmöglich, denn wahre Gerechtigkeit und Gottesfurcht seien ohne den Heiligen Geist schlechterdings nicht möglich, was auch Lukas wisse, der den Hauptmann geradewegs mit diesen Prädikaten auszustatten wusste: »Gerecht und gottesfürchtig genannt zu werden ohne den Heiligen Geist, ist dasselbe, wie Belial Chris-tus zu nennen.« (WA 18; 739,12: »Iustum autem et timentem Deum sine spiritu sancto dici, est idem quod Belial Christum dici.«) Damit erweitert Luther die Wirksamkeit des

Die handlungsmotivierende Funktion des Geistes hat noch eine weiterreichende Dimension, mit der die Frage nach Gottes Allmacht tangiert wird, wie sie Luther in *De servo arbitrio* ja bekanntermaßen sehr differenziert und unter Aufbietung verschiedener exegetischer und dogmatischer Argumentationen erörtert. Das Tun der guten Werke entscheidet sich auf dem Kampfplatz der einander widerstrebenden Reiche des Satans und Gottes. Der Tyrannei des Satans kann der Mensch nicht »durch irgendeine Bewegung oder Entscheidung zum Guten« entkommen.[144] Vielmehr erscheint dieser Versuch selbst als Ausdruck der Selbstermächtigung des Menschen und affirmiert die Herrschaft des Satans, der sich gegen die »Gerechten, die aus dem Geist Gottes handeln [...] und das Gute wollen und tun«[145] kontinuierlich auflehnt. Die motivationale Funktion des Geistes erweist letztlich in doppelter Hinsicht die Allmacht Gottes und ist konzeptionell eng mit der Unterscheidung des *deus absconditus* und *revelatus* verknüpft. In einer fast feierlichen Selbsterklärung bekennt sich Luther – gegen jede philosophische Spekulation bzgl. des Synergismus und in Abgrenzung zur Behauptung eines freien Willensvermögens, auch hinsichtlich der niedrigeren Dinge, die die Gottesbeziehung nicht unmittelbar tangieren – zur »allgemeinen Allmacht Gottes, der alles tut, bewegt, wegreißt in einem notwendigen und unfehlbaren Lauf«[146]. Gott wirkt – auch jenseits des eigentlichen Heilshandelns, d.h. »jenseits der Gnade des Geistes« – immer und notwendig auf den Menschen ein:

> Das nämlich versichern wir und bestehen darauf: Wenn Gott *jenseits der Gnade des Geistes* wirkt, wirkt er alles in allem [omnia in omnibus], auch in den Ungläubigen,

Geistes beträchtlich und löst sie auch explizit von äußerlichen Vermittlungsinstanzen wie Taufe und Predigt. Beim Verweis auf die Korneliusperikope handelt es sich dann auch keineswegs um eine haltlose Überspitzung Luthers, kann er doch – bemerkenswerter Weise handelt es sich durchweg um lukanische Reminiszenzen! – darauf hinweisen, dass auch Johannes der Täufer, dessen Eltern, die Mutter Christi und Simeon vom Geist erfüllt gewesen seien, selbst wenn sie der Christusgeschichte zeitlich vorgeordnet waren (vgl. WA 18; 739,20–22. Vgl. hierzu auch WA 10,2; 60,1–9; WA 17,1; 289,13–17).

144 WA 18; 750,2: »ad bonum ullo motu aut momento«.

145 WA 18; 750,4f: »cui iusti et spiritu Dei agentes vix resistunt et bonum volunt ac faciunt, ita in eos saevit.«

146 WA 18; 752,12–14: »sub generali omnipotentia Dei facientis, moventis, rapientis omnia, necessario et infallibili cursu«.

indem er alles, was er allein geschaffen hat, auch alleine bewegt, antreibt und wegreißt durch die Bewegung seiner Allmacht, die jenes [d.h. das Geschaffene] nicht vermeiden oder verändern kann, sondern es folgt und gehorcht ihm notwendigerweise jedes einzelne in der Weise seines Vermögens, das ihm von Gott gegeben ist – so aber wirkt alles Ungläubige mit ihm zusammen [sic omnia etiam impia illi cooperantur]. Wo er mit dem *Geist der Gnade* in jenen handelt, die er gerechtfertigt hat, d.h. in seinem Reich, treibt und bewegt er diese schließlich an, und sie, wie sie eine neue Kreatur sind, folgen ihm und wirken mit ihm zusammen, oder besser, wie Paulus sagt [Röm 8,14] *sie werden getrieben.*[147]

So wie der Mensch nichts dazu beitragen könne, um geschaffen zu werden, so kann er auch nichts dazu ausrichten, erneuert zu werden – das Unvermögen des Menschen, sich selbst für das Wirken Gottes zu disponieren oder das moralisch Gute zu tun, entspricht dem Unvermögen, sich selbst in dieser Geschaffenheit und Erneuerung zu *bewahren und erhalten.* Dies könne – in Anbetracht der übrigen klassisch gewordenen Exklusivpartikel eine bemerkenswerte Zuspitzung! – »allein der Geist« (»solus spiritus«):

> Bevor der Mensch zu einer neuen Kreatur des Reiches des Geistes erneuert wird, tut er nichts, fängt nichts an, wodurch er sich bereitet zu dieser Erneuerung und zum Reich. Wenn er schließlich neu geschaffen ist, tut er nichts, beginnt nichts, wodurch er sich in diesem Reich erhält [quo perseveret in eo regno], sondern beides tut *allein der Geist* [solus spiritus] in uns, der uns ohne uns [nos sine nobis] neu erschafft [recreans] und als Neu Erschaffene erhält [et conservans recreatos] [...].[148]

Wenn Luther hier im Duktus des Paulus davon spricht, dass Gott der Schöpfer »alles in allem« (»omnia in omnibus«) wirke (Röm 11,36) und auch die Ungläubigen bewegt, antreibt, in ihnen wirkt, knüpft er unmittelbar an seine früheren Ausführungen zum *deus absconditus* an, von dem er

147 WA 18; 753,28–35: »Hoc enim nos asserimus et contendimus, quod Deus, cum citra gratiam spiritus operatur omnia in omnibus, etiam in impiis operatur, Dum omnia, quae condidit solus, solus quoque movet, agit et rapit omnipotentiae suae motu, quem illa non possunt vitare nec mutare, sed necessario sequuntur et patent, quodlibet pro modo suae virtutis sibi a Deo datae, sic omnia etiam impia illi cooperantur. Deinde ubi spiritu gratiae agit in illis, quos iustificavit, hoc est, in regno suo, similiter eos agit et movet, et illi, ut sunt nova creatura, sequuntur et cooperantur, vel potius, ut Paulus ait, aguntur.«

148 Hv. PB. WA 18; 754,8–12: »Homo antequam renovetur in novam creaturam regni spiritus, nihil facit, nihil conatur, quo paretur ad eam renovationem et regnum; Deinde recreatus, nihil facit, nihil conatur, quo perseveret in eo regno, Sed utrunque facit solus spiritus in nobis, nos sine nobis recreans et conservans recreatos [...].«

meinte, dass er »omnia in omnibus« wirke.[149] Wenn er von der Wirksamkeit Gottes in den Gerechtfertigten spricht – der Wirkung des »Geistes der Gnade« –, erinnert er wiederum an die Wirksamkeit des *deus revelatus*. *Absconditus* und *revelatus* treffen sich hier in der doppelten Unverfügbarkeit des Geschaffenseins und der Erneuerung wie auch im operationalen Entsprechungsautomatismus hinsichtlich dieses Geschaffenseins und dieser Erneuerung: Der Mensch als Geschöpf und als Gerechtfertigter wird von Gott erhalten, angetrieben, bewegt. Von dieser Warte aus kann Luther dann auch einem doppelten Missverständnis hinsichtlich der moralischen Autonomie des Menschen begegnen: Der Orientierung des Handelns am Gesetz erteilt Luther eine Absage, insofern er den *usus theologicus* bekräftigt[150] und die Erfüllung des Gesetzes ganz dem Geist anheimstellt: »Ferner soll gelten, dass in den Werken des Gesetzes alles verdammt wird, *was ohne den Geist ist.*«[151] Auch die Vorstellung, dass sich der Mensch aus eigenen Stücken dazu motivieren könne, betend zu erflehen, dass der Herr seinen Weg lenke (Ps 5,9), lehnt Luther ab – und verweist darauf, dass es der Geist selbst sei, der im Menschen bete (Röm 8,15.26).[152] Die Allmacht Gottes erstreckt sich demnach auf die ganze Schöpfung und alle Menschen, die Erwählten werden durch den *Geist Gottes* mit den Heilstatsachen vertraut gemacht und erneuert. Die *theologische* Unterscheidung des verborgenen und offenbaren Gottes ist also, näher betrachtet, *pneumatologisch* qualifiziert.

149 WA 18; 685,21–24: »Caeterum Deus absconditus in maiestate neque deplirat neque tollit mortem, sed operatur vitam, mortem et omnia in omnibus. Neque enim tum verbo suo definivit sese, sed liberum sese reservavit super omnia.«

150 WA 18; 765,15–17: »[...] qui maxime student operibus legis, minime legem implent, eo quod spiritu carent, legis consummatore, quam viribus suis tentare quidem possint, sed nihil efficiant.«

151 WA 18; 765,38f: »Ratum simul erit, In operibus legis damnari quicquid est sine spiritu.«

152 Vgl. WA 18; 746,15–29.

VI »Solus spiritus«? Zur Tragfähigkeit und Reichweite der pneumatologischen Sinnlinie in De servo arbitrio

Aus den hier abgegrenzten pneumatologischen Argumentationszusammenhängen lassen sich fünf interpretatorische Leitlinien entwickeln, die für das Verständnis der Schrift als ganzer wesentlich sind.

1. Ausgehend von der polemischen Gegenüberstellung von Geistträger und vermeintlichem Genius lässt sich *De servo arbitrio* als *Paradigma des Vollzuges einer Prüfung der Geister* lesen. Die Schrift selbst hat elenktischen Charakter, insofern Luther den Lesern vor Augen führt, dass eine Verschleierung von zentralen theologischen Fragen wie der des Willensvermögens illegitim ist und die Attacke auf die erasmische Behauptung des freien Willens ein inneres Urteil von Offenbarungsrang vollstreckt. Anhand der pneumatologisch akzentuierten Eingangs- und Schlusspassagen wird deutlich, dass Luther seine Schrift als Versuch verstanden wissen möchte, ein inneres, vom Geist eingegebenes Urteil – die Feststellung des unfreien Willens des Menschen im Angesicht der Freiheit Gottes – im intersubjektiven Diskurs einem äußeren, schriftbezogenen Urteil auszusetzen und damit *in facie Ecclesiae* einen fundierten Konsens herbeizuführen.

2. Ausgehend von Luthers pneumatologischer Kritik der historisch gewachsenen Autorität der Tradition stellt sich die Frage, inwiefern der Geist *als geschichtlich wirkende Größe* bestimmbar ist und inwiefern pneumatologische Geschichtsnarrative valide sind. Auf die Geistbegabung historischer Autoritäten kann nur von einem inneren, geistinduzierten Urteil der Rezipienten geschlossen werden, im Fall von *De servo arbitrio* von der Überzeugung des unfreien Willens im Sinne der Lehre Jesu und der paulinischen Rechtfertigungslehre. Geist und Geschichte stehen bei Luther in einem spannungsvollen Verhältnis zueinander: Aus der Geschichtlichkeit des Wirkens des Geistes theologische Sachargumente zu sichern, scheint dem Reformator ein grundfragwürdiges Unterfangen zu sein. Dabei macht seine Skepsis selbst vor den ›Begeisterten der Bibel‹ keinen Halt: So wird Luther im Zuge der Galaterbriefvorlesung und Apostelgeschichts-Vorrede der 1530er Jahre darauf bestehen, die Apostelgeschichte nicht in erster Linie als *historia* des Wirkens des Heiligen Geistes, sondern als »glose vber die Episteln Sanct Pauli« zu verstehen, d.h. in einem engen, konzeptionellen Verhältnis zur paulinischen Rechtfertigungslehre, die in ihrem Kern

Predigt vom freien Willen Gottes und vom voluntativen Unvermögen des Menschen ist.[153]

3. Hinsichtlich der schrifthermeneutischen Funktion des Geistes stellt sich die Frage nach dem Verhältnis von Auslegungssubjektivismus und exegetischer Texterschließung. Wie muss das Verhältnis von innerem und äußerem Urteil über die Geister, vor allem aber der Stellenwert des inneren Urteils als derjenigen Offenbarungswirklichkeit, die Gott dem Menschen souverän eröffnet, bestimmt werden? Bezogen auf die Schrifthermeneutik steht in der Tat die Frage im Raum, ob sich die Rede vom Heiligen Geist aus der hermeneutischen Diskussion sachgemäß eliminieren oder wenigstens entmythologisieren ließe. Das unverfügbare, innere Urteil, wie es durch den Heiligen Geist gewirkt ist, erscheint in *De servo arbitrio* als unhintergehbare, notwendige Voraussetzung jeder intersubjektiven, an der Schrift zu bemessenden, exegetischen Diskussion über Wort und Wirken Gottes.

4. Auch die Frage nach der Offenbarung scheint unabdingbar pneumatologisch konnotiert zu sein. Luthers Auffassung vom unfreien Willensvermögen kann nur sachgemäß vom Heiligen Geist her erkundet werden, welcher die Offenbarung der erstrebenswerten Güter ermöglicht, die den Glauben als eine innere Zustimmung und Neigung generiert und auf die sich der Wille bezieht. Christuserkenntnis, Offenbarung und Glaubensgeschehen müssen unbedingt in Anbetracht der Prämisse der Unverfügbarkeit der Wirksamkeit des Geistes zueinander ins Verhältnis gesetzt werden.

5. Inwiefern Luthers Schrift einer deterministischen, libertarischen oder kompatibilistischen Freiheitskonzeption zuzuordnen ist, wird in der Forschung kontrovers diskutiert. Die Frage wird einerseits an den in der Schrift greifbaren Relativismen bzgl. der Entscheidungsfreiheit des Menschen hinsichtlich der ihm untergebenen Dinge, andererseits hinsichtlich der Verantwortlichkeit des Menschen und seiner Strafmündigkeit, d.h. aber auch an der Theodizeefrage entschieden. Hat der Mensch hinsichtlich der ihm untergebenen Dinge Wahl-, Entscheidungs- oder Willensfreiheit? Wird er durch Gott *zur Freiheit befreit* und kann dem Nächsten in freier Entscheidung dienen? In Anbetracht der hier skizzierten motivationalen Funk-

---

153 Vgl. WADB 6; 414,26f.416,18.

tion des Heiligen Geistes drängt sich der rigoristisch-deterministische Zug in Luthers Schrift massiv in den Vordergrund. Dabei steht die Frage nach der Verantwortlichkeit des Menschen gar nicht im Fokus, Luther geht es vielmehr um die konsequente Reinhaltung des Rechtfertigungsvorgangs, der durch einen *tertius usus legis* wie auch eine vermeintliche, vom Geist eröffnete Willensautonomie gefährdet wäre, insofern das Gnadenwirken Gottes eingeschränkt oder als *syllogismus practicus* missverstanden werden könnte.

Letzthin überschneiden sich die fünf abgegrenzten, dem Geist zugeschriebenen und beigeordneten Funktionen darin, dass sie jeder theologischen Erörterung der Willensproblematik kategorial vorgeordnet sind. Luthers Verweis auf die freie, gnadenhafte Wirksamkeit des Geistes macht dem Erasmus die intellektuelle Vereinnahmung des Diskurses, den selbstautorisierenden Zugriff auf die Tradition, die Rede von der freien Wahl des Menschen hinsichtlich der Heilsoffenbarung, die Behauptung eines schrifthermeneutischen Libertinismus und das strikte Beharren auf ethisch-moralischer Perfektibilität und Verantwortlichkeit streitig. Der Heilige Geist bemächtigt sich des Intellekts, bricht sich auch abseits der vermeintlichen theologischen Lehrautorität der Kirche Bahn und läuft ihr mitunter zuwider, bewerkstelligt die Offenbarung und bewirkt den Glauben, ist notwendiger Initiator der Schrifthermeneutik und regt den Menschen zum Handeln, mithin zur Liebe an. Die pneumatologische und anthropologische Feinmechanik dieser Wirksamkeit lässt Luther dabei dezidiert außer Acht – eine ausgefeilte Anthropologie und Psychologie entwickelt er genau so wenig wie eine spekulative Pneumatologie. Damit erweist sich seine Rede vom Heiligen Geist aufs Ganze besehen als Ausdruck einer fundamentaltheologischen Prinzipienerwägung: In dem Moment, in dem anthropologische, moralische oder hermeneutische Prämissen eingezogen und dem theologischen Diskurs vorgeordnet werden, sind die Souveränität Gottes, das Rechtfertigungsprinzip und der Glaubensprimat notwendiger Weise in Frage gestellt.[154] *Insofern* entspricht Luthers Insistieren auf den Heiligen

---

154 Dies ist besonders eindrücklich an Melanchthon zu sehen, der in seinem Locus über die menschlichen Kräfte die Wirksamkeit des Heiligen Geistes deutlich relativiert, indem er seinen Erörterungen eine diffizile anthropologische Unterscheidung von urteilendem und wirkendem Seelenteil vorausschickt, vgl. PH. MELANCHTHON, Loci praecipui theo-

Geist einer konsequenten Abgrenzungstendenz, welche ihm Erasmus mit seinen rudimentären, pneumatologischen Äußerungen aufnötigt. Gleichzeitig stimmen der stereotype Verweis auf das Wirken des Geistes und die – in der Rezeptionsgeschichte freilich nie zur Exklusivpartikel erhobene – exzeptionelle Formel »solus spiritus« mit einer konzeptionell stringenten Unterscheidungslehre überein, wenn Luther an neuralgischen Stellen den Diskurs von der notwendig eingeschränkten und unzulänglichen, menschlichen Erkenntnis der zentralen Heilsfragen und des Gottesverhältnisses auf die Frage nach dem Handeln und der Freiheit Gottes verlegt. *Insofern* entspricht Luthers Rede vom Heiligen Geist der fundamentalen theologischen Unterscheidung von scheinhafter Kontingenz und göttlicher Wirklichkeit.[155] Wenn Luther mitunter davon sprechen kann, dass die absolute Notwendigkeit des Handelns Gottes dem Menschen wie ein Zufall begegne,[156] spricht er eine Erkenntnisbarriere an, die nur vom Heiligen Geist

logici nun denuo cura et diligentia summa recogniti multisque in loci copiose illustrati 1559, Bd. 1, hg. und übers. v. P. LITWAN u. S. GROSSE, 2018, 122–149. Besonders aussagekräftig ist in diesem Zusammenhang das Beispiel Josephs, der den Verführungen der Frau Potiphars widersteht: Das Wort Gottes und der Heilige Geist hätten ihn dazu bewegt, über die Folgen der Verführung nachzudenken (den Zorn Gottes, den Verlust der göttlichen Gaben etc.), woraufhin der Wille zustimmte und der Geist ihn darin bestärkte, die Verführung zurückzuweisen, vgl. aaO., 139: »Dieser Wille war nicht untätig, sondern leistete seinerseits den Verführungen Widerstand und wies die Augen und Füße an, so dass sie die Gelegenheit zu Fehltritten mieden.«

155 Sie erweist sich damit als Teilbereich jener Unterscheidungslehre, die Albrecht Beutel als Strukturmoment des Theologiebegriffs Luthers herausgestellt hat, vgl. A. BEUTEL, Theologie als Unterscheidungslehre (in: Luther Handbuch, hg. v. DEMS., ³2017, 499–503), 501: »Das sachgemäße Unterscheiden – zwischen Gott und Mensch, Gesetz und Evangelium, Person und Werk, Glaube und Liebe oder anderen Gegensätzen – gilt Luther als Ausweis situationsgemäßer Urteilskraft und theologischer Kompetenz, weil erst im Vollzug dieses Unterscheidens das Wesen des Unterschiedenen erkannt und zur Wahrheit gebracht wird.« Sie fügt sich damit in das relationale Wirklichkeitsverständnis Luthers ein, wie es G. EBELING, Luthers Wirklichkeitsverständnis (in: Theologie in den Gegensätzen des Lebens – Wort und Glaube, Bd. 4, 1995, 460–475) nachhaltig dargestellt hat.

156 Vgl. die prägnante Schlussfolgerung in WA 18; 615,31–32: »Ex quo sequitur irrefragabiliter, omnia quae facimus, omnia quae fiunt, etsi nobis videntur mutabiliter et contingenter fieri, revera tamen fiunt necessario et immutabiliter, si Dei voluntatem spectes.« Vgl. auf dieser Linie auch WA 18; 616,9–12.

demarkiert und überwunden werden kann. Aus pneumatologischer Perspektive erscheint *De servo arbitrio* dann als konsequente Infragestellung der Erschließungsmöglichkeiten und Selbstbestimmung des Menschen und instruiert den Leser – unter der Voraussetzung, dass der Geist Gottes ihn dazu befähigt – zur Anerkennung der Souveränität Gottes.

Old Luther Disputing the Origin of Souls

Augustinian and Scholastic Anthropologies in Debate

By Benjamin T.G. Mayes

How did Martin Luther regard human beings? Of what do they consist? Luther's anthropology overlaps with his views of creation, sin, the image of God, justification, and sanctification. As a result, examinations of his anthropology often focus on some of these issues and ignore others, such as the specific question of what God's creation of humanity consists of, that is, the constituent parts of human beings. Are human beings physical, consisting only of a material body and a consciousness that is wholly a function of the nervous system, or do they also have a nonmaterial, spiritual component? Are they to be defined as basically bipartite, consisting of body and soul (cf. Matt 10:28); or tripartite, consisting of body, soul, and spirit (cf. 1 Thess 5:23), or something else?

Since the mid-20th century, the dominant view on Luther's anthropology has been existential, relational, and nonsubstantial, in sharp contrast to the anthropology of all Luther's heirs and colleagues in the 16th and 17th centuries.[1] This group of scholars focuses on Luther's 1536 *Disputation Concerning Man*.[2] Rather than rooting the nature of humanity in God's original creation and ascribing to it consistent, uniform substance, these

---

1 Cf. F.L. SHULTS, Reforming Theological Anthropology: After the Philosophical Turn to Relationality, 2003, 19.135.236f.

2 M. Luther, Disputation Concerning Man, 1536 (in: LW 34, 137–144); Cf. E. HERMS, Mensch (in: Luther Handbuch, hg. v. A. BEUTEL, [3]2017), 439–451; likewise W. HÄRLE, »Hominem iustificari fide«. Grundzüge der reformatorischen Anthropologie (in: Grund und Gegenstand des Glaubens nach römisch-katholischer und evangelisch-lutherischer Lehre. Theologische Studien, hg. v. E. HERMS / L. ŽAK, 2008), 338–358.

scholars claim that Luther rejected the »hylomorphic taxonomy of body and soul«.[3] Human beings exist in only one way, in this view, »not simply being constituted but being aware of being constituted« by being in a relationship of reliance with another: either with God or someone else.[4] In this view, how an individual human person relates to God *is* his existence. No other human nature or substance exists. Whenever Luther sets forth a definition of human beings as being composed of body and soul, this is seen as a philosophical view of humanity that Luther rejects.[5]

Another interpretation of Luther's anthropology notes Luther's affirmation of substance definitions of man, and, focusing on the 1521 commentary on the *Magnificat*, sees Luther supporting trichotomy: body, soul, and spirit.[6]

Other scholars read Luther as affirming a dichotomy in his substance anthropology, as well as a twofold aspect in his theological anthropology (i.e., two qualities in a Christian in his relation to God, »flesh and spirit«).[7] In this view, the substantial, philosophical, *coram mundo* definition of hu-

3 N. Slenczka, Luther's Anthropology (in: The Oxford Handbook of Martin Luther's Theology, ed. by R. Kolb / I. Dingel / L. Batka, 2014, 212–232), 212.

4 Loc. cit., 216f.

5 Cf. O. Bayer, Martin Luther's Theology: A Contemporary Interpretation, trans. by Th.H. Trapp, 2008, 155; also K.-H. zur Mühlen, Die Anthropologie Martin Luthers im Lichte seiner Eschatologie (in: Reformatorische Prägungen. Studien zur Theologie Martin Luthers und zur Reformationszeit, hg. v. A. Lexutt / V. Ortmann, 2011), 210–228; L. Žak, Die Ontologie der menschlichen Person im Denken Martin Luthers (in: Grund und Gegenstand des Glaubens nach römisch-katholischer und evangelisch-lutherischer Lehre. Theologische Studien, hg. v. E. Herms / L. Žak, 2008, 307–337); Härle, Hominem (see n. 2), 352.

6 LW 21,295–358, especially 303f. Cf. I. Karimies, Art. Human Being (The Oxford Encyclopedia of Martin Luther, 1, 2017, 655–674); I. Karimies, Martin Luther's Early Theological Anthropology: From Parts of the Soul to the Human Person (in: Subjectivity and Selfhood in Medieval and Early Modern Philosophy [Studies in the History of Philosophy of Mind 16], ed. by J. Kaukua / T. Ekenberg, 2016, 199–218).

7 Cf. A. Vind, The Human Being According to Luther (in: Anthropological Reformations: Anthropology in the Era of Reformation [R5AS 28], ed. by A. Eusterschulte / H. Wälzholz, 2015, 69–86); A. Raunio, The Human Being (in: Engaging Luther: A [New] Theological Assessment, ed. by O.-P. Vainio, 2010, 27–58); S. Salatowsky, De Anima. Die Rezeption der aristotelischen Psychologie im 16. und 17. Jahrhundert (BSPh 43), 2006, 129.139–144.153–169; B. Lohse, Martin Luther's Theology: Its Historical and Systematic Development, trans. by R.A. Harrisville, 1999, 243–247.

man beings is not excluded by the theological, *coram deo* definition in Luther's thought. Human beings are bipartite: body and soul. Luther does not criticize the philosophical definition *per se*, but only when it is separated from the theological point of view and when man's relation to God is ignored. When Luther expressed trichotomy, he clarified that soul and spirit are the same thing doing different functions. But »flesh and spirit« are also qualities of the whole man. These scholars investigate works spanning Luther's career, such as the commentary on the *Magnificat* (1521), *The Freedom of a Christian* (1520), *The Disputation Concerning Man* (1536), and the *greater Galatians commentary* (1531/1535).[8]

Luther's anthropology is also part of a larger question: Does Luther break radically with scholasticism and the Middle Ages, or does he largely continue medieval scholastic ways of thinking, while criticizing and reforming certain tenets?[9] The existential view posits a stark rupture, while the substantial view sees fundamental continuities.

One disputation of Luther is the main source for the existential, non-substantial account of his anthropology: the *Disputation Concerning Man* (1536). Yet the vast amount of scholarly attention to this disputation should be balanced by examination of his other disputations. This disputation, if considered alone as the keystone to his anthropology, is a shaky foundation. As a comparison with Luther's other disputations shows, it is problematic to seize upon individual theses as though they stood alone as maxims. Rather, Luther often concludes the thought of one thesis in a later thesis; taken alone, an individual thesis is often incomplete. This is the case, for example, in the *Disputation Concerning Man*, thesis 32, whose thought is completed and explained in thesis 33, showing that Luther there was defining not the *nature and substance* of man, but the sinful *quality* of man.[10]

---

8 LW 21,295–358; 31,327–377; 34,137–144; 26,1–27,144.
9 See G. White's criticism of Ebeling's position, that Luther's logic was a complete rupture from medieval scholasticism: G. White, Luther as Nominalist: A Study of the Logical Methods Used in Martin Luther's Disputations in the Light of Their Medieval Background (SLAG 30), 1994, 60–73, especially 73.
10 WA 39,1; 176,33–37: »32. Paulus Rom. 3: Arbitramur hominem iustificari fide absque operibus, breviter hominis definitionem colligit, dicens, Hominem iustificari fide. 33. Certe, qui iustificandum dicit peccator[e]m et iniustum, ac ita reum coram Deo asserit, sed per gratiam salvandum.« (LW 34,139). The WA has a typographical error. Cf. E var 4; 416.

Comparison with Luther's other disputations also shows how important the minutes of the disputation are for understanding the theses. Luther's theses could be surprising, but such statements were often clarified during the disputation itself, as they came under attack by opponents in the academic exercises. Likewise, Luther sometimes changed his position from time to time, so an isolated thesis should not be used as a definitive statement of Luther's position.[11] Again, the theses of a disputation are not arguments, but premises, stated boldly, which are then open to debate.[12] All of this suggests that one should not take a thesis from the *Disputation Concerning Man* and treat it as a maxim or paradigm for Luther's anthropology. Much less should an unclear thesis, without disputation minutes to explain it, be used to bracket out Luther's contrary statements.

The question I will consider here is not whether Luther sees human beings as the creation of God, in relation with God, and constantly preserved by God. It is clear that he affirms this. I will also not deal with whether the quality of human beings is such that they need to be justified, and this can happen only through faith for Christ's sake, and through the gift of the Holy Spirit. This is not in dispute. The dispute is on whether Luther accepts or rejects the structural anthropology in which the component parts of human beings are body and soul, and whether these parts remain in essence the same as they were created by God in the beginning. The existential interpretation says that Luther rejects this, whereas the continuity interpretation says that he accepts it.

In order to gain more insight into Luther's anthropology, we need to look elsewhere. Considering the massive amount of literature examining the three pages of theses of the *Disputation Concerning Man*, it is curious that evaluations of Luther's anthropology ignore the promotion disputation of Petrus Hegemon, at which Luther presided on July 3, 1545 – the last disputation of his life.[13] The minutes for this 1545 disputation survive in three

11 WHITE, Luther (see n. 9), 191, gives the example of Luther's statements on whether, in the Trinity, the divine essence is what begets the Son. In a 1544 Disputation he said no, but in a 1545 disputation he said yes, if the term is used for the person of God the Father.
12 Loc. cit., 76.80.
13 G. Ebeling is the only prominent scholar within the last half-century to have looked at the Hegemon disputation, and he did so only briefly. Cf. G. EBELING, Lutherstudien II,2, 1982, 48–58. On the disputations: Cf. D. LUY, Art. Works: Disputations (The Oxford

separate protocols, and thus give us insight into how Luther regarded his theses and how his audience understood them.[14]

One of the main issues of the Hegemon disputation was the origin of the human soul. Luther here accepts the classical and patristic anthropology according to which human beings are composed of body and soul. Yet whereas the medieval church had come to the consensus that each human soul was created directly by God and infused into the body formed by the physical procreation of the parents,[15] Luther challenges both, the authority and the substance of this view, in theses 31–50 of the disputation.[16] Here Luther's proposal is that traducianism – the view that the soul of the child is generated from the souls of the parents (analogous to the way in which the body of the child is generated from the bodies of the parents) – is more biblical than the idea that God creates an individual soul directly for each human being.

I The Promotion Disputation for Petrus Hegemon, July 3, 1545

The doctoral disputation for Peter Hegemon (d. 1560) on July 3, 1545, was the last one at which Luther presided.[17] Luther composed the theses for the disputation on June 10, 1545.[18] The theses for Hegemon deal with several topics: the doctrine of the Trinity (theses 1–17); the incarnation (theses 18–23); original sin and redemption (theses 24–30), and anthropology (theses

---

Encyclopedia of Martin Luther 3, 2017, 540); H. HERMELINK, Einleitung (in: WA 39,2; IX–XXXVII), XVIII.

14 The theses for this disputation were translated without the disputation protocol in: The Substance of the Faith: Luther's Doctrinal Theology for Today, ed. by D.D. BIELFELDT / M.L. MATTOX / P.R. HINLICKY, 2008, 204–209. It appears in a new translation by J.J. HAYES in LW 73,516–551, along with his translation of the disputation minutes. The disputation was edited by myself with the help of volume editor CH.B. BROWN.

15 See P. LOMBARD, Sentences 2 d. 17 c. 2 and d. 18 c. 7 (PL 192, 686.689; P. LOMBARD, The Sentences 2, transl. by G. SILANO [MST 43], 2008, 72f.80f); TH. AQUINAS, Summa theologiae 1 q. 118 a. 2, ed. by TH. GILBY et al., 2006, 150–153.

16 Cf. the undated Table Talk WAT 5; 697–700, Nr. 6502.

17 Cf. LUY, Disputations (see n. 13), 540; HERMELINK, Einleitung (see n. 13), XXVIII.

18 Cf. WA 39,2; 337.

31–50). Here he explored the question of the origin of the soul – by direct creation or by transmission from the parents.[19]

The theses for Hegemon's disputation were most likely printed in Wittenberg sometime before the disputation, but this printing is no longer extant. The theses were included in the sixteenth-century collections of Luther's writings and from there passed into most subsequent editions of Luther's works. The notes of the disputation are preserved in manuscripts which Paul Drews and the WA-editors group into three relations. The first group (relation A), consisting of three manuscripts, provides what is generally the most detailed account of the disputation.[20] Another manuscript (relation B) offers a somewhat shorter, independent witness to the disputation.[21] A final group of two manuscripts (relation C) gives a very short summary of the arguments of the disputation.[22] In Luther's Works: American Edition, volume 73, the base text for translation is relation A.[23]

II The theses

Theses 31–32 introduce the main anthropological theme.

> 31: Those who have thought that the soul comes from transmission seem to have held views not completely foreign to the Scriptures. 32: On the contrary, they can defend the propagation of original sin more easily than those who hold other views, since (according to Augustine) original sin is also godlessness.[24]

Theses 33–40 deal with ecclesiastical authorities on the question. The first two theses of this set, 33–34, deal with the opinions of Augustine and Jerome on the origin of human souls. Augustine declines to take a position,

---

19 Cf. WA 39,2; 337f.
20 Mss. Munich Cod. Monac. 940; Munich Cod. Monac. 945; Riga Cod. Rig 242.
21 Ms. Wolfenbüttel Cod. Helmst. 688^b (which also includes a manuscript copy of the theses).
22 Mss. Hamburg Cod. Uffenbach. 74; Wolfenbüttel Cod. Helmst. 773. The latter manuscript is incomplete, missing both the beginning and end of the disputation.
23 Where the different relations can be taken to supplement each other, they are incorporated into the text with indication of what text comes from what relation. Where the relations offer divergent versions, the alternatives are given in the footnotes.
24 LW 73,519; WA 39,2; 341,7–11. Luther may have in mind the discussion in P. LOMBARD, Sentences 2 D. 30 c. 7 paragraph 4(6) (PL 192,721f; SILANO, Sentences [see n. 15], 148).

while Jerome tries to defend the immediate creation of individual souls from Ps 33:15. Jerome's exegesis is rejected in thesis 34.[25] Then theses 35–40 reject the authority of the pope, a topic which fits with the discussion of the origin of the soul, since the papal church had spoken clearly on the matter. Pope Leo I. (440–461) spoke of the soul being breathed into the body by God.[26] Traducianism had been condemned as heresy by Pope Anastasius II. (496–498) in 498 and Pope Benedict XII. (1334–1342) in 1341.[27]

Following the theses on ecclesiastical authorities, theses 41–44 take up rational arguments from tradition and nature. Theses 45–50 then bring up theological discursive arguments, i.e., arguments that are not based on scriptural testimony directly, but think rationally about the topic based on theological doctrines. These, too, are rational arguments, though they are based on revealed truths. In all of these theses, Luther argues for the propagation of souls and against their immediate creation.

Amid the rational arguments, theses 43–44 bring up a closer definition of the soul.

> 43: So that this saying is nothing: »The intellective soul is infused by creating, and created by infusing.«[28] Thesis 44: Who has proved this, or who will prevent something similar from being able to be said about every other soul?[29]

The theses thus refer to various subdivisions of the soul, of which one is *intellective*. The other kinds of soul were held to be the *vegetative* and the *sensitive*. The vegetative is what causes a body to live and grow. In this sense, plants were thought to have a vegetative soul. The sensitive soul is what enables an individual to have sense perception and to move and act. In this sense, brute animals were thought to have souls that were both vegetative and sensitive. In 1540, Philipp Melanchthon had in fact posited that the vegetative and sensitive soul is propagated with the flesh, but the

---

25 LW 73,519; WA 39,2; 341,12–15.
26 Cf. Letter 15, ch. 10; PL 54, 684f; NPNF² 12, 23.
27 Cf. Letter 6; DS, nos. 170, 533.
28 P. Lombard, Sentences 2 D. 17 c. 2 ℸ 5(3); cf. D. 18 c. 7(8) (PL 192, 686.689; Silano, Sentences [see n. 15], 73.80f).
29 LW 73,520; WA 39,2; 342,7–10: »43. Ut nihil sit, quod dicitur: Anima intellectiva creando infunditur, et infundendo creatur. 44. Quis hoc probavit aut quis prohibebit, simile posse dici de omni alia anima?«

rational soul is created by God from nothing and infused into the body at about the fortieth day after conception.[30] Remarkably, this division of the soul into a directly created rational soul and a propagated vegetative-sensitive soul would give human beings *three* basic parts: one body and *two* souls. But this would be different from the three-fold division into body, soul, and spirit of which Luther spoke in the *Magnificat* commentary in 1521 based on 1 Thess 5:23.[31] In any case, in theses 43–44 Luther points out the difficulty of such a two-soul view and rejects it. Luther's position is that the soul – vegetative, sensitive, and intellective (or rational) – is propagated from one's parents.

III The Disputation Itself

Rather than undertaking an exhaustive analysis of the theses, let us hear how Luther and the other disputants actually discussed them. This has two benefits. First, it shows us which theses were most interesting and contentious. Second, it helps us avoid applying an interpretive grid to the theses that is foreign from that of Luther and his colleagues. What we will see from the disputation protocols is that Luther is far less an anticipator of modern views of the soul and of existential anthropologies, and much more a late medieval, humanistic theologian who adopts an old, well-known theory of the origin of the soul, which fits well with classical, patristic, and scholastic views on the component parts of human beings, even though Luther rejects some aspects of the tradition, such as scholastic views on original sin.[32]

---

30 Cf. PH. MELANCHTHON [/ J. MILICH], Commentarius de anima, 1540, 16ᵛ–17ᵛ (VD16 M 2749). This 1540 text was not included in CR. In his preface (α5r), Melanchthon indicates that it was co-written with Jakob Milich (1501–1559), professor of anatomy at the University of Wittenberg. The greater part of the book deals with human anatomy. See PH. MELANCHTHON, Preface to the Commentary on the Soul (1540) (in: ID.: Orations on Philosophy and Education, ed. by S. KUSUKAWA [Cambridge Texts in the History of Philosophy], 1999, 144–151), 147.

31 Cf. LW 21,303f; WA 7; 550,19–551,24.

32 With Melanchthon and the other Wittenberg reformers, Luther was committed to the Renaissance humanistic goals of reforming the late medieval intellectual heritage by returning to the sources: in this case, biblical and patristic antiquity, and especially the thought of St. Augustine. Cf. T.J. WENGERT, Art. Melanchthon, Luther, and Their Wit-

In the disputation itself, the main topic of debate was the traducian theses.[33] The notes of the disputation also contain »A Question« on traducianism: »Does the soul, too, come from transmission, as it does in plants and the other animate things?«[34] This section reads like the notes of someone preparing for a debate. Perhaps these paragraphs were written by the respondent, Petrus Hegemon. Here I will leave them out of my consideration, since Luther's opinion and agreement with them is clear enough from his words in the disputation.

Argument 4 of the disputation tries to undermine the transmission of the soul by linking mortality to transmission. The body comes from transmission and is mortal; so if the soul came from transmission, it would be mortal, too; but this is absurd; therefore the soul does not come from transmission. Obviously the immortality of the soul was seen as a reliable belief. Hegemon responds, saying that humans consist of body and soul, two parts. Luther's response to the opponent does not correct Hegemon but operates on the same premise of two human parts.

> I deny the consequence – that is, that the soul [which comes] from transmission dies together with the body – because if Adam had persevered and had not fallen, then we all would be born as he was, and no one would have died.[35]

What Luther denies is a connection between transmission and mortality. Mortality is due to sin, not to transmission.

Luther goes on and gives his first explicit affirmation of traducianism. »To this question I respond that we all, in body and soul, come about and

---

tenberg Colleagues (The Oxford Encyclopedia of Martin Luther 2, 2017, 518–541), 534; PH. ANDERAS, Art. Augustine and Augustinianism (The Oxford Encyclopedia of Martin Luther 1, 2017, 71–85).

33 The traducian theses were attacked and defended in arguments 4, 5, 6, 7, 8, 9, 10, 15, 16a, 19, 22a–b, 25, 26, and 27. There are 29 arguments, of which some have multiple parts, addressing different theses. This leads to an equivalent of 35 arguments. Fifteen of them address traducianism – 43 %, more than any other topic. (The Trinity is addressed in twelve arguments.)

34 LW 73,549–551; WA 39,2; 399,1–401,20.

35 LW 73,524; WA 39,2; 348,17–349,2: »Nego consequentiam, id est, animam ex traduce simul cum corpore perire, quia si Adam permansisset et non cecidisset, tum omnes essemus nati ut ille, et nemo fuisset mortuus.«

are propagated from transmission.«[36] Continuing, he gives a reason for the traducian position, an argument from God's justice:

> This is fitting because if it were affirmed that the soul is breathed into human bodies from outside, one could cry out against God: »Why did He join a pure and innocent soul to a body so polluted and damned?«[37]

That is, Luther recognizes that in this life, original sin corrupts not just the body, but also the soul. If God were to create the soul directly, he would not make it sinful; its sinfulness would thus come from being joined to the sinful body. But it would be unjust for God to do this.[38]

Although Luther denies that God directly (without means) created human souls, he still affirms that God is the creator of both body and soul. The question is about the means through which this creation happens, not about whether God is the creator.[39]

IV Acceptance of Patristic Anthropology

Despite affirming it, Luther refuses to establish traducianism as dogma. It explains well how original sin afflicts the soul, and it avoids making God responsible for the corruption of the soul, but lacking clear scriptural testimony, it is not dogma, but remains at the level of a probable explanation. Luther believes it is true, but he will not force others to believe it. He says:

> We are disputing about transmission, not because we want to be dogmatists about this matter, but because we want to resist the presumptuous Papists, who affirm what they do not know. Augustine goes over the matter abundantly and diligently.[40] The dogmatists, Romanists, Papists claim for themselves the authority that whatever they estab-

---

36 LW 73,524; WA 39,2; 349,31f: »Ad hanc quaestionem respondeo ego, quod omnes corpore et anima sumus et propagemur ex traduce.«

37 LW 73,524; WA 39,2; 349,32–350,27: »Quod ideo consentaneum est, quia si affirmaretur, animam ab extra sufflari in corpora hominum, reclamari Deo posset, quare animam puram et innocentem tam polluto et damnato adiungeret corpori.«

38 The theme of avoiding ascribing the cause of sin to God continues at LW 73,529, argument 9; WA 39,2; 360,1.

39 LW 73,530; WA 39,2; 362,8–12 and 21–26, relations B and C.

40 See Augustine, On the Soul and Its Origin 1,16(13)–34(19).4,1–2 (PL 44, 483–494.523–525; CSEL 60, 316–334.379–381; NPNF[1] 5, 321–330.353–354; WSA 1,23; 481–484); Retractions 1,1,3 (PL 32, 587; CCSL 57, 9f; CSEL 36, 14f; WSA 1,2; 28); On the Merits and

lish is perfect and valid, such that one may not contradict it. But we want to contradict, and we do not want to allow them to establish this point as an article of faith. We want to side with Augustine's opinion and to contend that it should not be established as an article of faith. Augustine does not want to affirm nor to deny. But the dogmatists affirm and prescribe articles of faith to us. They affirm what they do not know. They do not know whether it is so, and yet they boldly affirm one side. As for us, we are disputing in such a way as to incline with Augustine toward the opinion that the soul comes from transmission, just as the body comes from transmission – not that a father makes the body, but yet God makes it from the seed of the father. So also God raises up the soul from the seed or from transmission. But we are not saying this because we completely affirm it, but rather because that doctrine pleases us against those bold dogmatists |and the pope|,[B] who are not very attentive in these matters. Augustine, as I said earlier, conducts an extensive disputation here and says that neither should be affirmed, but that judgment should be suspended – though he does incline more toward the position that the soul arises from transmission, and yet he does not want to assert it as certain. We also are thus inclined, lest we be bold and rash as the pope is with his people. As for me, in my simplicity I think that the soul comes from transmission. But we should know that in the church we must speak with reverence and the fear of God, and we must revere God, in whose sight we speak |before the angels|.[B] We must not hastily establish what we do not know. There one must not charge right in |like a pig into the mud|,[C] |inventing opinions with obstinacy and rashness|[B] as the |Enthusiasts [and]|[C] Sacramentarians do: »It seems to me that it is only bread; therefore, it is only bread.« |It seems to me that it is wine; therefore, that is what it is.

Augustine says that he is not sure about the soul.|[B] If I cannot affirm it as certain from the Scriptures, I ought to think with the fathers, |holding it as a pious opinion|[B].[41]

That is, Luther completely accepts the traditional body-soul anthropology, as did the rest of the academy assembled for this debate. The novelty he set forth was not really new. He wanted to adopt the same anthropology as Augustine had held, though not to make it a dogma.[42] Luther here holds up Augustine as a correct teacher on anthropology.

Remission of Sins, and on the Baptism of Infants 3,18(10) (PL 44, 196; CSEL 60, 144; NPNF[1] 5, 76).

41 LW 73,524–525; WA 39,2; 349,18–351,29.
42 This theme is touched on again at LW 73,543, argument 22a; WA 39,2; 386,26–28 (relation A); 387,19–20 (relation C). When Hegemon made a biblical, positive argument for the transmission of the soul, Luther replied, refraining from stating any of this as dogma.

[Augustine] then returns to the second part [of the argument], through synecdoche. In this second part he refutes the position of Vincentius, who called the man a beast who wanted to be ignorant of whether the soul is created anew and infused into bodies. To him Augustine responds with great moderation: »You should not condemn me in the same matter of which you yourself are ignorant since so far you have proved nothing; therefore, meanwhile, I shall learn how I myself am ignorant.«[43]

Therefore, Augustine should not be rejected like that, for he is more learned than all of them together, |the Papists with their pope himself,|C and they must become foolish and crazy. This is [his] position on transmission, that he affirms nothing [about it] as certain or holds [nothing about it] as an article of faith. But with him we are inclined toward the position that the soul comes from transmission, and the whole man with body and soul [comes from transmission]. You see, it is not impossible for God to make an immortal soul from human seed. Since He makes a mortal body from frail nature, shall He not also be able to make a soul from seed? |Therefore, abiding in Augustine's position, which agrees with Holy Scripture, that the soul comes about from transmission, we want to use this disputation to resist those proud dogmatists.|C44

Luther sees Augustine's anthropology as agreeing with Scripture; this is the anthropology he wants to uphold.

In argument 6, various Bible passages were used by an opponent to assert the infusion of the soul into the body: Gen 6:3; 2:7; Eccl 12:1,7. The opponent finishes, »In all these examples it is clear that He gave the spirit or life – that is, the soul. Therefore, the soul does not come from transmission.«[45] After a response by Hegemon, Luther adds:

|I concede|BC the whole argument. The spirit returns to the Lord. The whole Church says that in death the soul is separated from the body. But these are different questions: »Are body and soul distinct things?« and »Do spirit and soul come from transmission?«[46]

Luther affirms with the opponent that body and soul are distinct, but this is beside the point.[47] Rather than charting a new anthropological path, Luther

---

43 Cf. Augustine, On the Soul and Its Origin 4,1 (PL 44,523; CSEL 60,379f; NPNF[1] 5,353; WSA 1,23; 532).

44 LW 73,525f; WA 39,2; 351,10–352,2 (relation A); 351,31–352,24 (relation C).

45 LW 73,527; WA 39,2; 353,11f.29f.

46 LW 73,527; WA 39,2; 354,9–355.1.

47 This speaks against Ebeling's interpretation of this passage. »Zum andern ist Luther gegen alles tief mißtrauisch, was den Anschein einer Zerteilung des Menschen in Leib und Seele erweckt, als wären sie zwei Dinge und der Mensch nicht ein ganzer.« EBELING,

appeals to what the whole church teaches. The spiritual side of human beings is separable from the body. And as Luther continues, he shows he is very happy to remain in the footsteps of Augustine on this question.[48] It is also worth noting that while usually Luther speaks of »the soul« being generated by transmission, he sometimes speaks thus of the »soul« and »spirit« as he does here.

V Original Sin

Besides the body-soul structural anthropology, Luther in this disputation was mainly interested in original sin. The transmission of the soul from parents helps explain how both body and soul are sinful in quality. Against an objection that »a human being cannot make someone similar to himself« (drawn from Wisdom of Solomon 15:16), Luther says:

> |Of himself a man does not make someone similar to himself.|[C] A father does not make the body of his son; the father begets the son. He does not make the body of his son nor the eyes nor the hands or any member, but he begets a son by supplying the seed, the tiny drop. This wet, warm drop is from father Adam and goes forth to all human beings. This is our doing. But God takes that drop, seeded in the body, stirs it up and perfects it |in the womb of a woman|,[C] and because it was conceived in sin, from the sinful drop there are made the sinful body and sinful soul. This is called »the corrupt propagation of original sin,« as Psalm [51:5] says, »Behold, I was conceived in iniquities, and in sin did my mother conceive me.« Therefore, all of us are propagated from transmission.[49]

Following Augustine again, Luther opts for transmission of the soul, since this avoids making God the cause of sin.

> |Now Augustine asks:|[C] If we are not all propagated from transmission, where does sin come from? If the soul does not come from transmission, and yet it has sin, where does it get the sin? At this, Augustine surveys many arguments for both sides: Of course, let him say whatever he wants; let him say that it is and that it is not. Only let him not

---

Lutherstudien (see n. 13), 50. This thought may have a role in certain table talks, but not in the Hegemon disputation, where Ebeling claimed to have found it.

48 Cf. LW 73,527; WA 39,2; 355,3–11. Further affirmations of Augustine's position are at WA 39,2; 362,24–26; 395,10–396,2.

49 LW 73,528; WA 39,2; 357,6–358,28.

strike against this sharp rock,[50] which would be only insulting God, saying that God creates the soul pure, anew, and then mixes and joins it with impure and polluted flesh. There lies Augustine's concern. He does not want to affirm this nor to deny it.[51] |Why?|[B] Because if he affirms that souls are created without transmission but [are created] anew, then the soul becomes guilty without any guilt, and God would be the cause and author of sin. It must not be said that God creates a soul anew, created pure and innocent, and then unites and joins it with sinful flesh.[52]

Luther explicitly affirms a body-soul anthropology. It is the basis for his affirmation of the transmission of the soul.

VI Philosophical Affirmations

In argument 15, Georg Major (1502–1574) brings up an argument from mortality. Whatever is produced from a human being is mortal; but the soul is immortal; therefore the soul is not produced by transmission from human beings.[53] Here Luther could have denied the immortality of the soul, or could have denied that it ever exists separate from the body.[54] But instead he distinguishes between the substance of human nature and sin, which is an accident. Note here the affirmation of the philosophical distinction of substance and accidents.

> Flesh and blood will not possess the kingdom of heaven, and yet they will be there. The flesh was made for immortality. The reason we are born mortal is other [than the flesh]. This is not from the fault of flesh but of sin. |Thus human beings are mortal by way of accident, but by nature we were made for immortality.|[B55]

---

50 WA 39,2; 359,5 f: »ne impingat in hunc scopulum.« B reads: »vitet hunc scrupulum« (»let him avoid this difficulty«, WA 39,2; 358,13 f).

51 Instead of this sentence, C reads: »Augustine does not want to affirm this« (WA 39,2; 359,21).

52 LW 73,528–529; WA 39,2; 358,17–359,10 (relation A); 358,15 (relation B); 358,29 (relation C).

53 LW 73,534; WA 39,2; 371,3–7. The same argument is repeated at LW 73,542, argument 22; WA 39,2; 385,2–6.

54 See F. HEIDLER, Luthers Lehre von der Unsterblichkeit der Seele (RaHe 1), 1983.

55 LW 73,534–535; WA 39,2; 371,10–15. Against this, cf. ŽAK, Ontologie (see n. 5), 324 f.

At one spot, Luther explains how the soul is the »completion« (entelechy) of the body, an idea propounded by Aristotle and continued by Melanchthon. An opponent argues:

> Psalm [139:16] says, »Your eyes saw me incomplete.« Therefore, the soul is not from transmission. I prove the consequence: Because it says that the eyes of the Lord saw something incomplete that still must be completed by the soul. This accords with the thinking of the philosophers, who claim that the soul is the *entelechy* [ἐνδελέχειαν, »completionn«][56] of the body. When the soul is added, then the body is complete.[57]

Hegemon answers briefly. Then Luther answers, explicitly affirming that the soul is the entelechy of the body:

> |The argument demonstrates nothing. God sees that|[C] we are incomplete with regard to birth right from conception, even as physicians distinguish the stages of an infant's stay in its mother's womb into intervals: a certain number involving [different kinds of] blood and a certain number involving flesh, etc.[58] That is all a kind of imperfection, and from the completed body arises the soul, |which is the completeness – that is, perfection – of man|.[C] It is still God's work, whether the mass is complete or incomplete. When the time comes for the soul to be formed, He then indeed forms the soul. |The soul is created by God when the seed is being conceived.|[B] |For first comes the seed; second, milk; and third, blood; and from the blood comes a coagulated mass; from the coagulated mass comes flesh and, finally, bones and members.|[C] |So also the soul comes to completion through stages. The soul is the complete reality [*entelechia*]; it is the final thing and the perfection of the human being.|[B][59]

It would have been possible for Luther simply to deny the philosophical premise of the soul as the body's entelechy, but Luther finds the philosophical observation to be accurate. He accepts it.

---

56 Ἐντελέχεια is the same as Latin *actus*, »the perfection of a thing«. In Aristotle's philosophy, it is basically the same as ἐνέργεια, though the latter refers more to an action, and the former refers more to a finished condition of actuality. Cf. M. Kappes, Art. ἐντελέχεια (Aristoteles-Lexikon, 1894, 27f). On the soul as entelechy of the body, see Aristotle, On the Soul 2,1,412b (LCL 288, 68f); Melanchthon [/ Milich], Commentarius (see n. 30), 6ᵛ–15ʳ.
57 LW 73,538; WA 39,2; 379,2–12.
58 WA 39,2; 380,10f: »intervallis tot enim sanguinibus, tot in carne etc.« Cf. M. Luther, Lectures on Genesis, 1535–1545/1544–1554 (LW 1,46 and 8,203).
59 LW 73,538f; WA 39,2; 380,6–27.

VII Mild Disagreements with Melanchthon and Bugenhagen

In argument 5, it becomes clear that there was a disagreement in the faculty. Melanchthon had been teaching the traditional doctrine: the immediate creation of souls. The opponent said:

> I prove the minor premise from the authority of our preceptor Philipp, who says in his book *On the Soul*: »From the beginning, all the godly have been convinced that the soul does not come from transmission [but] |that rational souls are created by God and put into bodies|.«[B60]

To which Hegemon responded: »With regard to the authority of the preceptor, he affirms it as probable.«[61] Melanchthon's words in his *Commentarius de anima* are as follows:

> For this has been received by the common decision of the godly: that rational souls are created by God and put into bodies. But as for us, we do not want to stir up these disputations with more verbosity; it is enough to point out what could be said with probability and without absurdity.[62]

That is, Melanchthon, too, did not make it a dogma. He only asserted his opinion as plausible. Meanwhile, the underlying common belief in a body-soul anthropology is unmistakeable.

---

60 LW 73,526; WA 39,2; 352,11–15; cf. MELANCHTHON [/ MILICH], Commentarius (see n. 30), 17ʳ: »Caeterum sententia recepta est, et probata pijs omnibus, animas rationales diuinitus tunc nouas creari, & inseri corporibus, cum membra iam formata seu figurata sunt, uidelicet circiter diem quadragesimum, ut paulo post de formatione foetus dicemus. Est enim scriptum, Inspirauit in faciem eius spiraculum uitae. Et consentaneum est spiritualem naturam non oriri a corporali.« (»Moreover, the statement has been received and approved by all the godly that rational souls are then created new by God and are inserted into bodies when the members have been formed, namely, around the fortieth day, as we shall say a little later concerning the formation of the fetus. For it is written: ›He breathed into his face the breath of life‹ [Gen. 2:7]. And it is consistent that spiritual nature does not originate from bodily [nature].«)

61 LW 73,526; WA 39,2; 353,3–5.

62 MELANCHTHON [/ MILICH], Commentarius (see n. 30), 16ᵛ: »Nam illud receptum est communi piorum sententia, animas rationales diuinitus creari & inseri corporibus. Sed nos has disputationes prolixius agitare nolumus, satis est admonere, quid probabiliter & non absurde dici possit.«

Already in 1540, Melanchthon was considering changes to his book.[63] Later, Melanchthon changed his views on the origin of souls, perhaps because of Hegemon's disputation. In his 1553 *Liber de anima*, Melanchthon listed the arguments for the traducian position in a favorable manner.[64]

The Wittenberg pastor Johann Bugenhagen was displeased with Luther's reticence in dogmatizing the transmission of the soul. This gives us a rare glimpse at a disagreement between the reformers. Bugenhagen said:

> Why do you not condemn |the position of those who claim and affirm that the soul does not come from transmission but is created anew since this is done clearly contrary to Scripture|[C] [and] your position is stronger? Minds should not be left in doubt as to whether souls come from transmission or not. When I hear that souls are created anew from nothing and without sin after the body has been formed, then God is the cause of evil because He unites |good, pure, just, undefiled, and innocent|[C] souls, which have not sinned at all, to a mortal and sinful body in this life |with sadness, weeping, and infinite woes|.[C] Then He later even punishes them with eternal fire. Why? What sin have they done? None, for the soul was created completely pure by God, without any blemish, but is condemned along with the body nonetheless. Why do you leave these things in doubt and not affirm for certain that the soul comes from transmission? |For Scripture says, ›You are not a God who wills impiety‹ [Ps 5:4 Vulgate].|[C65]

Luther replied:

> Augustine treats this subject fully and concludes that this is unnecessary to know.[66] Therefore, neither are we willing to affirm this as certain, nor do we wish to depart from Augustine. However, while inclining toward our position, we do intend to condemn those crude and unlearned dogmatists who have condemned Augustine. Then, lest we, too, become originators of a new dogma |that later becomes an article of the faith|,[C] we establish nothing as certain. Now, as for myself privately, I am completely convinced

63 Cf. Loc. cit., α5ᵛ; S. KUSUKAWA, Preface to the Commentary on the Soul (1540) (in: MELANCHTHON: Orations [see n. 30]), 148; ID., The Transformation of Natural Philosophy: The Case of Philip Melanchthon, 1995, 115; PH. MELANCHTHON to L. FUCHS, December 14 and 25, 1540 (MBW T 9, 544.586, nos. 2579.2598; CR 3, 1211.1246).

64 Cf. PH. MELANCHTHON, Liber de Anima Recognitus, 1553 (VD16 M2757; CR 13, 17f). Melanchthon's preface is translated as »Preface to the *Book on the Soul* (1553)« (in: MELANCHTHON, Orations [see n. 30], 152–157). For the later Lutheran reception of Melanchthon's teaching on the origin of the soul, see B. ROLING, Melanchthon im Streit um den Ursprung der Seelen. Die Debatte zwischen Johannes Sperling und Johannes Zeisold (in: Der Philosoph Melanchthon, hg. v. G. FRANK / F. MUNDT, 2012, 173–199).

65 LW 73,544f; WA 39,2; 389,21–392,29.

66 See above, n. 40.

that the soul arises from transmission because otherwise it is difficult to have sin come from transmission but the soul not come from transmission. Therefore, I wish to keep that to myself and will not affirm anything publicly. Augustine refutes all the passages of Scripture cited by Vincentius.[67] »We concede,« he says, »that the soul or breath [of life] is given, but from transmission, |from the father|.B«[68] It is also giving the spirit or breath [of life] when it is given from transmission. |»All sinned in Adam [Rom 5:12]; but all have body and soul; therefore, [they have] the soul, too, from Adam.«|B In general he rather feebly refutes the arguments in favor of transmission but more strongly refutes those [arguments] against [transmission]. Thus, in the end, he inclines toward propagation from transmission. Therefore, Augustine wants to remain ignorant.[69]

Luther's reply did not satisfy Bugenhagen, however.

Why must the matter be left in doubt any longer when we have clear testimonies of Scripture that the soul comes from transmission? So, too, Augustine, who after surveying four views, says,[70] »Others hold to whatever side they wish, just not that one,« etc. In Romans 5 [:12–19] it says that evil has been propagated into all human beings. |He does not say »into bodies« but »into human beings.«|B Therefore, all people have been infected from the one man, Adam, who was a man consisting of a body and a soul. Likewise, [1 Corinthians][71] 15 [:44–49]: »The animate[72] [animale] body is the body from Adam, and the spiritual body is from Christ.« It does not say, »Apart from the soul all people come from Adam and through [his] transgression have fallen into sin, that is, into damnation.« Therefore, all of our souls come from Adam's soul, |[and] Scripture plainly says that the soul comes from transmission|.B For if bodies come from Adam and the body is not without the soul, then all of our souls also come from Adam's soul. A man from flesh only is not a man, but he [consists] also of a soul. In Psalm [51:5], David says, »I was conceived in sin, and in iniquity did my mother conceive me.« There he speaks of the whole man, of himself with a body and a soul. Therefore, it should be firmly established that the soul comes from transmission.[73]

---

67 See above, n. 43.

68 See AUGUSTINE, On the Soul and Its Origin 1,16(13)–34(19) (PL 44, 483–494; CSEL 60, 316–317; NPNF¹ 5, 321–330; WSA 1,23; 481–484).

69 LW 73,545; WA 39,2; 390,21–391,26.

70 Cf. AUGUSTINE, On the Soul and Its Origin 1,16(13) (PL 44, 483–484; CSEL 60, 316–317; NPNF¹ 5, 321–22; WSA 1,23; 482).

71 Relation A erroneously reads: »Romans« (WA 39,2; 392,19).

72 Or »natural,« but in Latin the term is related to the word for soul [»anima«], as in the underlying Greek [»ψυχικός«/»ψυχή«].

73 LW 73,545f; WA 39,2; 392,8–393,13.

Luther agreed with the arguments, but still did not want to impose this on others.

> For myself I draw this conclusion, but I am not the originator of our affirmation. |Augustine responds like this: »›All men sinned‹ [Rom 5:12] could be understood synecdochically.«|B74 So also all those proofs you cited could be evaded75 through synecdoche: »All men [Rom 5:12],« that is, in terms of the flesh. But this is a very weak synecdoche since a human being is not a human being without a soul. As David says [Ps 51:5]: »Behold, [I was conceived] in iniquity,« etc. There he says »I,« not »my flesh.« |We cannot beget a synecdoche. I was conceived; therefore, I have a body and a soul.|B »Flesh« is a term for the whole man, as is evident from John 1 [:14].76

Here Luther also, again, points away from himself and his own authority, and instead points to Augustine. He, with all the participants in the discussion, accepted a structural body-soul anthropology. It is the basis and necessary context for either alternative of the debate: direct creation of souls or traducianism.

VIII Conclusion

Oswald Bayer may serve as a representative for those who deny Luther's structural anthropology, who define justification by faith as a replacement for a body-soul anthropology. Examining the 1536 *Disputation Concerning Man*, Bayer does two things. First, he sets Luther's theological anthropology against the philosophical anthropology that Luther gave in thesis 1 (»animal having reason, sensation, and body«) and the biblical definition in thesis 21 (»a creature of God consisting of body and a living soul«),77 as though these were contrary rather than complementary. Thesis 32 stands on its own as a maxim and rules out other statements of Luther: »Paul in Romans 3 [:28], ›We hold that a man is justified by faith apart from works,‹ briefly sums up the definition of man, saying, ›Man is justified by

---

74 Cf. Augustine, De anima 1,17,28 (PL 44, 490f; CSEL 60, 328f; NPNF1 5, 327; WSA 1,23; 189f).
75 Reading »cludi« with C (WA 39,2; 393,21) instead of »conclude«.
76 LW 73,546; WA 39,2; 393,14–394,7.
77 LW 34,137f.

faith.‹‹»[78] Second, Bayer ignores the continuation and explanation of thesis 32 in thesis 33: »Certainly, whoever says that a man must be justified says that he is a [sinner] and unjust and thus asserts that he is guilty before God, but must be saved by grace.«[79] That is, the definition in thesis 32 deals with the *quality* of the human being, not with the nature or substance. The definition shows that human beings are intrinsically sinful and need to be justified by grace through faith. But Bayer takes it as a definition that rules out the former substance definitions. »The human being is human *insofar as* he is justified through faith – *in that* he is justified by faith.«[80] Yet what would the ramifications of such a view be? Either only Christian believers are human, or all humans are justified through faith in Jesus Christ, neither of which Luther's *dicta* support.

Since at the end of his life, Luther so clearly accepts the anthropology of St. Augustine, that human beings, ever since their original creation, are composed of body and soul, and this is the same for all human beings; and since Luther affirms this alongside his affirmation of God as creator and of human nature as thoroughly sinful and needing to be justified by faith, it is time to correct the line of research that posits an opposition between Luther's theological, relational anthropology (focusing on God as creator and humanity as sinful and needing to be justified) on the one hand, and a structural, composite body-soul anthropology on the other. The two aspects are not opposite, but complementary. The difference between Luther's anthropology and that of his medieval and patristic predecessors (at least many of them) was not on the question of whether human beings have a created, enduring substantial nature composed of body and soul. »The whole church says that in death the soul is separated from the body.«[81] Rather, the difference is on original sin. Even on this point, Luther is not an innovator.

---

78 LW 34,139; WA 39,1; 176,33–35: »Paulus Rom. 3: Arbitramur hominem iustificari fide absque operibus, breviter hominis definitionem colligit, dicens, Hominem iustificari fide.«

79 WA 39,1; 176,36f: »Certe, qui iustificandum dicit peccator[e]m et iniustum, ac ita reum coram Deo asserit, sed per gratiam salvandum.«; LW 34,139. The WA has a typographical error. Cf. E var 4; 416.

80 BAYER, Theology (see n. 5), 155; also MÜHLEN, Anthropologie (see n. 5); ŽAK, Ontologie (see n. 5); HÄRLE, Hominem (see n. 5), 352.

81 LW 73,527; WA 39,2; 354,11–13.

Instead, he knowingly and deliberately opts for St. Augustine's doctrine, against other competing views of human sinfulness (or lack thereof). On this point, at least, Luther is a humanistic, conservative reformer of the patristic and medieval heritage, not a rebel.

Zweierlei Arznei gegen die Pest

Brandenburgische Pestschriften des Reformationsjahrhunderts

Von Andreas Stegmann

Epidemien gehörten im späten Mittelalter und der frühen Neuzeit zum Alltag der Menschen. Gerade im Reformationsjahrhundert häuften sie sich, handelte es sich doch um eine Zeit ökonomischen Aufschwungs, sich ausweitenden Handels und sich verdichtender Verflechtung. Die Seuchenprophylaxe hielt kaum Schritt mit der wachsenden Gefährdung. Die Krankheitswellen forderten viele Leben, und auf die *crise de mortalité* folgte unausweichlich die *mortalité de crise*, dezimierten die Epidemien doch die Bevölkerung, schädigten das Wirtschaftsleben und schwächten das Gemeinwesen.[1] Zugleich veränderte sich durch die Reformation der Umgang mit den Epidemien. Das zeigt sich vor allem an den im frühneuzeitlichen Luthertum verbreiteten Pestschriften, in denen Theologen und Mediziner die Seuche deuteten und zum Umgang mit ihr anleiteten. Um sich die Eigenart des lutherischen Umgangs mit der Pestbedrohung vor Augen zu führen, eignet sich die Mark Brandenburg. Zwar war Brandenburg keine Zentralregion der kirchlichen Erneuerung, aber hier fand die Wittenberger Reformation eine vergleichsweise konsequente Umsetzung, was sich auch an den märkischen Pestschriften zeigt.[2]

Den Schrecken der Pest, auf den die Pestschriften reagieren, bezeugt ein unscheinbares Aktenstück aus der Stadt Spandau: Ein Heft von zwölf

---

1 Die Unterscheidung von punktueller *crise de mortalité* und sich zeitlich erstreckender *mortalité de crise* ist angelehnt an F. LEBRUN, Les hommes et la mort en Anjou aux 17e et 18e siècles, 1971, 491.

2 Vgl. A. STEGMANN, Charakteristika der Reformation in der Mark Brandenburg (Luther 91, 2020, 100–115).

halbierten und beidseitig beschriebenen Blättern, das nach Datum geordnet die Namen von 475 zwischen Juli und Dezember 1576 an der Pest Verstorbenen auflistet.[3] Ein Sechstel der Bevölkerung fiel der Seuche zum Opfer – vor allem Heranwachsende: verzeichnet sind die Namen von 345 Kindern oder Jugendlichen.

Von der Familie des Pfarrers Calerus, der den Ansteckungsstoff vermutlich selbst in sein Haus trug, starben nacheinander 3 Söhne, 1 Tochter, die Magd (wahrscheinlich auch jugendlich) und zuletzt die Frau, der Mann blieb am Leben.[4]

Dass es die Erwachsenen weniger traf, hängt wohl mit dem Pestausbruch zehn Jahre zuvor zusammen, als in der Stadt 1400 Menschen gestorben sein sollen.[5] 1576 dürften viele noch einen Immunschutz gehabt haben.[6] In der weiter östlich gelegenen Doppelstadt Berlin-Cölln sollen im selben Jahr von Juni bis Jahresende »beynahe in die 4000 menschen jung und alt plotzlich gestorben und abgangen« sein, und es wären noch weit mehr Tote zu beklagen gewesen, wären »von burgern nicht so eine große anzal ausgezogen und vorgewichen gewesen«.[7] Chroniken bezeugen, dass es in jedem Jahrzehnt des Reformationsjahrhunderts zu Seuchenausbrüchen in der Mark Brandenburg kam.[8]

3 Vgl. J. SCHULTZE, Die Pest in Spandau 1576 (FBPG 50, 1938, 122–129). Die von Schultze abgedruckte Vorlage ist erhalten: Landesarchiv Berlin, Bestand A, Rep. 590, Nr. 7, fol. 20ʳ–36ʳ. Die Spandauer Chronik von Daniel Friedrich Schulze (D.F. SCHULZE, Zur Beschreibung und Geschichte von Spandow. Gesammelte Materialien, hg. v. O. RECKE, Bd. 2, 1913) enthält keine weiteren Informationen zu dem Pestausbruch im Jahr 1576.
4 SCHULTZE, Die Pest (s. Anm. 3), 123. Das lebensgroße ganzfigurige Porträt von Albert Caler hängt heute noch in der Spandauer St. Nikolaikirche.
5 Vgl. SCHULZE, Zur Beschreibung (s. Anm. 3), 73.76.
6 Vgl. H. DÖLL, Berlin und die Pest (Zeitschrift für ärztliche Fortbildung 81, 1987, 189–191), 189.
7 Die Bürgerbücher von Cölln an der Spree 1508–1611 und 1689–1709 und Die chronikalischen Nachrichten des ältesten Cöllner Bürgerbuches 1542–1610 (Quellen und Forschungen zur Geschichte Berlins 3), hg. v. P. v. GEBHARDT, 1930, 127.
8 Die größeren der Seuchenausbrüche haben Spuren in den märkischen Chroniken hinterlassen. Einen ersten Überblick gibt A. ANGELUS, Annales Marchiae Brandenbvrgiae das ist Ordentliche Vorzeichnuß und beschreibung der fürnemsten vnd gedenckwirdigsten Märckischen Jahrgeschichten vnd Historien / so sich vom 416. Jahr vor Christi Geburt / bis auffs 1596 Jahr im Churfürstenthumb Brandenburg / vnd dazu gehörenden Landen vnd Herrschafften / von Jahr zu jahr begeben vnd zugetragen haben, 1598 (VD16 E 1181)

Die Menschen waren diesen Seuchenausbrüchen nicht hilflos ausgeliefert. Anleitung zum Verhalten in Pestzeiten gaben zahlreiche Pestschriften. Die von den 1540er bis zu den 1590er Jahren von in der Mark tätigen Mediziner und Theologen Verfassten zeigen beispielhaft, wie das Luthertum des 16. Jahrhunderts diese Herausforderung bewältigte. Im Folgenden wird zuerst die Gattung der lutherischen Pestschriften des Reformationsjahrhunderts vorgestellt. Anschließend geht es am Beispiel der brandenburgischen um die ›zweierlei Arznei‹, die lutherische Theologen und Mediziner empfehlen.

I Die lutherischen Pestschriften des Reformationsjahrhunderts

Der Pest war nicht nur mit medizinischer Vorsorge und Behandlung zu begegnen, wichtig waren auch die religiöse Deutung und Bewältigung. Die spätmittelalterliche Kirche empfahl, an Bittmessen teilzunehmen, die Gottesmutter anzurufen, zu fasten, Prozessionen abzuhalten, auf Wallfahrt zu gehen und auf die Hilfe der Heiligen – vor allem der Pestheiligen Sebastian und Rochus – zu hoffen.[9] Geistliche Stiftungen unterstützten die Pestfröm-

(Register s. v. »Pestilentz grassiret«). Weitere Chroniken ergänzen Angelus' Angaben vgl. P. HAFFTITZ, Microchronicon Marchicum (Codex diplomaticus Brandenburgensis, hg. v. A. F. RIEDEL, Teil 4, Bd. 1, 1862, 86.98.100.122.124.131f.134.142.160.164). Die Seuchengeschichte der spätmittelalterlichen und frühneuzeitlichen Mark Brandenburg ist wissenschaftlich kaum untersucht. Eine Einführung in die reiche seuchengeschichtliche Forschung geben N. BULST / G. KEIL / K.-H. LEVEN, Art. Pest (LMA 6, 1993, 1915–1921); O. ULBRICHT, Einleitung. Die Allgegenwärtigkeit der Pest in der Frühen Neuzeit und ihre Vernachlässigung in der Geschichtswissenschaft (in: Die leidige Seuche. Pest-Fälle in der Frühen Neuzeit, hg. v. DEMS., 2004, 1–63); DERS., Die Pest – medizinisch/medizinhistorisch (in: aaO., 326–332). Aufschlussreiche neuere Regionalstudien haben P. STURM, Leben mit dem Tod in den Reichsstädten Esslingen, Nördlingen und Schwäbisch Hall. Epidemien und deren Auswirkungen vom frühen 15. bis zum frühen 17. Jahrhundert (Esslinger Studien / Schriftenreihe 23), 2014 und K. P. JANKRIFT, Im Angesicht der »Pestilenz«. Seuchen in westfälischen und rheinischen Städten (1349–1600), 2020, vorgelegt.

9 Vgl. H. DORMEIER, Laienfrömmigkeit in den Pestzeiten des 15./16. Jahrhunderts (in: Maladies et société [XIIᵉ–XVIIIᵉ siècles], hg. v. N. BULST / R. DELORT, 1989, 269–306); DERS., »Ein geystliche ertzeney fur die grausam erschrecklich pestilentz«. Schutzpatrone und frommer Abwehrzauber gegen die Pest (in: Das große Sterben. Seuchen ma-

migkeit und Bruderschaften übten tätige Nächstenliebe. Die im späten Mittelalter entwickelten Bewältigungsstrategien wurden auch während der Frühen Neuzeit tradiert und weiterentwickelt – allerdings nur in der Papstkirche.[10] Die Reformation brachte auch an diesem Punkt eine Erneuerung mit sich. So verwies Ernst Reuchlin, »Medicus« der sieben altmärkischen Städte, 1565 darauf, dass »Vnser HErr Jhesus Christus« der »einige Brun Geistlicher vnd Leiblicher Ertzney« ist – »nicht S. Anthonius / S. Sebastianus aber S. Christophorus / wie jm das Bapstumb Nerrisch ja Abgöttisch trewmen lesset«.[11] Mit der inhaltlichen Umorientierung verbunden war die verstärkte Nutzung eines neuen Mediums: des Buchdrucks. Vor allem im frühneuzeitlichen Luthertum gewann die gedruckte Pestschrift große Bedeutung für den Umgang mit der Seuche.[12]

chen Geschichte, hg. v. H. WILDEROTTER, 1995, 54–93); N. BULST, Heiligenverehrung in Pestzeiten. Soziale und religiöse Reaktionen auf die spätmittelalterlichen Pestepidemien (in: Mundus in imagine. Bildersprache und Lebenswelten im Mittelalter, hg. v. A. LÖTHER u.a., 1996, 63–97); TH. ESSER, Pest, Heilsangst und Frömmigkeit. Studien zur religiösen Bewältigung der Pest am Ausgang des Mittelalters, 1999; H. DORMEIER, Pestepidemien und Frömmigkeitsformen in Italien und Deutschland (14.–16. Jahrhundert) (in: Um Himmels willen. Religion in Katastrophenzeiten, hg. v. M. JAKUBOWSKI-TIESSEN / H. LEHMANN, 2003, 14–50).

10 Die in den vorangehenden Anmerkungen genannten Beiträge gehen zum Teil auch auf die frühneuzeitliche Wirkungsgeschichte der spätmittelalterlichen Pestfrömmigkeit ein. Aufschlussreich für die Wahrnehmung und Bewältigung von Seuchen im 16. Jahrhundert in der Papstkirche ist auch die auf den im römischen Archiv des Jesuitenordens erhaltenen Briefsammlungen basierende Studie von A.L. MARTIN, Plague? Jesuit Accounts of Epidemic Disease in the 16th Century, 1996. Diese Studie ist auch darum wichtig, weil die in ihr ausgewerteten Quellen, die von Epidemien in unterschiedlichen Regionen Europas berichten, es fraglich erscheinen lassen, dass wir es zumeist mit der Pest zu tun haben.

11 E. REUCHLIN, Zwey kurtze Büchlein / Aus welchen jedermenniglich Arm vnd Reich lernen kann / wie er sich jtziger zeit in der Schrecklichen straffe der Pestilentz vorhalten sol, 1565, fol. L 3ᵛ (VD16 ZV 13115). Schon in der Brandenburgischen Kirchenordnung von 1540 findet sich eine kritische Bemerkung gegen die Anrufung von Pestheiligen (Quellen zur brandenburgischen Reformationsgeschichte, bearb. v. A. STEGMANN, 2020, 853). Zu Reuchlins Biographie s. unten Anm. 64.

12 Vgl. M. LANG, »Der Vrsprung aber der Pestilentz ist nicht natürlich, sondern übernatürlich …« Medizinische und theologische Erklärung der Seuche im Spiegel protestantischer Pestschriften 1527–1650 (in: Die leidige Seuche [s. Anm. 8], 132–180); A. MAŃKO-MATYSIAK, Zwischen Glaube und Wissensvermittlung. Auf den Spuren der Pest im

1. Martin Luther

Als erste und wichtigste Schrift ist eine zu nennen, die nicht aus Brandenburg stammt, aber die Gattung der Pestschriften begründet und die brandenburgischen wie alle lutherischen Pestschriften beeinflusst hat und darum vor allen anderen eigens zu behandeln ist: Martin Luthers *Ob man fur
dem sterben fliehen muge* aus dem Jahr 1527.[13]

Schlesien des Reformationszeitalters (in: Seuche und Mensch. Herausforderungen in den
Jahrhunderten, hg. v. C. WAHRMANN / M. BUCHSTEINER / A. STRAHL, 2012, 99–119); E.
HEINRICHS, Plague, Print, and the Reformation. The German Reform of Healing, 2018.

13 Wittenberg 1527 (VD16 L 5519); Abdruck: WA 23; 323–386 (Paralleldruck von Luthers
Druckvorlage und dem wahrscheinlichen Erstdruck; im Folgenden wird der in der WA
edierte Erstdrucks zitiert). Die Schrift hat in der Lutherforschung wenig Aufmerksamkeit gefunden. So wird sie in den wissenschaftlichen Luther-Biographien nur knapp vorgestellt: J. KÖSTLIN, Martin Luther. Sein Leben und seine Schriften, bearb. v. G. KAWE-
RAU, Bd. 2, 5,1903, 171–173; H. BORNKAMM, Martin Luther in der Mitte seines Lebens.
Das Jahrzehnt zwischen dem Wormser und dem Augsburger Reichstag, 1979, 497f; M.
BRECHT, Martin Luther, Bd. 2: Ordnung und Abgrenzung der Reformation 1521–1532,
1986, 206f. Auszüge sind kommentiert in: J. SCHILLING, Gott in allem vertrauen und
dem Nächsten dienen. Martin Luthers Ermutigung zu humanem Verhalten von Chris-
ten in Zeiten der Pandemie (Luther 91, 2020, 128–141). Eine wichtige Quelle für Luthers
Wahrnehmung der Pest ist seine Korrespondenz, die ausgewertet wird in: M. ARNOLD,
La correspondance de Luther (VIEG 168), 1996, 122–129; G. EBELING, Luthers Seelsorge.
Theologie in der Vielfalt der Lebenssituationen an seinen Briefen dargestellt, 1997, 376–
384. Eingeordnet in vergleichbare spätmittelalterlich-frühneuzeitliche Erörterungen des
Themas der Flucht vor der Pest wird Luthers Schrift von H. DORMEIER, Die Flucht vor
der Pest als religiöses Problem (in: Laienfrömmigkeit im späten Mittelalter. Formen,
Funktionen, politisch-soziale Zusammenhänge, hg. v. K. SCHREINER, 1992, 331–397),
372–377. Zu Luthers Argumentation mit der Nächstenliebe: V. STÜMKE, Das Friedens-
verständnis Martin Luthers. Grundlagen und Anwendungsbereiche seiner politischen
Ethik (ThFr 34), 2007, 181–187. Bei Luthers Schrift handelt es sich nicht um die erste
Auseinandersetzung eines Reformators mit der Pestbedrohung, denn schon 1519 schrieb
Ulrich Zwingli nach einer Pesterkrankung sein Pestlied (Huldreich Zwinglis sämtliche
Werke, Bd. VI/5, 1991 (CR 93/5), 379–386; neuhochdeutsche Übertragung: H. ZWINGLI,
Schriften, hg. v. TH. BRUNNSCHWEILER / S. LUTZ, Bd. 1, 1995, 1–11), bei dem es nicht um
eine Schrift über die Pest, sondern um eine geistliche Hilfe für den von der Pest bedroh-
ten Glaubenden handelt. Neben Zwingli dichteten auch andere reformierte Geistliche
Pestlieder: M. SCHIENDORFER, Dem Schwarzen Tod singend die Stirn bieten. Die bislang
übersehene poetische Ader des Berner Dekans Johann Haller (1523–1575) (Zwing. 47,
2020, 107–132).

Um die Beantwortung dieser Frage gebeten worden war er von den evangelischen Geistlichen der Stadt Breslau, doch bedurfte es der wiederholten Anfrage und des Wittenberger Pestausbruchs im Jahr 1527, dass Luther dieser Bitte nachkam. Wohl im September und Oktober 1527 verfasste er in mindestens zwei Arbeitsgängen seine Antwort. Dass sich die Abfassungszeit über mehrere Wochen erstreckte und dass in die später entstandenen Abschnitte Erfahrungen mit der nicht mehr nur drohenden, sondern tatsächlich ausgebrochenen Seuche eingeflossen sind, zeigt sich im Argumentationsgang der Schrift, der nicht leicht nachzuvollziehen ist und auf den ersten Blick unausgeglichen wirkt. Die an den leitenden Breslauer Geistlichen, Johannes Heß, gerichtete Widmungsvorrede stellt die Leitfrage vor, »ob eim Christen menschen gezyme zufliehen ynn sterbens leufften«.[14] Luther beginnt seine Antwort auf diese Frage mit der Gegenüberstellung zweier Auffassungen: Die einen sähen die Pest als Strafe Gottes, die man willig tragen müsse, weshalb eine Flucht nicht in Frage komme, die anderen hielten die Flucht unter bestimmten Umständen für erlaubt.[15] In den folgenden beiden Hauptteilen der Schrift geht es um die Alternative von Fliehen und Bleiben, wobei Luther zuerst das Recht auf die Flucht vor Pest begründet[16] und dann zum Bleiben mahnt.[17]

Entscheidend für die Beantwortung der Frage, »[o]b man fur dem sterben fliehen muge«, ist die Situation des Christen. Konfrontiert mit dem Tod – etwa in einer Verfolgung oder einer Epidemie – muss er sich über seine Verpflichtung gegenüber Gott und den Mitmenschen klar werden. Ist sein Bleiben dringend gefordert, so muss er sich zu Gott bekennen und für seine Mitmenschen Verantwortung übernehmen. Es gibt aber auch

---

14 WA 23; 339,1–25 (Zitat: 339,6f).
15 Vgl. WA 23; 339,26–29.341,1f.
16 Vgl. WA 23; 341,3–355,8. Dormeier zieht die Grenze zwischen den beiden Teilen an anderer Stelle (DORMEIER, Die Flucht [s. Anm. 13], 372), nämlich bei 351,27/28, wobei er sich mehr an der Hypothese zur Entstehungsgeschichte der Schrift (WA 23; 323) zu orientieren scheint als an den inhaltlichen Zusammenhängen. Vermutlich hat Luther nach einer Unterbrechung die Arbeit an dem von Dormeier bestimmten Übergang vom ersten zum zweiten Teil wieder aufgenommen, und zwar indem er den Gedankengang des ersten Teils noch einmal variierend aufgreift. Der eigentliche Übergang zum zweiten Teil findet sich bei 355,8/9.
17 Vgl. WA 23; 355,9–371,2.

Situationen, in denen keine solche unausweichliche Forderung gilt. Dann ist den Schwachen im Glauben und den Ängstlichen zuzugestehen, dass sie fliehen. Denn die Sorge um das eigene Leben ist legitim und dem Menschen angeboren. Für eine solche Flucht, die nicht gegen Gott und den Nächsten geschieht, gibt es auch biblische Beispiele wie Paulus' Flucht aus Damaskus und kirchengeschichtliche Parallelen wie Athanasius' Flucht aus Alexandria.[18] Wer aber Mitmenschen vor Ort verpflichtet ist, darf nur fliehen, wenn er Sorge getragen hat, dass seine Pflichten von anderen übernommen werden. Es gilt die Goldene Regel, die sowohl zum Bleiben verpflichten als auch die Flucht rechtfertigen kann, dass nämlich alle so »aneinander verbunden« sind, »das keins das ander lassen sol ynn seinen nöten, sondern schüldig ist yhm beyzustehen und helffen, wie er wolt yhm selber geholffen haben«.[19]

Mit der Pest verhält es sich nicht anders als mit anderen großen und kleinen Übeln, die den Christen täglich bedrohen. Sie sind Strafen Gottes, mit denen dieser auf die Sünde antwortet und Glaube und Liebe des Christen prüft. Dennoch muss man sie nicht einfach hinnehmen, sondern darf ihnen auch ausweichen, solange man damit nicht gegen die Verpflichtung Gott und dem Nächsten gegenüber verstößt. Luther zeigt, dass es absurd ist, aus der Qualifizierung eines Übels als Strafe Gottes zu folgern, dass man es widerstandslos ertragen muss: Tatsächlich ist alles Übel eine Strafe Gottes, nicht aber als außerordentliche göttliche Sanktionierung eines bestimmten Fehlverhaltens, sondern als zur *conditio humana* des gefallenen Adams gehörende Erschwernis des Lebens. Diesem Übel darf der Mensch ausweichen: Wer hungrig ist, isst, und wem kalt ist, der wärmt sich, wie auch die Christen im Vaterunser bitten: »Erlöse uns vom ubel«.[20]

Bei der im ersten Hauptteil präsentierten Abwägung handelt es sich um ein Kalkül der weltlichen Vernunft, das Luther gutheißt und gerade auch bei Christen für akzeptabel hält. Für den einzelnen Christen gilt es in einer Pestepidemie, die gegebene Situation zu bedenken, unterschiedliche Rechtsgüter abzuwägen und auf einen Interessenausgleich zu zielen. Dieser Prozess ethischer Urteilsbildung ist für Luther ergebnisoffen, kann also

18 Vgl. WA 23; 343,10–15.
19 WA 23; 345,21–23.
20 WA 23; 351,7.

sowohl zum Bleiben als auch zur Flucht führen, wobei vor allem die Entscheidung zur Flucht begründungspflichtig ist[21] – der Christ hat es nicht mit zwei gleichgewichtigen Alternativen zu tun.[22]

Der zweite Hauptteil greift die andere Beantwortung der Eingangsfrage auf und führt aus, wann man bleiben und für andere Sorge tragen muss und warum man dabei auf Gottes Hilfe vertrauen darf. In diesen Teil dürften Luthers Erfahrungen als Pestseelsorger im Herbst 1527 eingeflossen sein – und wohl auch die schweren Anfechtungen, die ihn vom Sommer 1527 bis in das Jahr 1528 hinein quälten. Angesichts dieser Erfahrungen und Anfechtungen beantwortet er die Frage, ob man vor der Pest fliehen darf, nicht mehr durch ein nüchternes Vernunftkalkül, sondern bedenkt die theologische Tiefendimension der Pestbedrohung und das Herausgefordertsein des Christen durch diese Bedrohung.

Luther führt ein neues Element der Pesterklärung ein: den Teufel. Wie im ersten Hauptteil sieht er in der Pest eine Heimsuchung Gottes, um die Sünde zu strafen und den Glauben und die Liebe des Christen zu prüfen. Diese Strafe wird durch widergöttliche Kräfte über die Luft verbreitet, nämlich durch böse Geister. Luther will damit nicht seine harten Aussagen über Gott als Verursacher der Pest relativieren, indem er etwa den Teufel als deren Urheber hinstellt, der dank der göttlichen Zulassung Macht über den Menschen gewinnt. Vielmehr zeigt Luther, dass der Teufel nur eine untergeordnete Rolle spielt. Das Entscheidende am Teufelswirken ist nicht,

---

21 Darum kann es auch nicht verwundern, dass in einer 1539 wahrscheinlich von Georg Rörer angefertigten Mitschrift von einer Predigt Luthers betont wird, dass »die Bürger nicht sollen fliehen wegen der Pest« (WA 47; 134–138). Fliehen vor dieser von Gott zugelassenen und vom Teufel verantworteten »purgatio in mundo« (WA 47; 134,29) dürfen nur die, »qui non sunt alligati politiae et oeconomiae« (WA 47; 137,39.138,7), also etwa die von außerhalb nach Wittenberg gekommenen Studenten.

22 Das gilt nicht zuletzt deshalb, weil für Luther das Natur- und Vernunftrecht letztlich auf das christliche Liebesgebot hingeordnet ist. Die Goldene Regel und das Liebesgebot sind für ihn unterschiedliche Ausdrucksformen derselben Verpflichtung des Menschen gegenüber seinem Mitmenschen (vgl. M. HECKEL, Martin Luthers Reformation und das Recht [JusEcc 114], 2016, Kap. XIV.7 u. Kap. XV.5). Das Besondere des christlichen Liebesgebots besteht darin, dass es die Asymmetrie im Verhältnis zum Mitmenschen, also die Selbstpreisgabe des Menschen an seinen Mitmenschen (Phil 2, 1Kor 13), benennt und auf das *sacramentum* und *exemplum* Christi, der diese Selbsthingabe ermöglicht und vorlebt, hinweist.

dass er die Krankheit verbreiten hilft, sondern dass er die Seele der Menschen bedroht, indem er die Angst vor der Krankheit schürt und den Egoismus der Gesunden anstachelt.

Angesichts der teuflischen Bedrohung für Leib und Seele muss der Glaubende dem Widersacher mit Gottvertrauen und Nächstenliebe entgegentreten. Luther hebt die Pestbedrohung damit auf die Ebene des apokalyptischen Konflikts zwischen Gott und Teufel. Das heißt dann nicht nur, dass der, der bleibt, sich dem Teufel stellt, sondern auch, dass er im eschatologischen Ringen an die Seite Gottes tritt. Konkret bedeutet das: Wer sich um Kranke kümmert, dient damit Christus selbst, der ihm im Hilfsbedürftigen begegnet, und darf auf die in Psalm 91[23] verheißene göttliche Bewahrung hoffen, denn »Got will selbs [...] sein artzt sein«.[24] Das ist keine naive Unterschätzung der Gefährdung durch die Krankheit, sondern die Konsequenz aus der geschichtstheologischen Wahrnehmung der Situation des Christen in der Pestepidemie.

Aber nicht nur das Vertrauen auf die göttliche Bewahrung wird gegen die Bedrohung in Anschlag gebracht. Genauso wichtig ist es, sich mit den von Gott in der Schöpfung verfügbar gemachten Mitteln um Vorsorge und Behandlung zu bemühen, »[d]enn Gott hat die ertzney geschaffen und die vernunfft gegeben, dem leibe fur zustehen und sein [zu] pflegen, das er gesund sey und lebe«.[25] Luther grenzt sich darum von denen ab, die auf die Mittel verzichten,

> da mit sie dem sterben odder Pestilentz weren solten, verachten ertzney zu nemen und meyden nicht stete und person so die Pestilentz gehabt und auffkomen sind, Sondern zechen und spielen mit yhn, wollen damit yhre freydicket beweisen und sagen, Es sey

23 Vgl. WA 23; 361,11–17.
24 WA 23; 359,29f (vgl. 357,28f: »kanstu tödten, so kann Christus leben geben. Hastu gifft ym maul, Christus hat noch viel mehr ertzney«). Luther greift hier die bis in die Antike zurückreichende Christus-medicus-Tradition (G. FICHTNER, Christus als Arzt. Ursprünge und Wirkungen eines Motivs [Frühmittelalterliche Studien 16, 1982, 1–18]; M. HONECKER, Christus medicus [KuD 31, 1985, 307–323]) auf, die für das frühneuzeitliche Luthertum große Bedeutung hatte (vgl. J. A. STEIGER, Medizinische Theologie. Christus medicus und theologia medicinalis bei Martin Luther und im Luthertum der Barockzeit, 2005).
25 WA 23; 365,6–8.

Gottes straffe, wolle er sie behueten, so wird ers wol thun on alle ertzney und unsern vleis.[26]

Geistliche und natürliche Arznei bilden keine Alternative, sondern haben beide ihre Aufgabe und ihre Bedeutung.[27]

Der Einzelne steht vor allem deshalb in der Pflicht, sich durch Arznei gesund zu halten, weil er für andere Verantwortung tragen können muss. Die Leitlinie ist:

> Wolan der feind hat uns durch gotts verhengnis gifft und tödliche geschmeis herein geschickt, so wil ich bitten zu Gott, das er uns gnedig sey und were. Darnach wil ich auch reuchern, die lufft helffen fegen, ertzney geben und nemen, meiden stet und person, Da man mein nichts darff, auff das ich mich selbs nicht verwarlose und dazu durch mich villeicht viel andere vergifften und anzunden möchte und yhn also durch meine hinlessickeit ursach des todes sein. [...] Wo aber mein nehester mein darff, wil ich widder stet noch person meiden, sondern frey zu yhm gehen und helffen.[28]

Die Extreme der Pestpanik und der Pestignoranz sind mit Gottvertrauen und weltlicher Klugheit zu meiden. Es gilt, die Epidemie ernst zu nehmen und das eigene Verhalten an den Bedürfnissen der Mitmenschen auszurichten. Neben der Flucht vor der Pest gibt es also auch die Möglichkeit im Wissen um die Gefahr und im Vertrauen auf Gott zu bleiben und zu helfen. Wie der Glaubende zu wählen hat, ist für Luther klar: Er bleibt und hilft. Denn gerade dadurch, dass sein Glaube auf die Probe gestellt wird, erfährt er Gottes Hilfe und Trost und sein durch Krankheit und Tod erschüttertes Gottvertrauen wird gestärkt. Dass Luther seine eigenen Anfechtungen, die noch andere Ursachen als die erschütternden Erfahrungen mit der Epidemie haben, im Winter 1527/28 überwinden konnte, hängt wohl auch damit zusammen, dass er sich angesichts des Pestausbruchs für das Bleiben entschied. Dass Luther im zweiten Hauptteil einschärft, auf die göttliche Bewahrung zu vertrauen, ist darum kein billiger Trost, sondern die Erkenntnis

---

26 WA 23; 365,1–5.
27 Luther grenzt mit seinen beiläufigen Bemerkungen zur Nutzung der natürlichen Gegenmittel nicht nur von der Uneinsichtigkeit mancher Mitmenschen, sondern auch von der religiös begründeten Geringschätzung von hygienisch-medizinischen Maßnahmen ab, die auch im Wirkungsbereich der Wittenberger Reformation laut wurde (HEINRICHS, Plague [s. Anm. 12], 90–93).
28 WA 23; 365,29–367,8.

eines innerlich und äußerlich Angefochtenen, der erfahren hat, dass er von Gott durch diese Anfechtungen hindurch getragen wird.

Am Schluss seiner Schrift schärft Luther drei Punkte ein, die in der Epidemie zu beachten sind: Man soll den Gottesdienst besuchen, um aus Gottes Wort zu hören, wie Christen leben und sterben; man soll sich durch Beichte und Abendmahlsempfang, durch Versöhnung mit den Mitmenschen und durch Abfassung eines Testaments auf das Sterben vorbereiten; und man soll den Kontakt zum Seelsorger halten, solange die Krankheit noch nicht zu weit fortgeschritten ist und man das Evangelium und das Sakrament bei Bewusstsein hören und empfangen kann.[29]

2. Die Pestschriften lutherischer Theologen

Luthers Pestschrift wurde das ganze Reformationsjahrhundert über nachgedruckt und gelesen.[30] Noch in der zweiten Hälfte des 17. Jahrhunderts wurde sie als maßgebliche gutachterliche Stellungnahme zum Thema betrachtet.[31] Im Laufe des 16. Jahrhunderts traten ihr viele ähnliche Schriften zur Seite: 1533 erörterte der Nürnberger Reformator Andreas Osiander

---

29 Vgl. WA 23; 371,5–373,29. Diese Hinweise stehen zwischen der Schlussbemerkung (371,3f) und dem kulturgeschichtlich interessanten Anhang zum Begräbniswesen (373,30–377,19), in dem Luther die Verlegung der Friedhöfe vor die Stadtmauer empfiehlt, und zwar nicht nur aus seuchenhygienischen Gründen, sondern auch wegen der »andacht und ehrbarkeit«: Außerhalb der Stadt könne der Friedhof als Einkehrort für die Andacht der Lebenden gestaltet werden, womit zugleich das Andenken der Verstorbenen geehrt werde.

30 Laut VD16 wurden die Schrift 1527 von unterschiedlichen Druckern nachgedruckt und fast in jedem Jahrzehnt – zum Teil mehrfach – neu aufgelegt (vgl. auch J. BENZING, Lutherbibliographie, Bd. 1, 1966, Nr. 2424–2435). Sie war natürlich auch in den Lutherausgaben enthalten, z.B. in der Jenaer Ausgabe: Der Dritte Teil aller Bücher vnd Schrifften des Mans Gottes D.M. Lutheri, 1556, fol. 425ʳ–432ᵛ (VD16 L 3325). Auch auf anderen Wegen wurden ihre Ratschläge verbreitet, etwa durch die Auszüge im Kapitel zur Krankenseelsorge in K. PORTA, Pastorale Lutheri. Das ist / Nutzlicher vnnd nötiger Vnterricht / von den fürnembsten Stücken zum heiligen Ministerio gehörig / Vnd richtige Antwort auff mancherley wichtige Fragen / von schweren und gefehrlichen Casibus, so in demselbigen fürfallen mögen. Für anfahende Kirchendiener und Prediger zusamen bracht, 1582, Kap. 18 (VD16 L 3559).

31 Consilia Theologica Witebergensia. Teil 3: Betreffend allerhand Moral- und Policey-Sachen, 1664, 157–163 (VD17 3:610307T).

in einer Predigt über Psalm 91, der im Wirkungsbereich der Wittenberger Reformation als Pestpsalm galt und in Notzeiten immer wieder ausgelegt wurde, die Frage der Flucht vor der Pest.[32] 1543 zeigte der an der Nürnberger Sebaldkirche tätige Prädikant Veit Dietrich anhand von Psalm 91, »[w]ie ein Christ in sterbensleufften sich trösten soll«.[33] 1552 erzählte der in Mitteldeutschland tätige Johannes Spangenberg die Geschichte der Pest von der Antike bis zur Gegenwart, und zwar unter besonderer Berücksichtigung ihres göttlichen Strafcharakters.[34] 1565 gab der württembergische

---

32 A. OSIANDER, Wie vnd wohin ein Christ die grausamen plag der pestilentz fliehen soll. Ein predig / aus dem 91. Psalm, 1533 (VD16 O 1136); Abdruck auch in: DERS., Gesamtausgabe, Bd. 5, 1983, 384–411 (Nr. 411). Hierzu: DORMEIER, Die Flucht (s. Anm. 13), 377–379. Zum Nürnberger Pestausbruch 1533: CH. BÜHL, Die Pestepidemien des ausgehenden Mittelalters und der Frühen Neuzeit in Nürnberg (in: Nürnberg und Bern. Zwei Reichsstädte und ihre Landgebiete, hg. v. R. ENDRES, 1990, 121–168). Osianders Ausführungen entsprechen der Argumentation im zweiten Hauptteil von Luthers Schrift von 1527. Weil der Nürnberger Reformator sich vorrangig an Adressaten wendet, die in der Stadt bleiben müssen, berücksichtigt er die Rechtfertigungsgründe für eine Flucht, wie Luther sie im ersten Hauptteil seiner Schrift entwickelt, nur am Rande und schärft stattdessen die Pflicht des Christen zur Fürsorge für seinen Nächsten ein – und macht dafür mit Psalm 91 Mut. Dass diese Einübung des Vertrauens in die göttliche Hilfe in der Not auch in späterer Zeit noch für erinnernswert gehalten wurde, zeigen die Nachdrucke von Osianders Predigt (VD16 O 1137–1145) sowie ihr Abdruck in der von Felix Bidembach herausgegebenen Sammlung theologischer Gutachten: Consiliorum theologicorum decas I, 1608, 133–156 (VD17 1:074902M). Die Predigt wurde von Miles Coverdale ins Englische übersetzt und 1537 und 1563 gedruckt (STC, 2. Auflage, Nr. 18878–18879) und 1603 nochmals veröffentlicht (STC, 2. Auflage, Nr. 4303; Elizabethan Non-Conformist Texts, Bd. 1: Cartwrightiana, hg. v. A. PEEL / L.H. CARLSON, 1951, 11–14).
33 V. DIETRICH, Der XCI. Psalm. Wie ein Christ in sterbenßleufften sich trösten soll, 1544 (VD16 D 1563). Zur Entstehung der Schrift: B. KLAUS, Veit Dietrich. Amanuensis D. Martin Luthers und Prediger an St. Sebald in Nürnberg, 1958, 220–225.
34 Vgl. Historia von der flechtenden Kranckheit der Pestilentz / wie die von anfang her vmb vnser Sünde willen inn der Welt gewütet hat / Das ist. Alle schwinde Pestilentzische sterben derer inn Historien vnd Chroniken gedacht wird / zusammen gebracht / Durch M. Cyriacum Spangenberg, 1552 (VD16 S 7592). Spangenbergs bis in die Mitte des 16. Jahrhunderts reichender Bericht, der von der ›Pest‹ in einem weiteren Sinne spricht, erwähnt auch die Epidemie in der Mark Brandenburg fünf Jahre zuvor: »Anno 1547. hatt die flechtende kranckheit der Pestilentz in der Marck Brandenburg grossen schaden gethan / vnd vbraus viel leute hinweg genomen / sonderlich zu Stendel / Brandenburg / vnd andern orten mher / vnd hatt sich wol verzogen biß in das folgende jhar. Jst auch

Reformator Johannes Brenz Ratschläge zum christlichen Verhalten in der Pest.[35] Und 1577 wurden 15 Predigten des im Vorjahr verstorbenen brandenburgisch-kulmbachischen Superintendenten Andreas Pangratius veröffentlicht, die das Themenfeld der Pest umfassend erörtern.[36] Die Reihe ließe sich fortsetzen, auch dadurch, dass man die nicht speziell auf die Pestbedrohung reagierenden Schriften über die ›geistliche Arznei‹ einbezieht, die die religiöse Dimension der Krankheitsbewältigung herausstellen.[37] Es waren gerade auch heute kaum noch bekannte Theologen und Geistliche, die angesichts von Pestausbrüchen die evangelischen Christen zur Buße mahnten und ihnen Trost spendeten. Formal und inhaltlich fallen diese Pestschriften verschieden aus und die Antworten auf einzelne Fragen unterscheiden sich, es gibt aber auch grundlegende Gemeinsamkeiten wie die Deutung der Pest als göttlicher Sündenstrafe und den Hinweis auf die Bewältigung dieser Herausforderung durch Buße und Nächstenliebe.

Auch in der Mark Brandenburg entstanden solche Schriften.[38] Eine von ihnen gehört in die Reihe der eben aufgezählten bedeutenderen Pestschrif-

hierynne gestrichen biß gen Magdeburg / vil kirchen Diener sind dazumhal todes halben abgangen« (aaO., fol. N 2ʳ).

35 Vgl. Bericht Wie man sich in sterbenden Leuffen der Pestilentz Christlich halten soll. Gestelt durch Johannem Brentium, 1565 (VD16 B 7515). Die Schrift behandelt vor allem das Problem, ob Christen vor der Pest fliehen dürfen oder ob sie um des Nächsten willen bleiben müssen. In der Sache argumentiert Brenz wie Luther, indem er auf die Beziehungen des einzelnen und die mit diesen gegebenen Verpflichtungen verweist und eine situationsgerechte Anwendung des Liebesgebots anmahnt.

36 Vgl. Funffzehen Predigten Von der Schrecklichen Plage der Pestilentz / Was sie sey / Woher sie komme / Vnd wie wir vns drei schicken sollen. Gestellet vnd gethan zum Hoff / durch den Ehrwirdigen vnd Wolgelarten Herrn M. Andeam Pangratium seligen / gewesenen Predigern vnd Superintendten daselbst, 1577 (VD16 P 195).

37 Einflussreich war etwa U. RHEGIUS, Seelenn ärtzney für gesund vnd krancken, 1529 (VD16 R 1889–1890), die »in neunzig Auflagen und zehn Sprachen« erschien, vgl. S.H. HENDRIX, Art. Rhegius, Urbanus (TRE 29, 1998, 155–157), 156.

38 Nicht berücksichtigt werden dabei Schriften, die zwar in der Mark Brandenburg gedruckt wurden, aber für den auswärtigen Buchmarkt bestimmt waren, wie eine 1555 gehaltene Predigt des Freystädter Pfarrers J. GIGAS (Wieder die vnchristliche / vnerhörte furcht der Pestilentz halben / sonderlich inn der Schlesien. Jtem Woher diese seuch fürnemlich jren vrsprung habe / Vnd warumb Christen nicht so verzagt sein sollen, 1556 [VD16 H 3266]), oder eine an die Bürger des Braunschweiger Weichbilds Sack adressierte Schrift von G. BÜNTING über die Flucht zu Pestzeiten (Bedencken Woher das schnelle

ten lutherischer Theologen: Andreas Musculus' (1514–1581) *Gewiesse vnd bewerte Artzney wider die seuche der Pestilentz*.[39] Während der Pestepidemie 1565 in Frankfurt (Oder) hatte der Stadtpfarrer und Theologieprofessor Musculus über 1Chr 21,1–22,1 gepredigt: die Erzählung von der eigenmächtigen Volkszählung durch König David, die Gott durch eine dreitägige »Pestilentz« straft. Aus diesen Predigten schöpft seine *Artzney*, die auf mehr als 200 Seiten klärt, worum es sich bei der Pest handelt,[40] wodurch sie verursacht wird,[41] wie man sich vor der Pest schützt und wie man sie therapiert[42] – und ob ein Christ Vorsorgemaßnahmen ergreifen, Arzneien einnehmen und vor der Pest fliehen darf.[43] In den 1580er Jahren veröffentlichte

Pulver / das die Pestilentz heist / entspringe: Vnd Von Christlicher vnd seliger Flucht zur Zeit der Pestilentz / Ob nemlich ein Christ mit gutem Gewissen / in der Pestilentz Zeit / aus seinem Beruff tretten / auffbrechen / vnd sich anderswo hin begeben sol vnd mag, 1597 [VD16 B 9147]; diese Schrift wurde nicht nur in Frankfurt gedruckt, sondern enthält auch ein Begleitgedicht des kurmärkischen Generalsuperintendenten Christoph Pelargus). Ebenfalls keine Berücksichtigung finden Schriften, die in mit dem Kurfürstentum Brandenburg dynastisch verbundenen, aber selbständigen Territorien wie dem Erzstift Magdeburg entstanden, z.B. zwei Schriften von A. PERLITZ, De peste. Lehr / Trost / vnd Betbüchlein / Für Einfeltige fromme Christen / Jn jtzo schwebenden Pestilentz vnd Sterbensleufften, 1597 (VD16 P 1452); Latibulum piorum contra pestem. Sichere Gewarsam vnd Heilstette der Gleubigen wider die Pestilentz, 1598 (VD16 ZV 12282). Andere Schriften, die dagegen zu behandeln wären, scheinen nicht erhalten zu sein, etwa die 1581 erschienene Pestschrift des Salzwedeler Stadtarztes (G. RUFF, Magister Christophorus Germanus [1530–1602]. Der erste Arzt der alten und neuen Stadt Salzwedel, 83. Jahresbericht des Altmärkischen Vereins für vaterländische Geschichte zu Salzwedel, 2013, 31–93, hier 58).

39 A. MUSCULUS, Gewiesse vnd bewerte Artzney wider die seuche der Pestilentz, 1565 (VD16 M 7152; die Widmungsvorrede ist datiert auf den »abend Andreae«, also den 30. November). Vorgestellt wird diese Schrift in: CH.W. SPIEKER, Lebensgeschichte des Andreas Musculus, General-Superintendent der Mark Brandenburg, Consistorialrath, Doctor und erster Professor der Theologie und Pfarrer zu Frankfurt an der Oder. Ein Beitrag zur Reformations- und Sittengeschichte des 16ten Jahrhunderts, 1858, 220–223.

40 Vgl. MUSCULUS, Gewiesse vnd bewerte Artzney (s. Anm. 39), fol. C 2^v–E 6^r.

41 Vgl. aaO., fol. E 6^r–F 4^r.

42 Vgl. aaO., fol. F 4^v–J 1^v.

43 Vgl. aaO., fol. J 1^v–M 8^v. Gerahmt werden die vier Hauptteile durch eine ausführliche Widmungsvorrede, die den Umgang der Gottlosen und der Glaubenden mit Krankheit kontrastiert (aaO., fol. A 2^r–B 4^v), und die Einleitung des Verfassers (aaO., fol. B 5^r–B 6^r) sowie durch einen Anhang mit von Musculus verfassten Gebeten (aaO., fol. M 8^v–N 8^r).

der Landsberger Inspektor Wolfgang Peristerus (1532–1592) ein umfangreiches Erbauungsbuch, das für Pestzeiten bestimmt war und durch zwei weitere Büchlein ergänzt wurde.[44] In den 1580er und 1590er Jahren verfasste der Salzwedeler Pfarrer Stephan Prätorius (1536–1603) mehrere Traktate, die auf Pestausbrüche reagieren: In das Jahr 1581 gehören die Unterweisung, wie Pestkranke mit ihrer Krankheit und den Kontaktbeschränkungen umgehen sollen,[45] sowie eine Trostschrift für die Hinterbliebenen von Pesttoten,[46] und 1598 veröffentlichte er zwei Schriften, die sich in allgemeinerer Weise mit den Ursachen der Pest beschäftigen.[47] Auch Pestlieder ent-

---

44 Vgl. W. PERISTERUS, Das Geistliche Antidotum, Das ist / Ein Vberaus krefftiges vnd heilwertiges Recept / Praeseruatiu oder Erztney / Wider die Pestilentzische Seuche / vnd andere tödliche Kranckheiten, 1583 (VD16 T 213); DERS., Supplementum, Zusatz oder Verfüllung deß Geistlichen Antidoti wider die Pestilentz, 1587 (VD16 ZV 84188); DERS., Noch Etliche mehr besondere / auserwehlte / Ausbündige / schöne andechtige vnnd jnnigliche Gebete / wieder die Pestilentz / vnd in andern fellen zubeten. Gemachet / vnndt die gantze zeit der Anno 85. werenden Seuche vber / offentlich auff der Cantzel gebetet. Zu Landsberg an der Warte / in der Newen Marck, 1588 (VD16 ZV 4585). Zum Autor: L. NOACK / J. SPLETT, Bio-Bibliographien. Brandenburgische Gelehrte der Frühen Neuzeit. Mark Brandenburg mit Berlin-Cölln 1506–1640, 2009, 555–563; CH. SCHUCHARD, Die Geistlichkeit am Hof der Kurfürsten von Brandenburg im 16. Jahrhundert (in: Reformation in Brandenburg. Verlauf, Akteure, Deutungen, hg. v. F. GÖSE, 2017, 113–134), 128–134; DIES., Stiftspersonen. Das Personal des »Domstifts« oder »Neuen Stifts« zu Cölln an der Spree (1536–1608) (Berlin in Geschichte und Gegenwart. Jahrbuch des Landesarchives Berlin 2017, 7–75), 67.

45 Vgl. ST. PRÄTORIUS, Trostsprüchlein / für die Krancken / So da entweder mit der gifftigen Seuche der Pestilentze behafft / zu Bette ligen / Oder aber sonst derselbigen Seuche halben in die Kirche / unter die Gemeine nicht kommen dürffen (abgedruckt in: M. Stephani Praetorii, Weiland Pastorn zu Saltzwedel / Acht vnd funfftig außerlesene / Geist- und Trostreiche Tractätlein [...] Mit einer Vorrede des geistreichen Theologi, Herrn Johann Arndt, 1662, 1052–1073 [VD17 23:658366X]). Zu dieser Schrift, von der nur der Abdruck in Arndts 1621/22 erstmals erschienener Prätorius-Ausgabe bekannt ist, vgl. E. DÜKER, Freudenchristentum. Der Erbauungsschriftsteller Stephan Praetorius, 2003, 48–50.

46 Vgl. Weine nicht. M. Stephani Praetorij. Für die betrübten Hertzen zu Soltwedel, 1581 (VD16 P 4681) (abgedruckt in: Praetorii, Acht vnd funfftig außerlesene / Geist- und Trostreiche Tractätlein [s. Anm. 45], 1073–1091). Zu dieser Schrift vgl. DÜKER, Freudenchristentum (s. Anm. 45), 50f.

47 Vgl. ST. PRÄTORIUS, Von der Pest / Woher sie kome / wie sich wider jren anlauff bewaren / vnd sich auch wider sie trösten solle, 1598 (VD16 ZV 21068) (die Vorrede ist auf den Michaelstag [29.9.] datiert); DERS., Heubtursachen der Pestilentz / Jtem der Türcken vnd

standen in der Mark Brandenburg. Hier ist vor allem eine 1577 erschienene Liedersammlung des neumärkischen Pfarrers Bartholomäus Ringwaldt (1532–ca. 1599) zu nennen.[48] Und aus dem Jahr 1598 ist eine Predigt des an der in der Altstadt Brandenburg gelegenen Gotthardtkirche tätigen Diakons Georg Gigas über den Pestpsalm 91 überliefert.[49] Die genannten Veröffentlichungen fügen sich formal und inhaltlich in die Fülle der lutherischen Pestschriften ein. Aber eben weil sie charakteristisch sind für die Art und Weise, wie das frühneuzeitliche Luthertum die Pestbedrohung zu bewältigen versuchte, verdienen sie Interesse – besonders in der Zusammenschau mit den Pesttraktaten der brandenburgischen Mediziner.

3. Die Pestschriften der Mediziner

Seit den ersten Pestausbrüchen legten Ärzte ihre Erkenntnisse über die Pest schriftlich nieder und gaben Hinweise zu Vorsorge und Behandlung. Seit der zweiten Hälfte des 15. Jahrhunderts erschienen diese Schriften auch im Druck, und im Reformationsjahrhundert fanden die Druckschriften der Mediziner, die eine eigene Gattung ausmachen, die im Folgenden als ›Pest-

Hispanier einfals, 1598 (VD16 ZV 21065) (die Vorrede ist auf den Katharinentag [25.11.] datiert).

48 Vgl. B. Ringwaldt, Der 91. Psalm neben Sieben andern schönen Liedern / vnd etlichen Gebetlein / in Sterbensleufften zu gebrauchen / allen Christen zu jederzeit sehr nützlich vnd tröstlich, 1577 (VD16 R 2466). Die hierin enthaltenen Texte sind größtenteils auch 1586 in Ringwaldts Handbüchlein (VD16 R 2470) aufgenommen, ein 1594, 1598, 1607 und 1613 nachgedrucktes Lieder- und Gebetbuch, das auch sein bis heute im Evangelischen Gesangbuch sich findendes Lied »Es ist gewisslich an der Zeit« enthält. Ein Pestlied findet sich auch in einer Veröffentlichung des in der Niederlausitz und der Altmark tätigen Pfarrers Simon Sinapius, Der XIII. Psalm / Gesangweis gestellet / vnd kurtz ausgelegt. Jtem / Ein ander schön vnd tröstlich Lied / zur zeit der Pestilentz mit grosser andacht zusingen, 1559 (VD16 S 6578). Neben Pestliedern gab es auch lateinische Pestdichtung mit religiösem Charakter: A. Celichius, Officina salutis adversus pestem, 1576 (VD16 C 1804; weitere Drucke von 1578 und 1596: VD16 C 1805, C 1806); Pestis tempore scripta: Mich. Haslobii Berlinensis quaedam carmina, Frankfurt (Oder) 1586 (VD16 ZV 27249).

49 Vgl. G. Gigas, Kurtzer vnd Christlicher Tractat oder Erklärung Vber den XCI Psalm Des Hocherleuchten Königlichen Propheten Dauids / zu diesen gefehrlichen zeiten der grassirenden schleunigen Pestilentz, 1598 (VD16 ZV 1621). Im Pfarrerbuch (Evangelisches Pfarrerbuch für die Mark Brandenburg seit der Reformation, bearb. v. O. Fischer, 2 Bde., 1941) ist Gigas nicht nachgewiesen.

traktate‹ bezeichnet wird, und in den Bibliotheken aber auch unter der Rubrik ›Seuchenliteratur‹ zu finden ist, weite Verbreitung.[50] Diese Pesttraktate waren nicht immer eine Reaktion auf den Ausbruch einer Pestepidemie, sondern befriedigten auch ein grundsätzliches Informations- und Orientierungsbedürfnis.[51] Die Pest war eine dauernde Gefahr, die die Menschen jederzeit treffen konnte, weshalb man vorbereitet sein musste. In Inhalt und Form ähneln die Pesttraktate 16. Jahrhunderts einander. Ihr je eigenes Profil bekommen sie durch die unterschiedliche Erklärung der Ursachen der Pest und die hygienischen und medizinischen Maßnahmen, die zur Vorsorge und Behandlung empfohlen werden. Zwar werden viele Punkte hierbei über die Zeit hinweg wiederholt, aber es gibt auch eigene Schwerpunktsetzungen und formale und thematische Entwicklungen. Diese sind von der Medizingeschichte zu erforschen und werden im Folgenden nicht

50 Die literatur-, geschichts- und medizinwissenschaftliche Forschung hat diese Gattung immer wieder ausgewertet, es ist allerdings nur ansatzweise zu einer Betrachtung der Gesamtgattung und zu einer Verknüpfung der unterschiedlichen Zugänge und Erkenntnisinteressen gekommen. Zu den Pesttraktaten des späten Mittelalters, die in mancherlei Hinsicht denen des Reformationsjahrhunderts ähneln: TH. ESSER, Die Pest – Strafe Gottes oder Naturphänomen? Eine frömmigkeitsgeschichtliche Untersuchung zu Pesttraktaten des 15. Jahrhunderts (ZKG 108, 1997, 32–57). Zu den Pesttraktaten lutherischer Mediziner: HEINRICHS, Plague (s. Anm. 12).

51 Um dieses Bedürfnis wusste auch die lutherische Geistlichkeit, auch wenn es in den Pestschriften der Theologen nur am Rande berücksichtigt wird. Eine ausführlichere und breit rezipierte Thematisierung durch einen Geistlichen findet sich in einem Werk, das aus der Reihe der hier zu behandelnden kleinen Druckschriften herausfällt: Zwischen 1595 und 1601 veröffentlichte der in Schlesien und Brandenburg aufgewachsene und später in Mecklenburg tätige Pfarrer Johannes Köhler (Colerus, 1566–1639) in sechs Teilen seine im 17. und 18. Jahrhundert immer wieder nachgedruckte und aktualisierte *Oeconomia* (Erstausgaben der sechs Teile: VD16 ZV 25076. 25064. 25105. 25106. 3768; VD17 12:629586R). Köhler war der Sohn des unter anderem als Professor an der Viadrina lehrenden und als Propst an St. Nikolai in Berlin amtierenden Jakob Köhler, der bereits mit einer Materialsammlung zum Thema von Haus und Wirtschaft begonnen hatte (zu ihm: NOACK / SPLETT, Bio-Bibliographien [s. Anm. 44], 58–72; zu seinem Sohn und dessen *Oeconomia*: PH. HAHN, Das Haus im Buch. Konzeption, Publikationsgeschichte und Leserschaft der »Oeconomia« Johann Colers, 2013). In Teil 6 der *Oeconomia* findet sich das 19. Buch, das »Von der Pestilentz« handelt (aaO., fol. A 1ʳ–V 2ᵛ; die darauffolgenden Ausführungen des 19. Buchs bis fol. Ee 2ʳ beziehen sich nicht direkt oder überhaupt nicht auf die Pest).

berücksichtigt. Hier interessieren vor allem die Aussagen zur religiösen Bewältigung der Pest und zum Verhältnis von Religion und Medizin.

Von den hunderten Pesttraktaten des Reformationsjahrhunderts wurden einige auch von in der Mark Brandenburg tätigen Medizinern verfasst.[52] Die ersten nach der Einführung der Reformation in der Mark Brandenburg entstandenen Pesttraktate wurden Ende der 1540er Jahre vom theologisch interessierten und mit den Wittenberger Theologen in Kontakt stehenden Frankfurter Medizinprofessor Jodokus Willich (1501–1552)[53] veröffentlicht. Es handelt sich um fünf kurze Texte, die in unterschiedlichen Einzel- und Sammelausgaben gedruckt wurden. Der Anlass für Willichs Schriften waren die Pestausbrüche in der weltoffenen und damit seuchengefährdeten Handelsmetropole Frankfurt, wo sich eine Nord-Süd- und eine Ost-West-Straße sowie die Oder kreuzten.[54] Die ersten beiden Schriften von 1549 beschäf-

---

52 Der erste Text in dieser Reihe erschien um 1507 in Frankfurt (Oder) – einer der frühesten dort hergestellten Drucke – und wurde wohl im Zusammenhang einer Pestepidemie im Jahr 1484 von Konrad Schwestermüller, dem Leibarzt Markgraf Johanns von Brandenburg, verfasst (VD16 ZV 24275, GW M40973). Zu diesem Text: G. Keil / M. Reininger, Art. Schwestermüller, Konrad (VerLex 8, ²1992, 950–953). Im Folgenden nicht berücksichtigt werden Pesttraktate, die zwar in Brandenburg gedruckt wurden, aber nicht hier entstanden sind, z.B.: Ein Regiment widder die Pestilentz / Vnd sonderlich wie man sich mit dem aderlassen halten soll. Zu Martini Lutheri zeiten / durch den hochberümpten Medicum / M. Johan Behem zu Wittenberg gestellet, 1550 (VD16 B 1498). Auf die brandenburgischen Pesttraktate hat erstmals P. Richter, Ueber die Pest in Berlin und über Berliner Pestschriften (Medizinische Klinik 28, 1911, 1105f) aufmerksam gemacht.

53 Zu Willichs Person und Lehrtätigkeit vgl. M. Hostius, Narratio de vita, studiis, scriptis ac morte viri incomparabilis & immortali laude dignissimi Jodoci Willichii Reselliani Borussiaci in Academia Marchica philosophiae & medicinae professoris olim celeberrimi, 1607 (VD17 23:257438L); M. Höhle, Universität und Reformation. Die Universität Frankfurt (Oder) von 1506 bis 1550, 2002 (s. Personenregister). Zu Willichs Pesttraktaten: Heinrichs, Plague (s. Anm. 12), 145–147.

54 Zur Handelsmetropole Frankfurt vgl. S. Bütow, Infrastruktur – Macht – ›Metropole‹. Die Stellung von Frankfurt (Oder) im spätmittelalterlichen Handels- und Verkehrswegenetz (in: Bürger, Pfarrer, Professoren. St. Marien in Frankfurt [Oder] und die Reformation in Brandenburg, hg. v. M. Deiters / G. Kemmether, 2017, 31–36). Hostius, Narratio (s. Anm. 53), fol. H 1ʳ–H 2ʳ berichtet von Pestausbrüchen, die in den Jahren 1516, 1526, 1539, 1551, 1565 auf Oderhochwasser folgten, sich zum Teil bis in das Folgejahr hinzogen und sich auch in andere Orte verbreiteten. Der Pestausbruch 1551/52 veranlasste

tigen sich mit der Vorsorge und der Behandlung von Pestkranken.[55] Beide wurden im Folgejahr sowohl in Einzelausgaben[56] nachgedruckt als auch in einer Sammelausgabe unter neuem Titel mit zwei neuen Beigaben gebündelt.[57] Ein weiterer Pesttraktat Willichs, der auch 1549/50 entstanden sein und von Eichhorn erstmals gedruckt sein dürfte und der Hinweise zum Verhalten nach dem Tod eines Pestkranken gibt, ist in einer Leipziger Ausgabe von 1553 überliefert.[58] 1564 veröffentlichte der Frankfurter Drucker Eichhorn eine Sammelausgabe von Willichs Pesttraktaten, die alle fünf Schriften enthält.[59] Willichs Pestschriften fanden Verbreitung über die Mark hinaus und galten als Referenztexte. So druckte der Marburger Medizinprofessor Johannes Eichmann eine Schrift Willichs im Anhang zu seinem 1554 er-

Willich übrigens, Frankfurt zu verlassen und bei dem ihm verbundenen Lebuser Bischof Johann von Horneburg, dem Kanzler der Viadrina, Schutz zu suchen, wo er von einem Schlaganfall ereilt wurde und starb (aaO., fol. H 2ʳ–H 4ʳ).

55 Vgl. J. WILLICH, Wie man sich in einer stadt für der Pestilentz behüten sol vnd möchte / ein kurtz vnd seer nützliche vnderrichtung, 1549 (VD16 W 3296; im selben Jahr erschien ein erweiterter Nachdruck: VD16 W 3297); DERS., Wie man denen helffen sol / welche mit der pestilentzischen gifft begriffen seind, 1549 (VD16 W 3287; im Folgejahr erschien eine weitere Ausgabe: VD16 W 3288).

56 Beide Nachdrucke erschienen bei Eichhorn in Frankfurt (Oder): VD16 ZV 28651; VD16 W 3288.

57 Vgl. J. WILLICH, Vonn der Pestilentz ein nützlich Regiment / auff diese zeit gestellet. Darzu auch / wie man schwangern frawen vnd Kindlin / in der kranckheit rathen sol, 1550 (VD16 W 3298).

58 Vgl. J. WILLICH, Wie man sich vorhalten vnnd bewaren sol in den Heuseren / in welchen jemande an der Pestilentz gestorben ist / Auff das es nicht leichtlich einreissen vnd weiter schaden thun möge. Jtem ein Radtschlag / vor die schwangere weiber vnd die kleine Kinder, 1553 (VD16 ZV 27073).

59 Vgl. J. WILLICH, Von der Pestilentz ein nützlich Regiment, 1564 (VD16 W 3299). Die Sammelpublikation enthält: 1. »Wie man sich in einer Stat für der Pestilentz behüten sol / vnd möchte« (aaO., fol. A 3ʳ–C 4ᵛ, weggelassen wurden die auf den Schlussseiten des Drucks von 1549 zu findenden »Etzliche[n] frag stück«), 2. »Wie man sich halten sol vnd bewaren in den Heusern / in welchen iemands an der Pestilentz gestorben / das es nicht leichtlich weiter schaden thue« (aaO., fol. D 1ʳ–E 4ᵛ), 3. »Wie man denen helffen sol / welche mit der Pestilentzischen gifft begriffen sindt« (aaO., fol. F 1ʳ–G 4ʳ), 4. »Ein regiment für die schwanger Frawen« (aaO., fol. G 4ᵛ–H 1ᵛ), 5. »Ein Regiment für die kleinen Kinder« (aaO., fol. H 1ᵛ–2ʳ). 1565 wurde die Sammelausgabe erneut aufgelegt (VD16 W 3300).

schienen Pesttraktat nach – und zwar zusammen mit Auszügen aus Luthers Pestschrift von 1527, was zeigt, dass Luthers religiöse und Willichs medizinische Ratschläge zur Bewältigung der Herausforderung durch die Pest als komplementär wahrgenommen wurden.[60] Und der Bremer Stadtarzt Johannes Ewich verwertete Willichs Schriften in seinen Pesttraktaten.[61]

Drei Pesttraktate von in Kursachsen ausgebildeten märkischen Stadtärzten erschienen Mitte der 1560er Jahre.[62] In Wittenberg, wo er zuvor studiert und an der Universität gelehrt hatte, ließ der Stadtarzt der Alt- und Neustadt Brandenburg, Valentin Trutiger, 1563 sein *Regiment* drucken.[63] Den Pestausbruch des Jahres 1565, von dem auch die Altmark schwer getroffen wurde, nahm der altmärkische Stadtarzt Ernst Reuchlin (ca. 1525–

60 Vgl. Von dem ytzigen Sterben oder Pestilentz. D. Jo. Eychmans genant Dryander / Ordinarij zů Marpurg / bedenckens. Sampt D. Luthers / vnd D. Jodoci Wilichij zweyen Büchlein von dem Sterben, 1554 (VD16 E 664). Von Willich wird die oben Anm. 58 genannte Schrift wiedergegeben (aaO., fol. B 1ʳ–4ᵛ), von Luther kurze Auszüge aus seiner Schrift von 1527 (aaO., fol. C 1ʳ–6ᵛ); den Rest des letzten Druckbogens (aaO., fol. C 6ᵛ–8ʳ) füllt Eichmann mit einer bearbeiteten Wiedergabe der ersten, geistlichen Arznei aus Willichs erstem Pesttraktat von 1549 (s. Anm. 55).

61 Zu Ewich und seinen Pesttraktaten (1565: VD16 W 3302; 1582: VD16 E 4692) vgl. K. SCHWARZ, Der Bremer Stadtarzt Johann von Ewich als Verfasser von Pestschriften (Bremisches Jahrbuch 72, 1993, 98–116), 111f.

62 Die Mark Brandenburg war in der frühen Neuzeit lange auf Auswärtige angewiesen, um ihren steigenden Bedarf an Funktionspersonal zu decken. Die Ärzte sind nur eine der Berufsgruppen, bei denen man Sachsen, Schlesiern oder Franken begegnet. Ein prominenter Wittenberger Arzt in brandenburgischen Diensten war Martin Luthers Sohn Paul, der Leibarzt von Kurfürst Joachim II. wurde. Vgl. J.K.W. MOEHSEN, Beschreibung einer Berlinischen Medaillen-Sammlung, die vorzüglich aus Gedächtnis-Münzen berühmter Aerzte bestehet; nebst einer Geschichte der Wissenschaften in der Mark Brandenburg, besonders der Arzneiwissenschaft, von den ältesten Zeiten an bis zu Ende des sechzehnten Jahrhunderts, 2. Teil, 1781, 533–537; ST. RHEIN, Dr. med. Paul Luther (1533–1593). Ein Ärzteleben im Schatten eines bedeutenden Vaters (in: Minera discipulorum. Vorstöße in das Fachschrifttum der frühen Neuzeit. Gedenkschrift für Joachim Telle, hg. v. L. BALBIANI / K. PFISTER, 2014, 171–187), 182.

63 Vgl. V. TRUTIGER, Regiment. Wider die Pestilentz in dieser gefehrlichen zeit / wie sich die gemeine bürgerschafft der löblichlichen vnd Churfürstlichen / beider Alt / vnd Newenstad Brandenburg / vnd andere etc. in solcher zeit verhalten sollen, 1563 (VD16 T 2132). Trutigers Geburts- und Sterbejahr sind nicht bekannt. Sein Name begegnet in der Melanchthon-Korrespondenz: MBW 7, Nr. 7579; 8, Nr. 8262.

ca. 1577), auch er ein Absolvent der Wittenberger Medizinischen Fakultät, zum Anlass, die dem brandenburgischen Kurfürst Joachim II. gewidmeten *Zwey kurtzen Büchlein* zu veröffentlichen.[64] Reuchlin ergänzte diese umfangreiche deutschsprachige Schrift im Folgejahr um an die altmärkische Geistlichkeit adressierte lateinisch-sprachige Hinweise zur Vorsorge in Pestzeiten.[65] Ebenfalls 1566 gab der aus Zwickau stammende und an der Universität Leipzig ausgebildete Berliner Stadtarzt Matthäus Fleck (1524–1592) seine *Erinnerung* in den Druck.[66] Anlässlich der Pest des Jahres 1576 erschien in Berlin ein Plakatdruck des kurfürstlichen Leibarztes Leonhard Thurneisser (1531–1596).[67] Im Zusammenhang eines lokalen

64 Vgl. REUCHLIN, Zwey kurtze Büchlein (s. Anm. 11). Zur Person des Verfassers vgl. DERS., Zwo Haußtafeln vnd vnderricht vor die Reichen vnnd Armen / zur Sommer vnd Winter zeit / wider die fürstehende / schreckliche vnd wegkfressende Pestilentz, 1576, fol. A 2ʳ–A 4ᵛ (VD16 R 1233) (zu Reuchlins Tätigkeit in der Mark als Stadtarzt von Brandenburg an der Havel und als von Kurfürst Joachim II. »vber die sieben Altmerckischen Stedte« verordneter Medicus: aaO., fol. A 2ᵛ–A 3ʳ); MOEHSEN, Beschreibung (s. Anm. 62), 565; L. GÖTZE, Urkundliche Geschichte der Stadt Stendal, 1873, 276f; H.TH. KOCH, Die Wittenberger Medizinische Fakultät (1502–1652). Ein biobibliographischer Überblick (in: Medizin und Sozialwesen in Mitteldeutschland zur Reformationszeit, hg. v. ST. OEHMIG, 2007, 289–348), 324; MBW 8; 86 (zu Nr. 8262). Zu Reuchlins Pesttraktat: HEINRICHS, Plague (s. Anm. 12), 149–152.

65 Vgl. E. REUCHLIN, Amuletum contra pestilentiae contagionem iam passim μετ'ἐπιβολῆς divagantem ac proserpentem. In salutem eorum, qui ex officio in ueteri Marchia, Dominicum gregem uerbo uerbique Sphragidibus, hoc est Sacramentis fidelissime pascunt, Ac iuuentutem in Phrontisteriis informant, 1566 (VD16 R 1231).

66 Vgl. M. FLECK, Ein Erinnerung: was die Oberkeit zur Pestilentz zeit bestellen / vnd wie sich menniglich fur solcher grausamer Seuch preseruiern / auch aus rechtem grund der Ertzney curirn sol / der gantzen Marck zu Brandeburg / Sonderlich aber beiden Stedten / Berlin vnd Cöln an der Sprew zu nutz gestellet, 1566 (VD16 F 1615). Zu Flecks Biographie vgl. G.G. KÜSTER, Martin Friedrich Seidel's Bilder-Sammlung, in welcher hundert größtentheils in der Mark Brandenburg gebohrne, allerseits aber um dieselbe wohlverdiente Männer vorgestellet werden, mit beygefügter Erläuterung, in welcher Derselben merkwürdigste Lebens-Umstände und Schrifften erzehlet werden, 1751, 116f; MOEHSEN, Beschreibung (s. Anm. 62), 565–567; B. HARMS, Die Anfänge des Stadtphysikats in Berlin und Brandenburg (Berliner Gesundheitsblatt 4, 1953, 248–250). Zu Flecks Pesttraktat: D. EIKERMANN / G. KAISER, Die Pest in Berlin 1576. Eine wiederentdeckte Pestschrift von Leonhart Thurneisser zum Thurn, 2012, 32–35.

67 Vgl. Regiment. Kurtzer vnd einfeltiger Bericht / wie sich in eingefallner Göttlicher straff / welche von wegen vnser sünde vnd vnbüßfertigen lebens / auß dem Ewigen vnd

154

Pestausbruchs veröffentlichte 1582 der Prenzlauer Stadtarzt David Herlitz (1557–1636), ein Absolvent der Universität Rostock, der auch in Leipzig und Wittenberg studiert hatte, sein kurz gehaltenes Pestregiment.[68] Den letzten märkischen Pesttraktat des Reformationsjahrhunderts verfasste im Pestjahr 1598 der in Cottbus geborene und an der Viadrina ausgebildete Frankfurter Mediziner Lorenz Heland (1557–1622).[69]

Die Pestschriften brandenburgischer Theologen und Mediziner eignen sich für einen ersten Zugang zum Thema, weil sie nicht allzu zahlreich sind, mehrere Jahrzehnte abdecken und dieselben Grundanschauungen von der Pest und ihrer Bekämpfung bieten. Sie bezeugen, wie das deutsche Luthertum in der zweiten Hälfte des 16. Jahrhunderts die Herausforderung durch die Pest begriff und bewältigte.

Gerechten Vrtheil Gottes / durch die ietzwirckende gifftige Rŭten seines Zorns / der Pestilentz / so vber vns zŭr Züchtigung geschickt wird / zŭhalten sey / Dem gemeinen Nutz zŭ gŭtt / Durch Leonhart Thurneisser / Churfürstlichen Brandenburgischen bestalten Leibs Medicum gestellet / vnd an tag geben, o.J. (Abdruck: EIKERMANN / KAISER, Die Pest [s. Anm. 66], 103–107; dem Band, der den Text als medizingeschichtliche Quelle ausführlich vorstellt, ist auch ein Faksimile des Plakatdrucks beigegeben). Von dem Plakatdruck, der aus mehreren zusammengeklebten Blättern besteht, scheint nur ein Exemplar erhalten zu sein. Es ist unklar, in welchem Zusammenhang Thurneissers *Regiment* entstanden ist und an wen es adressiert war.

68 Vgl. D. HERLITZ, Kurtzer außzug des Regiments / Wie man sich in gefehrlichen zeiten / der Pestilentz halten sol / Einem Erbarn vnd Wolweisen Rath / Vnd der gantzen Gemeine / der Löblichen Stadt Prentzlow / zu nutz vnd wolfarth, 1582 (VD16 ZV 7737). – Zur Person des Verfassers vgl. TH. PYL, Art. Herlitz (ADB 12, 1880, 118). Zu den Pestausbrüchen in Prenzlau in den Jahren 1577, 1581/82 und 1585: Die Prenzlauer Chronik des Pfarrers Christoph Süring (1105–1670), hg. v.H. KAAK, 2017, 342.347f.350f.360f.

69 Vgl. L. HELAND, Ein Nützlicher Vnterricht / Wie man sich in der abschewlichen Seuche der Pestilentz / durch Gottes gnädige verleyhung / verwahren vnd curiren sol, 1598 (VD16 H 1531). Zum Verfasser vgl. CH. PELARGUS, Canticum consolatorium Michae prophetae, Das schöne Trostlied des Propheten Michae am 7. cap. vers. 7.8.9.10. [...] Erkläret Bey der Christlichen Leichbegängniß [...] Laurentii Helandri Medicinae D. Professoris vnd der facultet Senioris, auch jetziger Zeit gewesener Decani zu Frankfurt an der Oder, 1622 (VD17 1:022574A); J.CH. BECKMANN, Notitia Universitatis Francofurtanae, 1706, 66.

II Zweierlei Arznei

Für das Luthertum des Reformationsjahrhunderts war klar: Es bedurfte sowohl der Religion als auch der Medizin, um die Herausforderung durch die Pest zu bewältigen.[70] Diese Einsicht findet sich schon im ersten nach der Einführung der Reformation in der Mark Brandenburg erschienene Pesttraktat, in Jodokus Willichs »kurtz vnd seer nützliche vnderrichtung« *Wie man sich in einer stadt für der Pestilentz behüten sol vnd möchte.* Sie findet sich auch in den Pestschriften anderer brandenburgischer Mediziner und Theologen. Was mit der zweierlei Arznei gemeint ist, soll im Folgenden am Beispiel einiger dieser Schriften in den Blick genommen werden.

1. Die geistliche Arznei

a. Geistliche Diagnose und Therapie aus der Sicht des Mediziners: Jodokus Willich 1549

Willich zeigt in der Einleitung zu seinem ersten Pesttraktat, dass für die Wahl der Arznei die Bestimmung der Krankheitsursache entscheidend ist. Wie Luther sieht der Frankfurter Mediziner in der Pest eine von Gott verhängte Sündenstrafe:

> Es ist itzund ein grosse klag / das die grausam pestilentz vberhand nimpt / aber niemand wil die vrsach erfür bringen / dieweil die heilige schrifft klar anzeiget / das dieselbige straffe geschicht von Gott vmb vnserer sünden willen / das man sein heilges Wort nicht in wirden helt / vnd gedechte ein mal sein leben darnach zu stellen / welches Gott von vns haben will.[71]

Von dieser Strafe wird man nur frei, wenn man Buße tut und ein gottesfürchtiges Leben führt – das ist die erste Arznei. Sie umfasst dreierlei:

> Das erste ist rew vnd leid vber die sünd / welche geoffenbaret wird durch das gesetz / vnd zeiget an den zorn Gottes / dauon auch allerley strafe entspringet [...]. Das ander theil

---

70 Diese Erkenntnis war nicht neu: Schon im späten Mittelalter findet sich die Rede von der »zweierlei Arznei« gegen die Pest: ESSER, Pest (s. Anm. 9), 46–48.

71 WILLICH, Wie man sich in einer stadt (s. Anm. 55), fol. A 2ʳ. THURNEISSER, Regiment (s. Anm. 67), 103, verweist für den Zusammenhang von Sünde und Strafe auf Gen 2,16f: »Weil Gott der Allmechtig / vnsern ersten Eltern / in der stundt / do er sie durch sein ewige Allmacht vnd vnergründtliche Weißheit erschaffen / weißgesaget hat / daß wan sie seine Gebot vberdretten / vnd die nicht halten wurden / deß Todts sterben solten«.

ist ein gewisse zuuersicht / vnd gentzlich vortrawen / nicht auff ein wirdigkeit / sunder allein auff die barmhertzigkeit Gottes / welcher durch Christum seinen einigen vnd geliebten son vns (die wir waren kinder des zorns vnd vormaledeiung) angenommen had / vnd vmb Christi des versöners / Hohenpristers vnd erlösers willen / von allen sünden absoluirt / vnd frey gesprochen hat. Derhalben sol ein vorzagtes hertz zu Got lauffen / mit festem vnd warhafftigem glauben / vnd gewisser zuuorsicht / als kindern Gottes gebüret vnd gezimet. Das dritte ist ein Gottfürchtiges leben / welches selbs volget mit der hilff des heiligen Geistes in den glaubigen als in den rechten kindern Gottes / Darumb stehen sie ab von dem teufflischen wesen vnd wercken / vnd hangen allein an Gott / den ruffen sie an in der not / wie ers beuolhen hat / vnd auch nach seiner vorheissung treulich halten wil.[72]

Dieser Dreischritt von Buße, Rechtfertigungsglauben und christlichem Leben ist typisch für die Wittenberger Reformation, gerade auch mit der starken Betonung der Christusbeziehung des Glaubenden, die die vorangehende Buße und das nachfolgende christliche Leben umgreift. Das Zitat zeigt, dass die Deutung der Pest als göttlicher Strafe und die Forderung der Buße nur ein erster Schritt zur Bewältigung dieser Herausforderung ist. Entscheidend ist die göttliche »vorheissung«, derer sich die Glaubenden trösten und mit der sie ihr Leben führen dürfen.

Die theologische Deutung der Pest und der Hinweis auf die geistliche Arznei bedeuten nun aber nicht, dass man sich mit den kirchlichen Heilsmitteln und persönlicher Frömmigkeitspraxis begnügen kann und soll. Vielmehr – und hier liegt die eigentliche Kompetenz Willichs als eines ›weltlichen‹ Wissenschaftlers – muss die »ander ertzney«[73] zur Anwendung kommen. Aber auch wenn Willich diese andere Arznei sehr viel ausführlicher als die erste behandelt, so ist die religiöse Arznei doch die entscheidende, denn das Problem der Pest ist letztlich nicht ein medizinisches oder hygienisches, sondern ein geistliches. Ähnlich sehen es auch seine Medizinerkollegen, die in ihren Pesttraktaten alle die Notwendigkeit der geist-

72 WILLICH, Wie man sich in einer stadt (s. Anm. 55), fol. A 2r/v. Zu den geistlichen Hilfsmitteln gehört auch Taufe und Abendmahl: »Derhalben wo nu Gott drewet eine plag / so mus man zu Gott ruffen vnd vorgebung der sünden begeren / welchs auch in den sacramenten Christi fürgetragen vnd angeboten wird« (aaO., fol. A 2v).
73 Ebd.

lichen Bewältigung der Pest hervorheben, auch wenn sie sich hauptsächlich mit Vorsorge und Behandlung beschäftigen.[74]

b. Geistliche Diagnose und Therapie aus der Sicht des Theologen: Andreas Musculus 1565

Was Willich einleitend zur geistlichen Diagnose und Therapie der Pest bemerkt, wird von Andreas Musculus in seiner *Gewiessen vnd bewerten Artzney wider die seuche der Pestilentz* breit ausgeführt, wobei der Theologieprofessor die Sicht seines vormaligen Kollegen von der medizinischen Fakultät grundsätzlich teilt, aber sehr viel mehr zur geistlichen Arznei zu sagen hat. Stärker als Willich betont Musculus, dass für die Wahl der Therapie die richtige Diagnose ausschlaggebend ist. Wer die Pest nur als Naturphänomen betrachtet und für Vorsorge und Behandlung allein auf die Medizin zurückgreift, verkennt die eigentliche Herausforderung: Die Pest ist eine göttliche Sündenstrafe, die sich zwar in Gestalt innerweltlicher Zweitursachen verwirklicht, die aber auf eine jenseitige Erstursache zurückzuführen ist. Mit großer Schärfe weist er jede Diagnose und Therapie zurück, die nicht die religiöse Dimension der Pest anerkennt. Wie Luther zeichnet Musculus die Herausforderung durch die Pest in einen endzeitlichen Horizont ein: Im Umgang mit der Krankheit zeigt sich, wer in das Gottesreich und wer in das Teufelsreich gehört.[75] Der Christ im Gottes-

---

74 Die geistliche Arznei wird in den meisten Pesttraktaten eigens behandelt: TRUTIGER, Regiment (s. Anm. 63), fol. B 1ʳ–B 3ᵛ; REUCHLIN, Zwey kurtze Büchlein (s. Anm. 11), fol. B 2ʳ/ᵛ; FLECK, Ein Erinnerung (s. Anm. 66), fol. A 4ʳ–B 1ʳ; THURNEISSER, Regiment (s. Anm. 67), 103.

75 Musculus führt allerdings die Pest nicht auf den Teufel zurück, sondern sieht in ihm den Verführer zu falscher Sicherheit und schlussendlicher Verzweiflung angesichts von Gottes Strafhandeln. Dass die Pest eines der Endzeitzeichen ist und dass die Pestepidemien des Reformationsjahrhunderts für ein Nahen des Weltendes zu sprechen scheinen, ist kein Thema von Musculus' Pestschrift. Solche Hinweise finden sich an anderer Stelle seines Werks. So sieht er in Mt 24,7 das Aufkommen neuer Krankheiten und das Überhandnehmen von Seuchen angekündigt, wie es um 1500 traurige Wirklichkeit zu werden schien: »was sterben, kranckheit / vnd Pestilentz belanget / ist es an dem / das dieselben [...] jmmer sich geheuffet / vnd zugenomen haben [...]. Nu aber [...] seind der selbigen so viel worden / das sie nicht mehr zu zelen / vnnd entspringen noch von iar zu iar jmer newe / vnd zuor vnerhöret seuch / das von wegen solcher / vnd so heuffiger kranckheiten / nu mehr vnter hunder menschen [...] kaum eines auffwechst / vnd jrgent 40.

reich fragt zuerst und vor allem, was seine innerweltlichen Widerfahrnisse mit Gott zu tun haben und wie er im Angesicht Gottes auf sie zu reagieren hat. Das gilt auch und gerade für die Pest, die ein an den Menschen adressiertes Gotteshandeln ist. Wie zahlreiche alttestamentliche Texte zeigen, straft Gott menschliches Fehlverhalten durch Krankheit. Musculus bezieht sich auf das 21. Kapitel des ersten Buches der Chronik, das sich als Predigttext nicht nur eignet, weil hier der Zusammenhang von göttlicher Strafe und Epidemie im Mittelpunkt steht, sondern auch, weil mit König David ein exemplarischer alttestamentlicher Frommer der Schuldige ist: Die göttliche Strafe gilt gerade den Menschen, die Gott besonders nahe sind und deren Schuld darum umso schwerer wiegt.

Musculus nutzt den biblischen Text, um zu zeigen, dass die Pest, die Mitte der 1560er Jahre in vielen märkischen Städte wütete und gerade auch in Frankfurt viele Opfer forderte, eine göttliche Strafe ist, die mit den Mit-

Oder 50. jar errecht / welches nu fast das höchste alter ist / vnd wenig darüber kommen« (A. Musculus, Vom jüngsten Tag, 1557, fol. D 2ʳ [VD16 7239]). Vierzig Jahre später – im Wissen um die großen Epidemien der 1560er und 1570er Jahre – bestätigte der Stendaler Pfarrer Daniel Schaller (1551–1630) diese Anwendung von Jesu Endzeitrede auf die eigene Gegenwart: »Aber sie sindt nun zu gewiessen Zeichen der Zukunfft Christi worden / weil nicht nur in einem Land / Stadt / vnnd Volck allein gifftige kranckheit / vnd Sterbensleufften / vnd nach langen jahren etwa einmal / sich ereignen / sondern durch alle landt der gantzen Welt grassieren / von jahren zu jahren sich heuffen vnd mehren / vnd so viel vnd geschwindt werden / das sie nicht mer alle zuzehlen sindt / vnd von Medicis schwerlich erkennet / geschweig dann / curiret können werden. Anno 1566 ist ein groß Sterben durch alle Land gewesen / welches vnzehlich viel Menschen hingenommen hat. Anno 1580 ist so ein wunderliche vnd zuuor vnerhörte Kranckheit in allen Landen durch gantz Europam entstanden / das Nachbar bey Nachbar darnieder gelegen / vnd kan noch kein Medicus wissen vnd sagen / was es eigendlich für ein Kranckheit gewesen sey. Anno 1583 haben wir balt widerumb ein frische Pestilentz darauff gehabt. So hat nun vber drey jahrlang eine newe vngewönliche flechtende Heupt vnd Brustkranckeheit hin vnd her vnter den Leuten grassiret / vnd gar schrecklichen vnnd abschewliche Symptomata oder zufell verursacht / das die Leut balt jhres witz vnnd verstandes beraubet / vnd den Tollen / Rasenden / ja wol gar vom Teuffel Leibhafftig besessenen Menschen / sind ehnlich vnd gleich gehalten worden / wer weiß wie lang solche schwere Kranckheit noch weren / vnd was mehr vnd ferner darauff folgen möchte« (D. Schaller, Herolt. Außgesandt In allen Landen offendtlich zuuerkündigen vnnd auszuruffen. Das diese Weldt mit Irem wesen bald vergehen werde / vnnd der Jüngste Gerichtstag gar nahe für der Thür sey, 1595, fol. H 2ʳ/ᵛ [VD16 S 2246]).

teln der Weltweisheit weder erklärt noch abgewendet werden kann, sondern religiöser Deutung und Bewältigung bedarf. Es mag sein, dass der Ausbruch der Pest mit bestimmten Konstellationen der Gestirne oder vergifteter Luft zu tun hat[76] und dass man sich durch menschliche Vernunft und Erfahrung vor der Pest schützen kann. Solche wissenschaftlichen Erklärungen und Schutzmaßnahmen sind aber nicht zureichend und können auf Abwege führen, indem sie den Menschen eine falscher Sicherheit vermitteln und sie vom religiösen Grundproblem der Sünde ablenken. Die »Gewiesse vnd bewerte Artzney«, die Musculus »wider die seuche der Pestilentz« anbietet, grenzt sich darum ab vom »nichtige[n] furgeben der Ertzte« und vom »Abgöttisch vertrawen / auff alle creatürliche preseruatiff vnd ertzenei«.[77] Er will zwar »die euserlichen mittel [...] nicht gantz vnd gar verworfen haben / wen man sie nur als mittel / vnd hülflose creatur / auserhalben Gottes zugetane krafft / mit wirckung / vnd willen / gebrauchet / vnd das hertz vnd vertrawen nicht daran henget«.[78] Entscheidend ist aber, dass der Mensch sich Gottes Sündenstrafe stellt und sein Verhältnis zu Gott neu bestimmt.

Das geschieht in drei unterschiedlichen Situationen: Wenn eine Pesterkrankung droht, wenn man aktuell an der Pest erkrankt ist oder wenn man der Pest absehbar erliegen wird. Für jede dieser Situationen gibt es eine geistliche Arznei, bei der es sich letztlich um ein- und dieselbe handelt: Buße. Wer noch nicht an der Pest erkrankt, soll sich nach Maßgabe des Paulus (1Kor 11,31 f) selbst richten, um nicht dem durch die Pest vollzogenen Gericht Gottes zu verfallen.[79] Es geht darum, sich seiner eigenen Sündhaf-

---

76 Solche natürlichen Erklärungen betreffen jedoch nicht die Erstursache, nämlich das göttliche Strafhandeln, sondern nur die (nicht in allen Fällen auch tatsächlich vorkommenden) Mittelursachen, dass nämlich die Pest eine Seuche ist, »welche sich von bösen zusam fügung der Planeten / von wegen finsternis der Sonnen vnnd Mondes / von böser gifftiger lufft / oder etwas anders verursachet« (MUSCULUS, Gewiesse vnd bewerte Artzney [s. Anm. 39], fol. D 7ʳ). Die Frankfurter Pestepidemie 1565 führt Musculus auf direktes göttliches Strafhandeln zurück, weil es keine natürliche Verursachung gegeben habe und die städtische Obrigkeit durch nicht näher benannte Maßnahmen die Ausbreitung »ex Contagio«, also durch Ansteckung von Mensch zu Mensch, unterbunden habe (ebd.). Musculus weiß also auch von dieser Theorie und von der Notwendigkeit von Hygiene- und Isolierungsmaßnahmen.

77 AaO., fol. D 4ʳ.

78 AaO., fol. D 4ᵛ (ebenso fol. D 5ᵛ–D 6ʳ).

79 Vgl. aaO., fol. F 8ʳ–G 2ᵛ. Das Pauluszitat findet sich auch auf der Titelseite der Schrift.

tigkeit bewusst zu sein, die eigene Sünde zu beklagen und zu bereuen und sich zu bessern. Wer an der Pest erkrankt ist, wer also vom göttlichen Strafgericht getroffen ist, muss vor Gott seine Sünde bekennen, um Vergebung flehen und auf Gottes »zusage vnd verheischung« vertrauen.[80] Im Fall des Scheiterns von Vorsorge und Behandlung, wenn der an der Pest erkrankte Christ mit dem Tod zu rechnen hat, muss er sich in Gottes Willen ergeben und darf getrost sterben.[81] Wer das nicht vermag, weil sein Gottvertrauen durch die Erkrankung erschüttert ist, muss in Gottes Strafhandeln den Heilswillen Gottes zu erkennen versuchen, wie er in der Bibel bezeugt ist, etwa in Röm 8,28–39. Denn für den Christen bedeutet Gottes Strafhandeln nicht Zorn, sondern Erlösung.

Wie diese dreifache Reaktion des Christen auf die Pest genau umzusetzen ist, führt Musculus nicht aus. Zwar bietet er zahlreiche biblische Beispiele, die zeigen, was gemeint ist, aber das Wissen darum, wie solche Buße praktiziert wird, setzt er bei seinen Adressaten voraus. Im Blick sind dabei sowohl individuelle als auch kollektive Frömmigkeitsformen, etwa die häusliche Lektüre und Meditation, das Gebet,[82] das Singen von geistlichen Liedern,[83] der Kontakt zum Seelsorger,[84] der Besuch des Gottesdiensts oder der Empfang des Abendmahls. Der Gottesdienst hatte im Reformationsjahrhundert zentrale Bedeutung für die Bewältigung von Seuchen. Gerade

---

80 AaO., fol. G 2ᵛ–H 1ʳ.
81 Vgl. aaO., fol. H 1ʳ–J 1ᵛ.
82 Die Gebete für Kranke und Sterbende in den in der Mark verbreiteten lutherischen Gebetbüchern, etwa in Andreas Musculus' *Betbüchlein* (1559, VD16 M 7124), nehmen nicht direkt Bezug auf die Pestbedrohung. Nicht zuletzt deshalb hat wohl Wolfgang Peristerus sein Erbauungsbuch zusammengestellt (s. Anm. 44). Willich fügt der zweiten Ausgabe seiner Schrift *Wie man sich in einer stadt für der Pestilentz behüten sol vnd möchte* von 1549 (VD16 W 3297) »Ein gebet zu Gott in diser nodt« hinzu (aaO., fol. B 7ʳ/ᵛ) und Musculus bietet im Anhang seiner Schrift drei Bittgebete zur Verwendung im Gottesdienst und ein Dankgebet für die Zeit nach dem Ende der Epidemie (MUSCULUS, Gewisse vnd bewerte Artzney [s. Anm. 39], fol. M 8ᵛ–N 8ʳ).
83 Es gab auch die Gattung des Pestlieds: A. MAŃKO-MATYSIAK, Pestlieder und ihre Bedeutung im frühneuzeitlichen Kommunikationszeitalter (I.A.H.-Bulletin 37, 2009, 217–228). Zu den brandenburgischen Pestliedern s. Anm. 48.
84 Wie die Krankenseelsorge vor sich gehen soll, zeigen die in den Brandenburgischen Kirchenordnungen von 1540 und 1572 enthaltenen Anweisungen (Quellen zur brandenburgischen Reformationsgeschichte [s. Anm. 11], 1048–1064.1437–1445).

in Pestzeiten versammelten sich die Menschen zum Gottesdienst,[85] um sich in der Predigt die Zeitläufe deuten und zum christlichen Leben in der gegenwärtigen Not anleiten zu lassen, um gemeinsam die Litanei, die von Martin Luther wieder in den evangelischen Gottesdienst integriert worden war und auch in der Mark Brandenburg eine große Rolle spielte,[86] zu singen und für die Erkrankten zu beten.[87] Wichtig war auch der Empfang des Altarsakraments mit der darauf vorbereitenden Beichte. Musculus berichtet, dass sich beim Pestausbruch in Frankfurt (Oder) 1565

> viel frommer Christen [...] teglich geschickt vnd fertig gemacht haben / mit fleißiger anhörung Gottes wort / vnd teglichem gebrauch des heiligen Abendmals des Herrn Christi / also / das wir alle wochen / in die acht vnd neunhundert ja auch bis in die tausent Communicanten gehabt haben.[88]

Man fragt sich, wie die Frankfurter Geistlichen bei einem solchen Andrang die Vielzahl von – wenn auch in der Regel kurzen und formalisierten –

---

85 Im späten Mittelalter und der frühen Neuzeit gehört der Gemeindegottesdienst zu den sozialen Vollzügen, die nicht von den Beschränkungen des Gemeinschaftslebens in Seuchenzeiten betroffen waren, denn »ein Verbot des Gottesdienstes hätte *die* Sünde, die nach Ansicht vieler Geistlicher in erster Linie für die Pest verantwortlich war, nämlich die ›Versaumnuß deß GOttesdiensts‹ nur noch potenziert und so die Pest perpetuiert« (O. Ulbricht, Gelebter Glaube in Pestwellen 1580–1720 [in: Im Zeichen der Krise. Religiosität im Europa des 17. Jahrhunderts, hg. v. H. Lehmann / A.-Ch. Trepp, 1999, 159–188], 170). Weil die kollektive Frömmigkeitspraxis nicht ohne Risiko war, wurden etwa in Nürnberg Maßnahmen zur Vermeidung von Ansteckung ergriffen, etwa die Predigt verkürzt, die Beichte nicht in der Kirche abgenommen und bei der Kommunion der Rand des Abendmahlskelchs mit einer Reinigungsflüssigkeit abgewischt (C. Porzelt, Die Pest in Nürnberg. Leben und Herrschen in Pestzeiten [1562–1713], 2000, 165 f.). Hinweise für den Gottesdienst in Landgemeinden, wo ein einzelner Pfarrer oft für mehrere Dörfer zuständig war, gibt F. Balduin, Tractatus luculentus posthumus, toti reipublicae christianae utilissimus, de materia rarissime antehac enucleata, casibus nimirum conscientiae, 1628, 1098–1110 (VD17 12:107715).

86 Die Brandenburgische Kirchenordnung von 1540 enthält die von Luther revidierte Litanei, in der auch um die Bewahrung vor der Pest gebetet wird (Quellen zur brandenburgischen Reformationsgeschichte [s. Anm. 11], 1045 f.). Wo in der Kirchenordnung die Übel aufgezählt werden, findet in der Regel auch die Pest Erwähnung (aaO., 814.845.849.967).

87 So rät Willich dem Pestkranken, dass er »in der gemeine Gottes« für sich bitten lasse (Willich, Wie man denen helffen sol [s. Anm. 55], fol. A 2ᵛ).

88 Musculus, Gewiesse vnd bewerte Artzney (s. Anm. 39), fol. B 3ᵛ–B 4ʳ (s.a. fol. M 7ᵛ).

Beichtgesprächen geführt haben und wie diese täglichen Abendmahlsgottesdienste mit den den Tod fürchtenden Kommunikanten vor sich gingen.

Dass man sich angesichts der Pestbedrohung Gott zu stellen hat, heißt für Musculus übrigens auch, dass Christen nicht vor der Pest fliehen.[89] Er urteilt in dieser Sache anders als Luther. Die Flucht ist nicht nur denen verboten, die Verantwortung für ihre Mitmenschen vor Ort tragen, sondern überhaupt allen Menschen, weil die Pest eine Sündenstrafe ist, die alle betrifft. Während man anderen Übeln durchaus ausweichen darf, muss man sich diesem stellen – zielt es doch auf die Besserung des Menschen und kann man es im Vertrauen auf Gottes heilvolle Zuwendung ertragen. Dieses Vertrauen speist sich besonders aus einem biblischen Text, den Musculus mehrfach anführt und der im ganzen Luthertum zentrale Bedeutung für die religiöse Bewältigung der Pest hat: Psalm 91.[90] Das Moment der göttlichen Verheißung ist also auch bei Musculus präsent, allerdings wird es von der energischen Bußpredigt an den Rand gedrängt und kann seine tröstliche Wirkung kaum entfalten.

Es gibt einiges, wovon bei Musculus keine Rede ist. So werden in seiner Pestschrift keine mit der lutherischen Frömmigkeitspraxis in Spannung stehenden Praktiken erwähnt. Nicht einmal eine Abgrenzung von der Papstkirche hält er für notwendig. Das lässt vermuten, dass die spätmittelalterliche Pestfrömmigkeit im frühneuzeitlichen Luthertum nicht mehr präsent war, dass etwa in der zweiten Hälfte des 16. Jahrhunderts in der Mark Brandenburg die Pestheiligen keine Rolle mehr spielten, man die Pestbedrohung nicht mit guten Werken abzuwehren versuchte oder kirchliche Heilsmittel apotropäisch umfunktionierte.[91] Auch die Erklärungen

89 Vgl. aaO., fol. J 1v–M 8v.
90 Vgl. aaO., fol. D 1v–D 2r.fol. D 3v.fol. G 1v–G 2r. Für den Krankenseelsorger gehört Ps 91 zu den Gebeten am Krankenbett (Quellen zur brandenburgischen Reformationsgeschichte [s. Anm. 11], 1059f).
91 Auch in den gedruckt vorliegenden Chroniken, Visitationsabschieden und Konsistorialentscheidungen findet sich zu solchen und ähnlichen Praktiken nichts. Die Entwicklung dürfte in der Mark Brandenburg mit einer gewissen zeitlichen Verschiebung kaum anders verlaufen sein als in der Stadt Nürnberg, wo seit den 1520er Jahren binnen weniger Jahrzehnte die traditionelle Frömmigkeit einem neuen Umgang mit der Pest Platz machte, der allerdings auch traditionelle Elemente integrierte (vgl. R. K. RITTGERS, Protestants and Plagues. The Case of the 1562/63 Pest in Nürnberg [in: Piety and Plague.

und Mittel, die der von der weltlichen und kirchlichen Obrigkeit kritisch betrachtete Volksglaube anbot,[92] scheinen in der zweiten Hälfte des Reformationsjahrhunderts keine größere Rolle gespielt haben. Die Pestschriften der märkischen Geistlichen und Mediziner deuten jedenfalls nicht darauf hin, dass hier ein Problem bestand. Das Verhältnis des Luthertums zur spätmittelalterlichen Tradition und zum Volksglauben bedarf allerdings weiterer Forschung. Ein Indiz, dass sich solche Forschung lohnt, bietet der Pesttraktat Reuchlins, der nicht nur dazu rät, »Gotts wort vleissig [zu] hören vnd [zu] lesen«, sondern auch »dem Hertzen dasselbige vor ein Amulet aber Alexiterion an[zu]hängen / das es von der gifftigen Lufft desto weniger kann gekrenckt werden«.[93] Dieser Rat erinnert an die Verwendung von Pestblättern,[94] die man sich im späten Mittelalter umhängte und die apotropäisch wirken, oder von metallenen Duftgefäßen,[95] die am Körper getragen wurden und vor der Pest schützen sollten. Allerdings handelt es sich um ein verinnerlichtes und vergeistigtes »Amulett«, das gleichwohl nicht nur ein Placebo ist: Reuchlin spricht dem Hören und Lesen des Gottesworts eine in die physische Welt hineinreichende medizinische Wirkung zu. Diese Erwartung ist in den lutherischen Pesttraktaten immer wieder belegt und sie hat Entsprechungen in anderen Vorstellungen und Praktiken der lutherischen Konfessionskultur.[96] Es stellt sich die Frage, ob und inwie-

From Byzantium to the Baroque, hg. v. F. MORMANDO / TH. WORCESTER, 2007, 132–155]; vgl. KLAUS, Veit Dietrich [s. Anm. 33], 224 f).

92 Vgl. P. SARTORI, Art. Pest (HdA 6, 1934/35, 1497–1522).

93 REUCHLIN, Zwey kurtze Büchlein (s. Anm. 64), fol. B 2ʳ. Die »Amuletum« betitelte Schrift (s. Anm. 65) zeigt, was Reuchlin noch unter einem Amulett verstehen kann: Die Maßregeln der medinischen Fachleute für die persönliche Vorsorge. Es ist deutlich, dass Reuchlin nur im übertragenen Sinne von einem Amulett spricht.

94 Vgl. ESSER, Pest (s. Anm. 9), 313 f.

95 Thurneisser empfiehlt, »besundere Sacculos Amuleticos / von gifftvertreibenden spetien für das hertz [zu] hencken / Je nach eines jeden menschen Complex / Art und eigenschafft seiner natur / zubereitet. Bey den Appotheckhern find man zugerichte Poma / welche man auch in henden tragen mag« (THURNEISSER, Regiment [s. Anm. 67], 105; ähnlich FLECK, Ein Erinnerung [s. Anm. 66], fol. H 2ᵛ–H 4ʳ). ›Pomum‹ bezeichnet den Bisam-Apfel, ein Gefäß, in dem unterschiedliche wohlriechende Substanzen aufbewahrt wurden.

96 Das Luthertum schätzte seit jeher das Gotteswort und das Gebet als Heilmittel (vgl. Luthers Hinweise zur geistlichen Therapie bei psychischen Erkrankungen: WAB 11; 111 f,

weit sich diese mit mittelalterlichen Frömmigkeitspraktiken und Vorstellungen des Volksglaubens überschnitten.[97]

c. Ein Beispiel für die Verkündigung in Pestzeiten: Diagnose und Therapie der Pest nach Stephan Prätorius 1598

Wie brandenburgische Geistliche in Zeiten der Pest ihre Gemeinde zum Umgang mit dieser Herausforderung anleiteten, zeigen die Erbauungsschriften des Salzwedeler Pfarrers Stephan Prätorius vom Ende des 16. Jahrhunderts.[98] Im Herbst des Jahres 1598, in dem Salzwedel von der Pest schwer getroffen worden war, veröffentlichte der Pfarrer der in der Neustadt gelegenen Katharinenkirche seine Schrift *Von der Pest / Woher sie kome / wie sich wider jren anlauff bewaren / vnd sich auch wider sie trösten solle.* Prätorius warnt davor, die Pest als reines Naturphänomen misszuverstehen, als handele es sich bei ihr nur um ein »contagium [...] durch Cometen / Finsternissen / Gestirne / vnd andere natürliche mittel gewircket«.[99] Vielmehr ist sie »ein ernste straffe Gottes« und hat eine tiefere Ursache, die das Gotteswort anzeigt. Was damit gemeint ist, zeigt das Titelblatt mit

Nr. 4120; hierzu: H. DOEBERT, Die Krankenheilung in der Amtsführung Luthers [Luther 35, 1964, 89–97]). Die dem »gesprochene[n] und gehörte[n] Wort« zugeschriebene »Heilkraft« konnte in der lutherischen Volksfrömmigkeit auf das »gedruckte[] Wort Gottes« übertragen und mit magischen Vorstellungen und Praktiken verbunden werden (R. DÜRR, Prophetie und Wunderglaube – zu den kulturellen Folgen der Reformation [HZ 281, 2005, 3–32], 23f). Die »evangelische[] Betonung von Gottes Wort als mächtigster und heiligster religiöser Erfahrung« führte zu »evangelischen Versionen des mittelalterlichen Gebrauchs von Amuletten, deren Wirksamkeit von den daraufgeschriebenen Bibelworten abhing« (R. W. SCRIBNER, Die Auswirkungen der Reformation auf das Alltagsleben [in: DERS., Religion und Kultur in Deutschland 1400–1800, 2002], 316f).

97 So rechnete man mit einer quasi magischen Wirkung religiöser Objekte. Das zeigt ein Strafprozess, der nichts mit der Pest zu tun hat: Elsa Krause aus Neuruppin wurde im Jahr 1576 wegen des zauberischen Missbrauchs von Hostien und der Giftmischerei angeklagt. Die Frau gab zu, eine ungeweihte Hostie unter den Altar gelegt und nach der Abendmahlsfeier an sich genommen zu haben, um diese in einer Büchse unter ihre Bierfässer zu legen, um das saure Bier zu verbessern, ohne damit aber Erfolg gehabt zu haben (Geheimes Staatsarchiv Preußischer Kulturbesitz Berlin, I. HA, Rep. 49 N, Nr. 20, fol. 2r/v).

98 Zu Prätorius' Wirken als »Pestpfarrer« im 1581 und 1598/99 schwer von Pestepidemien getroffenen Salzwedel: DÜKER, Freudenchristentum (s. Anm. 45), 47–52 u.ö.

99 PRÄTORIUS, Von der Pest (s. Anm. 47), fol. A 2r.

einer an Jer 21,6 und 22,9 angelehnten Zusammenfassung der biblischen Gerichtsbotschaft: »Jch will das Volck schlagen / mit einer grossen Pestilentz / Darumb das sie meinen bund verlassen haben / nemlich den bund des Glaubens vnd des guten Gewissens«.[100] Die Sünde, die Gott straft, ist eine dreifache: die Verachtung des Gottesworts, die Geringschätzung des Heilsglaubens und die Verweigerung der Nächstenliebe.[101] Es handelt sich also nicht um moralische Verfehlungen oder gar um etwas, was man anderen in die Schuhe schieben kann, sondern darum, dass »[a]n vielen Lutherischen örtern [...] das liebe Euangelion des geschenckten heils also nicht geprediget [wird] / wie es vns von S. Paulo vnd Luthero ist geprediget worden«, oder dass das recht geprediget Evangelium von den Menschen geringgeschätzt wird: »Sie nemens nicht mit liebe an«, sie »erkennen jr heil nicht daraus« und sie »appliciren jnen auch die gnade nicht / durch einen waren glauben«.[102]

---

100 AaO., fol. A 1ʳ. Auf der Rückseite des Titelblatts folgen noch auf Jes 43 und Jes 45 basierende Aussagen über Gottes souveränes Gerichts- und Gnadenwirken.

101 1. Hauptteil (»Vrsachen der Pest«): aaO., fol. A 3ʳ–A 4ᵛ.

102 AaO., fol. A 3ᵛ. Angeführt werden oben nur drei von zehn Punkten des falschen Umgangs mit dem recht gepredigten Evangelium. Was der erste Teil skizziert, wird in der zweiten Pestschrift, die Prätorius im Herbst 1598 veröffentlichte, weiter ausgeführt (DERS., Heubtursachen [s. Anm. 47]). Obwohl das Spektrum der Übel um den Krieg erweitert ist, bleibt der Fokus auf der Salzwedel treffenden Epidemie. Wie in der einige Wochen zuvor veröffentlichten Schrift weist Prätorius wieder auf die Ursache der die Menschen treffenden Übel hin: es sind »grosse Landstraffen«, mit denen Gott »die verachtung des worts / des rechten waren Glaubens / vnd des gantzen Reichs Jesu Christi« sanktioniert (DERS., Pest, fol. A 2ʳ). Er benennt auch eine weitere Sünde, derer sich viele schuldig machen, die er aber im Folgenden nicht eigens behandeln will: »die sünde in den heiligen Geist / welche so schrecklich ist / das nicht kann vergeben werden« (aaO., fol. A 3ʳ). Während die erste und zweite Ursache (Verachtung des Evangeliums, Geringschätzung des Glaubens) in beiden Schriften dieselbe sind, wobei in der zweiten Schrift die Verachtung des Evangeliums wie in der ersten Schrift mit biblischen Texten belegt wird, die Geringschätzung des Glaubens aber mit Ausführungen der lutherischen Bekenntnisschriften (Augsburgisches Bekenntnis, Apologie der CA, Konkordienformel), wird als dritte eine andere Ursache genannt: Für die zweite Schrift ist die Missachtung des Gottesreichs, in dem Christen primär zu leben haben (vgl. die von Luther gelehrte Asymmetrie der beiden Regimente Gottes: A. STEGMANN, Martin Luthers Auffassung vom christlichen Leben [BHTh 175]], 2014, 408), und zwar durch Teilhabe an Verkündigung und Sakra-

Der göttlichen Strafe ist vor allem »mit einem busfertigen vnd gleubigen hertzen« zu begegnen, zumal sich der Zweck der Pest nicht im Strafen erschöpft, sondern weil sie »mit ist eine probirung vnsers Glaubens / vnd eine güldene kette / mit welcher vns Gott an sich zihen wil«.[103] Gott prüft durch die Strafe den Glauben der Christen und will sie so enger an sich binden (vgl. Röm 5,3–5). Prätorius gibt den »frome[n] Christen« darum den »Raht«, die Strafe willig zu erdulden, an der Hoffnung auf göttliche Errettung festzuhalten und Gott beständig anzurufen, um so die Pest geistlich zu überstehen.[104]

Auch wenn diese Ratschläge durch zumeist dem Alten Testament entnommene biblische Belegstellen autorisiert sind, weiß der Seelsorger Prätorius, dass seine durch die Epidemie zutiefst verunsicherten Adressaten mehr als den Hinweis auf die Dialektik von Gesetz und Evangelium brauchen. Deshalb stellt er ihnen auch Gottes Rettungshandeln vor Augen, das den eigentlichen »Trost Wider die Pest« bietet.[105] Nicht der Strafcharakter der Pest ist entscheidend, sondern der dem Gerichtsereignis der Pest entgegengesetzte Glaubenstrost, der sich auf die göttliche Bewahrung (*defensio*), Befreiung (*liberatio*) und Lebendigmachung (*vivificatio*) angesichts des das Leben bedrohenden und verschlingenden Übels verlassen darf. Unter den zahlreichen alttestamentlichen Zitaten, die zur Bekräftigung dieses dreifachen Trosts angeführt werden, findet sich auch Psalm 91:

> Weil deine zuuersicht ist vnter seinen flügeln / So wird er dich mit seinen fittichen decken für der Pestilentz / die im finstern schleicht. Denn er hat seinen Engeln befohlen vber dir / das sie dich behüten auff allen deinen wegen / ja das sie dich auff den henden tragen.[106]

Die kurze Schrift endet mit einem Ausblick auf die endzeitliche Auferweckung und die zukünftige himmlische Heimstatt der Glaubenden, die

---

ment, die dritte Ursache, die mit einem langen Zitat aus einer Predigt Luthers entfaltet wird.

103 PRÄTORIUS, Von der Pest (s. Anm. 47), fol. A 2ᵛ.

104 2. Hauptteil (»Raht / für frome Christen«): aaO., fol. A 4ᵛ–A 6ᵛ.

105 3. Hauptteil (»Trost Wider die Pest«): aaO., fol. A 6ʳ–A 8ʳ.

106 AaO., fol. A 6ᵛ. Das Trostwort ist kein Zitat, sondern eine Komposition aus unterschiedlichen Versen des Psalms. Weitere Verse von Ps 91 werden auch auf der Folgeseite (fol. A 7ʳ) angeführt.

mit einigen knappen Strichen vor Augen gestellt werden.[107] Das Luthertum verbindet ja das Vertrauen auf die gegenwärtige Hilfe Gottes mit der Erwartung der zukünftigen Seligkeit und bietet damit unterschiedliche Anknüpfungspunkte für die Entfaltung des ›Freudenchristentums‹.[108] Für den Salzwedeler Pfarrer ist es »ein gewaltiger trost«, dass, »wer den Son sihet / vnd gleubt an jn«, »das ewige Leben« hat und Christus ihn »aufferwecken [wird] am jüngsten tage« (Joh 6,40).[109] Dann werden die Glaubenden

> aufferweckt werden in der gerechtigkeit vnd klarheit Jesu Christi / vnd vnser hertzen werden sich ewiglich frewen / vnd nicht mehr trawrig sein noch weinen. Da wird kein Teufel noch bös Mensch mehr sein / vns zu plagen. Wir werden wonen in heusern des friedes / one hitz vnd kelte / vnd jeniges vngemach [...] Vnd werden Gotte singen ein ewiges Halleluja.[110]

Die Schrift, die die Pest als Sündenstrafe begreiflich machen will, endet so mit dem für das Luthertum entscheidenden »ander wort«, der göttlichen »vorheyschung und zusagung«: dem Evangelium vom neuen Leben, das Gott schenkt und das sich in der Gemeinschaft mit Gott verwirklicht.[111] Der Skopus dieser Pestdeutung liegt damit nicht in der Demütigung durch die Gerichtspredigt, sondern in der Tröstung durch die Predigt des Evangeliums, die die Buße als Umkehr zum neuen Leben versteht. In Prätorius' Versuch, seine Gemeinde nicht nur durch die Bußpredigt aufzuschrecken, sondern auch durch die Gnadenpredigt zu trösten, spiegelt sich Luthers Nachdenken über die Anfechtung wider, wie es sich etwa in den *Operationes in Psalmos* oder in *De servo arbitrio* findet. Die lutherische Pestpredigt stellt sich dem verborgenen Gott in seinem zornigen Gerichtshandeln, ver-

---

107 Vgl. aaO., fol. A 7ᵛ–A 8ʳ.
108 Zur futurischen Erwartung im Luthertum: F. A. KURZMANN, Die Rede vom Jüngsten Gericht in den Konfessionen der Frühen Neuzeit, 2019. Kurzmann behandelt auch Bartholomäus Ringwaldt (aaO., 211–226), der zur selben Zeit, in der sein altmärkischer Kollege Stephan Prätorius seine Erbauungsschriften verfasst, die lutherische Endzeiterwartung entfaltet.
109 PRÄTORIUS, Von der Pest (s. Anm. 47), fol. A 7ᵛ–A 8ʳ.
110 AaO., fol. A 8ʳ.
111 Vgl. die klassische Darstellung der Dialektik von Gesetz und Evangelium in Martin Luthers Freiheitsschrift von 1520: WA 7; 23,24–24,21 (52,20–53,14). Was Luther mit dem »ander wort« meint, zeigt O. BAYER, Martin Luthers Theologie. Eine Vergegenwärtigung, ⁴2016, 53–56.

weist aber immer auch auf den offenbaren Gott mit seinem barmherzigen Gnadenhandeln, um so einzuüben, »bei Gott gegen Gott Zuflucht zu suchen« (ad deum contra deum confugere).[112]

2. Die ›andere Arznei‹

Auch wenn die lutherischen Theologen und Mediziner die Pest einmütig als göttliche Sündenstrafe betrachten und die Bedeutsamkeit der geistlichen Arznei herausstellen, bezweifeln sie nicht, dass es sich bei der Pest um ein Naturphänomen handelt, das menschlichem Verstehen zugänglich ist und medizinischer Behandlung bedarf. Nach Thurneisser gilt es, nicht nur »den rechten warhafften Artzte Christum Iesum Rahts zu[o] fragen« und sich »seins heiligen Worts / vnd des Ministerij krafft / für ein praeseruatiff / nicht allein wider der Seelen ewige Sucht vnd kranckheit [...] sunder auch für die leibliche Pestilentz« zu bedienen, sondern auch »die von Gott erschaffne mittel [...] nach getruwer / weiser / vnd der Medicin erfarnen Doctorum vnd artzten Lehr vnd raht / ohne allen aberglauben / frey ohne sünde wol [zu] brauchen«.[113] Gott ist also nicht nur der Verursacher der Pest, sondern hat auch Mittel zur Verfügung gestellt, mit man denen man der von ihm verhängte Strafe entgehen oder sie abmildern kann. Darüber, wie sich diese offenkundige Spannung im Gottesbild erklären oder auflösen lässt, denken die Autoren der religiösen und medizinischen Pestschriften nicht nach. Gott ist für sie beides: Urheber der Pest und Helfer gegen die Pest. Es scheint, als hätten sie sich an Luthers Rat gehalten, nicht weiter über das Verhältnis von offenbarem und verborgenem Gott nachzudenken (quae supra nos, nihil ad nos).[114]

---

112 AWA 2; 368,30f (Auslegung von Ps 6,2 in den *Operationes in Psalmos*; weitere ähnliche Aussagen finden sich in den vorangehenden Abschnitten). Luthers Darstellung von Christi Leiden und Anfechtung (Ps 22,2: WA 5; 598,21–608,22) und des Leidens und der Anfechtung des Christen (Ps 22,8f; WA 5; 620,4–624,3) zeigen, dass der Zusammenhang von Buße und Trost theologisch anspruchsvoll zu denken und existentiell schwer plausibel zu machen ist.

113 THURNEISSER, Regiment (s. Anm. 67), 103.

114 Vgl. WA 18; 685,1–24 (*De servo arbitrio*, 1525). Dass die Deutung von Seuchen und Katastrophen als göttlicher Strafe im spätmittelalterlich-frühneuzeitlichen Christentum nicht zur Theodizee-Frage, sondern zu einer Intensivierung der Frömmigkeit führte, die angesichts der göttlichen Strafe auf göttliche Hilfe setzte, muss nicht als Selbstwider-

a. Ursachen der Pest nach Meinung der Mediziner

Dass es sich bei der Pest um eine bakterielle Infektion handelte, die von Ratten über Flöhe auf den Menschen übertragen wird und sich auch durch den Kontakt von Mensch zu Mensch verbreiten kann, wusste man im 16. Jahrhundert nicht. Man erklärte sich das Entstehen der Krankheit in Anlehnung an antike Lehren als ein Säfteungleichgewicht im Körper, das durch äußere Einflüsse wie Verunreinigung der Luft ausgelöst werde.[115] Die äußeren Einflüsse wurden auch mit ungünstigen Gestirnkonstellationen oder dem Auftreten von Kometen in Zusammenhang gebracht. Diese Iatroastrologie, Miasmatheorie und Humoralpathologie kombinierenden Herleitungen der Pest konnten mit der neuartigen Vorstellung verbunden werden, dass die Pest durch infektiöse Partikel verursacht werde und dass Pesterkrankte selbst infektiös seien und die Infektion durch Kontakt weitergeben könnten.[116]

Doch wie auch immer die lutherischen Mediziner die Pest erklären, so machen sie doch stets deutlich, dass ihre natürlichen Erklärungsversuche eine Grenze haben. So zeigt Trutiger etwa, dass bestimmte Konstellationen der Gestirne zwar immer wieder mit Pestepidemien einhergehen und dass es in der unmittelbaren Zukunft wieder zu solchen Gestirnkonstellationen kommen wird. Allerdings ist der Zusammenhang von Gestirnen und Krankheitsausbrüchen nicht der einer unaufhaltsamen Naturnotwendigkeit, denn für den Christen ist klar, dass die Pest letztlich eine göttliche

spruch verstanden werden, sondern hat eine nicht gering zu schätzende Plausibilität: »Denn ›in der Strafe selbst lag auch die Gnade‹ [A. Borst], insofern der Mensch Gottes gerechten Zorn als Herausforderung wahrnehmen und ihm religiös begegnen konnte« (ESSER, Pest [s. Anm. 9], 320).

115 Einen Überblick über die vielfältigen, oftmals miteinander kombinierten Erklärungen der Pest in der Frühen Neuzeit geben: J. WERFRING, Der Ursprung der Pestilenz. Zur Ätiologie der Pest im loimographischen Diskurs der frühen Neuzeit, ²1999; N. BULST, Die Pest verstehen. Wahrnehmungen, Deutungen und Reaktionen im Mittelalter und in der Frühen Neuzeit (in: Naturkatastrophen. Beiträge zu ihrer Deutung, Wahrnehmung und Darstellung in Text und Bild von der Antike bis ins 20. Jahrhundert, hg. v. D. GROH u. a., 2003, 145–163).

116 Einen Überblick über die im Reformationsjahrhundert diskutierten natürlichen Ursachen der Pest gibt MUSCULUS, Gewiesse vnd bewerte Artzney (s. Anm. 39], fol. E 6ᵛ–E 7ʳ.

Strafe ist, dass also der Pestausbruch auch vom menschlichen Verhalten Gott gegenüber abhängt:

> Doch wil ich diß nicht also verstanden haben / als müste das geschehen / vnd köndte nicht anders sein / denn das je gewiß ist / das ein recht Christlich gebet / so in rechter / ernster rewe vnd busse / vnd festem glauben geschicht / allerley woluerdienet vnglück vnd straffen / von dem ewigen / allmechtigen / barmhertzigen vnd freywilligem Gott / der an der gestirne lauff / influentz vnd neigung mit nichte gebunden / abwendung / auffschub / vnd linderung derselben erhalten vnd erlangen kan.[117]

Die religiöse und die medizinische Erklärung der Pest konkurrieren also nicht miteinander, sondern sind komplementär, ja sie werden miteinander verbunden, um die Menschen umfassend zur Bewältigung der Herausforderung durch die Pest anzuleiten.[118]

117 TRUTIGER, Regiment (s. Anm. 63), fol. A 5ᵛ–A 6ʳ. Vgl. die die Vorrede abschließende Bitte um göttliche Bewahrung, die auf das Heilswirken Christi und die Gegenwart des Heiligen Geistes rekurriert und auf wahre Buße der Menschen hofft: aaO., fol. A 7ᵛ–A 8ʳ.
118 Es ist wenig überzeugend, dass Matthias Lang (DERS., Der Vrsprung [s. Anm. 12]) eine latente, wenn auch üblicherweise mit Hilfe der aristotelischen Ursachenlehre überbrückte Konkurrenz von theologischer und medizinischer Pesterklärung postuliert und dem Luthertum einen religiös motivierten, vom voluntaristischen Gottesbild des Ockhamismus inspirierten Irrationalismus unterstellt, der sich einer vernünftigen Erklärung der Pest letztlich verweigere. Warum es gerade die ›Contagionslehre‹ gewesen sein soll, die die latente Konkurrenz des theologischen und des medizinischen Wahrheitsanspruchs offengelegt und manche Theologen zu einer Distanzierung von der Medizin veranlasst haben soll, wird von Lang nur unzureichend begründet und entfaltet. Die Ursachen der Pest werden in der Tat in den meisten Pestschriften erörtert und Geistliche und Ärzte setzen hier unterschiedliche Akzente, aber dieses Thema hat bei weitem nicht die Bedeutung, die Lang ihm zuspricht, und die unterschiedlichen Akzentsetzungen erklären sich aus den unterschiedlichen Kompetenzen und Zielsetzungen der Theologen und Mediziner. Was die Frage lutherischer Vernunftskepsis angeht, versäumt Lang es, den Vorbehalt gegen die weltliche Vernunft präzise zu bestimmen. Wichtiger wäre eine Erörterung des zugrundeliegenden Weltverständnisses gewesen, das den alles bestimmenden religiösen Ansatzpunkt mit einer bewussten Weltzuwendung verbindet und darum beide Aspekte – die Qualifizierung der Pest als Sündenstrafe und ihre Betrachtung als hygienisch-medizinisches Problem – zusammenzuhalten vermag. Dass es eine Konvergenz von medizinischer und religiöser Betrachtung der Pest gibt, bestätigt Erik A. Heinrichs (DERS., Plague [s. Anm. 12]).

b. Medizinische Ratschläge zur Prävention

Die ›andere Arznei‹ umfasst unterschiedliche Maßnahmen. Grundlegend ist die individuelle Prävention. So bezeichnet Willich in seinem ersten Pesttraktat nicht medizinische Präparate zur Behandlung von Pestkranken als »ander ertzney«, sondern Maßnahmen zur Vorbeugung. Weil als Auslöser der Pest Störungen des Gleichgewichts in der umgebenden Natur und im Körper gelten, geht es hier vor allem darum, wie man die gesunde Ausgeglichenheit bewahren oder wiederherstellen kann. Die sechs Punkte von Willichs anderer Arznei[119] sind nichts anderes als die an eine drohende Pesterkrankung angepassten Grundregeln der mittelalterlichen Diätetik, wie sie die *Regimina sanitatis* als »Muster gesunder Lebensführung« vor Augen stellen:

> 1. Umgang mit Licht und Luft, Wasser und Wärme, Boden und Klima (aer); 2. Kultivierung der Lebensmittel im engeren Sinne (cibus und potus); 3. die Rhythmisierung des Alltags durch Wechsel von Bewegung und Ruhe (motus und quies); 4. Kultivierung von Schlafen und Wachen im Rhythmus von Tag und Nacht (somnus und vigilia); 5. Beachtung von Ausscheidungen und Absonderungen (excreta und secreta), darin eingeschlossen die Badekultur und die Sexualhygiene; 6. Beherrschung der Affekte und Emotionen (affectus animi).[120]

Diese sechs Punkte finden sich in unterschiedlicher Form in allen Pesttraktaten, sie bilden das Grundgerüst der Empfehlungen zur Vorsorge und werden in der Regel breit ausgeführt.[121] Ergänzt werden sie durch unterschiedliche Ratschläge, wie »die versamlung vnd zuhauffkomung des Volcks / vnd vieler Personen« zu meiden,[122] sowie durch den Hinweis auf Substanzen und Mixturen, die einzunehmen, zu kauen, aufzutragen, am Körper zu tragen oder im Krankenzimmer zu verbrennen sind, um sich vor der Ansteckung zu schützen.[123] Willich beschließt seine Ratschläge zur Vor-

---

119 Vgl. Willich, Wie man sich in einer stadt (s. Anm. 55), fol. A 2ᵛ–B 4ᵛ.
120 H. Schipperges, Art. Medizin. A. Westen (LMA 6, 1993, 452–459), 457.
121 Beispielsweise bei Fleck, Ein Erinnerung (s. Anm. 66), fol. F 2ᵛ, sowie Kap. 5 und Kap. 14–20 des zweiten Teils. Die sechs Punkte bilden auch die Grundstruktur von Helands Ausführungen zur Vorsorge (Ders., Ein Nützlicher Vnterricht [s. Anm. 69], fol. A 1ᵛ–F 1ᵛ).
122 Fleck, Ein Erinnerung (s. Anm. 66), fol. J 3ᵛ.
123 Vgl. Trutiger, Regiment (s. Anm. 63), fol. B 4ʳ–C 6ʳ; Reuchlin, Zwey kurtze Büchlein (s. Anm. 64), fol. B 2ᵛ–F 2ᵛ; Fleck, Ein Erinnerung (s. Anm. 66), fol. G 2ʳ–J 3ᵛ, fol. L 3ᵛ–N

sorge mit der Grundregel für den Pestausbruch, die sich in vielen Varianten in der ganzen Pestliteratur der frühen Neuzeit findet: »dz man bald flihe / vnd weit / vnd langsam widerkom«.[124] Man muss sich also nicht nur um gesunde Lebensführung und Vorsorge bemühen, sondern auch Distanz zu den Erkrankten halten. Tatsächlich dürften das Bemühen um Hygiene, die Isolierung der Erkrankten und die Vorsichtsmaßnahmen im Umgang mit ihnen die entscheidenden Vorsorgemaßnahmen gewesen sein, während die Befolgung der diätetischen Regeln kaum präventive Wirkung entfaltete.

Mehrere Mediziner behandeln einen Sonderfall individueller Prävention: wie sich die Geistlichen schützen können, die zu Pestkranken kommen. Denn gerade in Pestzeiten waren die Seelsorger gefordert: Krankheit und Tod verängstigten die Menschen; sie strömten in die Gottesdienste; das Abendmahl wurde vermehrt nachgefragt, weshalb die Privatbeichte abgenommen werden musste; die Kranken baten um Hausbesuche; und die Familien, in denen jemand gestorben war, wurden vom Pfarrer aufgesucht. Die Geistlichen gehörten zu dem Personenkreis, für den nach Meinung der Theologen die Pflicht galt, vor Ort zu bleiben und ihren Mitmenschen zu Diensten zu sein – damit gehörten sie zu den Berufsgruppen, die wegen ihrer vielen persönlichen Kontakte ein besonderes Ansteckungsrisiko eingingen.[125] Das war auch den Medizinern bewusst, weshalb sie in ihren Pesttraktaten auch die Geistlichen adressieren. So gibt der Berliner Stadtarzt Hinweise, »[w]ie sich ein Priester / Arzt / Barbirer / oder ander / der allzeit mit Vergifften vmbgehen mus / halten vnd preseruirn sol«.[126] Wer ein höheres Infektionsrisiko eingeht, hat umso mehr auf Vorsorge, Selbstschutz und Hygiene zu achten: sich um einen gesunden Lebenswandel zu bemühen, bestimmte medizinischen Mittel zu nutzen, den Kontakt mit Erkrankten zeitlich zu begrenzen und die Hände zu waschen.

1ᵛ; THURNEISSER, Regiment (s. Anm. 67), 104–106; HERLITZ, Kurtzer außzug (s. Anm. 68), fol. A 2ᵛ–B 2ʳ.

124 WILLICH, Wie man sich in einer stadt (s. Anm. 55), fol. C 1ʳ.

125 Vgl. ULBRICHT, Gelebter Glaube (s. Anm. 85), 162–170.

126 FLECK, Ein Erinnerung (s. Anm. 66), fol. N 1ᵛ. Vergleichbare kurz gehaltene Hinweise finden sich bei HELAND, Ein Nützlicher Vnterricht (s. Anm. 69), fol. E 4ᵛ–F 1ʳ.

Dass diese individuelle Prävention eine religiöse Dimension hatte, zeigt Reuchlin in seinem *Amuletum contra pestilentiae contagionem*. In seiner Vorrede[127] an die altmärkischen Pfarrer, Diakone und Lehrer bekräftigt der altmärkische Stadtarzt, dass das Amt derer, die »Christi Kirche und die Jugend unterrichten« gerade in diesen Pestzeiten überaus wichtig (*summe necessarium*) ist. Deshalb müssen sie für ihre Gesundheit Sorge tragen. In fünf Kapiteln zählt Reuchlin Verhaltensmaßregeln auf und empfiehlt Vorsorgemaßnahmen. Im ersten Kapitel geht es um die von der Pest vergiftete Luft.[128] Da die Ansteckung durch infektiöse Partikel verursacht wird, die durch die Luft übertragen und eingeatmet werden, muss die Luft gereinigt werden. Das geschieht durch Räucherungen (*thymiamata*) im Wohnhaus des Geistlichen, für die Reuchlin Rezepturen und Anwendungshinweise gibt. Auch bei Gottesdiensten soll der Küster vor der Predigt die Luft rund um die Kanzel mit Räucherwerk reinigen. Kapitel 2 listet Rezepturen für die Vorsorgearzneien auf, wobei an jedem Tag eine andere einzunehmen ist.[129] Die Rezeptur für jeden Tag wird mit einem Hinweis auf die entscheidende Bedeutung Christi als des wahren Arztes eingeleitet.[130] Im dritten Kapitel geht es um die Schutzmaßnahmen

---

127 Vgl. REUCHLIN, Amuletum (s. Anm. 65), fol. A 2ʳ–A 3ʳ. Die Vorrede enthält Passagen, die auf Konflikte zwischen Reuchlin und Geistlichen hindeuten, ohne dass aus der Schrift oder anderen Quellen zu ersehen ist, worauf sich Reuchlin hier bezieht.

128 »De pestilentis aeris correctione ac depuratione«: aaO., fol. A 3ᵛ–B 2ʳ. Zur Krankheitsbekämpfung durch Räucherungen: H. HORN / D. KOLLE, Feuer und Rauch in der Seuchenbekämpfung, Teil 1: Zur Geschichte der Luft- und Raumdesinfektion von den Anfängen bis zum 19. Jahrhundert, 1994.

129 »De medicamentis praeservativis per totam Hebdomadam assumendis«: REUCHLIN, Amuletum (s. Anm. 65), fol. B 2ʳ–B 4ʳ.

130 Die Ein- bzw. Zweizeiler lauten: »CHRISTE meas operas fortuna, meque guberna, / Te sine nam confert nostra medela nihil« (aaO., fol. B 2ʳ); »Immanuel Medici non segnes dirigat actus, / Sic faciet fructus nostra medela suos« (aaO., fol. B 2ᵛ); »Praesidium uitae, coelitus omne uenit« (aaO., fol. B 3ʳ); »AD CHRISTVM. / Non est consilium Medici sine Numine foelix. / Ergo tuam Medicus, quaeritat omnis opem« (aaO., fol. B 3ʳ); »Quicquid habet Medicina boni quod percipit aeger, / Acceptum ferimus, maxime CHRISTE tibi« (aaO., fol. B 3ᵛ); »CHRISTE meis caeptis adspira meque guberna. / Consilio ut poßim quosque iuuare meo« (aaO., fol. B 3ᵛ); »Gloria sit CHRISTO Medicam qui condidit artem, / Quique simul Medicos ornat alitque bonos« (aaO., fol. B 4ʳ). Zum hier im Hintergrund stehenden Christus-medicus-Motiv s. oben Anm. 24.

beim Hausbesuch und im Kirchenraum.[131] Zu den im ersten und zweiten Kapitel benannten Schutzmaßnahmen treten zu kauende Wurzeln oder unter die Zunge zu legende oder auf die Haut aufzutragende Präparate, die ein Eindringen des Pestgifts in den Körper verhindern sollen. Auch für diese Pastillen und Salben werden die Rezepturen angegeben, die wiederum von geistlichen Worten begleitet werden. Auch durch ihr Verhalten gegenüber Erkrankten können die Geistlichen das Infektionsrisiko mindern, wie das vierte Kapitel zeigt.[132] Die Luft in den Krankenzimmern soll mit Räucherwerk gereinigt werden, und der Besucher soll Abstand halten, nicht tief einatmen und nur kurz bleiben. Das Schlusskapitel gibt Hinweise, was der Geistliche bei der Rückkehr von einem Krankenbesuch tun soll.[133] Da das Pestgift nicht nur in der Luft schwebt, sondern sich auch an Gegenständen festsetzt – so die zeittypische Vorstellung –, muss der Geistliche seine Kleidung gründlich auslüften. Reuchlin verweist hier auf das Vorbild Martin Luthers, der das nach seinen Besuchen bei Pestkranken von seinem Diener Wolf Sieberger hinter dem Haus hat erledigen lassen.[134] Er schließt mit einem Gebet, das in vier klassisch gebauten Distichen noch einmal deutlich macht, dass die menschliche Klugheit im Umgang mit der Pestbedrohung getragen ist vom Vertrauen auf die göttliche Bewahrung und Hilfe:

Quod Medicos adames testatur turba Magorum,	*Dass du die Ärzte innig liebst, bezeugt*
Quae tibi uix nato munera grata tulit.	*die Schar der Magier, die dir, kaum warst*
Hi ueri Physici, Docti Medicique fuerunt	*du geboren, willkommene Gaben dar-*
Quique artem e puro fonte bibere Sacram.	*brachte.*

---

131 »Quomodo se Ecclesiae ministri ad aegrotantes egressuri aut suggestum conscensuri contra contagionem (CHRISTI custoditione) praemunire debeant«: aaO., fol. B 4v–C 2r.

132 »Quomodo uerbi diuini Ministri se apud aegrotantes gerere debeat«: aaO., fol. C 2v.

133 »Ministris uerbi ab aegrotantibus domum reuersis, quid praecipue agendum«: aaO., fol. C 2v–C 3r.

134 Vgl. aaO., fol. C 3r. Der kurze Text ist mitsamt einer Übersetzung abgedruckt in: A. STEGMANN, Nachrichten über Luthers Verhalten zu Pestzeiten von Ernst Reuchlin (Luther 92, 2021, 93–95).

Non e tonstrinis ut anus delira medelas	*Sie waren wahre Naturkundler und*
Hausere: & Medicum te coluere suum.	*gelehrte Ärzte, und sie tranken die heilige*
Ergo conforta Medicos O Maxime CHRISTE	*Kunst aus reiner Quelle.*
Perpetuo ipsorum consiliumque rege.[135]	*Sie holten nicht wie ein wahnhaftes altes*
	Weib Heilmittel aus Barbierstuben, son-
	dern verehrten dich als ihren Arzt.
	Darum, o ehrenwertester Christus, stärke
	die Ärzte und lenke immerfort ihren Rat-
	schluss.

Dieses Gottvertrauen war auch dem Prenzlauer Stadtarzt David Herlitz wichtig. Er gibt zehn Hinweise, wie ein Pfarrer sich beim Hausbesuch bei einem Pestkranken verhalten soll: Die Räume der Kranken sollen vor dem Besuch des Seelsorgers ausgeräuchert werden und während des Besuchs soll ein offenes Feuer brennen; gibt es eine Luftbewegung, darf diese nicht vom Kranken zum Seelsorger führen; der Seelsorger muss Vorsorgearznei zu sich nehmen, er soll ein mit besonderen Substanzen versetztes brennendes Wachslicht vor sich halten und sich an bestimmten Körperstellen mit schützenden Substanzen einreiben; der Aufenthalt beim Kranken soll nur kurz sein, und die Kleider sind anschließend auszulüften und zu räuchern.[136] Der zehnte Punkt der Liste wird als der wichtigste hervorgehoben:

> Zum Zehenden / vor allen dingen Gott vortrawen / ein freudig hertz haben / vnd nicht zweifeln / Gott habe seinen lieben Engeln befohlen / das sie alle gleubige Christen trewlich sollen behüten vnd bewaren / auff jhren wegen. Do aber aus Gottes verhengnus / sie auch vorgifftet würden / werden sie sich nach verordneten stücken halten.[137]

Dass die Mediziner die Geistlichen eigens in den Blick nehmen, weist darauf hin, dass sie ein Interesse daran hatten, dass diese ihrer Tätigkeit nachgehen konnten, und es zeigt, wie Theologen und Mediziner bei der Bewältigung der Pestepidemie Hand in Hand arbeiteten und sich im

---

135 AaO., fol. C 3ᵛ. In der ersten Zeile des letzten Distichons wird statt »Erga« »Ergo« gelesen.

136 Von der Verwendung einer Maske ist weder hier noch in anderen Pesttraktaten die Rede.

137 HERLITZ, Kurtzer außzug (s. Anm. 68), fol. B 2ᵛ.

Grundsätzlichen einig waren: Die Pest ist eine göttliche Heimsuchung, der mit christlichem Gottvertrauen und menschlicher Klugheit zu begegnen ist.

Neben der individuellen Prävention wurde von den brandenburgischen Medizinern auch die öffentliche Seuchenvorsorge angemahnt. Im 15. und 16. Jahrhundert verbreiteten sich ausgehend von Italien Ideen für den Umgang mit Epidemien, die in der zweiten Hälfte des Reformationsjahrhunderts auch in der Mark Brandenburg aufgegriffen wurden. Das zeigt der 1566 erschienene Pesttraktat des Berliner Stadtarztes Matthäus Fleck, der nicht nur praktische Hinweise zum Umgang mit der Pest gibt, sondern auch seuchenhygienische Vorsorge anmahnt. Fleck hatte erkannt, dass die individuellen Vorsorge- und Behandlungsmaßnahmen eingebettet sein mussten in ein breit angelegtes obrigkeitliches Handeln. Zu diesem Zweck stellte er den üblichen zwei Teilen zu Vorsorge und Behandlung der Pest einen weiteren Teil voran, der sich an die Lokalobrigkeit richtet und gesundheitspolitische Reformvorschläge unterbreitet.[138] So empfiehlt Fleck die Einsetzung von Sonderbeauftragten zur Pestbekämpfung, die Einrichtung von Pestlazaretten sowie Hygiene, Quarantäne und Kontaktbeschränkungen.

Auch die religiöse Dimension der Pest spielt bei Fleck eine Rolle. Selbst wenn er die Menschen mit ihren Möglichkeiten zur Abwehr der Pest in die Pflicht nimmt, macht er durchweg klar, dass die entscheidende Abwehrmaßnahme eine andere ist: »ein busfertiges leben / emsiges Gebet / vnd fest vertrawen auff den verdienst vnsers lieben HERRN vnd Seligmachers Jhesu Christi.«[139]

---

138 Vgl. FLECK, Ein Erinnerung (s. Anm. 66), Teil 1: fol. A 4ʳ–E 3ᵛ; Teil 2: fol. E 3ᵛ–N 1ᵛ; Teil 3: fol. N 2ʳ–Q 3ʳ. Zum ersten Teil von Flecks Pesttraktat: A. STEGMANN, Berliner Pläne zur Seuchenbekämpfung aus dem 16. Jahrhundert. Die kurfürstlichen Pestordnungen von 1552 und 1598 und der Pesttraktat des Berliner Stadtarztes von 1566 (Jahrbuch für die Geschichte Mittel- und Ostdeutschlands 66, 2020, 1–40), 9–18.
139 FLECK, Ein Erinnerung (s. Anm. 66), fol. A 2ᵛ.

Er teilt die Anschauung, dass die Pest eine göttliche Sündenstrafe[140] ist, die im Medium eines Naturvorgangs[141] den Widerspruch des Menschen gegen Gott sanktioniert. Für die Abwehr ist darum nicht nur die weltliche, sondern auch die geistliche Obrigkeit zuständig. Leitlinien für die Geistlichen finden sich bei Fleck sowohl im Teil über die Vorsorge,[142] wo sie auch Willich, Trutiger oder Reuchlin behandeln als auch in seinem gesundheitspolitischen Reformprogramm, das er mit Leitlinien für das Verhalten der Geistlichen in einer von der Pest betroffenen Stadt einleitet. Diese haben aufgrund ihres Amts die Pflicht, in der Stadt zu bleiben und »jres Ampts vnd Predigstuels mit vleis [zu] warten«.[143] Ihre Aufgabe ist dabei nicht so sehr die Krankenseelsorge, sondern vielmehr Anleitung zur Buße: Sie sollen

> jdermenniglich zur busse vnd besserung des lebens / vnd zum Gebet ernstlich vnd vleissig vermanen / etliche locos communes / vom sterben / von aufferstehen der Todten / vom ewigen Leben / allzeit üben / vnd fur die hand nehmen / auch Letanien vnd andere Gesenge verordenen / wie sie es denn selbst besser wissen / vnd die not es erzwingen wird / Denn durch busfertiges leben vnd Gebet / kann solche wolverdiente straff zum wenigsten gelindert / oder auch gantz vnd gar / wie denen zu Niniue / benomen werden / solches ist auch die rechte Ertzney vnd preseruatiff / welche nicht Galenus oder Mesui beschreibt / sondern der Heilige Geist hat sie durch den Heiligen Propheten Dauid dictirt.[144]

Für die Pestkranken sollen die Geistlichen dagegen nicht zuständig sein.[145] Fleck erinnert an das, was in Brandenburg an der Havel 16 Jahre zuvor ge-

---

140 Vgl. aaO., fol. E 4$^{r/v}$.
141 Vgl. aaO., fol. E 4^{v}–F 1^{v} u. ö.
142 Vgl. aaO., fol. E 4$^{r/v}$.
143 AaO., fol. A 4^{r}. Wie eine Bemerkung Flecks zum Recht der weltlichen Funktionsträger auf Flucht (aaO., fol. B 1^{v}) zeigt, hat er Luthers Schrift *Ob man vor dem Sterben fliehen möge* gelesen. Wie Luther verneint Fleck eine generelle Christenpflicht zum Bleiben: Die christliche Liebe realisiert sich nicht in der blinden Selbstaufopferung, sondern in der Fürsorge für sich selbst und die einem anvertrauten Mitmenschen (aaO., fol. F 4^{v}).
144 AaO., fol. A 4$^{r/v}$. Fleck präsentiert die Frömmigkeitspraktiken, in denen sich die Buße vollzieht, in Form eines Salben- und eines Pillenrezepts (aaO., fol. A 4^{v}–B 1^{r}). »Mesui« ist die im Westen übliche Benennung des im 9. Jahrhundert im Zweistromland tätigen Arztes Yuhanna ibn Masawaih.
145 Vgl. aaO., fol. B 4^{v}–C 1^{r}.

schehen war,[146] als alle Pfarrer und Kapläne der Pest erlagen und die Gesunden wie die Kranken ohne seelsorgerlichen Beistand blieben. Um die Gefährdung der Geistlichen und damit der Gemeinde zu verringern, rät er, die seelsorgerliche Begleitung der Pestkranken mehreren älteren Kaplänen aufzutragen, die sich ausschließlich dieser Aufgabe widmen, im für die Kontaktpersonen von Pestkranken bestimmten Hospital oder einem anderen besonderen Haus untergebracht sind und ein rotes Kreuz als Erkennungszeichen tragen.[147] Sollten sich andere Kapläne an der Pestkrankenseelsorge beteiligen, dürfen diese zwar weiterhin predigen, nicht aber die Sakramente spenden oder andere als die Pestkranken seelsorgerlich betreuen, weil sie sonst den Gesunden gefährlich nahe kommen würden. Und nicht nur die Geistlichen stehen in der Pflicht. Flecks ganze Schrift ist durchzogen von Hinweisen auf die Erfordernisse christlicher Liebe, die für alle Glieder der Gemeinschaft gelten. Die Pestepidemie ist eine medizinische wie religiöse Herausforderung, die von der ganzen Stadtgesellschaft mit professionellem Sachverstand und im Geiste des christlichen Glaubens zu bewältigen ist.

c. Medizinische Therapie

Angesichts der Hilflosigkeit der vormodernen Medizin bei Infektionskrankheiten ist es verständlich, dass die Pesttraktate besonders ausführlich die Präventionsmaßnahmen behandeln. Weil im Falle einer Erkrankung wenig mehr möglich war, als die Symptome zu lindern und die Selbstheilungskräfte zu unterstützen, durfte man sich eben nicht anstecken.

Die Pesttraktate enthalten aber auch Hinweise zur Behandlung der Pestkranken. Der erste Schritt ist die Diagnose der Krankheit. Symptome sind hohes Fieber, Kopfschmerzen, Husten, Schüttelfrost, großer Durst

---

146 Vgl. Spangenbergs Angaben zur Pest dort im Jahr 1547 (DERS., Historia [s. Anm. 34]).
   Kombiniert man die Hinweise zu den Geistlichen der Brandenburger Alt- und Neustadt
   (vgl. das in Anm. 49 genannte märkische Pfarrerbuch) mit dem Stadtbuch der Neustadt
   Brandenburg, das von einer Epidemie im Jahr 1549 berichtet, bei der 1283 Menschen verstorben seien (O. TSCHIRCH, Geschichte der Chur- und Hauptstadt Brandenburg an der
   Havel, Bd. 2, 1928, S. 69), zeigt sich, dass Flecks Datierung korrekt ist.
147 Den Vorschlag, in größeren Städten – »zuuoraus in geferlichen sterbens zeiten« – Krankenseelsorger anzustellen, macht schon die Brandenburgische Kirchenordnung von 1540
   (Quellen zur brandenburgischen Reformationsgeschichte [s. Anm. 11], 1050).

bei gleichzeitiger Appetitlosigkeit, Erbrechen und Durchfall, Verstopfung und Krämpfe, Ermattung und Schwäche, Hautflecken und zu Beulen angeschwollene Lymphknoten.[148] Wer solche Symptome aufweist, wird über mehrere Tage hinweg behandelt.[149] Am ersten Tag wird durch ein Abführmittel, das Aderlassen und Schröpfen sowie eine Schwitzkur das Pestgift aus dem Körper entfernt. Zugleich wird der Kranke durch Stärkungsmittel und Ruhepausen bei dieser kräftezehrenden Therapie unterstützt. Es ist wichtig, rechtzeitig mit der Therapie zu beginnen, »[d]enn so ein natürlicher tag vnd nacht furüber ist / hilfft kein Ertzney mehr / so die natur nicht selbst starck gnug ist«.[150] An den folgenden Tagen sind unterschiedliche Arzneien einzunehmen, verbunden mit gutem leichtem Essen und Unterstützung der Ausscheidungsprozesse. Die Pestbeulen werden durch das Auflegen von Pflastern behandelt. Abgestimmt auf die Person des Erkrankten, die Symptome und den Krankheitsverlauf werden zahlreiche medizinische Mittel empfohlen, die Symptome lindern, das im Körper befindliche ›Gift‹ vom Herzen fernhalten und aus dem Körper befördern und die Widerstandskraft stärken. Für die einzunehmenden oder aufzutragenden Mixturen aus pflanzlichen, tierischen und mineralischen Bestandteilen werden die Rezepturen und Dosierungen angegeben. Die Mediziner wissen, dass nicht jeder sich die bestmögliche Behandlung leisten kann, weshalb sie auch Alternativen für Ärmere berücksichtigen. Zugleich warnen sie vor wirkungslosen oder gar gefährlichen Mitteln. Auf eine genauere Vorstellung der medizinischen Therapie, die mehr von medizin- als von kirchenhistorischem Interesse ist, wird hier verzichtet. Stattdessen soll der Blick

---

148 Eine Auflistung von Symptomen findet sich in den Pesttraktaten der Mediziner, z.B. bei WILLICH, Wie man denen helffen sol (s. Anm. 55), fol. A 3ᵛ–A 4ʳ; TRUTIGER, Regiment (s. Anm. 63), fol. C 6ᵛ–C 7ʳ; REUCHLIN, Zwey kurtze Büchlein (s. Anm. 64), fol. F 3ʳ–G 1ʳ; THURNEISSER, Regiment (s. Anm. 67), 106; HERLITZ, Kurtzer Außzug (s. Anm. 68), fol. B 3ᵛ–B 4ʳ.fol. C 2ʳ oder HELAND, Ein nützlicher Vnterricht (s. Anm. 69), fol. F 2ʳ–F 3ʳ.

149 Vgl. WILLICH, Wie man denen helffen sol (s. Anm. 55); TRUTIGER, Regiment (s. Anm. 63), fol. C 6ʳ–E 8ʳ; REUCHLIN, Zwey kurtze Büchlein (s. Anm. 64), fol. G 1ʳ–L 1ʳ; FLECK, Ein Erinnerung (s. Anm. 66), fol. N 3ʳ–Q 1ᵛ; HERLITZ, Kurtzer Außzug (s. Anm. 68), fol. B 3ᵛ–C 2ʳ; THURNEISSER, Regiment (s. Anm. 67), 106f (vgl. aaO. 110–120 das »Glossar der Heilmittel«, das auch für die Beschäftigung mit den anderen Pesttraktaten hilfreich ist); HELAND, Ein Nützlicher Vnterricht (s. Anm. 69), fol. F 3ʳ–L 3ᵛ.

150 FLECK, Ein Erinnerung (s. Anm. 66), fol. N 3ᵛ.

auf das gelenkt werden, was die Pesttraktate zum Verhältnis von Medizin und Glaube anmerken.

So steht in Trutigers Pesttraktat vor allen Ratschlägen des Mediziners die Mahnung, »das wir erstlich für allen dingen / vns mit Gott versünen«,[151]

[a]lso / das wir vnsere sünde erkennen / vnd hertzliche rew vnd leid darüber haben / mit einem guten fürsatz vns zu bessern / Auch den gütigen Gott / in rechter zuuersicht vnd vertrawen vmb seine gnade vnd hülffe anruffen / die absolution vnd Sacrament gebrauchen.[152]

Erst darauf folgt als zweiter Schritt, »die mittel« anzuwenden, »die Gott geschaffen vnd gegeben« hat: »das ist / die artzeney gebrauchen / welche kein kluger noch verstendiger man / jemals veracht hat«, wie auch die biblischen Beispiele von Tobias (Tob 6,6.10) und Hiskia (2Kön 20,7) zeigen.[153] Dazu leitet der Arzt an, während das andere Sache der »Praedicanten allhie«ist, die das auch »reichlich« tun.[154] Die Pesttraktate der anderen brandenburgischen Mediziner sehen das genauso. Wie Luther warnen Trutiger und seine Kollegen davor, die in der Schöpfung verfügbaren Heilmittel zu verachten und auf unmittelbare göttliche Hilfe zu hoffen. Zugleich warnen sie aber auch vor lauter Bemühen um die dem Menschen verfügbaren Mittel Gott zu vergessen und »allein seine zuuersicht auff die Creaturn vnd artzeney«[155] zu setzen. Deshalb beschließt Trutiger seine langen Ausführungen zu Vorsorge und Behandlung mit der Mahnung, so zu leben, »das sein wesen dem Herrn gefellig / vnd seinen nehesten vnd jm selber auch vnschedlich sey« – und mit der Bitte, dass Gott »vns mit seinem Heiligen Geist gnediglich leiten vnd regieren« wolle, »das wir von vnserm sündlichen leben / damit wir diese straffe wol verdient / abstehen / vnd vns bessern.«[156] Alles Bemühen des lutherischen Arztes ist eingebettet in die religiöse Deutung und Bewältigung der Pest.[157]

---

151 TRUTIGER, Regiment (s. Anm. 63), fol. B 1ʳ.
152 AaO., fol. B 1ʳ/ᵛ.
153 AaO., fol. B 1ᵛ.
154 AaO., fol. B 3ʳ–B 2ᵛ.
155 Ebd.
156 AaO., fol. E 8ʳ/ᵛ.
157 Das gilt nicht nur für die Reflexion im Pesttraktat, sondern auch für das Vorgehen bei der Behandlung des Pestkranken. Als erste Maßnahme bei Ausbruch der Krankheit empfiehlt Herlitz wie seine Kollegen, Verstopfungen vorzubeugen, wobei die therapeutische

Ähnlich wie Trutiger ordnet auch Reuchlin die medizinischen Maßnahmen in einen religiösen Rahmen ein. Als einziger der hier behandelten Mediziner benennt er auch den Gewährsmann für seine Zuordnung von Glauben und Medizin: »Doctor Lutherus«, den er wegen seiner Ehe mit dessen Nichte Magdalena[158] als »mein freundlicher lieber Schwager« vorstellt und der

> mehr als vier mal / die Pestilentz zu Wittenberg / mit seiner lieben Hausfrawen / Kindern / vnd gantzem Hausgesinde hat ausgestanden / nicht aus vbermuth / vorwitz oder vorsuchung / das man vor der Pestilentz nicht fliehen solle / sondern von Amptswegen / dann er trewlich die Krancken (so seiner begert) ohne schew besucht hat / hat auch gelerter vnd erfarner Ertzte Rath mit vleis gebraucht / [...] wie ich dann selbs gesehen vnd erfaren / das seine Kinder vnd Gesinde / alle Tage jre voorordente Ertzney haben gebrauchen müssen / hat auch Reuchwerg vnd andere mittel / in seinem gantzen Hause lassen zurichten / vnd die in keinem wege vorachtet / vnd ist jm / vormittels Göttlicher hülffe / gar keines in seinem Hause abgangen oder gestorben.[159]

Luthers Vorbild, aber auch dessen einschlägige Schrift von 1527,[160] helfen dabei, die Deutung der Pest als Sündenstrafe richtig zu verstehen: Angesichts des göttlichen Gerichts sollten die Menschen nicht dem scheinbar frommen Missverständnis verfallen, dass diese Strafe passiv hinzunehmen ist, dass Gegenmittel nicht zur Anwendung kommen dürfen und dass man allein auf die wunderhafte göttliche Hilfe setzen muss.[161] Der Christ vertraut sich »vnserm lieben Christo / dem rechten Archiatro«[162] an und nutzt zugleich die gottgegebenen Mittel, um die Seuche zu bekämpfen. Zu diesen Mitteln gehören die Vorsorge- und Heilmittel, die Reuchlin in den Büchern ausführlich vorstellt.[163] Bevor er aber diese in seinen Kompetenzbereich

Maßnahme mit einem Gebet zu verbinden ist: »Dann soll man mit vorgehendem gebett / zu Gott dem almechtigen / bald ein scharff stulzepflein aus der Apotecken im vorrath haben / das der leib offen bleib« (HERLITZ, Kurtzer Außzug [s. Anm. 68], fol. B 4ʳ).

158 Zu dieser Luther unwillkommenen Verbindung siehe seine Briefe an Antonius Lauterbach vom 5. Juli und 19. Oktober 1545: WAB 11; 129–131 (Nr. 4131), 199f (Nr. 4161).
159 REUCHLIN, Zwey kurtze Büchlein (s. Anm. 64), fol. A 4ʳ/ᵛ.
160 Vgl. aaO., fol. A 3ʳ.
161 Vgl. aaO., fol. A 3ʳ–A 4ʳ.
162 AaO., fol. B 1ʳ.
163 Bemerkenswert ist, dass er darauf achtet, dass diese Mittel für seine Adressaten auch hergestellt werden können, also etwa die Bestandteile von medizinischen Mixturen in der Mark Brandenburg verfügbar sind (aaO., fol. L 3ʳ).

fallenden Gegenmittel behandelt, schärft er ein, dass die »Praeseruation oder Praecaution« damit beginnt, »ein frisch / frölich / vnd vnerschrocken Hertz« zu haben – und das bedeutet nichts anderes, als

sich in dem HErrn [zu] frewen / Gotts wort vleissig [zu] hören vnd [zu] lesen / [...] emsiges vnd glaubreichs Gebete / zu Gotte [zu] thun / dann darzu seind von vnsern lieben Alten Vorfaren die λιτανείαι aber Supplicationes seu expiationes sonderlich erfunden / vnd eingesetzt.[164]

Die fröhliche Unerschrockenheit, mit der ein Christ der drohenden Pest entgegentritt, verdankt sich dem Glauben an Christus als den Erlöser, der »der einige Brun Geistlicher vnd Leiblicher Ertzney« ist. Der ist es, der

die hundertfach vordiente straffe / solcher geschwinder / grausamster vnd schrecklichster seuchen / durch seine grundtlose gnade vnd Barmhertzigkeit / bey vnsern lieben Nachbarn lindern vnd wegnemen / vnd vns dauor behüten vnd bewaren [kann].[165]

III Abschluss

Die Pest war in den Augen von Geistlichen und Ärzten im reformationszeitlichen Brandenburg eine göttliche Sündenstrafe für die Missachtung des Wortes Gottes und für den Mangel an Buße und christlichem Lebenswandel. Diese Sündenstrafe realisierte sich durch natürliche Vorgänge. Die zweifache Erklärung – religiös und medizinisch – wurde als ein Sowohl-als-auch begriffen, nicht als ein Entweder-oder.[166] Gleiches galt für die Abwehr

164 AaO., fol. B 2ʳ.
165 AaO., fol. L 3ᵛ.
166 Die Brandenburgische Kirchenordnung von 1540 fasst dieses Sowohl-als-auch in ihren Ausführungen über »Kreuz und Leiden« so zusammen: »Wir haben auch hülff vnd rath vns von Gott verordnet in allerley leiden / nemlich wider den Satan das wort Gottes / wider böse mutwillige freuele menschen die weltlich Obrigkeit / wider kranckheit vnd gebrechen des leibs / die natürlichen Artzney / vnd wider sie alle in gemein / ein Christlich ernstlich gebet« (Quellen zur brandenburgischen Reformationsgeschichte [s. Anm. 11, 848]). Und an anderer Stelle heißt es: »Werden wir kranck / vnd wil vns Gott nicht gesund machen / so wirds warlich der Artzt auch nicht thun / Wenn vns aber Gott gesund wil machen / so thut ers durch die Ertzney die er dazu erschaffen hat / als durch seinen werckzeug / Darumb sollen wir in allen nöten Gott anruffen / vnd hilff bey jm suchen / jm allein darumb lob / danck vnd preiß sagen. Dem werckzeug aber sol man auch sein gebürlich ehre beweisen« (aaO., 969f).

der Pest, die in Gestalt religiöser wie medizinischer Maßnahmen zu geschehen hatte, wobei die religiösen Gegenmaßnahmen die medizinischen einrahmten und die einen ohne die anderen nicht zu denken waren. Dass die Pestschriften der Theologen und der Mediziner unterschiedliche Schwerpunkte setzen, ist angesichts der unterschiedlichen Kompetenzen und Zuständigkeiten ihrer Verfasser selbstverständlich, und man sollte nicht aus der vielfach nur beiläufigen Thematisierung des jeweils komplementären Aspekts auf dessen mangelnde Bedeutung für den Autor schließen. Theologen wie Mediziner bewegen sich im mentalen Raum der lutherischen Konfessionskultur, was den hier vorgestellten Druckschriften ihre Einheitlichkeit gibt. Ihre Schriften bezeugen ein Weltverhältnis, wonach die Welt als auf Gott hingeordnete Sphäre menschlichen Lebens zu verstehen ist, in der der Christ aus dem Glauben, aber auch im Bewusstsein der weltlichen Eigengesetzlichkeit lebt und in einer ›Bekehrung zur Welt‹[167] beides verbindet. Im Geist dieser glaubensgewissen Weltlichkeit sind die Pestschriften abgefasst, machen die Seuche als Bedrohung verstehbar und leiten zu ihrer religiösen und medizinischen Bewältigung an.

---

167 Diese Formel ist entlehnt von O. BAYER, Angeklagt und anerkannt. Religionsphilosophische und dogmatische Aspekte (in: Angeklagt und anerkannt. Luthers Rechtfertigungslehre in gegenwärtiger Verantwortung, hg. v. H.CH. KNUTH, 2009, 89–107), 107.

Die Nachwirkung Martin Luthers in Regentenpredigten zur Zeit der lutherischen Orthodoxie

Von Wolfgang Sommer

Luthers Obrigkeitsverständnis in Verbindung mit seiner Unterscheidung und Zuordnung des geistlichen und weltlichen Regimentes Gottes kommt in seiner Auslegung des 101. Psalms Davids, des sog. Regentenspiegels,[1] in besonderer Verdichtung und Klarheit zum Ausdruck. Im älteren Luthertum, in der zweiten Hälfte des 16. und im 17. Jahrhundert, hat diese Schrift Luthers in den zahlreichen sog. Regentenpredigten eine vielgestaltige Nachwirkung erfahren.[2]

Aber die Fülle dieser Predigten von lutherischen Theologen in verschiedenen Ämtern gibt inmitten der Nachwirkung von Luthers Ratschlägen und Mahnungen an die weltliche Obrigkeit auch ein aufschlussreiches Bild für das Verständnis des Predigtamtes in dieser Zeit. Um dieses Predigtamts- und Predigerbild ein wenig anschaulich zu machen, sind die folgenden Ausführungen zu verstehen. Dabei geht es vor allem um die Wahrnehmung des Verhältnisses von Predigtamt und Obrigkeit in ihren unterschiedlichen Herrschaftsausübungen, um die Verkündigung des Evangeliums vor dem

---

1 Vgl. W. SOMMER, Die Auslegung des 101. Psalms durch Martin Luther 1534/35 (in: DERS., Gottesfurcht und Fürstenherrschaft. Studien zum Obrigkeitsverständnis Johann Arndts und lutherischer Hofprediger zur Zeit der altprotestantischen Orthodoxie [FDKG 41], 1988, 23–73).

2 Auf drei besonders charakteristische Auslegungen des 101. Psalms in der Nachfolge Luthers habe ich bei den Hofpredigern Nikolaus Selnecker (1530–1592), Philipp Wagner (1526–1572) und Polykarp Leyser d. Ä. (1552–1610) aufmerksam gemacht, in: SOMMER, Gottesfurcht (s. Anm. 1), 89–104.122–134 und DERS., Die lutherischen Hofprediger in Dresden. Grundzüge ihrer Geschichte und Verkündigung im Kurfürstentum Sachsen, 2006, 47–60.63–75.127–133.

Forum der Politik, sei es der Regent bzw. die Regentin und der Hof eines Fürstentums mit seinen Dienern oder den Räten eines Stadtmagistrates. Die Anlässe dazu sind außerordentlich mannigfaltig, es sind Huldigungs- und Glückwunschpredigten bei Geburtstagen, Hochzeiten oder bei der Übernahme eines Regiments, Landtagspredigten, Leichenpredigten, Investiturpredigten oder Anweisungen aus biblischer und historischer Sicht zur Führung eines Regiments in einem Fürstentum oder in der Leitung eines städtischen Gemeinwesens. Die Predigten haben oft persönliche Adressaten, so dass der Prediger dem Fürsten, der Fürstin oder den Ratsherren und ihren Mitarbeitern direkt gegenübersteht.

I Die Forderung der geistlichen Strafpredigt bei Matthias Hoë von Hoënegg

Als erstes Beispiel sei auf Matthias Hoë von Hoënegg (1580–1645) in seiner frühen Zeit hingewiesen, jenem späteren kursächsischen Oberhofprediger in Dresden zur Zeit des Kurfürsten Johann Georg I., der während des Dreißigjährigen Krieges durch seine Predigten, Gutachten und Streitschriften in großer Zahl eine viel diskutierte Rolle im Rahmen der Dresdner Politik gespielt hat und einen erheblichen Einfluss auf die öffentliche Meinung ausübte.[3]

Im Jahr 1601 hat er Predigten über den Propheten Joel in der Schlosskirche in Wittenberg gehalten, an deren Universität er ab 1597 Philosophie, Jura und Theologie studierte.[4] Bald darauf wurde der erste kursächsische Hofprediger in Dresden, Polykarp Leyser d. Ä., auf ihn aufmerksam und holte ihn ins Dresdner Hofpredigeramt. Nach Stationen in Plauen und Prag wirkte er seit 1613 als Oberhofprediger bis zu seinem Tod in Dresden.

In seiner Vorrede widmet er diese Predigten an den kurfürstlich-sächsischen Hofmarschall Wolf Ernst von Wolframsdorff, der »dem Predigampt

---

3 Zu Matthias Hoë von Hoënegg vgl. SOMMER, Hofprediger (s. Anm. 2), 137–164.

4 M. HOË VON HOËNEGG, Der geistreiche Prophet Joel. Einfeltig in Predigten also erkläret / und ausgelegt / dass er zu dieser Zeit / in geistlichen und weltlichen Sachen / sich nicht ubel schicket, 1605. Forschungsbibliothek Gotha, Signatur: Th 8° 03266 (01) (VD17 39:128033T).

von Hertzen gewogen sei«.[5] Der rechte, getreue evangelische Prediger habe in seinem Beruf nur das Wort Gottes zu verkündigen und darf sich nicht mit Gewalt in das Predigtamt eindrängen. Leider gibt es nicht nur bei den »päpstlichen Pfaffen«, sondern auch in der eigenen lutherischen Konfession Prediger, die viele heidnische Schreiber zitieren, aber nicht das Wort Gottes.[6] Unter diesem Wort Gottes versteht der junge lutherische Prediger in der Nachfolge Luthers stets seine zweifache Gestalt in Gesetz und Evangelium. Ein besonderes Anliegen ist es ihm, ausgehend vom Propheten Joel, die Notwendigkeit des geistlichen Strafamtes für das evangelische Predigtamt zu begründen und darzulegen. Dazu heißt es:

> Sehet unsern Propheten Joel an / der verbeisset seine Straffpredigt nicht / sondern sagts dürr und rund heraus / das ist das wort / und kein anders / Ihr sollt Hunger und Kummer / Ihr sollt Spies und Schwerd und Zerstörung erfahren. Wenn er ein Menschenprediger were gewesen / und den Leuten zu gefallen gesagt / was sie gerne haben / wie manche Miedling thun / die der Katzen die Schellen nicht wollen anhengen / den Keyser nicht erzürnen / des Bürgermeisters Freundschafft nicht verlieren / so hette er gesagt: Es hat guten Weg / lieben Leute / Ihr werdet noch einmal in lauter Rosengarten sitzen und nichts als gute Tage erfahren.[7]

Die schonungslose Rede des Propheten Nathan vor David dient dem Prediger als Vorbild, so dass er gerade auch gegenüber Personen in einem Herrscheramt keine Scheu haben darf. Allen Menschen, gerade auch gegenüber der Obrigkeit, gilt es, das Wort Gottes unverkürzt zu verkündigen:

> Wenn wir demnach einen wissen / der ein offentlicher Wucherer / ein Gotteslesterer / ein Zauberer / ein Verächter göttliches Worts / ein Mörder / ein Ehebrecher / ein Dieb ist / sollen wir solches nicht vermänteln und verkleistern / wenn er etwa ein grosses Ansehen hat / sondern frei heraus sagen: Hörstu Keyser / Fürst / Graff / Herr / Edelmann / Bürger und Bawer / Dis ist das Wort des Herrn / Du hast gesündiget / und wo du nicht umkehrst / solstu zum Teuffel fahren.[8]

Die Aufforderung für die lutherischen Prediger zur schonungslosen Bußpredigt und die Verteidigung ihrer unbedingten Freiheit, die Wahrheit des Wor-

---

5 AaO., a 4. Dieser Wolf Ernst von Wolframsdorff war ein Gönner und Förderer Hoë von Hoëneggs.
6 Ebd.
7 AaO., 14.
8 AaO., 15.

tes Gottes auf der Kanzel uneingeschränkt zu verkündigen, ist das Leitmotiv dieser Joel-Predigten des Matthias Hoë von Hoënegg. Dabei übt er, wie auch später als Oberhofprediger in Dresden, unermüdlich Polemik gegen Papst, Jesuiten und Calvinisten, die diesen Freimut gerade nicht üben und den Herrschenden nach dem Munde reden.

Die Prediger müssen den »Hammer des Gesetzes« zu schwingen verstehen:

> Prediger und Priester müssen in ihrem Amt wacker und fleissig sein. Mit dem Hammer des Gesetzes des Gottlosen Hertze zerknirschen / getrost ruffen und nicht schonen / ihre Stimme erheben wie eine Posaune / dem Volk Gottes unnd dem Hause Jacob seine Sünde und Missethat fürhalten. Man mus nicht liebkosen in böser Zeit und die Leute zärtlen. Sondern wenn man auff der Cantzel stehet / da sol man zur Busse vermahnen / zur Bekehrung ermuntern / da mus man uns unsere Kranckheit / unsere sündliche Werck vorhalten.[9]

Gegenüber der Obrigkeit und der von ihr oft erfolgten Ermahnung und Warnung vor unverblümter Aufdeckung der Wahrheit auf der Kanzel pocht der Prediger auf die Unabhängigkeit des geistlichen Amtes und die Notwendigkeit der Strafpredigten:

> Man mus die Prediger auf der Cantzel lassen / sie das Wort Gottes und das Gesetz scherffen lassen / Nicht zur Statt und zum Thor hinaus weisen / nicht über das Maul fahren / wenn sie einem auff der Cantzel die Warheit angezeigt haben.[10]

Drastisch fährt er fort:

> Höret ihr Eltesten / das ist ihr Obersten / ihr grossen Hansen / ihr Gewaltigen / ihr Potentaten. [...] Darum hilfft dir nicht / wenn du wie eine Saw in die Kirchen gehest / und wie eine Saw wieder heraus gehest.[11]

Bei dem Aufruf zur Versammlung des ganzen Volkes nach Joel 2,16 gilt die Aufforderung zur Bekehrung vor allem den Ältesten, d.h. der Obrigkeit:

> Wie alle und jede Stände zur Kirchen und zum Tempel des Herrn beruffen sein / und zwar erstlichen werden hie auffgemuntert die Eltesten / die Obrigkeit / welche dieweil sie ja

---

9 AaO., 23.
10 AaO., 24.
11 AaO., 27.

so wol der Busse bedörffen / und gesündiget / sollen sie sich billig bekehren / unnd ihr Bekehrung offentlich beweisen.[12]

Die Forderung der geistlichen Strafpredigt gilt deshalb insbesondere der Obrigkeit, weil sie in ihrem schweren Amt leicht Verfehlungen und Sünden begehen kann. Die Größe der Verantwortung vor Gott und den Menschen bedingt die Notwendigkeit, dass den Herrschenden Wächter zur Seite gestellt sind, die ihnen immer wieder den Weg zur Wahrheit, zur Besonnenheit und zur Einkehr weisen. Wie im Alten Testament den Königen die Propheten zugeordnet sind, so sind es jetzt die Prediger im geistlichen Amt, die der Obrigkeit diesen von Gott geordneten Dienst tun müssen. Dabei berufen sich viele Prediger zur Zeit der lutherischen Orthodoxie auf Hes 3,17, wo es heißt: »Ich habe dich zum Wächter gesetzt über das Haus Israel.« Dieser Wächterdienst der lutherischen Prediger gegenüber der Obrigkeit hat nichts mit moralischer Attitüde und pastoraler Kritiklust zu tun, sondern mit der Last, die Gott den Predigern in ihrem Amt auferlegt. Vor ihm haben sie sich bei ihren Warnungen, vor allem aber bei ihrem Ausbleiben zu verantworten.

Ein markantes Beispiel für die Inanspruchnahme der geistlichen Strafpredigt ist Martin Chemnitz (1522–1586).[13] Als Martin Chemnitz 1567 das Amt des Superintendenten in Braunschweig übernehmen sollte, machte er zuvor die Zusage für dieses Amt von der Einigkeit mit dem Rat über die Handhabung seines neuen Amtes abhängig. Das betraf die strikte Einhaltung der klar definierten kirchlichen Lehre, die der Rat zu garantieren habe. Der neue Superintendent will die Freiheit der Verkündigung stets gewährleistet haben, auch wenn daraus Nachteile oder äußerliche Belastungen entstehen. Chemnitz hat die Forderung des kirchlichen Strafamtes so deutlich gestellt, dass er für die Folgezeit zum Vorbild für die Notwendigkeit des kirchlichen Strafamtes durch die führenden Geistlichen im Luthertum wurde. Nicht nur falsche Lehre sei zu strafen, sondern auch gottloses Leben: »[...] es betreffe kleinen Hans oder großen Hans, Obrigkeit oder Untertanen [...].«[14]

---

12 AaO., 189.

13 Vgl. hierzu I. MAGER, »Ich habe dich zum Wächter gesetzt über das Haus Israel.« Zum Amtsverständnis des Braunschweiger Stadtsuperintendenten und Wolfenbüttelschen Kirchenrats Martin Chemnitz (Braunschweigisches Jahrbuch 69, 1988, 57–69).

14 PH.T. REHTMEYER, Der berühmten Stadt Braunschweig Kirchen-Historie. 3. Teil, 1710, 223.

Chemnitz bezog sich dabei auf das Vorbild der den alttestamentlichen Könige gegenübertretenden Propheten, stellte aber auch heraus, dass das Ansehen der Obrigkeit dadurch nicht verringert würde. Vielmehr könnte sie ihre weltliche Schwertgewalt viel besser handhaben, wenn sie sich selbst unter das Schwert des göttlichen Wortes stellt. Das Strafamt dürfe nicht immer nur dem kleinen Mann auf dem Halse liegen, während die großen Herren nur mit einem kleinen Finger angerührt werden.

Matthias Hoë von Hoënegg hat das von Chemnitz geforderte kirchliche Strafamt in seinen verschiedenen Ämtern nachdrücklich verwirklicht und sich dabei immer wieder auf Martin Luther berufen, den er »unser lieber Vater und Praeceptor« nennt, »das hocherleuchtete tewre und werthe Rüstzeug Gottes«.[15]

II Zur Berufssituation der Prediger am Anfang des 17. Jahrhunderts

In einer »Valet-Predigt von dem wunderbaren Beruff trewer Lehrer und Prediger« aus Freiberg 1613 bekommt man auch einen gewissen Einblick, wie sich die Berufssituation der Prediger am Anfang des 17. Jahrhunderts aus der Sicht eines Pfarrers darstellt.[16] Hier heißt es:

> Und hindert nichts / daß heut zu tage ihrer so viel sind / die sich zum heiligen Predigampt selbsten anbieten und angeben / daß man wol Zehen oder Zwantzig für einen bekommen möchte. Denn es sind auch ihrer viel / die sich zum theil mehr düncken lassen / als sie sind / zum theil aber nicht Gotts Ehre und der Kirchen bestes / sondern ihre eigene Ehre und wolfahrt suchen. Wenn einer nur ein wenig auff eine Universität gegucket / und nicht ein Jahr Lectiones Theologicus gehöret / So wil er mit gewalt eine Pfarr haben / ob er schon den Grund der Christlichen Religion noch nicht geleget / und wie man die Leute darinnen unterrichten / und mit lehren und predigen / der Kirche Gottes dienen sol / gelernet hat.[17]

15 Hoë von Hoënegg, Prophet (s. Anm. 4), 227.
16 H. Garth, ValetPredigt/ Von dem wunderbaren Beruff trewer Lehrer und Prediger/ Uber die Historien/ Matth. 4 Von dem Beruff etlicher Apostel [...], 1613; Forschungsbibliothek Gotha. Signatur: LPD 8° V 0000 2 (26) (VD17 39:103460H). Autor dieser Predigt ist der Pfarrer und Licentiat Helwig Garth (1579–1619), der auf Beschluss der Superintendenz Freiberg und nach Bewilligung des sächsischen Kurfürsten auf die neue evangelische deutsche Kirche in Prag beordert wurde.
17 AaO., 12 f.

Man wird diese Kritik nicht verallgemeinern dürfen, aber es ist doch auffällig, dass auch Hoë von Hoënegg davon spricht, dass die Theologen sich nicht in das Pfarramt hineindrängen sollen. Vor allem aber werden die schweigenden Prediger kritisiert, die »stummen Hunde, die nicht bellen wollen«, wie es Martin Chemnitz in einem Brief an Herzog Julius ausdrückt.[18] Diese Kritik ist ein Grundanliegen vieler lutherisch-orthodoxer Theologen im späten 16. und im 17. Jahrhundert, das mit der Forderung der Buß- und Strafpredigt gegenüber Obrigkeit und Gemeinde eng zusammengehört.

III Der Regentenpsalm Davids in der Nachfolge der Auslegung Luthers

In einer Landtagspredigt über den 101. Psalm hat der Hofprediger Johannes Cramer in der Schlosskirche in Altenburg eine lange Darbietung über das Regiment König Davids vorgetragen, das er als Vorbild für die Regierenden seiner Zeit versteht und ausführlich kommentiert.[19] Im Exordium zu dieser Predigt heißt es:

> Dannenher auch mit dem Herrn D. Luthero viel Christliche Prediger diesen Psalm / der Regenten Psalm / oder aber einen Regenten Spiegel / ein Regenten Büchlein / ein Regenten lebens Regel zu nennen pflegen/ weil ihr Ambt und gebühr / in allem in demselbigen beschrieben ist.[20]

Mit dieser Aussage ist anzunehmen, dass der Prediger Luthers Auslegung des 101. Psalms gekannt hat.[21] Aber in der Weise, wie dieser Hofprediger in der Nachfolge Luthers wie viele andere Prediger diesen Psalm interpretiert, werden die Unterschiede zu Luther recht deutlich. Luther rückte den Regentenpsalm Davids ganz in die Perspektive des Wirkens Gottes im Regierungshandeln Davids. Was Luther am Regiment Davids preist, ist die Sou-

---

18 Martin Chemnitz an Herzog Julius, 19.12.1578 (in: E. Preuss, Vita Martini Chemnitii, 1861, 945–948), 946.

19 Vgl. J. Cramer, Regenten Ehrenpreiß/ Auß des König Davids Christlichem/ hertzlichem und gutem vorsatz … Landtagspredigt am 19. Mai 1623 in der Schlosskirche in Altenburg, 1623. Forschungsbibliothek Gotha, Signatur: Theol. 4° 00927 (31) (VD17 39:103550G). Johannes Cramer (1580–1624) war von 1621–1624 Hofprediger in Altenburg. Gewidmet ist die Predigt der Fürstin Elisabeth aus dem Hause Braunschweig-Lüneburg.

20 AaO., B 3f.

21 Vgl. WA 51; 200–264.

veränität Gottes und sein wunderbares Handeln in der Geschichte. Nicht im Rahmen einer Vorbild-Ethik wird die Herrschaft Davids geschildert, sondern unter dem Gesichtspunkt des immer neu in Erstaunen setzenden Eingreifen Gottes in den Lauf der Geschichte. Zu solcher *admiratio*, nicht *imitatio*, soll der ausführliche geschichtstheologische Hinweis Luthers auf die Regentschaft Davids führen, an der er das geistliche und weltliche Regiment eines gottesfürchtigen Regenten beispielhaft darstellt.[22]

Demgegenüber geht der Altenburger Hofprediger in langen Erörterungen über die Geschichte Davids seinem vorbildhaften Wirken nach, das er seinen Zuhörern zur Nachahmung hinstellt. Dabei lässt er keineswegs die schweren Sünden Davids aus, aber die immer wieder erfolgte Zuwendung Davids zu Gott und seine Vergebung wird als »Regenten Ehrenpreis« interpretiert, an der sich die jetzt handelnden Personen im Regiment orientieren sollen.

In der ausführlichen Schilderung von Davids geistlichem Regiment wird jedoch ganz im Sinne Luthers die Unabhängigkeit und Freiheit des Predigtamtes gegenüber Eingriffen vonseiten der Herrschenden und somit der Kirche gegenüber der weltlichen Obrigkeit am Anfang des 17. Jahrhunderts deutlich unterstrichen. Damit reiht sich diese Landtagspredigt in die vielen Predigten zur Zeit der lutherischen Orthodoxie ein, die die Freiheit und Unabhängigkeit des Predigtamtes und der lutherischen Kirche in der Zeit des landesherrlichen Kirchenregiments gegenüber vielfältigen Herausforderungen verteidigen. Entsprechend des ersten Verses von Ps 101: »Von Gnade und Recht will ich singen und dir, Herr, Lob sagen« wird in Bezug auf die Gnade von Davids geistlichem Regiment gesagt, dass er den rechten, wahren Gottesdienst der Untertanen schützen, nicht ändern und in seine Vollzüge nicht eingreifen will. Wie Davids Haltung gegenüber Samuel und Nathan zeigt, so hat er »denen Propheten / das geistliche Regiment gelassen / ihnen nichts vorgeschrieben«,[23] Gottesdienst und »Kirchen Disziplin«[24] in bester Ordnung gehalten. Davids geistliches Regiment hat den Untertanen »den wahren Gottesdienst / und ihr rechtes glaubens be-

---

22 Vgl. SOMMER, Auslegung (s. Anm. 1), 37–42.
23 CRAMER, Ehrenpreiß (s. Anm. 19), C 1.
24 Ebd.

kenntnüß unverendert« gelassen und »dasselbige nicht hindern / sondern fördern / und fortzusetzen« geholfen.[25]

Die Zeit der heftigen Konfessionsstreitigkeiten am Anfang des Dreißigjährigen Krieges spiegelt sich in dieser Predigt wider: »Mancher junge König und Regent«, erzogen in der rechten lutherischen Religion,

> werden überdrüssig / lüstern / lassen sich falsche Irrgeister / heimliche Schleicher und Heuchler unter ihren Politicis und weltlichen Räthen / verführen / überreden / daß sie eine andere Religion annehmen / vermeinen / wenn sie Calvinisch werden / so werden sie für die hochverstendigsten Politeste Leute gehalten (inmassen die Calvinisten weit verstendiger und gelehrter und gschickter seyn sollen und wollen / alß die einfeltigen Lutheraner [...]).[26]

Dasselbe gilt von den Papisten. Viele Regenten »halten die Religion gleich einem Wechseltantze«.[27] In dieser politischen Lage haben es die Prediger besonders schwer: »Und ob gleich trewe eyfferige Prediger darwieder predigen und es wiederrathen [...] so heisset es Sic volumus. Wir wollen es also haben / und nicht anders.«[28] Die Untertanen

> müssen statt das Cantate das ejulate intonieren [...]. Das thut König David nicht / Gottes Wort / und die heiligen Propheten / Samuel / Nathan und Gad / seine Prediger / helt er in gebührlichen respekt und ehren / ohne sie und ihren willen enderte er nichts in der Religion / oder in den eußerlichen Ceremonien / zwinget die Unterthanen zu keiner newen und falschen Religion.[29]

Das geistliche Regiment König Davids und seine *cura religionis* werden als Vorbild für die Fürsorge der jetzt Herrschenden für die Kirche hingestellt.[30] Aber nicht nur die geistliche Fürsorge, sondern auch die Unabhängigkeit der Prediger bei der inneren und äußeren Ausübung der Religion, die Davids

---

25 Ebd.
26 AaO., C 2. Der Ausdruck »einfältige Lutheraner« im Gegensatz zu den Calvinisten zeigt die Selbsteinschätzung der lutherischen Seite, die in ihrer Treue und Ehrlichkeit den politisch geschickteren Calvinisten und Papisten gegenüberstehen.
27 Ebd.
28 AaO., C 3.
29 Ebd.
30 »Denn was grosse Herren auff Kirchen / Schulen / Prediger und Christliche und fromme Musicanten und Capellen Knaben wenden / das leihet man alles Gott den Herrn auff Zinse / ist wol angewendet / und wird mit reichem segen und vergeltung belohnet« (ebd.).

geistliches Regiment gewährleistet, dient den anwesenden Politikern als Warnung, dass sie sich nicht in die Belange der Kirche und ihrer Prediger eindrängen und ihnen Vorschriften zu machen versuchen. Die lutherische Unterscheidung des weltlichen und geistlichen Regimentes Gottes in ihren geschichtlichen Gestaltungen kommt in diesen Wendungen der Predigt vor allem als Forderung der Unabhängigkeit und Freiheit der Kirche gegenüber der weltlichen Obrigkeit zum Ausdruck.

Auch der seit 1635 als Hofprediger in Altenburg wirkende Arnold Mengering[31] hat mit Hilfe des Regentenpsalms 101 bohrende Gewissensfragen an seine Obrigkeit gestellt. Er hält seinem Fürsten, Herzog Johann Philipp, Herzog von Sachsen, Altenburgischen Teils, und allen Landständen eine wahre Philippika vor, die den Kampf gegen die Laster, vor allem bei den Herrschenden, unverblümt aufnimmt:

> Dabei sich alle Reiche und Wolvermögende zu prüfen und zu fragen haben: Mit was Manier und Fündlein sie nach Reichthumb gestanden und geeilet? Mit was Mitteln sie Reichthumb erworben? Mit was Gewissen sie Reichthumb besessen / genossen und gebrauchet haben?[32]

Angesichts des Elends mitten im Dreißigjährigen Krieg und der großen Verarmung der Bevölkerung verfehlte diese immer wieder gestellte Frage ihre Schärfe nicht.

Über Ps 101 hat Arnold Mengering 1639 und 1640 auch eigens zwei ausführliche Predigten gehalten, die später gesammelt herausgegeben wurden.[33] In ihnen stellt er das Vorbild Davids als gottesfürchtige Obrigkeit detailliert heraus, wobei auch erhebliche Obrigkeitskritik an den regierenden Herren zum Ausdruck kommt. Luthers Auslegung des 101. Psalms ist

---

31 Zu Arnold Mengering (1596–1647) vgl. W. SOMMER, Konfessionelle Legitimierung der Politik und ethische Weisung in Predigten zur Zeit des Dreißigjährigen Krieges. Die Hofprediger Hoe von Hoenegg und Arnold Mengering (in: DERS., Frömmigkeit und Weltoffenheit im deutschen Luthertum [LStRLO 19], 2013, 107–128), 123.

32 A. MENGERING, Altenburgische Landtags Predigt/ Auß den Worten des Evangelij Luc. 16. v. 3 [...], 1636, 9. Forschungsbibliothek Gotha, Signatur: Theol 4° 00927 (33) (VD17 39:136360A).

33 Vgl. A. MENGERING, Horologium Principum Davidicum, Das ist Fürstliches Davidisches Regenten-Uhrlein [...], 1666. Forschungsbibliothek Gotha, Signatur: Theol 4° 00935/01 (10) (VD17 3:602618D).

Mengering ebenso wie diejenige Nikolaus Selneckers wohl bekannt, wie er am Anfang seiner ersten Predigt herausstellt:

> Der 101. Psalm ist und heist der Könige und Fürsten Psalm [...] und ist auch sonderlich von dem Geistreichen Gottes Mann D.M. Luthero mit einer so herrlichen hochpreißlichen Erklärung / so im 6. Jen. Theil zu befinden«,[34]

dass es niemand besser machen kann. Dennoch hat Mengering wie auch sein Vorgänger Johannes Cramer den Psalm am Beispiel von Davids Regentschaft für regierende Herren umfangreich ausgelegt, aber die geschichtstheologische Tiefe Luthers angesichts des Wirkens Gottes in Davids Regiment nicht mehr erreicht.[35]

Nicht nur bei Hofpredigern, sondern auch bei Gemeindepfarrern dient das Regiment Davids vor allem auch als Vorbild für christliche Regenten in ihrem Umgang mit Theologen im geistlichen Amt.

Wilhelm Zeilfelder, Pfarrer der thüringischen Gemeinden Pößneck und Jüdenwein, ließ eine Regentenpredigt drucken, in dem König David ausführlich in seinem vorbildhaften Wirken beschrieben wird.[36]

Auch dieser Pfarrer nimmt Luthers Schrift über den 101. Psalm in der 2. Jenaer Ausgabe wahr und bemerkt: Luther »schreibt gar schön und herrlich über den 101. Psalm«.[37] Er zitiert ihn hinsichtlich der von Luther geschilderten, eingebildeten »Meister Klüglinge«:

> Da sitzen die grossen Herren / sind selbsten an ihnen klug und weiß / haben die sache wol erwogen / haben sie bey allen fünff Züpffeln gefast ... Hier ist keiner der hinauff gen Himmel seufftzet / und suchet Rath bey Gott / denn sie sind ihrer Weißheit so gewiß / daß sie es nicht bedürffen.[38]

---

34 AaO., 8f.

35 Mit seiner Auslegung des 101. Psalms will Mengering aufzeigen, »was grosse Herren und Potentaten bey ihrem hohen Amt / in ihrem Regiment und Hoffhaltungen lieben und lassen / suchen und meiden / thun und lassen / dichten und richten sollen / damit Sie Gott zeitlich und ewiglich gefallen mögen« (aaO., 8).

36 Vgl. W. ZEILFELDER, Christlicher Ehrenschild / Ehrenschmuck und Kleid Gottseliger Regenten [...] über Hiob 29,15, 1618. Forschungsbibliothek Gotha, Signatur: Theol. 4° 00899 (06) (VD17 39:135946M).

37 AaO., C 6.

38 AaO., C 7. Luther in seiner Auslegung des 101. Psalms: »Denn da sitzt der König oder Fürst für sich selbs weise und klug und hat die sache gefasset bey allen funff zipfeln.« WA 51; 203,13–15. »Meister Klügel« oder »Klügling« ist ein Lieblingsthema Luthers,

Besonders ist das Regiment Davids Vorbild für die Regenten in ihrem Umgang mit Geistlichen: »Ein solches Davids Hertz zieret noch alle Christliche Regenten / daß sie Gott fürchten / fleissig beten / Gottes Wort hören und nicht Pfaffen Feind / Prediger Teuffel seyn.«[39]

Der drastische Ausdruck deutet auf die oft von Unbekümmertheit und selbstgenügsamem Herrschertum bestimmte Haltung der weltlichen Obrigkeit im Gegenüber zu dem geistlichen Stand hin.

IV Luthers Unterscheidung und Zuordnung des geistlichen und weltlichen Regiments in Regentenpredigten zur Zeit der lutherischen Orthodoxie

In den Regentenpredigten zur Zeit der lutherischen Orthodoxie ist Luthers Unterscheidung der beiden Regimente Gottes bei der zentralen Thematik des Verhältnisses von Obrigkeit und Kirche bzw. des weltlichen- und des Predigerstandes im späten 16. und im 17. Jahrhundert fortwährend präsent. Eine Predigt von Georg Mylius (1548–1607) sei stellvertretend für viele andere etwas ausführlicher interpretiert, da sie diese Thematik direkt in ihrem Titel führt: »Ein Christliche Predigt vom Ampt und unterscheid / Geistlichen und Weltlichen Regiment Stands«.[40] Georg Mylius war zur Zeit dieser Predigt Professor der Theologie in Jena.[41]

---

das er in Predigten, Auslegungen und Briefen vielfach streift bzw. behandelt, z.B. in der Auslegung des 117. Psalms (1530): »Denn es ist auch war, das solche halb gelehrte leute die unnützesten leute auff erden sind [...]. Meister klügel heist man die selbigen, die das Ross am schwantz konnen zymen«, WA 31,1; 226,2–4; 227,7f. Auch im Sendbrief vom Dolmetschen, WA 30,2; 634,6–8.

39 ZEILFELDER, Ehrenschild (s. Anm. 36), C 5.

40 G. MYLIUS, Ein Christliche Predigt vom Ampt und unterscheid / Geistlichen und Weltlichen Regiment Stands (in: DERS., Eilff Christliche und in Gotts Wort wolgegrundte Predigten, 1590), e3(2)–h3(2) = (1–25). Forschungsbibliothek Gotha, Signatur: Th 8° 03347 (03) (VD16 M 5346).

41 Georg Mylius stammt aus Augsburg, wurde in Tübingen unter Jacob Heerbrand zum Doktor der Theologie promoviert, Pfarrer und Superintendent an St. Anna in Augsburg. 1583/84 durch den Kalenderstreit aus Augsburg vertrieben, wurde Mylius 1585 Professor in Wittenberg. Aber die dortigen Kryptocalvinisten veranlassten ihn, an die Universität Jena zu wechseln. Erst nach dem Tod Kurfürst Christian I. 1591 und der darauf erfolgten

Biblische Grundlage für die Unterscheidung des geistlichen und weltlichen Regiments ist der Streit der Jünger in Lk 22,24–30. Die Vorstellung eines Größten unter ihnen in einem weltlichen Reich beantwortet der Herr mit einer Umkehrung der Herrschaftsordnung in seinem Reich. Im geistlichen Reich gilt: »Ihr aber nicht also!« Der Irrtum der Jünger ist jedoch uralt: »Sehet also / Geliebten in Christo dem Herrn / das es gar kein newes ist / wenn die Geistlichen wollen Weltliche Herren sein.«[42] Davon zeugt die Papstgeschichte zur Genüge. Die Jünger aber sind zu einem anderen Amt berufen, »zum Geistlichen Apostel oder Predigtampt / welches von jenem weit unterscheiden ist«.[43]

> Dieses ewres Amts solt ir euch nu behelffen / und wissen / das euch nicht gestattet wird / euch des Weltlichen zu unterfangen / euch auch in jenes Regiment einzuflicken und einzumengen / und also beide zu vermischen.[44]

Diese Warnung bedeutet jedoch keine Geringachtung des weltlichen Regiments oder gar dessen Zerstörung:

> In diesen Worten Christi höret E.L. erstlich ein lautern Bericht / und gewisse Erweisung / das Christus mit seinem Reich / Wort und Evangelio das Weltliche Regiment mit nichten will auffgehoben oder umbgestossen / sondern in seinem Stand und Wesen erhalten / ja gleich von newem und noch mehr bestettigt haben. [...] Denn Christus ist nicht darumb in die Welt kommen / das er seines Vaters Ordnung / so zu Wolfart Menschliches Leben eingefüret worden / und bis zu End verbleiben solten / auffhübt und zertrennete / sondern das Werk der Erlösung Menschliches Geschlechts erfüllete [...].[45]

Christus hat um das weltliche Regiment »ein starcke Mauren gemachet«.[46]

Der Prediger bezeichnet die Unterschiedlichkeit des weltlichen und geistlichen Regiments als eine feststehende, selige Lehre, so dass die Wiedertäufer und andere Verleugner der weltlichen Obrigkeit als Gottes Ordnung klar abgewiesen werden.[47]

Reorganisation der lutherischen Orthodoxie, holte ihn der streng lutherische Herzog Friedrich Wilhelm nach Kursachsen zurück.

42 MYLIUS, Predigt vom Ampt (s. Anm. 40), (6).
43 AaO., (7).
44 Ebd.
45 AaO., (7f).
46 AaO., (8).
47 »krafft dieser seligen Lehr« (ebd.).

Mit der Bestätigung des weltlichen Regiments ist die Art und Weise der Herrschaft der Regenten fest verbunden. Mylius gibt den Regenten klare Anweisungen zur Ausübung ihres Regiments: Mit ihrer Herrschaft will Christus »ein fein Veterliche / doch ansehnliche / vernünftige und verstendige Regierung eingebunden haben«.[48] »Denn herrschen heisset nicht / nun Juncker sein / und saur gegen den Unterthanen sehen können / wie etliche Scharrhansen das für rechte Herrschafft halten.«[49] Herrschen bedeutet für Mylius mit Vernunft, weisem Verstand und klugem Rat regieren. Die Regenten sollen ihr Amt selbst führen, es nicht anderen übergeben. Christus nennt sie im Evangelium »gnädige Herren«. Dieser Titel ist eine Krone auf dem Haupt der Regenten. »Ir Herrschung sol nicht mit Tyranney / mit toben und wüten zugehen / sondern gnediglich / mild und bescheiden sollen sie regieren.«[50] Die Unterscheidung zum geistlichen Stand ist bei der Beschreibung des weltlichen Regiments stets präsent:

> Wer Geistlich ist / solle bey diesem Stand bleiben / und kann sich des Weltlichen Regiments nimmermehr unterfahen / und beyde zumal tragen [...] sie können und sollen nimmermehr beysamen oder zumal einer einigen Person vertrawet sein.[51]

Damit kritisiert Mylius nicht nur die Fürsterzbischöfe von Mainz, Trier und Köln seit der Goldenen Bulle 1356, sondern auch die verbliebenen bzw. neu entstandenen Fürstbischöfe nach der Reformation.

Auf die Frage nach der Ursache der Unterscheidung der beiden Regimente gibt Mylius eine eindeutige Antwort:

> Fragt jemand allhie [...] warumb unser Herr Gott diese beide Regiment also von einander abgesondert hatte. Antwort: Gottes Wille ist die höchste Ursach aller billigkeit und die eine Regel und Richtschnur des Rechten / man kann nichts höhers und gerechters nennen / als Gottes Willen / eben denn ist ein ding gerecht / wenn es Gott will.[52]

Nach dem Willen Gottes hat es auch die hohe Vernunft erfordert, dass die beiden Regimente unterschieden sind. Denn die Unterscheidung geschieht

---

48 AaO., (9).
49 Ebd.
50 AaO., (11).
51 AaO., (13).
52 AaO., (14).

wegen grosser ungleichheit deren Sachen / damit sie beide umbgehen / und dadurch beiderseits regiert wird. Das Predigampt hat mit Geistlichen Sachen zu thun / die Obrigkeit geht mit weltlichen Hendeln umb. Nun gehören zu beiderley Sachen unterschiedliche gemüter / und ungleiche handlungen. Wem wolt allhie möglich sein / beyde Empter zu Nutz und zu Gottes wolgefallen zu versehen? [...] Darumb sich denn beide Stend nimmer füglich zusammen reimen oder schicken könten.[53]

Der Prediger fragt: Wenn weltliche Herren mit Gewalt über Gottes Wort herrschen, oder wenn Geistliche mit dem Schwert streiten, wie könnte dann falsche Lehre und Abgötterei verhindert werden?

Denn gesetzet / sie weren beide beysamen / und zumal einerley Personen vertrawet / wie übel würde es zugehn mit der Lehr des Göttlichen Worts / wenn Weltliche Herren damit zu handeln sollte frey stehen? Entgegen hetten die Geistlichen zumal auch das Weltliche Schwerd und Gewalt / wer wollte sich falscher Lehr und Abgötterey erwehren können / wenn die irgend eingerissen hetten?[54]

Mylius fährt aus Erfahrung weiter fort:

Wie denn eben die erfarung diesen Jamer zu erkennen gibt anderen Örten / da die Weltliche auch über Gottes Wort Gewalt füren oder entgegen die Geistlichen ins Weltliche Regiment zugleich auch gefallen sind.[55]

So deutlich Mylius die Unterscheidung der beiden Regimente herausstellt, so sehr betont er auch ihrer beider von Gott gewollte Zuordnung.

Seine Ausführungen am Ende seiner denkwürdigen Zwei-Regimente-Predigt beschreiben diese Zuordnung einmal im Sinne einer gegenseitigen Hilfe, so dass ihnen bei Vernachlässigung ihrer jeweiligen Pflichten einander geholfen werde. Sodann im Sinne eines gegenseitigen Schutzes und der Ehre, auf die beide Regimente angewiesen sind. Mit dieser gegenseitigen Zuarbeit ist die Unterscheidung der beiden Regimente keineswegs außer Kraft gesetzt, im Gegenteil: Sie kommt in dieser Unterscheidung erst zu ihrem eigentlichen gottgewollten Auftrag. Dabei wird die Gefahr des auf Macht ausgerichteten Eingriffes des einen in das andere Regiment sehr deutlich gesehen. Es ist jedoch auffällig, dass Mylius vor allem die Gefahr des Cäsaropapismus, die Vorherrschaft des weltlichen über das geistliche Regiment, im Blick hat:

53 AaO., (16).
54 AaO., (17).
55 Ebd.

Dis sol ich zum Beschlus zu vermelden nicht unterlassen / ob schon Gott diese beide Regiment abgeteilet und unterschieden / so hat ers doch widerumb auff seine weis zusammen geknüpffet / und an einander gehenket. Erstlich der gestalt / das er eins auffs ander gerichtet und geordnet hat [...] das / wo ein jedes seiner pflichten vergisset / oder wissentlich darwider handelt / jme durch das ander fein richtig begegnet / und zu recht geholffen werde. [...]
Hat demnach eines gar wol macht und recht dem anderen einzureden / und folget keins wegs / wenn die Regenten unrecht thun / und jnen darumb von dem Geistlichen Regiment zu gesprochen wird / das man darumb gleich (wie etliche Scharrhansen schreien) wolle den Fus auff das Rathaus setzen. Gleich wie auch im gegentheil nicht folgt / wenn es die Geistlichen auch nicht recht machen / und jnen drob von der Oberkeit engered wird / sie jnen in der Kirchen von der Oberkeit nicht wollen lassen Ordnung geben / wie etlicher Geistlicher Sinn geartet ist: Sonder ein Regiment solle auff dem anderen halten / und eins von dem anderen guten Rath und Vermanung gern annemen.⁵⁶

War die Zuordnung der beiden Regimente bisher im Sinne der gegenseitigen Hilfe beschrieben, wenn sie ihren Pflichten nicht nachkommen, so sind sie auch hinsichtlich ihrer eigenen Ehre und ihres Ansehens aufeinander angewiesen. Denn die menschliche Schwachheit und Unzulänglichkeit verlangt gegenseitigen Schutz und Rücksichtnahme des einen wie des anderen Regiments:

Fürs ander / hat sie Gott auch der gestalt zusammen geknüpffet / das sie / ob sie schon uterschieden sind / dennoch zusammen setzen / und eins dem anderen schutz halten / und sein ansehen retten und handhaben solle. Oberkeit kan jr nicht allemal selbs ansehen und gehorsam machen. Da mus das geistliche Regiment zu hülff komen / und der Oberkeit stand in seine Ehre setzen und die Menschen vermanen / und Gewissens wegen der Ordnung Gottes gehorsamen. Widerumb mit predigen ist es auch nicht bey allen ausgericht / ob wir schon schreien / das uns Hals und Leib brechen möchte / dennoch sind viel / die da nicht gehorchen wollen. Da solle die Oberkeit dem Predigampt ein Rücken machen / und sie nicht so schendlich mit Füssen tretten und verachten lassen.⁵⁷

Die letzte Aussage deutet schon darauf hin, dass die beiderseitige Rücksichtnahme im Sinne des Predigers vor allem aufseiten des weltlichen Regiments zu wünschen übrig lässt:

Beschlieslich sind sie auch also verknüpfft / das gleich wie das Geistliche Regiment dem Weltlichen Regiment keinen eingriff thun sol / also auch widerumb das Weltliche dem

---

56 AaO., (24). Die von der Obrigkeit angeordnete Ordnung in der Kirche betrifft den äußeren Rahmen, nicht die inneren Vorgänge wie Predigt und Sakramentsausteilung.
57 AaO., (23f).

Geistlichen Ampt keinen eintrag mache. Welche bedingung bey unseren Zeiten gar hoch von nöten / da fast wenig Oberkeiten gefunden wurden / die sich in dem Gezirck jres Ampts verhalten / und nicht die Hand auch mit im Geistlichen Stand haben wollen.[58]

Zum ersten und einzigen Mal nennt der Prediger nun auch Luther, der die Vorherrschaft der weltlichen Macht über das geistliche Regiment vorhergesagt hat: das »kayserliche Bapstum, wie es D. Luther genennet«, das nun »mercklich einbricht und überhand gewinnet«.[59] Der Teufel hat die Stände verwirrt. Unter dem Papsttum war der geistliche Stand zu hoch gestiegen. Die liebe Obrigkeit wurde von ihrem Ehrenstuhl hinuntergestoßen.

> Diesem unheil ist nun Gotte lob zu unser zeiten gesteuret worden / das der Stand der lieben Oberkeit widerumb aus dem Staub und Aschen ist erhöben worden. Dabey nechst Gott / die liebe Prediger durch die reine Lehr Göttliches Worts das beste gethan haben. Nun solches geschehen ist / fehet der Satan einen newen Cartümmel und Lermen an / erreget die Regenten / daß sie sich jrer Hochheit mißbrauchen / in das Geistliche Regiment eindringen / und dasselbige fast gar unter jre Füsse an mehrteils Orten drucken wollen. Begegnen also dem lieben Predigampt mit bösem Danck / welches bis daher für der lieben Oberkeit Ehr und Stand so Christlich geeiffert / und umb erhebung derselben wider das leidige Bapstum so unverdrossen gestritten hat. Der Gnedige Gott verhüte bey solchem leidigen Zustand der lieben Kirchen und seines H. Worts zerstörung und untergang bey uns und unsern Nachkomen.[60]

Die Predigt von Georg Mylius über die Unterscheidung und Zuordnung des weltlichen und geistlichen Regimentes Gottes hat deshalb eine besondere Bedeutung, da sie zeigt, dass diese Thematik durchaus im späten 16. und im 17. Jahrhundert eine wichtige Rolle gespielt hat, wenn es um die rechte Auffassung von weltlicher Obrigkeit und geistlichem Predigtamt geht. Das ist in der Forschung zur sog. Zweireimentenlehre Luthers in nachreformatorischer Zeit leider öfters unberücksichtigt geblieben.[61] Beachtenswert

---

58 AaO., (24).
59 Ebd. Zur Aufnahme der Vorhersagen Luthers über das »Kaiserliche Papsttum« im älteren Luthertum vgl. M. KRUSE, Speners Kritik am landesherrlichen Kirchenregiment und ihre Vorgeschichte (AGP 10), 1971, 53–57.
60 MYLIUS, Predigt vom Ampt (s. Anm. 40), (24f).
61 Dazu vgl. W. SOMMER, Frömmigkeit und Weltoffenheit im deutschen Luthertum. Rückblick auf die Aufsätze und Beobachtungen zur Nachwirkung von Luthers Zwei-Reichebzw. Zwei-Regimente-Denken (in: DERS., Frömmigkeit [s. Anm. 31], 389–414), besonders 405–414.

ist m. E. besonders, dass Mylius wie selbstverständlich von einer »Lehre« bei der Unterscheidung der beiden Regimente und ihrer beider Zuordnung spricht und davon ausgeht, dass sie biblisch, d.h. im Evangelium, verankert ist. Er kommt als genuin lutherischer Theologe nur beiläufig auf Luther zusprechen, interessanterweise im Zusammenhang von dessen Vorhersagen eines kaiserlichen Papsttums in seiner, der nachlutherischen Zeit.

So hat Luther in seiner Auslegung von Ps 101 die Verkehrung der beiden Regimente und ihre wechselseitigen Übergriffe in der Geschichte vor und nach der Reformation eindrücklich beschrieben. Am Beispiel Davids spricht Luther von der Möglichkeit der Bevormundung des Wortes Gottes durch die weltliche Obrigkeit.[62] Dies ist bei einer durch das Evangelium wieder zu ihrem eigenen Recht gekommenen Obrigkeit jedoch schon gefahrvolle Wirklichkeit:

> Es ist die welt ein distel kopff, wo man den selben hin keret, so reckt er die stachel über sich. Ehe denn unser Euangelion kam, wuste niemand von der Oberkeit / wie sie ein guter stand were / zu predigen. Nu si durchs Euangelion gepreiset und erhöht ist, will sie auch uber Gott und sein wort sein und gebieten, was man predigen und gleuben sol. Widerumb strafft man sie, So sol es auffrur heissen.[63]

Auch Mylius spricht von dem geschichtlichen Wandel, den die Obrigkeit durch die Reformation erfahren hat, aber auch von dem Missbrauch ihrer Ehre und Würde, wenn sie, wie zu seiner Zeit, in das geistliche Regiment eindringt und es unter ihre Füße drückt. Es ist anzunehmen, dass Mylius die Vorhersagen Luthers gekannt hat, dass demnächst das kaiserliche Papsttum seine Herrschaft antreten werde, wie zuvor das päpstliche Kaisertum geherrscht hat, das durch die Reformation grundsätzlich zurückgewiesen wurde.[64]

Martin Kruse hat diese Vorhersage Luthers ein »geschichtstheologisches Schema« genannt, das sich im späten 16. und im 17. Jahrhundert bis hin zu Philipp Jakob Spener entwickelt hat, der mit dem Begriff »Caesaropapie«

---

62 Vgl. WA 51; 241,21–28.
63 WA 51; 246,3–8.
64 Vgl. zu den Vorhersagen Luthers W. SOMMER, Luther – Prophet der Deutschen und der Endzeit. Zur Aufnahme der Prophezeiungen Luthers in der Theologie des älteren Luthertums (in: DERS., Politik, Theologie und Frömmigkeit im Luthertum der Frühen Neuzeit [FKDG 74], 1999, 155–176).

das sich immer selbstherrlicher gebärdende landesherrliche Kirchenregiment einer grundsätzlichen Kritik unterzog.[65] Die missachtete, von Luther so eindringlich eingeschärfte Unterscheidung des weltlichen und geistlichen Regiments ist dabei die entscheidende Voraussetzung dieser Kritik.

Die letzte der *Elf Predigten* des Georg Mylius trägt den Titel: »Eine Predigt von Oberkeit und Unterthanen« nach dem Text 1 Tim 2,2.[66] In dieser Predigt stellt Mylius die Obrigkeitslehre entsprechend der lutherischen Orthodoxie mit dem Akzent der Ermahnung der Obrigkeit zu Schutz und Recht der Untertanen und ihrem notwendigen Gehorsam dar, wie dies für die gesamte lutherische Orthodoxie charakteristisch ist. In seiner Auslegung von Ps 82,6f und Ps 133 kommt jedoch die Abhängigkeit der Oberherren von den »gemeinen Christen« in besonderer Weise zum Ausdruck: Gott hat sie

> so hoch gewürdigt, das er jenen seinen Namen angehenket / und mitgetteilet / und sie Götter gennenet hat / nicht als ob Göttliche Ehre jenen gebüre / und sie sich Göttlicher Hoheit anmassen und gebrauchen / sondern in Bürgerlichen und Leiblichen Sachen Gottes stat vertretten / und von Gottes wegen Friede / Zucht und Recht handhaben / und schützen sollen. [...] So haben die hohen Potentaten auch billich zu bedencken / was sie von den untern und den armen Gemeinden zu empfahen und zu gewarten haben. Das Heupt ist zwar ja das höchste und ehrlichste Glied und stück am Leib / aber das Heupt stehet dennoch auff dem Leib und wird vom Leib getragen und erhalten [...]. Woher doch fürnemlich ir hohes Glück / Reichthum / Ehr / Wolfart und Segen komte / nemlich aus der tieffe / und den armen Unterthanen und gemeinen Christen.[67]

V Die Vertreibung eines Pfarrers aufgrund seiner Strafpredigt

Ein besonderes Interesse kann eine Predigt in Anspruch nehmen, die in Folge der Vertreibung eines Pfarrers auf Grund seiner Strafpredigt gegenüber der Obrigkeit nicht gehalten werden konnte, die aber dennoch veröffentlicht wurde: »Neuer Augirter Hell-leuchtender Adelsspiegel Oder Christliche Valet-Predigt/ Vom Ampt treuer Lehrer und Prediger und deroselben recht-

---

65 Vgl. Kruse, Kritik (s. Anm. 59), 53–57.
66 Vgl. Mylius, Predigt vom Ampt (s. Anm. 40), (12).
67 G. Mylius, Ein Predigt / von Christlicher Einigkeit auf dem Ps 133 Davids (in: Ders., Predigten [s. Anm. 40]), k3(1)–III2(3), hier III(1)f.

mässigen Beruf/ und Enturlaubung vortrefflicher Lehrer Bedencken«.[68] Der
Autor ist Kaspar Seifart, »unschuldiger weise enturlaubten in die 13. Jahr
gewesenen Bibraischen Pfarrherrn zu Bibra«.[69]
Der Prediger bekennt am Anfang:

> was ich ausgestanden / und was vor Noth und Anfechtungen mich troffen / daß ich zum
> öfftesten das Ampt nicht mit Freuden sondern mit Seufftzen verrichten müssen. Doch
> mich weder Haß / Feindschafft / Verachtung / noch Gefahr / abschrecken lassen / sonder
> im lehren und predigen fortgefahren / und nichts verhalten / was euch zu euer Seligkeit
> von nöthen gewesen.[70]

Aus drei Teilen bestehe das Predigtamt: ordentliche Berufung, treue Weide
der Herde und »daß man nicht als Miedling auff und davon lauffe / sondern
des Endes erwarte«.[71]

Von den gelehrten Predigern, die sich nicht genug mit lateinischen und
griechischen Ausdrücken brüsten können, setzt er sich mit Luther ab: »Ach
wie bin ich den Leuten so feind / die so viel Sprachen auff die Cantzel
bringen / sagt D. M. Luther wie Zwingel / der redet Griechisch / Hebreisch
und lateinisch auf dem Predigstul.«[72] Ein jeder Prediger sollte schlicht und
einfältig predigen, und der Prediger bekennt von sich: »Wenn ich allhie
predige / lasse ich mich aufs tieffste herunter / sehe nicht an Doctores und
andere Gelehrte / sondern auff den Hauffen junger einfältiger Leute / Kinder / Knechte / Mägde / Gesinde.«[73]

Was diese Predigt aber besonders kennzeichnet, ist ihre scharfe Kritik
an der Obrigkeit in ihrem Verhältnis zum Predigtamt. Offenbar hat die Aus-

---

68 K. Seifart, Neuer Augirter Hell-leuchtender Adelsspiegel Oder Christliche Valet-Pre-
digt/ Vom Ampt treuer Lehrer und Prediger und deroselben rechtmässigen Beruf/ und
Enturlaubung vortrefflicher Lehrer Bedencken: Welche zu Bibra in der Pfarrkirchen über
das Sprüchlein Christi Luc. 4. v. 24. [...] gehalten werden sollen/ Aber auf vornehmer
Leute beyrathen hinderblieben/ und hernacher in Truck gegeben worden, 1664. Forschungsbibliothek Gotha. Signatur: Theol 4° 00920-921 (26) (VD17 39:137218C).
69 Dieser Hinweis ist noch Teil des Titels. Gewidmet ist die Predigt Friedrich Wilhelm und
Ernst, Herzöge zu Sachsen. »Zur Ungebühr abgesetzte Pfarherren sind von diesen Fürsten aufgenommen worden und landesväterlich gegen dieselbe erzeiget worden« (ebd.).
70 AaO., A 5.
71 AaO., A 6.
72 AaO., Bf.
73 AaO., B 1.

übung des Strafamtes des Predigers dazu geführt, dass Kaspar Seifart seine Pfarrstelle verlassen musste. Er fragt: Woher kommt die Lehre der Prediger und Lehrer? Antwort: Vom Herrn, der sie sendet. Deshalb »hat auch der Adel nicht Macht / mit Lehrern und Predigern zu thun und zu handeln wie er will / wenn nemlichen diselbe den Stab weh gebrauchen würden«.[74] Mit vielen Zitaten aus Luther und Joachim Mörlin, dem das geistliche Wächteramt schon zu Luthers Zeiten unentwegt ausübenden Theologen, zeigt der Prediger dem Adel seine Grenzen auf:

> Denn der vom Adel beruffe die Diener Gottes nicht / als ein Herr des Ampts / sondern als ein Werckzeug und Mittels-Person / so lange Gott nun die Person im Ampt dulten kann / so kann und vermag sie der vom Adel nicht ausstossen und vertreiben.[75]

Es sind »ungrechte Richter / welche die Gottesdiener ohne Verhör und rechtmässige Ursachen ausstossen«.[76] Der Adel habe auch nicht das Recht, einen anderen an seine Stelle zu setzen. Den eingedrungenen Prediger solle man nicht anerkennen, er ist ein Mietling.

Mit deutlichen Worten fasst der Prediger seine Kritik zusammen:

> Summa der Adel spielet mit dem Predig-Ampt / wie die Lotterbuben mit den blinden Würffeln auf der Scholler-Banck / wer ihme ein wenig sagt / das ihme nicht gefället / der muß darvon / und ein anderer an seine Stette / der es machet / wie sie es haben wollen / und frey sagen dürffen / Ey wart ihr eures Beruffs / wir wollen unsers auch warten / h. c. straffet mich nicht / ich will euch wieder nicht straffen / das soll nun nicht allein recht seyn / sondern auch ein Göttlicher Beruf.[77]

Diese Prediger, die die Botschaft nicht in Gesetz und Evangelium verkündigen, sondern der Welt und dem Adel nach dem Munde reden, werden »Suppenprediger« genannt.[78] Es gibt freilich auch den »löblichen Adel«, aber der »schändliche Adel ist viel grösser / denn der löbliche Adel«.[79] Das Urteil des Predigers stammt aus Erfahrung:

74 AaO., B 2.
75 AaO., B 3.
76 Ebd.
77 AaO., B 5.
78 AaO., C.
79 AaO., C 4.

Sonderlich der Adel / der weiß heut zu Tag nicht genugsame Schmach und Verachtung dem Predigampt anzuthun / denn Lehrer und Prediger müssen deroselben Spielleute und Zechliedlein seyn.[80]

VI Die Auffassung des Predigtamtes bei Oberhofprediger Jakob Weller

Vor allem in den Investiturpredigten kommt die Auffassung vom Predigtamt in einer oft sehr grundsätzlichen und ausführlichen Beschreibung dieses Amtes zum Ausdruck.

Oberhofprediger Jakob Weller hat bei der Einführung eines Superintendenten in der Thomaskirche in Leipzig eine Predigt gehalten, die für die Auffassung des Predigtamts zur Zeit der lutherischen Orthodoxie eine exemplarische Bedeutung beanspruchen kann.[81] Der gerade zum Oberhofprediger in Dresden in der Nachfolge von Matthias Hoë von Hoënegg berufene Jakob Weller nimmt den Vers aus Apg 20,28 zum Anlass, das Predigtamt als das Amt des Heiligen Geistes und als geistliche Schleuder Davids gegen alle weltliche Macht und Widerstände zu beschreiben.

Dieser entscheidende Unterschied zwischen geistlich und weltlich durchzieht die gesamte Predigt Wellers über das heilige Predigtamt. Die Bezüge auf Luther sind außerordentlich reichhaltig, vor allem aus der Kirchenpostille und den Predigten Luthers. Das Predigtamt ist weit gefährlicher als das weltliche Amt, »dieweil eines jedern Beichtkindes Seelen Seligkeit und ewiges Verdamniß auff des Lehrers Seele zugleich mit verbunden ist«.[82] Es

---

80 AaO., C 2.
81 J. WELLER, Geistliche Schleuder Davids/ Das ist: Christliche Predigt vom PredigAmpt: Gehalten aus dem 20. Cap. der ApostelGeschichte [...], 1646. Forschungsbibliothek Gotha, Signatur: Theol 4° 00919–920 (07) (VD17 39:104055X). Weller predigte am 8. Juni 1646 zur Einführung von Christian Lange als Superintendent von Leipzig. Er hat noch weitere Investiturpredigten zur Übernahme des Superintendentenamtes in Leipzig gehalten, so zur Amtsübernahme von Paul Höpner 1654, zu Johann Hülsemann 1660 und zu Martin Geier 1662. Auch in ihnen wird das Predigtamt als höchstes Kleinod einer Stadt oder eines Landes hervorgehoben. Vgl. SOMMER, Hofprediger (s. Anm. 2), 167–184, insbesondere 175, Anm. 38. Zu Jakob Weller insgesamt vgl. aaO., 167–184.
82 WELLER, Schleuder (s. Anm. 81), C 3b.

206

ist die Notwendigkeit der Strafpredigt, die das Predigtamt zu einem so beschwerlichen und gefährlichen Amt macht:

> Denn welcher Pfarrer oder Prediger nicht straffet die Sünde, der muß mit fermbden Sünden zum Teuffel fahren / wenn er gleich seiner eigenen Sünden halber / so ihm vergeben ist in Christo / ein Kind der Seligkeit ist.[83]

Weller zitiert Augustin: »Nichts sey im Gerichte Gottes elender / oder auch verdammlicher / nichts sey auch mühsamer und beschwerlicher [...] als das Amt eines Bischoffs / Lehrers und Predigers.«[84] Die Prediger müssen auf die ganze Herde Achtung geben, vor allem auf die Wölfe, die »nimmermehr gute Schüler der Schafe«[85] werden. »So müssen sie auch wider alles gottlose Wesen ihre Stimme getrost erheben wie eine Posaune / und dem Volck ihre übertretung frey verkündigen.«[86] Dabei müssen sie »den Stab Weh und den Stab Sanfft wohl wissen zu unterscheiden«.[87]

Die Predigt Jakob Wellers über das christliche Predigtamt ist aber vor allem deshalb von Bedeutung, da sie einen Passus enthält, der über die Beziehung von weltlicher Obrigkeit und geistlichem Predigtamt einige grundsätzliche Aussagen macht. In der Sache ist dies keineswegs zu zahlreichen anderen Regentenpredigten zur Zeit der lutherischen Orthodoxie unterschieden, aber in der Art und Weise ihrer Darlegung doch bemerkenswert. Er kommt zu der Erörterung der Frage: »Ob auch Lehrer und Prediger Diener und Knechte seyn weltlicher Obrigkeit / Rathspersonen und dergleichen.«[88] Weller antwortet:

> Die Welt ist zwar hiemit bethöret / und vermeynt / weil sie etwa gewisse Besoldung den Kirchendienern reichen / so weren sie ihre Diener / mit denen sie in Annehmung / Entuhrlaubung / removirung und Einschreckung ihrer Predigten möchten ihres Gefallens gebahren und umbgehen. Allein wie nicht allein ein grosser Unterscheid ist in dem Stande der Obrigkeit / da nicht einer iedwedern das Ius Episcopale, das Bischoffs Recht und höchste Eminentz gebühret: Also sind zwar Lehrer und Prediger ihrer Person nach der Obrigkeit / die Gewalt über sie hat / unterthan, Röm. 13. Allein was das Amt anlanget / ist dasselbige Gottes / das ist / von Gott eingesetzet / und wird durch Göttliche

---

83 AaO., C 5.
84 AaO., C 5f.
85 AaO., D.
86 AaO., D 6.
87 AaO., D 1.
88 AaO., E.

Krafft allein getrieben und erhalten / dessen Botschaffter sind die Prediger / Gott ermahnet durch sie / und müssen sich ja hie vor Gott alle hohen Berge demüthigen / obgleich die inspectio und Auffsicht bey denen von Chur- und Fürsten verordneten Consistoriis / so die Kirche gleichsam repräsentiern / billich verbleibet. [...] Und daß mit gewissen Salariis und Besoldungen sie werden versehen / geschieht solches billich zu schuldigsten Ehren und Gehorsam dessen / der sie sendet / nemlichen Gottes des Allmächtigen / welcher will / daß auch Obrigkeit ihr gewisser Schoß und Schatzung dargereichet werde / welche doch eigentlich zu reden / dieses oder jenes Bawren / so zugleich nit das seinige hergibt / Diener oder Knechte nicht seyn zu nennen / ob sie gleich allen dienen.[89]

Mit deutlichen Worten spricht der Oberhofprediger das Verhältnis von weltlicher Obrigkeit und Prediger an und weist die törichte Auffassung zurück, dass die Besoldung der Pfarrer und Lehrer im Kirchendienst durch die Obrigkeiten bzw. Magistrate ein Dienstverhältnis sei, das Verfügungen zu deren Gunsten erlaube. Die von den Obrigkeiten und städtischen Magistraten beauftragten Konsistorien haben als Mittlerinstanzen eine Aufsichtspflicht über ihre Pfarrer und Lehrer als Repräsentanz der Kirche, aber kein Verfügungsrecht über den Inhalt ihrer Verkündigung. Das allein ist Sache des Amtes, das von Gott eingesetzt ist und von ihm erhalten wird. Die Unabhängigkeit des geistlichen Predigtamtes von allen Einwirkungen von weltlicher Seite aus wird damit klar unterstrichen. Es ist die Besoldung der Pfarrer, die der Oberhofprediger als Vorwand für die obrigkeitliche Bevormundung und Beeinflussung ihres Predigtdienstes hervorhebt. Aber auch direkte Einwirkungen in das Dienstverhältnis der Pfarrer, ihre Entlassung bei unerwünschten Predigten und andere Einschränkungen werden kritisiert, womit sich Jakob Weller als Oberhofprediger (!) in die lange Reihe der lutherisch-orthodoxen Obrigkeitskritik im 16. und 17. Jahrhundert einreiht.[90]

»Wer Lehrer und Prediger antastet, der tastet Gottes Augapffel an.«[91] Aber die Pfarrer haben die Herde Gottes zu weiden, nicht zu regieren, d.h. zu herrschen. Nur im Papsttum wird das geistliche und das politische Re-

---

89 AaO., E–E 1.
90 Zu den schweren Auseinandersetzungen um Recht und Grenze der obrigkeitlichen Gewalt in der Kirche und die Kritik am landesherrlichen Kirchenregiment bis hin zu Spener vgl. KRUSE, Kritik (s. Anm. 59), 57–81.
91 WELLER, Schleuder (s. Anm. 81), E 2.

giment zugleich auszuüben versucht, dessen Vermischung Weller durch die Reformation Martin Luthers als grundsätzlich überwunden ansieht.

VII Die Zwei-Regimenten-Unterscheidung bei der Weitergabe des Regiments

Bei der Weitergabe des Regimentes in den sog. Erbhuldigungspredigten wird Luthers Unterscheidung und Zuordnung des geistlichen und weltlichen Regiments dem neuen Herrscher als notwendige Verpflichtung eines gottesfürchtigen Regimentes eingeschärft. Ein Beispiel hierfür ist eine Erbhuldigungspredigt aus Coburg.[92] Pfarrer und Generalsuperintendent Andreas Kesler hielt sie, als Friedrich Wilhelm, Herzog von Sachsen, die Huldigung von der Landschaft in Coburg St. Moritz am 18. 3. 1640 entgegennahm.

Nachdem der Prediger ausführlich auf die notwendige Fürsorge christlicher Regenten für die Pfarrer einging und die Klagen Luthers über ihre mangelnde Versorgung und Unterhaltung breit ausführte, kommt er auf die Ordnung zu sprechen, die eingehalten werden muss, »damit ein Land ein schönes Erbtheil sey und bleibe«. Und fährt fort:

> Zu derselben gehören zwey Stück: Erstlich müssen unter dem Schutz und Schirm der hohen Obrigkeit / die unterschiedene Ständ / und zuförderst geistliche und weltliche / neben einander / aber ohne Vermischung jeder bey seinem Wesen / Geschäfften / und Amptsverrichtungen ungehindert gelassen werden und verbleiben.[93]

Es folgt ein längeres Zitat Luthers, der an einen Pfarrer schrieb:

> Nachdem unser Evangelium und Lehre auffs höchst dahin dringet / daß man die zwey Regiment / weltlich und geistlich / wol unterscheide / und ja nicht unter einander menge / wo nicht hohe Noth / und Mangel der Personen solches erzwünge / das ist / wo Personen da sind / die das Rathhauß und Stadt regieren / und wiederumb wo Personen da sind / die das Pfarrampt und Kirchen versorgen / soll kein Theil dem anderen in sein Ampt greiffen oder fallen / sondern ein jegliches das seine auff sein Gewissen lassen befohlen seyn. Wie S. Petrus lehret / wir sollen nicht allotrio episcopi seyn / id est / alienorum Curatores, inspectores, wie denn von Anfang solch zwey Ampt von Christo gesondert seyn / auch die Erfahrung allzuviel zeuget / das kein Fried seyn kann / wo der Rath oder Stadt / die

---

92 A. KESLER, Coburgische Erbhuldigungs-Predigt [...], 1640. Forschungsbibliothek Gotha. Signatur: Theol 4° 00928–929 (7) (VD17 39:136547B).
93 AaO., 69f.

Pfarr und Predigtstuel / oder der Pfarrherr den Rath oder Stadt regieren will / wie uns des Papsthumbs Exempel wol lehret.[94]

An diesem Lutherzitat wird besonders deutlich, wie wichtig dem Prediger Luthers Einschärfung der Unterscheidung des weltlichen und geistlichen Amtes ist, so dass keines dem anderen in dessen Befugnisse eingreifen darf, wenn der Friede in einer wohlgeordneten christlichen Regierung erhalten werden soll.

Aber auch die Zuordnung der beiden Ämter, Stände bzw. Regimente bei sorgfältiger Vermeidung der Vermischung ihrer Aufgaben wird eigens betont:

> Jedoch sollen Moses und Aaron[95] / als Brüder einander grüssen und küssen [...] geistliche und weltliche Standspersonen müssen einander mit Rath und That / erheischen der Nothturfft nach / begegnen / beystehen / und zum gemeinen besten / zu Wolstand / Zierd und Auffnemen des Landes jeder Theil das seinige thun. Also ist das Land / da solches geschicht / ein schön und lieblich Erbtheil.[96]

Dass die Stände nebeneinander beschützt, ernährt und erhalten werden müssen, damit sie zum Wohl des ganzen Landes wirken können und sich nicht gegenseitig beargwöhnen und bekriegen, ist eine wichtige Voraussetzung für ein wohlgeordnetes christliches Regiment. Dass dem Prediger in der Nachfolge Luthers vor allem die Unterscheidung des weltlichen und geistlichen Regimentes wichtig ist, hat ihren Grund in der notwendigen Unabhängigkeit des geistlichen Amtes, das in der Gefahr steht, diese geistliche Freiheit gegenüber einem immer selbstbewusster agierenden weltlichen Regiment verteidigen zu müssen.

---

94 AaO., 70. Es handelt sich um den Brief Luthers, Bugenhagens und Spalatins an Leonhard Beyer vom 24.7.1536, WAB 7; 476–479 (Nr. 3052).

95 Moses vertritt das weltliche, Aaron das geistliche Regiment. In dem harmonischen Verhältnis zwischen Moses und Aaron haben viele orthodox-lutherische Prediger des 17. Jahrhunderts das ideale Verhältnis zwischen den beiden Ständen bzw. Regimenten abgebildet gesehen. Vgl. KRUSE, Kritik (wie Anm. 59), 118f., bes. 125–127.

96 KESLER, Erbhuldigungs-Predigt (s. Anm. 92), 71.

VIII Die Unabhängigkeit und Freiheit des Predigtamtes gegenüber der weltlichen Obrigkeit im 17. Jahrhundert

So unentwegt die weltliche Obrigkeit als göttliche Ordnung in vielen Variationen gepriesen und der Untertanengehorsam eingeschärft wird, so nachhaltig kommt in vielen Regentenpredigten die Unabhängigkeit und Freiheit des Pfarramtes gegenüber den weltlichen Herrschaften durch das ganze 17. Jahrhundert hindurch zum Ausdruck.

In einer Huldigungspredigt auf Kurfürst Johann Georg I. von Friedrich Balduin[97] im Jahr 1611 heißt es:

> Denn weltliche Herrschaften haben über die Gewissen der Menschen nichts zu gebieten. Also wenn die Herrschaften wolten das Predigen verbieten / oder die Unterthanen durch andere unnötige geschäffte vom Gottesdienst abhalten / dahin erstreckt sich der eyd der Obrigkeit geleistet auch noch nicht / sondern wir haben da eines grösseren Herrn befehl vor uns in den zehn Geboten / der heist also / Du solt den Sabbath heiligen / welches nicht anders / als durch verrichtung deß Gottesdiensts / mit heiligem beten und wercken der liebe und barmhertzigkeit geschehen kann.[98]

In einer Erb- und Landes-Huldigungspredigt aus Gera 1651 werden im Anschluss an Ps 82,6 die Obrigkeiten deutlich gewarnt, in Selbstsicherheit zu verharren und im Übermut zu meinen, dass »kein Prediger Ihnen ernstlich einzureden«[99] habe. »Wenn ein Politicus oder Welt-Regent vermeynet / er habe alles von sich selbst / und siehet nicht über sich / und preiset Gott nicht / der ihm solche Gabe verliehen / sondern sagt Hoc est Feci / daß habe ich gethan«,[100] dann ist seine Herrschaft gefährdet, denn: »Der Herr ist Wächter und Bewacher / wenn der nicht zugegen / so ist alles unglück-

---

97 F. BALDUIN, Churfürstliche Sächsische Leich und Huldigungs Predigten [...], 1611. Forschungsbibliothek Gotha. Signatur: LPD 8° V 00002 (19). (VD17 1:031800Q). Zu dem Nachfolger von Georg Mylius als Stadtpfarrer an der Wittenberger Marienkirche und dortigen Theologieprofessor seit 1604 und mehrfachen Dekan der Theologischen Fakultät vgl. zuletzt D. BOHNERT, Wittenberger Universitätstheologie im frühen 17. Jahrhundert. Eine Fallstudie zu Friedrich Balduin (1575–1627) (BHTh 183), 2017.

98 BALDUIN, Predigten (s. Anm. 97), 48.

99 J.C. ZOPFF, Oleum Unctionis Sacrum Geistlich und Heilig Salböle / in einer Erb- und Landes-Huldigungs-Predigt [...], 1651, 28. Forschungsbibliothek Gotha. Signatur: LPO 8° III 00012 (07) (VD17 39:109586Y).

100 Ebd.

lich / was im Regimente für genommen wird.«[101] Die Prediger aber haben die Aufgabe, Botschafter dieses Herrn zu sein.

Und auch noch in der zweiten Hälfte des 17. Jahrhunderts wird auf die Unabhängigkeit und Freiheit des Predigtamtes besonderer Wert gelegt. Das zeigt sich exemplarisch an einer in Coburg gehaltenen Predigt von Heinrich Crell, die die schuldige Gehorsamspflicht aller Untertanen gegenüber den Fürsten in weitschweifigen Erörterungen darlegt.[102] In der Auslegung von Röm 13,1 ist die Überordnung der Obrigkeit über jede einzelne Seele das beherrschende Thema. Dazu gehören selbstverständlich auch alle Lehrer und Pfarrer, aber in Bezug ihres Amtes wird eine entscheidende Ausnahme gemacht:

> Ob nun wohl Lehrer und Prediger auch unter der Obrigkeit seyn / ist doch solches nicht zu verstehen von ihrem Ampte / nach welchem sie / wann sie es Göttlicher Ordnung und Befehl gemäß verwalten / unter keiner Obrigkeit / sondern über alle Stände seyn [...].[103]

In der lutherischen Orthodoxie war die sog. Dreiständelehre[104] das beherrschende Gesellschaftsmodell, in dem jeder der drei Stände, der geistliche, weltliche und Hausstand, das jeweils Seinige zu tun hatte. Diese Dreierordnung des Gemeinwesens hatte jedoch nicht die grundlegende Gegenüberstellung, Unterscheidung und gegenseitige Zuordnung des Geistlichen und Weltlichen außer Kraft gesetzt. Unentwegt begegnen in den Regentenpredigten die beiden Grundfundamente der gesellschaftlichen Ordnung: geistliche und weltliche Sachen, göttliche und weltliche Rechte, geistlicher und weltlicher Stand, Kirche und Schule einerseits und gute Polizei andererseits; zuweilen wird auch noch das allgemeine Wesen, der Hausstand oder der *status oeconomicus* hinzugefügt. Vorrangig ist jedoch der *status*

---

101 Ebd.

102 Vgl. H. CRELL, Ernstliche Erinnerung Zu schuldigster Unterthänigkeit gegen die Fürsten an alle Unterthanen [...], 1673. Forschungsbibliothek Gotha. Signatur: Theol 4° 00927 (22) (VD17 39:136344T). Der Pfarrer und Superintendent Heinrich Crell (1639–1675) hielt die Erb- und Landes-Huldigungspredigt 1672 auf Herzog Ernst, Herzog von Sachsen.

103 AaO., 17.

104 Zu der orthodox-lutherischen Dreiständelehre vgl. L. SCHORN-SCHÜTTE, Evangelische Geistlichkeit in der Frühneuzeit. Deren Anteil an der Entfaltung frühmoderner Staatlichkeit und Gesellschaft (QFRG 62), 1996, 416–433.

ecclesiasticus und der *status politicus.* Zum *status politicus* gehört die weltliche Obrigkeit und eine »jedwede Seele«, also alle zur Gehorsams-pflicht gegenüber der Obrigkeit als göttlicher Ordnung verpflichtete Unter-tanen, selbstverständlich auch derjenigen des *status ecclesiasticus.* Aber wenn der geistliche Stand in seinem Amt als Prediger und Verkündiger des Evangeliums und des göttlichen Gesetzes wirkt, geht seine Befugnis über alle Stände, auch über die Herrschenden im *status politicus.* Dieser Stand ist der mittlere unter den drei Ständen, wie es in der Predigt aus Coburg ausdrücklich heißt: »Unter den dreyen Haupt-Ständen [...] ist der Obrigkeitliche Stand der mittlere.«[105] Diese Sonderstellung des geistlichen Amtes im *status ecclesiasticus* verbürgte seine Unabhängigkeit von allen Ansprüchen, besonders von denjenigen der weltlichen Obrigkeit, wenn sie sich direkt auf die Gebote Gottes beziehen.

Diese besondere Herausstellung des Predigtamtes und seine Un-terscheidung vom weltlichen Amt der Obrigkeit allein durch seine ihm aufgetragene Verkündigung des Wortes Gottes wird in einer 1617 in Jena gedruckten Predigt anhand des Psalmwortes 82,6 deutlich, das in vielen Regentenpredigten auf die obrigkeitlichen Personen bezogen wird.[106] Hier heißt es:

> Keyser und Könige und weltliche Herren werden im 82. Psalm Götter genennet / doch wenn sie wollen theil am Reich Gottes haben / so müssen sie dem regali sacerdotio, Kö-niglichem Priesterthumb unterworffen sein / wie denn alle zeit gottselige Potentaten / auch wol gottlose Tyrannen / der Priester Gebet gesuchet haben.[107]

Unter dem oft verwendeten Aspekt von Äußerem und Innerem fährt der Prediger fort:

> Zum andern lernen wir / daß ein großer Unterscheid sey zwischem dem Ampt der Pre-diger / und dem Ampt der weltlichen Obrigkeit. Die weltliche Obrigkeit braucht das Schwert / damit sie eusserliche Frömmigkeit erhalte / und des Menschen Leib und Leben

---

105 CRELL, Erinnerung (s. Anm. 102), 17.
106 M. TEICHMANN, Trewer Prediger Un[n]d Seelsorger Ampt: Aus der gewönlichen Epis-tel/ so auff den dritten Sontag des Advents/ aus der ersten Epistel an die Corinther am 4. Capittel/ gelesen wird [...] bei der Einweihung eines neuen Predigtstuhls in der Kirche zu Budstatt, 1617. Forschungsbibliothek Gotha. Signatur: Theol. 4° 00897 / 07 (VD17 14:016334C).
107 AaO., 20.

bewahre / Die Prediger aber die brauchen das gerade Scepter / das Schwert des Geistes / das liebe Wort Gottes / damit sie denn nicht nur dem Leibe eusserlichen Frieden schaffen / sondern auch im Herzen und Gewissen Frieden erwecken / wo dasselbige unruhig ist wegen der Sünde / und es weder Kraut noch Pflaster heilen und stillen kann. Da sendet Gott durch die Prediger sein Wort / und macht sie gesund / wie David sagt / daß allein Gottes Wort Artzeney und Labsall sey in allem Elend, Psalm 119. Denn allein durch der Prediger Ampt wird dem Teuffel gewehret / sein Macht und Reich zerbrochen.[108]

IX Resümee

Die Regentenpredigten zur Zeit der lutherischen Orthodoxie im späten 16. und im 17. Jahrhundert geben uns einen vielfältigen Einblick in die Verkündigung der Prediger in dieser Zeit. Besonders aber steht bei diesem repräsentativen Ausschnitt aus der Fülle der Predigten, vor allem aus dem mitteldeutschen Raum, das Verhältnis des Pfarramtes und der Pfarrer zur weltlichen Obrigkeit im Vordergrund des Interesses.

Ehrerbietung vor der gottgewollten Würde und Achtung der weltlichen Obrigkeit durch alle Untertanen als Grundvoraussetzung eines wohl geordneten christlichen Regiments ist in den Regentenpredigten der nachreformatorischen Zeit selbstverständlich.

Martin Luther, der das Verhältnis des Geistlichen und Weltlichen in ihrer beider Unterscheidung, nicht Trennung, grundsätzlich neu ordnete und in seiner Rede von den beiden Reichen bzw. Regimenten Gottes ihre darin spezifischen Aufgaben deutlich markierte, hatte eine Prophezeiung ausgesprochen, die in der Geschichte des Protestantismus Wirklichkeit werden sollte. Hatte vor der Reformation die Vorherrschaft der geistlichen vor der weltlichen Macht bestanden, indem der Papst alle geistliche und weltliche Gewalt an sich gerissen hatte, so wurde die weltliche Obrigkeit durch Gottes Eingreifen in der Reformation wieder in ihren gottgewollten Stand gebracht. Aber die weltliche Obrigkeit hat die ihr wiedergegebene eigene Würde der Reformation nicht gedankt. Bald herrschte die weltliche Obrigkeit über die Kirche, so dass sich das Verhältnis des Weltlichen zum Geistlichen wieder umkehrte. Diese Vorhersage Luthers war vielen lutherischen Theologen schon in der zweiten Hälfte des 16. Jahrhunderts in Stadt-

108 AaO., 21.

pfarrämtern und in leitenden landeskirchlichen Stellungen als Generalsuperintendent oder als Hofprediger Anlass zu erheblicher Obrigkeitskritik.
Sie wiesen die ungerechtfertigten Machtansprüche der Obrigkeit gegenüber
der Kirche in ihren Predigten zurück und verstanden ihr Verkündigungsamt
als Mahner- und Wächteramt, das auf die Eigenständigkeit der Kirche und
die Unabhängigkeit des Pfarramtes gegenüber dem politischen Stand genau
achtete.

Die Notwendigkeit geistlicher Strafpredigten gegenüber jedermann ist
ein Grundzug in allen Regentenpredigten zur Zeit der lutherischen Orthodoxie. Sie hat ihren Grund in dem von Gott verbürgten Auftrag und der Verkündigung seiner Botschaft im Pfarramt, die jedem Menschen gilt. Diese
göttliche Autorisierung schließt menschliche Anmaßungen und Leiden-
schaften theoretisch aus. Das Pfarramt ist das Amt der Schlüssel, das der
Herr selbst seinen Boten anvertraut hat. In diesem Bewusstsein haben viele
Prediger an ihren Gemeindegliedern und an der weltlichen Obrigkeit Kritik
geübt, wenn diese den Geboten Gottes nicht entsprach. Diese Kritik gilt
aber vor allem den Predigern auch selbst, die nicht in der Lage oder bereit
sind, die Botschaft Gottes wie eine Posaune ertönen zu lassen, sondern sich
wie »stumme Hunde« gebärden, die »nicht bellen können«.[109] In vielen
Variationen wird immer wieder diese Bußgesinnung und die Aufforderung
zur Umkehr zum Ausdruck gebracht.

Für die Stellung der Prediger gegenüber den Herrschenden und das
Verhältnis des Pfarramtes zur weltlichen Obrigkeit in der nachreformatorischen Zeit ist Luthers Unterscheidung und Zuordnung des geistlichen
und weltlichen Regiments Gottes der entscheidende Wegweiser. Die Freiheit des Wortes Gottes auf der Kanzel und die Unabhängigkeit des geistli-
chen Amtes gegenüber der Obrigkeit gründen in dieser biblischen und von
Luther wieder neu aktivierten »Lehre«,[110] die in diesen Regentenpredigten
eine wichtige, bisher viel zu wenig beachtete Rolle spielt. Sie hat stets die
Funktion, die Eigenständigkeit des geistlichen Pfarramtes gegenüber den
Aufgaben der weltlichen Obrigkeit darzulegen und zu begründen. Bis zum
Ende des 17. Jahrhunderts bedienten sich die lutherischen Theologen der
Unterscheidung des weltlichen und geistlichen Regimentes Gottes, wenn

109 So Martin Chemnitz, vgl. MAGER, Wächter (s. Anm. 13).
110 So MYLIUS, Predigt vom Ampt (s. Anm. 40), (8).

sie ihr kritisches Wächteramt gegenüber der Politik und der Gesellschaft ausübten.

Es ist jedoch für die Zeit nach Luther im späten 16. und im 17. Jahrhundert auf die Nachwirkung dieser Vorstellung Luthers im Luthertum bisher fast nie rekurriert worden.[111] Ja, es ist sogar bemerkt worden, dass die Thematik der zwei Reiche bzw. Regimente Gottes »nach Luther fast keine Rolle gespielt« habe.[112] Gerhard Müller hat in einem wichtigen Aufsatz über »Luthers Zwei-Reiche-Lehre in der deutschen Reformation« in einem Ausblick auf die Zeit nach Luther gesagt: »Die lutherische Orthodoxie griff aus Luthers Theologie die Lehre von den drei Ständen, aber nicht die Zwei-Reiche-Lehre auf«. Erst die konfessionellen Lutheraner des 19. Jahrhunderts hätten sich dieses lutherischen Topos wieder angenommen.[113] Es ist gewiss nicht zu übersehen, dass schon durch Philipp Melanchthon und später durch die *Loci theologici* Johann Gerhards das Unterscheidungsdenken Luthers von den zwei Regimenten Gottes durch die Dreiständelehre in dem Bemühen nach Ausgleich und Harmonie der beiden oberen Stände überlagert wurde, so dass seine kritische Kraft eingeschränkt wurde.

Aber ebenso wenig ist zu übersehen, dass das Gesellschaftsmodell der drei Stände zur Zeit der lutherischen Orthodoxie die grundlegende Gegenüberstellung, Unterscheidung und gegenseitige Zuordnung des Geistlichen und Weltlichen, vor allem in den Predigten, nicht außer Kraft setzen konnte. Inge Mager hat in einer aufschlussreichen Studie an einer etwas entlegenen Stelle über »*Die Rezeption der Zwei-Reiche-Vorstellung in der lutherischen Orthodoxie bis zu Johann Gerhard*« festgestellt, dass dieser Vorstellungshorizont in den Predigten weiterwirkte, in der Dogmatik, Sozialethik und im Kirchenrecht des orthodoxen Luthertums jedoch nur ge-

---

111 Eine Ausnahme bildet die Untersuchung von KRUSE, Kritik (s. Anm. 59).

112 So W. HUBER, Einleitung (in: Umdeutungen der Zweireichelehre Luthers im 19. Jahrhundert, hg. v. U. DUCHROW / W. HUBER / L. REITH [TKTG 21], 1975), 15. Diese Aussage bezog sich zwar auf die Ethik von Christoph Ernst Luthardt, Leipzig 1867, in der Luthardt selbst davon sprach, dass er für seine Darlegungen nicht auf die ältere Geschichte des Protestantismus zurückgreifen könne. Diese Aussage darf jedoch nicht verallgemeinert werden.

113 G. MÜLLER: Luthers Zwei-Reiche-Lehre in der deutschen Reformation (in: DERS., Causa Refomationis. Beiträge zur Reformationsgeschichte und zur Theologie Martin Luthers. FS zum 60. Geburtstag des Autors, hg. v. G. MARON / G. SEEBASS, 1989, 417–437), 436.

ringen Einfluss ausgeübt habe.[114] Dieser Einschätzung schließe ich mich an. Wenn auch in der Dogmatik und im Kirchenrecht die Tradition von Luthers Unterscheidungsdenken nicht genutzt wurde, weil vorwiegend die Konsolidierung der evangelischen Territorien inmitten der vielfältigen Herausforderungen im frühabsolutistischen Zeitalter im Vordergrund stand, so ist doch dieser Traditionsstrom im Luthertum bis zum Beginn des Pietismus nicht versiegt, sondern hat sich in der lutherischen Kirche erhalten.

Dass das Ende des 17. Jahrhunderts in der Geschichte der Unterscheidung der beiden Reiche bzw. Regimente Gottes im Luthertum eine Zäsur darstellt, nach der dieser Denkhorizont weithin verschwindet, wird besonders durch das Werk *Christenstaat* des Veit Ludwig von Seckendorff (1626–1692) deutlich, das in seiner Erstausgabe 1685 in Leipzig erschienen ist. Dieser, mit Spener in Verbindung stehende, vielseitige und vielschreibende Jurist und Kanzler, hat die christliche Obrigkeit so umfangreich und exemplarisch beschrieben, dass neben ihr die Eigenständigkeit der Kirche und der Theologen gegenüber dem Staatswesen verblasste, so dass man ihn einen frühen Vertreter des Territorialsystems bezeichnen kann.[115] Auch in der Auseinandersetzung zwischen Johann Benedikt Carpzov und Christian Thomasius in Leipzig am Ende des 17. Jahrhunderts kommt das neue, territorialistische Denken und der Rückzug der Kirche in ihrer Eigenständigkeit

---

114 I. MAGER, The reception of the Two Kindom Idea in Lutheran Orthodoxy up to Johann Gerhard (in: Iustus Ordo e Ordine della Natura. Sacra Doctrina e Saperi Politici fra XVI e XVIII Secolo. Convegnio di studi, Milano, 5–6 marco 2004 [Bibliotheca di Lex Naturalis 5], a cura di F. ARICI / F. TODESCAN, 155–172).

115 So D. DÖRING, Untersuchungen zur Entstehung des »Christenstaates« von Veit Ludwig von Seckendorff (in: Europa in der Frühen Neuzeit. FS Günter Mühlpfordt. Bd. 1. Vormoderne, hg. v. E. DONNERT, 1997, 477–500), 488. – In dem umfangreichen Kapitel »Vom Stande der Obrigkeit«, Cap. VI, 255ff. des *Christenstaates*, Erstausgabe Leipzig 1685, heißt es, »daß die Obrigkeiten ihr Ammt am besten nach den Regeln des Christenthums führen / und verbessern / und dabey zeitlich und ewig glückselig sein können«. (259) Ein Wächteramt der Prediger bzw. der Kirche gegenüber der Obrigkeit kann man bei Seckendorff schwerlich finden, er wendet sich vielmehr gegen das »unbedachte Schreyen von den Cantzeln« (258) bzw. sagt eindeutig: »Ist also ein misslich Werck, wenn auff den Cantzeln so frey und scharff [...] die gebrechen der Hohen und Mittleren Obrigkeiten angezogen.« (Handschriftliche Fassung des *Christenstaates*, zitiert nach DÖRING, Untersuchungen [s. Anm. 115], 490).

gegenüber dem Staat vollauf zum Ausdruck.[116] Im Zeitalter des Pietismus und der Aufklärung hat sich daran nicht viel geändert, vielmehr verstärkte sich diese Entwicklung noch, und im 19. Jahrhundert stand vielfach das Missverständnis einer betonten Scheidung des weltlichen und geistlichen Bereichs im Vordergrund als das Unterscheidungsdenken Luthers von den zwei Reichen und Regimenten Gottes im 16. Jahrhundert.

Dagegen war es den Predigern in der Nachfolge Luthers zur Zeit der lutherischen Orthodoxie besonders wichtig, auf die spezifisch je eigenen Verantwortlichkeiten im geistlichen und weltlichen Regiment Gottes hinzuweisen, die nicht vermischt werden dürfen. So sehr die christliche Obrigkeit in ihrer *cura religionis* verpflichtet ist, auf die reine Lehre und die Arbeitsbedingungen und Versorgungen der Lehrer und Pfarrer zu achten, so wenig darf sie sich in die Inhalte ihrer Verkündigung einmischen, sie einschränken oder sie zu ihren Gunsten missbrauchen. Die Kritik am Selbstbewusstsein des Adels wird besonders heftig, wenn die Strafpredigten der Pfarrer zu ihrer Vertreibung führen.

Dass die Pfarrer im frühneuzeitlichen Territorialstaat durch die fürstlichen Verwaltungen beziehungsweise städtischen Magistrate bezahlt wurden, stellt ein mittelbares Dienstverhältnis dar, in das die jeweilige Obrigkeit nicht befugt ist, eigenmächtig und willkürlich einzugreifen.

Alttestamentliche Propheten und Könige sind in den lutherisch-orthodoxen Regentenpredigten nach Martin Luther die bevorzugten Beispielpersönlichkeiten. Eine herausragende Rolle spielt vor allem das Regiment König Davids, besonders in seinem sog. Regentenpsalm 101. Die Auslegung dieses Psalms durch Martin Luther ist vielen Predigern bekannt, die sie teilweise zitieren bzw. auf sie hinweisen.[117] Allerdings bleiben diese Hinweise in einer Art Nachfolgeethik stehen und erreichen nicht mehr das zur *admiratio*, nicht *imitatio* Anlass gebende Geschichtshandeln Gottes in Davids Regiment, das in Luthers Auslegung im Zentrum steht.

---

116 Vgl. M. Matthias / J.B. Carpzov / Ch. Thomasius, Umstrittene Religions- und Gewissensfreiheit (in: Eruditio – Confessio – Pietas. Kontinuität und Wandel in der lutherischen Konfessionskultur am Ende des 17. Jahrhunderts. Das Beispiel Johann Benedikt Carpzov [1639–1699], hg. v. S. Michel / A. Strassberger [LStRLO 12], 2009, 223–247).

117 Neben den hier im Blick stehenden Regentenpredigten sei auch auf die Nachwirkung der Auslegung Luthers von Ps 101 in den Predigten Nikolaus Selneckers und Polykarp Leysers d. Ä. hingewiesen, vgl. Sommer, Hofprediger (s. Anm. 2).

Die sich im Laufe des 17. Jahrhunderts immer stärker verbreitete, schon vorreformatorische Dreiständeordnung, wonach das Gemeinwesen durch den geistlichen, den weltlichen und den Hausstand geprägt ist, setzt die Unterschiedenheit des geistlichen und weltlichen Aspektes im sozialen Gefüge nicht außer Kraft. Die weltliche Obrigkeit steht in der Mitte, ihr gilt Achtung und Gehorsam vonseiten der beiden anderen Stände, aber der geistliche Stand behält in seinem Amtsverständnis seine Eigenständigkeit und Unabhängigkeit gegenüber Obrigkeit und dem Hausstand.

Die Regentenpredigten zur Zeit der lutherischen Orthodoxie zeugen von dem wachsamen, kritischen Geist im älteren Luthertum, das durch Luthers Unterscheidung und Zuordnung des geistlichen und weltlichen Regimentes Gottes für die Unabhängigkeit des geistlichen Pfarramtes gegenüber der weltlichen Obrigkeit eintritt und damit der Kirche gegenüber der Politik ihre Eigenständigkeit und Freiheit in der frühabsolutistischen Epoche des landesherrlichen Kirchenregimentes zu bewahren versucht.

Der biographische Luther

Stationen der Geschichte biographischer Luther-Konstruktionen

Von Reinhold Rieger

Ulrich Köpf zum 80. Geburtstag

Prolog: *Das biographische Problem*

Martin Luther wurde, spätestens nach seinem Tod, immer wieder und bis heute Gegenstand biographischer Interpretationen, nachdem er sich selbst wiederholt autobiographisch gedeutet hatte. Diese biographischen Interpretationen zeichneten Bilder von Luther, wie sie die Mittel ihrer Zeit ermöglichten, die Interessen ihrer Autoren suggerierten und ihre Rezipienten sie verstehen konnten oder sollten. So entstand in den fünf Jahrhunderten seit Luthers Tod eine Fülle von Konstruktionen seines Lebens, die Ausdruck und Prägung ihrer Zeit waren. Wurde Luther bereits zu seinen Lebzeiten von Malern vielfältig porträtiert – was sonst nur Fürsten, hohen Geistlichen oder wirtschaftlich Mächtigen vorbehalten war –, so wurde er nach seinem Tod ein Gegenstand der in der Renaissance neu belebten Gattung der Biographie. Das Interesse am Individuum, zumal dem einflussreichen, erfolgreichen und hervorragenden, beflügelte das Bemühen, sich Luthers biographisch anzunehmen, ein Bild seines Lebens zu zeichnen, seine Person einer Konstruktion zu unterwerfen, um sich ihrer zu bemächtigen, sei es vereinnahmend oder abwehrend. Die Luther-Konstruktionen bedeuteten nicht nur eine Modellierung ihres Gegenstandes, immer war auch eine Funktionalisierung mit ihnen verbunden, die sie den Interessen und Zwecken ihrer Urheber und der Gruppe, die sie vertraten, dienstbar machte. Modellierung und Funktionalisierung erfolgten mit den Mitteln der jeweils geltenden oder entwickelten Regeln der literarischen Gattung der Biographie, die ihren Gegenstand als Individuum, mehr oder weniger im Verhältnis zu seiner Zeit und zu seinen Zeitgenossen, präsentierte und sein »Leben« diachron-genetisch konstruierte. Die Konzentration auf ein Individuum begünstigte eine Tendenz zur Monumentalisierung, konnte aber auch eine Relativierung zur Folge haben, wenn die Kontextualisierung, die Einbettung in seine Zeit, das Übergewicht bekam. Die biographische Methode der Konstruktion zeichnet ihren Gegenstand in seine Zeit ein, vergegenwärtigt ihn aber auch in ihrer eigenen Zeit. Sie setzt auf die Zeitlichkeit und Geschichtlichkeit der Person, auch wenn sie das Überzeitliche, das auch in Gegenwart und Zukunft Gültige an ihr hervorheben will. Sie argumentiert geschichtlich-historisch, aber oftmals auch geleitet von systematischen Modellen ihres Gegenstandes, die im Hintergrund wirksam sind.

Die biographischen Luther-Konstruktionen haben ihre eigene Geschichte: sie sind Folgen der Geschichte der Reformation und der Wirkungen Luthers, aber auch selbst Faktoren dieser Wirkungsgeschichte. Das Luther-Verständnis einer Zeit brachte Luther-Bilder hervor, die es repräsentierten, verstärkten, propagierten. Diese Luther-Bilder prägten ihrerseits wiederum das Luther-Verständnis und trugen so zur Wirkung und Rezeption Luthers in ihrer Zeit bei. Die Geschichte der biographischen Luther-Konstruktionen spiegelt Wendepunkte, Phasen und Typen der Luther-Rezeption wider, die sich in Stationen der Entwicklung manifestieren.

Literarische biographische Konstruktionen bedienen sich der Gattung Biographie, die seit der Antike eine wechselnde Geschichte hatte und selbst vom jeweiligen Verständnis von Geschichte, Person und Individuum abhing. Biographien orientieren sich meist an den narrativen Mustern, die in den zeitgenössischen literarischen Diskursen bestimmend sind, und weisen oft »von Anfang an eine narrative Zielspannung« auf, insofern sie vom Ende der Entwicklung ihres Gegenstandes her erzählt werden, auf das der Lebensweg hinzielt.[1]

Während in antiken und mittelalterlichen biographischen Texten, seien es hagiographische Texte oder Herrscherviten von Kaisern und Päpsten, das Interesse am Vorbildlichen, Typischen, Allgemeinen überwog, trat seit der Renaissance trotz weiterwirkender Tendenzen der Antike das Individuum als solches in den Blick, das nicht nur durch allgemeine Kategorien bestimmt

---

1 H. Scheuer, Art. Biografie (Handbuch der literarischen Gattungen, hg. v. D. Lamping, 2009, 65–74), 65.

sein und neue Züge des Menschseins zeigen konnte. Das Verständnis der Person und ihrer Rolle in der Gesellschaft spiegelt sich auch im Medium der bildenden Kunst in den mittelalterlichen Darstellungen der Heiligen, Päpste, Kaiser und den Porträts von als Individuen aufgefassten Personen in der Renaissance wider. Der Geniegedanke verstärkte im 18. Jahrhundert das individuelle Verständnis der Person und ihrer Irreduzibilität auf Allgemeines, Typisches, Regelgemäßes, so dass die innovativen und kontingenten Züge eines Lebens stärker hervorgehoben wurden. Eine »Interferenz von Biographie und Roman«[2] führte zur Ästhetisierung der Biographie. Das 19. Jahrhundert betonte die Exzellenz »großer« Persönlichkeiten, stellte aber die Individuen auch in einen vielstimmigen geschichtlichen Zusammenhang, der ihr Schicksal erklären sollte. Die Biographie wurde zu einem »Leitmedium« in den Wissenschaften, besonders der Geschichtswissenschaft.[3] Im 20. Jahrhundert wurde das Individuum wieder stärker in den sozialen Zusammenhang eingeschrieben, dem es entstammte und den es prägte, und wieder im Singulären das Typische erkannt.[4]

Anlässe für Biographien waren oft der Tod einer Persönlichkeit, die öffentliche Aufmerksamkeit erregt hatte und in Leichen- oder Trauerreden oder in Nachrufen gewürdigt oder geschmäht werden sollte, indem ihre biographische Entwicklung nachgezeichnet und konstruiert wurde. Aber auch längere Zeit nach dem Tod einer Person konnte das Bedürfnis bestehen, sich mit ihr biographisch auseinanderzusetzen, um ihr Fortwirken in Vergangenheit und Gegenwart zu erklären, zu rechtfertigen oder zu verurteilen oder auch auf das Ausbleiben und Abklingen ihres Fortwirkens zu reagieren. Konkrete Anlässe waren oft Jubiläen, Gedenken an Geburts- oder Todesjahre oder an bestimmte Wendepunkte in ihrer Lebensentwicklung.

Die literarische Gattung der Biographie konnte in der Geschichte der biographischen Luther-Konstruktionen verbunden werden mit anderen literarischen Gattungen, um der Biographie eine Funktion zu verleihen, die sie als bloße Biographie nicht hätte erfüllen können. Zu solchen Gattun-

---

2 F. SCHNICKE, Art. 18. Jahrhundert (Handbuch Biographie. Methoden, Traditionen, Theorien, hg. v. CH. KLEIN, 2009, 234–242), 238.
3 F. SCHNICKE, Art. 19. Jahrhundert (Handbuch Biographie [s. Anm. 2], 243–250), 243.
4 Vgl. CH. V. ZIMMERMANN, Art. Biographie und Anthropologie (Handbuch Biographie [s. Anm. 2], 61–70), 70; H. SCHEUER, Art. Biographie (HWRh 2, 1994, 30–43), 34.

gen, mit denen Luther-Biographien eine Synthese eingingen, gehörten der Nekrolog, die Leichenrede, der Nachruf, das Vorwort oder die Vorrede zu Schriften Luthers, das Pamphlet, die Predigt, der Essay, die wissenschaftliche Monographie und der historische Roman. Alle diese Wirtsgattungen hatten einen Einfluss auf die Ausgestaltung, Funktion und Wirkung der biographischen Konstruktionen, die sie transportierten. Die pragmatische Dimension wurde zuerst durch sie bestimmt.

Die verarbeiteten und vermittelten Inhalte der Luther-Biographien wurden durch die Quellen gespeist, aus denen sie schöpfen konnten oder wollten oder aus denen sie zu schöpfen vorgaben. Da Luther wiederholt zu seinen Lebzeiten auf sein eigenes Leben und seine Entwicklung zurückblickte, wurden seine autobiographischen Bemerkungen häufig zu Anhaltspunkten und Stoffen für biographische Konstruktionen durch andere. Diese waren und sind sich der Problematik autobiographischer Selbstdefinitionen und Selbstreflexionen nicht immer voll bewusst und bewerten deren historischen Ertrag unterschiedlich. Das Spektrum reicht vom vollen Vertrauen in die Selbstzeugnisse Luthers bis zur grundsätzlichen Skepsis ihnen gegenüber. Die autobiographischen Äußerungen wurden ergänzt oder relativiert durch Einbeziehung des Briefwechsels Martin Luthers und zeitgenössischer Berichte anderer über ihn oder ihre Beziehungen zu ihm. Auch die Schriften Luthers wurden biographisch interpretiert und ausgewertet. Zu den Primärquellen, die dem Leben und der Wirkung Luthers entstammten, kamen Sekundärquellen, wenn sie entweder als Hilfsmittel zum Zugang zu den Primärquellen oder als Ersatz dafür benutzt wurden oder der Profilierung der eigenen Konstruktion durch Abgrenzung oder Anlehnung dienten. Der Umgang mit den Quellen war oft selektiv, obwohl manchmal als tendenziell umfassend oder als repräsentativ intendiert. Biographische Konstruktionen legen entweder ihre auch quellenbedingte Selektivität offen oder verdecken sie. Sie reflektieren den Umgang mit den Quellen kritisch oder begehen einen naiven Kurzschluss zwischen Quellen und Darstellung. Sie zeigen ihren hypothetisch-konstruktiven Charakter oder sie beanspruchen Notwendigkeit für die Darstellung. Nicht nur Auswahl (Selektion) oder Vollständigkeitsanspruch (Totalität) lassen verschiedene Umgangsweisen mit den Quellen unterscheiden, sondern auch ihre Bewertung und Gewichtung. Die Beurteilung der Zuverlässigkeit oder Glaubwürdigkeit einer Quelle gibt ihr einen bestimmten Wert für die biographische Konstruktion, und die Einschätzung ihres Gewichts und ihrer Bedeutung für eine biographische Fragestellung trägt zur Begründung der Konstruktion bei.

Die Unterschiede im Umgang mit den Quellen haben ihren Grund oft in unterschiedlichen Einstellungen der Autoren zu ihrem Gegenstand und in unterschiedlichen Absichten und Zielen der Darstellung. Diese können entweder offen zu Tage liegen oder untergründig wirken. Je nach Positionalität des Autors, die konfessionell, weltanschaulich, politisch, theologisch, philosophisch usw. geprägt sein kann, sind sie affirmativ, apologetisch, polemisch, kritisch oder ironisch gefärbt. Damit hängt das Verhältnis von Beschreibung und Bewertung, von Darstellung und Kritik zusammen. Zwar ist eine biographische Konstruktion durch beides bestimmt, jedoch überwiegt häufig das eine oder das andere.

Biographische Konstruktionen von Personen, denen ein Werk und eine Wirkung zugeschrieben werden, unterscheiden sich manchmal durch eine unterschiedliche Polung, sei es, dass sie vom Pol der Person, ihrer biographischen Linearität und Entwicklung aus, sei es, dass sie vom Pol ihres Werks oder ihrer Wirkung aus erfolgen. Im Falle Luthers ist der eine Pol seine Person in ihrer Individualität oder Allgemeinheit, der andere sein Werk, d.h. seine Theologie oder die ›Reformation‹.[5] Je nachdem, ob die Konstruktion vom einen oder vom anderen Pol her geschieht, ergibt sich ein anderes Bild und Verständnis des Dargestellten. Viele biographische Konstruktionen versuchen auch beide Pole miteinander zu verbinden, wobei die Bipolarität häufig mit der untrennbaren Verknüpfung von Person und Werk bei Luther begründet wird. Steht also eine Biographie Luthers neben der Darstellung seiner Theologie oder tritt sie an ihre Seite oder möchte sie selbst seine Theologie in ihrer Entwicklung zum Ausdruck bringen?

Die Geschichte der biographischen Luther-Konstruktionen ist eine Geschichte der Luther-Rezeption, der Luther-Propaganda, der Luther-Kritik. Sie ist selbst Teil der Wirkung ihres Gegenstandes, so wie die Lutherbiographien schon Teil der Wirkung Luthers sind. An ihr werden Stationen dieser Wirkungsgeschichte deutlich, und die Wirkungsgeschichte Luthers spiegelt sich in diesen Stationen. Die Stationen brachten Typen der Luther-Biographien hervor, von denen einige in den folgenden Abschnitten exemplarisch

---

5 Vgl. Martin Luther – Biographie und Theologie, hg. v. D. Korsch / V. Leppin (SMHR 53), 2010.

vorgestellt werden. Diese Typen erwuchsen aus den zeitbedingten sozialen, kulturellen, religiösen Rollen und Einstellungen der Luther-Biographen, die die Methode ihres Zugriffs auf ihren Gegenstand prägen.

Die Vielfalt der biographischen Konstruktionen lässt daran zweifeln, ob alle dieselbe Person Martin Luther meinten. Löst sich die vermeintliche Einheit der Person in eine Vielzahl von Bildern auf? Zeigt sich am Fall Luthers und seiner biographischen Konstruktionen, dass der historische Bezug auf eine allen diesen Konstruktionen zugrundeliegende Einheit der Person problematisch ist? Gibt es eine direkte Referenz des Namens Martin Luther auf eine Person in der Geschichte – oder bezieht sich dieser Name immer nur auf historische Konstrukte?

I Der Mitarbeiter: Luther als der monastisch-humanistische Reformer

Nachdem *Philipp Melanchthon* 1546 die Grabrede auf Luther gehalten hatte, die auch in Johannes Pollicarius' *Historia de vita et actis Martini Lutheri* 1547 aufgenommen wurde,[6] veröffentlichte er als Vorrede zum zweiten Band der *Opera latina* der Werke Luthers eine biographische Skizze des Verstorbenen. Diese soll Melanchthon zufolge der Ersatz für eine von Luther in Aussicht gestellte Autobiographie sein, die einerseits ein *Curriculum vitae*, andererseits eine Erzählung von Kampfereignissen seines Lebens (*certaminum [...] occasionum recitatio*) enthalten hätte.[7] In einer an die antike Rhetorik angelehnten humanistischen Weise schreibt Melanchthon der von Luther nicht ausgeführten Autobiographie Wirkungen zu, die er dann selbst für sein Unternehmen beansprucht: Nützlichkeit (*utilis*) der Beschreibung seines Lebenslaufs, der voll von Beispielen (*exempla*) sei, um die Frömmigkeit zu stärken, und Nützlichkeit der Erzählung der Wendepunkte in Luthers Leben, die den Späteren in vielen Dingen Ermah-

---

6 Vgl. T. J. WENGERT, The First Biography of Martin Luther, Compiled by Johannes Pollicarius (in: Memoria – theologische Synthese – Autoritätenkonflikt. Die Rezeption Luthers und Melanchthons in der Schülergeneration, hg. v. I. DINGEL, 2016, 15–44).

7 Zitate nach: Melanchthon und Luther. Martin Luthers Lebensbeschreibung durch Philipp Melanchthon, hg., übers. und komm. v. H. WEINACHT, 2008, 15. Es ist anzumerken, dass diese Ausgabe trotz ihres praktischen Nutzens zahlreiche editorische Fehler aufweist.

nung (*commonefacere*) zuteil hätte werden lassen und zur Erinnerung hätte dienen können. Darüber hinaus wäre eine solche Autobiographie geeignet gewesen, die Verleumdungen auszuräumen, die Luther entgegenschlugen. Die von Luther verfasste Autobiographie wäre in höchstem Maße glaubwürdig (*optima fide*) gewesen, da er wusste, dass viele, denen die berichteten Ereignisse bekannt waren, noch lebten. Dieselbe Glaubwürdigkeit (*bona fide*) nimmt Melanchthon für sein biographisches Unternehmen in Anspruch, zumal er sich auf von Luther Gehörtes oder selbst Gesehenes als Quellen stützen wolle. Auf dem Umweg über eine Charakterisierung einer von Luther nicht geschriebenen, doch angeblich projektierten Autobiographie stellt Melanchthon die Grundsätze seines eigenen biographischen Vorhabens auf: Seine später so genannte *Historia de vita et actis Martini Lutheri*, die auch in biographische Sammlungen aufgenommen wurde, soll durch Beispiele nützlich zur Förderung der Frömmigkeit sein, der Erinnerung und Ermahnung dienen und Luther vor Verleumdungen in Schutz nehmen. Diese Zwecksetzung sieht Melanchthon durch Luthers eigene Intention gedeckt. Er möchte das tun, was Luther selbst nicht mehr ausführen konnte. Die Biographie Luthers aus der Feder Melanchthons will also die Transformation einer projektierten Autobiographie sein und beansprucht deren Authentizität.

Melanchthon kennzeichnet und bewertet Luther zuerst durch seine familiäre Herkunft, indem er nahelegt, die Redlichkeit (*integritas*) des Vaters und die Tugendhaftigkeit (*exemplar virtutuum*) der Mutter hätten sich auch auf den Sohn übertragen, und erwähnt, die Eltern hätten den Sohn sorgfältig an die Erkenntnis und Furcht Gottes sowie den Gehorsam in anderen Tugenden (*ad agnitionem et timorem Dei et ad aliarum virtutum officia*) gewöhnt.[8] Neben der Betonung dieser guten Wurzeln, denen Luther entsproß, verschweigt Melanchthon problematische Züge an Luthers Charakter nicht, wie die Heftigkeit seines Wesens (*vehementia naturae*), die er hätte mildern können, wenn er ein reiferes Studium der wahren Philosophie und die Redekunst besser gepflegt hätte.[9] Mit der wahren Philosophie meint Melanchthon wohl die platonische und weist damit indirekt auf die

---

8 AaO., 17.
9 AaO., 19. Melanchthon verweist hiermit indirekt auf seine eigene humanistische Bildung als Vorbild.

Prägung Luthers durch Aristoteles hin, auch, wenn er feststellt, er habe sich in Erfurt mit der »recht stachligen« Dialektik abgegeben. Luthers heftiger Stil im Schreiben und im Umgang mit anderen Menschen führt Melanchthon auf einen gewissen Mangel an humanistischer Bildung zurück. Dennoch sieht er Luther auf dem Weg zum Humanismus, wenn er schon im Studium sich mit den Werken der lateinischen Schriftsteller befasst habe, deren Ratschläge (*consilia*) und Weisungen (*sententia*) zum menschlichen Leben er sich lebendig angeeignet habe. Erst als Professor in Wittenberg 1517 habe Luther eine humanistische Wende vollzogen, indem er dem Streben der Jugend (*iuventutis studia*) folgte und sich, wie diese angeregt durch Erasmus, dem Studium der griechischen und hebräischen Sprache hinzugeben begann, um so die aus den Quellen (*ex fontibus*) geschöpfte Lehre besser zu verstehen. Luther wird zum verspäteten Humanisten, der von jüngeren Leuten angeregt wurde, zu denen auch Melanchthon selbst gehörte, und der die humanistischen Prinzipien konsequenter als Erasmus anwandte. Diese humanistische Wende sei aber erst auf andere Wendepunkte im Leben Luthers gefolgt, deren erster der Eintritt ins Kloster, der zweite eine Wende in der Frömmigkeit und der dritte eine theologische Wende waren. Die Lebenswende Luthers, seinen Klostereintritt, führt Melanchthon nicht auf das Gewitter bei Stotternheim und ein Gelübde Luthers zurück, obwohl er sie plötzlich (*subito*) nennt, sondern er begründet sie mit Luthers Eifer in der Frömmigkeit (*studium pietatis*), der ihn Angst vor Gottes Zorn empfinden ließ. Diese Angst habe Luther auch im Kloster nicht verlassen. Luther habe oft erzählt, dass ihn ein alter Mönch im Erfurter Augustinerkloster getröstet habe, indem er ihn auf den Glauben an die Vergebung der Sünden hingewiesen habe, einen Glauben, der nicht nur im Allgemeinen annehme, dass Gott Sünden vergebe, wie es auch die Dämonen glaubten, sondern der die Vergebung der Sünden von sich selbst glauben könne, also dass sie für jeden einzelnen Menschen gelte.[10] Auch habe der Mönch dies untermauert durch einen Hinweis auf eine Predigt Bernhards von Clairvaux, in der dieser sich auf Röm 3,28 berufe: Umsonst werde der Mensch gerechtfertigt durch den Glauben (*gratis iustificari hominem per fidem*). So sei Luther darauf aufmerksam geworden, dass nach Paulus in Gal 3,24 allein der Glaube den

---

10 Vgl. R. RIEGER, Ungläubiger Glaube? Beobachtungen zu Luthers Unterscheidung zwischen Glaube und Unglaube (KuD 53, 2007, 35–56).

Menschen vor Gott rechtfertige.[11] Damit habe bei Luther eine Wende seiner Frömmigkeit von der Angst zum Trost stattgefunden. Diese Frömmigkeits-wende habe zu einer theologischen Wende auf dem Weg über Schriftaus-legung, Augustinlektüre und Studium der ockhamistischen Theologie ge-führt. Die Wende habe sich zuerst in den Auslegungen des Römerbriefs und der Psalmen niedergeschlagen, wo Luther die traditionelle Lehre verwarf, dass »die Menschen sich die Vergebung der Sünden durch eigene Werke ver-dienen müssten«.[12] Melanchthon betont, dass Luther anfänglich nur theo-logische Revisionen vorgenommen, nicht jedoch praktische Reformen der kirchlichen Riten und Bräuche angestoßen habe. Dies hätten Karlstadt und andere in Luthers Abwesenheit besorgt. Melanchthon sieht in Luther v.a. den Lehrer, der mit der Macht des Wortes, nicht mit Gewalt wirkte. Inso-fern habe er konsequent im Sinne seiner Zwei-Reiche-Lehre gehandelt.[13]

Welchen Konstruktionsprinzipien folgt Melanchthon in seiner biogra-phischen Skizze? Entsprechend seiner Weltanschauung führt er Vorzeichen (*praesagia*) an, die auf die zukünftige Bedeutung Luthers vorausgewiesen hätten.[14] Er charakterisiert Luther auf der Grundlage seiner eigenen Theo-logie durch Affekte, negative wie Angst, Schrecken, Heftigkeit, Jähzorn, po-sitive wie Frömmigkeit, Treue. Sein Leben habe Überzeugungskraft durch seinen Charakter erhalten, was einer Regel entspreche, die schon »die Al-ten« aufgestellt hätten. Er habe eine große Autorität gehabt, da sein Leben mit seiner Lehre übereinstimmte. Melanchthon stellt Luthers Auftreten in den Zusammenhang der Theologie- und Frömmigkeitsgeschichte seit den Aposteln,[15] die sich in vier Schritten so verändert und zuletzt zu solch einem Ausmaß an Irrtum und Irreführung gelangt sei, dass eine Reform der Theologie erforderlich wurde, die zu den Quellen des Evangeliums zurück-führen sollte. Für diese Leistung Luthers sei Gott zu danken. Luthers Leben

---

11 WEINACHT, Melanchthon (s. Anm. 7), 23.

12 AaO., 27.

13 AaO., 27.33.37.

14 AaO., 25.

15 AaO., 39–41. Vgl. zur Periodisierung der Kirchengeschichte und der Einordnung Luthers durch Melanchthon E. WOLGAST, Biographie als Autoritätsstiftung: Die ersten evange-lischen Lutherbiographien (in: Biographie zwischen Renaissance und Barock, hg. v. W. BERSCHIN, 1993, 41–71), 54.

wie seine Lehre seien vorbildlich (*exempli causa*) und dienten dazu, der Zukunft Maßstäbe für die Leitung der Kirche an die Hand zu geben.[16]

Melanchthons biographisches Schema scheint von seiner Kenntnis antiker Biographien wie denen Plutarchs beeinflusst zu sein, die von den Eltern des Dargestellten und deren Tugenden ausgehen, um dann die Wirkung der Person aus ihren Charaktereigenschaften zu erklären und Folgerungen für die Gegenwart abzuleiten. Luther erscheint in Melanchthons biographischer Konstruktion als monastisch-humanistischer Reformer, dessen Wirken einer geschichtlichen Notwendigkeit folgte. Dieses Luther-Bild diente dem Anliegen, die evangelische Bewegung im Reich zu rechtfertigen gegenüber dem Vorwurf, die neue Theologie Luthers sei nur ein Vorwand, um politische Interessen zu bedienen. Melanchthon zeichnet einen unpolitischen Luther, der zwischen Politik und Religion unterschied.[17]

II Der Polemiker: Luther als der satanisch-dämonische Zerstörer der Kircheneinheit

Noch vor Melanchthon und vor Luthers Tod beschäftigte sich der Hofkaplan Georgs von Sachsen *Johannes Cochläus* (1479–1552) mit dem Leben Luthers. Zuerst durchaus aufgeschlossen für seine Theologie und Kirchenkritik, wandte er sich von ihm ab, nachdem er seine Schriften von 1520 über die Sakramente und an den christlichen Adel gelesen hatte. Er wurde zum vehementen Gegner Luthers, den er u.a. mit den Mitteln der Biographie bekämpfen wollte. Schon zu Lebzeiten Luthers plante er eine Darstellung seiner Entwicklung. Ein Anlass hierfür war das angekündigte Konzil, für dessen Teilnehmer er die in seinen Augen verheerenden Auswirkungen von Luthers Wirken darstellen wollte. Von 1532 bis 1535 schrieb er an dem Werk, konnte es aber aus Geldmangel nicht drucken lassen, bis er nach dem Tod Luthers die *Commentaria de actis et scriptis Martini Lutheri* mit Ergänzungen und Weiterführungen 1549 veröffentlichen konnte.[18]

---

16 WEINACHT, Melanchthon (s. Anm. 7), 47.

17 AaO., 29. Vgl. WOLGAST, Biographie (s. Anm. 15), 58.

18 Vgl. den parteiischen und nicht ganz konsistenten Artikel von R. BÄUMER, Art. Cochläus, Johannes (in: TRE 8, 1981, 140–146). Grundlegend war diesbezüglich A. HERTE, Die Lutherkommentare des Johannes Cochläus. Kritische Studie zur Geschichtsschreibung

Die *Commentaria* sind annalistisch aufgebaut und beginnen mit dem Jahr 1517, nicht ohne kurz Luthers Herkunft und Entwicklung in Anlehnung u. a. an Melanchthons Darstellung zu skizzieren.[19] Allerdings gerät diese Skizze gleich zur Karikatur, wenn zu Beginn nahegelegt wird, Luther habe seinen Namen verfälscht, indem er ihn aus »Luder« in »Luther« geändert habe, weil die ursprüngliche Form im Deutschen wenig ehrenhaft sei. Immerhin wird erwähnt, er habe auf der Universität seine Mitstudenten an Verstand und Eifer überragt.[20] Gleich darauf legt der Autor sein Konstruktionsprinzip für die Erklärung des Phänomens Luther offen: die Unterstellung eines Umgangs mit dem Teufel (*commercium Lutheri occultum cum Daemonio*). Diese als Meinung vieler (*multorum opinio*) eingeführte Unterstellung bildet die Grundlage für das gesamte Bild und Verständnis Luthers in Cochläus' Darstellung.[21] Luther selbst habe diesen Verdacht geweckt und genährt, wenn er von sich bekennt, den Teufel gut zu kennen und von ihm gut gekannt zu sein.[22] Diese Verbindung mit dem Teufel begründet für Cochläus Luthers Falschheit, aus der alle seine Irrtümer in Theorie und Praxis geflossen seien. Dies beginne schon damit, dass er seine Promotion zum Doktor der Theologie nur durch finanziellen Betrug erreicht habe, der einen anderen Ordensbruder zugrunde gerichtet habe. Als Professor in Wittenberg sei er durch die Begierde nach eitlem Ruhm getrieben gewesen. Den Brief an Albrecht von Brandenburg über den Ablass von 1517 habe er nicht aus redlicher Seele geschrieben, sondern aus dem neidvollen Affekt des Hasses. Die neue Lehre Luthers vom Genügen des Glaubens zum Heil wiege das Volk in falscher Heilsgewissheit und nehme ihm den Anreiz zu guten Wer-

im Zeitalter der Glaubensspaltung, 1935; das aktuellste Werk hierzu lieferte: H. P. JÜRGENS, Luther-Biographie als Polemik bei Johannes Cochläus (in: Memoria [s. Anm. 6], 45–58).

19 Vgl. HERTE, Die Lutherkommentare (s. Anm. 18), 171.
20 COCHLÄUS, Commentaria Ioannis Cochlaei de actis et scriptis Martini Lvtheri Saxonis: chronographice, ex ordine ab anno Domini MDXVII usque ad annum MDXLVI inclusive fideliter conscripta, 1549, 1.
21 Schon im Vorwort erwähnt Cochläus das von ihm nicht geteilte Gerücht, Luther sei noch vor der Zusammenkunft seiner Mutter mit ihrem Mann vom Teufel gezeugt worden, also die Legende von einer diabolischen Jungfrauengeburt. Jedenfalls sei Luther teuflischer Eingebung erlegen. Vgl. COCHLÄUS, Commentaria, Praefatio, c ♣ IIIIr.
22 COCHLÄUS, Commentaria, 2. Vgl. aaO., 262f.

ken. Durch Luthers Streit mit dem Ablasskommissar Tetzel sei der Friede und die Einheit der Kirche aufgelöst worden.[23] Die Zerstörung der Einheit der Kirche ist der Hauptvorwurf, den Cochläus gegen Luther erhebt. Darin zeige sich seine diabolische Natur. Sie führe ihn zu Heuchelei, so dass er in seinen Schriften oft Demut, Gehorsam, Bescheidenheit an den Tag lege, in seinem Herzen aber hochmütig, aufsässig und streitsüchtig sei.[24] Er habe durch seine Adelsschrift Zwietracht unter den Fürsten angezettelt und die Unterscheidung zwischen Klerus und Laien für eine Erfindung erklärt, denn alle seien durch die Taufe zu Priestern geweiht, jedoch ohne dass ihnen damit schon ein Amt zustünde. Dies alles habe er unter den Namen Jesu gestellt, um zu suggerieren, es stamme aus dem Geist Christi.[25] Seine Reformation unterstelle den Papst und die Bischöfe der Macht des Kaisers. Luther spreche dem Papst die Autorität ab, die Heilige Schrift zu interpretieren und ein Konzil einzuberufen. Die Lutheraner kehrten das Verhältnis von Klerus und Laien um, indem sie die Kleriker den Laien unterordneten.[26] Mit Luthers Bibelübersetzung in der Hand widersprächen laut schreiende Laien den Lehrern der heiligen Theologie und verspotteten sie. Luthers Übersetzung des Neuen Testaments enthalte viele Verdrehungen und Entstellungen. So kehre er die Reihenfolge der Wörter im Vaterunser um und übersetze statt dem in der römischen Kirche und auch bei den Griechen üblichen »Vater unser, der du bist im Himmel, geheiligt werde dein Name«: »Unser Vater im Himmel, dein Name sei heilig«.[27] Seine Bibelübersetzung sei also eine Verfälschung. Seine Schriften über die Messe schleuderten Gift gegen die frommen Riten der Kirche.[28] Der Tod Luthers schließlich zeige, dass die Häretiker allesamt vergehen, der Papst aber und der Apostolische Stuhl auf immer bestehen blieben.[29]

Seine Biographie Luthers bekommt autobiographische Züge, wenn Cochläus sich selbst ins Spiel bringt, als er berichtet, er habe sich am Rande des Reichstags von Worms 1521 mit Luther getroffen, um sich für die Sa-

23 AaO., 6.
24 AaO., 11.
25 AaO., 22.
26 AaO., 257.
27 AaO., 60.
28 AaO., 62.
29 AaO., 318.

kramente der Kirche und die Religion der Väter einzusetzen. Dabei habe
er sich um des Glaubens und der Ehre der Kirche willen nicht gescheut,
Leib und Leben zu riskieren.[30] Seit dieser Zeit seien die Lutheraner ihm
gegenüber feindselig gewesen. Cochläus habe die reine Lehre verteidigt und
gegen das Schriftprinzip der Lutheraner daran festgehalten, dass die Schrift
in Streitfragen sich nicht von selbst verstehe, sondern von den heiligen Vätern, die vom heiligen Geist inspiriert seien, ausgelegt werden müsse, also
vom Papst oder dem allgemeinen Konzil.[31] So habe er durch seine Schriften
immer von neuem Widerstand gegen Luther und die Lutheraner geleistet.[32]

Durch die Lehre und Praxis Luthers sei, so fasst Cochläus die Wirkung
Luthers zusammen, ganz Deutschland verwirrt und Tausende Menschen
an Leib und Seele auf ewig verdorben worden.[33] Luther erscheint so als der
größte Gegner, Bekämpfer und Feind der Katholischen Kirche (*Catholicae
Ecclesiae Adversarius, impugnator et hostis*).[34] Er sei verantwortlich für
das verheerendste Schisma der Kirchengeschichte. Die Sekte Luthers (*secta
Lutheri*) sei schlimmer als die bisher schlimmste Häresie der Arianer.[35]
Cochläus zitiert das Wormser Edikt Kaiser Karls V. von 1521, wo Luther
beschuldigt wird, alle schon längst verdammten Häresien wiederzubeleben
und ihnen neue hinzufügen. Dies habe er getan, weil er nicht ein Mensch,
sondern der böse Feind, der Teufel in Menschengestalt, gewesen sei, der
sich in einem Mönchsgewand versteckt habe.[36]

Cochläus setzt im Kampf gegen die Reformation das Mittel der Biographie ein, um zu zeigen, wie aus den bösen Wurzeln Luthers böse Wirkungen
erwachsen seien, die er seinen Taten und Schriften glaubt nachweisen zu
müssen. Seine biographische Konstruktion Luthers arbeitet mit Unterstel-
lungen, die Gerüchte und Meinungen anderer zur Grundlage für die eigenen
Bewertungen machen. Biographische Konstruktion dient also dem Versuch
der Destruktion der neuen, in seinen Augen antikirchlichen Bewegung der

---

30 AaO., 39.
31 AaO., 258.
32 Über die Selbstdarstellung von Cochläus in seinen *Commentaria* vgl. A. HERTE, Die
   Lutherkommentare (s. Anm. 18).
33 COCHLÄUS, Commentaria, 318.
34 AaO., 320.
35 COCHLÄUS, Commentaria, Praefatio, c ♣ II r.
36 AaO., Praefatio, c ♣ IIII v.

Reformation. Die Luther-Kommentare des Cochläus prägten das katholische Luther-Bild bis ins 20. Jahrhundert hinein.[37]

III Der Prediger: Luther als Wundermann und Prophet

Wie Cochläus das katholische Lutherbild, so bestimmte Mathesius das protestantische Bild Martin Luthers bis ins 19. Jahrhundert.[38] *Johannes Mathesius (1504–1565)* hatte bei Luther gewohnt und seine Tischreden aufgezeichnet, bevor er als Pfarrer in Joachimsthal zwischen 1562 und 1565 siebzehn Predigten über das Leben Luthers hielt, die 1566 unter dem Titel *Historien von des Ehrwirdigen in Gott Seligen thewren Manns Gottes Doctoris Martini Luthers anfang, lehr, leben und sterben* veröffentlicht wurden und die als »erste Biographie Luthers, die diesen Namen verdient«, bezeichnet wurden.[39] Diese Biographie in der Form von Predigten hatte den Zweck, das Leben, die Lehre und die Wirkung Luthers allgemeinverständlich, volkstümlich, lebendig zu vergegenwärtigen, nachdem er schon fast 20 Jahre tot war. Der Predigtzyklus erschien in der Zeit der Konfessionalisierung, als nach dem Augsburger Reichstag von 1555 die Konfessionen ihre Identität festigten und gegeneinander abgrenzten. Die Predigten über Luther sollten die lutherische Bevölkerung an ihren geistigen Ursprung erinnern und ihr in ihrer Muttersprache sein bleibendes Anliegen vermitteln.

Die Predigten folgten nicht der literarischen Form der Heiligenpredigten (*sermones de sanctis*) des Spätmittelalters, sondern orientierten sich an den vom italienischen Humanismus beeinflussten Biographien des 16. Jahrhunderts, wie sie etwa Melanchthon und Joachim Camerarius verfassten.[40]

---

37 Vgl. A. HERTE, Das katholische Lutherbild im Bann der Lutherkommentare des Cochläus, 1943; H. P. JÜRGENS, Luther-Biographie (s. Anm. 18), 57f.

38 Vgl. A. KOHNLE, Die Reformatoren neben Luther in den Lutherpredigten des Johannes Mathesius (in: Memoria [s. Anm. 6], 59–68), 59; E. WOLGAST, Biographie (s. Anm. 15), 66.

39 Vgl. KOHNLE, Die Reformatoren (s. Anm. 38), 60, der Georg Loesche und Hans Volz nennt. Siehe darüber hinaus M. BEYER, Mathesius als Biograph Martin Luthers (in: Johannes Mathesius [1504–1565]. Rezeption und Verbreitung der Wittenberger Reformation durch Predigt und Exegese, hg. v. A. KOHNLE / I. DINGEL [LStRLO 30], 2017, 65–84).

40 H. VOLZ, Die Lutherpredigten des Johannes Mathesius. Kritische Untersuchungen zur Geschichtsschreibung im Zeitalter der Reformation, 1930, 31–35; mit guten Gründen

Der Stil der Predigt zeigt sich in der Anrede an die Hörer, die »Geliebten im Herrn«,[41] und in der Anrede Gottes oder Christi im Gebet (z.B. »Gott sey preyß vnd danck«)[42]. Der Prediger appelliert an die Hörer, wenn er ihnen zuruft: »sollet jr die Historien des Herrn Doctors / von seiner kindheyt an biß in sein grab / fleissig hören vnd behalten«.[43] Die Kenntnis der Biographie Luthers solle in der Erinnerung bleiben, nicht nur des Verstandes, sondern des Herzens, um dem Satan zu wehren, der das Evangelium bekämpfe und seinen Verkündiger verleumde. Der Prediger bittet Christus, ihm dabei zu helfen, seinem Auftrag der Wahrheit treu zu bleiben: »Die warheyt sol ich euch vermelden / niemand zu lieb vnnd leyde / das helffe mir der ewige vnnd warhafftige Son Gottes«.[44] Mathesius ist sich seiner Methode bewusst und er entschuldigt sich dafür, dass er in seinen Predigten die Form der Historie zuweilen verlassen habe. Die Historien vom Leben Luthers würden gepredigt, weil sie nicht allein der historischen Unterweisung dienen sollen, sondern auch dem Aufbau, der Stärkung und dem Trost der Gemeinde. Deshalb habe er allgemeine nützliche Lehren und Beispiele (»exempel in allerley kirchenfellen«) eingestreut. Weil er sich nicht nur an Gelehrte, sondern auch an Laien richte, habe er auf Deutsch gepredigt.[45] Außerdem gebühre dem »Deutschen Propheten« Luther, der dem »heyligen Deutschen Reich zur letzte gesandt vnnd geschencket« wurde, eine deutschsprachige Predigt, wenn auch Mathesius hofft, dass sie von seinen Kollegen oder Schülern dereinst ins Lateinische übersetzt würde.[46] Den Predigthörern und der Predigtsituation geschuldet ist die Metaphorik, mit der Mathesius Luther und seine Entwicklung charakterisiert: für die Bergleute der westböhmischen Bergbaustadt Joachimsthal zeichnet er Luther als »geistlichen Schmeltzer in einer ehrlichen Bergstadt / von guten Bergleuten geboren /

---

gegen Georg Loesche. Warum hingegen WOLGAST, Biographie (s. Anm. 15), 63, Loesche folgt und nicht Volz, ist nicht ersichtlich.

41 J. MATHESIUS, Ausgewählte Werke. Dritter Band: Luthers Leben in Predigten, hg., erl. u. eingel. v. Georg Loesche, 1898, 13.

42 AaO., 14.

43 Ebd.

44 AaO., 16.

45 AaO., 5.

46 AaO., 4f.

vnd vom löblichen Berggut erzogen«:[47] Luther als Bergmann. Darüber hinaus stellt Mathesius seine biographische Arbeit in Predigten selbst als Bergwerksarbeit dar und redet von ihr in der Sprache dieses Gewerbes.[48]

Als seine Quellen nennt Mathesius in der ersten Predigt das, »was ich in der Kirchen vnd Schul zu Wittenberg / auch an Doctor Luthers tisch / inn vilen guten gesprechen gehöret / vnd in seinen büchern gelesen / vnd von vil guten leuten / so vmb jn von anfang vnd an seinem Tische gewesen / mit warheyt vernommen habe«.[49] Er beruft sich also zuerst auf sein Studium an der Universität Wittenberg, wo er sich 1529/1530 und 1540–42 aufhielt, dann auf seinen persönlichen Kontakt mit Luther 1540–42 und 1545 und auf die Lektüre seiner Schriften und Briefe, schließlich auf Berichte anderer.[50]

Für Mathesius ist Luther »der grosse vnd theure Prophet Deutsches landes«,[51] der, wie er in der Vorrede darlegt, entscheidend dazu beitrug, die im Babylonischen Gefängnis des Antichristen gefangene Christenheit zu befreien und die rechte Lehre, die der Sohn Gottes seit den Zeiten Adams verkündigte, die durch die Propheten erneuert, durch die Apostel gepredigt, aber durch Satan immer wieder unterdrückt wurde, wiederzuerwecken.[52] Luther wird in die Reihe der Propheten Gottes eingeordnet. Zu diesen gehöre auch Hieronymus Savonarola, der »selige Merterer«, in dessen Todesjahr Luther nach der Meinung von Mathesius geboren wurde.[53] Mathesius hält Luther nicht für den einzigen Propheten der neuesten Zeit, er rechnet dazu auch seine Freunde und Kollegen an der Universität Wittenberg, wobei er besonders an Melanchthon denken dürfte, bei dem er auch studiert hat.[54]

Das Prophetenamt Luthers ist für Mathesius eines im engeren Sinn, da er es von der Aufgabe der Propheten und Apostel unterscheidet, die Gott

---

47 AaO., 17f.
48 AaO., 31.32. Vgl. VOLZ, Die Lutherpredigten (s. Anm. 40), 43.
49 AaO., 15.
50 Vgl. KOHNLE, Die Reformatoren (s. Anm. 38), 62.
51 AaO., 13.
52 AaO., 10.
53 AaO., 13. Savonarola starb jedoch erst im Jahr 1498.
54 AaO., 14.10f. Zur Sicht Melanchthons bei Mathesius s. KOHNLE, Die Reformatoren (s. Anm. 38).

gesandt hat, um vom Vater, Sohn und Geist zu zeugen. Er sieht in Luther einen Zeugen und Gesandten, der das Wort der Propheten und Apostel verstehen, erklären und auslegen könne. Luther habe betont, er selbst habe Gott und seinen Sohn nicht gesehen und gehört, er wolle auch keine Rede eines Engels oder eine Vision oder einen Traum haben, sondern sei zufrieden mit dem Wort der Propheten und Apostel.[55]

Die Leistung Luthers, das Evangelium erneut verkündigt zu haben, wertet Mathesius als Wunder, weshalb er Luther einen großen Wundermann nennt,[56] nicht weil er Wunder gewirkt hätte im Sinne der altgläubigen Hagiographie, sondern weil er Wunderbares bewirkt habe. Christus habe Luther »zum ausserwelten werckzeug erwecket«, um seine bedrängte Kirche durch sein Wort zu erretten.[57]

Zum Wunderbaren rechnet Mathesius auch die Weissagungen auf Luther, deren er drei anführt: »Denn man saget so lang von einem ding / biß es Gott ein mal war machet«.[58] Der Prophet war also selbst Gegenstand von Prophetie. Das Auftreten Luthers erscheint so als eine von Gott vorherbestimmte Notwendigkeit. Auch Luther selbst sei mit der Gabe der Weissagung von Gott versehen worden, da er zum Propheten bestimmt war.[59] Mathesius zählt denn auch eine Reihe von Prophezeiungen Luthers auf, die dies belegen und zeigen sollen, dass er ein Wundermann gewesen sei.[60]

Die äußere Grundlage für Luthers reformatorisches Wirken sieht Mathesius in seinem Doktoramt, das er von einer bestätigten Universität im Namen des Kaisers und des Papstes auf Beschluss seiner Vorgesetzten mit Unterstützung seines Landesherrn bekam und das er mit einem feierlichen Eid auf Gott, die Heilige Schrift und die Universität übernahm.[61] Dieses Amt habe Luther in manchen Anfechtungen über seinen Auftrag Rückhalt gegeben. Luthers Berufung auf sein Amt ist für Mathesius Vorbild für alle, die ein Amt haben. Luther ist ihm das Paradigma des Amtsträgers.

---

55 AaO., 375.
56 AaO., 3.13.
57 AaO., 4.14.
58 AaO., 19.
59 Vgl. aaO., 374. Dort wird die Regel aufgestellt, dass Gott seine Propheten mit Weissagung begabe.
60 AaO., 394f.398f.
61 AaO., 25. Vgl. Volz, Die Lutherpredigten (s. Anm. 40), 53.

Luthers reformatorische Wirkung gründe in seinem Amt als ein »ordenlicher vnnd beruffner Doctor der heiligen Schrifft«,[62] da er durch die Auslegung der Bibel zu seinen theologischen Grundsätzen kam, nämlich allein aus dem Wort der Propheten und Apostel Jesus Christus als unsere einzige Gerechtigkeit zu erkennen.[63]

Mathesius schildert Luther als unerschütterlichen Doktor der Theologie, der keine wirkliche Entwicklung durchgemacht habe. Allerdings räumt er ein (nach eigenen Aussagen Luthers, auf die er sich aber nicht explizit beruft), dass Luther in seiner Jugend tief im Papsttum und seiner Abgötterei gesteckt habe und am Anfang von der Buße etwas dunkler geredet habe, als er es später »auß der Schrifft vnnd vnterm Creutz« zu tun lernte.[64] Von der Taufe an, über Katechismusunterricht, Schule und Kloster habe sich Luther konsequent und kontinuierlich zum Lehrer der Theologie und Doktor der heiligen Schrift entwickelt.[65] Sich allein auf die heilige Schrift berufend habe Luther öffentlich die reine Religion gelehrt, die Glaubenden getröstet und ihre Herzen fröhlich und selig gemacht.[66] Gegen Anfeindungen habe sich Luther mit dem Schwert Gottes wie ein christlicher Held bis zuletzt gewehrt. Dass Luther nicht den Märtyrertod starb, sondern »in guter ruhe vnnd ehrn sanfft eingeschlaffen« sei, zeige, dass Gott ihn erhalten wollte, damit man merke, dass dem, dem Gott wohlwill, die ganze Welt nichts schaden könne.[67] Dennoch könne Luthers Schicksal als eine Art von Martyrium gelten, denn »Gottes heyligen sind nicht alle leybliche merterer gewest / Aber was jnnerliche leyden ist / verstehet die welt vnd vnuersuchte Christen nicht.«[68]

Mathesius charakterisiert Luther durch Bezug auf alttestamentliche »Propheten«. Er beruft sich auf Melanchthon, der Luther den Elija der letz-

---

62 AaO., 26.
63 AaO., 26.32.
64 AaO., 35. Vgl. WOLGAST, Biographie (s. Anm. 15), 64.
65 AaO., 376.
66 AaO., 377.
67 AaO., 380f.
68 AaO., 381.

ten Zeiten (*postremae aetatis Heliam*) genannt habe.[69] Auch als ein neuer Mose, Simson oder David wird er bezeichnet.[70]

Mathesius bemühte sich einerseits, Luthers Leben zuverlässig nachzuzeichnen, konstruierte aber andererseits ein Bild von Luther, das ganz aus positiven Klischees besteht und ihn als Person in seiner Beispielhaftigkeit fast untergehen lässt. Die Person Luthers wird durch die Predigt zum Mittel eines pastoralen Zwecks gemacht. Vielleicht war das gar nicht so weit entfernt von Luthers Selbstverständnis, der seine Person immer hinter seiner Aufgabe zurückstellen wollte.

IV Der Pietist: Luther als verinnerlichter Frommer

Der radikale Pietist *Gottfried Arnold* (1666–1714) lobte fast 150 Jahre später die Redlichkeit, die erbauliche Lehrart und das exemplarische Leben von Mathesius, der diese Haltung als Schüler Luthers erworben habe,[71] tadelte aber seine Lutherpredigten, insofern diese Luthers fröhliche Lebensart allzu offenherzig beschrieben und so der Weltliebe ein Exempel gegeben hätten: »Was wird doch hier anders angepriesen als die verderbte natur [...]?«[72]

Die Konfessionalisierung, die nach dem Augsburger Reichstag von 1555 noch eine Befriedung zwischen den Religionsparteien im Reich ermöglichte, hatte im 17. Jahrhundert zu kriegerischen Konflikten geführt, die eine Neubesinnung auf die religiösen Grundlagen des Zusammenlebens erforderlich machten. Ein Ansatz zeigte sich im Pietismus, der eine verinnerlichte Frömmigkeit forderte und förderte, die nicht mehr konfessionalistisch auf einer abgrenzenden äußeren Identität beharrte, sondern einen mystisch geprägten geistlichen Lebensstil pflegte. Gottfried Arnold übernahm diesen neuen Frömmigkeitsstil, wandte seine Prinzipien auch auf die Kirchengeschichtsschreibung an und kritisierte ihr bisheriges Verharren im Äußerlichen und ihren verkehrten Umgang mit dem Inneren des

---

69 AaO., 397.
70 Vgl. Volz, Die Lutherpredigten (s. Anm. 40), 63–72.
71 G. Arnold, Unpartheyische Kirchen- und Ketzer-Historie: vom Anfang des Neuen Testaments bis auf das Jahr Christi 1688, Bd. 1, 1729, 556.
72 AaO., 505.

Menschen.[73] Mit dem auch der Aufklärung eigenen Prinzip des vorurteils-freien, von vorgefassten Meinungen unabhängigen Strebens nach Wahrheit wollte Arnold den »eigentlichen characterem« der Geschichte darstellen, um daraus Nutzen ziehen zu können.[74] So sollte »die untersuchung der his-torischen warheit ohne partheylichkeit« möglich sein.[75] Dies bedeutete für Arnold, sich des Urteils über Lehrmeinungen zu enthalten und sich nicht auf den konfessionalistischen Streit um sie einzulassen.[76] Als Kirchenhis-toriker wollte sich Arnold nicht an eine bestimmte Partei unter allen Re-ligionen der Welt anschließen, die er allein für ursprünglich wahr hielte und deshalb alle anderen verwerfen müsste.[77] So solle auch über angebliche Häresien nicht vorschnell nach einem Vorurteil geurteilt werden.[78]

Schon in seiner *Unpartheyischen Kirchen- und Ketzer-Historie* von 1699/1700 sieht Arnold Luther als Reformator nach und neben anderen (»Reformatores vor Luthero [...] Andere zeugen der wahrheit«)[79], er ord-net ihn also in eine breite Strömung von spätmittelalterlichen Reform-ansätzen ein: Es sei gewiss, »daß Gott nach seinem wunderbaren rath viele werckzeuge zugleich bey dieser sache gebrauchet, ob er gleich einige, und darunter vornehmlich Lutherum, hauptsächlich auffs theatrum gestellet und ihm einen grossen durchbruch verliehen«.[80] Die Bedeutung Luthers wird relativiert, aber auch hervorgehoben. Er solle aber nicht zu einem allgemeinen Lehrer gemacht werden, der das alleinige Kriterium für die wahre Lehre bildete, da es unabhängig von ihm und auch vor ihm viele Zeugen der Wahrheit gegeben habe.[81] Auch die Beachtung des unbeherrsch-ten Stils Luthers, der aus seinem feurigen, heftigen Gemüt geflossen sei, trägt zur Relativierung Luthers bei.[82] Arnold distanziert sich von der Ver-ehrung Luthers als eines Propheten, Heiligen, göttlichen Menschen oder

---

73 AaO., Vorrede 7.
74 AaO., Vorrede 9.
75 AaO., Vorrede 1.
76 AaO., Vorrede 13 f.
77 AaO., Vorrede 18.
78 AaO., Allgemeine Anmerckungen von denen Kätzer-Geschichten 1–26.
79 AaO., 494 f. Marginalien.
80 AaO., 495.
81 AaO., 503.
82 AaO., 504 f.

gar Engels.[83] Denn Luther sei ein irrtumsanfälliger Mensch gewesen, der neben der Wahrheit auch Falsches gesagt habe.[84] Arnold unterscheidet zwischen den guten, geistgeleiteten Anfängen Luthers und der späteren Zeit, die durch Hindernisse, die auch in seiner Person begründet lagen, geprägt gewesen sei.[85] Luther habe »bey so vielen versuchungen an der vorigen lauterkeit und glaubens-freudigkeit abgenommen«.[86]

Diese relativierende Tendenz findet sich auch in Arnolds biographischer Darstellung Luthers in seinem Werk von 1701 *Das Leben der Gläubigen oder Beschreibung solcher Gottseligen Personen, welche in denen letzten 200. Jahren sonderlich bekandt worden.* Hier wird Luther in die Reihe der Personen der Zeit zwischen 1500 und 1700 eingeordnet, die »von sonderbahrer Gottseligkeit oder andern geistlichen Gaben berühmt gewesen«.[87] Zu diesen Personen gehören für Arnold zuerst diejenigen Katholiken, die zeigen, »daß im Pabstthum die Erkäntnis Christi bey etlichen Frommen allezeit verblieben sey«.[88] Arnold begründet dies ekklesiologisch mit dem »Sinn und Bewandtnis der allgemeinen unsichtbaren Kirche Christi«.[89] Luther ist also ein Frommer neben anderen, die auch anderen Konfessionen oder Religionen angehören können. Entscheidend ist für Arnold die innere Gottesbeziehung des Einzelnen, nicht die äußere Zugehörigkeit zu einer Kirche.

Zu Beginn seiner biographischen Betrachtung blickt Arnold zurück auf zeitgenössische und spätere Urteile über Luther, die ihn einerseits äußerlich bekannt, nach dem Inneren aber unbekannt und verborgen gemacht hätten und entweder in Lästerungen seiner Gegner oder blinden und allzu hohen Lobsprüchen seiner Anhänger bestanden hätten. Das falsche Lob habe Luthers von ihm selbst nicht geleugneten Schwächen und Fehler verdeckt und durch seine Unwahrhaftigkeit die Zweifler bestärkt.[90] Am meis-

83 AaO., 501f.
84 AaO., 503.
85 AaO., 499.
86 AaO., 503.
87 G. ARNOLD, Das Leben der Gläubigen oder Beschreibung solcher Gottseligen Personen, welche in denen letzten 200. Jahren sonderlich bekandt worden, 1701, 1.
88 AaO., 4.
89 AaO., 5.
90 AaO., 404.

ten hätten dem Ruf Luthers seine eigenen Anhänger geschadet, da sie »in einem so tieffen Welt-Wesen und aller fleischlichen Freyheit« lebten, dass seine Gegner sich in ihrer Auffassung bestätigt fühlen mussten, Luthers Lehre und Leben sei der göttlichen Wahrheit entgegengesetzt.[91] Aber von dem Verhalten der Lutheraner dürfe nicht auf das Luthers geschlossen werden. Diese Sicht Arnolds spiegelt das Urteil des Pietisten über die Lutheraner wider, die sich nur noch zum Schein auf Luther beriefen, sich aber in Wirklichkeit in ihrer Lebensweise weit von ihm entfernt hätten.

Arnold möchte mit seiner biographischen Darstellung einer Veräußerlichung im Verständnis Luthers wehren und ihn stattdessen »in beständiger Absicht auf den innern Grund« vorstellen.[92] Die Kennzeichen seiner inneren Verfassung und Entwicklung sollen »aus glaubwürdigen Nachrichten und Zeugnissen in unpartheyischer Aufrichtigkeit vor Augen« geführt werden.[93] Der innere Grund Luthers ist für Arnold seine geistliche und geistige Entwicklung, seine Gemütsverfassung, seine Frömmigkeit, letztlich sein Gottesverhältnis. Dementsprechend berichtet Arnold von den Affekten, denen Luther unterworfen war, wie das Vertrauen auf Gott, die Liebe zu ihm, die Angst, die Furcht, die Traurigkeit, die Unruhe des Herzens, die »Gewissens-Rührungen«, also von Regungen und Bestimmungen des Herzens oder der Seele Luthers.[94] Luthers Gemüt habe sich durch Erfahrungen entwickelt, die ihn innerlich und äußerlich prägten, wie die Armut, das Studium, die Anfechtungen, der Schrecken, die Bedrängnis, das Gebet, die Selbstprüfung, die Selbsterkenntnis, der »Buß-Kampff«, der Trost.[95] An seiner inneren Entwicklung, die von »natürlichen Unreinigkeiten«, etwa dem Ehrgeiz, zur Läuterung seines Gemüts führte, könne man den »Unterscheid zwischen Natur und Gnade«[96] erkennen, wie sich an der Gnade zeige, die an seiner Seele gearbeitet habe.[97]

Den Grund für Luthers Entwicklung sieht Arnold im Wirken Gottes. Gott habe den heiligen Zweck, die Klarheit des Evangeliums wieder neu

---

91 AaO., 405.
92 AaO., 404.447.
93 AaO., 405.
94 AaO., 407.
95 AaO., 412.
96 AaO., 407f.
97 AaO., 410.

erscheinen zu lassen, mit Luther verfolgt und ihn deshalb in niedrigen Verhältnissen geboren sein lassen, damit das große Werk, das er durch ihn ausrichten wollte, umso größer erscheine.[98] Arnold erklärt die Entwicklung Luthers auch durch die Zeitumstände, etwa wenn er seinen Entschluss, ins Kloster einzutreten, damit begründet, dass damals das Kloster als hervorragender Ort der Frömmigkeit galt.[99] Diese Erklärungsweise bezieht sich auf Regeln des damaligen religiösen Lebens, sie erstreckt sich aber nicht auf politische, soziale, wirtschaftliche oder andere Umstände, ebenso wenig wie Arnold auf den profangeschichtlichen Kontext eingeht. Sein Luther steht nicht in äußeren Zusammenhängen, er geht fast ganz in den inneren Erfahrungen und Gemütsregungen auf, die ihm durch das Wirken Gottes widerfuhren. Wenn von äußeren Umständen die Rede ist, dann handelt es sich meist um Zeugnisse der Armut, Askese, Krankheit o.ä.[100] Arnold konstruiert Luthers Leben in der Tradition der von Bernhard von Clairvaux ausgehenden monastisch-mystischen Theologie der inneren Erfahrung, einer Tradition, in der Luther selbst stand, die Arnold aber verstärkte.[101] Luthers theologische Erkenntnis stammte für Arnold »aus der Erfahrung von der Krafft der Schrifft [...] wie nicht minder auch von der Ohnmacht der vernünfftigen und Heydnischen Lehr-Säzze«.[102] Diese Erfahrung habe Luther von dem Irrtum der durch die aristotelische Philosophie geprägten theologischen Lehre von der Werkgerechtigkeit und Werkheiligkeit befreit und auf die allein rettende göttliche Gnade verwiesen. Daran zeige sich, so Arnold, dass Luther zur Selbstprüfung fähig war, die ihn zur Selbsterkenntnis und dem Eingeständnis von Fehlern und Schwachheiten führte, einer Selbstverleugnung, die ihren Grund in diesen Erfahrungen hatte.[103] Darin konnte er sich bestärkt fühlen durch »Mystische und aus Erfahrung geschriebene Bücher« besonders Johannes Taulers.[104]

---

98 AaO., 405.
99 AaO., 409.
100 AaO., 406.408.411.
101 Schon in der *Vorerinnerung* zitiert er Bernhard, der den Wert der Betrachtung des Lebens der Heiligen für eine unheilige Zeit hervorhebe.
102 AaO., 418f.
103 AaO., 419.
104 AaO., 420.

Die Orientierung der Konstruktion von Luthers Leben an dessen Erfahrungen erlaubte es Arnold, eine Entwicklung Luthers wahrzunehmen, die frühere Biographen wie Mathesius überspielt hatten. Für Arnold löste sich Luther allmählich aus der spätmittelalterlichen Frömmigkeit und Theologie, nicht durch einen plötzlichen Einschnitt, sondern durch neue Erfahrungen, die Gott ihm schenkte. So hatte Luthers Kritik am Ablass 1517 ihren innerlichen Grund in seinem neuen Verständnis der Buße, das ihm durch seinen Lehrer Staupitz vermittelt worden sei.[105] Aus dieser »Gemüths-Beschaffenheit Lutheri« sehe man »die innerliche Einleitung in dem Gemüthe Lutheri zu dem Streit / der sich in diesem Jahr 1517. über dem Ablaß erhoben«.[106] Nicht nur die äußeren, finanziellen Probleme mit dem Ablass, sondern auch Luthers Erfahrungen als Seelsorger in der Beichte hätten ihm den Missbrauch vor Augen geführt und es ihm notwendig erscheinen lassen, dagegen in Wort und Schrift aufzutreten.[107] Im Jahr nach dem Ablassstreit sei Luther »in eine neue Fassung des Gemüthes« eingetreten, durch die seine Erkenntnis der göttlichen Wahrheit bekräftigt wurde, so dass seine darauffolgende Entwicklung nur in Folgerungen und Schlüssen aus dem gelegten Grunde bestehe.[108]

Eine Entwicklung zeige sich bei Luther auch darin, dass in seinen späteren Jahren neben seinem lauteren Sinn auch seine Schwächen deutlicher hervortreten, wenn er so »von den Affecten hingerissen« wird, »daß er fast unkänntlich wird«.[109] Er habe in seiner Natur zwei innerliche Hauptfeinde besessen, derer er sich selbst bewusst war, nämlich den Zorn und die scherzhafte, grobe Redeweise. Schaden habe das erste deshalb angerichtet, weil alles, was Luther äußerte, sofort aufgezeichnet wurde. Das zweite, die Grobheit der Sprache, zeige sich in Deutschland schon an der Einführung des Osterlachens (risus paschalis) durch den Klerus und an dem allgemein üblichen groben Stil der Kommunikation.[110] So erklärt Arnold auch die Schwächen Luthers, ohne sie entschuldigen zu wollen.

---

105 AaO., 423.
106 AaO., 422.424.
107 AaO., 426.
108 AaO., 447.
109 AaO., 460.
110 Ebd.

Das Konstruktionsprinzip von Arnolds biographischer Darstellung Luthers ist einerseits die Subjektivierung Luthers in seinen Gemütszuständen, andererseits die Fundierung seiner Entwicklung in inneren Gründen, die auf seine Erfahrungen, die Arnold als von Gott gewirkt verstand, zurückgehen sollen.

V Der Lutheride: Luther als leiblicher Zeuge Gottes

Der lutherische Pastor *Friedrich Siegmund Keil* (1717–1765), über seine Mutter selbst Nachfahre Luthers,[111] möchte seinen berühmten Vorfahren gegen Gottfried Arnold und die Schwärmer verteidigen, die ihm den lauteren Sinn in seinen späteren Jahren, nach 1521, abgesprochen hätten: »Er habe zwar im Geist angefangen [...], nun aber sey der Geist von ihm gewichen«.[112]

Während Arnold den Schwerpunkt auf die innere geistliche Entwicklung Luthers gelegt hatte, möchte Keil seiner biographischen Konstruktion den Blick auf Luthers körperliche Lebensumstände zugrunde legen. Dies tut er in seinem Werk *Des seligen Zeugen Gottes D. Martin Luthers merkwürdige Lebens-Umstände bey seiner Medicinalischen Leibesconstitution, Krankheiten, geistlichen und leiblichen Anfechtungen und andern Zufällen*, dessen erster und zweiter Teil zuerst 1753 erschienen, dann ein Jahr vor Keils Tod 1764 in zweiter Auflage zusammen mit den zwei weiteren Teilen. Arnold hatte versucht, Luther von seinem Inneren her und als von Gott geführt zu verstehen, Keil hingegen fasst Luther als körperliche Erscheinung auf, die ihren leiblichen und seelischen Schicksalen unterworfen war. Die zeitgenössische Entwicklung der Naturwissenschaften und Medizin spiegelt sich in diesem Interesse für das Körperliche wider. In

---

111 S. Keil, Des seligen Zeugen Gottes D. Martin Luthers merkwürdige Lebens-Umstände bey seiner Medicinalischen Leibesconstitution, Krankheiten, geistlichen und leiblichen Anfechtungen und andern Zufällen. Vierter Theil: von dem Jahre 1542 bis auf seinen Tod 1546 beschrieben, 1764, 326.

112 S. Keil, Des seligen Zeugen Gottes D. Martin Luthers merkwürdige Lebens-Umstände bey seiner Medicinalischen Leibesconstitution, Krankheiten, geistlichen und leiblichen Anfechtungen und andern Zufällen von dem Jahre seiner Geburt 1483 bis auf das Jahr 1520. beschrieben = Erster Theil, 1753, Vorrede, a2ᵛ. Arnold hatte Mathesius' Bemerkung zu Luthers Haltung im Bauernkrieg zitiert.

diesem Kontext beschreibt Keil die Entwicklung Luthers im Hinblick auf seine körperlichen Zustände, seine geistigen Anregungen, seine Gemütsverfassung, ohne diese naturalistisch oder gar materialistisch zu deuten, aber doch auf dem Hintergrund des zeitgenössischen Interesses an physischen und psychischen Umständen. Der frühere Oberkonsistorialrat und Superintendent zu Dresden Valentin Ernst Löscher habe diese Beschreibung Luthers gefordert, da sie sowohl für Theologen wie für Mediziner nützlich sei, und mit der Begründung, es

> würde hierdurch sowol die Naturlehre, und die zur Cur des menschlichen Leibes höchstnöthige Erfahrung, in einen weit vollkommnern Stand gesetzet, als auch die zugelaßne Curiosite vieler hundert Menschen, in allen Stücken der Historie vergnüget werden.[113]

Zweck seiner Darstellung von Luthers Leben ist es, den Leser zu erbauen, ihn aber auch davor zu bewahren, Luther zu überschätzen:

> D. Luther ist kein Engel, sondern ein Mensch und Sünder gewesen, wie Abraham und Paulus und andre, und hat sich des Verdienstes Jesu Christi in seinem Leben und Tode getröstet, und auf dasselbe in wahrem Glauben gestorben.[114]

In dieser Hinsicht ist sich Keil mit Arnold einig.

Der eigentlichen Biographie Luthers schickt Keil ein Kapitel über »D. Martin Luthers Leibes-Constitution« voraus, das fast gänzlich aus Zitaten anderer Autoren besteht und in dem er Luthers Aussehen, aber auch seinen Charakter beschreibt.[115] Danach schildert er »Lutheri trübsälige Jugend«, die dadurch geprägt gewesen sei, dass Luthers Eltern ihr Kind wohl sorgfältig erzogen hätten, aber ihre Liebe mit einer »ziemlichen Schärfe« vermischt hätten, einer Schärfe, unter der er auch auf der Schule zu leiden gehabt habe.[116] An die Jugendzeit schließen sich »Lutheri kränkliche Studentenjahre« an, in denen er auch seelsorgerlichen Trost erfahren habe.[117] Die Misshelligkeiten setzten sich fort, als Luther auch bedingt durch seine verschiedenen Krankheiten und den Tod eines Freundes in Erfurt Mönch wurde. Dort sei er in ein »beschwerliches Klosterleben« geraten, sogleich

---

113 KEIL, Des seligen Zeugen (s. Anm. 112), Vorrede, a2ᵛ.
114 KEIL, Des seligen Zeugen (s. Anm. 111), 1. Theil, Neue Vorrede, a2ᵛ.
115 KEIL, Des seligen Zeugen (s. Anm. 111), 1–6.
116 AaO., 8.
117 AaO., 10f.

in große »Betrübniß und Traurigkeit« verfallen, habe aber Trost durch Mitbrüder erfahren.[118] Keil schildert Luthers »Gemüthszustand« und seinen »Leibeszustand« Jahr für Jahr.[119] Den Gemütszustand Luthers im Jahr 1516 charakterisiert er folgendermaßen: »Unter den schönen Gemüthsgaben, ist um diese Zeit, nebst seinem lebendigen Glauben als eine Frucht des Glaubens, die Aufrichtigkeit, Erkänntniß sein selbst, und Geständniß seiner Schwachheiten und Fehler.«[120] Luthers »Seelenzustand« im Jahr 1516 zeige, dass er wohl noch »mit vielen irrigen Meynungen und Vorurtheilen behaftet gewesen« sei, er aber doch den Hauptgrund des Christentums und den »Kern der innerlichen Theologie« geschmeckt habe.[121] Keil nimmt also bei Luther eine seelische und geistige Entwicklung wahr, die ihn zur Vertiefung und Verbreiterung seiner Grunderkenntnis des Evangeliums geführt habe. Was die »Leibeszustände« Luthers angeht, so stellt Keil immer wieder eine »Ergebung in den göttlichen Willen« bei ihm fest, wenn er durch eine Krankheit oder eine Gefahr bedroht wurde.[122] Weil 1519 Luther gesund gewesen sei, habe er eine große Reihe an Schriften verfassen können, die Keil aufzählt. Neben der »Leibesschwachheit« verzeichnet Keil auch geistliche und leibliche Anfechtungen des Teufels, die Luther Zeit seines Lebens immer wieder zugesetzt hätten.[123] Keil legt großen Wert darauf, dass Luther sein Leben lang seiner reformatorischen Erkenntnis treu geblieben und entgegen der Ansicht Arnolds von seiner Glaubenskraft nichts eingebüßt habe: »Lutheri Lauterkeit und Glaubensfreudigkeit, bey seiner Leibesschwachheit, Arbeit, äusserlichen Lebensumständen, bleibt beständig bis in seinen Tod.«[124]

Der lutherische Lutheride Keil konstruiert ein Bild seines Ahnherrn Luther, das zur Begründung und Rechtfertigung seiner eigenen religiösen und familiären Identität dient. Mittel dafür ist neben dem beständigen Blick auf die geistlichen Anliegen Luthers, die allerdings in den Hintergrund treten, die Betrachtung seiner leiblich-seelischen Entwicklung, die

118 AaO., 11.13.
119 Beispielsweise aaO., 27.29.
120 AaO., 27.
121 AaO., 29.
122 Ebd.
123 AaO., 118f.
124 AaO., 251.

durch Krankheiten und Anfechtungen bestimmt ist. Trotz der starken Gewichtung des Leiblichen bleibt die Beschreibung blass und unbestimmt, das Urteil des Autors ist unselbständig und unkritisch gegenüber den von ihm häufig zitierten Selbstaussagen Luthers. Keil schreibt nicht als Historiker, auch nicht mit einem primär religiösen Anliegen, sondern als lutherischer Pastor, den seine familiären Wurzeln mit Luther verbinden. Dies wird auch dadurch unterstrichen, dass er seinem Werk einen Anhang mit den Stammtafeln der Familie Luther bis zu ihm selbst herauf anfügt. Die spezifische leibliche Präsenz Luthers, sein eigenes Verhältnis zu seiner Leiblichkeit werden nicht ganz deutlich.[125]

VI Der Universitätstheologe: Luther als theologischer Schriftsteller

Julius Köstlin (1826–1902), Neutestamentler und Systematischer Theologe an den Universitäten Göttingen, Breslau und Halle, beschäftigte sich schon früh historisch mit Luther, so 1853 in *Luthers Lehre von der Kirche* und 1863 in *Luthers Theologie in ihrer geschichtlichen Entwicklung und ihrem inneren Zusammenhange.* Darin bemühte er sich um die historische Einbettung Luthers in die spätmittelalterliche Theologie und Kirche, aber auch um eine Klärung des Neuen bei Luther im Verhältnis zur Tradition.[126] Sein berühmtestes Werk ist die zweibändige Biographie *Martin Luther. Sein Leben und seine Schriften,* erschienen 1875 als Erstling der Reihe »Leben und ausgewählte Schriften der Väter und Begründer der lutherischen Kirche«.[127] Sie erfuhr zu seinen Lebzeiten vier Auflagen; die fünfte wurde bearbeitet und mit neueren Forschungsergebnissen angereichert von seinem Schüler Gustav Kawerau herausgegeben und erschien 1903, im Jahr nach Köstlins Tod. Seine Lutherbiographie fällt in eine Zeit, in der der sog. Kulturkampf zur Auseinandersetzung zwischen Protestantismus und Katholizismus auf

---

125 Zur Dimension des Leiblichen bei Luther vgl. L. Roper, Der feiste Doktor. Luther, sein Körper und seine Biographen, 2012. Leider beachtet Roper den Ansatz Keils nicht.
126 Vgl. I. Dingel, Julius Köstlin (in: 125 Jahre Verein für Reformationsgeschichte, hg. v. L. Schorn-Schütte, 2008, 27–35), 29.
127 Mitherausgeber der Reihe war Julius Köstlin selbst.

der politischen Ebene führte und in der die Historiographie von Historismus und Positivismus bestimmt wurde.

Köstlin verfolgte die historische Methode, wie er sie bei Leopold Ranke kennengelernt hatte, dessen Vorlesung über die Reformationsgeschichte er auf seiner Bildungsreise in Berlin gehört hatte.[128] Er wollte über bloß historische Vermutungen und Vorurteile hinauskommen, indem er die Quellen vorbehaltlos befragte, und konnte so frühere Sichtweisen korrigieren. Er war der »erste wissenschaftliche Lutherbiograph«:[129]

> Köstlin hat mit seiner umfassenden Lutherbiographie, die die Schriften des Reformators und deren Inhalt sorgfältig in dessen Lebensgeschichte einzeichnete, die neuere, an streng wissenschaftlichen Maßstäben orientierte Lutherforschung initiiert und darüber hinaus die Öffentlichkeit seiner Zeit für das Lutherjubiläum 1883 sensibilisiert.[130]

Die Voraussetzung dafür war, dass er aus historischen Gründen Luthers Geburtsjahr auf das Jahr 1483 festlegte, was seither im Wesentlichen allgemein anerkannt wird.[131] Im Jahr 1883 erschienen die zweite und die dritte Auflage seiner Lutherbiographie.[132] Die von ihm selbst gestellte Frage nach dem Standpunkt, der seiner Biographie zugrunde liege, beantwortete Köstlin nicht. Er versicherte nur, weder ein »ängstlicher Apologet« noch ein »kritischer Meister« seines Gegenstandes sein zu wollen.[133]

Ziel seiner Darstellung war es, den Historikern und Theologen eine Biographie Luthers »nach den berechtigten Anforderungen historischer Wissenschaft« zu liefern und zugleich »eine vollständige und zusammenhängende Einführung in die Schriften« Luthers zu geben, die »zum Wirken und ganz persönlichen Bilde Luthers« wesentlich gehörten.[134] Grundlage dafür war die Auffindung neuer Quellen, wie der Nachschriften früher Vorlesungen, Disputationen oder Predigten Luthers.

---

128 Dingel, Julius Köstlin (s. Anm. 126), 27.
129 Ebd.
130 AaO., 31f.
131 AaO., 31.
132 G. Kawerau, Vorwort, in: J. Köstlin, Martin Luther. Sein Leben und seine Schriften, Bd. 1, ⁵1903, IV.
133 J. Köstlin, Martin Luther. Sein Leben und seine Schriften, Bd. 1, 1875, VI.
134 AaO., V.

Führte die konsequente Anwendung der historisch-kritischen Methode durch Köstlin, die er auch gegenüber dem katholischen Historiker Johannes Janssen und dessen trotz beanspruchter Tendenzfreiheit »konfessionalistisch eingefärbter Propaganda« und »feinsinniger Polemik« zur Geltung brachte[135], dazu, dass er ohne historische Konstruktion ausgekommen wäre und Luthers Schicksal, »wie es eigentlich gewesen« (Ranke) ist, beschrieben hätte?

Köstlin charakterisiert Luther als den Mann, der in einer

> Zeit großer langandauernder Gärung und eines tiefgreifenden Umschwunges auf dem Gebiete des kirchlichen und religiösen Lebens [...] vor allen andern dazu berufen war, den Bruch mit den bisher herrschenden Mächten und Formen durchzuführen und neues Leben, neue Gestaltungen ins Dasein zu rufen.[136]

Damit stellt Köstlin Luther in die Tendenz seiner Zeit hinein, gibt ihm aber die entscheidende Rolle, diese Tendenz zu verwirklichen, einerseits negativ im Zerstören des Alten, andererseits positiv im Aufbauen des Neuen. Köstlin unterscheidet zwischen der Sicht der Zeitgenossen auf ihre Gegenwart und deren Entwicklungen und der Sicht der eigenen Gegenwart des Historikers, der die Wirkungen der Geschichte wahrnehmen könne, die den Zeitgenossen noch verborgen und höchstens zu erahnen gewesen seien. Dies gelte auch für Luther, der sein Werk mit Geisteskraft begonnen habe, ohne sich seiner eigenen Rolle darin ganz bewusst zu sein. Diese Rolle, so könnte Köstlin verstanden werden, könne Luther nur durch den Historiker zugeschrieben werden. Ist es also der Historiker, der Luther als historische Figur erst erschafft?

Für Köstlin ist die Figur Luthers in sich einheitlich, sie weist keine oder kaum Widersprüche auf: »Die ganze Wirksamkeit Luthers hatte ihre feste, einheitliche Richtung. Auf die positive Heilswahrheit, in welcher er selbst neu aufgelebt ist, beziehen sich alle seine Studien, Vorlesungen, Predigten«.[137]

Köstlin fügt Luther ein in eine Reihe von Theologen, die Kritik an kirchlichen Missständen und autoritären Strukturen übten, und vergleicht ihn mit solchen, die eine Lehre von der Gnade verkündeten, die der Luthers

---

135 DINGEL, Julius Köstlin (s. Anm. 126), 33.32.
136 KÖSTLIN, Martin Luther (s. Anm. 133), 1.
137 KÖSTLIN, Martin Luther (s. Anm. 133), 131.

ähnlich war, aber: »den Mittelpunkt der Heilswahrheit und Gnadenlehre, wie ihn Luther ans Licht stellte und Folgerungen aus ihm zog, hatte noch keiner von jenen getroffen«.[138] Luthers Theologie habe Vorläufer gehabt, aber er habe sich von diesen durch die Präzision seiner theologischen Erkenntnis und durch die Konsequenz, mit der er sie vertrat, unterschieden.

Trotz seiner historisch-kritischen Intention steht Köstlin den biographischen Selbstäußerungen Luthers doch unkritisch gegenüber, etwa wenn er Luther in einem »stillen, unscheinbaren deutschen Bauernhause« geboren sein lässt, weil Luther von sich behauptete, wie Köstlin zitiert, er sei »eines Bauern Sohn«.[139] Wenn Luther berichtet, keiner außer ihm habe im Erfurter Kloster die Bibel gelesen, so nimmt ihm dies Köstlin ab, obwohl Luther wenige Zeilen danach vom gelehrten Bibelstudium seines Klosterbruders Lang spricht.[140] Die Autorität Luthers scheint für seinen Biographen meist noch unangefochten zu sein, obwohl er autobiographische Äußerungen durchaus, aber oft nur indirekt, korrigiert. Köstlin kann etwa feststellen, dass ein gewisser Einfluss Ockhams auf Luther, auch wenn er sich von ihm abgrenzte, immer noch spürbar sei.[141] Im Unterschied zu früheren Biographen vermeidet Köstlin, seine Darstellung mit nicht quellenmäßig belegten Behauptungen, Konjekturen und Eintragungen anzureichern. Dennoch bezieht er sich auf die allgemeine kirchliche, theologische Situation, die Luther bestimmte, und sieht Luther in Traditionen, die ihm den Weg bahnten. Daraus kann er Regeln ableiten, die Luthers Entwicklung erklärbar machten. Andererseits schließt Köstlin nach dem unausgesprochenen historischen Grundsatz, dass eine Parallele noch keinen Einfluss bedeutet, einen Einfluss auf Luther durch manche kritischen Ansätze von Theologen aus, die er (noch) nicht kennengelernt habe.[142]

Köstlin zeichnet Luther als Schriftausleger, der sein Amt als Professor der Theologie in Wittenberg ganz mit der Auslegung der Heiligen Schrift ausgefüllt habe.[143] Der Schriftausleger wird zum Schriftsteller, wenn Luther

---

138 KÖSTLIN, Martin Luther (s. Anm. 132), 7.
139 AaO., 10. In der ersten Auflage (1875) hieß es: »Bauern- oder Bürgerhause«.
140 AaO., 56.
141 AaO., 57.
142 Beispielsweise aaO., 57f.
143 AaO., 104.

in seinem ältesten von ihm publizierten Buch über die Sieben Bußpsalmen von 1517 einen Anfang seiner Bibelübersetzung machte und die übersetzten Psalmen auf Deutsch auslegte.[144] Köstlin beobachtet an den Predigten Luthers die »fortschreitende Entwicklung des künftigen Reformators«.[145] Er verfolgt diese von den frühen, noch philosophisch-moralisch geprägten Predigten über die von der Mystik Taulers beeinflussten bis hin zu den biblisch fundierten, den Glauben verkündigenden Predigten.

Für Köstlin lag die geschichtliche Wirkung Luthers besonders in seinen Schriften begründet. Luther sei kein politischer Aktivist gewesen, sondern ein theologischer Schriftsteller, der vor allem literarisch wirken wollte. Das Konstruktionsprinzip der Lutherbiographie Köstlins ist der durch die zeitgenössische historische Methode angeleitete Rückgriff auf die Quellen, die er zumindest im Falle der autobiographischen Äußerungen Luthers oft unkritisch benutzt, um einen Luther zu formen, der als innovativer theologischer Schriftsteller Spiegel für die Theologen der Zeit Köstlins sein sollte.

VII Der Kolportageschriftsteller: Luther als deutscher Held

Nachdem Köstlin das Geburtsjahr Luthers auf 1483 festgelegt hatte, konnte 1883 ein Luther-Jubiläum gefeiert werden, und »unter dem Eindruck der Volksfeier« wurde an *Martin Rade* (1857–1940) der Wunsch herangetragen, in Kolportageheften das Leben Luthers volkstümlich in aller Ausführlichkeit darzustellen. Rade, Schüler Adolf Harnacks, war 1881 Lizentiat der Theologie und ein Jahr später Pfarrer geworden und hatte Johannes Janssens ultramontanistischen Angriff auf den Protestantismus, der die Ursache für dessen angeblich kulturell destruktive Wirkung in der vermeintlich krankhaften Persönlichkeit Luthers sehen wollte, zurückgewiesen, indem er die Geschichte als Identitätsmerkmal des Protestantismus verteidigte.[146] Diesem Anliegen diente auch seine volkstümliche Lutherbiographie, in der er Luther einerseits historisieren, andererseits und gerade dadurch vergegenwärtigen wollte. Er gab ihr den an barocken Sprachstil anklingenden

---

144 KÖSTLIN, Martin Luther (s. Anm. 133), 120.
145 AaO., 121.
146 CH. SCHWÖBEL, Martin Rade. Das Verhältnis von Geschichte, Religion und Moral als Grundproblem seiner Theologie, 1980, 38.36f.

Titel *Doktor Martin Luthers Leben, Thaten und Meinungen auf Grund reichlicher Mitteilungen aus seinen Briefen und Schriften dem Volke erzählt* und veröffentlichte sie in Kolportageheften von 1883 bis 1887 unter dem Pseudonym Paul Martin, später in drei Bänden unter seinem richtigen Namen. Die Lutherfeiern von 1883 sind der Anlass für diese Biographie und wollen dem »lieben Leser« »den Mann, dessen Name mit einem Male, jetzt, vierhundert Jahre nach seiner Geburt, das ganze evangelische Deutschland mächtig bewegt und begeistert hat«, bekannt machen. Er solle ihn kennenlernen, »wie man einen Freund kennt«, er solle erfahren, warum er der »größte Sohn des deutschen Volkes« genannt werde. Der Autor möchte berichten »von diesem Gottesmanne, von diesem deutschen Manne, von Herkunft und Jugend, von Leiden und Kämpfen, von herrlichem Siege und Treue bis in den Tod«.[147] Luther wird zur Identifikationsfigur des deutschen Protestantismus stilisiert und zugleich wird unterstellt, das Wesen des deutschen Volkes sei protestantisch-lutherisch. Damit wird im Kulturkampf der Katholizismus als etwas »Undeutsches« ausgegrenzt. Den Katholiken wird als »Papisten« vorgeworfen, das Andenken Luthers immer noch zu schmähen und erneut »seine Lebensgeschichte zu fälschen und seinen Glauben, seinen Wandel schwer zu verdächtigen«, womit wohl v. a. Janssen gemeint ist.[148]

Der Autor beabsichtigt, die Quellen, also die Schriften Luthers selbst, reden zu lassen und durch das zu interpretieren, »was die großen Gelehrten über die Geschichte des Mannes gewissenhaft erforscht haben«.[149] Damit bezieht er sich auf die neuere biographische Lutherforschung, wie sie Köstlin und andere geleistet hatten.

Rade sieht in Luther einen Kämpfer, der zuerst »in heißen Seelenkämpfen« seine eigenen Zweifel und seine eigene Verzweiflung überwand, auf einem »Schlachtfeld, auf welchem Luther die heißesten Kämpfe seines Lebens ausgefochten hat«, um dann in Streit mit der damaligen Kirche zu geraten.[150] Dabei habe er letztlich den Sieg davongetragen. Diese militaris-

---

147 M. RADE, Doktor Martin Luthers Leben, Thaten und Meinungen auf Grund reichlicher Mitteilungen aus seinen Briefen und Schriften dem Volke erzählt, Bd. 1, 1901, I.
148 AaO., II.
149 Ebd.
150 AaO., 33.46.

tische Metaphorik Rades versteht sich auch auf dem Hintergrund des noch nicht lange zurückliegenden Deutsch-Französischen Krieges 1870/71 und der darauffolgenden deutschen Reichsgründung durch Bismarck, der das Reich protestantisch prägen wollte.

Luther wird bei Rade zum »Führer im deutschen Befreiungskampfe [...] der kühne Kämpfer für Deutschlands Befreiung vom römischen Joch«, der sich »an die Spitze der deutschen Nation gestellt« sah, obwohl er von sich aus nicht daran dachte, »sein Vaterland von der römischen Fremdherrschaft zu befreien«, also politische Ziele zu verfolgen. Sein Anliegen sei zuerst ein religiöses gewesen, die Gewissen vom Druck kirchlicher Gesetze zu befreien und ans Evangelium zu binden, aber vom »Befreier der Gewissen« sei er bald zum »Befreier einer Nation, der edlen deutschen Nation« geworden, weil er »ein deutsches Herz in der Brust trug«.[151] Obwohl er als Mönch der Welt entrückt und damit auch »seinem Vaterlande Lebewohl« gesagt habe, sei er als Priester, Prediger und Professor wieder in und für die Welt tätig geworden »in seiner Gemeinde, im deutschen Vaterlande, in der Christenheit«.[152] Dabei habe er in religiöser Hinsicht die »Wurzel des Übels zu Rom« gesehen, so dass er mit dem Papsttum den Kampf habe aufnehmen müssen, der nicht nur ein religiöser geblieben sei.

> Da war es nun eine wunderbare Fügung Gottes, daß der Erzfeind christlicher Frömmigkeit und christlicher Freiheit zugleich der Erzfeind unseres deutschen Volkes war. Indem also Luther den Kampf aufnahm, die geängsteten Gewissen zu befreien von dem Joche geistlicher Knechtschaft, bekam er es mit derselben Macht zu thun, unter deren Tyrannei des Volkes Freiheit und Wohlstand darniederlag.[153]

Damit habe seine politische Sendung begonnen. Er habe erkannt: »Ein Christ hat die Macht, Gott zu dienen und zugleich seinem Vaterlande.«[154] Dies sei Luther klargeworden, als er 1518 in Augsburg war, wo der Reichstag wieder einmal die »Beschwerden der deutschen Nation gegen den römischen Stuhl« zur Sprache gebracht hatte.[155] Deshalb habe er sich dem »Befreiungskampf gegen Rom« angeschlossen, den ursprünglich auch deutsche

---

151 AaO., 580f.
152 AaO., 581f.
153 AaO., 583.
154 Ebd.
155 AaO., 584.

Bischöfe, dann aber v. a. Ulrich von Hutten anführten.[156] Im Unterschied zu Hutten habe Luther Gewalt als Mittel dieses Kampfes abgelehnt, auch als er die »Führung im deutschen Befreiungskriege« übernommen habe.[157] Denn sein Freiheitsverständnis habe keine Auflehnung gegen die rechtmäßige Obrigkeit erlaubt. Die »Waffen«, mit denen er Rom überwinden konnte, seien die Bibel und der Glaube gewesen. Denn er habe die politischen Missstände auf mangelnden Glauben und falsche Lehre zurückgeführt.[158]

Rades Lutherbild verbindet religiöse mit politischen und nationalistischen Motiven. Er imaginiert Luther als Genius der Deutschen, als Verkörperung des vorgeblich protestantischen Wesens Deutschlands, und setzt ihn als Kampfmittel in der Auseinandersetzung des preußisch-protestantisch dominierten Deutschen Reiches mit dem Katholizismus ein.

VIII Der Jesuit: Luther als krankhafte Persönlichkeit

Hartmann Grisar (1845–1935), nach Niederlegung einer Professur für Kirchengeschichte in Innsbruck freier Kirchenhistoriker aus der Gesellschaft Jesu, greift die Tendenz seiner Zeit, den Menschen psychologisch zu verstehen, auf und zeichnet Luther als psychisch krankhafte Persönlichkeit mit pathologischem Charakter. Das Programm deutet er in der Einführung seines dreibändigen Werkes Luther 1911 an: Die »äußere Geschichte des Urhebers der deutschen Kirchenspaltung« sei bisher genug behandelt worden, auch die Theologie Luthers stehe nicht im Zentrum des Interesses, insofern eine Luther-Biographie keine »theologische Kontroversarbeit« sei, es gehe vielmehr um »die Erforschung seiner Seele, seiner intellektuellen und moralischen Triebfedern sowie der geistigen Rückwirkung, die er selbst von seinem Lebensunternehmen erfuhr«, also um ein psychologisches Bild Luthers.[159] Grisar nennt dies auch die »Seelengeschichte Luthers« oder die »Psychologie Luthers in Verbindung mit seiner Geschichte«.[160] Die Theo-

---

156 AaO., 586.
157 AaO., 587.
158 AaO., 588.
159 H. GRISAR, Luther. 3 Bde. – 1. Bd.: Luthers Werden. Grundlegung der Spaltung bis 1530, (1911) ³1924, IX.
160 AaO., X.XII.

logie Luthers ist für Grisar nur ein Indiz für seine Persönlichkeit, es geht ihm um »die innere Geschichte der Genesis seines Abfalles und seiner neuen Theologie«.[161] Die psychologische Betrachtungsweise führt zu einer Individualisierung der Person Luthers, die ihn als Einzelnen, als »Ich« wahrnimmt und ihn dadurch einer allgemeinen Bedeutung, die er als Urheber und Repräsentant der Reformation haben könnte, entzieht.[162] Diese Reduzierung Luthers ist Folge des konfessionellen Standpunkts des Verfassers, der als Jesuit den seit dem Kulturkampf und seit den Lutherfeiern 1883 durch das Luthertum unter Druck geratenen Katholizismus zu verteidigen sucht und von dessen Standpunkt aus die von Luther ausgegangene Reformation nur als »Kirchenspaltung« verstehen kann. Grisar beteuert allerdings, sein Ergebnis »auf rein historischem Wege« gewonnen zu haben und dem Grundsatz gefolgt zu sein, »daß bei geschichtlichen Studien niemals die religiöse Überzeugung des Schriftstellers irgendwie den Einfluß haben darf«, obwohl der Historiker seine religiöse Anschauung nicht verleugnen dürfe.[163] Abgesehen davon, dass der katholische Historiker die Dogmen anerkenne und deshalb Luthers Ablehnung durch alle Katholiken teile, gelte: »In allen rein historischen Fragen, in den Fragen des Tatsächlichen und dessen Beurteilung ist der katholische Forscher vollkommen frei und

161 AaO., 49f.
162 Dieses Verständnis Luthers geht auf die katholische Theologie der Romantik zurück, z.B. bei J.A. Möhler, Symbolik oder Darstellung der dogmatischen Gegensätze der Katholiken und Protestanten nach ihren öffentlichen Bekenntnisschriften, (1832) 1958: »Luther, Zwingli und Calvin sind die Schöpfer der unter den Ihrigen geltenden Ansichten, während kein katholisches Dogma auf irgendeinen Theologen, als seinen Urheber, zurückgeführt werden kann. [...] Die protestantischen Glaubenssätze sind mit der Art ihrer ursprünglichen Erzeugung im Geiste Luthers und der ganzen Reihe von Anschauungen, die seine Seele erfüllten, so lebendig verwachsen, daß keine Trennung möglich ist: das Dogma ist mit den Ursachen, die bei seiner Hervorbringung zusammenwirkten, gleich subjektiv, und hat keinen andern Halt und Wert als eben sie« (aaO., 24). Der Protestantismus sei »nur ein zur Allgemeinheit erhobenes Individuelles. [...] Es war in Luther die ungeordnete Geltendmachung eines Ichs, welches eigenmächtig als Mittelpunkt hervortreten wollte, um den sich alle sammeln sollten, eines Ichs, welches sich als den universellen Menschen aufstellte, in dem sich jedermann zu spiegeln habe, kurz: es war formell die Erhebung an die Stelle Christi selbst« (aaO., 27).
163 Grisar, Luther (s. Anm. 159), XII.

entscheidet sich einzig und allein nach bestem Wissen und Gewissen.«[164] Wie sich diese Haltung zum kirchlich inkriminierten Modernismus und der Beschränkung der freien historischen Forschung durch die kirchliche Hierarchie verhielt, wäre zu prüfen.[165]

Grisar beginnt seine Biographie mit dem Klostereintritt Luthers und blickt dann zurück auf Geburt und Jugend. Er bestreitet die Echtheit der Berufung Luthers zum Mönchtum und wirft ihm vor, er hätte wissen müssen, sein »voreiliges Gelübde« habe für ihn dann nicht mehr verpflichtend sein können, »wo sich nach gewissenhafter Selbstprüfung im Kloster herausstellte, daß er wegen seiner natürlichen Eigenschaften zu der Höhe des Ordenslebens keinen Beruf habe«. Luther habe sich ins Kloster hineingedrängt, obwohl sein Charakter »der Befolgung der evangelischen Ratschläge Christi« nicht gewachsen gewesen sei.[166] Mit dieser Anmaßung ist für Grisar die Grundlage für die spätere Kritik Luthers am Ordensleben gelegt. Die Anfechtungen, die Luther im Kloster erlebte, deutet Grisar als krankhafte Selbstquälereien. Die »Heilmittel« »in der überlieferten katholischen Lehre und in der Erfahrung der klösterlichen Seelenleitung« habe Luther eigensinnig abgewiesen oder zumindest so aufgenommen, dass sie ihm nicht helfen konnten.[167] Auch die Kenntnis trostreicher Aussprüche Bernhards von Clairvaux, »die ihn im Sinne der katholischen Lehre hätten trösten können«, hätten ihn später nicht davon abgehalten, ihnen eine fremde Deutung zu geben, »damit sie vielmehr der Art, wie seine neue Lehre zu trösten hätte, günstig wären«.[168] Dennoch habe Luther die drei Ordensgelübde abgelegt und damit das »ernsteste und heiligste Versprechen, das es auf Erden gibt, auf sich genommen«.[169] Dass die Grundlage dafür gefehlt habe, zeigt sich für Grisar daran, dass Luther später dieses Gelübde brach. Ein weiteres Indiz für Luthers ungefestigten Charakter sieht Grisar darin, dass er in Rom, statt sich »an dem vielen Guten […] und an der großen Idee

---

164 AaO., XVIII.
165 Jedenfalls kam Grisar 1900 in Konflikt mit der kirchlichen Autorität, weil er die angelische Translation der *Casa santa* nach Loreto als Legende bezeichnet hatte.
166 AaO., 5.
167 AaO., 6f.
168 AaO., 13.
169 AaO., 8.

der über die Schatten erhabenen Kirche zu erbauen, [...] allzusehr von den Eindrücken des Sittenverfalles einnehmen« habe lassen.[170]

Luthers Entwicklung bis 1517 kennzeichnet Grisar als »Prozeß des Abfalles vom kirchlichen Dogma«, das für ihn ein für alle Mal festzustehen scheint und an dem er Luthers »Irrtümer« misst.[171] Luthers Sittlichkeit habe eine Wandlung erfahren:

> Eine gewisse sittliche Umwandlung schritt bei ihm in klar erkennbaren Grundzügen mit der Entstehung der theologischen Ansichten Hand in Hand, ja eilte derselben gewissermaßen voran; die Anzeichen einer solchen ethischen Umwandlung liegen vor allem in der steigenden Abwendung von der Betätigung durch gute Werke, von den Zielen und Regeln des Klosterlebens und in einem befremdlich stark angewachsenen Selbstgefühle.[172]

So sieht Grisar in einer Verkehrung der Sittlichkeit die Wurzel für Luthers neue theologische Lehre. In die Vorlesungen, die Luther ab 1513 hielt, habe er »die ganze Kraft seiner Phantasie und Beredsamkeit, [...] seine vollste Subjektivität und, so wenig es am Platze schien, bisweilen glühende Leidenschaft« gelegt.[173] Er zeige in der ersten Psalmenvorlesung »eine gewisse Neigung, den Wert der christlichen Werkübung zu unterschätzen und die Kraft und Wirksamkeit des Glaubens sowie die Zuwendung der Verdienste Christi einseitig darzustellen«.[174] Trotz dieser auf seine späteren Irrtümer hindeutenden Tendenzen fänden sich hier »noch keine eigentlichen häretischen Lehren«.[175] In der Vorlesung zum Römerbrief habe Luther seine Irrtümer dann offen ausgesprochen.[176] Auf diesen »entschieden falschen dogmatischen Weg« habe ihn eine »unklare und verschwommene Mystik« gebracht.[177] Die Mystik habe ihn »schon wegen seiner eigenen gemütvol-

---

170 AaO., 24.
171 AaO., 46. Vgl. aaO., 181, wo Grisar immerhin zugibt, man dürfe an Luther nicht den Maßstab des Tridentinums anlegen, er aber dennoch betont, die Lehrinhalte der Kirche seien schon vorher bekannt gewesen.
172 AaO., 46.
173 AaO., 29.
174 AaO., 54.
175 AaO., 56.
176 AaO., 62.72f.
177 AaO., 64.

len, phantasiereichen Anlage« stark angezogen.[178] Aber: »Der Mystiker, den man in ihm hat finden wollen, konnte er schon wegen seines störenden und aufregenden Lebenskampfes nicht werden«.[179] Grisar zitiert H. Böhmer, der feststellte, Luther habe Tauler seine eigenen Anschauungen untergeschoben.[180] Des Weiteren bemerkt Grisar zu dieser nicht nur an der Auslegung Taulers feststellbaren Tendenz: »Er ließ sich eben, ohne die nötige intellektuelle und moralische Selbstzucht, von der schwärmerisch verehrten eigenen Meinung blenden«.[181] In der Römerbriefvorlesung habe Luther erstmals öffentlich seine »neuen ganz subjektiven Auffassungen« vorgetragen. Zu diesem Missverständnis des Römerbriefs hätten ihn seine »bisherigen antischolastischen und pseudomystischen Tendenzen« gebracht.[182] Das theologische Ziel Luthers sei die Lehre von der imputativen Gerechtigkeit, die zu einem Pessimismus in der Anthropologie und Eschatologie führe.

Grisar zeigt sich gegenüber der Annahme von katholischer Seite, »in der Sinnlichkeit und der Hingabe an Weltlust«, in einem »durch sündhafte Gewohnheiten verwüsteten Innern« Luthers den Grund für seine theologischen Ansichten zu finden, trotz gewisser eigener Neigung dazu, skeptisch, da die verfügbaren Quellen dies nicht belegten: »Für uns sind die historischen Argumente für jene Behauptung von größter innerer Verrottung [...] in dem gegebenen Material nicht vorhanden«, so dass »bei seiner inneren Umwandlung dann doch auch ganz andere Faktoren in Betracht zu ziehen sind«.[183] Der Grundzug seiner Lehre sei ein »falscher Spiritualismus«:

Infolge eines fortgesetzten Gegensatzes gegen die Eigengerechtigkeit, einer düstern Idee von Gott und den menschlichen Kräften und falscher mystischer Gedankengänge kommt in Luthers Ideen die menschliche Freiheit unter die Räder und besteigt die Gewalt der Sünde den Thron.[184]

»Der wahre Ausgangspunkt der Lehre Luthers« sei nicht in seiner Sinnlichkeit und moralischen Verderbnis zu suchen, sondern »war die ungüns-

---

178 AaO., 65.
179 AaO., 69.
180 AaO., 69 Anm. 2.
181 AaO., 95.
182 AaO., 73.
183 AaO., 86.
184 AaO., 91 f.

tige Beurteilung der guten Werke und überhaupt der natürlichen und übernatürlichen Selbstbetätigung des Menschen«.[185] Dieser »schwarze Faden, der Gegensatz gegen die Werke« gehe durch seinen ganzen Lebenskampf hindurch. Aus dieser Einstellung habe Luther eine »Selbstüberhebung«, ein »unbegrenztes Selbstgefühl« gewonnen, das ihn dazu brachte, »rücksichtslos vorwärts zu gehen«.[186] Seine Eigenliebe habe ihm die Rückkehr zur katholischen Wahrheit versperrt. »Also der geistige Hochmut war sein eigentliches Unglück«.[187] So ist es für Grisar doch eine moralische Verirrung, die Luthers theologische Anfänge bedingt:

> So bestätigt sich bei ihm die traurige Erfahrung, die beim Abfalle mancher hochgebildeten Geister von der Wahrheit zu beobachten ist, daß Selbstüberschätzung und Überhebung die ersten Gedanken der Abwendung von der bisher hoch gehaltenen Wahrheit ins Ohr flüstert und dann mit verhängnisvoller Gewalt die Schritte auf dem eingeschlagenen Wege festbannt. [...] So folgen auf die Irreleitung durch den Stolz weitere moralische Irrungen. Der nachfolgende Bruch des Mönches Luther mit den heiligsten Verpflichtungen seiner Gelübde und seine Verbindung mit der ehemaligen Nonne war für den Anhänger der alten Kirche ein Sakrilegium, das ihm erschütternd vorhielt, wie im Fleische endigen kann, wer im Geiste des Hochmutes, wenngleich begleitet von Täuschungen unter dem Scheine des Guten, begonnen hat.[188]

Der verderbliche Hochmut und der Stolz seien Gegenreaktionen gegen die Angstgefühle, von denen Luther besessen gewesen sei:

> Seine Angstzustände gingen [...] nicht bloß aus den vielfältigen Versuchungen, von denen er selbst spricht, hervor, sondern auch aus seiner psychischen Verstimmung, aus einer öfter zu qualvollen körperlich-geistigen Angstanfällen gesteigerten Affektion des Gemütes.[189]

»Krankhaftes Furchtgefühl«, »eine ungesunde angsthafte Überreizung mit physischer Erregung« hätten zu Luthers Pessimismus in Bezug auf das menschliche Handeln beigetragen.[190] Auf diese Weise psychologisiert Grisar Luthers Entwicklung.

---

185 AaO., 92.
186 AaO., 92.95.
187 AaO., 97.
188 Ebd.
189 AaO., 98.
190 AaO., 99.

Sekundär verfolgt Grisar auch eine theologiegeschichtliche Linie, wenn er die Anknüpfung Luthers an den Ockhamismus und die Mystik Taulers hervorhebt, die ihn, recht oder schlecht verstanden, in seinen Irrtümern bestärkt hätten.[191] Daraus seien Luthers Verachtung der guten Werke, sein düsteres Gottesbild, sein Prädestinatianismus, seine Leugnung der Willensfreiheit hervorgegangen. Grisar sieht in Luther einen Vorläufer Nietzsches:

> Im Grunde gelangt er mit der Anwendung seiner Imputationsidee auf den Weg zu einer ›Umwertung aller Werte‹ und zu der Gefahr eines ›Jenseits von gut und böse‹, längst ehe eine neue Philosophie ähnliche Perspektiven mit aller Zuversicht eröffnet hat.[192]

Angesichts der bekanntgewordenen frühen Schriften Luthers könne, so Grisar, nicht mehr an der »üblichen protestantischen Vorstellung« festgehalten werden, Luther habe als Mönch eine innere religiöse Erfahrung gehabt, die ihn eine »beglückende Heilssicherheit durch den Glauben allein und nicht durch die Werke« erlangen ließ: »Dieses sog. innere Erlebnis, das man als ›Gotteserfahrung‹ und ›Gotteserlebnis‹ an die Spitze seines Umschwunges zu setzen gewohnt war, muß [...] aus der Geschichte verschwinden«.[193]

Der Weg, den Luther gegangen sei, scheide sich »diametral von dem Wege des Katholiken«: »Er machte die Subjektivität zum Grundsatze und lehrte mit der freien Schrifterklärung die ungebundenste Auflehnung gegen jene kirchliche Autorität, die Bürge der Wahrheit ist«.[194] Die Begründung der neuen Lehre aus der eigenen Subjektivität habe umso zerstörender gewirkt, als Luther einen pathologisch »abnormen Geist« hatte, der in »Autohypnose«, »Selbstapologien« und »llusionsfähigkeit« sich selbst und andere völlig falsch einschätzte.[195] Grisar kommt zu dem Ergebnis: »Daß der Lehrer von Wittenberg gewisse geistige Abnormitäten auf die Spitze trieb, ist ein Resultat der über ihn angestellten psychologischen Beobachtungen, mit dem alle werden rechnen müssen«.[196]

Eine eigentliche Biographie Luthers verfasste Grisar dann 1926. Auch dort ist der psychologische Gesichtspunkt leitend: schon in der Inhaltsüber-

---

191 AaO., 130.144.
192 AaO., 171.
193 AaO., 46.
194 AaO., 388.
195 Grisar, Luther (s. Anm. 159), 658.653.657.
196 AaO., 658.

sicht ist die Rede von »Frühe Verschüchterung«, »Aberglaube als häusliches Erbteil«, »Seelische Beschwernisse«, »Untauglichkeit zum Klosterleben«, »Ererbte Nervosität«, »Angstzustände«, »Streitsucht, Rechthaberei, Gereiztheit«, »Selbstgerechtigkeit«, »Geistige Schrecken der Vorherbestimmung«, »Der gepeinigte Grübler«, »Völliger Zuschnitt der neuen Lehre auf Luthers Persönlichkeit und seine Angstzustände«, »Vom Temperament hingerissen«, »Täuschungen der Mystik und des Scheines des Guten«, »Das Rätsel seiner Psychologie«, »Luthers nervöse Furcht«, usw.[197] Entscheidend ist für Grisar auch hier Luthers Subjektivismus: »Die neuen Ansichten von alleiniger Gnadenwirksamkeit und von Gerechtigkeit, die zunächst nur ihn, den Mönch von verstörtem Gemüte, beruhigen sollten, wurden sofort von Luther zu einer allgemeinen Norm erhoben«.[198] Damit habe »der Bruch des Subjektivismus mit der alten ehrwürdigen Weltkirche« stattgefunden.[199]

Durch Individualisierung, Subjektivierung, Psychologisierung destruiert Grisar Luthers historische Bedeutsamkeit, indem er seine Wirkung als Ausdruck eines psychisch kranken Individuums deutet. Die Methode der Reduktion einer historischen Persönlichkeit und ihrer Wirkung aufs Subjektive und Psychologische steht in der Nachfolge und in Kontinuität mit der aus einem Missverständnis des romantischen Individualismus gespeisten Unterstellung einer unberechtigten und anmaßenden Verallgemeinerung des Individuellen bei Luther, wie sie bereits Johann Adam Möhler vorgenommen hatte.

IX Der Psychohistoriker: Luther als Beispiel gelungener Identitätsfindung

Der psychologische Zugriff auf Luther, bei Grisar dilettantisch instrumentalisiert, wird in der Zeit nach dem Zweiten Weltkrieg auf der Grundlage einer wissenschaftlichen Psychologie professionalisiert. Mit den psychosozial und psychohistorisch weiterentwickelten Mitteln der Psychoanalyse Freuds behandelt der jüdische deutsch-amerikanische Psychologe *Erik Er-*

197 H. GRISAR, Martin Luthers Leben und sein Werk, 1926.
198 AaO., 77.
199 AaO., 169.

ikson (1902–1994) Luthers Jugendentwicklung als Paradigma und Einzelfall eines psychologischen Identitätsfindungsprozesses.

Erikson unterteilt die Biographie Luthers in zwei Abschnitte, in die Phase des jungen Luther, die er als geistige Überwindung einer Lebenskrise betrachtet, und die Phase des alten Luther, »den die Geschichte dazu verleitete, auf seine Vergangenheit wie auf eine mythologische Autobiographie zurückzusehen«.[200] Des einschneidenden Unterschieds dieser beiden Phasen wegen nennt Erikson seinen Protagonisten »Martin«, wenn er seine Frühzeit bis in die zwanziger Jahre meint, und »Luther«, wenn er von der späteren Zeit spricht. Der Einzelfall Luther sei durch seine Wirkung »zu einem wichtigen, historischen ›Ereignis‹« geworden, seine persönliche Identitätskrise und ihre Lösung eine »Formulierung der geistigen und politischen Identitätskrise der nördlichen Christenheit«.[201] Diese beiden Dimensionen der biographischen Bearbeitung Luthers spiegeln sich im Untertitel der Schrift Eriksons.[202] Sie verdanke sich der Einsicht der klinischen Psychologie, »die Geschichte eines Falles nicht aus der Historie herauslösen« zu können, also der »psycho-historischen« Methode, die »die Psychoanalyse als geschichtliches Werkzeug einsetzt«.[203] So wie das individuelle Schicksal in eine allgemeine Geschichte eingebettet sei, von der her es verstanden werden muss, so müsse auch der Historiker »die Verhüllungen, Rechtfertigungen und Idealisierungen des historischen Prozesses« kritisch durchschauen.[204] Luthers Selbstdarstellung und Selbstdeutung erscheine weithin als geeigneter Gegenstand der psychologischen Analyse, verweise aber den Analytiker auf sich selbst, insofern Luther zu den »Autobiographen mit einem Hang zum Schauspielern« gehöre, die für den Betrachter durch Selektion ihrer Erinnerungen und durch Rezipientenbedürfnisse geleitet »ihre eigene offizielle Persönlichkeit erschaffen«.[205]

Erikson möchte »das Ringen eines späteren Großen um seine Identität« beschreiben, ein Ringen auf dem Boden der Religion und mit den Mitteln

200 E. ERIKSON, Der junge Mann Luther. Eine psychoanalytische und historische Studie, (1958) 1975, 15.
201 AaO., 16.
202 Vgl. aaO., 17.
203 AaO., 16.17.
204 AaO., 21.
205 AaO., 17.

262

der Religion, die für Erikson eine »Quelle von Ideologien für Menschen, die auf der Suche nach sich selbst sind«, ist. Dabei versteht er unter Ideologie ein Verhältnis von Tatsachen und Ideen, das dazu dient, »zu gegebener Zeit Tatsachen für Ideen und Ideen für Tatsachen verantwortlich zu machen, um ein Weltbild zu schaffen, das den kollektiven und den individuellen Sinn der Persönlichkeit überzeugend verteidigt«.[206]

Am Beispiel des Berichts über Luthers Anfall im Chor des Erfurter Klosters zeigt Erikson, dass der Historiker oft »halbe Legende als halbe Geschichte akzeptieren« müsse, »vorausgesetzt, daß ein berichtetes Ereignis anderen, wohlbegründeten Tatsachen nicht widerspricht, einen wahren Kern enthält und eine Bedeutung hat, die mit psychologischer Theorie übereinstimmt«.[207] Der Anfall im Chor gehöre »auf die Grenzlinie zwischen Psychiatrie und Religion«.[208] Schon in früheren Lutherdarstellungen sei von Luthers Seelenleben in einer Weise die Rede, die offenlasse, ob sie psychisch oder spirituell gemeint sei.[209] Diese Ambivalenz macht sich Erikson zunutze. Luthers religiöser Identitätsfindungsprozess habe auf die Zukunft vorausgewiesen und sei zum historischen Ereignis geworden: »zu einem entscheidenden Schritt vorwärts in menschlicher Bewußtheit und Verantwortlichkeit«.[210] Das Individuelle von Luthers Erleben erweist sich für Erikson als Manifestation eines Allgemeinen, das die Geschichte bestimmt. Sein biographisches Konstruktionsprinzip erscheint somit als Inversion des Grisarschen.

Luthers Selbstdarstellungen, seine autobiographischen Äußerungen seien, so Erikson, wie jede Autobiographie durch Siebe der Erinnerung bedingt, die manches hervorheben, anderes unterdrücken: die Spracherlernung, die Schulzeit, die Adoleszenz und bei Luther der »Augenblick, in dem er beginnt, öffentliches Ansehen zu erlangen, in dem sein Leben plötzlich Biographie wird«. Dieser Augenblick sei die breite Rezeption seiner 95 Thesen gewesen, die Luther »in die Rolle des Rebellen, Reformators und

---

206 AaO., 23.
207 AaO., 39.
208 AaO., 40.
209 AaO., 26.
210 AaO., 42.

geistigen Diktators« gezwungen habe.[211] In der Zeit der Adoleszenz habe Luther einen Vaterkonflikt ausgetragen, dessen spätere Lösung historische Bedeutung gewinnen sollte. Bisweilen sei »ein einzelner aufgerufen [...], sein individuelles auf die Ebene eines universalen Patientseins zu heben und zu versuchen, für alle zu lösen, was er nicht für sich allein zu lösen vermochte«.[212] Das Individuelle sollte zum Allgemeinen werden. Erikson sieht eine Entsprechung zwischen dem Konflikt Luthers mit seinem Vater und »dem Widerstreit der ideologisch-historischen Welt, die ihn umgab und vor ihm lag«. Die Theologie Luthers verbinde beide Welten, die private und die öffentliche:

> Die theologischen Fragen, die er als junger Erwachsener angriff, spiegelten natürlich die besonderen Schwierigkeiten der Beziehung zu seinem eigenen Vater. Sie waren darüber hinaus aber in umfassenderem Sinn gültig, weil beide Probleme, das häusliche und das universale, Teil *einer* ideologischen Krise waren: einer Krise in Theorie und Praxis, Macht und Verantwortung der moralischen Autorität der Väter im Himmel und auf Erden, daheim und im öffentlichen Leben.[213]

Im Unterschied zum Jesuiten Grisar bewertet Erikson das Individuelle an Luther nicht als etwas, was er zu Unrecht verallgemeinerte, sondern als etwas Exemplarisches, das in Entsprechung zu einem Allgemeinen stand und deshalb zurecht historische Bedeutsamkeit erlangte.

Luther habe im Kloster mit einer Identitätsdiffusion zu kämpfen gehabt, die er bewältigt und überwunden habe in seiner Entwicklung zu einer historischen Persönlichkeit, unterstützt durch seinen »Hang zur Historifizierung«, der seine Erinnerungen an seine Entwicklung prägte.[214] Weder Scholastik noch Mystik hätten ihm auf seinem Weg zur Identität geholfen, obwohl die Mystik »seine zeitlebens unglückliche Liebe« gewesen sei. Es sei ihm aber nicht gelungen, sich zu dem Gefühl der mystischen Einheit mit Gott aufzuschwingen.[215] Luther habe die Mystik »von fern« verehrt, »aber er war für sie geistig und seinem Temperament nach nicht geeig-

211 AaO., 57.
212 AaO., 71f.
213 AaO., 82.
214 AaO., 152.
215 AaO., 180.

net – und irgendwie fürchtete er sie«.[216] Seine Theologie, weder scholastisch noch mystisch, weder auf den Verstand gründend noch dem Gefühl verdankt, habe einen Identitätsgrund gefunden, der unabhängig davon war: den Glauben, der die Rechtfertigung hervorbringt. Diese Erkenntnis sei durch Staupitz angeregt worden, der Luther vertraut habe und dem Luther vertrauen konnte.[217]

Luthers Aufgabe sei die Bearbeitung der christlichen »Hypertrophie des negativen Gewissens« gewesen, das nach Identität strebt. Es ist das Schuldbewusstsein, das den Kern des Menschen ausmacht und ihn zugleich in seiner Identität bedroht. Luther begegnete dieser kollektiven und individuellen Identitätskrise mit den Mitteln der Renaissance: »Rückgriff auf die Originaltexte, entschiedene Anthropozentrik (wenn auch in christozentrischer Form), Einsatz seines ureigenen Ausdrucksmittels, der Muttersprache«.[218] Die Exegese der Bibel im Originalwortlaut ermöglichte Luther schon in den ersten Psalmenvorlesungen den »Durchbruch« zur reformatorischen Erkenntnis vom gnädigen Gott. Erikson möchte verfolgen, »wie der Dozent Luther in seiner Lehrtätigkeit Gleichgewicht und Identität findet und mit ihnen einige neue Formulierungen der Beziehung des Menschen zu Gott und zu sich selbst«.[219] Seine frühen Vorlesungen zeigten, »daß Luther in seiner Selbstheilung furchtbarer innerer Kämpfe fast unwillkürlich dazu gelangte, Grundsätze auszudrücken, die das Fundament einer Daseinsbewältigung mit religiösen und introspektiven Mitteln darstellen«.[220] Dazu interpretierte er den zornigen Vatergott in den barmherzigen Gottvater um. In den frühen Vorlesungen habe Luther seine neue Theologie konzipiert, »lange bevor er durch den Ablaßstreit plötzlich berühmt wurde«.[221] Auch die Bekanntschaft mit der Mystik Taulers habe er erst danach gemacht.[222]

Eriksons Lutherbiographie exemplifiziert am Fall Luthers den inneren Zusammenhang der Identitätskrise »mit dem Prozeß ideologischer Erneuerung in einer Geschichtsperiode, in der organisierte Religion die ideo-

216 AaO., 209.
217 AaO., 184f.
218 AaO., 215.
219 AaO., 227.
220 AaO., 244.
221 AaO., 246.
222 AaO., 208.

logische Vorherrschaft ausübte«.[223] So werde die Verknüpfung des Psychologischen und des Historischen deutlich. Eriksons junger Mann Luther ist das Paradigma eines Menschen, der die individuelle und kollektive Identitätskrise durch Uminterpretation religiöser Ideologien bewältigt. So ist für Erikson die Biographie Luthers nicht nur in ihrer Zeit, sondern auch in der Gegenwart noch exemplarisch und aussagekräftig. Er möchte am Beispiel Luthers zeigen, wie das Psychologische ins Historische transformiert wird und wie das Historische psychologisch interpretiert werden kann.

X Der Sozialist: Luther als Ideologe der frühbürgerlichen Revolution

In der Deutschen Demokratischen Republik (DDR) wurde Luther anfangs unter dem Einfluss von Friedrich Engels als Reaktionär der »Frühbürgerlichen Revolution« gesehen, als der »Fürstenknecht«, der die Herrschenden gegen die aufständischen Bauern und andere revolutionäre Kräfte unterstützt habe. Diese Einschätzung wurde in den sechziger Jahren modifiziert, indem die religiösen und theologischen Motive Luthers, der »ideologische Überbau« seiner Sozial- und Kirchenkritik, Beachtung fanden. Dazu trug auch die Luther-Biographie von *Gerhard Zschäbitz* (1920–1970) bei, der in seiner Dissertation am Institut für Geschichte des deutschen Volkes an der Universität Leipzig die »revolutionären Potenzen der mitteldeutschen Täuferbewegung in den Jahren nach dem Bauernkrieg«[224] herausarbeiten wollte und später kommissarischer Leiter der Abteilung »Feudalismus« am Institut für Geschichte an der Akademie der Wissenschaften der DDR wurde. Um zum 450-jährigen Jubiläum der 95 Thesen Martin Luthers 1967 der westdeutschen Luther-Deutung etwas entgegensetzen zu können, sollte eine Luther-Biographie aus marxistischer Sicht geschrieben werden. Diese Aufgabe übernahm Zschäbitz, der die erste Luther-Biographie dieser Richtung verfasste.[225]

223 AaO., 281.
224 So der gleichlautende Titel seiner Leipziger Dissertation aus dem Jahr 1956.
225 Vgl. M. Roy, Luther in der DDR. Zum Wandel des Lutherbildes in der DDR-Geschichtsschreibung, 2000, 155–161.

Zschäbitz bezieht Luthers Entwicklung auf die sozialen und ökonomischen Verhältnisse seiner Umwelt und deutet seinen Eintritt ins Kloster als Folge der »gesellschaftlichen Widersprüche seiner Zeit«.[226] In Luther habe sich eine innere Spannung entladen, die ihre Wurzeln nicht in ihm selbst hatte:

> Er wird in vielerlei Hinsicht zwischen Widersprüchen hin- und hergerissen worden sein, die sich letztlich auf das Spannungsfeld der unaufhaltsam heraufziehenden Gesellschaftskrise zurückführen lassen, unter deren grauen Schwingen sich Höllenangst und Todesfurcht des Einzelnen gar wohl bis zur Unerträglichkeit zu potenzieren vermochten.[227]

Zschäbitz untersucht die inneren Motive der Entwicklung Luthers, auch die religiösen und theologischen, er erklärt sie aber als Folgen der äußeren sozialen, ökonomischen und politischen Bedingungen. Diese sieht er bestimmt durch den »Feudalismus«, dessen kirchliche Ausprägung sich noch hemmender auf die »frühbürgerliche Revolution« ausgewirkt habe als die weltliche, die immerhin schon modernere Züge angenommen hatte. Die Frömmigkeit im Spätmittelalter habe sich insofern an die ökonomischen Verhältnisse angelehnt, als sie »die Spielregeln der Warenwirtschaft« imitierte: »Zwischen Himmel und Erde bahnten sich Ware-Geld-Beziehungen mit einer Versachlichung und Verdinglichung an, die eine gewisse Meßbarkeit und Einklagbarkeit gestatteten.« Der Kirche sei dies entgegengekommen, da sie selbst an den »geldwirtschaftlichen Beziehungen« teilhatte.[228] Luther sei von diesen Konflikten berührt worden und habe den »konservativen Weg« der Flucht ins Kloster gewählt, während gleichzeitig Ulrich von Hutten der Klosterschule entflohen sei.[229] Auch gegenüber den sozialen Unruhen in Erfurt 1509/10 habe Luther sich seiner »konservativen, obrigkeitsfreundlichen Gesinnung« gemäß verhalten.[230] Bald habe sich jedoch gezeigt, dass ihm »die Flucht aus der spannungsgeladenen Ge-

---

226 G. ZSCHÄBITZ, Martin Luther. Größe und Grenze, Teil 1 (1483–1526), 1967, 34. Der geplante zweite Teil dieses Werkes erschien nicht mehr.
227 AaO., 33.
228 AaO., 51.
229 AaO., 52.
230 AaO., 59.

sellschaft« nicht gelungen sei.[231] Sie habe ihn im Gegenteil »an zentrale Fragen der Zeit herangeführt, deren Lösung ihren Ausgangspunkt von der Theologie her nehmen mußte.« Zschäbitz sieht hier in der Theologie das Prinzip zur Lösung sozialer Konflikte, eine »theologische Ideologie«, »die geeignet war, bürgerliches Emanzipationsstreben nun auch ihrerseits zu fördern und zugleich auch die breiten Volksmassen als Triebkräfte jeder revolutionären Bewegung anzuziehen«.[232] Die Theologie sollte ein Mittel für die frühbürgerliche Revolution werden. In Luthers Zeit musste dazu die »geistliche Hierarchie« in Frage gestellt werden. Dazu habe das »Problem eines neuen Gottesverständnisses« gedient, das einen »theoretischen Ausgangspunkt« für den Kampf gegen die Macht der Kirche bot.[233] Dieses neue Gottesverständnis sei für Luther eine befreiende religiöse Erkenntnis gewesen, die er aus der Bibel, konkret aus dem Römerbrief gewonnen habe und die ihn die Bibel, das Wort Gottes, als alleinige Autorität gegenüber jedem Menschenwort einschätzen gelehrt habe. »Lag in diesen Lehren nicht der Ansatz für eine theologische Rechtfertigung des untergründigen Drängens aller Bevölkerungsschichten nach Veränderungen in Kirche und Gesellschaft verborgen?« fragt Zschäbitz. Die religiöse Erkenntnis Luthers, das sog. Turmerlebnis, sei zum »Ausgangspunkt einer Ideologie« geworden, die das ausgesprochen habe, was der Krise der Gesellschaft zugrunde gelegen habe. Das Verhältnis von Religion und Gesellschaft sieht Zschäbitz im Falle Luthers so: »Luthers subjektives Wollen blieb auf ein religiös-theologisches Ziel gerichtet. Sein objektives Wirken aber griff lenkend und leitend in die Bewegung und Strömung einer revolutionären Gesellschaft ein.«[234] Schritt um Schritt hätten die »logischen Konsequenzen der Entdeckung Luthers über den theologischen Bereich hinaus« gedrängt.[235] Die theologische Erkenntnis habe kirchenkritische Konsequenzen gehabt, aus denen wiederum gesellschaftskritische Folgen erwachsen seien.

---

231 AaO., 62.
232 AaO., 63.
233 Ebd.
234 AaO., 66.
235 AaO., 66f.

Ohne es zu wissen oder es gar zu wollen, verwandelte sich Martin Luther aus dem strenggläubigen Mönch in einen Theologen, der eine religiöse Ideologie präformierte, die nahezu allen vorwärtsdrängenden Klassen und Schichten des Gesellschaftsgefüges seiner Zeit etwas zu geben hatte.[236]

So habe die theologische Entwicklung Luthers zur frühbürgerlichen Revolution beigetragen. Luther wird damit als ideologischer Protagonist dieser gesellschaftlichen Entwicklung gezeichnet. »Objektiv gab Luther dem Massenprotest gegen Widersacher einer fortschrittlichen gesellschaftlichen Entwicklung Ausdruck und brachte ihn in die wissenschaftlich tragfähige Form.« Luther habe sich also nicht aus den »Klassenkämpfen der Zeit« heraushalten können. Er musste seine kritische theologische Erkenntnis popularisieren. Anlass dafür sei der Ablasshandel gewesen, der eine Kulmination des Unrechts der herrschenden kirchlichen und weltlichen Klassen gewesen sei und den Luther 1517 mit seinen 95 Thesen zu untergraben angefangen habe. »In der gespannten Situation aber erwiesen sich diese Thesen als Initialzündung, welche die frühbürgerliche Revolution in Deutschland einleitete, die mit der Empörung gegen den Römischen Stuhl begann«.[237] Obwohl sich die Thesen selbst nicht an die Allgemeinheit gerichtet hätten, hätten sie doch bald wegen ihres »letztlich zutiefst sozialpolitischen Inhalts« über den akademisch-kirchlichen Bereich hinausgewirkt.[238] Aber die frühbürgerliche Revolution habe sich nach ihren eigenen Gesetzen vollzogen, »die vom Erkennen oder gar vom Willen Luthers unabhängig waren«.[239]

Eine Grenze der revolutionären Tendenzen zeigte sich bei Luther in seinem Freiheitsverständnis, das er ausschließlich auf Glaubensfreiheit bezogen habe und von der politischen und sozialen Dimension ausgeschlossen habe.[240] Andere aber verstanden Luthers Freiheitslehre durchaus politisch. »Die frühbürgerliche Revolution begann in eine neue Phase hineinzuwachsen, in der die antirömische Bewegung sich zum Angriff auf Positionen auch des weltlichen Feudalsystems ausweitete«.[241] Das »städtische

---

236 AaO., 69.
237 AaO., 72.
238 AaO., 77.
239 AaO., 109.
240 AaO., 124.
241 AaO., 151.

Bürgertum und die Volkmassen« hätten unter einer Reformation »nicht nur eine Kirchenreformation verstanden«.[242] Luther aber wurde zum »Abwehrenden«.[243] Er blieb »theologischer Exponent des Besitzbürgertums« und wehrte radikalbürgerliche oder bäuerlich-plebejische Kräfte ab.[244] Instrument dafür sei die »Zwei-Reiche-Lehre« gewesen, die der weltlichen Obrigkeit freie Hand gab, ihre Interessen gegen Aufrührer zu wahren.[245] Deshalb konnte Luther im Bauernkrieg auch den »Schritt zur notwendig gewordenen sozialen und politischen Vertiefung der Reformation« nicht mitgehen und verlor so den Kontakt zur nicht-adligen Bevölkerung.[246] Er stammte aus dem Bürgertum, diente den Fürsten und verteidigte die Interessen des »frühkapitalistischen Besitzbürgertums«, das den Fürstenstaat benutzte, um die Gefährdung durch die »Volksmassen« zu überwinden.[247] Zschäbitz nimmt allerdings Luther in Schutz gegen den Vorwurf, er sei ein »Bauernverräter« und »Fürstendiener« geworden. Er sei vielmehr »konsequenter theologischer Sprecher des damaligen Stadtbürgertums« gewesen, das mit der »relativ modernsten Feudalfraktion der damaligen Zeit« kooperierte.[248] Aber die Reformation habe durch die Niederschlagung der bäuerlichen Aufstände an Stoßkraft eingebüßt. Luther sei auch durch seine Heirat verbürgerlicht worden: »Der große Rebell beschreitet den Weg des Staatsbeamten«.[249] Auf die »Niederlage der frühbürgerlichen Revolution« habe Luther »im Sinne des städtischen Besitzbürgertums« reagiert: »Er rückte noch näher an die siegreichen Fürsten heran und legte selbst mit Hand an, zukunftsträchtige Züge seiner sich jetzt erst allmählich zum System verdichtenden Lehren einzuschränken oder gar zurücktreten zu lassen«.[250]

Luther habe, so Zschäbitz, im Prozess der frühbürgerlichen Revolution und ihres Scheiterns einen festen Platz eingenommen, den er sich nicht nur selbst erworben hatte, sondern an den er von den gesellschaftlichen

242 AaO., 158.
243 AaO., 152.
244 AaO., 153. Vgl. aaO., 166.
245 AaO., 169.
246 AaO., 198.
247 AaO., 204.
248 AaO., 209.
249 AaO., 212.
250 AaO., 216.

Verhältnissen gestellt worden war. »Luther konzentrierte die zahlreichen oppositionellen, aber vorerst weitgehend richtungslosen Stimmungen und Bestrebungen des Stadtbürgertums und damit zugleich die breitester Volksschichten und wies ihnen eine Zielrichtung« durch eine »religiöse Ideologie«.[251] Obwohl Luthers Anliegen zuerst ein rein religiöses gewesen sei, das er theologisch wirksam werden ließ, habe es Resonanz gefunden, weil es »den objektiven gesellschaftlichen Bedürfnissen« entsprochen hätte.[252] Die politischen Implikationen der Reformation förderten den historischen Emanzipationsprozess, aber behinderten ihn auch. »Zwar wurde die lutherische Bewegung, weil sie nicht sozialpolitisch vertieft werden konnte, in Deutschland deformiert und in fürstenstaatliche Klammern gelegt, als religiöse Ideologie aber erlangte sie Weltwirkung«.[253] Damit habe sie einen Beitrag »für den allgemeinen Fortschritt im Weltmaßstab« geleistet.[254]

Das biographische Konstruktionsprinzip Zschäbitz' entstammt dem »Historischen Materialismus«, der davon ausgeht, dass der Geschichtsprozess sich gesetzmäßig durch dialektische Spannungen zwischen Widersprüchen in den Produktionsverhältnissen entwickle. Dementsprechend interpretiert er Luther als Exponent einer gesellschaftlich-ökonomischen Entwicklungsphase seiner Zeit, der mit seiner religiösen Ideologie fördernd, aber auch hemmend daran beteiligt war.

XI Der Kirchengeschichtler: Luther als vergegenwärtigter Reformator

Zwei Jahre vor dem 500. Geburtstag Martin Luthers veröffentlichte der aus Tübingen stammende Münsteraner Kirchenhistoriker *Martin Brecht* (geb. 1932) den ersten Band von drei Bänden einer Biographie des Reformators.[255] Der Grund für die neue Darstellung lag für Brecht darin, dass seit Jahrzehnten keine umfassende, quellenbezogene Biographie verfasst wor-

---

251 AaO., 218.
252 AaO., 219.
253 AaO., 224.
254 AaO., 225.
255 M. BRECHT, Martin Luther, Bd. 1: Sein Weg zur Reformation 1483–1521, 1981; DERS., Martin Luther, Bd. 2: Ordnung und Abgrenzung der Reformation 1521–1532, 1986; und DERS., Martin Luther, Bd. 3: Die Erhaltung der Kirche 1532–1546, 1987.

den sei, die die Ergebnisse der internationalen Lutherforschung zu einem »zusammenhängenden Bild vereinigt« hätte. Brecht verwendet mit Vorliebe den Terminus »Lebensbeschreibung« für sein Vorhaben und grenzt es von der einseitig auf Theologiegeschichte konzentrierten Lutherforschung ab.[256] Dennoch kommt Brecht zu dem Schluss: Die Mitte der Darstellung liege »in den spezifischen religiösen Erfahrungen des Reformators und deren theologischer Verarbeitung«. Damit weist er doch die historische Korrektur der theologischen Zentriertheit durch Einbeziehung der politischen, sozialen, psychologischen Aspekte der Gestalt und Entwicklung Luthers zurück. Seinen Standpunkt bekennt der Autor ausdrücklich, wenn er sich einen »evangelischen Kirchenhistoriker« nennt, »der der Begegnung mit dem Reformator viel verdankt«.[257]

Brecht möchte nicht ein bestimmtes Lutherbild durchsetzen oder verifizieren, sondern darüber informieren, »was sich mit heutigen Methoden aus den Quellen erkennen läßt«.[258] Die sozialhistorische Methode lasse sich auf das für die frühe Zeit Luthers vorhandene Material nicht hinreichend anwenden.[259] Welche Methode Brecht verwendet, wird nur indirekt aus den Schwerpunkten seiner Darstellung deutlich. Luthers »sozialer und wirtschaftlicher Hintergrund« in seiner Herkunftsfamilie sei »erstaunlich modern« gewesen, denn er habe nicht auf dem Bauerntum gefußt, sondern auf dem komplexen Montangewerbe der Zeit um 1500.[260] Luther lasse sich aber »nicht einfach als das Produkt der gesellschaftlichen Bedingungen« seiner Herkunft deuten – eine gegen die DDR-Historiographie gerichtete Feststellung. Sein Weg aus dem Berufsfeld des Vaters heraus sei aber keine eigene Entscheidung gewesen, sondern dafür seien »religiöse Gesichtspunkte bestimmend« gewesen.[261]

Wie Brecht von seiner Begegnung mit Luther spricht, so schreibt er auch Luther Begegnungen mit Christus zu: Auf der Fronleichnamsprozes-

---

256 BRECHT, Martin Luther Bd. 1 (s. Anm. 255), 9.
257 AaO., 10. Vgl. DERS. Umgeben und berührt von Geschichte. Stationen auf meinem Lebensweg, 2015, 180–198.
258 BRECHT, Martin Luther Bd. 1 (s. Anm. 255), 10.
259 AaO., 11. So jedenfalls könnte man den vorletzten Satz des Nachworts zur zweiten Auflage verstehen.
260 AaO., 17.
261 AaO., 18.

sion 1515 habe Luther »eine seiner anfechtenden Begegnungen mit den richtenden Christus« gehabt.[262] Darin folgt Brecht Luthers Tischreden, obwohl er an anderen Stellen die Quellen kritischer deutet, wenn er etwa davon spricht, Angaben Luthers über sein Leben könnten nach bestimmten Schemata stilisiert sein.[263] Insgesamt scheint Brecht ein ziemlich unkritisches Verhältnis zu den Selbstaussagen Luthers zu haben, da er sie meist im Indikativ anführt und selten kritisch bewertet.[264] Auch andere Aussagen Luthers referiert Brecht häufig im Indikativ, was so wirkt, als habe er sie sich ungeprüft zu eigen gemacht. Manchmal ist es deswegen nicht sicher, ob Brecht Luthers Meinung anführt oder seine eigene ausspricht.

Eine psychologische Deutung Luthers weist Brecht zurück, weil die Quellenlage keine ausreichenden Indizien dafür liefere.[265] Der Vater habe für Luther nicht an der Stelle Gottes gestanden. Dies spreche »gegen die Deutung von Luthers Ringen mit Gott als einem übertragenen Vaterkomplex«.[266] Dennoch stellt Brecht zuweilen psychologische Vermutungen an, wenn er etwa meint, nach Ablegung des Mönchsgelübdes »dürfte sich Luther in einer Hochstimmung befunden haben«.[267] Der erreichte Zustand sei aber labil geblieben, da der Mönch in einen »erheblichen Leistungsstreß« geraten sei. Dies habe Luther »in einen furchtbaren Konflikt und in eine Krise größten Ausmaßes« geführt.[268] »Mit Angst und Schrecken« vor dem den Sünder richtenden Gott habe Luther die Messe gefeiert.[269] Die Radikalität der Krise habe sich daran gezeigt, dass »Luthers innerste Identität« auf dem Spiel gestanden habe.[270] Diese »höchste innere Gefährdung« könne man durchaus als »krankhafte seelische Zustände« diagnostizieren. Aber »es handelte sich um religiöse Erfahrungen, wie sie der Tradition und den

---

262 AaO., 13. Vgl. aaO., 81.
263 z.B. aaO., 14.
264 z.B. aaO., 56.70.91.93.195.
265 AaO., 19.
266 AaO., 20.
267 AaO., 69. Vgl. aaO., 79.
268 AaO., 70.
269 AaO., 80.
270 AaO., 77.

Zeitgenossen nicht unbekannt waren und die sich nicht einfach psychologisch deuten lassen«.[271]

Brecht weist Luthers Herkunft, Erziehung und Bildung dem Mittelalter zu: »Luther wuchs auf als ein mittelalterlicher Mensch«.[272] Auch die religiösen Einflüsse in seiner Jugend seien »in einem normalen Rahmen« geblieben.[273] Luthers Anfechtungserfahrungen, die zu einer Quelle seiner Theologie geworden seien, habe er nicht durch den bloßen Bezug auf sich selbst, sondern nur durch »schöpferische Impulse von außen« überwinden können, die teils von Ratgebern wie Staupitz kamen, teils aus »dem Wort und der Bibel, die ihm Christus geöffnet hatte«, erwuchsen.[274] Brecht stellt damit äußere Einflüsse und Interpretation der Heiligen Schrift auf eine Stufe. Luthers Bekanntwerden mit der Bibel sei »eine schicksalhafte Begegnung« gewesen, da hier eine Wurzel der »theologischen Grundlagenrevolution Luthers« liege.[275] Ob Luther mit seiner Bibellektüre im Erfurter Kloster eine Ausnahme bildete, wie Brecht behauptet, ist angesichts seiner Feststellung, für die Novizen sei die Bibel neben der Ordensregel die einzig vorgesehene Lektüre gewesen, fraglich.[276] Luther habe seine theologische Erkenntnis aber nicht »einfach am Schreibtisch denkend« gewonnen, sondern durch »einen Antrieb, der außerhalb eines theoretischen Bibelstudiums« gelegen habe, nämlich aus Gottesdienst und Anfechtung.[277]

Schon früh, 1511/12, habe sich Luther mit spekulativer Mystik etwa bei Bonaventura oder Gerson befasst, ja auch selbst den Versuch gemacht, durch mystische Spekulation »in den Himmel aufzusteigen, aber es war ein halsbrecherisches Unterfangen«.[278] Luther habe später vor mystischen Experimenten und Praktiken gewarnt, die vom menschgewordenen Christus wegführten. »Luther war nicht zum Mystiker geboren und in dieser

271 AaO., 86.
272 AaO., 26.
273 AaO., 32.
274 AaO., 88.
275 AaO., 91.89.
276 Beides aaO., 91.
277 AaO., 89. 93.
278 AaO., 102.

Richtung allenfalls begrenzt begabt«.[279] Auch für seine spätere Rezeption mystischer Traditionen gelte:

> Insgesamt bildeten die mystischen Vorstellungen in Luthers Denken nicht einen selbständigen und isolierten Komplex, sondern er bedient sich ihrer zur Artikulation und Erklärung seiner eigenen theologischen Interessen.[280]

Die Mystik habe Luther eine kritische Alternative zur scholastischen Theologie geboten, »alles andere interessierte ihn offensichtlich nicht«.[281] Luther habe zu einem radikalen Sündenverständnis gefunden und eine »Demuts- und Niedrigkeitstheologie« entwickelt, die allerdings noch zweideutig gewesen sei.[282] Bestätigung für seine »kritische und dunkle Demutstheologie« habe er in den deutschen Predigten des Mystikers Johannes Tauler gefunden.[283] Luther habe Tauler theologisch, nicht mystisch verwendet: »Was sich dem bei Tauler nicht einfügte, wie etwa die Vorstellung von der Vereinigung mit Gott, wurde einfach übergangen«.[284] Tauler und der »Deutschen Theologie« habe Luther nicht die spätere reformatorische Einsicht zu verdanken. Sie hätten ihm nur den Weg dahin geebnet.[285]

Brecht versteht Luthers Lob der deutschsprachigen Theologie von Tauler und der *Theologia deutsch* als Distanzierung vom Humanismus.[286] Obwohl Luther mit dem Humanismus die Ablehnung der Scholastik und die Hochschätzung der Kirchenväter geteilt und er humanistische Methoden angewandt habe, habe er sich von der Anthropologie und der Rechtfertigungslehre des Humanismus, besonders bei Erasmus von Rotterdam, abgegrenzt, auch unter Bezug auf die deutsche Mystik. Daraus sei später ein öffentlich ausgetragener Konflikt entstanden.[287]

Zuvor aber sei Luther als Wittenberger Prediger, nicht als Professor auf eine Frage der kirchlichen Praxis, nicht der Theologie im akademischen

279 AaO., 101.
280 AaO., 138.
281 AaO., 142.
282 AaO., 135.
283 AaO., 139.
284 AaO., 139.141.
285 AaO., 142.
286 Ebd.
287 AaO., 162f.

Sinn, gestoßen, die Ablassfrage, die er dann theologisch bearbeitet habe. Der daraus entstandene Ablassstreit wäre »wohl Episode geblieben, wenn Luther nicht in seinem Verlauf sich über das neue Zentrum seiner Theologie und seines Glaubens klar geworden wäre«.[288] Dies sei der »entscheidendste Wendepunkt« in seinem Leben gewesen, aus dem die gesamte Reformation der Theologie, Frömmigkeit und Kirche hervorgegangen sei.[289] Die Ablassthesen von 1517 habe Luther auf dem Boden seiner vorreformatorischen Demutstheologie, einer »strengen spätmittelalterlichen Theologie und Frömmigkeit«,[290] verfasst, sie seien zur Disputation und nicht als dogmatische Aussagen gedacht gewesen, und Luther habe sich mit ihnen nicht gegen die Kirche auflehnen wollen.[291] Dennoch sei der 31. Oktober der Beginn der Reformation, insofern nach Luthers Erinnerung er an diesem Tag seine Kritik am Ablass versandte, wenn auch noch nicht veröffentlichte.[292] Aber »als Luther in den Ablaßstreit hineingeriet, war er noch nicht ›evangelisch‹«.[293] Die reformatorische Entdeckung habe ihm noch bevorgestanden. Diese sei erst im Laufe des Jahres 1518 erfolgt, in dem sich Luthers Verständnis der Buße weiterentwickelt habe.[294] Da die Fortschritte in Luthers Theologie fast immer durch seine exegetische Arbeit bedingt waren, habe die Hebräerbriefvorlesung von 1518 die Voraussetzung für seine reformatorische Entdeckung geschaffen.[295] Diese sei Luther in der Auseinandersetzung um den Sinn von Röm 1,17 zuteil geworden, wie er selbst 1545 berichtet habe.[296] Auf der Grundlage dieser Erkenntnis habe Luther die spätmittelalterliche Lehre von der Rechtfertigung als einer »ausgewogenen Kombination von menschlicher Leistung und göttlicher Gnade« als »verharmlosende Sicht des Menschen« entlarven können.[297] Brecht meint den »entscheidenden Durchbruch« in einer Predigt vom 28. März 1518 zu

288 AaO., 174.
289 Ebd.
290 AaO., 215f.
291 AaO., 194.
292 AaO., 197.
293 AaO., 215.
294 AaO., 216.
295 AaO., 217.
296 AaO., 219f.
297 AaO., 221.

erkennen, in der Luther »ganz auf die Absicherungen der Demutstheologie« verzichtet und »nichts als die Christus- und Glaubensgerechtigkeit« verkündigt habe.[298] Für die Beschreibung von Luthers Leben und Werk sei die »angemessene Erfassung des Reformatorischen« entscheidend: »Von 1518 an bildet das Beziehungsgefüge Christus, Evangelium und Glaube das Zentrum, den Angelpunkt, den Maßstab, das Prinzip und den kreativen Ansatz der Theologie Luthers«.[299] Damit schließt sich Brecht der v.a. von Ernst Bizer vertretenen Spätdatierung der reformatorischen Wende Luthers an, was voraussetzt, dass er überhaupt »Wendepunkte« bei Luther annimmt.

Brecht sieht in Luthers reformatorischer Entdeckung, deren Mitte der »Glaube an das Evangelium, das nichts anderes als den versöhnenden und rechtfertigenden Christus verkündigt«, sei, eine »sehr ernste Anfrage an die heutigen Erben Luthers«, da sie von diesen als ärgerlich und unmodern empfunden werde.[300] Insofern ist diese Biographie Luthers auch der Versuch einer Vergegenwärtigung des Reformators.

XII Der Theologiehistoriker: Luther als gescheiterter spätmittelalterlicher Mystiker

Der Theologiehistoriker *Volker Leppin* (geb. 1966) unternimmt in seiner Lutherbiographie von 2006 den Versuch, Luther so weit wie möglich aus dem Mittelalter heraus zu verstehen, ohne allerdings den Begriff des Mittelalters hinreichend zu klären oder gar in Frage zu stellen. Im Unterschied zu Brecht geht es ihm nicht um eine Vergegenwärtigung Luthers, sondern um dessen Rückgabe an die Vergangenheit. Luther solle, so Leppin, als Produkt seiner Zeit und nicht als Held der Reformationsgeschichte mit einer Wirkung bis heute betrachtet werden. Er folgt darin seinem akademischen Lehrer Gottfried Seebaß, der »Luther ohne Goldgrund« gezeichnet sehen wollte.[301] Die Zurückversetzung Luthers in die Vergangenheit kommt schon in der Aufnahme der Biographie in die Reihe »Gestalten des Mittelalters und der Renaissance« zum Ausdruck. Der Reihenherausgeber, Peter Herde,

---

298 AaO., 222f.
299 AaO., 223.
300 Ebd.
301 V. Leppin, Martin Luther, (2006) ²2010, 11.

sieht Leppin in der Kontinuität und Nachfolge der Luther-Biographie des Dominikaners Joseph (Heinrich) Denifle, der schon 1903 die »mittelalterlichen Wurzeln Luthers« offengelegt habe.[302]

Leppin ist sich im Klaren darüber, als heutiger Historiker nicht herausfinden zu können, »wie es wirklich gewesen ist«, auch darüber, dass kein Lutherbiograph behaupten dürfe, »er biete nun den wahren, den authentischen Luther.« Er selbst möchte angesichts der überbordenden Literatur über Luther »einen eigenen Weg gehen«, der »in einer Art von gedanklichem Experiment« bestehe.[303] Dieses solle bewusst absehen von der Verflochtenheit des Biographen mit seinem Gegenstand (wie eines lutherischen Kirchenhistorikers mit Luther), absehen davon, dass Luther eine historische »Bedeutung« gewonnen hat, und so lange wie möglich so tun, »als wüsste man nicht, dass sich mit ihm ein Neuaufbruch in Kirche und Gesellschaft [...] sogar eine neue Epoche der Weltgeschichte verbindet.« Luther solle »so lange wie möglich als Mensch des späten Mittelalters verstanden werden«.[304] Leppins Absicht ist es, Luther so weit wie möglich als Gestalt des Mittelalters zu verstehen, und er legt damit den Akzent auf die Kontinuität Luthers mit der Zeit vor ihm, auf seine Identität mit seiner Herkunft, auf seine Anknüpfung an die Tradition, auf seine Abhängigkeit vom Alten, nicht auf die Innovation, nicht auf seine Selbständigkeit, nicht auf die Differenz, nicht auf den Bruch. Damit wird die biographische Betrachtung einseitig, wenn sie von der innovativen Wirkung ihres Gegenstandes absieht. Das Kontinuitätsprinzip Leppins müsste auch den Diskontinuitätsbegriff »Mittelalter« (vs. »Neuzeit«) konsequenterweise aufheben.

Dieses Absehen von der historischen Bedeutung und Wirkung Luthers führt Leppin zu einer grundsätzlichen Skepsis und einem Misstrauen gegenüber den autobiographischen Äußerungen seiner Figur, die für ihn immer schon aus der Sicht der späteren »neuen Position« des »Reformators« zu verstehen sind. Auf diese Weise möchte er einen Menschen finden,

---

302 DERS., Martin Luther, 2006, 10. Bereits Denifle wollte wie Leppin durch Kontinuitätsnachweise die Originalität Luthers in Frage stellen bzw. schmälern.
303 LEPPIN, Martin Luther (s. Anm. 301), 11.
304 AaO., 12.

der in seiner Zeit plausibler Kontur gewinnt als ein Luther, bei dem man, wie es oft geschieht, weniger nach dem Fortwirken des Alten als nach dem Beginn des Neuen sucht, den man unterschwellig schon immer nach den Maßstäben seiner späten, reifen reformatorischen Theologie bewertet.[305]

Der Biograph möchte also absehen von der Entwicklung seines Gegenstandes. Er möchte versuchen – das sei das »gedankliche Experiment« –, »Luther statt von seinen Folgen von seinen Wurzeln her zu verstehen«.[306] Seine Biographie reduziert Luther programmatisch auf seine Herkunft.

Dem von der Entwicklung und Wirkung abstrahierenden Experiment entsprechend verwendet Leppin konsequent zur Bezeichnung Luthers in seiner Frühzeit die Namensform »Luder«, eine Variante des Familiennamens, deren sich Luther in der Schriftform häufig bediente, bis er die an das griechische Wort *eleutherios* anklingende Form »Luther« wählte. Dies sei im Zusammenhang mit der Veröffentlichung der Ablassthesen von 1517 geschehen, und in seiner Biographie schreibt Leppin »Luther also von nun an, nicht mehr Luder«.[307] Der Biograph bedient sich bei der Bezeichnung seines Gegenstandes einer Variante der Quellensprache und verzichtet bewusst auf den lexikalisch eingeführten Referenzbegriff, den Historiker verwenden, um sich auf eine historische Person zu beziehen. Durch diesen Rückzug auf die Quellensprache wird die Identität der Referenz auf die geschichtliche Person in Frage gestellt. Man kann nicht mehr von einer Biographie im eigentlichen Sinne sprechen, wenn sie sich nicht auf einen durch die Zeiten hindurch identischen Gegenstand bezieht. Allerdings hält Leppin sein Konzept nicht konsequent durch, wenn er gleich auf der ersten Seite von »Luthers Vater« und dem »familiären Hintergrund Luthers« spricht, wo eigentlich von »Luder« hätte die Rede sein müssen und nicht wie in den Fällen, in denen auf spätere Jahre Bezug genommen wird, von »Luther«.[308] Eine andere Möglichkeit, der Quellensprache wie der historiographischen Sprache gerecht zu werden, wäre die Verwendung des Vorna-

---

305 AaO., 12 f.
306 AaO., 13.
307 AaO., 125. Cochläus hatte Luther vorgeworfen, seinen nicht sehr ehrenhaften Namen verfälscht zu haben (s. oben Abschnitt 2). Stehen in dieser Tradition die Biographen Volker Leppin und Heinz Schilling?
308 AaO., 11.84. Umgekehrt müsste »Luther« geschrieben werden, wo von »Luder« die Rede ist, wenn es um die Zeit nach 1517 geht (so etwa aaO., 80).

mens »Martin« gewesen, der im Übergang vom mittelalterlichen zum neu-
zeitlichen Namensgebrauch auch noch für den Erwachsenen üblich war.[309]
Die von Leppin häufiger benutzte Bezeichnung »Luder« entspricht auch
insofern nicht ganz der Quellensprache, als sie in Urkunden oder Dokumenten meist zur Unterscheidung von anderen Personen namens Martin
verwendet wird, während im alltäglichen Gebrauch der Vorname überwog.
Den Luther vor 1517 auf »Luder« festzulegen, macht aus ihm eine künst-
liche Figur, ein historiographisches Konstrukt.

Das bedeutendste Erbe des Spätmittelalters, das Luther beeinflusst
und geprägt habe, ist für Leppin die Mystik. Wenn Luther in seiner ersten
Psalmenvorlesung um 1514 »von einer wirklich tiefen Verzweiflung an
Gott sprach, dürfte er schon von jener mystisch geprägten Theologie des
späten Mittelalters beeinflusst gewesen sein«, die den Gegensatz zwischen
dem selbstbezogenen Menschen und dem sich ihm zuwendenden Gott betont habe und den Menschen in einen »Entwerdungsprozess« habe hinein-
führen wollen.[310] Besonders Johannes Tauler und Johannes Gerson hätten
Luther beeindruckt. Luther habe sogar »mystische Erfahrungen« gehabt,
bis hin zu Visionen. So glaubt Leppin bestimmte bildhafte Äußerungen
Luthers deuten zu können, denen er weniger Skepsis entgegenbringt als
anderen Selbstberichten.[311] Allerdings meint er, Luthers Selbstdarstellungen würden in dieser Hinsicht das Erlebte abschwächen, während sie in anderen Fällen eher verstärkend oder übertreibend wirkten. »Es scheint, dass
der junge Luder hier Erlebnisse erfuhr, über die er später nur wenig und
in distanzierter theologischer Deutung zu sprechen bereit war.«[312] Leppin
jedenfalls schließt aus den Andeutungen Luthers, er habe an »hohen spirituellen Erfahrungen der Mystik« teilgehabt. Auch durch seinen Ordens-
oberen Johann von Staupitz sei Luther mit »Traditionen christlicher Mystik« in Berührung gekommen, die mit den Schriften des Pseudo-Dionysius
Areopagita die Unerreichbarkeit Gottes betonten, aber in Christus den
Weg zu Gott sahen.[313] Später sei Luther mit den Schriften des Mystikers

309 Was Leppin durchaus bisweilen tut, z.B. aaO., 22.28.34.
310 AaO., 42.
311 AaO., 43.
312 Ebd.
313 AaO., 76.

Johannes Tauler bekannt geworden und dadurch habe er sich »mystische Denkformen« angeeignet.[314] Leppin sieht in einer Forderung Taulers, die Buße solle nicht punktuell geschehen und die Selbstbeobachtung müsse fortwährend erfolgen, die erste Ablassthese Luthers »präformiert«,[315] obwohl bei Luther nicht von Selbstbeobachtung die Rede ist. Leppin resümiert: »Die Klosterzeit ist für Luder auch eine Zeit mystischen Bemühens gewesen«.[316]

Zum Verständnis der Entwicklung Luthers ist für Leppin die Beobachtung entscheidend, dass Luther in seinen autobiographischen Äußerungen »sein Leben auf einzelne Situationen« zuspitze und oft »einen äußerst komplexen langwierigen Vorgang zu einer einzigen punktuellen Szene«, einem »plötzlichen Offenbarungserlebnis« verdichte.

> Die Punktualisierung des Geschehens gehört zu den Stärken von Luders [Luthers!] autobiographischen Berichten, sie hat ihren Kern immer wieder darin, dass er Stufen seiner Entwicklung als radikale Wende interpretiert sehen will.[317]

Diesem Darstellungsmodus und dieser Selbststilisierung seien frühere Biographen auf den Leim gegangen und hätten Luthers Entwicklung als Bruch, als Umbruch, als Wende beschrieben:[318] »An einem Ort, in einem Moment und in einer Person schien der große Durchbruch festzumachen zu sein«.[319] Dem stellt Leppin das Modell einer allmählichen Transformation gegenüber, das »den Bruch zwischen seiner reformatorischen Theologie und der spätmittelalterlichen ganz erheblich« reduziert,[320] ja sogar aufhebt und Luther als spätmittelalterlichen Reformer unter anderen erscheinen lässt. Er diskutiert das Verhältnis zweier Berichte Luthers über plötzliche Bekehrungen, einmal den Bericht über die Gewinnung eines neuen Bußverständnisses, dann den über die Entdeckung der »passiven Gerechtigkeit« Got-

---

314 AaO., 83.
315 AaO., 86.
316 AaO., 84.
317 AaO., 80.
318 AaO., 107: »Die Lutherforschung steht bis heute im Banne der Selbstdarstellungen des Reformators.«
319 AaO., 109.
320 AaO., 78. Vgl. den Aufsatzband: V. Leppin, Transformationen. Studien zu den Wandlungsprozessen in Theologie und Frömmigkeit zwischen Spätmittelalter und Reformation, 2020.

tes. Dieses Phänomen nennt Leppin »eine klassische Doublette«, obwohl
die Berichte unterschiedliche Inhalte aufweisen und sich nur in der Form
ähneln.[321] Leppin weist die beiden Dubletten dem literarischen Genre der
Bekehrungsberichte zu und leitet daraus ab, nicht mehr »nach der Realität des jeweils berichteten punktuellen Durchbruchsereignisses« suchen
zu müssen. Er schließt aus den autobiographischen Rekonstruktionen
Luthers, »dass ein psychologisch greifbarer reformatorischer Durchbruch
nicht stattfand«. Aber es habe »eine ganz allmähliche Entwicklung« gegeben, die Luther »über seinen mittelalterlichen Bezugsrahmen hinausführte,
die aus dem spätmittelalterlichen Mönch und Frömmigkeitstheologen den
Reformator machte«.[322]

Für Leppin ist Luther ein Gescheiterter. Seine reformatorische Einsicht
blieb ambivalent, seine Gewissheit löste sich immer wieder auf, er geriet
zur Randgestalt der Reformation. Es habe bei Luther eine »Entwicklung
vom Mittelalter zur Reformation« gegeben, »aber diese war so wenig eine
Entwicklung von Finsternis zu Licht wie von Anfechtung zu beständiger
Gewissheit – Luther blieb zeitlebens ein Hin- und Hergerissener«.[323] Schon
1518 wurde er »vom Gegner zur Einsicht gezwungen«,[324] 1521 widerfuhr
ihm »gesellschaftliche Ausgrenzung«,[325] er wurde zum einsamen Propheten.[326] Spätestens 1525 habe sich sein Bild verfinstert. Die »charismatische
Zentralgestalt der reformatorischen Bewegung« sei zurückgetreten und an
den Rand des Geschehens geraten.[327] Das Charisma der Person sei durch
Institutionen ersetzt worden. Außerdem sei Luther »nicht der alleinige Mo-
tor des Geschehens« der Reformation gewesen, neben ihm wirkten noch
viele andere, etwa Zwingli.[328] Luther sei wohl »Katalysator«, aber nicht
»Ausgangspunkt und Ursache der Reformation als ganzer« gewesen, deren
Wurzeln vielmehr im späten Mittelalter gelegen hätten.[329] Beim Bemühen

---

321 AaO., 113.
322 AaO., 116.
323 AaO., 41.
324 AaO., 144.
325 AaO., 171.
326 AaO., 170. Vgl. aaO., 236.
327 AaO., 258.
328 AaO., 258f.
329 AaO., 261.

282

um einen Ausgleich in der Religionsfrage auf Reichsebene 1530 sei Luther zum »Zuschauer« geworden: »Mehr und mehr wurde er im Agieren von Melanchthon in den Hintergrund gedrängt«.[330] Es sei die äußere Situation gewesen, »die ihn in ein Abseits drängt, unter dem er erkennbar litt«.[331] Luther sei vom sächsischen Kurfürsten einer Zensur unterworfen worden, da er ihm »als Risiko der sächsisch-ernestinischen Politik« gegolten habe.[332] In den Mittelpunkt der diplomatischen Bemühungen sei dagegen Melanchthon gerückt. Luther aber habe sich von diesem »geprellt« gesehen.[333] »Luther, der Unpolitische, wurde zur sich immer mehr steigernden Gefahr für die, die noch politisch handeln wollten«.[334] Schließlich sei Luther »der alte Mann, der schon zu Lebzeiten zum Denkmal seiner selbst zu werden drohte«, geworden. Die Phase der Etablierung der Reformation habe »den Beginner [!] der Reformation als einen Fremden« gesehen.[335] Luther habe eine »Spannung zwischen großem Erfolg der Reformation und persönlicher Isolierung« erlebt.[336]

Leppin sieht im Vorgang der Herstellung einer Gesamtausgabe der Schriften Luthers noch zu seinen Lebzeiten eine vorzeitige Toterklärung des Autors, einen »impliziten Zynismus«. An die Stelle der persönlichen Wertschätzung Luthers, die sich in der Möglichkeit der Einflussnahme ausgewirkt hätte, sei die »Monumentalisierung« und »Personalisierung der Reformation« getreten, ein Prozess, den Luther selbst nicht angestoßen und gefördert habe.[337] Aber Luther habe den Vorgang genutzt, um sich seinen Lesern »in der Deutung zu präsentieren, in der er gesehen werden

330 AaO., 293.
331 AaO., 294.
332 AaO., 297.
333 AaO., 300.
334 AaO., 304.
335 AaO., 319. Leppin nennt Luther wiederholt den »Beginner« der Reformation. Da dies kein gebräuchliches deutsches Lexem ist, wird es ein Anglizismus sein, dessen englische Entsprechung »Anfänger« bedeutet, so dass es, wenn es in dieser Bedeutung übernommen ist, Luther als Anfänger in der Reformation bezeichnet, nicht als ihr Begründer oder ihre Ursprungsgestalt.
336 AaO., 323.
337 AaO., 335.

wollte«, also eine kanonische Selbstinterpretation zu etablieren.[338] Die zentrale Strategie dabei sei gewesen, sich von vorreformatorischen Aspekten der früheren Schriften durch die Erfindung einer reformatorischen Wende nach dem Kriterium der Rechtfertigungslehre zu distanzieren, von Aspekten also, die sie von den späteren, reformatorischen Schriften unterschieden.[339]

Der Luther-Biographie Leppins liegt eine durchgehende Hermeneutik des Verdachts zugrunde, die vielen überlieferten autobiographischen Äußerungen Luthers mit Misstrauen begegnet und so weit geht, die Einheit der historischen Person faktisch in Frage zu stellen. Zwischen dem »Luder« und dem gescheiterten Luther bleibt kaum etwas übrig. Damit hat sich das Bemühen, eine Biographie Luthers zu schreiben, selbst aufgehoben.[340]

XIII Biographie oder Theologie?

Die eingangs gestellte Frage nach der Einheit der Person Martin Luther in der Vielheit ihrer biographischen Konstruktionen lässt sich nicht nur wegen der unaufhebbaren Pluralität der biographischen Konstrukte verneinen, sondern angesichts der zuletzt vorgestellten Biographie schon wegen einer aufgrund der Unbestimmtheit der Referenz in die Destruktion des Biographischen umschlagenden Konstruktion. In gewisser Hinsicht kehrt damit die Geschichte der Luther-Biographien an ihren Anfang bei Cochläus, für den die Biographie der Destruktion Luthers diente, zurück. Die Betrachtung dieser Geschichte lässt den Wunsch aufkommen, die Biographien hinter sich zu lassen, von der Biographie zur Theologie weiterzuschreiten, von der Person zur Sache überzugehen und gerade damit der Person und ihrem Anliegen eher gerecht zu werden als durch immer wieder vergebliche Versuche einer biographischen Rekonstruktion und biographistischen Ablei-

---

338 AaO., 337.
339 AaO., 338.
340 Es gab und gibt natürlich auch nach Leppin Lutherbiographien, so beispielsweise von H. Schilling, Martin Luther. Rebell in einer Zeit des Umbruchs. Eine Biographie, 2012, der ebenfalls eine referentielle Aufspaltung der Person Luthers vornimmt; von U. Köpf, Martin Luther. Der Reformator und sein Werk, 2015, der ähnlich wie R. Schwarz, Luther (KiG 3/1), 1986 auch die Schriften Luthers vorstellt; oder von L. Roper, Der Mensch Martin Luther: die Biographie, 2016, die einen psychologischen Ansatz verfolgt.

tung. Es wird deutlich, dass die Frage nach der Genesis nicht die nach der Geltung beantworten oder ersetzen kann, und, obwohl es dem Gegenstand der Theologie um den Menschen geht, lässt sie sich nicht auf Rekonstruktionen menschlicher Lebenserfahrungen reduzieren.

Zu Luthers Sterbehaus

Von Ferdinand Ahuis

Wo starb Martin Luther in Eisleben? War lange Zeit das Haus Andreaskirchplatz 7 als Luthers Sterbehaus identifiziert worden, so ergaben jüngste Bauforschungen[1] und kunsthistorische Untersuchungen[2], dass er in der Stadtresidenz Markt 56 gestorben sein muss. Dieses Haus galt bis 1707 als Luthers Sterbehaus, dessen Wiederaufbau nach dem Brand von 1689 in jenem Jahr abgeschlossen war.[3] Die nachfolgenden Beobachtungen verstehen sich als Beitrag zur spezifischeren Fokussierung von Luthers Sterbehaus und suchen folgende, bisher in der Forschung offengebliebene Fragen zu beantworten:

1. Wer besaß die Stadtresidenz Markt 56, als Luther starb?
2. Wann ist die Stadtresidenz in den Besitz der Grafen von Mansfeld gelangt?
3. Um welche Mansfelder Grafenlinie handelte es sich? Welche Bedeutung hatte sie für die weitere Geschichte des Hauses?
4. Welche Umstände führten dazu, dass die Stadtresidenz Markt 56 als »Schloss« bezeichnet wurde?

---

1 A. STAHL, Zur Authentizität des Luther-Sterbehauses in Eisleben (Denkmalpflege in Sachsen-Anhalt 12, 2004), 77f; DERS., Cyriakus Spangenberg als Chronist. Zur Authentizität des Sterbehauses von Martin Luther (in: Reformatoren im Mansfelder Land. Erasmus Sarcerius und Cyriacus Spangenberg [Schriften der Stiftung Luthergedenkstätten in Sachsen-Anhalt 4], hg. v. ST. RHEIN / G. WARTENBERG, 2006, 191–216).

2 M. STEFFENS, Luthergedenkstätten im 19. Jahrhundert: Memoria – Repräsentation – Denkmalpflege, 2008, 93–144.

3 Vgl. Denkmalverzeichnis Sachsen-Anhalt. Bd. 16.1: Landkreis Mansfeld-Südharz (I), Altkreis Eisleben, erarb. v. A. TIETZ u.a., 2014, 117f.

Zuvor seien zentrale forschungsgeschichtliche Aspekte erinnert: Andreas Stahl stellt in Anlehnung an Cyriacus Spangenberg[4] für die Stadtresidenz Markt 56 fest: »Nach dem Tod des Reformators hatte Graf Bruno von Mansfeld das Haus an sich gebracht,«[5] ergänzt aber: »Wie das Haus in den Besitz der Grafen von Mansfeld-Vorderort kam, ist nicht nachweisbar.«[6] Martin Steffens betont, dass der Magistrat der Stadt Eisleben im Jahre 1541 das Haus zum Zwecke der Schuldentilgung übertragen bekommen habe, spricht umgekehrt verallgemeinernd von dem Verkauf des Hauses »an die Mansfelder Grafen«[7] und datiert diesen in die »Zeit nach 1563«.[8] Sowohl bei Steffens als auch bei Stahl fehlt die Berücksichtigung der Biographie des Grafen Bruno (I. [II.]) von Mansfeld-Vorderort-Bornstedt (1545–1615). Diese aber ist von Belang für die weitere Nutzung des Hauses über Luthers Tod hinaus. Ungeklärt ist ferner die Berechtigung der Bezeichnung »Schloss« oder »Stadtschloss« für die Stadtresidenz Markt 56.[9]

I Der Eisleber Magistrat als Besitzer der Stadtresidenz Markt 56 seit 1541

Stahl und Steffens gehen mit Recht davon aus, dass die Stadtresidenz Markt 56 nicht von den Grafen von Mansfeld erbaut worden ist.[10] Vielmehr hatte der Eisleber Ratsherr und Hüttenmeister Thile Rinck das Haus im Jahre 1506 nach dem Eisleber Stadtbrand von 1498 im spätgotischen Stil errichtet.[11] Erben waren 1516 Rincks Schwiegersohn, der Hüttenmeister

---

4 Vgl. C. Spangenberg, Mansfeldische Chronica, Bd. 4, hg. v. R. Leers (Mansfelder Blätter 31/32, 1918, 241–436), 252.

5 Stahl, Spangenberg (s. Anm. 1), 193. Ausführlich: aaO., 206f.

6 AaO., 204.

7 Steffens, Luthergedenkstätten (s. Anm. 2), 94f.

8 M. Steffens, Das Luthersterbehaus. Die älteste und zugleich jüngste Gedenkstätte (in: Luthers Tod – Ereignis und Wirkung [Schriften der Stiftung Luthergedenkstätten in Sachsen-Anhalt 23], hg. v. A. Kohnle, 2019, 341–365), 342.

9 Tietz, Denkmalverzeichnis (s. Anm. 3), 117f.

10 S. oben Anm. 4, 6 und 7.

11 LASA Magdeburg, Rep. Cop., Nr. 427i, Bl. 360r–360v (Hinweis von Michael Rockmann über Andreas Stahl). Das zweite Fundament eines Vorgänger-Baus ist möglicherweise erst für den Umbau im Renaissance-Stil mitbenutzt worden, vgl. A. Stahl, Hotel »Graf

Dr. Philipp Drachstedt, und 1540 dessen Schwiegersohn, der Hüttenmeister Hans Stahl, geworden.[12] Zum Zwecke der Schuldentilgung[13] wurde das Haus 1541 an den Eisleber Magistrat übertragen.[14] Stahls Schwiegersohn, der Stadtschreiber Johann Albrecht, und seine Frau wohnten in diesem Haus und bewirtschafteten es[15] bis zum Tode des Stadtschreibers und späteren Stadtvogts zu Weihnachten 1571.[16]

Luther ist also in einem Haus gestorben, das sich am 18. Februar 1546 nicht mehr im Besitz von Hüttenmeistern, aber auch noch nicht im Besitz der Grafen von Mansfeld befand. An diesem *neutralen* Ort hatten 1546 auch die Erbschaftsverhandlungen zwischen den Grafen Albrecht IV. (VII.) von Mansfeld-Hinterort, Philipp I. (II.) und Johann Georg von Mansfeld-Vorderort unter Ausschluss von Gebhard VII. von Mansfeld-Mittelort mit Martin Luther, Justus Jonas, Fürst Wolfgang von Anhalt und Graf Hans Heinrich d. Ä. von Schwarzburg stattgefunden.[17]

Wenn Graf Albrecht IV. (VII.) von Mansfeld-Vorderort (1480–1560) als Besitzer dieses Hauses angesehen wird,[18] so wird dies fälschlich aus seiner

von Mansfeld«, Lutherstadt Eisleben (in: Luthergeschichten aus Sachsen-Anhalt, hg. v. H. Meller / A. Reichenberger, 2017, 286–289), 289.

12 Vgl. Stahl, Spangenberg (s. Anm. 1), 198f.

13 Hans Stahl verlor nach der Herdfeuerteilung von 1536 seinen »konkreten Besitz« der Hütte vor Eisleben, vgl. W. Eisenächer, Die sogenannte Feuerteilung von 1536 im Mansfelder Bergbau – Teil II (Mansfeld Echo 6, 2003), 35.

14 Vgl. Steffens, Luthergedenkstätten (s. Anm. 2), 94f.

15 Vgl. A. Stahl, Die Lutherstadt Eisleben als Residenzstadt der Mansfelder Grafen (in: Burgen und Schlösser in Sachsen-Anhalt [Mitteilungen der Landesgruppe Sachsen-Anhalt der Deutschen Burgenvereinigung e. V. 24], hg. v. Landesgruppe Sachsen-Anhalt der Deutschen Burgenvereinigung e. V., 2015, 316–347), 334. Es handelt sich hier um ein städtisches Amt, vgl. Handelsbuch des Magistrats zu Eisleben (1460–1554) (LASA, Cop., Nr. 427); die gräfliche Kanzlei wurde in dem Haus erst um 1570 untergebracht, vgl. Stahl, Lutherstadt (s. Anm. 15), 334; vgl. demgegenüber Steffens, Luthersterbehaus (s. Anm. 8), 342.

16 Vgl. H. Roth, Der ander Theil Der Leichpredigten So zu Eißleben vnd Mansfeld /im Jahr 68.70.71.72.73.74.75. vnd 76 vber etliche Verstorbene [...], 1587, Nr. 6, Bl. b.

17 Vgl. Vertrag zwischen den Mansfelder Grafen der vorder- und hinterortischen Linie, Eisleben, 17.2.1546 (WAB 12; 374–377 [Nr. 4301]).

18 www.kupferspuren.eu/index.php?option=com_k2&view=item&id=110:052-stadtschloss-der-mansfelder-grafen-hinterort-in-eisleben&Itemid=419&limitstart=2; Stand: 7.2.2021.

und seiner Frau Anna Anwesenheit im Sterbezimmer Luthers geschlossen. Sie hatten vielmehr seit etwa 1523 ihre Residenz im benachbarten Hause Markt 58. Zunächst war die kräuterkundige Gräfin Anna, kurz danach auch Graf Albrecht an das Bett des Sterbenskranken gerufen worden.[19]

II Graf Bruno I. (II.) als Besitzer der Stadtresidenz Markt 56 seit 1563

Brunos Vater war Graf Philipp I. (II.) (1502–1546), Sohn des Grafen Ernst II. aus dessen erster Ehe.[20] Nachdem Philipps ältester Sohn Hugo 1558 ehelos verstorben war, fiel bei der Erbteilung von 1563 seinem Sohn Bruno I. (II.) von Mansfeld-Vorderort-Bornstedt das Haus Markt 56 zu.[21]

Gleichzeitig versuchten, wie vorher schon der Mittelorter und der Hinterorter Verwandte, die Vorderorter Grafen aus Repräsentationsgründen, in Eisleben eigene Stadtresidenzen zu erwerben – dies in einer Zeit schwindender finanzieller Möglichkeiten. So baute der bis 1540 altgläubig gebliebene Graf Johann Georg von Mansfeld-Vorderort-Eisleben (1515–1579), ältester Sohn aus Graf Ernsts II. zweiter Ehe, nach 1563 das »Schloss« Eisleben im Renaissance-Stil aus, während dessen jüngerer Bruder, Graf Johann Hoyer von Mansfeld-Vorderort-Artern (1525–1585), um 1570 »aus zweien oder dreien Häusern zusammengebracht« und damit aufwändige Maßstäbe setzend, aus der Hand von drei Vorbesitzern die späteren Hausnummern Markt 9 und 10 erwarb.[22] Etwa in dieser Zeit gelangten auch Brunos Cousins, die Söhne[23]

---

19 Vgl. Ch. Schubart, Die Berichte über Luthers Tod und Begräbnis. Texte und Untersuchungen, 1917, 35 (Nr. 85).

20 J. Vötsch, Art. Philipp I. (II.) von Mansfeld-Vorderort (https://saebi.isgv.de/biografie/ Philipp_I._(II.),_ Graf_von_Mansfeld-Bornstedt (1502–1546); Stand: 26.1.2021).

21 Zu Bruno als Gründer der Linie Vorderort-Bornstedt vgl. D. Schwennicke, Europäische Stammtafeln. N.F. Bd. XIX, Tafel 87, 2000. Nach dem frühen Tod seines Vaters lebte Brunos Mutter Ama(bi)lia weiter auf Schloss Bornstedt. Dafür gelangte Bruno 1563 in den Besitz des Hauses Markt 56; anders noch F. Ahuis, Gräfin Dorothea von Mansfeld-Vorderort. Luthers judenfreundliche Apothekerin (LuJ 87, 2020, 161–195), 186.

22 Spangenberg, Chronica (s. Anm. 4), 252.

23 U.a. Gebhard VIII. (1553–1601), Wilhelm I. (1553/55–1615), Johann Günther (1557–1602), vgl. J. Vötsch, Art. Johann-Albrecht I. von Mansfeld-Arnstein (https://saebi.isgv.de/ biografie/Johanna_Albrecht_I. von Mansfeld-Arnstein [1522–1586], Stand: 21.3.2021).

Johann Albrechts von Mansfeld-Vorderort-Arnstein (1522–1586), in den Besitz eines Hauses am Beckerhoff hinter der St. Andreas-Kirche aus dem Vorbesitz des Superintendenten Hieronymus Mencelius.[24]

Diesem »Trend« entsprach auch Bruno.[25] Er erbte im Jahre 1563 nicht nur die Stadtresidenz Markt 56, sondern baute sie auch bis 1570 im Renaissance-Stil um. Die Finanzierung des Ankaufs beim Magistrat der Stadt Eisleben und des Umbaus wurde dadurch erleichtert, dass die vorderortische Grafenlinie im Jahre 1557 mit der Augsburger Firma Manlich einen Kupferkaufvertrag über 300.000 Gulden abgeschlossen hatte.[26] Im Jahr 1570 fand dann allerdings die Sequestration von Mansfeld-Vorderort statt. Man hatte über seine Verhältnisse gelebt.

Am 27. Mai 1571 heiratete Bruno die Gräfin Christine von Barby-Mühlingen (1550–1605).[27] Das Ehepaar konnte in dem frisch renovierten Haus Markt 56 Wohnung nehmen.[28] In seiner unvollständig gebliebenen Niederschrift des 4. Bandes der *Mansfeldische(n) Chronica* bezeichnete es

---

24 Vgl. SPANGENBERG, Chronica (s. Anm. 4), 252.

25 Sein Vater, Philipp I. (II.), hatte möglicherweise schon eine Option auf dieses Haus besessen, vgl. STAHL, Spangenberg (s. Anm. 1), 204. Diese Annahme legt sich auch deshalb nahe, weil Mansfeld-Vorderort 1546 die Betriebsführung über ihre Hütten und Herdfeuer übernehmen wollte und sich auf diesem Wege erhöhte Einnahmen versprechen konnte. EISENÄCHER, Feuerteilung (s. Anm. 13), 35, weist auf die Härten hin, unter denen die Übertragung der Betriebsführung durch die Vorderorter ab 1546 abliefen.

26 Vgl. M. PHILIPP, Das ›Regentenbuch‹ des Mansfelder Kanzlers Georg Lauterbeck. Ein Beitrag zur politischen Ideengeschichte im Konfessionellen Zeitalter, 1996, 59. Wie diese Entwicklung im Immobilienwesen der Stadt Eisleben auf die Bürger wirkte, zeigt eine Anzeige an den Rat der Stadt aus dem Jahre 1558: »..., das sich vil leude vom adel vnd andere mehr sich in die stad eindringen, heuser kauffen, dem Rad kein schos zcins vnd andere bürgerliche gerechtigkeit nit pflegen, dadurch den andern burgern das broht vom maul gezogen vnd die bürd allein tragen müssen,« Chronicon Islebiense. Eisleber Stadt-Chronik aus den Jahren, hg. v. H. GRÖSSLER / F. SOMMER, 1520–1738, 1882, 24, fol. 103a.

27 Vgl. SCHWENNICKE, Stammtafeln (s. Anm. 21), 2000.

28 Aus dieser Ehe gingen elf Kinder hervor, von denen drei zu Brunos Lebzeiten starben, vgl. J. VÖTSCH, Art. Wolfgang III. von Mansfeld-Bornstedt (https://saebi.isgv.de/biografie/Wolfgang_III.,_Graf_von_Mansfeld-Bornstedt_(1575–1638), Stand: 6.3.2021). Wolfgang war einer der Söhne Brunos, über den es keinen Artikel in der *Sächsischen Biografie* (https://saebi.isgv.de/, Stand: 27.5.2021) gibt.

Spangenberg »wohl zu Anfang des 17. Jahrhunderts«[29] als »des Graven Brunen Haus«,[30] so auch die Eisleber Schossregister von 1578, 1590 und 1645.[31] Dorothea von Mansfeld, die »Stammmutter« des Vorderorter Grafenhauses und Großmutter Brunos (1493–1578), fand in Luthers Sterbehaus auch ihr Domizil,[32] wenn sie an den Abendmahls-Gottesdiensten teilnahm, die sie infolge ihrer Positionierung gegen Cyriacus Spangenberg im Erbsünden-Streit[33] nicht mehr in der Mansfelder Schlosskirche, sondern in der Eisleber St. Andreas-Kirche besuchte.[34] Das Haus Markt 56 blieb von dem Stadtbrand des Jahres 1601 verschont.[35] Graf Bruno starb am 4. Mai 1615 um fünf Uhr morgens »in seiner Behausung alhier«.[36]

III Zur Bedeutung der Grafenlinie Mansfeld-Vorderort innerhalb des Grafenhauses Mansfeld

Der Kauf von Stadtresidenzen zum Zwecke der Repräsentation der Grafen von Mansfeld setzte nicht schon, wie häufig angenommen wurde,[37] nach der Mansfelder Erbteilung von 1501, aber auch nicht erst nach der Vorderorter Erbteilung von 1563 ein. Wichtige Akzente hatten der 1525 evangelisch gewordene Graf Albrecht IV. (VII.) von Mansfeld-Hinterort und dessen Bruder Gebhard VII. von Mansfeld-Mittelort mit dem Erwerb der Stadtresidenz

29 S. Bräuer, Cyriacus Spangenberg als mansfeldisch-sächsischer Reformationshistoriker (in: Rhein / Wartenberg, Reformatoren (s. Anm. 1), 183.
30 Spangenberg, Chronica (s. Anm. 4), 252.
31 Stadtarchiv Eisleben, B VIII, 120–122. Vgl. auch F. Ebruy, Die Eisleber Schossbücher (Heimatgeschichtliches Archiv 41), 1999; Stahl, Authentizität (s. Anm. 1), 334.
32 Sie hatte in den Häusern ihrer Söhne Johann Georg (Schloss) und Johann Hoyer (Markt 9–10) sowie ihrer Urenkel (Beckerhoff) auch Auswahlmöglichkeiten.
33 Vielleicht teilte im Hause Markt 56 der Stadtschreiber Johann Albrecht diese Auffassung. Bezeichnenderweise erwähnt Cyriacus Spangenberg ihn nicht in seiner Mansfeldische(n) Chronik, vgl. Stahl, Spangenberg (s. Anm. 1). 197.
34 Vgl. Ahuis, Gräfin (s. Anm. 21), 185, Anm. 107.
35 Vgl. Stahl, Spangenberg (s. Anm. 1), 207.
36 Grössler / Sommer, Chronicon (s. Anm. 26), 95, fol. 215a.
37 Zuletzt Stadtführer Eisleben, hg. v. M. Ebruy / K. Foth, 2002.

Markt 58 um 1523[38] bzw. Markt 34 im Jahre 1544[39] gesetzt. Nach dem Tode Philipps (1546), Gebhards (1558), Albrechts (1560) und weiterer Familienangehöriger verblieben ein Mittelorter und vier Hinterorter sowie sechs Vorderorter Erben. Letztere wurden bei der Vorderorter Erbteilung von 1563 paritätisch bedacht. Diese Vorgänge erklären den späten Erwerb des Hauses Markt 56 durch Graf Bruno. Er gehörte schon der Folgegeneration der Erben an. Mansfeld-Vorderort-Eisleben und damit auch die Burg aber waren seinem Onkel Johann Georg zugefallen. Die Grafen von Mansfeld-Vorderort beherrschten seit 1563/70 in Eisleben das Feld.

IV Die Bezeichnung »Schloss« für die Eisleber Stadtresidenzen

Birk Karsten Ecke nimmt mit seiner Titulierung aller drei Stadtresidenzen Markt 58, Markt 34 und Markt 56 als »Stadtschlösser der Grafen von Mansfeld«[40] eine extreme Position ein. Sie basiert auf der Annahme, dass die Häuser »zwischen 1500 und 1610« von vornherein durch die Grafen von Mansfeld als Schlösser gebaut wurden. Diese Ansicht hat sich oben als nicht tragfähig erwiesen. Wohl aber können die Stadtresidenzen auch schon als »Schloss« bezeichnet worden sein,[41] bevor sie in den Besitz von Grafen gelangten. Das gilt auch für die Stadtresidenz Markt 56. In jedem Fall diente das »Schloss« im Unterschied zur »Burg« nicht vorrangig der »fortifikatorischen Funktion«, sondern der Repräsentation.[42]

Möglich ist, dass die Bezeichnung »Schloss« auf das Haus Markt 56 überging, als man fälschlich annahm, es sei die Residenz Albrechts IV. (VII.). Hierbei macht es keinen Unterschied, ob das Haus noch ein spätgoti-

---

38 Albrecht ist als Besitzer erstmals 1530 belegt.
39 J. Vötsch, Art. Gebhard VII. von Mansfeld-Mittelort (https://saebi.isgv.de/biografie/Gebhard_VII.,_Graf_von_Mansfeld-Mittelort_(1478-1558), Stand: 21.7.2020).
40 B.K. Ecke, Eisleben – Die drei Stadtschlösser der Grafen von Mansfeld, www.harz-saale.de/eisleben-die-drei-stadtschlosser-der-grafen-von-mansfeld/, Stand: 18.03.2021).
41 Hier ist vor allem an die Stadtpalazzi der italienischen Renaissance zu denken.
42 Th. Biller / G.U. Grossmann, Burg und Schloss. Der Adelssitz im deutschsprachigen Raum, 2002, 201. Zur Bezeichnung »palais« vgl. aaO., 74.

sches Erscheinungsbild aufwies oder schon den Renaissance-Stil erkennen ließ. So wurde für die Stadtresidenz Markt 58 auch für den Wiederaufbau nach dem Stadtbrand von 1601 der spätgotische Baustil beibehalten. Insgesamt lässt sich aber eine Tendenz hin zum »Schloss« im Renaissance-Stil feststellen, was sich an der Baugeschichte des bis 1523 wiederaufgebauten Mansfelder Schlosses, aber auch des Eisleber Schlosses und der Stadtresidenz Markt 56 für die Zeit nach 1563 ablesen lässt. Cyriacus Spangenberg setzt diese Entwicklung in seiner *Mansfeldischen Chronica* voraus.[43] Keinesfalls aber beginnt die Titulierung »Schloss« damit, dass Adlige Besitzer der Häuser wurden. Des Weiteren spielte die Tatsache, dass Luther in diesem Haus gestorben ist, für die Bezeichnung als »Schloss« keine Rolle.

V Resümee

Die über die Forschungsergebnisse von Andreas Stahl und Martin Steffens hinausgehenden Eingangsfragen lassen sich wie folgt beantworten:

1. Zum Zeitpunkt des Todes Luthers am 18. Februar 1546 befand sich das Haus Markt 56, in welchem er starb, im Besitz des Magistrats der Stadt Eisleben. Es handelte sich also um ein nicht-gräfliches Haus. An diesem neutralen Ort fanden überdies die Erbschaftsverhandlungen zwischen den Mansfelder Grafen im Jahr 1546 statt.

2. Das Haus Markt 56 wurde 1563 an Graf Bruno I. (II.) von Mansfeld-Vorderort-Bornstedt übertragen. Er bewohnte dieses Haus mit seiner Ehefrau und seinen 11 Kindern. Diese Stadtresidenz war zwar später im Renaissance-Stil umgebaut worden, blieb aber bis 1707 Gedenkstätte an Luthers Sterben. Graf Bruno verstarb 1615 in seinem Haus.

3. Bruno gehörte der Vorderorter Linie des Mansfelder Grafenhauses an. Er war bei der Vorderorter Erbteilung des Jahres 1563 einer von sechs Erben. Im Unterschied zu den fünf anderen Erben gehörte er schon der Folgegeneration an. Nach dem Tode der Grafen Gebhard VII. von Mansfeld-Mittelort und Albrecht IV. (VII.) von Mansfeld-Vorderort schlug die Stunde für die

---

43 SPANGENBERG, Chronica (s. Anm. 4), 252. Er spricht von »Herrenhäusern« und hebt dabei das »Schloss« hervor. Die Bezeichnung »Schloss« schon für die noch nicht im Renaissance-Stil umgestaltete Burg findet sich für das Jahr 1547 in GRÖSSLER / SOMMER, Chronicon (s. Anm. 26), 17.

Vorderorter Grafen: Infolge ihres Testamentes gingen die Burg, die Stadtresidenz Markt 56, die gegenüber liegenden drei Häuser Markt 9–10 und ein
hinter der St. Andreas-Kirche befindliches Haus in den Besitz Vorderorter
Grafen über.

4. Die Titulierung »Schloss« muss nicht erst in der Phase nach der Vorderorter Erbteilung aufgekommen sein, sondern kann sich schon auf die
Stadtresidenzen der Hüttenmeister bezogen haben – sie blieb weiterhin bestehen. Gleichwohl hatten bestimmte Stadtresidenzen in besonderer Weise
die Chance, als »Schloss« bezeichnet zu werden. Das gilt vornehmlich für
die Residenz Markt 58 des Grafen Albrecht, aber auch für die von einem
der Vorbesitzer im Renaissance-Stil gebaute Stadtresidenz Markt 34, am
wenigsten für die Stadtresidenz Markt 56; denn der Magistrat als Besitzer
und das Sterben Luthers werden kaum die Titulierung »Schloss« nahegelegt haben.

Wie an Luther erinnern …?

Streitbare Anmerkungen zu Hartmut Lehmann, Das Reformationsjubiläum 2017. Umstrittenes Erinnern (Göttingen 2021)[1]

Von Stefan Rhein

Der Historiker Hartmut Lehmann ist durch eine Vielzahl von Beiträgen zur Lutherrezeption ausgewiesen, insbesondere mit Arbeiten zur Lutherpräsenz in Amerika, im Nationalsozialismus und in der DDR, und weiß deshalb um die vielfältigen staatlichen und kirchlichen Instrumentalisierungen, die sich zwischen den Reformator und die Gegenwart als hohe Verständnisbarriere geschoben haben.[2] So lässt sich sein Drang verstehen, ein Lutherjubiläum nicht im Rückwärtsspiegel, sondern mit aufmerksamen Blicken durch die Seitenfenster zu beobachten und mit seinen Kommentaren vielleicht sogar die Fahrt nach vorne zu beeinflussen. Zum Reformationsjubiläum 2017 sind 16 Beiträge aus seiner Feder in einem Band versammelt, die zwischen 2008 und 2019 entstanden sind und von denen vier hier erstmals publiziert werden. Es handelt sich um Vorträge, Zeitungsartikel sowie um Beiträge in Fachzeitschriften und wissenschaftlichen Sammelbänden, zumeist zeitgebundene Kommentare zu den Vorbereitungen des Reformationsjubiläums.

»Im Herbst 2008 eröffnete die Evangelische Kirche in Deutschland als Vorbereitung auf das Fünfhundertjahrjubiläum der Reformation im Jahre 2017 mit einem Festakt in Wittenberg eine Lutherdekade.« Bereits der erste Satz des Vorworts zeigt, dass Lehmann nur mit einem Auge auf das Reformationsjubiläum blickt: Für ihn ist offensichtlich ausschließlich die EKD

---

1 H. LEHMANN, Das Reformationsjubiläum 2017. Umstrittenes Erinnern (Refo500 Academic Studies 70), 2021. Die im Fließtext geklammerten Seitenzahlen beziehen sich auf dieses Werk.
2 Vgl. H. LEHMANN, Luthergedächtnis 1817 bis 2017 (Refo500 Academic Studies 8), 2012.

die Initiatorin und Akteurin, ohne zu beachten, dass am 21. September 2008 nicht nur die EKD eingeladen hatte, sondern im Namen des »Kuratoriums für das Reformationsjubiläum 2017« der Ratsvorsitzende der EKD, der Ministerpräsident des Landes Sachsen-Anhalt und der Bischof der (damals noch existierenden) Evangelischen Kirche der Kirchenprovinz Sachsen, dass es sich also um eine dezidiert gemeinsame Veranstaltung kirchlicher und staatlicher Stellen handelte, was sich auch in den Redebeiträgen widerspiegelte (Staat: Bundesinnenminister Schäuble, Ministerpräsident Böhmer; Kirche: EKD-Ratsvorsitzender Huber, LWB-Präsident Hanson).[3] Die Lutherdekade und das Reformationsjubiläum können so in dem einseitigen Blick Lehmanns zu Exempeln kirchlichen Versagens werden, grundiert von einem Ton, der sich nicht immer von dem – im zeitgenössischen deutschen Protestantismus beliebten – EKD-Bashing freimachen kann.

Doch bevor ich das Buch Hartmut Lehmanns näher vorstelle, muss ich der Transparenz wegen unseren unterschiedlichen Status im Geflecht des Jubiläums ansprechen: Während Lehmann in der Position des Betrachters war, war meine Aufgabe von Beginn an »mittendrin«: Als Vertreter der aktuellen Wittenberger Reformationsmemoria oblag es mir, bereits 2003 die ersten Papiere zu Struktur, Organisation und Themen des noch in weiter Ferne liegenden Reformationsjubiläums zu schreiben und dabei die Bedeutung Wittenbergs als »Geburtsort der Reformation« in den geplanten Gremien, Investitionen und Veranstaltungen zu betonen und zu stärken. Die Dekade als Vorbereitungszeit 2008–2017 wurde in Wittenberg und nicht in Hannover konzipiert und nahm deshalb zwei zentrale Wittenberger Daten aus Luthers Leben und Werk auf, nämlich seine erste Ankunft in Wittenberg im September 1508 und den Thesenanschlag am 31. Oktober 1517 an der Wittenberger Schlosskirche. Der Name der Dekade war in ihrem Anfang »Reformationsdekade«; ihre Änderung in »Lutherdekade« (Lehmann kritisiert zu Recht diese einengende Bezeichnung) »verdankt« sie übrigens einer EKD-»Anregung«. Gegründet wurde zuerst die staatliche Geschäftsstelle in Wittenberg, deren erster Leiter ich bis 2012 war. Auch das Jubiläumslogo und der Claim »Luther 2017. 500 Jahre Reformation«

---

3 Die Grußworte, der Eröffnungsvortrag und die Predigt sind abgedruckt in: Luther 2017 – 500 Jahre Reformation. Jahrbuch 2008, hg. v. GESCHÄFTSSTELLE »LUTHER 2017« / STIFTUNG LUTHERGEDENKSTÄTTEN U. DER GESCHÄFTSSTELLE DER EKD, 2009, 18–35.

wurden von staatlichen Stellen initiiert und beauftragt (es war also keine
»Parole« der EKD, so aber 128). Die Agenda der EKD war in der Zeit vor
dem Herbst 2008 noch ganz vom Reformprozess okkupiert, der seit Sommer 2006 mit dem Erscheinen des Impulspapiers *Kirche der Freiheit* alle
Ebenen der Evangelischen Kirchen beschäftigte und durch eine »Perspektivkommission 2030« einen ganz weiten Bogen schlug. Für die EKD war in
diesem Prozess der »Kirche im Aufbruch« das Reformationsjubiläum eine
Etappe, aber ganz sicher nicht das Ziel. Erst die massive innerkirchliche
Kritik an den Botschaften des Impulspapiers wie »Schwerpunktsetzung
statt Vollständigkeit« oder »Beweglichkeit in den Formen statt Klammern
an Strukturen« setzte mitten im Reformprozess (der übrigens durch den
Einbruch der Mitgliederzahlen jetzt erst recht nötig wäre) das Engagement
der Verantwortlichen für das Reformationsjubiläum frei. Ohne das Wittenberger »Lutherforum« und den politischen Willen des Landes Sachsen-Anhalt, das seit 1. August 2007 anfänglich allein die Geschäftsstelle »Luther
2017« finanzierte, hätte es also das Reformationsjubiläum als frühzeitig
vorbereitetes, breit etabliertes und v.a. auch kulturelles Ereignis nicht
gegeben.[4]

Diese Buchrezension bildet den formalen Rahmen für eine Begegnung
ganz eigener Art: Ein Ereignis der unmittelbaren Zeitgeschichte wird von
einem aufmerksamen Beobachter von außen und von einem Akteur, der
von Beginn an in vielen Konzeptions- und Realisierungszusammenhängen
eingebunden war, betrachtet, diskutiert und beurteilt. Beide argumentieren
mit Leidenschaft, denn die Sache, um die es geht, die Erinnerung an Luthers
Leben und Werk, ist beiden ein besonderes Anliegen.

Hartmut Lehmann war Ende August 2008 der erste, der in einem
FAZ-Artikel, der als Einstiegsbeitrag in dem Sammelband wiederabgedruckt ist, öffentlich zum Reformationsjubiläum Stellung nahm (»Die
Deutschen und ihr Luther. Im Jahr 2017 jährt zum fünfhundertsten Mal
der Beginn der Reformation. Jubiliert wurde schon oft«). Darin lässt er die
unterschiedlichen Vereinnahmungen Luthers im Lauf der vergangenen Ju-

---

4 Zu den kommunalen Anfängen der Jubiläumsvorbereitung und dem irrtümlichen Wording von der »Lutherdekade der EKD« vgl. S. Rhein, Innenansichten. Aus dem Maschinenraum des Reformationsjubiläums (in: Reformation 2017. Eine Bilanz, hg. v. J.H.
Claussen / S. Rhein, 2017, 144–149), 144f.

biläen von 1617 bis 1983 Revue passieren und schlägt als Gegengift die Beschäftigung mit fünf polemischen Abgrenzungen Luthers vor, nämlich gegen die Täufer, gegen den Papst, gegen einen toleranten Humanismus, gegen die Türken und gegen die Juden, die in wissenschaftlichen Tagungen aufzuarbeiten seien. Die Vorbereitungszeit 2008 bis 2017 als Tagungsreihe? Wir könnten doch dann, entlastet von »sperrigen« Themen, so Lehmann, im Jahr 2017 den positiven Luther feiern, den Kirchengründer, den Bibelübersetzer, den Lieddichter, den Hausvater, den Reformator. Sollten also acht Jahre lutherischer Selbstanklage im neunten Jahr noch mit einem kleinen Jubelfest gekrönt werden? Gleichwohl, dieser Artikel war präsent bei der Wittenberger Eröffnungsfeier am 21. September 2008, nicht zuletzt da der damalige Bundesinnenminister Schäuble mit ausdrücklichem Bezug auf Lehmann die Lutherdekade als Chance des Nachdenkens über die Leistungen und die Fehler Luthers und seiner Mitstreiter verstand, einen vertieften ökumenischen Dialog anmahnte, den liberalen, politisch aktiven Protestantismus stark machte gegenüber seinem obrigkeitsfixierten Widerpart und den Lernprozess der Protestanten hin zu politischer Freiheit und demokratischer Gesellschaft als Einladung des Gesprächs mit den Muslimen empfahl:

> Wir sollten die Luther-Dekade auch als eine Chance sehen, uns auf unseren eigenen Lernprozess zu besinnen und ihn mit den Muslimen in unserem Land zu diskutieren. Dafür sollten wir Gelegenheiten schaffen – im Bewußtsein, dass sich Geschichte nicht wiederholt und dass uns die Bevormundung anderer nicht zusteht.[5]

Dieser Appell hallte in den Tagen danach aufregend in der Öffentlichkeit, nicht der Satz des Ratsvorsitzenden Huber von der Lutherdekade als der »Dekade der Freiheit«, in der er ganz offensichtlich sein Impulspapier *Kirche der Freiheit* einfach fortleben lassen wollte. Lehmann nimmt diese Aussage Hubers als Leitmotiv der EKD-Planungen des Reformationsjubiläums, als Ausdruck eines protestantischen Triumphalismus, der sein Jubiläum ohne Willen zur Kooperation zu inszenieren beabsichtigte (so z.B. 57). Doch von einer Dekade der Freiheit war danach nicht die Rede, obgleich das Themenjahr »Reformation und Freiheit« 2011 dafür zumindest für 12 Monate eine

---

5 W. Schäuble, Erinnerung und Gegenwart: Luther im 21. Jahrhundert (www.wolfgangschaeuble.de; Stand: 6.4.2021).

Steilvorlage gab; die kirchlichen Akteure feierten aber damals fast durchweg ein »Jahr der Taufe« – zum Erstaunen der staatlichen Partner, die bei einem solchen Thema eher abseits standen. Erst bei der »Weltausstellung Reformation« 2017 erlebte die Freiheitssemantik wieder eine breit wahrnehmbare Auferstehung, als die sieben Themenbereiche (»Willkommen«, »Spiritualität«, »Jugend«, »Gerechtigkeit / Frieden / Bewahrung der Schöpfung«, »Globalisierung / Eine Welt«, »Ökumene / Religion«, »Kultur«) die Überschrift »Tore der Freiheit« erhielten.[6]

Im Folgenden kann nicht jeder Beitrag gesondert gewürdigt werden, zumal das Kreisen um das gleiche Thema zahlreiche Wiederholungen generiert. Mir scheinen folgende Gedankenstränge bzw. Anliegen signifikant zu sein:

I

Das Jahr 2017 als das 500. Jubiläum des Beginns der Reformation zu feiern, geht nach Lehmann von falschen Voraussetzungen aus: Es gab keinen Thesenanschlag, sondern Luther verschickte seine Thesen und hielt somit als loyales Glied der katholischen Kirche den Dienstweg ein. Lehmanns Argument gegen den Thesenanschlag ist ziemlich abwegig, dass nämlich

---

6 Zwei Jahre nach dem Jubiläumsjahr bilanziert (auch) Lehmann, dass die »Dekade der Freiheit« keinen großen Nachhall in der Öffentlichkeit gefunden habe (LEHMANN, Das Reformationsjubiläum [s. Anm. 1], 240); er lässt Bundespräsident Gauck »zum Abschluss des Jubiläums« noch einmal das Thema Freiheit aufgreifen, doch hat Gauck das Jubiläumsjahr eröffnet (am 31. 10. 2016) und Bundespräsident Steinmeier beendete es. In seiner Festansprache im Berliner Konzerthaus am Gendarmenmarkt sprach Gauck auch über die an das Evangelium gebundene Freiheit, doch hinterließ er bei den Zuhörern v. a. durch seine Ausführungen zur Gnade einen tiefen Eindruck: von der Gnade mit sich selbst (gegen verzweifelte Selbstoptimierung) über die Gnade mit unseren Mitmenschen, gegen den Ungeist der selbstgerechten Gnadenlosigkeit und für ein Tätigsein als »Agenten der Entängstigung«, mit dem Wunsch für alle nach Erfahrungen von Gnade im Glauben oder durch Mitmenschen bis hin zu dem Schlussgedanken, dass von »gratia« »gratis«, also Großzügigkeit und selbstloses Schenken, und »grazie«, die Leichtigkeit des unverkrampften Daseins, kommen (Gaucks Rede ist abgedruckt in: Reformationsjubiläum 2017. Rückblicke, hg. v. STAATLICHE GESCHÄFTSSTELLE »LUTHER 2017« / GESCHÄFTSSTELLE DER EKD »LUTHER 2017 – 500 JAHRE REFORMATION«, 2018, 338–341).

die 95 Thesen überhaupt nicht Platz auf einem Blatt etwa im Format DIN A3 gefunden hätten. Wenn überhaupt, habe Luther nur einen Hinweis am Schwarzen Brett befestigt, dass er 95 Thesen verfasst habe, über die er diskutieren wolle:»Wer Interesse habe, könne von ihm ein Exemplar erhalten beziehungsweise sich selbst eine Kopie anfertigen« (80). Luther aber hat seine Thesen auf einem Plakatdruck veröffentlicht; solche Plakatdrucke haben sich zeitgenössisch erhalten: mit allen 95 Thesen in gut lesbarer Typographie. Die Argumente für den Thesenanschlag hat Lehmann dann in einem späteren Vortrag wahrgenommen (187), doch hält er den Beleg des Luther-Sekretärs Georg Rörer für unglaubwürdig (»Am Vortag vor Allerheiligen im Jahre des Herrn 1517 wurden von Dr. Martin Luther Thesen über den Ablass an die Türen der Wittenberger Kirchen angeschlagen«), und wundert sich, warum Luther seine Thesen an alle Wittenberger Kirchentüren angebracht habe. Auch die Antwort darauf ist ganz einfach: So war es in den Statuten der Universität Wittenberg geregelt.[7] Lehmann schließt sich der Monumentalisierungsthese Volker Leppins an: Die beiden Tradenten des Thesenanschlags, Melanchthon und Rörer, hätten sich »einfach nicht vorstellen können, dass ihr großer Luther seine reformatorischen Aktivitäten nicht mit einer spektakulären Handlung begann, mit einem öffentlichen demonstrativen Akt, eben dem Thesenanschlag« (187). Für Lehmann ist der Luther ohne Thesenanschlag ein seiner Kirche loyaler Reformkatholik, der für Protestanten und Katholiken anschlussfähig ist, eben nicht der Reformator, auf dessen selbstbewusste Tat vom 31. Oktober 1517 sich – nach Lehmann zu Unrecht! – ein Reformationsjubiläum gründet. Ohne die wissenschaftlichen Scharmützel um den Thesenanschlag als Faktum oder Fiktion hier wieder aufzuwärmen, sei doch noch ergänzt, dass die zeitgenössischen Katholiken in dem Luther des Jahres 1517 keineswegs den vielleicht kritischen, aber doch kirchentreuen Mitchristen sahen; das belegt ein im Februar 2016 in der Forschungsbibliothek Gotha entdeckter handschriftlicher Bericht von 1535 aus katholischer Feder unmissverständlich, wenn der Abschnitt zum Jahr 1517 folgendermaßen betitelt wird: »Von der Zwispaltung so sich des Glaubens und Religion halben im 1517. jar in Teut-

---

7 »[...] in scholis publicare et ecclesiarum valvis intimare« (Urkundenbuch der Universität Wittenberg. Bd. 1, hg. v. W. Friedensburg, 1926, 30).

scher Naction hat angefangen.«[8] Die Entwertung des Datums »1517« hält Lehmann indessen nicht immer durch, wenn er z.B. schreibt: »Das, was 1517 von Wittenberg ausging, [...]«, z.B. 61).

Gleichzeitig bekundet er sein völliges Unverständnis, dass der große Festgottesdienst nicht am 31. Oktober, sondern bereits am 28. Mai 2017 stattfinden solle. Die EKD-Verantwortlichen würden als Begründung die Bundestagswahlen heranziehen, da dann der Oktobertermin in die heiße Wahlkampfphase oder in die Zeit der Koalitionsverhandlungen fallen würde. Das vermeintliche Problem – »nicht nur für einen Historiker, sondern möglicherweise für viele treue Protestanten« (56) – rührt aus der Verwechslung des Schlussgottesdienstes des Kirchentages, der seit Jahrzehnten am Sonntag immer zum Abschluss des mehrtägigen Kirchentags gefeiert wird, mit dem Festgottesdienst des Reformationsjubiläums, der natürlich – und darüber gab es auch niemals den Hauch einer Debatte – am 31. Oktober 2017 in der Wittenberger Schlosskirche gefeiert wurde, zusammen mit den Spitzen von Staat und Kirchen und dem emotionalen Höhepunkt, als der Ratsvorsitzende und der Vorsitzende der katholischen Bischofskonferenz dem Bundespräsidenten das Versöhnungskreuz der beiden Konfessionen überreichten. Also kein kirchlicher Kleinmut im Angesicht der alltagspolitischen Agenda: ein geradezu bizarrer Vorwurf! Dass auch dieser Festtag des 500. Jubiläums zweigeteilt war, (kirchlicher) Gottesdienst in der Schlosskirche und (staatlicher) Festakt mit Ansprache der Bundeskanzlerin im nahegelegenen Wittenberger Stadthaus, hätte einem Betrachter mit zwei wachen Augen auffallen können.[9]

II

Dass die Dekade und das Jubiläum nicht nur ein amtskirchliches und wissenschaftliches Ereignis darstellten, nimmt Lehmann kaum zur Kenntnis. So erschöpft sich sein Beitrag zu »1517–2017: Steinige Wege hin zu politi-

---

8 Vgl. zum Epochenjahr 1517 S. Rhein, Der Beginn der Reformation. Wittenberg 1517, 2017, 7–12. Zu den Argumenten für den Thesenanschlag vgl. B. Hasselhorn / M. Gutjahr, Tatsache! Die Wahrheit über Luthers Thesenanschlag, 2018.

9 Die Rede von Bundeskanzlerin Angela Merkel ist nachzulesen in: Reformationsjubiläum 2017. Rückblicke (s. Anm. 6), 344–347.

scher und gesellschaftlicher Toleranz« (85–93) in einem schnellen Durchlauf durch die Geschichte der Toleranz und Aufklärung vom intoleranten Luther über den Augsburger Religionsfrieden, die englischen Dissenters bis hin zu den Schwierigkeiten der EKD mit ihren Schuldbekenntnissen gegenüber den Juden und endet versöhnlich angesichts der eindeutigen Distanznahme der EKD-Synode von Luthers fatalen Judenschriften im November 2015, doch das Themenjahr 2013 »Reformation und Toleranz« wird dabei überhaupt keines Blickes gewürdigt.[10] Die Themenjahre werden von Lehmann nur *en passant* erwähnt und eher affirmativ bewertet, da sie nach seiner Meinung vom Wissenschaftlichen Beirat formuliert worden sind, also offenkundig dadurch eine gewisse Dignität besitzen. Denn immer wieder schleicht sich in die – häufig für einen größeren Kreis geschriebenen und deshalb meist anmerkungslosen – Stellungnahmen eine Lieblingsidee Lehmanns ein: die Dekade für eine »Serie von großen internationalen und interdisziplinären wissenschaftlichen Tagungen« zu nutzen, die »alle jene Punkte in Luthers Lebenswerk genauer« betrachten sollen, »die im 20. Jahrhundert nur noch schwer zu verstehen [...] sind« (126). Die Themenjahre sollten aber gerade nicht (nur) den wissenschaftlichen Tagungsbetrieb bedienen, sondern die Zivilgesellschaft zu historischer Auseinandersetzung und aktueller Debatte einladen. Sie sind auch nicht vom Wissenschaftlichen Beirat formuliert worden, sondern sind das Werk der Wittenberger Geschäftsstelle der EKD. Denn darin waren sich beide (kirchliche und staatliche) Geschäftsstellen einig, dass die Themenjahre entlang von Jubiläen (z.B. »Bildung« anlässlich von Melanchthons 450. Todestag 2010 oder »Musik« anlässlich des 800. Jubiläums der Leipziger Thomaner 2012 oder »Kunst« anlässlich des 500. Geburtstags von Lucas Cranach d.J.) und von anregend-provozierenden The-

---

10 So stellte der Freistaat Thüringen 2013 das Gedenken an die Leiden der Täufer in den Mittelpunkt, in Augsburg wurde in einer Ausstellung an Josel von Rosheim (1478–1554) erinnert, in Worms führte ein interreligiöser Dialog katholische, evangelische, islamische und jüdische Vertreter zusammen, die Akademie Bad Boll lud zur Tagung »Islam und Reformation – Ist Toleranz genug?« ein, das Bundesinnenministerium führte einen Studierendenwettbewerb zu »Reformation und Toleranz – Was bedeuten Identität und Toleranz heute?« durch, etc., alles nachzulesen in: Luther 2017 – 500 Jahre Reformation. Jahrbuch 2013 (Reformation und Toleranz), hg. v. Staatliche Geschäftsstelle »Luther 2017« / Geschäftsstelle der EKD »Luther 2017 – 500 Jahre Reformation«, 2014.

men (»Toleranz«, »Politik«, »Die eine Welt«) wichtige Geländer auf dem langen Weg zu »2017« bildeten. Dieser Weg sollte gerade nicht (nur) von Tagungen und Aufsatzsammlungen gepflastert sein, sondern Räume schaffen für Aktivitäten von Kirchengemeinden und Kulturinstitutionen. Wer auf die EKD und auf die Wissenschaft fixiert ist, dem entgeht der Reiz des Jubiläums, auch eine Graswurzelbewegung gewesen zu sein, dem müssen die 1.600 Veranstaltungen allein in 2017, die über 200 Ausstellungen, die Kunstprojekte u.v.m. verborgen bleiben, kurzum: der kann nicht verstehen, warum das Reformationsjubiläum zu einem vielfältigen Kulturereignis, ja zum öffentlichkeitswirksamsten erinnerungskulturellen Jubiläum in der Geschichte der Bundesrepublik Deutschland wurde.[11]

III

Die Texte des Sammelbands sind an ihren jeweiligen Entstehungskontext gebunden, worauf Lehmann zu Recht im Vorwort verweist. Das macht sie bisweilen zu Momentaufnahmen mit kurzer Haltbarkeit. Gerade bei der Forderung nach einer ökumenischen Reformationsmemoria hat die Dekade, wie Lehmann in späteren Stellungnahmen einräumt, eine überraschend positive Antwort gegeben. Denn allmählich entstanden eine größere Achtsamkeit auf evangelischer und eine größere Offenheit auf katholischer Seite. In Wittenberg pflanzte am 1. November 2009 bei der festlichen Eröffnung des Luthergartens Walter Kardinal Kasper eine Linde und begründete damit zusammen mit Vertretern des Ökumenischen Patriarchats von Konstantinopel, der Anglikanischen Gemeinschaft, des Weltrats der Methodistischen Kirche, des Reformierten Weltbundes und des Lutherischen Weltbunds das weltweit erste programmatisch welt- und konfessionsumspannende (und ökologische) Reformationsdenkmal. Dabei »erinnert uns«,

---

11 Dies gilt übrigens nicht nur für die Veranstaltungen der kulturellen, sondern auch der kirchlichen Akteure. Wenn Lehmanns Blick sich doch einmal von Hannover lösen könnte und dort hinschauen würde, wo Kirche wirklich stattfindet, also in den Gemeinden! Kirchenpräsident Volker Jung betont: »Das Reformationsjubiläum 2017 war ein wirkliches ›Beteiligungsjubiläum‹. In der Evangelischen Kirche in Hessen und Nassau gab es über 10.000 Veranstaltungen. Das war großartig!« (Reformationsjubiläum 2017. Rückblicke [s. Anm. 6], 267).

so Kardinal Kasper damals in Wittenberg, der von der römisch-katholischen Kirche gepflanzte Baum »auch daran, dass Martin Luthers Ruf zur Reform der Kirche, der ein Ruf zur Buße war, uns auch heute angeht«. Lehmanns Frage, ob die Katholiken mit ihrem Standort in einem Luthergarten glücklich seien (15), lässt sich also eindeutig mit »Ja!« beantworten, nicht zuletzt auch mit dem Hinweis auf 21 weitere »katholische« Bäume.[12] Kaum Beachtung hat offenkundig das Grußwort des damaligen Regensburger Bischofs Gerhard Ludwig Müller 2010 zum Festakt anlässlich des 450. Todestags Melanchthons gefunden – auch nicht bei Lehmann, der Müller als einen Kirchenmann einschätzt, »der es eigentlich nie versäumt, auf die Differenzen zwischen den Konfessionen hinzuweisen« (159) –, in dem er seine Freude zum Ausdruck bringt, am Grab dieses »Zeugen Jesu Christi« zu sprechen, das Wirken der beiden Reformatoren als Einsatz für eine Erneuerung und nicht für die Spaltung der Kirche, als »Ringen um eine erneuerte Katholizität« und als Kampf gegen »problematische Schulmeinungen und Frömmigkeitspraktiken« würdigt, Melanchthons Position zur Sakramentalität der Ordination hervorhebt und für die Gemeinsamkeit der katholischen und evangelischen Christen dankt.[13] Gleichwohl, zum Blühen kam der ökumenische Frühling in der Lutherdekade mit dem Ratsvorsitz von Bischof Heinrich Bedford-Strohm ab 2014 – dank der räumlichen, inhaltlichen und offensichtlich auch menschlichen Nähe zum Münchner Kardinal Reinhard Marx. Das Reformationsjubiläum 2017 wird deshalb auch zu Recht in die Geschichtsbücher der Ökumene eingehen.[14]

Ein weiterer, stets wiederkehrender Kritikpunkt Lehmanns betrifft die angeblich fehlende Internationalität der Jubiläumsvorbereitungen; v.a. die

---

12 Vgl. die Liste aller Bäume (keine Apfelbäume!) auf www.luthergarten.de (Stand: 7.4.2021). In einem Vortrag von 2014 erkennt Lehmann im Luthergarten eine faszinierende Symbolik für die Vielgestaltigkeit des Christentums zu Beginn des 21. Jahrhunderts, doch ist ihm wichtig, dass ein solch euphorisches Lob dem Lutherischen Weltbund als von der EKD unabhängigem Akteur gilt (Lehmann, Das Reformationsjubiläum [s. Anm. 1], 154).

13 Der vollständige Redetext (»Würdigung von Philipp Melanchthon aus katholischer Sicht beim Festakt der Evangelischen Kirche in Deutschland«) ist nachzulesen auf www.dbk.de (Stand: 6.4.2021).

14 Dazu detailliert V. Hammes, Erinnerung gestalten. Zur Etablierung einer ökumenischen Gedächtniskultur am Beispiel der Reformationsmemoria 1517–2017, 2019.

reformierten Kirchen und die Freikirchen seien sträflich missachtet worden. Wiederholungen machen eine Behauptung nicht glaubwürdiger. Denn auch Lehmann muss zugeben (150), dass bereits die Eröffnung der Lutherdekade international gestaltet war, da der amerikanische Bischof Hanson die Festpredigt hielt. Oder dass 2013 ein gemeinsamer Kongress der EKD und des Schweizerischen Evangelischen Kirchenbundes in Zürich stattfand, auf dem das gemeinsame Zeugnis der reformatorischen Kirchen im Zentrum stand (149). Es gab auch staatliche Kontakte insbesondere in der Amtszeit des Schweizer Botschafters Tim Guldimann (v.a. 2010–2014), so dass die staatliche Geschäftsstelle zu mehreren Schweizer Städten Kontakte anbahnte. Der große Schweizer Pavillon auf der »Weltausstellung der Reformation« in Wittenberg 2017 bildete einen eindrucksvollen Höhepunkt dieser engen Kooperation. Was die Reisen der EKD-Botschafterin Margot Käßmann betrifft, nennt Lehmann eine »Stippvisite in den USA« (154) und vergisst dabei das breite internationale Netzwerk, das sie mit ihren Reisen in 32 Ländern samt Vorträgen, Gesprächen und Gottesdiensten bewirkt hat.

Regelmäßig wiederholt Lehmann seinen Vorwurf, dass die Freikirchen auf dem Weg zum Reformationsjubiläum links liegengelassen wurden. Doch gerade das Themenjahr »Reformation und Toleranz« 2013 bot den Anlass, ein Forschungsprojekt unter dem Titel »Heilung der Erinnerungen – Das Verhältnis der evangelischen Frei- und Landeskirchen im 19. Jahrhundert« zu starten, das in Aufnahme der Forderung der EKD-Synode von 2012 nach der Auseinandersetzung mit den eigenen Schattenseiten und den eigenen falschen Entscheidungen die Verletzungsgeschichte der Landeskirchen und der Erweckungsbewegungen des 19. Jahrhunderts untersuchte und das sich zum Ziel setzte, in der Einübung in eine gemeinsame Erinnerungskultur das Reformationsjubiläum als Sache des gesamten deutschen Protestantismus stärker in den Blick zu nehmen.[15] Auch war die »Vereinigung Evangelischer Freikirchen« im kirchlichen Leitungskreis Reformationsjubiläum vertreten, arbeitete an dessen Theologischer Botschaft »Was und wie wir feiern« mit, der »Bund Evangelisch-Freikirch-

---

15 Vgl. Heilung der Erinnerungen: Freikirchen und Landeskirchen im 19. Jahrhundert. Beiträge aus einem Forschungsprojekt zum Reformationsjubiläum 2017, hg. v. W. Fleischmann-Bisten / U. Möller / B. Rudolph, 2018.

licher Gemeinden« konzipierte und realisierte eine Wanderausstellung (»Reformation – #dagehtwas!«) und war in Wittenberg auf der »Weltausstellung der Reformation« etwa mit der Ausstellung »Von Martin Luther zu Martin Luther King« präsent.[16]

Zum *Basso Continuo* wird bei Lehmann der Vorwurf an die EKD oder ganz allgemein an die Organisatoren der Lutherdekade, die »außerordentlich dynamische Organisation« Refo500 zurückgewiesen zu haben (131), was ihm sogar noch auf der letzten Seite seines Rückblicks (243) eine Sottise wert ist, dass die »lästige Konkurrenz« die Arbeitsstellen der EKD in Wittenberg überlebt habe. Dass Hartmut Lehmann die Schriftenreihe von Refo500 mit zwei Sammelbänden bereichern durfte, mag außerhalb der Betrachtung bleiben, doch zeigt dies die Aufgaben von Refo500 unmissverständlich: Refo500 war und ist v.a. ein Verbund von wissenschaftlichen Institutionen, der Tagungen veranstaltet und Bücher herausgibt. Wittenberg verdankt den »Refo500 Academic Studies« z.B. die sehr aufschlussreiche Studie von Silvio Reichelt zum *Erlebnisraum Lutherstadt Wittenberg. Genese, Entwicklung und Bestand eines protestantischen Erinnerungsortes* aus dem Jahr 2013, denn auch eine solch einschlägige Publikation wäre niemals die Aufgabe der EKD oder der Organisatoren der Lutherdekade gewesen. Diese Organisatoren hatten, wie der Name verrät, zu organisieren: Öffentlichkeitsarbeit, jährliche Themenhefte, die jeweiligen Eröffnungen der Themenjahre mit kirchlicher und politischer Prominenz, das »Forum Reformation« auf den Kirchentagen etc. Und ihre Arbeit wurde gemessen an Zahlen, ja auch an Erfolgen, z.B. an den steigenden Tourismuszahlen oder dass über sechs Millionen BesucherInnen allein zu den Veranstaltungen kamen, die von der Beauftragten der Bundesregierung für Kultur und Medien (BKM) gefördert wurden.

IV

Dass das Reformationsjubiläum nicht ausschließlich eine Angelegenheit der EKD war, findet bei Lehmann 2014, sechs Jahre nach der Dekadeneröffnung, erstmals eine Erwähnung. In einem FAZ-Artikel kurz vor dem Refor-

---

16 Vgl. die Ausführungen in Bund Aktuell, hg. v. Bund Evangelisch-Freikirchlicher Gemeinden, Nr. 11 vom 2. November 2017.

mationstag 2014 bleibt er indessen dabei, dass die Lutherdekade mit ihren Themenjahren vom Wissenschaftlichen Beirat konzipiert worden sei, würdigt aber zum ersten Mal den staatlichen Beitrag etwa bei der Sanierung der Lutherstätten in den mitteldeutschen Lutherländern und bei der Förderung des Luthertourismus. Es gelingt ihm aber auch hier, die EKD nicht ungeschoren davon kommen zu lassen, denn sie habe die lutherischen Gemeinden auf allen Kontinenten nicht zur Mitarbeit eingeladen, vergesse etwa die Jugendlichen aus den Pfingstkirchen und grenze sich durch ihre Veröffentlichungen ab. Leider würden die staatlichen Partner aus Bund, Länder und Kommunen die EKD nicht drängen, »auf ihre Politik einer bewussten Exklusion zu verzichten und stattdessen eine Politik der kulturellen Inklusion zu verfolgen« (133).

Dem staatlichen Engagement widmete Lehmann 2016 einen eigenen Artikel (»›Ein Ereignis von Weltrang‹. Anträge und Debatten zur Lutherdekade und dem Reformationsjubiläum 2017 im Deutschen Bundestag 2008 bis 2011 – Anmerkungen zur politischen Instrumentalisierung eines kirchlich-religiösen Jubiläums«), also über fünf Jahre nach den Debatten in den Ausschüssen und im Bundestag. Diese zeitliche Distanz ist bezeichnend dafür, wie spät Lehmann die kirchlich-staatliche Partnerschaft als grundlegende Jubiläumsstruktur zu begreifen lernte, doch gelingt ihm im Rückblick im Sinne eines Zwischenfazits, die politischen Verkürzungen von historischen Zusammenhängen mit klarem analytischen Zugriff zu diagnostizieren, auch wenn der Schluss, »dass die Geschichtskenntnisse unserer Parlamentarier – mit wenigen Ausnahmen – durchaus bescheiden sind« (145), mehr über den Urteilenden als über die Be- bzw. Verurteilten aussagt. Es fehle bei den im Bundestag vertretenen Parteien »eine klare Strategie für eine möglichst umfassende Erinnerung an Luther und die Anfänge der Reformation« (147). Der Bundestag sollte also die Erinnerung an Luther bestimmen – mit geschichtspolitischem Anspruch? Die staatlichen Stellen waren klug genug, sich auf bestimmte Tätigkeitsfelder zu konzentrieren, auf Bau- und Instandhaltungsmaßnahmen, auf touristisches Marketing, auf auswärtige Kulturpolitik mit der Unterstützung großer Reformationsausstellungen deutscher Museen in Minneapolis, New York, Atlanta und Los Angeles und überhaupt auf Kulturveranstaltungen. Lehmann vermisst in einer nachgereichten Fußnote zu seinem Beitrag über das Bundesengagement eine kritische Bilanz (148, Anm. 31) und übersieht dabei die »Bilanz der Bundesregierung: Reformationsjubiläum 2017«. Kurz vor dem Jubiläumshöhepunkt stellte die Bundesregierung ihre Tätigkeitsfelder vor – »Auswärtige Kultur- und Bildungspolitik«, »Bildungspolitische Relevanz«, »Investitionen in Bau- und Denkmalkultur«, »Touristische Aspekte«, »Gesellschaft heute«, »Kulturimpulse«, »Gedenkmünzen und Sondermarken«, »Mediale Vermittlung« – und nannte ihre Ziele, die nach ihrer Einschätzung auch erreicht wurden:

- Das Reformationsjubiläum wurde international und im ökumenischen Geist gefeiert.
- Kulturelle Projekte und andere Möglichkeiten der Teilhabe für Menschen wurden geschaffen, unabhängig von deren Religion, Alter und Bildungsstand.
- Die religiösen, kulturellen, gesellschaftlichen und politischen Auswirkungen der Reformation auf unser Land, auf Europa und die Welt wurden transparent gemacht.
- Die Bundesrepublik hat damit Gelegenheiten geboten, darüber nachzudenken, was unsere Gesellschaft trägt und prägt.
- Zum Jubiläum wurden wichtige historische Stätten der Reformation in Deutschland denkmalgerecht saniert und modernisiert.[17]

Das Auswärtige Amt förderte über 70 Projekte von Europa bis Asien. Doch ob die staatlichen Stellen in Sachen Internationalität mehr Einfluss auf die EKD hätten nehmen sollen, bleibt bei Lehmann ziemlich diffus: 2014 beklagt er, dass

die staatlichen Stellen offenbar stillschweigend zu[sehen], wie die EKD das Erinnern auf ein Jubiläum ihrer Sicht verengt. Schade, kann man nur folgern, jammerschade: Denn eine betont internationale und eine betont ökumenische Ausgestaltung würde das Reformationsgedenken von 2017 deutlich von früheren Lutherfeiern abheben (159f).

Wenige Seiten später (166), allerdings zugleich drei Jahre später, ist auf einmal alles doch ganz anders, nämlich dass

die staatliche Förderung dazu beitrug, dass die gesamten Jubiläumsaktivitäten eine durchaus nationale Note erhielten. Hätte die Kirche allein entschieden, wären, so ist zu

17 Vgl. www.reformationsjubilaeum-bund.de (Stand: 6. 4. 2021) mit erläuternden Darlegungen auf 19 Seiten. Zu den Intentionen, Förderungen und Aktivitäten des Bundes vgl. S. Bias-Engels, Zusammen arbeiten – Miteinander feiern. Staat und Kirche auf dem Weg zum Reformationsjubiläum (in: Reformation 2017. Eine Bilanz [s. Anm. 4]), 26–31; Dies., »Die Vielstimmigkeit des Erinnerns« – Kunst und Kultur in Zeiten von Lutherdekade und Reformationsjubiläum 2017 (in: Reformationsjubiläum 2017. Rückblicke [s. Anm. 6], 217–220).

vermuten, von Anfang an mehr internationale Akzente gesetzt worden. Das Jubiläum hätte dann eine völlig andere Färbung bekommen.

Da schweigt des Rezensenten Höflichkeit ...

V

Müssen kommentierende Momentaufnahmen zu den Vorbereitungen eines Jubiläums in einem Sammelband einer wissenschaftlichen Reihe wiederabgedruckt werden? Hier wird jede Leserin, jeder Leser ein persönliches Urteil fällen dürfen. Lesens- und bedenkenswert sind für mich die Rückblicke, die Hartmut Lehmann formuliert, wenn er das »Sommermärchen namens Luther?« (165–173) hinterfragt, die Neuerscheinungen zum Jubiläum »500 Jahre Reformation« kompetent und zugleich meinungsstark einordnet (191–230) und die Frage »Was ist geblieben«? (231–243) kritisch beantwortet. Bei der Diskussion des vermeintlichen Sommermärchens 2017 wird abwägend und – ohne polemische Einseitigkeit – ein Resümee gezogen, das, auch wenn es nicht überall Zustimmung finden kann, doch immer diskussionswürdig bleibt. Die Lutherzentrierung und die Eventisierung werden kritisiert, die zunehmende Internationalisierung und Ökumene werden gewürdigt, die überraschend große Zahl lokaler Initiativen wird als erfreulich wahrgenommen, die gut besuchten Gottesdienste am 31. Oktober 2017 als beeindruckend empfunden. Berechtigt ist der Zweifel an einer Trendwende gegen die weitere Säkularisierung der deutschen Gesellschaft. Ob mit Blick auf die genannten Facetten des Jubiläums allerdings Lehmanns Schlussfolgerung unwidersprochen stehen bleiben kann, ist dann doch zumindest zweifelhaft:

[...] bleibt somit aufs Ganze gesehen, als ein signifikantes Charakteristikum der Fünfhundertjahrfeier der Eindruck von Selbstbezogenheit, gar Enge, und im Zeitalter der Globalisierung ein Mangel an interkultureller Komparatistik (173).

Seine profunde Besprechung der zahlreichen Neuerscheinungen, der Lutherbiographien, Reformationsgeschichten, Sammelbände, Kataloge und Lexika, schließt Lehmann mit einem Katalog künftiger Forschungsperspektiven ab: Gründe für den Erfolg der von Luther ausgelösten Reformbewegung, die bürgerliche Lesefähigkeit und Bibelbesitz, die Staatsnähe des Luthertums, die Etappen des Streits zwischen Wittenberg und Rom, die

Reflexion über das heutige Schreiben einer Lutherbiographie, der Prozess der Ausdifferenzierung von Lutheranhängern und dem »linken Flügel«, die Entstehung der »Peace Churches« aus den Schwärmern, Enthusiasten und Täufern und die Einordnung der Wittenberger Reformation in die langfristigen Transformationen der frühneuzeitlichen Welt (225–229).

Auch im letzten Beitrag des Sammelbandes, einem Vortrag von 2019, dominiert ein sich seiner Vorläufigkeit bewusstes Nachdenken über »Bedeutung und Wirkung des großen Reformationsjubiläums 2017« (231). Lehmann konfrontiert die Reformationserinnerung 2017 mit den aktuellen Zeitläuften und fragt nach den Relationen, Reaktionen und Aktualisierungen. Die Stärkung der kulturellen Traditionen sei ohne Zweifel gelungen, durch eine Vielzahl beeindruckender Veranstaltungen, Ausstellungen und baulicher Instandsetzungen der Wirkungsstätten der Reformatoren. Auch seien einige internationale Akzente hervorzuheben, doch kann Lehmann trotz alledem sein liebgewordenes Bild von der national engstirnigen EKD nicht aufgeben; ihr sei es nicht gelungen, mit dem Lutherischen Weltbund konstruktiv zusammenzuarbeiten (eine Behauptung übrigens gänzlich ohne Beleg und Zeuge).[18] Dessen zentrale Feier habe in Namibia stattgefunden, die der EKD in Wittenberg und Berlin (man stelle sich hingegen vor, die EKD hätte Windhuk als Ort ihres Jubiläumsfestakts gewählt...). Dass Lehmann die Unterschiede in Profil, Aufgabenstellung und Resonanzbereich zwischen der »Evangelischen Kirche in Deutschland« und dem »Lutherischen Weltbund« nicht erkennen will, bleibt den ganzen Sammelband hindurch irritierend. Eine erfolgreiche Kampagne gegen die zunehmende Säkularisierung der Gesellschaft war die Lutherdekade nicht, wie der Rückgang der Kirchenmitgliedschaften deutlich zeigt, aber der von Lehmann geäußerte Verdacht, das Jubiläum habe nur eine kirchlich aktive gesellschaftliche Minderheit angesprochen, geht eben auch in die Irre, da er die große Zahl der Ausstellungen, Konzerte, Bildungsprojekte u.a. ausblendet, die von breiten Bevölkerungskreisen mit großem Zuspruch aufgenommen wurden. Denn die vielen kulturellen Veranstaltungen luden erfolgreich zur Begegnung mit

---

18 Der Lutherische Weltbund war im »Lenkungsausschuss zur Vorbereitung des Reformationsjubiläums 2017« vertreten, in dem Profilbildung und Arbeitsteilung der Beteiligten besprochen und vereinbart wurden – gegen den von Lehmann forcierten Antagonismus von EKD und LWB.

einem faszinierenden Kapitel deutscher und europäischer Geschichte ein. Die Flüchtlingskrise der Jahre nach 2015 sei ausgeklammert worden, obgleich Glaubensflüchtlinge und z.B. die Leidensgeschichten der Täufer, der Böhmischen Brüder oder der radikalen Pietisten Teil der Geschichte der reformatorischen Bewegungen seien, wie auch die Ablehnung Luthers, Calvins und anderer Reformatoren gegen alle Gruppen von Dissenters. Doch zu den eindrücklichsten Interventionen der »Weltausstellung der Reformation« gehörten die symbolischen Flüchtlingsboote in einem Wittenberger Innenstadtteich und insbesondere das 16 Meter lange Boot, mit dem fast 250 Menschen von Libyen nach Sizilien fliehen konnten, ein studentisches Kunstprojekt, das ausdrücklich auf die europäische Asyl- und Migrationspolitik und ihre Verstöße gegen Gerechtigkeit und Frieden aufmerksam machen wollte, bis heute für manche eine Provokation und Ziel von Brandanschlägen.[19] Luthers Judenschriften blieben ein ständiges Skandalon vor und in 2017, so sieht es auch Lehmann, der in diesem Zusammenhang Margot Käßmanns Hinweis auf die Lerngeschichte des deutschen Protestantismus als Überwindung des traditionellen Antijudaismus sowie die Ausstellung der Berliner Stiftung Topographie des Terrors zu Martin Luther im Nationalsozialismus hervorhebt. Bei der zweiten Hälfte der Lutherdekade sieht Lehmann die Ökumene als Schwerpunkt, dank des neuen Ratsvorsitzenden Bedford-Strohm und dessen vertrauensvoller Partnerschaft zu Kardinal Marx, doch hätte man, so Lehmann, bei einer Zusammenarbeit von Beginn an sicherlich mehr an kirchlicher Gemeinsamkeit erreichen können. Ein abschließendes Urteil will Lehmann nicht recht gelingen, in seiner Sicht vielleicht sogar folgerichtig, da ihm vieles nur als kurzfristiges Event organisiert schien. Zumindest drei Punkte bleiben ihm in Erinnerung: die nachhaltigen Investitionen in die reformatorischen Gedenkstätten, das wissenschaftliche Netzwerk »Refo500« und der 31. Oktober als neuer Festtag in den norddeutschen Bundesländern.

Die Beiträge des letzten Kapitels (»Rückblick auf die Lutherdekade und das Reformationsjubiläum«, 165–243) belegen: Die Stärke des Historikers Hartmut Lehmann ist und bleibt der Blick in den Rückspiegel, auch wenn ihm dabei manches im toten Winkel aus dem Blick gerät. Auch und ge-

---

19 Vgl. S. Scholz, Denkmäler für Geflüchtete. Quellen einer postmigrantischen Erinnerungskultur (Zeithistorische Forschungen 17/3, 2020, 592–610).

rade für den Akteur »mittendrin« ist der kühle Blick des resümierenden Urteils nicht eben leicht. Nach den Konflikterfahrungen des Jahres 1983 in der DDR wurde der partnerschaftlichen Organisation des Jubiläums von Staat, Kirche und Zivilgesellschaft auf Augenhöhe eine große Bedeutung zugemessen. Es sollte nicht national engstirnig gedacht, gesprochen und gefeiert werden. Ökumene und Internationalität waren von Beginn an wichtige Wegmarken. Die Reformation sollte als wirkmächtige Epoche in das historische Gedächtnis zurückgeholt werden. Wichtig waren auch deshalb die vielen Schul-, Kinder- und Jugendprojekte. Die Dekade war als Vorbereitungszeit für Bau-, Kultur-, Bildungs- und Tourismusprojekte gedacht. Deshalb war sie notwendig und deshalb wurde das Jubiläum ein Erfolg. Ob es zu viel Luther war? Vielleicht war es sogar zu wenig Luther, zu wenig an existenzieller Auseinandersetzung mit ihm und seiner Theologie. Doch »2017« ist kein Endpunkt. Die Organisatoren waren niemals erfüllt von »protestantischem Triumphalismus«, sondern vom ersten Tag ihres Nachdenkens und Vorbereitens an begleitete sie ein Gedanke Luthers, der das eigene Tun mit tiefer Skepsis reflektiert:

> Dieses Leben ist nicht ein Frommsein, sondern ein Frommwerden, nicht ein Gesundsein, sondern ein Gesundwerden, nicht ein Sein, sondern ein Werden, keine Ruhe, sondern ein Üben. Wir sind es noch nicht, wir werden es aber. Es ist noch nicht getan und geschehen, es ist aber in Gang und im Schwang. Es ist nicht das Ende, es ist aber der Weg.[20]

---

20 Nach MARTIN LUTHER, Grund und Ursach aller Artikel, so durch römische Bulle unrechtlich verdammt sind (WA 7; 336,30–35).

Buchbesprechungen

BERNDT HAMM: Spielräume eines Pfarrers vor der Reformation. Ulrich Krafft in Ulm. Ulm: Stadtbibliothek Ulm, 2020. XX. 451 S. mit 33 Abb. (Veröffentlichungen der Stadtbibliothek Ulm; 27)

Ein weiteres großformatiges und inhaltsreiches Werk hat Berndt Hamm, einer der besten Kenner des Spätmittelalters und der frühen Reformationszeit, vorgelegt, das an genau dieser Schnittstelle angesiedelt ist: Es behandelt die Person und das Wirken des von 1501 bis 1516 amtierenden Ulmer Münsterpfarrers Ulrich Krafft. Angeregt wurde seine Beschäftigung mit Krafft, der über die Ulmer Lokalgeschichte hinaus bislang kaum bekannt sein dürfte, durch das Jubiläum der Ulmer Stadtbibliothek, die auf eine Stiftung Kraffts kurz vor seinem Tod im Jahr 1516 zurückgeht. Dieser exemplarische Anlass erwies sich als außerordentlich fruchtbar, wie das Resultat dieses Buches erkennen lässt. Neben der Gelehrtenbibliothek Kraffts, von der vieles erhalten geblieben ist, stellen die Aufzeichnungen zu zwei Predigtzyklen, die Krafft 1503 und 1514 gehalten hat und die im Jahr nach seinem Tod gedruckt wurden, das zweite Hauptquellenkorpus dar. Dass es sich hierbei um die wohl einzigen gedruckten Predigten eines Pfarrers vor der Reformation handelt, betont

Hamm nachdrücklich (vgl. 72 f u. ö.). Denn auf die eine Pfarrstelle Ulms, die somit den Wirkradius eines Bischofs hatte, wurde der studierte Jurist Krafft wohl kaum um der Predigttätigkeit willen berufen – dafür waren in größeren Stadtgemeinden eigens angestellte Prädikanten bzw. Stellvertreter zuständig. »Die Pfarrherren bedeutender Kirchen waren üblicherweise [...] Kirchenjuristen, die im Gefüge von Bürgergemeinde und Pfarrgemeinde für Verwaltungsaufgaben zuständig und wegen ihres juristischen Sachverstands gefragt waren.« (71) Als solcher trat Krafft durchaus auch auf und war als ›religiöser Dirigent‹ der Stadt, als den Hamm ihn charakterisiert (vgl. 220–222), in den sozialen und wirtschaftlichen Belangen des städtischen Lebens einflussreich. Gleichwohl hatte der vielseitig gelehrte »Freund humanistischer Studien« (67), dessen Bibliothek die »Ausrichtung der oberrheinischen Gelehrtenkultur« (66) spiegelt, sich auch eine fundierte theologische Bildung erarbeitet. Offenbar entsprach es seinem Selbstverständnis, ähnlich dem berühmten Straßburger Münsterprediger Johannes Geiler von Kaysersberg, auf den Hamm immer wieder vergleichend zu sprechen kommt, auch von der Kanzel aus dirigierend und lehrend (vgl. 261–266) tätig zu sein.

Die hier gegebenen Einblicke zeigen exemplarisch die doppelte Perspektive der gesamten Studie: »eine verallgemeinernde Richtung mit der These, dass in Ulrich Krafft ein bestimmter, für das beginnende 16. Jahrhundert charakteristischer Pfarrertyp hervortrat, dem solche kirchlichen, kulturellen und sozialpolitischen Möglichkeitsräume offenstanden; und eine individualisierende Fragerichtung, die sich auf das Besondere Ulrich Kraffts konzentriert und dabei Ungewöhnliches, Innovatives und Erstaunliches an dieser Person zu Tage fördert.« (XIV) Es ist offenkundig, dass ein solches Vorhaben nur von einem Forscher wie Berndt Hamm eingelöst werden kann, der mit den reichsstädtischen Kulturen, der humanistischen Bildungslandschaft und der Theologie- und Frömmigkeitsgeschichte des 14. bis 16. Jahrhunderts gleichermaßen vertraut ist, und der sich zudem intensiv in die lokalen Gegebenheiten des oberdeutschen Raumes und speziell der Reichsstadt Ulm eingearbeitet hat.

Aufgebaut ist das Buch in acht je für sich lesbare Kapitel, die in einem »Rückblick und Synthese: Ulrich Krafft – ein außergewöhnlicher und typischer Pfarrer in seiner Zeit« (377–408) genannten Schlusskapitel gebündelt werden. Zu Beginn stehen Kapitel zur Bibliothek Kraffts: »Die Bibliotheksstiftung Ulrich Krafft« (1–18), »Umfang und Charakter von Ulrich Kraffts Bibliothek« (19–31) und »Die Wissensgebiete der Bibliothek Ulrich Kraffts« (53–68), in die ein biographisches Kapitel eingeflochten ist: »Der Lebens- und Bildungsweg Ulrich Kraffts bis zum Beginn seines Wirkens als Ulmer Münsterpfarrer« (33–51). Es folgt ein Kapitel mit einer gewissen Scharnierfunktion, das einen Überblick über den Prediger und die Predigten gibt: »Ulrich Krafft als Münsterpfarrer und die Überlieferung seiner beiden Predigtzyklen von 1503 und

1514« (69–92). In dem quantitativ umfangreichsten Kapitel über »Die Bildkonzeptionen der beiden Predigtzyklen« (93–211) erörtert Hamm detailliert, wie von Krafft die Bilder des ›Geistlichen Streites‹ und der ›Arche Noe‹, an denen sich die beiden Predigtzyklen entlanghangeln, gebraucht werden. Anschließend wird »Die Position Ulrich Kraffts als Pfarrer und Prediger in der Stadt« (213–271) dargestellt, wobei vertieft auf konkrete sozial- und wirtschaftspolitische Fragen eingegangen wird, zu denen Krafft als Pfarrer und Prediger Stellung bezogen hat. Das achte Kapitel profiliert schließlich in 33 Unterkapiteln »Markante theologische Lehren in Ulrich Kraffts Münsterpredigten« (273–375). Nicht nur, aber insbesondere in diesem Kapitel ist der Blick stets auch auf die theologische Tradition, auf andere zeitgenössische Theologen und schließlich auf die folgenden Jahre der Reformation gerichtet.

Insgesamt sieht Hamm in Krafft einen »typische[n] Vertreter der Frömmigkeitstheologie des 15. und beginnenden 16. Jahrhunderts« (206). Nach Johannes von Paltz und Johannes von Staupitz hat Hamm somit einen weiteren Prediger mit gleichwohl eigenständigem Profil dieser von ihm als »Erfolgstheologie des ausgehenden Mittelalters« (ebd.) bezeichneten Richtung umfangreich dargestellt. Sie ist selbst keine theologische Schule, sondern bezeichnet eine – Elemente der »traditionelle[n] scholastische[n], mystische[n] und monastische[n] Theologie« (207) verarbeitende und transformierende – ganz auf die Predigt und Seelsorge des Volkes ausgerichtete Theologie. Sprechend ist diesbezüglich, dass Krafft mit der Übernahme der Ulmer Pfarrstelle eine juristische Professur, zwei Domherrenstellen und ein gut dotiertes Stiftskanonikat aufgab, so dass wohl »spirituelle Motive« (51. 215) als zumindest mitentscheidend für den Wechsel von Basel nach Ulm geltend zu machen sind.

Alle Kapitel nehmen die drei Gravitationszentren der Studie – die Bibliothek Kraffts, seine Tätigkeit als predigender Münsterpfarrer und die Inhalte seiner gedruckt überlieferten Predigtzyklen – aus unterschiedlichen Blickwinkeln auf und verknüpfen sie beständig miteinander. Dies geht freilich nicht ohne Wiederholungen einher, doch entsteht gerade so durch die Lektüre ein eindrückliches Bild von der Person Ulrich Krafft, von den Spielräumen eines Pfarrers vor der Reformation und von der geistig-theologisch-spirituellen Lebens- und Denkwelt um 1500 in einem großstädtischen Kontext.

Angesichts dieses Panoramas und der Vielzahl an theologie- und frömmigkeitsgeschichtlichen, sozial- und institutionengeschichtlichen sowie bildungs- und bibliotheksgeschichtlichen Aspekten ist abschließend hervorzuheben, dass das Buch neben einem Bibelstellen- und einem Personen- dankbarerweise auch ein umfangreiches Sachregister enthält.

Tübingen   Jonathan Reinert

LUTHER IM EXIL. Wartburgalltag 1521. Begleitband zur Sonderausstellung auf der Wartburg 4. Mai – 31. Oktober 2021, hg. v. der Wartburg-Stiftung, Regensburg 2021, 192 S. m. Abb.

Am 4. Mai 1521 kam Martin Luther am späten Abend auf der Wartburg an. Nach aufregenden Tagen in Worms, einer erlebnisreichen Rückreise und einem fingierten Überfall in der Nähe der Burg Altenstein sollte die Wartburg für die folgenden Monate Luthers Versteck sein. Sein Aufenthalt auf der kursächsischen Burg gehört mit zu den markantesten Ereignissen der Biogra-

phie des jungen Reformators und der Ort zu einem der bedeutendsten Erinnerungsorte der deutschen Geschichte.

Die Wartburg-Stiftung Eisenach widmete dem Ereignis nun die Sonderausstellung »Luther im Exil. Wartburgalltag 1521«, dessen profunder Begleitband sich zur Lektüre lohnt. Zugleich ist er der letzte Band, den *Günter Schuchardt* in seiner Funktion als Burghauptmann herausgegeben hat. Zum 31. Mai 2021 trat er in den Ruhestand, nachdem er 26 Jahre lang die Geschicke der Wartburg und der Wartburg-Stiftung erfolgreich gelenkt hatte. Für die gute Zusammenarbeit nicht zuletzt mit der Luther-Gesellschaft sei ihm herzlich gedankt.

Gegliedert ist der Ausstellungsband in zwei Teile, welche aus einführenden Essays und umsichtigen Objektbeschreibungen mitsamt Abbildungen bestehen. Der erste Teil ist »Luther im Exil« gewidmet und wird durch *Wolf-Friedrich Schäufele* eingeleitet. In seinem Essay entwirft der Marburger Kirchenhistoriker kenntnisreich das Panorama von den Wormser »Rettungsplänen« (9) über die Entführung, die Verwandlung zum »Junker Jörg«, Luthers Krankheiten und Anfechtungen, seine schriftstellerische Arbeit, die reformatorischen Ereignisse in Wittenberg bis hin zu Luthers Rückkehr von der Wartburg. In drei Abteilungen werden sodann Objekte mit sachorientierten Beschreibungen zur Entführung, zu den überlieferten Lutherbriefen von der Wartburg und zu den Korrespondenzpartnern geboten. Hervorzuheben ist u.a. das Manuskript des ältesten Berichtes vom Überfall auf Luther, den der Eisenacher Kanoniker Johannes König aufgrund der Aussagen von Luthers Onkel Heinz anfertigte (I.1). Über »Martin Luther als ›Junker Jörg‹« informiert sodann *Grit Jacobs*, indem sie sich vornehmlich der Bildnisse und ihrer Geschichte zuwendet. Hierbei greift sie auch die kürzlich vorgetragene These von TH. KAUFMANN, Neues vom »Junker Jörg«. Lukas Cranachs frühreformatorische Druckgraphik. Beobachtungen, Anfragen, Thesen und Korrekturen (Konstellationen 2), Weimar 2020 auf, das Ehemann-Bild Luthers aus den 1530er Jahren (I.15) sei Vorbild für den Holzschnitt des »Junker Jörgs« (I.14) gewesen (43–45). Für die Wissenschaftliche Leiterin der Wartburg-Stiftung müsste dann jedoch erklärt werden, warum Cranach d. Ä. im Jahr 1537 (oder später) zur Technik des Holzschnittes zurückgekehrt sei. Informativ sind die Hinweise auf die Ausstattung der Lutherstube im Laufe der Geschichte. Entfaltet wird die Thematik in vier Abteilungen: Bildnisse, Gemütslage und Leben auf der Wartburg, Jagdausflug sowie theologisches und reformatorisches Schaffen auf der Wartburg. Aufschlussreich und mit einer Grafik bereichert ist der Beitrag zu »Luthers Wohnung auf der Wartburg« (56–58), die als Kavaliersgefängnis für adelige Gefangene konzipiert war und aus einer (Wohn-)Stube – der heutigen Lutherstube – und einer (Schlaf-)Kammer in der Vogtei bestand. Vermutet wird, dass der Burghauptmann Hans von Berlepsch nebenan in der südlichen Stube, der Vogteistube, wohnte. Weil die Legende vom Teufel und dem Tintenfleck in der Lutherstube nach wie vor populär ist, widmet *Grit Jacobs* dem 1690 von Matthäus Merian (auf der Grundlage seiner Reise auf die Wartburg im Jahr 1672) erstmals beschriebenen Tintenfleck auf der Wartburg einen eigenen Essay. Vertieft wird die Thematik durch eine eigene Objektabteilung zur frühneuzeitlichen Teufelsangst und zum Tintenfleck. Abgeschlossen wird dieser erste Teil durch Luthers »Aufbruch von der Wartburg« (93–96).

Der zweite große Teil beschreibt den »Wartburgalltag 1521«, in den *Uwe Schirmer* sachkundig einführt. Dem Jenaer Landeshistoriker geling es u. a. anhand von Rechnungen und Inventarlisten die wirtschaftlichen Verhältnisse der Wartburg unter der Leitung von Hans von Berlepsch nachzuzeichnen, wobei er darauf hinweist, dass nicht nur Wächter, Holzknechte und Eseltreiber auf der Wartburg dienten, sondern auch mindestens ein Koch oder Köchin, ein Kellner sowie weiteres Hausgesinde (109). Als Luthers Diener dürften daher – anders als von der Forschung in letzter Zeit behauptet – der Kellner und der Hausknecht vom Burghauptmann in Frage kommen. Überzeugend resümiert Schirmer, dass »der Reformator in Lebenswelten eingebettet« war, »die dem Standard und Komfort des erfolgreichen Niederadels entsprachen« (114). Sieben Abteilungen bieten sodann einen Einblick in das Burgleben zu Luthers Aufenthaltszeit. Vom praktischen Leben im »Reich der Vögel«, über Essen und Trinken, der Tierhaltung, der Zisterne, dem Bierbrauen, dem Back- und Badehaus sowie der Bewirtschaftung der Wartburg reichen die Objektdarstellungen, die durch eine Karte des Amtes Wartburg um 1510 (116) bereichert werden. In einem eigenen Beitrag befasst sich *Günter Schuchardt* mit dem »Garten Luthers und seiner Zeitgenossen«, was durch zwei kurze, den Außenbereich der Wartburganlage mit einbeziehenden Abteilungen unterstrichen wird.

Abgerundet wird der sachkundige und reich bebilderte Band durch ein Literatur-, Abbildungs- und Autorenverzeichnis. Wer die bis zum 31. Oktober 2021 geplante Sonderausstellung verpasst haben sollte, kann sich durch den ansprechend gestalteten Ausstellungskatalog ein gutes Bild von Luthers Leben auf der Wartburg vor 500 Jahren machen und somit etwas über einen der bedeutendsten Erinnerungsorte der deutschen Geschichte erfahren.

Jena   Christopher Spehr

THOMAS T. MÜLLER: Mörder ohne Opfer. Die Reichsstadt Mühlhausen und der Bauernkrieg in Thüringen. Studien zu Hintergründen, Verlauf und Rezeption der gescheiterten Revolution von 1525. Petersberg: Michael Imhof Verlag, 2021. 655 S. zahlreiche Abb. (Schriftenreihe der Friedrich-Christian-Lesser-Stiftung; 40)

Wie dem Vorwort zu entnehmen ist, hat das anzuzeigende Buch eine lange und komplexe Vorgeschichte. Begonnen in »den späten 90er Jahren« (11) wurde die Arbeit erst 2016 als Dissertation angenommen. Dass der Autor Thomas Müller diesen schwierigen Verlauf thematisiert, hilft beim Verständnis der gesamten Lektüre.

Ein knapper »Prolog. Luthers ungeliebte Brüder« bietet Anmerkungen zur »Reformationsdekade«, befasst sich also mit der Frage wie aus dieser eine »Lutherdekade« wurde. Gleichzeitig findet sich hier schon die These, dass sowohl der Zug der Mühlhäuser Ende April/Anfang Mai 1525 ins Eichsfeld wie das Lager bei Frankenhausen keine historisch belegbaren Todesopfer forderten. Damit erklärt sich der etwas verwirrende Haupttitel.

Es folgt unter dem Titel »Entree. Von Thesen, Antithesen und neuen Ansätzen. Einleitende Anmerkungen zu Forschungsstand und Desideraten«. Dieses Zitat belegt auch den ganz eigenen Schreibstil des Autors.

Der Hauptteil der Arbeit ist klar dreifach gegliedert. Zuerst findet sich eine detaillierte Darlegung der Rezeptionsgeschichte des Zuges der Mühlhäuser in die Umgebung von 1525 (33–120). Es folgt im Rückschritt die Darstellung der Reformationsgeschichte in Mühlhausen seit 1523 (121–310), um dann in minutiösen Einzelheiten dem Zug der Bürger und Bauern zu folgen (315–549). Ein knappes Resümee

(557–568) beschließt den Band. Angehängt sind Quellen- und Literaturverzeichnis, ein vorbildliches Register nach Orten und Personen gegliedert und ein Bildnachweis. Zu den großen Vorzügen des Buches gehören farbige Aufnahmen der in Text genannten Orte und Gebäude. Die vorzügliche Qualität der Abbildungen verlangt allerdings ein besonders gutes Papier. So ist der Band auf Grund seines Gewichts keine Bettlektüre.

Zu den Einzelheiten: Die chronologisch gegliederte ausführliche Bibliographie schildert eindrücklich einerseits die schwierige Quellenlage, andererseits die daraus erwachsene Hypothesenfreudigkeit einzelner Autoren, denen andere unkritisch nachfolgten. Für die Anfänge wird noch einmal deutlich, wie einflussreich Luther und Melanchthon bei der Formierung des Müntzer-Bilds gewirkt haben. Nachvollziehbar ist auch die Zusammenfassung der Zeit von 1933 bis 1989 unter dem Titel »Forschungen im Schatten der Ideologien« (101).

Der zweite Teil setzt ein mit der Darstellung der kirchlichen Verhältnisse in Mühlhausen, sowie der konfliktreichen Geschichte von Stadtregiment und dem Deutschen Orden als der in Mühlhausen wichtigsten geistlichen Herrschaft. Es folgt eine ausführliche prosopographische Darstellung der handelnden Personen. Interessant ist der Hinweis auf die Karlstadt-Rezeption und das in den Quellen kaum aufscheinende Wirken Müntzers (161–165). In Mühlhausen zeigt sich die Reformation erst 1523. Ob dies mit dem Fehlen einer städtischen höheren Schule in Zusammenhang stehen könnte, erörtert der Autor leider nicht.

So gut M. auch die kleinsten Details der Mühlhäuser Reformationsgeschichte kennt, so ist ihm im Zusammenhang mit seiner Darstellung der Ikonoklasmen in der Stadt bei dem Rekurs auf Wittenberg entgangen, dass die Geschichte sich in der

Elbe-Stadt offensichtlich ganz anders zugetragen hat als noch 1987 vorgetragen wurde (vgl. N. KRENTZ, Ritualwandel und Deutungshoheit. Die frühe Reformation in der Residenzstadt Wittenberg [1500–1533] [SMHR 74], 2014, vor allem 141–238). M.s Formulierung, dass »die bilderlose Ausgestaltung der Kirchenräume zu einem regelrechten Merkmal des Protestantismus« (285) wurde, zeugt von einem Missverständnis des Luthertums durch eine wohl Karlstadtsche Brille.

Völlig zuzustimmen ist M. dagegen bei der Wertung der ersten Unruhen »in der Tradition der spätmittelalterlichen Bürgerkämpfe« (308), sowie sein Hinweis auf die besonders aktiven Weber, wenn man an Zwickau denkt.

Der dritte Hauptteil widmet sich in der Form der Mikrohistoriographie dem Ablauf des Eichsfeld Zuges, bei dem viele interessante Einzelheiten beschrieben werden. Der einheimische Adel hatte seine Burgen verlassen, so dass Plünderungen leichtfielen. Der angerichtete Schaden durch die Mühlhäuser im Verbund mit den lokalen Bauern muss beträchtlich gewesen sein. Von besonderem Interesse sind die ausführlichen Ausführungen zu Hans von Berlepsch, Luthers Burghauptmann auf der Wartburg, der im Eichsfeld ein Schloss besaß (407–414). Dass dieser Zug keine Menschenleben gekostet hat, wie M. mehrfach betont, dürfte auch der Tatsache geschuldet sein, dass es kaum ernsthafte Opposition gab. Klöster wie Burgen standen in der Regel leer. Das schlägt sich auch in der Beute der Insurgenten nieder. In den fünf Tagen des Zuges wurde nach Berechnungen von M. 30.000 Liter Bier verbraucht, wovon einiges als Geschenk aus den Städten kam, der Großteil aber in Klöstern und Burgen erbeutet wurde.

In seinem Resümee betont M. noch einmal, dass die aufständischen Bürger und Bauern »keinesfalls [...] eine homogene Opposition« (558) darstellten. Allerdings gehören die immer wieder gemutmaßten Konflikte zwischen Heinrich Pfeiffer und Thomas Müntzer wohl in das Reich der Legende. Dazu passt, dass die vor allem von Luther behauptete Führungsrolle Müntzers sich in den Quellen, wo er gewöhnlich »der Allstedter« genannt wird, nicht widerspiegelt. Aus dem erhaltenen Material schlussfolgert M., dass weder Müntzer noch Pfeiffer »die vollständige Umgestaltung der gesellschaftlichen Verhältnisse« (564) anstrebten.

Sollten nicht weitere wichtige Quellen aufgefunden werden, wird man dieses Buch als Abschluss der Darstellung des Mühlhäuser Zuges 1525 anerkennen dürfen. Nicht alltäglich für eine deutschsprachige wissenschaftliche Veröffentlichung ist, dass die Lektüre sich angenehm, in Teilen sogar vergnüglich darstellt. Das gilt auch für Zitate, die M. als Motti auswählt. Das schönste sei hier an den Schluss gesetzt. 1843 seufzte der langjährige Stadtarchivar Mühlhausens, Friedrich Stephan: »Folianten zu lesen, um Zeilen zu erndten, nimmt Zeit weg.«

Wittenberg   Martin Treu

DER UNTERRICHT DER VISITATOREN (1528): Kommentar – Entstehung – Quellen, v. Joachim Bauer, Dagmar Blaha u. Stefan Michel. Gütersloh: Gütersloher Verlagshaus, 2020. 376 S. (Quellen und Forschungen zur Reformationsgeschichte; 94)

Der Band stellt den *Unterricht der Visitatoren* in mehrfacher Perspektive vor. Er enthält eine ausführliche Entstehungsgeschichte – »Die Einführung der Reformation in Kursachsen und der *Unterricht der Visitatoren*« (17–62) –, der noch eine ausführliche Chronologie seiner Entstehung, beginnend mit dem Reichstag zu Speyer

1526, vorangestellt ist (11–16). Diesen Teil der Gemeinschaftsarbeit verantwortet Joachim Bauer gemeinsam mit Dagmar Blaha, wobei die Beschäftigung Bauers mit dem Thema »Territorialstaatliche Reformation in Kursachsen« bis in die 1980er Jahre zurückreicht, 1985 in einer ungedruckten Jenenser Dissertation ihren Niederschlag fand und nun die vorliegende kommentierte Edition außerordentlich bereichert. Die zweite Perspektive wird mit dem »Kommentar zum *Unterricht der Visitatoren*« eingenommen, den Stefan Michel verfasst hat, und in den die neue Edition des *Unterrichts* ..., bearbeitet durch Dagmar Blaha, eingebettet ist. Eine dritte Perspektive wird durch 23 Quellenstücke eröffnet (223–351), unter denen sich zwei handschriftliche Entwürfe des *Unterrichts* ... (228–299), eine neue Edition der im Zusammenhang mit dem *Unterricht* ... vieldiskutierten Visitationsinstruktion Kurfürst Johanns von Sachsen von 1527 (300–310) sowie weitere Dokumente befinden, welche das sich in einem ausführlichen Diskurs entwickelnde gemeinschaftliche Anliegen der Wittenberger Reformatoren und der kurfürstlichen Seite in Bezug auf den sachgemäßen Umgang mit dem Reformationsphänomen beleuchten.

Die erste Perspektive, die für die Zeit nach dem Bauernkrieg vor allem durch die Quellenfunde aus der dritten ausgerichtet wird, geht zurück auf die beginnende – mit Peter Blickles Begriff als »Gemeindereformation« bezeichnete Anfangsphase der Reformation in Kursachsen. Der Begriff scheint nicht weiter reflektiert worden zu sein. Einigen kann man sich gewiss auf den einfachen Begriffsinhalt, der den Zusammenhang von einer engen christlichen und ortsgemeindlichen Verbindung und deren Veränderungspotenzial zum Inhalt hat. Schwieriger wird mit dem Begriffsinhalt umzugehen sein, wenn er mit Blickle ein auf weltliche Verwirklichung orientiertes allgemeines Priestertum aller Getauften mit mehr oder weniger umwälzenden Veränderungen im kommunalen Bereich beschreiben soll. Denn damit würde nur eine, und zwar die radikalreformatorische Variante in den Blick genommen. Was allerdings die kursächsischen Anfänge der reformatorischen Bewegung angeht, so sind sie, wie die Einleitung sehr deutlich zum Ausdruck bringt, mehr als nur vielgestaltig. Ebenso sind es die anfänglichen Versuche, ihnen ein gewisses Maß an Ordnung zu verleihen, was angesichts der reichsrechtlichen Situation und der altgläubigen Bedrohung, vor allem von Seiten Herzog Georgs von Sachsen, eine Notwendigkeit gewesen ist.

Die dargestellten anfänglichen Ordnungsversuche durch den Bruder Kurfürst Friedrichs, Herzog Johann, und nicht zuletzt durch dessen Sohn, den Kurprinzen Johann Friedrich, betrafen vor allem den Süden Thüringens, der unter der weitgehend eigenständigen Verwaltung Johanns stand und von einer Vielzahl unterschiedlicher Gedanken und Bewegungen betroffen war, die sich mit Luthers Reformationsanliegen zu verbinden suchten. Es scheint allerdings, dass mit der Konzentration auf Südthüringen ein nicht unwichtiges Stück der frühen sächsischen Reformation etwas in den Hintergrund tritt. Möglicherweise hängt das damit zusammen, dass Luthers bekannter Unwille gegenüber schriftlich fixierten Ordnungen und seiner Option für eine allmählich sich unter dem Evangelium selbst herstellenden Ordnung, darüber hinwegsehen ließ, dass Luther seit 1519 sehr wohl an einer vorsichtigen Ordnungsfindung beteiligt war, die Anfang 1523 in der Leisniger Reformation gipfelte, und die eben nicht nur die bekannte Kastenordnung betraf, sondern gleichermaßen eine schmale liturgische Ordnung sowie eine auf dem allgemeinen

Priestertum basierende, allein geistlich-jurisdiktionelle Vollmacht der christlichen Gemeinde, sich ihre Pfarrer selbst zu berufen und abzusetzen. Dieser Zusammenhang ist entweder immer wieder übersehen worden oder es wurden die einzelnen Elemente, die gerade in ihrer klaren Unterscheidung voneinander dennoch eine gemeinsame ekklesiologische Ausrichtung hatten, je für sich betrachtet. Doch sollte dieses, gewiss von Luther und seinen ekklesiologischen Vorstellungen beeinflusste Modell einer ihre finanziellen Angelegenheiten selbständig und getrennt von theologischen Fragen regelnden Kirchgemeinde als ein den anderen Ordnungsvorstellungen adäquates Phänomen zur Seite gestellt werden. Wie sehr diese lutherische ekklesiologische Variante im *Unterricht der Visitatoren* schließlich dann doch noch zum Tragen kam, zeigt – dies sei vorweggenommen – ausgerechnet vorliegendes Werk in seiner dritten Perspektive, d.h. der der Quellen, und mutatis mutandis auch im Kommentar.

Der von Michel und Blaha verantwortete Kommentar- und Editionsteil folgt einer einheitlichen Abfolge. Für die einzelnen Stücke, zunächst zu Luthers Vorwort zum *Unterricht ...*, und dann für die folgenden 19 Artikel werden jeweils der Reihe nach fünf Punkte abgearbeitet: »a. quellenkritische Beobachtungen«, »b. Das Thema im Kontext der Visitation von 1527«, »c. Das Thema im reformatorischen Diskurs«, »d. Kommentar« mit darin eingebetteten überschaubaren Abschnitten des betreffenden Artikels. Diese Abschnitte beginnen immer mit dem in eckige Klammern gestellten Seitenangaben der Referenzausgaben in WA 12 und Martin-Luther-Studienausgabe 4. Die Letztere, die Günther Wartenberg anfertigte, wird als die gegenüber WA entschieden bessere Ausgabe gewürdigt und als eigentliche Referenzausgabe mit einigen Verbesserun-

gen der Neuedition zugrunde gelegt. Insofern verwundert es ein wenig, warum nicht ihre Seitenangaben, sondern die von WA jeweils zuerst genannt werden. Abschließend folgen unter »e.« die besonders im Hinblick auf die Rezeption des *Unterrichts ...*, z.B. in der *Confessio Augustana* und zahlreichen Kirchenordnungen, die »Anmerkungen zur Wirkungsgeschichte«. Am Ende dieser ausführlichen und sehr sorgfältig kommentierten Edition steht eine Zusammenfassung, die sich in systematischer Absicht u.a. dem neuen Gemeinde- und Pfarrerbild oder dem Bibelverständnis des *Unterrichts ...* widmet.

Der Kommentar betont an mehreren Stellen zurecht den Gemeinschaftscharakter des *Unterrichts ...* in Bezug auf seine Autorschaft. Philipp Melanchthon, der in seinen theologischen Leistungen bis in unsere Tage von besonders eifrigen Nachfahren der Gnesiolutheraner des 16. Jahrhunderts gegenüber Luther abgewertet wird, wird andererseits von Seiten seiner spätphilippistischen Verehrer gerade am Beispiel des *Unterrichts ...* und analog auch der *Confessio Augustana* in Bezug auf alleinige Autorschaft aufgewertet. Insofern ist es äußerst hilfreich, neben den klaren Aussagen im Kommentar zugleich auch auf die Quellenperspektive zurückgreifen zu können. Denn dort wird klar, in welch starkem Maße der *Unterricht ...* das Ergebnis eines vielstimmigen Diskurses ist. Dass Melanchthon diesen Diskurs maßgeblich angestoßen, zuletzt gebündelt und in Worte gefasst hat, steht außer Frage. Helmar Junghans hat für Melanchthons besondere Form der Autorschaft seinerzeit den Begriff eines »Staatssekretärs der Reformation« gefunden, eines Beamten also, der für seinen vorgesetzten Minister aus vielerlei Quellen einen in sich schlüssigen und weiterverwendbaren Text erstellt. Nicht zuletzt wegen der Autorenfrage ist es ein wenig schade, dass Christin

Bärwalds Beitrag (»Die Drucke des *Unterrichts der Visitatoren* von 1528 – Ein Überblick«) aus dem Berichtsband zur Arbeitstagung im Vorfeld des vorliegenden Werkes (Der »Unterricht der Visitatoren« und die Durchsetzung der Reformation in Kursachsen [LStRLO 29], hg. v. J. Bauer / S. Michel, 2017, 265–271; vgl. LuJ 85, 2018, 414–416), nur am Rande aufgenommen wurde. Über den von Bärwald bearbeiteten Zeitraum auch hinausgehend hätte besonders die ikonografische Gestaltung der Titelblätter (unter Einbeziehung der Wirkungsgeschichte von 1538 und 1539 unter Herzog Heinrich, zunächst in seiner Herrschaft und dann im gesamten albertischen Sachsen) in vorliegenden Band durch Abbildungen eingebracht werden können. Denn auf Wittenberger Titeldrucken des *Unterrichts ...* von 1528 finden sich die Wappen Luthers und Melanchthons als Hinweis auf eine Autoren-Gemeinschaft. Später, für das albertinische Sachsen, sind auf einigen Drucken die Wappen von fünf Wittenberger Reformatoren angeordnet (neben Luther und Melanchthon die von Justus Jonas, Johannes Bugenhagen und Caspar Cruciger), was die nunmehr erweiterte gemeinsame theologische Autorität verdeutlicht, die hinter der erneuten Anwendung des *Unterrichts ...* steht.

Abschließend ein Wort zur Quellenperspektive, die etwa ein Drittel des gesamten Buches umfasst. Neben der Neuedition der kurfürstlichen Visitationsinstruktion bilden ihre Glanzstücke die beiden während der Visitation im Amt Weida zum Einsatz gekommenen Kataloge von Frag- oder Merkstücken für die Pfarrer, aus denen binnen relativ kurzer Zeit im Diskurs zwischen Luther und anderen Theologen, kurfürstlichen Räten und auch dem Kurfürsten Johann selbst schließlich der *Unterricht ...* hervorging. Eindrucksvoll kann anhand der Quellenstücke gezeigt werden, dass sämtliche, auf weltliche Aktivitäten bezogenen Artikel, vor allem Fragen des Kircheguts, aus der ursprünglichen Sammlung herausgenommen wurden. Auch das Superintendentenamt wurde ausschließlich geistlich gefüllt und lediglich mit seinem weltlichen Pendant, dem Amtmann, in Beziehung gesetzt. Dass die Schule als letzter Artikel im *Unterricht ...* ihre Erwähnung bekam, liegt an ihrem, heute nicht mehr erkennbaren, exklusiven Charakter als Lehr- und Lernort der christlichen Religion. Denkt man an die oben herausgestellten, vorsichtigen Ordnungsvorstellungen Luthers, dann zeigt sich, dass sich im *Unterricht ...* die lutherische Ekklesiologie durchgesetzt hatte, und zwar nicht zuletzt gegenüber mancher, nicht vor weltlich-geistlicher Vermischungen freier Forderung auch unter Luthers Parteigängern. Insofern ist das vieldiskutierte Verhältnis von kurfürstlicher Instruktion und Unterricht mit »[...] zwei Dokumente[n]: die Visitationsinstruktion als Rechtstext und der *Unterricht der Visitatoren* als theologische Handlungsanweisung« (216) sachgerecht beschrieben. Das Gemeinschaftswerk von Bauer, Blaha und Michel wird sich durch seine formale und inhaltliche Gestaltung als Meilenstein der Reformationsforschung erweisen.

Leipzig/Schönbach   Michael Beyer

Buch der Reformation. Quellen und Zeugnisse zum frühen Reformationsgeschehen im deutschen Sprachraum. Auf der Basis des gleichnamigen Werkes von Karl H. Kaulfuß-Diesch, hg. v. Judith Dieter und Markus Wriedt. Göttingen: Vandenhoeck & Ruprecht, 2021. 429 S.

Quellensammlungen von Reformationstexten haben Tradition. Sie dienen neben der wissenschaftlichen Vertiefung des Reformationsgeschehens und seiner Kontexte auch der populären Vermittlung von Originalstimmen und Hintergründen. Unter dem Titel »Das Buch der Reformation. Geschrieben von Mitlebenden« gab Karl H. Kaulfuß-Diesch (1880–1957) eine Anthologie heraus, die als »Erinnerungsbuch« (13) mehrere Auflagen erleben und zum Vorbild weiterer Quellensammlungen werden sollte. Das jüngste Werk dieser Art haben nun Judith Dieter und Markus Wriedt vorgelegt. Angeregt und großzügig finanziert wurde das im Titel etwas bescheidener auftretende und gegenüber dem Original ohne Abbildungen auskommende »Buch der Reformation« von Thies Gundlach, Vizepräsidenten des Kirchenamtes der Evangelischen Kirche in Deutschland.

Die gut lesbare Anthologie, die bewusst keine kritische Edition sein, sondern »zur Beschäftigung mit den Ereignissen der Reformation« anregen will (15), versammelt 191 Quellentexte und ist in fünf Kapitel gegliedert. Kurze, grau hervorgehobene Einleitungen führen in den nummerierten Text(-Auszug) ein, der in Petit gesetzt und mit erläuternden Anmerkungen versehen ist. Quellennachweis und weiterführende Literaturhinweise runden jeden Text ab. Einige Quellenauszüge sind in frühneuhochdeutscher Sprache wiedergeben, wodurch der Leser ermutigt werden soll, sich der sprachlichen und kulturellen Distanz gegenüber den Texten zu vergegenwärtigen.

Das erste Kapitel enthält 36 Texte zu den »Voraussetzungen«, welche sich in die Abteilungen »Entdeckungen und Erfindungen« (hervorzuheben u. a. Georgios Sphrantzes: Der Fall von Konstantinopel [Nr. 2]; Johannes Cochläus: Das kulturelle Niveau Deutschlands [Nr. 6]), »Renaissance und Humanismus« (u. a. Erasmus von Rotterdam: Der Abt und die gelehrte Frau

[Nr. 10]), »Populäre Dichtung«, »Reformbegehren und Kirchenkritik« und »Reformtheologie des ausgehenden Mittelalters« gliedern. Während die politischen Voraussetzungen eher zurückhaltend thematisiert werden, bietet letztere Abteilung neben den Texten ausgewählter Mystiker auch solche von bedeutenden Frömmigkeitstheologen wie Johann Geiler von Kaysersberg (Nr. 34), Johann Paltz (Nr. 35) und Johann von Staupitz (Nr. 36).

Dass der Schwerpunkt der Auswahl auf der frühen Reformation und Wittenberg liegt, veranschaulichen die Kapitel 2, »Die Anfänge der Reformation« (Nr. 37–86), und Kapitel 3, »Die Wittenberger Bewegung« (Nr. 87–306). Von der Ablasskampagne und der Wittenberger Ablassdebatte (u. a. mit Auszügen von Karlstadt: 151 Thesen gegen die scholastische Theologie [Nr. 42], Luther: 95 Thesen über die Kraft der Ablässe [Nr. 43]) über die Heidelberger Disputation, das Verhör durch Cajetan, die Leipziger Disputation, den römischen Prozess bis hin zum Reichstag zu Worms spannt sich der Bogen des zweiten Kapitels, in dem auch die Gerüchte über Luthers Gefangennahme nicht fehlen (Nr. 80.82f).

Die 1. Abteilung des dritten Kapitels ist etwas unglücklich mit »Wittenberger Unruhen« überschrieben, zumal die Ereignisse von 1521/1522 zwar den Kern der ausgewählten Texte, aber keineswegs alle Textauszüge umfassen (u. a. Hans Sachs: Die Wittenbergisch Nachtigall [Nr. 99], Die Spottfeier von Buchholz [Nr. 100], Bericht über die Verbrennung der Brüsseler Märtyrer [Nr. 102], Schreiben des Nürnberger Rats: Die Neugestaltung des Gottesdienstes [Nr. 105]). Wertvoll sind die je eigenen Abteilungen zu Karlstadt und »Thomas Müntzer und die gewaltbereite Reformation«, in denen u. a. Texte über die Schlacht bei Frankenhausen (Nr. 118f), Müntzers

Gefangennahme (Nr. 120) und den Bittbrief von Müntzers Frau (Nr. 121) geboten werden. Eine eigene Abteilung, die in Kapitel 3 allerdings nicht recht hineinpasst, bietet Texte zu »Spiritualismus und Täufertum«, woran sich die Abteilung »Abendmahlsstreit und Marburger Religionsgespräch« anschließt. Weil sich lediglich zwei der neun Texte mit dem Abendmahlsstreit, genauer dem Marburger Religionsgespräch befassen (Nr. 135f), die meisten Texte aber über Zwingli und die Zürcher Reformation handeln, wäre eine andere Überschrift sachgemäßer gewesen.

Das vierte Kapitel fasst summarisch »Die Entwicklung im Reich zwischen 1521 und 1530« (Nr. 138–187) zusammen, worunter einerseits die Abteilung »Maßnahmen zur Sicherung der Reformation oder ihrer Eindämmung« (gelungen die beiden Visitationsberichte [Nr. 142f], während ein Text über die »Homberger Synode« fehlt), andererseits die Abteilung »Frauen und die Reformation« zählt. Insbesondere die umfangreiche Quellenauswahl von Texten reformatorischer Akteurinnen ist gegenüber früheren Sammlungen innovativ. Es folgen die Abteilungen »Bauernkrieg und soziale Reformbewegungen«, »Reichstage in Nürnberg und Speyer«, »Reichsritter« und »Der Reichstag von Augsburg 1530« (mit dem unterhaltsamen Bericht über die Flucht des Landgrafen von Hessen aus Augsburg [Nr. 187]). Der »Ausklang« (Nr. 188–191) springt sodann zu Luthers Tod 1546 mit drei Texten und endet mit Auszügen aus dem Reichstagsabschied von Augsburg 1555 (Nr. 191).

Auch wenn zahlreiche reformatorische Akteurinnen und Akteure geboten werden und Luther selbst nur in sechs Texten direkt zu Wort kommt, bleibt die Dominanz des Wittenberger Reformators und die Orientierung an der Wittenberger Reformation

für die Anthologie charakteristisch. Dieser Sammlung gelingt es daher, das Lutherstudium zu ergänzen, zu bereichern und zu vertiefen. Unabhängig davon gilt: Wer sich einen quellengestützten Überblick über wichtige Ereignisse, theologische Entscheidungen, zeitgenössische Emotionen und spezifische Dynamiken der Reformationszeit verschaffen will, sollte zu diesem Band greifen.

Jena   Christopher Spehr

MELANCHTHONS BRIEFWECHSEL Band T 18. Texte 5011–5343 (Januar–Oktober 1548) bearb. v. Matthias Dall'Asta, Heidi Hein u. Christine Mundhenk. Stuttgart-Bad Cannstatt: frommann-holzboog, 2018. 628 S.

MELANCHTHONS BRIEFWECHSEL Band T 19. Texte 5344–5642 (November 1548–September 1549) bearb. v. Matthias Dall'Asta, Heidi Hein u. Christine Mundhenk. Stuttgart-Bad Cannstatt: frommann-holzboog, 2019. 621 S.

MELANCHTHONS BRIEFWECHSEL Band T 20. Texte 5643–5969 (Oktober 1549–Dezember 1550) bearb. v. Matthias Dall'Asta, Heidi Hein u. Christine Mundhenk. Stuttgart-Bad Cannstatt: frommann-holzboog 2019. 494 S.

MELANCHTHONS BRIEFWECHSEL Band T 21. Texte 5970–6291 (1551) bearb. v. Matthias Dall'Asta, Heidi Hein u. Christine Mundhenk. Stuttgart-Bad Cannstatt: frommann-holzboog 2020. 484 S.

Mit bewundernswerter Verlässlichkeit geht die Edition von Melanchthons Briefwechsel weiter – die Ausgabe kann geradezu als Vorzeigeprojekt für geisteswissenschaftliche Langzeitvorhaben gelten. Diese Tatsache hat ihren Grund einerseits darin, dass dem ersten Herausgeber und Bearbeiter *Heinz Scheible*, der am 4. August 2021 sein neunzigstes Lebensjahr vollendet hat und noch immer an den Biogrammen arbeitet, in den Anfängen des Unternehmens Zeit gegeben wurde, das Projekt gründlich vorzubereiten. Andererseits arbeitet nun in der Melanchthon-Forschungsstelle seit vielen Jahren ein vorzügliches und eingespieltes Team, zu dem auch *Tobias Gilcher* gehört, das diese Edition zu einem Glücksfall unter vergleichbaren Vorhaben macht.

Vier Bände sind hier anzuzeigen, die die Jahre 1548 bis 1551 betreffen, mit insgesamt 1.180 Stücken; etliche von ihnen waren bisher nicht oder nicht vollständig ediert. Aus Gründen des Umfangs umfassen die Bände T 18 bis 20 nicht jeweils ein Jahr; mit T 21 ist die Übereinstimmung von Jahr und Band (vorläufig?) wiederhergestellt. Im Unterschied zu den früheren Textbänden gibt die Herausgeberin *Christine Mundhenk* nunmehr in Vorworten Übersichten über die Schwerpunkte von M.s Korrespondenzen in den betreffenden Jahren bzw. Zeiträumen. Die Ereignisgeschichte brauche ich daher hier nicht zu wiederholen.

Albert Hardenberg sah sich angesichts von Aufregungen in Bremen genötigt, ein Bekenntnis zur Gegenwart Christi im Abendmahl abzulegen, das er auch an M. sandte (5032f. 5050f). Der Rat der Stadt Lüneburg bittet M. um ein Gutachten in der Frage einer Ehescheidung (5044f). Eine Vorrede M.s betont die Bedeutung guter Sprachkenntnisse für eine vernünftige Theologie (5073). Schon im 16. Jahrhundert weit verbreitet war ein Gutachten M.s über das Interim (5110), das dessen moderierende Position erkennen lässt. Kräftiger fällt das Urteil in einem gemeinsamen Gutachten mit Cruciger, Maior und Pfeffinger für Kurfürst Moritz vom 22. April 1548 aus (5130), in dem die »grosse listigkeit« (T 18; 188,14) des In-

terims markiert wird; später (5137) ist von »betrug« (aaO., 201,1) die Rede. Auch die nächsten Monate waren durch die Arbeit an der Auseinandersetzung mit dem Interim bestimmt; vgl. die großen Gutachten vom 16. Juni (5182) und 6. Juli 1548 (5208f). Ausdruck der Misere sind vier (je zwei) griechische und lateinische Distichen (5220), in denen die πίστις am Grabe Luthers über die »dolosa deceptio« (T 18; 382,8) klagt – hier wünschte man sich eine Abbildung von Melanchthons Zeichnung des »Tumulus Lutheri«.

Bereits am 28. April hatte M. seinen, wie schon die breite Überlieferung zeigt, Aufsehen erregenden Brief an Christoph von Carlowitz (5139) verfasst, in dem er schrieb: »Tuli et antea servitutem pene deformem, cum saepe Lutherus magis suae naturae, in qua φιλονεικία erat non exigua, quam vel personae suae vel utilitati communi serviret« (T 18; 211,17–19). Wenn er nichts zu schreiben hat, schickt er ein lateinisches Gedicht (5166).

Einen Eindruck von der Heftigkeit der Auseinandersetzungen über das Interim bekommt man aus Georg Buchholzers lebendiger Darstellung der Unterredungen mit Johannes Agricola in Eisleben (5239). Bemerkenswert sind zahlreiche Lehrschreiben M.s, über die Rechtfertigung (5268), das Opfer und das Abendmahl (5270) und ein entsprechendes Dokument Julius Pflugs über die Messe (5305). Ein gedrucktes Wittenberger Ordinationszeugnis (5307) dürfte von Interesse sein, aber auch die als »Summa novorum« angezeigte Nachricht an M. (5289), in Paris habe offenbar eine Ratte (»mus forma ac magnitudine inusitata«; T 18; 498,10f) dem Priester während der Messe eine Hostie aus der Hand gerissen. Vermutlich handelt es sich hier um eine Erfindung zur Skandalisierung der Transsubstantiationslehre; aber schon die mittelalterlichen

Theologen haben sich über das Problem der Präsenz differenziertere Gedanken gemacht (vgl. dazu M.-A. ARIS, Quid sumit mus? Präsenz [in] der Eucharistie [in: Mediale Gegenwärtigkeit, hg. v. CH. KIENING, 2007, 179–192]).

Eine Besonderheit stellt die Doppeledition einer Abhandlung M.s über das Messopfer in der ursprünglichen und einer überarbeiteten Fassung dar, die geschickt synoptisch geboten wird. Am 16. November 1548 starb Caspar Cruciger, wie man aus einem Bericht Paul Ebers über seinen Tod (5349) erfährt. M. entwarf daraufhin ein Epicedium auf Cruciger (5362) und vermeldete den Tod auch Veit Dietrich (5365). In diesen Jahren waren alle Beteiligten bewegt von der Frage um die Adiaphora, wie ein großes Gutachten M.s (5409) zeigt. Ein prominenter Briefpartner M.s ist Thomas Cranmer, der Erzbischof von Canterbury (5444), dem auch die Vorrede zu Flacius' Schrift *De vocabulo fidei* zugeeignet ist. Die Hamburger Pfarrerschaft zeigte sich sogleich als heftige Gegnerin des Interims (5495), denen M. umgehend antwortete (5501a, ehemals 5504).

Die Entscheidung, auch die in Briefform gefassten Vorreden M.s in MBW aufzunehmen, muss man abermals als glücklich bezeichnen: In der Vorrede zu Band 3 von Luthers lateinischen Schriften (5515) rühmt M. den Bibelausleger Luther; seelsorgerlich beachtlich ist die Vorrede zu Erasmus' Sarcerius *Creutzbüchlein* (5517); und M.s Vorrede zu den *Initia doctrinae physicae* (5641) thematisiert den Zusammenhang von Naturwissenschaft und Gotteserkenntnis. – Nicht nur Cruciger starb 1549, sondern auch Veit Dietrich, für dessen Grabschrift M. ebenfalls einen Entwurf lieferte (5553). Welch hartnäckiger Gegner Flacius in den Streitigkeiten war, erhellt sich aus seinem Brief vom 8. Juni 1549 (5556). Wiederum

eine Gesprächsaufzeichnung (vgl. 5239) bietet Gabriel Zwilling (5559, vgl. auch 5569 u. 5570); auch sie gibt Einblick in die heftigen Kontroversen der Zeit. Und mit welcher Ernsthaftigkeit die zeitgenössischen Theologen das Interim behandelten, wird aus Schreiben von Antonius Corvinus an M. (5613. 5637) ersichtlich.

Zu den Auseinandersetzungen um das Interim kamen seit 1550 die um die Höllenfahrt Christi mit den Hamburger Theologen und die um die Rechtfertigung mit Andreas Osiander hinzu. Ausgesprochen lebhaft ist in diesem Jahr der Briefwechsel mit Georg von Anhalt. In seinen Briefen stellt sich M. immer wieder ausdrücklich als Wahrer der *Confessio Augustana* dar (5643. 5771). Besonders wertvoll ist auch hier die Edition der Vorreden M.s, zu eigenen Schriften ebenso wie zu denen Luthers und anderer Autoren, so etwa zu Lucas Lossius *Psalmodia* (5710), in der es um die Musik als Schöpfung Gottes und ihre Bedeutung für die Verkündigung geht und das Lob der Komponisten gesungen wird. Andere Vorreden gelten der Ausgabe von Luthers *Chronica* durch Johannes Aurifaber Vratislaviensis (5720), seiner und Crucigers *Enarratio Symboli Niceni* (5778), in der M. die Lehre (*doctrina*) als »grammatica sermonis divini« (T 20; 212,22) bezeichnet, und der auf Initiative Georgs von Anhalt erfolgten lateinischen Übersetzung Crucigers von Luthers Schrift *Von den letzten Worten Davids* in *De novissimis verbis Davidis* (VD 16 L 1716; 5787), in der es vor allem um die Christologie geht: »filius aeterni patris [...] non est imaginatio velut idea Platonica, sed est vivus« (T 20; 223,30f). Bemerkenswert ist auch ein Brief Calvins, der M. freundlich ermahnt, die Streitigkeiten mit Flacius nicht eskalieren zu lassen (5830). Eine positive Würdigung Georg Rörers findet man in der Vorrede zu Band 3 von Luthers lateinischen Schriften

325

(5833). Für die Hochzeit von dessen Tochter bat M. den Fürsten Joachim von Anhalt sogar um »ettwas von wilpret« (5935), damit der verdiente, aber arme Rörer die Feier geziemend gestalten könne. Am 6. Oktober 1550 verfasste M. im Namen Katharina Luthers als »Martini Lutheri nachgelassene[r] wittfrau« einen Bittbrief an den dänischen König Christian III., sie wie seinerzeit ihren Mann weiterhin mit 50 Talern jährlich zu unterstützen (5917). Und im April 1551 schreibt M. in Katharinas Namen einen Brief an Herzog Albrecht von Preußen, in dem er diesen um die Unterstützung ihres Sohnes Johannes bittet (6061). Schon im November 1549 hatte M. an Johannes Luther nach Königsberg geschrieben, seiner Mutter und seinen Geschwistern gehe es gut (5675). Wie wichtig die *memoria* für die Kirche ist, legt M. in einer Vorrede zu einer Schrift Hieronymus Mencels dar (5962). Und warum es nötig ist, den »schatz der bücher« (T 20; 455,101) Luthers zu sichern, erfährt man aus der Vorrede M.s zum vierten Band der deutschen Schriften desselben (5964), in der Georg Rörer noch einmal dafür gerühmt wird, dass er dafür sorge, »das diese werck treulich und one verenderung uff die nachkomen gebracht werden« (T 20; 457,187f). Ein Plädoyer für die Notwendigkeit des Lesenlernens für Christen ist die Vorrede zu einer Erziehungsschrift Georg Lauterbecks (5968).

Das Jahr 1551 war vor allem bestimmt durch den Osiandrischen Streit, aber auch durch Konflikte mit Joachim Mörlin (5981–5982a), zudem durch Vorbereitungen auf das Tridentinum. In einem Gutachten (für Kurfürst Moritz von Sachsen) (6164) erklärt M., dass nicht die Fürsten, sondern die Prädikanten erklären sollten, was sie lehren, und zwar möglichst gemeinsam, damit »frembde nation sehen, das die lahr dieser kirchen nicht ein zerissne verwirrung sey,

sondern die eintrechtige warheit« (T 21; 287,22–24). Entsprechend erklärte er auch eigenhändig, dass die *Confessio Virtembergica* übereinstimme »cum nostra confessione« (6175). Ein abermals schönes Zeugnis über die Bedeutung der Musik für die Menschen und die Kirche ist M.s Vorrede zu Johannes Reuschs *Zehn deutsche Psalmen Davids* (6219). Da bemerkt er – völlig zutreffend – u. a.: »Auch bleibet alle lere fester im gedechtnis so sie in das geseng gefasset ist« (T 21; 350,34f). Und in der Vorrede zu Petrus Palladius' *Brevis expositio catechismi* (6248a) plädiert M. für die Notwendigkeit der Kinderkatechese (T 21; 394,26ff).

Der Band 21 ist in Zeiten der Covid19-Pandemie entstanden. Daher verweist die Herausgeberin auf die Vorrede M.s zu einer Schrift gegen die Syphilis (6145), der in dieser Situation eine gewisse Übertragbarkeit eignet. Wie stets enthalten die Bände auch Empfehlungsschreiben, akademische Zeugnisse, mit denen M. als Dekan der Philosophischen Fakultät beschäftigt war, Stipendienbitten und Quittungen und damit Quellen für die Alltagskultur. Einen Brief an Moritz Heling [in Eisleben] (6258) datiert M. »Die natali Lutheri« (T 21; 414,17). Aus den Präsentationsvermerken Baumgartners kann man die Laufzeit der Briefe von Wittenberg nach Nürnberg ersehen: Sie betrug im besten Fall zwischen Wittenberg (5992) bzw. Leipzig (6283) sieben, in anderen zehn (5077), zwölf (5571) oder dreizehn (5524), in den meisten Fällen vierzehn (5621. 6130. 6186. 6246) und im ungünstigsten Fall (6141) siebzehn Tage.

Wie gewohnt sind die Bände nahezu untadelig. In sehr seltenen Fällen sind Umdatierungen der Stücke notwendig geworden. Leider gibt es auch in diesen Bänden gelegentlich die Mitteilung, Originale oder andere Überlieferungsträger seien zerstört, verschollen oder in den Archiven nicht

326

auffindbar. In solchen Fällen lernt man die alten Editionen noch einmal besonders zu schätzen. Andererseits kann man etwa sehen, wie ein in Privatbesitz befindlicher Brief über die Jahrzehnte durch die Auktionen geht (5977). Eigenartig mutet die Abkürzung »LSUB« an; die Dresdner Bibliothek trägt die Selbstbezeichnung »Sächsische Landesbibliothek – Staats- und Universitätsbibliothek Dresden (SLUB)«. Vielleicht sollte man die künftig übernehmen. Und ungewohnt ist der Abdruck eines Briefes an M., der nicht nach der ältesten Überlieferung, sondern nach einer modernen Edition geboten wird (5823). Sofern nicht eine intensive Rezeption vorliegt, müsste man, sofern man Autographen zur Verfügung hat, falsche Lesungen früherer Herausgeber vielleicht nicht wiederholen. In solchem Falle hat zu gelten: In dubio pro MBW. In T 21; 286,3 könnte der Text aber vielleicht doch »Weilburg« lauten.

Die wenigen Einblicke und Hinweise in die Bände können nur einen ersten Eindruck von ihrem thematischen Reichtum geben. In ihrer editorischen Qualität zeigen sie erneut – und das ist keine Überraschung –, dass und wie man ein in Ruhe vorbereitetes Vorhaben mit vorzüglichen Mitarbeitern planmäßig auf hohem Niveau weiterführen kann. Nun fehlt nur noch ein knappes Jahrzehnt. Die Nachwelt könnte eines Tages mit Bewunderung und vielleicht auch verwundertem, ja, womöglich ungläubigem Staunen zur Kenntnis nehmen, dass eine solche Edition zwischen 1977 und 2030 möglich war.

Kiel   Johannes Schilling

JONATHAN REINERT: Passionspredigt im 16. Jahrhundert. Das Leiden und Sterben Jesu Christi in den Postillen Martin Luthers, der Wittenberger Tradition und alt-

gläubiger Prediger. Tübingen: Mohr Siebeck 2020. XVI, 420 S. (Spätmittelalter, Humanismus, Reformation; 119)

Wer die Predigtgeschichte des 16. und 17. Jahrhunderts aufarbeiten möchte, sieht sich nach wie vor mit einem schier undurchdringlichen Knäuel von ungelösten Forschungsfragen konfrontiert: Wie verhalten sich theologische Predigtprinzipien und exegetische wie auch rhetorische Erschließungstechniken zueinander? Wie geht man mit der intrikaten Lücke zwischen originär mündlicher ›Erstaufführung‹ und der Publikation der Predigten um, vor allem wenn sie in Postillen eingeflossen sind, in denen sich in aller Regel ein theologisches Programm verdichten soll? Wie möchte man die Untersuchung konzipieren? Konzentriert man sich etwa auf die Analyse der Predigten ›am Stück‹, wählt also den Weg der *Predigtstudie*? Möchte man – im Sinne einer Rezeptionsgeschichte prominenter Predigtperikopen der Bibel – den Kampf um umstrittene *loci scripturistici* rekapitulieren, wie er vom 16. bis 18. Jahrhundert auch auf der Kanzel ausgetragen worden ist? Das Knäuel etwas zu entwirren, gelingt nur durch eine verantwortungsvolle und schlüssige Reduktion des in Frage kommenden Quellenmaterials und durch eine kluge Fokussierung der Forschungsfrage. Dem kommt Jonathan Reinert in seiner (unter Christopher Spehr entstandenen und von der Theologischen Fakultät Jena angenommenen) Dissertation zur »Passionspredigt im 16. Jahrhundert« nach, die sich darauf konzentriert, »passionstheologische Prägungen und Entwicklungen über einen Zeitraum von sechzig Jahren seit Beginn der Reformation herauszuarbeiten« (18).

Aus der (in der Forschung bisher nur unzureichend beachteten) Frage nach der Entwicklung einer typisch lutherischen

Passionsfrömmigkeit in der Zeit zwischen Isenheimer Altar und Gerhardts »O Haupt voll Blut und Wunden« (1–6), der medialen und rezeptionsgeschichtlichen Relevanz der Predigt- und Postillengattung (insbesondere der Postille[n] Luthers) (7–12) sowie der Notwendigkeit einer Sondierung von »konfessionskulturellen Prägungen« (16) der Texte vor dem Hintergrund der nach wie vor im Schwange stehenden Diskussion über Konfessionalisierungsparadigmen und der damit aufgetragenen Verhältnisbestimmung von Reformation und ›Konfessionellem Zeitalter‹ (12–16) erschließen sich Quellenauswahl und Gliederung der Arbeit: Deutschsprachige, vollständige Postillen sollen untersucht werden, auf reformatorischer Seite die Wittenberger, auf altgläubiger Seite solche, die eine gewisse Verbreitung und Prominenz für sich beanspruchen können. Dabei unterscheidet Reinert drei Untersuchungsebenen (19–21): Auf der ersten stehen eine autoren- und werkorientierte Erschließung und »Charakterisierung der Passionspredigten« (19) im Fokus, auf einer zweiten Ebene geht es um die Aufarbeitung der interkonfessionellen Rezeptionsverhältnisse (20f), auf einer dritten um die Skizzierung einer transkonfessionellen Entwicklungsgeschichte der Gattung und die Erschließung eines Typus' lutherischer Passionspredigt. Konsistenz, Belastbarkeit und Ertrag der Studie sollen hier anhand der drei genannten Untersuchungsebenen geprüft werden.

Auf der ersten Ebene ist zunächst ein Blick auf das wegweisende Eröffnungskapitel zu Luthers Passionspredigten zu werfen. Hier steht der weithin verbreitete, programmatische *Sermon von der Betrachtung des heiligen Leidens Christi* im Zentrum. Reinert macht hier (zu Recht) einen doppelten Rezeptionshorizont geltend: Der Text sei sowohl im Kontext der »Durchsetzung und Konsolidierung der [...] reformatorischen Kirchen« (34f) als auch als Frömmigkeitsschrift mit für die protestantische Frömmigkeitskultur archetypischem Charakter zu verstehen (36) und der Gattung der Passionsmeditation zuzurechnen (37f). Beim erfrischend zügigen Durchgang durch den Sermon kann Reinert sowohl Luthers würdigende und kritische Rezeption vorgängiger Impulse der Passionsfrömmigkeit (insb. Bernhard, Staupitz und Augustin) als auch die Wirkungsgeschichte des Sermons beleuchten. Als wichtige Demarkation erweist sich dabei vor allem Luthers Kritik an der mittelalterlichen *compassio*-Theologie, welche die Einübung einer adäquaten Betrachtung der Passionserzählung geradewegs unterlaufe, die ihrerseits auf die Selbsterkenntnis des Menschen als Sünder und die gläubige Erwartung der Hinwegnahme der Sünde durch Christus und damit auf eine distinkte Unterscheidung seines Leidens als *sacramentum* i. S. einer Wohltat an den Gläubigen und als *exemplum* i. S. der Nachfolge Christi zielt. Leider bleibt Reinerts Resümee gerade zu diesem Kapitel etwas hinter seinen Detailanalysen mit den pointiert herausgearbeiteten Rezeptionsvorgängen in Luthers Sermon von 1519 zurück: Dass sich der Sermon (wie auch Luthers weitere Postillenpredigten, die in diesem Kapitel untersucht werden) auf das Prinzip der Kreuzestheologie reimen wie auch dem Verständnis der Theologie als Unterscheidungslehre entsprechen möchte und dass sich Luther – nicht im Sermon von 1519, wohl aber in den späteren Predigten – von Rom abgrenzt, wird hier besonders herausgestellt (114–117); für die nun folgenden sechzig Jahre scheint aber gerade Luthers Absage an die *compassio*-Theologie Dreh- und Angelpunkt der Auseinandersetzungen zu werden, was durchaus noch einmal hätte exponiert werden dürfen.

Was dem Zwischenfazit des ersten Teils etwas abgeht, holt Reinert auf der zweiten Untersuchungsebene, d.h. hinsichtlich der Aufarbeitung der Geschichte der Passionspredigt in ihren interkonfessionellen Korrespondenz- und Rezeptionsverhältnissen vollumfänglich nach. Hier kommt nun eine spezifische Heuristik zum Tragen, wie sie Reinert aus der Analyse der Passionspredigten Luthers gewonnen hat. So spitzt er etwa im Resümee zu den altgläubigen Reaktionen erster Stunde – Eck, Nausea und Witzel – die Ergebnisse seiner wiederum sehr konzisen, methodisch sauberen und strikt auf die passionstheologischen Implikationen gerichteten Predigtanalysen in Anbetracht eben jener Abgrenzungstendenzen, die er in den Predigten Luthers nachweisen konnte, folgendermaßen zu: Die Prediger arbeiten reaktionär und revitalisieren in ihren Kanzelreden die mittelalterlichen Frömmigkeitsaspekte, denen der Reformator den Kampf angesagt hatte: Sie betonen dezidiert die *compassio* und *imitatio*, arbeiten konfrontativ mit Allegorien und Kirchenväterzitaten, beziehen das von Luther betonte *pro me* der Passion auf den Nachfolgegedanken und etikettieren – in unterschiedlichem Stärkegrad – Luthers Auslegung als häretisch, während sie die Nützlichkeit der affektiven Partizipation an der Passion Christi affirmieren (162–165). Auch in den folgenden Studien zeigt sich die Validität des an Luthers Predigten gewonnenen passionshomiletischen Fragerasters. So kann Reinert pointiert festhalten, dass die – hinsichtlich Form und Adressaten recht divergente – Wittenberger Passionspredigt der 1540er Jahre (Spangenberg, Melanchthon und Dietrich) auf die passionshermeneutische Grundfrage, die Luther gestellt hat – was bedeutet es, Christus als *exemplum* zu verinnerlichen? – sehr unterschiedliche Antworten gegeben hat:

etwa eine ekklesiologische, die auf die unter dem Kreuz wandelnde Kirche abhebt, aber auch eine ethisch-pädagogische im Sinne einer Nachfolgekonzeption (202–204).

Auf der dritten Untersuchungsebene deutet sich bereits mit den fein nuancierten Überschriften der einzelnen Kapitel eine problembewusste Aufarbeitung der komplexen, interkonfessionellen Wechselwirkungen auf dem Gattungsfeld der Passionspredigt an: Reinert spricht hier zunächst von den »[a]ltgläubige[n] Reaktionen« (1530–1540), dann von der »Etablierung und Erweiterung im Wittenberger Lager« (1540–1550), der »[a]ltgläubige[n] Resonanz« (1550–1570) und zuletzt von den »Variationen in der Wittenberger Tradition« (1560–1580) und weist damit auf die qualitative Veränderung der Rezeptionsprozesse hin, was sich vor allem in der »Zusammenschau« bündelt, in der sich das Erschließungspotential der Arbeit ganz entfalten kann. Reinert unterscheidet zunächst drei Passionspredigttypen: einen chronologischen, d.h. am biblischen Text orientierten, einen thematischen, der die Passionslesungen ein- oder ausleitet, und einen typologischen, der sich vor allem ausgehend von der Auslegung des Gottesknechtslieds in Jes 53 entwickelt. Sodann zeigt er unter der prägnanten Überschrift »Typus ohne Antitypus« (332), dass sich tatsächlich eine distinkte Form lutherischer Passionspredigt umgrenzen lässt, welche sich von Luthers Passionssermon aus entwickelt und nach und nach konsolidiert und welcher auf altgläubiger Seite bezeichnender Weise kein eigener Typus entspricht. Dabei mag es weniger überraschen, dass die Sündenerkenntnis und die Unterscheidung von *sacramentum* und *exemplum* »[d]as theologische Zentrum« (334) diesen Typus bilden, sondern vielmehr, dass sich die Kontroverse über die Geltung des *pro me* des Leidens Christi wie auch des *compassio*-Topos nach und nach verschiebt, so dass Reinert hier treffend von einer Entwicklung »[v]om kontroverstheologischen Härtefall zur Abschleifung der Gegensätze« (336) spricht: Während noch Nausea und Witzel die Nützlichkeit der *compassio* bibeltheologisch und in dezidierter Abgrenzung zu Luther begründen, woraufhin dieser erneut zur Kritik anhebt, verflüchtigt sich die reaktionäre Exaltiertheit in der zweiten Hälfte des 16. Jahrhunderts, wenn Johann Wild und Michael Helding die Berechtigung einer hamartiologisch-soteriologischen Deutung der Passion Christi durchaus berücksichtigt wissen wollen – von unmittelbaren Rezeptionsprozessen ganz zu schweigen! –, während sich lutherische Prediger der *compassio* öffnen, ohne die rechtfertigungstheologischen Implikationen preisgeben zu müssen.

Reinert legt mit seiner Studie eine dichte und ergiebige Aufarbeitung der Passionspredigt des 16. Jahrhunderts vor. Zum einen gelingt es ihm, die Etablierung und Weiterentwicklung konfessionell umstrittener Predigttopoi herauszustellen: In der Pendelbewegung zwischen protestantischen und altgläubigen Postillen kann er die mannigfaltigen Rezeptionsverhältnisse detailliert erschließen und trägt damit zu einer differenzierten Wahrnehmung der Konfessionalisierungsprozesse im 16. Jahrhundert bei. Zweitens zeichnet Reinert die komplizierte Genese von Luthers Postillen und ihrer Rezeptionsgeschichte vor 1580 wie auch die Karriere anderer, weniger prominenter Postillen nach (vgl. die Anhänge zur Erschließung des Postillenwerks Spangenbergs und Wilds). Zuletzt gibt er wichtige Impulse für die Erforschung der Predigtgeschichte des 17. Jahrhunderts, denn hier sickern die von Reinert aufgedeckten, auf die Passion zugespitzten Predigttopoi nach und nach in die allgemeine Schulhomiletik

ein (sei es die noch im 16. Jahrhundert problematisierte Affektorientierung oder die Unterscheidung von synthetischer und analytischer Predigt). Vermag die Studie den mit ihrem Auftakt gespannten Horizont vom Isenheimer Altar bis zum Gerhardt'schen »O Haupt voll Blut und Wunden« auch nicht ganz abzuschreiten – an ihr wird die Reformations- und Predigtforschung ebenso wenig vorbei kommen wie die, die sich mit den Voraussetzungen orthodoxer und pietistischer Homiletik befassen möchte.

Münster   Patrick Bahl

REFORMATIO ET MEMORIA. Protestantische Erinnerungsräume und Erinnerungsstrategien in der Frühen Neuzeit, hg. v. Christopher Spehr, Siegrid Westphal u. Kathrin Paasch. Göttingen: Vandenhoeck & Ruprecht, 2021. 536 S. mit Abb. (Refo500 Academic Studies; 75)

Der Sammelband vereinigt Beiträge zu einer vom »Netzwerk Reformationsforschung in Thüringen« veranstalteten Tagung in Gotha 2017. Entsprechend liegt der Schwerpunkt auf den lutherischen ernestinischen Gebieten Mitteldeutschlands vom späten 16. bis frühen 18. Jahrhundert. Die erste Sektion widmet sich maßgeblichen Akteuren. Am Beispiel der Ernestiner analysiert *Siegrid Westphal* in wünschenswerter Klarheit die Aktivitäten der Fürsten und Fürstinnen, welche im öffentlichen Totengedenken die eigene Dynastie als Beschützerin des »wahren« Luthertums inszenierten. Darauf weisen neben den Leichenpredigten die Grablegen und -inschriften, die in kunsthistorischer Sicht bislang eher als konfessionell unspezifisch angesehen wurden. *Joachim Bauer* deutet die Errichtung der Universität Jena 1548 überzeugend als Ergebnis eines aktiven Krisenmanagements nach dem politischen Machtverlust im Schmalkaldischen Krieg. Wie die Eröffnungsreden und die Ausgestaltung der Jenaer Stadtkirche zum lutherischen Gedächtnisort zeigen, wurde zielstrebig an der Propagierung eines für die Eigeninteressen nützlichen Stiftungsmythos der Reformation gearbeitet. *Wolf-Friedrich Schäufele* gibt einen umsichtigen Einblick in Leben und Werk des Jenaer Historikers Caspar Sagittarius (1643–1694), der sich mit seiner fachlich wenig bedeutenden, aber erzählerisch gelungenen Geschichte Johann Friedrichs (I.) des Großmütigen als tatkräftiger Förderer der ernestinischen Lesart der Reformationsgeschichte erwies. *Kathrin Paasch* zeichnet kundig das Wirken des unbeugsam für die historische Legitimation des (spät-)orthodoxen Luthertums kämpfenden Ernst Salomon Cyprian (1673–1745) in Gotha nach. Von dessen Arbeit als Kirchenhistoriker, Bibliothekar und Sammler von Büchern und Autographen profitiert die Forschungsbibliothek Gotha bis heute. *Daniel Gehrt* ergänzt den Blick auf Cyprian durch eine sorgfältige Analyse erinnerungskultureller Aspekte der Politik am Gothaer Hof aus Anlass des Reformationsjubiläums 1717. Dabei wird deutlich, wie eng die Förderung von Cyprians reformationshistorischer Arbeit durch Herzog Friedrich II. mit dessen reichs- und europaweiten Führungsansprüchen verbunden war, und welch wichtige Rolle Gotha im Raum der erstmals 1717 in Jubiläumskontexten zu beobachtenden Blüte historiographischer Publizistik einnahm.

Die zweite Sektion versammelt Beiträge zu »Gedächtnis-Speicher, -Orte und -Medien der Reformation«. *Dagmar Blaha* bietet einen fundierten Einblick in die Bildung und Benutzung des heute in Weimar beheimateten Ernestinischen Gesamtarchivs, das als Wissens- und Gedächtnisspeicher für die Erforschung der Reformationsgeschichte aus ernestinischer Sicht von herausragender Bedeutung ist. Abbildungen von Schaumünzen und Medaillen als Medium des Reformationsgedenkens stehen im Mittelpunkt von *Andreas Lindners* Analyse des »Ehren-Gedächtnisses« Martin Luthers, einer numismatischen Reformationshistorie des Pädagogen Christian Juncker von 1706. Diese wird unter anderem aufgrund ihrer Orientierung am konkordistischen Luthertum im Vorfeld des in Gotha vorangetriebenen Reformationsjubiläums von 1717 verortet. *Stefan Laubes* erfrischende Reflexionen über die »perlende[n] Worte als Treibstoff der Erinnerung« laden anhand von Luthers *Tischreden* unmittelbar zu einem »Prosit Reformation!« ein. Gerne lässt man sich daran erinnern, wie Wein- und Biergenuss in geselliger Runde die kommemorative, in der Abendmahlsgemeinschaft angelegte Kommunikation des Glaubens befördern kann. Die Veranschaulichung durch historische Trinkgefäße liegt hier ebenso nahe wie die zeitgenössische Besinnung auf die alte Tugend der Mäßigung, die den »leichten« Rausch (*ebrietas*) als gleichsam natürlich gesteigerte Eigenform der Nüchternheit fein vom Saufgelage (*ebriositas*) zu unterscheiden wusste. Zum Verhältnis von Luther und Lutherbildern in den *Tischreden* sei inzwischen auf die Studie von I. KLITZSCH, Redaktion und Memoria. Die Lutherbilder der »Tischreden« (SMHR 114), aus dem Jahr 2020 hingewiesen.

Reiches Anschauungsmaterial bietet der Beitrag von *Matthias Müller* zur »Bildliche[n] Memoria als räumliche[r] Disposition«, welcher der oft vernachlässigten Bedeutung der Residenzschlösser für die Ausgestaltung reformatorischer Erinnerungskultur nachgeht. So lässt das Torgauer Schloss in seinen außer- und innerräumlichen Dispositionen und Bildwerken ein klares lutherisches Bekenntnis erkennen. Auch die fürstlichen Sammlungen mit ihren Trophäen des konfessionellen Gegners und ihren Märtyrerreliquien erweisen sich, wie am Dresdner und Gothaer Schloss zu sehen, als prominente Erinnerungsräume der Reformation. Der lokalen Luthermemoria bis in die Gegenwart ist *Stefan Rheins* kenntnisreicher Beitrag zum »Erinnerungsort Mansfeld«, Luthers geliebter Heimat, gewidmet. Demnach spielte Mansfeld eine Vorreiterrolle sowohl bei der Einrichtung von Luther-Gedenkfeiern – die erste fand offenbar am 11. November (Luthers Tauftag) 1562 statt –, als auch bei der Initiative zum ersten Lutherdenkmal 1801–1818. Dieses fand dann allerdings auf königlichen Befehl seinen Platz in Wittenberg. Inzwischen hat sich Mansfeld, nicht zuletzt durch das 2014 eröffnete Museum »Luthers Elternhaus«, als »Lutherstadt« zu profilieren gewusst. Die gründliche, mit Abbildungen versehene Studie von *Christopher Spehr* thematisiert den Beitrag der Lutherausgaben des 16. bis 18. Jahrhunderts zur Luthermemoria in Gestalt spezifischer Lutherbilder. War die Wittenberger Gesamtausgabe (1539–1559) noch gemäßigt konfessorisch angelegt, so betrieb die für die Orthodoxie maßgebliche Jenaer Ausgabe (1555–1558) schon deutlich die heilsgeschichtlich motivierte Heroisierung Luthers. Die Leipziger Ausgabe (1728–1734) zeigte erste (früh-)aufklärerische Einflüsse, die dann in der sog. Hallischen oder Walch'schen Ausgabe (1740–1753) zu einem Lutherbild nach menschlichem Maß führten. Entsprechend änderte sich die mit der Luthermemoria verbundene Fürstenmemoria von der anfänglichen Ausrichtung auf die Ernestiner hin zur »funktionalen Obrigkeitsmemoria im Dienst eines bürgerlichen Verlegers« (356) in der Leipziger Ausgabe. Eine wichtige Erweiterung der Erinnerungsthematik bietet *Christiane Wiesenfeldt* mit

ihren konzeptionellen Überlegungen zur »Musica efficax«, die an die kollektivierenden, realitätsstiftenden und erkenntnistheoretischen Potentiale des Singens als eines erfolgreichen Gedächtnismediums der Reformation heranführen. Es war das *eigene* Singen in Gemeinschaft, das die Erinnerungsräume der Reformation prägte und die neue Glaubenspraxis wirkmächtig machte.

Die dritte Sektion des Bandes ist eher allgemein mit »reformatorischen Erinnerungskulturen« überschrieben. Eingangs fragt *Thomas Fuchs* nach den Erinnerungsstrategien der reformatorischen Bewegung, die – so lässt der Untertitel vermuten – anhand der Apokalypsekommentare von Johann Funck und Michael Stifel beleuchtet werden sollten. Freilich erfährt man manches über Apokalyptik und Geschichtskonzepte, doch wenig über die Kommentare. Unter dem pointierten Titel »Erinnerungsagentur« bietet *Stefan Dornheim* einen Einblick in die vielseitigen, sicher noch erweiterbaren Formen der familialen wie öffentlichen Fest- und Erinnerungskultur im lutherischen Pfarrhaus (1550–1850). Zu Recht wird die gesteigerte Eigengeschichtsschreibung im Pfarrhaus des 18. Jahrhunderts dem Thema zugeordnet. Wenigstens als Seitenblick ist die reformierte Memorialkultur im Band präsent. *Thomas Klöckner* zeigt am Beispiel des melanchthonisch geprägten Theologen Heinrich Alting (1583–1644) und dessen Rede beim ersten Reformationsjubiläum in der Pfalz im Jahre 1617, wie eng das Selbstbewusstsein gegenüber römischem Katholizismus und Luthertum mit der reformierten Geschichtsschreibung und ihrer dezentralen Perspektivierung der Reformation verbunden war. *Wolfgang Flügel* bietet eine überzeugende Analyse der zweiten Säkularfeier der Reformation im Kurfürstentum Sachsen 1717 als Spiegel politischer und kirchlich-theologischer Interessenskonflikte. Arbeitete der Landesherr auf eine größere Autonomie des Politischen hin, so beharrten die Vertreter von Kirche und Theologie auf dem konfessionellen Status quo. Den Schluss des Bandes bildet ein überblicksartiger, für Vertiefungen gewiss offener Beitrag von *Sascha Salatowsky* zur lutherischen Erinnerungskultur als theologischem Kampfplatz, den hier als letzter der seit 1816 in Gotha wirkende Karl Gottlieb Bretschneider verlässt.

Personen- und Ortsregister beschließen den lesenswerten Sammelband. Es bleibt zu wünschen, dass der im Band angelegte konzeptionelle und perspektivische Reichtum weitere einschlägige Forschungen beflügelt und darüber hinaus der bislang so wenig entwickelten komparatistischen Erforschung konfessioneller Erinnerungskulturen neue Impulse gibt.

Stuttgart   Hans-Martin Kirn

KARL HOLL: Leben – Werk – Briefe, hg. v. Heinrich Assel. Tübingen: Mohr Siebeck, 2021. VI, 499 S.

Die in diesem Sammelband veröffentlichten Aufsätze erschienen genau 100 Jahre nach Holls bahnbrechender Aufsatzsammlung *Luther* von 1921 – dem nach Barths *Römerbrief* am zweithäufigsten verkauften theologischen Buch der Weimarer Republik und zugleich dem Gründungsdokument des anderen großen theologischen Aufbruchs nach dem Ersten Weltkrieg, der Lutherrenaissance. In seiner Einleitung (1–14) würdigt der Herausgeber des Bandes *Heinrich Assel* Karl Holl als »Portalfigur der Theologiegeschichte« (1). Über seine Anstöße für die Lutherforschung und die Systematische Theologie hinaus macht dieser Band erstmals das wissenschaftliche Gesamtwerk Holls sichtbar.

Am Beginn steht ein »Biographischer Umriss« (17–132) von Heinrich Assel, an dem jede wissenschaftliche Beschäftigung mit Karl Holls Biografie Maß nehmen wird.

Die Aufsätze einer zweiten Abteilung machen das breite Spektrum von Holls kirchengeschichtlichen Einzelstudien sichtbar. *Sabine Drecoll* (145–174) zeigt, welchen Einfluss persönliche Erfahrungen Holls an Enttäuschungen und Entfremdungen daran hatten, dass er trotz großer Einzelleistungen als Patristiker weniger Anerkennung fand als berühmte Zeitgenossen. *Ekkehard Mühlenberg* (175–189) weist auf, wie Holl mit seiner Arbeit zu Enthusiasmus und Bußgewalt nicht nur die Kirchengeschichte befördert hat, sondern eine wesentliche Anregung für Max Webers Konzeption von Charisma gab, die in dessen religionsgeschichtlichen Studien die bekannt zentrale Rolle spielte. *Jörg Ulrich* (191–205), *Christoph Markschies* (207–235) und *Marc Bergermann* (237–258) widmen sich unterschiedlichen Bereichen von Holls patristischen Studien. Sie zeigen dabei manche Fehldeutungen und Verkürzungen in Holls historischer Arbeit auf, über die die Forschung inzwischen hinausgegangen ist. Sie verweisen aber auch auf eine Reihe bemerkenswerter Einsichten, die künftige Entwicklungen vorwegnahmen. Das gilt vor allem für die Betonung der religiösen Praxis als Wurzelgrund der theologischen Gedanken. In einer Zeit, als die Dogmengeschichte zentrale Disziplin der theologischen Verständigung war, legte Holl sein Augenmerk auf Phänomene wie Buße, ekstatische Erfahrungen und mystische Innerlichkeit mit ihren Auswirkungen auf die kirchlich-religiöse Praxis.

Holl entdeckte und betonte nicht nur stärker als andere die irreduzible Vielfalt des Christentums in der Antike, sondern er erkannte auch die grundlegende Bedeutung der orthodoxen Kirchen und vor allem

der russischen Orthodoxie für ein Gesamtverständnis des Christentums, wie *Heinz
Ohme* (259–279) schließlich zeigt. Im Unterschied zu allen konfessionalistischen
Auseinandersetzungen oder Fragen nach
dem Wesen des Christentums war Holl
frühzeitig ein Denker von Differenzen, der
unterschiedliche Ausprägungen des Christentums als eigenständige Gestalten anzuerkennen vermochte. Diese umfassende
Sicht bleibt zuletzt jedoch ein Anfang, bei
dem »viele lose Enden und fragmentari-
sche Ansätze« (239) bleiben, wie *Christoph
Markschies* im Blick auf Holls Forschungen
feststellt.

In einem dritten Block sind Aufsätze
versammelt, die Holl einzeichnen in eine
Konstellationsforschung zur Wissenschaft
seiner Zeit. Deutlich wird, wie stark Holl
seine Forschungen in Auseinandersetzung
betrieben hat mit seinen theologischen wie
auch religionssoziologischen Zeitgenossen.
Christian Nottmeier erörtert in seinem Beitrag (283–313) die Beziehung zu Adolf von
Harnack. Über die schon im biographischen
Umriss deutlich gewordene zentrale Bedeutung Harnacks für Holls berufliche Karriere
hinaus zeichnet Nottmeier das Verhältnis
aus einer stärker Harnack verpflichteten
Perspektive nach. Sichtbar wird dabei, welch
große Rolle für die wachsende Entfremdung
die gegensätzlichen politischen Entwicklungen seit dem Ersten Weltkrieg gespielt
haben. Wo Harnack über den theologischen
Liberalismus hinaus eine zunehmend positive Haltung zur liberalen Demokratie entwickelt, wird für Holl die Erfahrung des
Krieges mit seinem Gemeinschaftserleben
ein wesentlicher Beweggrund, die Bedeutung der Gemeinschaftsdimension für die
Wahrnehmung von Religion und Staat insgesamt zu stärken. *Alf Christophersen* zeigt
(315–341), wie Holl je länger je mehr sein
Denken in kritischer Auseinandersetzung

und prinzipieller Abgrenzung zu Ernst Troeltsch entwickelt. Das gilt zunächst für die
theologiegeschichtliche Wahrnehmung Luthers und der Geschichte des Luthertums,
zunehmend aber auch für das systematisch-
theologische Gesamtverständnis des christlichen Glaubens.

Der vierte und letzte Block ist schließlich Holls bahnbrechenden Studien zu
Luther gewidmet.

Die fünf Aufsätze beleuchten unterschiedliche Aspekte: *Christine Svinth-
Værge Põder* würdigt die besondere Bedeutung der frühen Römerbriefvorlesung
Luthers für Holls Rekonstruktion seiner
Theologie (365–381). *Andreas Stegmann*
(383–411) rekonstruiert Holls Entdeckung
und Beschreibung der reformatorischen
Ethik in ihrer Genese. Deutlich wird in
beiden Beiträgen auch, dass Holls Rekonstruktion der frühen Entwicklung Luthers
bei aller damals innovativer historischer De-
tailarbeit heute nicht mehr zu überzeugen
vermag. Zu stark hat Holl versucht, schon
in den frühesten Werken Luthers das Zentrum des lutherischen Denkens zu erkennen.
Dabei verkannte er die zentrale Weiterentwicklung Luthers in Schlüsselfragen seiner
Theologie in den Jahren 1518–1520.

Bo Kristian Holm erörtert sozialtheo-
retische Aspekte in Holls Arbeit zum Kirchenbegriff Luthers (413–431). *James M.
Stayer* widmet sich Holls Deutung der
Kritik der Schwärmer bei Martin Luther
(433–445). In beiden Aufsätzen wird sichtbar, wie stark Holls Wahrnehmung der Vergangenheit von seinen Erfahrungen der eigenen Zeitgeschichte geprägt ist. Im Ersten
Weltkrieg wird Holl die Gemeinschaft des
Volkes im gemeinsamen Schicksal wichtig.
Das bestimmt seine Erörterung des Kir-
chenbegriffs Luthers, der neben allen bahnbrechenden Entdeckungen auch dadurch
geprägt ist, dass Holl selbst zunehmend mit

dem Individualismus der liberalen Epoche bricht. Diese Perspektive wirkt sich Stayer zufolge höchst nachteilig auf Holls Wahrnehmung der von Luther so scharf verzeichneten »Schwärmer« aus. Anders als im Blick auf Calvin und die Reformierten war Holl nicht in der Lage, die genuin reformatorischen Anliegen der Täufer in ihrer Zeit und aus heutiger Sicht mit der Fairness zu sehen, die ihm bei anderen geschichtlichen Phänomenen möglich war.

Schließlich erläutert *Heinrich Assel* anhand der wohl wirkmächtigsten Einzelschrift Holls, der Reformationsrede zum Religionsverständnis Luthers von 1917, den programmatischen Entwurf einer Gewissensreligion in systematischer Gegenwartsabsicht (447–471). Assel zeigt, wie eng Holl Religion und Sittlichkeit im Horizont einer Erfahrungstheologie zusammenführt. Zugleich macht er nachvollziehbar, wie Holl von der individuellen Grundlegung der Religion die notwendige Entwicklung zu sozialen und politischen Konzeptionen nachzeichnen kann. Die Würdigung der Christenheit als einer »Ethosrealität des Reiches Gottes« (469) in der Geschichte im Horizont der von ihm empfundenen »Legitimationskrise« (ebd.) der deutschen Gesellschaft nach 1918 stehen für die enge Verknüpfung historischer Detailforschung und theologischer Gegenwartsbewältigung. Innovativität und Aporie liegen dabei bisweilen nah beieinander.

Dieser Band würdigt Holl endgültig als einen theologischen Klassiker des 20. Jahrhunderts, wenn auch, wie die Bezeichnung »Portalfigur« zeigt, als eine Figur, die stärker für einen Übergang als für eine klassische Gestaltwerdung protestantischer Theologie steht. Er ist kein Zeitgenosse und doch ein Denker, ohne den die zeitgenössische Theologie nicht vorstellbar wäre. Ob Holls Forschungen eine Anregung für die Theologie unserer Gegenwart werden könnten, wird so gut wie nicht gefragt. In dieser weitgehenden Abstinenz unterscheiden sich die Beiträge deutlich vom Stil Holls, für den historische Rekonstruktion und theologische Reflexion untrennbar zusammengehörten.

Marburg   Thorsten Dietz

SOLA SCRIPTURA 1517–2017. Rekonstruktionen – Kritiken – Transformationen – Performanzen, hg. v. Stefan Alkier unter Mitarbeit von Dominic Blauth und Max Botner. Tübingen: Mohr Siebeck, 2019. XX, 583 S. (Colloquia historica et theologica; 7)

Der Frankfurter Professor für Neues Testament und Geschichte der Alten Kirche, *Stefan Alkier*, postulierte in Bezug auf das Reformationsjubiläum 2017: Was evangelische Theologie im 21. Jahrhundert sein soll, bleibe »vorerst unklar« (IX). Das Grundanliegen der Reformation, »die entschlossene Rückbesinnung auf den Reichtum und die Klarheit der Bibel als hinreichende Quelle christlichen Glaubens«, stehe heute zur Disposition (ebd.). Kritisch müsse daher gefragt werden, welche Bedeutung das Schriftverständnis für die evangelische Theologie noch habe.

Der vorliegende Sammelband gibt auf diese berechtigte Frage differenzierte und beachtenswerte Antworten, die von 25 Autorinnen und Autoren aus unterschiedlichen Perspektiven formuliert werden. Zurück geht das von Stefan Alkier herausgegebene Werk auf eine interdisziplinäre und interkonfessionelle Tagung, die vom 29. Mai bis 1. Juni 2017 durch den Fachbereich Evangelische Theologie an der Goethe-Universität Frankfurt am Main veranstaltet wurde. In seiner Einleitung erinnert der Herausgeber an die konzeptionelle Leitthese, welche besage, dass »der hermeneutisch reflektierte rezeptionsorientierte Umgang mit der Schrift, wie ihn Martin Luther mit seinem radikalen Verständnis von *sola scriptura*« entworfen habe, »nicht nur das Herzstück protestantischer Identität, sondern eine intellektuell wie emotional tragfähige Grundlage für kritische und pluralismusfähige Konzeptionen Heiliger Schriften überhaupt« bilde [XI]. Aus Sorge vor konfessionalistischen und dogmatischen Einseitigkeiten des Themas *sola scriptura* sucht Alkier daher Stimmen aus verschiedenen Ländern und der Ökumene einzubeziehen, welche in der Tat eine Bereicherung des Bandes darstellen. Die aus der Leit*these* resultierende Leit*frage* lautet daher, »*ob* und *wie* die Schrifthermeneutik im Zeichen von *sola* scriptura für das 21. Jahrhundert neu formuliert werden *kann*, ohne konfessionalistische Polemik zu bemühen und ohne dogmatische Engführungen zu repristinieren, die mit zum schlechten Ruf von *sola scriptura* und damit zur Rede von der ›Krise des Schriftprinzips‹ [Wolfhart Pannenberg] geführt habe« [XI]. Weil im 21. Jahrhundert neben die »Krise des Schriftprinzips« auch die »Krise der historisch-kritischen Exegese« getreten sei, gebe es eine doppelte Aufgabe zu bewältigen. Statt *sola scriptura* und historisch-kritische Hermeneutik gegeneinander auszuspielen, sollten sie zusammengebunden und »*sola scriptura* als hermeneutisches und methodisches Konzept« [XVII] mittels der Einsichten kritischer historischer Forschung reformulierbar gemacht werden. Dass Alkier hier von einem ›Konzept‹ und nicht von einem ›Prinzip‹ [bzw. dem Schriftprinzip] spricht, überrascht etwas, da andere Autoren im Band gerade nicht von einem (formalen) *sola scriptura-Konzept*, sondern vom (materialen) Schriftprinzip handeln.

In vier Sektionen oder Teilen wird der Frage nach der Relevanz des reformatorischen Schriftverständnisses nachgegangen und hierfür fast durchgängig auf Martin Luther Bezug genommen. Während die ersten beiden Teile vornehmlich kirchen- und theologiehistorische Dimensionen zum Klingen bringen, befasst sich der dritte Teil mit der interkonfessionellen, interreligiösen und internationalen Diskussion über »sola scriptura«. Der vierte Teil bietet schließlich gegenwartsbezogene Reformulierungen im Zeichen von Semiotik, Intertextualitätstheorien und Rezeptionsästhetik.

Der erste Teil widmet sich der theologiegeschichtlichen Rekonstruktion von Luthers Schriftlehre. Ob und inwiefern es die Prägung »sola scriptura« bereits vor Luther gab, fragt *Tim Lorentzen* in seinem lesenswerten Beitrag. Die Formulierung »sola scriptura« findet er nicht nur bei Johannes von Staupitz, sondern auch bei Gabriel Biel im Kontext von dessen Frömmigkeitstheologie [22]. Neben diesem Gebrauch von *sola scriptura* als frömmigkeitspraktischen Argument skizziert Lorentzen die Funktion als antikanonistisches und als politisches Argument in Überbietung der Autoritäten von Papst und Konzilien sowie als exegetisches Argument. Neu gegenüber der spätmittelalterlichen Verwendung sei Luthers in der »Assertio omnium articulorum« von 1520 entfaltete Idee gewesen, die Bibel als ihre eigene Auslegerin zu verstehen. Unter dem programmatischen Zitat »Sola scriptura mus sein« [WA 27; 287,6] entfaltet sodann *Albrecht Beutel* die Begründung und den Gebrauch des Schriftprinzips bei Luther. Präzise und meisterhaft-virtuos thematisiert der Münsteraner Kirchenhistoriker in vier Abschnitten die funktionale Verortung, die prinzipielle Autorisierung, die materiale Entfaltung (Authentizität, Mitte und Auslegung der Schrift) sowie die hermeneutische Verifizierung, wodurch er dem Tagungsband die grundlegende Orientierung gibt. Detailliert und pointiert widmet sich *Christopher Ocker* Luthers Auslegung von Gen 26,24 f. Die Formel »scriptura sui ipsius interpres« (WA 7; 97,23), die Luther das erste und einzige Mal in seinem Werk »Assertio« verwendet, interpretiert *Volker Leppin* eindrücklich, indem er die Frage »nach dem Deuter« (84) der sich selbst auslegenden Schrift stellt. In dem luziden Aufsatz beschreibt der Tübinger Kirchenhistoriker Luthers geistliche Schriftauslegung als »pneumatische Hermeneutik« (88), die bei Luther »tief in der mystischen Erfahrungstheologie« (101) wurzle. Das Schriftverständnis in Luthers Liedern entfaltet *Christopher Boyd Brown*, der seinen Beitrag den Titel gibt: »The Gospel in Song: Luther on God's Word and Music« (103). Den ersten Teil beschließt *Ulrich H. J. Körtner* mit seiner Untersuchung über die Frage nach der »Harmonisierung oder Diversifizierung in Luthers Evangelienauslegung« (119). Im Anschluss an Odo Marquard identifiziert er bei Luther eine »singularisierende Bibelhermeneutik«, die aber gerade nicht enggeführt werde, sondern durch die Fundamentalunterscheidungen zwischen Gesetz und Evangelium sowie Glaube und Werken »gegenüber der Lehre vom mehrfachen Schriftsinn« zu einer »theologischen Pluralisierung« führe (137).

Im zweiten Teil werden anlässlich der Reformationsjubiläen von 1617 bis 1917 die zeitgenössischen Umformulierungen des Schriftprinzips in den Blick genommen und hinsichtlich ihrer Kontinuitäten und Diskontinuitäten befragt. *Daniel Bohnert* befasst sich mit der Bibelauslegung im Horizont der Wittenberger Universitätstheologie, wobei er – anders als von Wissenschaftlern bisweilen behauptet – in der lutherischen Orthodoxie keine Vorrangstellung der dogmatischen gegenüber der biblischen Schriftauslegung belegt sieht. Mit der protestantischen Bibelhermeneutik zwischen 1618 und 1717 befasst sich *Walter Sparn* in seinem lehrreichen Aufsatz »Subtilitas intelligendi, explicandi, applicandi« (163), der sowohl die lutherisch-orthodoxe als auch pietistische Bibelhermeneutik bedenkt. Kenntnisreich spürt *Martin Keßler* den Schriftverständnissen zwischen 1718 und 1817 nach. Zusammenfassend betont er, dass die hermeneutischen Fragen stets mit »der Abgrenzung von Gegenpositionen« verbunden seien, ein argumentatives Grundmuster »die Inspirationstheorie« bilde und die Neuakzentuierungen des jeweiligen Schriftverständnisses in den unterschiedlichen Vorstellungen von evangelischer Freiheit wurzelten (209). *Markus Wriedt* wiederum analysiert in seinem gelehrten Beitrag, wie 1917 das Schriftprinzip von prominenten Vertretern protestantischer Universitätstheologie (u. a. Karl Holl, Otto Scheel, Emanuel Hirsch) thematisiert wurde und in welcher Weise die »akademischen Bilder« (239) in die tagesaktuelle Verkündigung im Ersten Weltkrieg einflossen. *Heiko Schulz* begründet mit dem Verweis auf einschlägige Literatur, warum er gerade nicht die Entwicklung des Schriftprinzips zwischen 1917 und 2017 nachzeichnet. Stattdessen bedenkt er kritisch-konstruktiv den »Normativitätsanspruch der Bibel aus systematisch-theologischer und religionsphilosophischer Perspektive« (245).

Ganz eigene Akzente setzen die auf den ökumenischen und interreligiösen Dialog ausgerichteten Beiträge des dritten Teils, die hier wenigstens kurz genannt werden sollen: *Morgens Müller* reflektiert »sola scriptura« aus lutherisch-dänischer, *David M. Moffitt* aus baptistischer, *Max Botner* aus evangelikal-amerikanischer, *Tobias Nicklas* aus römisch-katholischer,

Ekaterini Tsalampouni aus griechisch-orthodoxer, Cosmin Pricop aus rumänisch-orthodoxer sowie Karl-Wilhelm Niebuhr in globaler Perspektive. Christian Wiese akzentuiert protestantische Ansätze auf die Hebräische Bibel aus der Sicht moderner jüdischer Denker.

Der gegenwartsbezogene vierte Teil enthält verschiedene Versuche, das Schriftprinzip für das 21. Jahrhundert fruchtbar zu machen. In 20 Thesen entfaltet Stefan Alkier »sola scriptura« als »epistemologisches, hermeneutisches, methodisches und theologisches Konzept der Schriftauslegung« (429). Weitere lesenswerte Beiträge bieten Robert C. Neville, Marianne Grohmann, Michael Rydryck, Michael Schnei-

der und Eckart Reinmuth, welche auf unterschiedliche Weise für eine umsichtige Anverwandlung des Schriftprinzips plädieren.

Nach der Lektüre des voluminösen und gewichtigen Werkes kann mit guten Gründen die anfängliche Skepsis gegenüber dem Schriftprinzip als widerlegt gelten. Wie die Aufsätze zeigen, bleibt das Schriftverständnis auch für die evangelische Theologie des 21. Jahrhunderts zentral. Allerdings ist dies längst keine Selbstverständlichkeit mehr, sondern muss immer wieder neu buchstabiert werden. Wie das gelingen kann, beweist eindrücklich der vorgelegte Band.

Jena   Christopher Spehr

Lutherbibliographie 2021

Bearbeitet von Michael Beyer

Ständige Mitarbeiter

Professor Dr. Knut Alfsvåg, Stavanger (Norwegen); Professor Dr. Matthieu Arnold, Strasbourg (Frankreich); Professor Dr. Ľubomír Batka, Bratislava (Slowakei); Professor em. Dr. Christoph Burger, Amsterdam (Niederlande); Professor Dr. Zoltán Csepregi, Budapest (Ungarn); Professor Dr. Jin-Seop Eom, Kyunggi-do (Südkorea); Pfarrer Dr. Luka Ilić, Ravensburg (Deutschland); Professor Dr. Pilgrim Lo, Hong Kong (China); Bibliothekarin Kaisu Leinonen Th.M., Helsinki (Finnland); Professor Dr. Ricardo W. Rieth, São Leopoldo (Brasilien); Professor Dr. Maurice E. Schild, Adelaide (Australien); Librarian Rev. Robert E. Smith, Fort Wayne, IN (USA); Historiker Gabriel Tomàs B.A., Barcelona (Spanien); Studienlektor Lars Vangslev PhD, København (Dänemark); Prof. Dr. Martin Wernisch, Praha (Tschechien) sowie Eike H. Thomsen M.Ed., Leipzig (Deutschland).

Herrn Dipl.-Theol. Steffen Hoffmann (Universitätsbibliothek Leipzig); sowie Herrn Dr. Matthias Meinhardt (Leiter der Reformationsgeschichtlichen Forschungsbibliothek Wittenberg) danke ich für ihre Unterstützung herzlich.

LuB online

Die »Lutherbibliographie« wird seit 2011 zusätzlich zu ihrer gedruckten Form durch das gemeinsame Projekt »LuB online« weiterentwickelt. Daran sind beteiligt: das Institut für Kirchengeschichte, Abt. Spätmittelalter und Reformation der Theologische Fakultät an der Universität Leipzig sowie in Lutherstadt Wittenberg die Luther-Gesellschaft e. V., die Stiftung Luthergedenkstätten in Sachsen-Anhalt und die Reformationsgeschichtliche Forschungsbibliothek. »LuB online« dient seit 10 Jahren dazu, die Titelaufnahme sowie die jährliche Erarbeitung der jeweils aktuellen Bibliographie für das Lutherjahrbuch sicherzustellen. Leider kann das bisher nur in internen Arbeitsabläufen geschehen, weil sich ein »Frontend«, d.h. eine Benutzeroberfläche, die einen weltweit-öffentlichen Zugang erlaubt, noch in der Entwicklungsphase befindet. Zukünftig wird »LuB-online« neben der aktuellen Titelrecherche und Druckvorbereitung nach und nach alle jemals in der »Lutherbibliographie« veröffentlichten Titel zugänglich machen und auch neu entdecktes älteres Material nachtragen.

Korrespondenzadresse

Pfarrer im Ehrenamt Dr. Michael Beyer, Schönbach, Kirchweg 14, D-04680 Colditz; Tel. 0049-(0)34381-53676; Mobile 0049-(0)1746112191; E-Mail: michaelbeyer@t-online.de – c/o Universität Leipzig, Theologische Fakultät, Institut für Kirchengeschichte, Abt. Spätmittelalter und Reformation, Beethovenstr. 25, D-04107 Leipzig; E-Mail: mbeyer@uni-leipzig.de.

ABKÜRZUNGSVERZEICHNIS

1 Verlage und Verlagsorte

ADVA	Akademische Druck- und Verlagsanstalt	MP	Minneapolis, MN
AnA	Ann Arbor, MI	MRES	A Magyarországi Református Egyház Zsinati Irodájának Sajtóosztálya
B	Berlin	MS	Münster
BL	Basel	MZ	Mainz
BP	Budapest	NK	Neukirchen-Vluyn
BR	Bratislava	NV	Neukirchener Verlag
BThZ	Berliner theol. Zeitschrift (Berlin)	NY	New York, NY
CV	Calwer Verlag	P	Paris
DA	Darmstadt	PB	Paderborn
dtv	Deutscher Taschenbuch Verlag	Phil	Philadelphia, PA
EPV	Evangelischer Presseverband	PO	Portland, OR
EVA	Evangelische Verlagsanstalt	PR	Praha
EVW	Evangelisches Verlagswerk	PUF	Presses Universitaires de France
F	Frankfurt, Main	PWN	Pánstwowe Wydawníctwo Naukowe
FR	Freiburg im Breisgau	Q&M	Quelle & Meyer
GÖ	Göttingen	S	Stuttgart
GÜ	Gütersloh	SAV	Slovenská Akadémia Vied
GVH	Gütersloher Verlagshaus	SH	Stockholm
HD	Heidelberg	StL	Saint Louis, MO
HH	Hamburg	TÜ	Tübingen
L	Leipzig	UMI	University Microfilm International
LO	London	V&R	Vandenhoeck & Ruprecht
LVH	Lutherisches Verlagshaus	W	Wien
M	München	WB	Wissenschaftliche Buchgesellschaft
MEES	A Magyarországi Evangélikus Egyház Sajtóosztálya	WZ	Warszawa
		ZH	Zürich

2 Zeitschriften, Jahrbücher, Reihen

AG	Amt und Gemeinde (Wien)	BlPfKG	Blätter für pfälzische Kirchengeschichte und religiöse Volkskunde (Otterbach)
AGB	Archiv für Geschichte des Buchwesens (Frankfurt, Main)	BlWKG	Blätter für württembergische Kirchengeschichte (Stuttgart)
AKThG	Arbeiten zur Kirchen- und Theologiegeschichte (Leipzig)		
AKultG	Archiv für Kulturgeschichte (Münster; Köln)	BPF	Bulletin de la Societé de l'Histoire du Protestantisme Fançais (Paris)
ALW	Archiv für Liturgiewissenschaft (Regensburg)	BRGTh	Beiträge zur Reformationsgeschichte in Thüringen (Jena)
ARG	Archiv für Reformationsgeschichte (Gütersloh)	BW	Die Bibel in der Welt (Stuttgart)
		Cath	Catholica (Münster)
BEDS	Beiträge zur Erforschung der deutschen Sprache (Leipzig)	ChH	Church history (Chicago, IL)
		CJ	Concordia journal (St. Louis, MO)
BGDS	Beiträge zur Geschichte der deutschen Sprache und Literatur (Tübingen)	CThQ	Concordia theological quarterly (Fort Wayne, IN)
BiKi	Bibel und Kirche: die Zeitschrift zur Bibel in Forschung und Praxis (Stuttgart)	CTM	Currents in theology and mission (Chicago, IL)
		DLZ	Deutsche Literaturzeitung (Berlin)

DPfBl	Deutsches Pfarrerblatt (Essen)		LQ	Lutheran quarterly N. S. (Milwaukee, WI)
DTTK	Dansk tidsskrift for teologi og kirke (Århus)		LStRLO	Leucorea-Studien zur Geschichte der Reformation und der Lutherischen Orthodoxie (Leipzig)
EÉ	Evangélikus Élet (Budapest)			
EHSch	Europäische Hochschulschriften: Reihe ...		LThJ	Lutheran theological journal (Adelaide, South Australia)
EP	Evanjelickí Posol spod Tatier (Liptovsky Mikuláš)		LThK	Lutherische Theologie und Kirche (Oberursel)
EvD	Die Evangelische Diaspora (Leipzig)		Lu	Luther: Zeitschrift der Luther-Gesellschaft (Göttingen)
EvTh	Evangelische Theologie (München)			
GTB	Gütersloher Taschenbücher [Siebenstern]		LuB	Lutherbibliographie (in LuJ)
			LuBu	Luther-Bulletin (Amsterdam)
GuJ	Gutenberg-Jahrbuch (Mainz)		LuJ	Lutherjahrbuch (Göttingen)
GWU	Geschichte in Wissenschaft und Unterricht (Offenburg)		MD	Materialdienst des Konfessionskundlichen Institutes (Bensheim)
HCh	Herbergen der Christenheit (Leipzig)		MDEZW	Materialdienst der Evangelischen Zentralstelle für Weltanschauungsfragen (Berlin)
HThR	The Harvard theological review (Cambridge, MA)			
HZ	Historische Zeitschrift (München)		NAKG	Nederlands archief voor kerkgeschiedenis (Leiden)
IL	Igreja Luterana (Porto Alegre)			
ITK	Irodalomtörténeti Közlemények (Budapest)		NTT	Norsk teologisk tidsskrift (Oslo)
			NZSTh	Neue Zeitschrift für systematische Theologie und Religionsphilosophie (Berlin)
JBKRG	Jahrbuch für badische Kirchen- und Religionsgeschichte (Stuttgart)			
JBrKG	Jahrbuch für Berlin-Brandenburgische Kirchengeschichte (Berlin)		PBl	Pastoralblätter (Stuttgart)
			PL	Positions luthériennes (Paris)
JEH	Journal of ecclesiastical history (London)		Pro	Protestantesimo (Roma)
			PTh	Pastoraltheologie (Göttingen)
JEKGR	Jahrbuch für Evangelische Kirchengeschichte des Rheinlandes (Bonn)		QFIAB	Quellen und Forschungen aus italienischen Arciven und Bibliotheken (Berlin)
JGPrÖ	Jahrbuch für Geschichte des Protestantismus in Österreich (Wien)			
			QFRG	Quellen und Forschungen zur Reformationsgeschichte (Gütersloh)
JHKV	Jahrbuch der Hessischen Kirchengeschichtlichen Vereinigung (Darmstadt)		QFSG	Quellen und Forschungen zur sächsischen Geschichte (Leipzig)
			QFTZR	Quellen und Forschungen zu Thüringen im Zeitalter der Reformation (Köln)
JLH	Jahrbuch für Liturgik und Hymnologie (Kassel)			
JNKG	Jahrbuch der Gesellschaft für Niedersächsische Kirchengeschichte (Blomberg/Lippe)		RE	Református Egyház (Budapest)
			RHE	Revue d'histoire ecclésiastique (Louvain)
JWKG	Jahrbuch für Westfälische Kirchengeschichte (Lengerich/Westf.)		RHEF	Revue d'histoire de l'Eglise de France (Turnhout)
KÅ	Kyrkohistorisk Årsskrift (Uppsala)			
KD	Kerygma und Dogma (Göttingen)		RHPhR	Revue d'histoire et de philosophie religieuses (Strasbourg))
KI	Keresztýen igaszag (Budapest)			
KR	Křestanská revue (Praha)		RoJKG	Rottenburger Jahrbuch für Kirchengeschichte (Sigmaringen)
LF	Listy filologické (Praha)			
LiKu	Liturgie und Kultur (Hannover)		RSz	Református szemle (Kolozsvár, RO)
LK	Lutersk kirketidende (Oslo)		RuYu	Ru-tu yun-ku (Syngal bei Seoul)
LKWML	Lutherische Kirche in der Welt (Erlangen)		RW	Rondom het woord (Hilversum)
LP	Lelkipásztor (Budapest)		SCJ	The sixteenth century journal (Kirksville, MO)

3 Umfang der Ausführungen über Luther

SAMMELSCHRIFTEN

01 **An den Rand gedrängt – den Rand gewählt:** Marginalisierungsstrategien in der Frühen Neuzeit/ hrsg. von Henning P. Jürgens; Christian Volkmar Witt. Druckausgabe und Online-Ressource. L: EVA, 2021. 300 S. (LStRLO; 41) – Siehe Nr. 71. 258. 396. 466. 502. 524. 531. 539. 552. 560.

02 **Die Anfänge der Reformation in der Pfalz:** Beiträge zum 500. Jubiläum des Thesenanschlags/ hrsg. von Bernhard H. Bonkhoff. 2. Aufl. St. Ingbert: Conte, 2017. 457 S.: Ill. (Schriften des Theodor-Zink-Museums; 31) – Siehe Nr. 19. 60. 64. 394. 400. 438. 440–442. 444. 447. 451.

03 **Angewandtes Luthertum?:** die Zwei-Reiche-Lehre als theologische Konstruktion in politischen Kontexten des 20. Jahrhunderts/ hrsg. von Jürgen Kampmann; Hans Otte. GÜ: GVH, 2017. 426 S.: Ill. (Die Luth. Kirche: Geschichte und Gestalten; 29) – Siehe Nr. 170. 173. 578. 590. 597.

599. 600f. 608f. 613. 617. 621f. 624. 629. 635f. 667.

04 **Befreit! – Martin Luthers Hauptschriften von 1520:** theologische Einführungen und Themeneinheiten/ im Auftrag der Kirchenleitung der Vereinigten Evang.-Luth. Kirche Deutschlands (VELKD) hrsg. von Heiko Franke; Georg Raatz. **Werkbuch.** L: EVA, 2020. 144 S.: Ill. – Siehe Nr. 80. 124f. 152. 643f. 662. 663. 669. 677f. [Vgl. das »Arbeitsheft«, unten Nr. 642]

05 **Beiträge zur Geschichte der Wormser Luthergemeinde/** hrsg. von der Luthergemeinde Worms; Redaktion: Gerold Bönnen. Worms: Worms Verlag, 2018. 251 S.: Ill. – Siehe Nr. 594. 616. 620. 634.

06 **The bible, its reception and consequences/** hrsg. von Augustinus Gianto. Bologna: Cristianesimo nella storia, 2020, S. 421–632. (Cristianesimo nella storia; 41 [2020] Heft 2) – Siehe Nr. 193. 231.

07 **Common man, society and religion in the 16th century:** piety, morality and discipline in the Carpathian basin = **Gemeiner Mann, Gesellschaft und Religion im 16. Jahrhundert:** Frömmigkeit, Moral und Sozialdisziplinierung im Karpatenbogen/ hrsg. von Ulrich A. Wien. [Vorträge einer Forschungstagung vom 12.–14.6.2017 (Thema: Kirche und Bevölkerung auf dem Dorf in Siebenbürgen ...) in Hermannstadt]. Druckausgabe und Online-Ressource. GÖ: V&R, 2021. 438 S.: Ill. (Refo500 academic studies; 67) – Siehe Nr. 120. 367. 453. 454. 456. 458. 462. 468.

08 **Die Crucigers:** Caspar der Ältere, Caspar der Jüngere und Elisabeth Cruciger in ihrer Bedeutung für die Wittenberger Reformation/ hrsg. von Armin Kohnle; Irene Dingel. Druckausgabe und Online-Ressource. L: EVA, 2021. 474 S. (LStRLO; 40) – Siehe Nr. 336. 338–340. 343. 348. 351. 357. 360. 363–365. 500f. 509. 522. 526. 528. 694.

09 **Darkness, light, and active love:** studies on theory and practice in Luther and Lutheran-Orthodox ecumenical theology/ hrsg. von Antti Raunio. Helsinki: Luther-Agricola-Society, 2020. 193 S.: Ill. (Schriften der Luther-Agricola-Gesellschaft; 74) – Siehe Nr. 97. 106. 143. 158. 260. 607.

010 **»Ein' feste Burg ist unser Gott«:** volkstümliche Reformatorenverehrung im 19. Jahrhundert/ hrsg. von Michael Happe im Auftrag des Vereins Hohenloher Freilandmuseum, Schwäbisch Hall-Wackershofen; Redaktion: Sarah Peters; Elmar Hahn; Michael Happe. Schwäbisch Hall-Wackershofen: Hohenloher Freilandmuseum, 2017. 206 S.: Ill. (Mitteilungen aus dem Hohenloher Freilandmuseum; 26 [2017]) – Siehe Nr. 2. 23. 27. 37. 40. 247. 391. 562. 573. 581. 584. 586. 681.

011 **Fides, Confessio & Pietas:** Studien zur Wirkungsgeschichte der Reformation; Festgabe für Ernst Koch zum 90. Geburtstag/ hrsg. von Christoph Barnbrock; Christian Neddens. Druckausgabe und Online-Ressource. L: EVA, 2021. 388 S.: Ill. (Glauben und Bekennen; 1) – Siehe Nr. 234. 246. 417. 430. 492. 495. 504. 523. 529. 536f. 545. 550. 557. 612.

012 **Der gekaufte Kaiser:** die Krönung Karls V. und der Wandel der Welt/ hrsg. im Auftrag der Stadt Aachen von Frank Pohle unter Mitw. von Dilara Uygun. Dresden: Sandstein, 2020. 528 S.: Ill., Kt. – Siehe Nr. 369. 382.

013 **Handbuch Brief:** von der Frühen Neuzeit bis zur Gegenwart/ hrsg. von Marie Isabel Matthews-Schlinzig ... Druckausgabe und Online-Ressource. Bd. 1: Interdisziplinarität – systematische Perspektiven – Briefgenres. – Bd 2: Historische Perspektiven – Netzwerke – Zeitgenossenschaften. B; Boston: de Gruyter, 2020. XIV, 659 S.: Ill.; XI S., S. 666–1565. (De Gruyter reference) – Siehe Nr. 146. 188. 207. 335. 344. 358. 381.

014 **Humanistische Antikenübersetzung und frühneuzeitliche Poetik in Deutschland (1450–1620)**/ hrsg. von Regina Toepfer; Johannes Klaus Kipf; Jörg Robert. Druckausgabe und Online-Ressource. B; Boston: De Gruyter, 2017. X, 584 S.: Ill. (Frühe Neuzeit; 211) – Siehe Nr. 200. 209. 214. 226. 228. 245. 293. 311. 342. 383. 389.

015 **Karl Holl:** Leben – Werk – Briefe/ hrsg. von Heinrich Assel. Druckausgabe und Online-Ressource. TÜ: Mohr Siebeck, 2021. VI, 499 S. – Siehe Nr. 316. 469f. 473. 476. 479. 482f. 487–489.

016 **Kilian Leib (1471–1553):** Prediger – Humanist – Kontroverstheologe/ hrsg. von Bernward Schmidt; Simon Falch. MS: Aschendorff, 2020. 187 S.: Ill. (Kath. Leben und Kirchenreform im Zeitalter der Glaubensspaltung; 80) – Siehe Nr. 372. 388. 390.

017 **Leiblichkeit in der Reformation (Teil 1)**/ hrsg. im Auftrag der Ebernburg-Stiftung von Wolfgang Breul; Thomas Hahn-Bruckart; Traudel Himmighöfer; Beiträge von Benedikt Brunner ... Speyer: Verlagshaus Speyer, 2020. 79 S.: Ill. (BlPfKG; 87 [2020], 337–415) (Ebernburg-Hefte; 54 [2020]) – Siehe Nr. 101. 300. 583. 647.

018 **Luterilainen teologia ja ekumenia** (Luth. Theologie und Ökumene)/ red. Vorbemerkung: Tomi Karttunen. Helsinki: Kirkon ulkomaanasiainkeskus, 2020. 104 S. (Reseptio: ulkoasiain osaston teologisten asiain tiedotuslehti; 2 [2020]) – Siehe: <https://evl.fi/documents/1327140/39531482/Reseptio2_2020_verkkoversio.pdf/1a09b370-7b42-0209-395c-97dd1b0670bb?t=1607949167295>. – Siehe Nr. 108f. 111. 251. 610. 652. 655.

019 **Luther:** Worms 2021; 500 Jahre Reichstag/ Kulturkoordination: David Maier. Online-

Ressource: Website. – Siehe: <https://www.luther-worms.de/>. – Siehe Nr. 34f. 682. 686.

020 **Luther at Leipzig:** Martin Luther, the Leipzig debate, and the sixteenth-century Reformations/ hrsg. von Mickey Mattox; Richard J. Serina, Jr.; Jonathan Mumme. Leiden: Brill, 2019. XIV, 348 S.: Ill. (Studies in medieval and Reformation traditions; 218) – Siehe Nr. 12. 63. 76. 127–129. 130. 205. 292. 350. 366. 373. 379.

021 **Luther im Exil:** Wartburgalltag 1521; Begleitband zur Sonderausstellung auf der Wartburg Ausstellungskatalog / Wartburg-Stiftung Eisenach, 4. Mai – 31. Oktober 2021, Wartburg/ hrsg. von der Wartburg-Stiftung; Redaktion: Grit Jacobs ... Regensburg: Schnell & Steiner, 2021. 192 S. Ill. – Siehe Nr. 30f. 82f. 332.

022 **Luther und die Philosophie:** Streit ohne Ende?/ hrsg. von Hans-Christoph Askani; Michael Grandjean. Druckausgabe und Online-Ressource. TÜ: Mohr Siebeck, 2021. VII, 293 S. (Hermeneutische Untersuchungen zur Theologie; 82) – Siehe Nr.147. 184. 225. 230. 252f. 256. 262. 289. 291. 312. 318. 346. 559. 589. 591.

023 **Lutherjahrbuch:** Organ der internationalen Lutherforschung/ im Auftrag der Luther-Gesellschaft hrsg. von Christopher Spehr. **87. Jahrgang.** GÖ: V&R, 2020. 403 S. – Siehe Nr. 43. 84. 122. 185. 286. 322. 406. 496. 697f.

024 **Die Luthers medial:** Nachklänge zu einem Jahrhundert-Jubiläum/ hrsg. vom Evang. Predigerseminar Lutherstadt Wittenberg; Sabine Kramer. Lutherstadt Wittenberg: Drei Kastanien, 2018. 124 S.: Ill. (Wittenberger Sonntagsvorlesungen; 2018) – Siehe Nr. 3. 38. 92. 474. 480. 689.

025 **Maria in den Konfessionen und Medien der Frühen Neuzeit/** hrsg. von Bernhard Jahn; Claudia Schindler. Druckausgabe und Online-Ressource. B; Boston, MA: De Gruyter, 2020. VII, 427 S.: Ill. (Frühe Neuzeit; 234) – Siehe Nr. 248. 257. 259. 268f. 472. 484. 503. 511.

026 Koch, Ernst: **Musik der Menschen und Musik der Engel:** frömmigkeitsgeschichtliche Beiträge zur lutherischen Musikkultur/ hrsg. von Stefan Michel; Johannes Schilling. L: EVA, 2021. 231 S.: Ill. – Siehe Nr. 515–521. 699.

027 **Muthig voranschreiten:** Beiträge zum 200. Jubiläum der Kirchenunion in der Pfalz/ von Bernhard H. Bonkhoff ...; hrsg. vom Historischen Verein der Pfalz, Kreisgruppe Kusel. St. Ingbert: Conte, 2018. 752 S.: Ill. – Siehe Nr. 18. 563f.

028 **Nietzsche und die Reformation/** hrsg. von Helmut Heit; Andreas Urs Sommer. B; Boston, MA: de Gruyter, 2020. 416 S. (Nietzsche-Lektüren; 4) – Siehe Nr. 271. 278. 280. 283–285. 567. 570–572. 575–577. 580. 582. 588. 611. 615. 628.

029 Nolte, Josef: **Savonarola – Michelangelo – Luther:** Ergänzungen zur Reformationsgeschichte und weiterreichende Fragen. B; MS: LIT, 2018. 236 S.: Ill. (Theologie; 61) – Siehe Nr. 281. 303–310. 464. 619. 665.

030 **Reformation und Bildnis:** Bildpropaganda im Zeitalter der Glaubensstreitigkeit/ hrsg. von Günter Frank; Maria Lucia Weigel. Regensburg: Schnell + Steiner, 2018. XV, 240 S.: Ill. (Kunst und Konfession in der Frühen Neuzeit; 3 = Arts and confession in the early modern period; 3) – Siehe Nr. 29. 33. 39. 317. 405. 422f. 425. 436. 448. 452. 512. 532. 548. 555.

031 **Ritterschaft und Reformation:** der niedere Adel im Mitteleuropa des 16. und 17. Jahrhunderts/ hrsg. von Olga Weckenbrock. GÖ: V&R, 2018. 248 S. (Refo500 academic studies; 48) – Siehe Nr. 67. 439. 443. 445. 457. 505.

032 Saarinen, Risto: **Luther and the gift.** TÜ: Mohr Siebeck, 2017. X, 323 S. (Spätmittelalter, Humanismus, Reformation; 100) – Siehe Nr. 112f. 160f. 176f. 215–217. 266. 313. 362. 387. 626f.

033 Saarinen, Risto: **Luther and the gift.** Unv. eBook-Ausgabe 2019. TÜ: Mohr Siebeck, 2020. X, 323 S. (Spätmittelalter, Humanismus, Reformation; 100) – Siehe die Einzeltitel oben unter Nr. 032.

034 **Simul-Existenz:** Spuren reformatorischer Anthropologie/ hrsg. von Christoph Barnbrock; Christian Neddens. Druckausgabe und Online-Ressource. L: EVA, 2019. 271 S.: Ill. (Theologie im Gespräch; 1) – Siehe Nr. 135. 150. 155f. 164. 179. 194. 235. 254. 315. 429. 671. 673. 675.

035 Steiger, Johann Anselm: **Bibelauslegung durch Bilder:** zur sakralen Intermedialität im 16. bis 18. Jahrhundert. Regensburg: Schnell + Steiner, 2018. 453 S.: Ill. (Kunst

und Konfession in der Frühen Neuzeit; 2 = Arts and confession in the early modern period; 2) – Siehe LuB 2021, Nr. 45. 119–223. 431–435. 540. 542–544. 546.

036 **Täufertum in der Pfalz und in Hessen/** hrsg. im Auftrag der Ebernburg-Stiftung von Wolfgang Breul; Thomas Hahn-Bruckart; Traudel Himmighöfer. [Speyer]: Verlagshaus Speyer, 2019. 59 S.: Ill. (BlPfKG; 86 [2019], 267–324) (Ebernburg-Hefte; 53 [2019]) – Siehe Nr. 397. 399.

037 **Um eine neue Gestalt der Kirche in der Welt:** die Leipziger Disputation von 1519 und ihre Bedeutung für uns heute/ hrsg. von Karl-Hermann Kandler. Neuendettelsau: Freimund, 2021. 80 S. (Lutherisch glauben; 10) – Siehe Nr. 59. 140. 679.

038 **»... und hätte der Liebe nicht«:** die Revision und Neugestaltung der Lutherbibel zum Jubiläumsjahr 2017; 500 Jahre Reformation/ hrsg. von Hannelore Jahr. Druckausgabe und Online-Ressource. S: Deutsche Bibelgesellschaft, 2016. 48 S.: Ill. [Umschlagtitel: Die Bibel: Lutherübersetzung; »... und hätte der Liebe nicht«; {...}]. Deutsche Bibelgesellschaft] – <https://www.die-bibel.de/fileadmin/user_upload/livebook/Lutherbibel_2017_Broschuere/downloads/livebook.pdf>.–Siehe Nr. 187. 190. 198. 204. [Vgl. LuB 2017, Nr. 447]

039 **Von des christlichen Standes Besserung – 500 Jahre Reformation/** hrsg. von Ute Mennecke; Hellmut Zschoch. Druckausgabe und Online-Ressource (als pdf bzw. epub). L: EVA, 2017. 241 S.: Ill. – Siehe Nr. 126. 159. 165. 168f. 199. 243. 319. 565. 623. 631. 638. 670.

040 **Von Krieg und Frieden: »dass es weder Hauens noch Stechens bedarf«;** Martin Luther/

hrsg. vom Evang. Predigerseminar Lutherstadt Wittenberg; Sabine Kramer. Lutherstadt Wittenberg: Drei Kastanien, 2019. 150 S.: Ill. (Wittenberger Sonntagsvorlesungen; 2019) – Siehe Nr. 32. 180. 530. 592. 646.

041 **Vor Luther:** deutsche Bibelübersetzungen in Handschrift und Druck; Broschüre zur Posterausstellung in der VHS-Galerie Freiburg, 7. Mai bis 23. Juni 2017/ bearbeitet von Balázs J. Nemes; Mitwirkung: Nikolaus Henkel. Druckausgabe und Online-Ressource. FR: Uni-Druckerei, [2017]. 77 S.: Ill. – Siehe: <https://freidok.uni-freiburg.de/fedora/objects/freidok:165721/datastreams/FILE1/content>. – Siehe Nr. 290. 294. 298. 302. 314.

042 **Wahrheit – Geschwindigkeit – Pluralität:** Chancen und Herausforderungen durch den Buchdruck im Zeitalter der Reformation/ hrsg. von Jan Martin Lies. GÖ: V&R, 2021. 368 S.: Ill. (VIEG, Beiheft; 132: Abt. für Abendländische Religionsgeschichte) – Siehe Nr. 65. 74. 145. 197. 208. 219. 227. 241. 244. 250. 263. 345. 426. 541. 553.

043 **Zwischen Anpassung und Kampf um die eigene Identität:** der Gustav-Adolf-Verein im Dritten Reich/ hrsg. im Auftrag des Gustav-Adolf-Werks (GAW) von Klaus Fitschen in Zusammenarbeit mit Mario Fischer ... L: Gustav-Adolf-Werk, 2021. 332 S.: Ill. (EvD; 88 [2020/2021]) – Siehe LuB 2021, Nr. 595. 605.

044 **Zwischen theologischem Dissens und politischer Duldung:** Religionsgespräche der Frühen Neuzeit/ hrsg. von Irene Dingel; Volker Paasch. GÖ: V&R, 2018. 323 S.: Ill. (VIEG, Beiheft; 121: Abt. für Abendländische Religionsgeschichte) – Siehe Nr. 321. 328. 330. 493. 499. 507. 527. 551. 558. 561.

A QUELLEN

1 Quellenkunde

1 Koehne, Samuel: **The Nazis and religion:** digital visual resources for research and teaching. Contemporary church history quarterly 26 (Calgary, Alberta CAN 2020) Nr. 3 (September). – Siehe: <https://contemporarychurchhistory.org/2020/09/the-nazis-and-religion-digital-visual-resources-for-research-and-teaching/>.

2 Kratochvil, Liselotte: »**Secularfeier**« der Reformation 1817 im Pfarramtsarchiv Enslingen. In: 010, 138–145.

3 Meinhardt, Matthias: **Zwei plus Vier macht Eins:** die Reformationsgeschicht-

liche Forschungsbibliothek im Schloss Wittenberg. In: 024, 84–95: Ill.

4 **Quellenkunde zur deutschen Geschichte der Neuzeit von 1500 bis zur Gegenwart/** hrsg. von Winfried Baumgart. Bd. 1: **1500–1815/** bearb. von Winfried Dotzauer (1987, 2004); Martin Hille (2017) ... Druckausgabe und Online-Ressource. PB: Schöningh, 2018. 745 S.

5 Stüber, Gabriele: **90 Jahre Zentralarchiv der Evangelischen Kirche der Pfalz (Protestantische Landeskirche):** Aufgaben – Dienstleistungen – Herausforderungen. BlPfKG 87 (2020), 255–266: Ill. L 261.

2 Wissenschaftliche Ausgaben und Übersetzungen der Werke Luthers sowie der biographischen Quellen

6 [Luther, Martin] Lutero, Martín: **Obras reunidas** (Gesammelte Werke <span.>). Bd. 1: **Escritos de reforma** (Reformationsschriften <span.>)/ hrsg. und eingel. von Pablo Toribio. Madrid: Trotta, 2018. 532 S. (Colección Torre del Aire)

7 [Luther, Martin] Lutero, Martín: **Obras reunidas** (Gesammelte Werke <span.>). Bd. 2: **El siervo albedrío y otros escritos polémicos** (*De servo arbitrio* und andere polemische Schriften)/ hrsg. und eingel. von Ga-

briel Tomás. Madrid: Trotta, 2019. 418 S. (Colección Torre del Aire)

8 Luther, Martin: **Luther válogatott művei** (Luthers Werke in Auswahl <ungar.>). Bd. 9: **A Római és a Galata levél magyarázata** (*Vorlesung über den Römerbrief. In epistolam Pauli ad Galatas,* 1519 <ungar.>)/ Red. und Textbearb.: Zoltán Csepregi; Orsolya Horváth; Edit Krähling; Übers.: Katalin Dér; Edit Krähling; Vergleich der Übers. mit den Originalen: Zoltán Csepregi. BP: Luther, 2020. 787 S.

3 Volkstümliche Ausgaben und Übersetzungen der Werke Luthers sowie der biographischen Quellen

a) Auswahl aus dem Gesamtwerk

9 **Buch der Reformation:** Quellen und Zeugnisse zum frühen Reformationsgeschehen im deutschen Sprachraum/ hrsg. von Judith Dieter; Markus Wriedt; auf der Basis des gleichnamigen Werkes von Karl H. Kaulfuß-Diesch. Druckausgabe und Online-Ressource. GÖ: V&R, 2021. 429 S.

10 [Luther, Martin]: **Martti Lutherin kastekirja** (Luthers Taufbuch [Sammlung] <finn.>)/ zsgest. von Sirpa Laurila; Bilder

von Pia Haataja. Helsinki: Sley-Media Oy, 2020. 73 S.: Ill.

b) Einzelschriften und Teile von ihnen

11 **Die große HörBibel:** die Bibel nach Martin Luther – revidiert 1984: szenische Lesung des Alten und Neuen Testaments (*Deutsche Bibel* <neuhochdt.>)/ Sprecherinnen

und Sprecher: Peer Augustinski; Markus Maria Profitlich; Marianne Rogée; Frank Arnold ... S: Deutsche Bibelgesellschaft, 2021. 8 CDs & 1 Booklet (8 unpag. S.).

12 Luther, Martin: **The disputation between John Eck and Martin Luther (1519):** a select translation (*Disputatio Johannis Eccii et Lutheri Lipsiae habita* [Auszüge] <engl.>)/ übers. von Carl D. Roth; Richard J. Serina, Jr. In: 020, 321–343.

13 [Luther, Martin] Luther, Martti: **Epidemia-ohjeet:** saako kuolemaa ja ruttoa paeta? (Richtlinien in der Epidemie: *Ob man vor dem Sterben fliehen möge* <finn.>)/ übers. von Sirkka Perälä. Druckausgabe und On-line-Ressource. Helsinki: BoD – Books on Demand, 2020. 52 S.

14 [Luther, Martin]: **Martin Luther und die Pest:** »*Ob man vor dem Sterben fliehen möge*« aus dem Jahr 1527/ eingel. von Hans-Christian Knuth. Luth. Dienst 56 (2020) Heft 1, 14–16: Ill.

15 Luther, Martin: **Predigt am Ostersonntag** (*Predigten*, Nr. 1398 <neuhochdt.>)/ mit einer Einl. von Dieter Kuller: **Weshalb wir Ostern feiern:** Gedanken zu einer Osterpredigt von Martin Luther. Lebendige Gemeinde München: Informationsbrief (2020) Nr. 1 (März), 2–7.

4 Ausstellungen, Bilder, Bildbiographien, Denkmäler, Lutherstätten

16 **500 Jahre Spuren der Reformation:** Begleitband zur Sonderausstellung 30. April 2017 – 04. Februar 2018; Heimatmuseum der Stadt Holzgerlingen: Holzgerlingen, April 2017; anlässlich der Sonderausstellung »500 Jahre Spuren der Reformation«/ Idee und Zusammenstellung: Heinz Lüdemann; mit Beiträgen von Tabea Dölker ...; theol. Beratung: Traugott Meßner ... Druckausgabe und Online-Ressource. Holzgerlingen: Heimatmuseum der Stadt Holzgerlingen, ©2017. 83 S.: Ill.

17 **1.000 Münzen und Medaillen zu Reformation und Protestantismus:** die Sammlung Dr. Rainer Opitz; 27. September 2017 in Osnabrück/ zsgest. von Fritz Rudolf Künker. Osnabrück: Künker, [2017]. 295 S.: Ill. (Auktion / Fritz Rudolf Künker Münzenhandlung; 297)

18 Bonkhoff, Bernhard H.: **Reformationsjubiläum, Kirchenunion und religiöse Erinnerungskultur im Spiegel von Münzen und Medaillen.** In: 027, 211–246: Ill.

19 Bonkhoff, Bernhard H.: **Süddeutsche Münzen und Gedenkmedaillen zu den Reformationsjubiläen von 1617 und 1717.** In: 02, 416–457: Ill.

20 Claußen, Susanne: **Reformation wagen:** Bürger, Bauer, Edelmann in Zeiten großer Veränderung; das Beispiel Wiesbaden und Umgebung/ hrsg. von Evang. Dekanat Wiesbaden; mit Fotos von Axel Sawert. [F]: Societäts-Verlag, 2017. 156 S.: Ill.

21 Dethlefs, Gerd: **Luther und das Licht:** zur Ikonographie der Reformation auf Münzen und Medaillen. Jahrbuch für Numismatik und Geldgeschichte 68 (2018) 349–378: Ill.

22 Dräger, Ulf; Kunkel, Matthias: **31. Oktober 2020:** die Reformation auf Medaillen und Flugblättern. Museums-Blog. Halle/ Saale: Kunstmuseum Moritzburg [2020]. Website:Ill.–<https://www.kunstmuseummoritzburg.de/kunst-erleben/digital-entdecken/museumsblog/31-oktober-2020/>.

23 Ellsäßer, Volker; Peters, Sarah: **Lutherbäume.** In: 010, 174–179: Ill.

24 **Die Formulierung der Reformation:** Luthers Hauptschriften des Jahres 1520; Kabinettausstellung; 31. Oktober-22. Dezember 2020. Flyer. Wittenberg: Reformationsgeschichtliche Forschungsbibliothek, [2020]. 1 Faltbl.: Ill.

25 **Geschichte der Reformation und des Protestantismus:** annotierter Gesamtkatalog der Sammlung Rainer Opitz/ bearb. von Detlev Hölscher; Klaus-Peter Brozatus; Elisabeth Doerk. 6 Teilbde. Osnabrück: Numismatischer Verlag Künker, 2018–2019. XIX, 676 S.: Ill.; XVII S., S. 677–1378: Ill.; XVII S., S. 1379–1873: Ill.; XVII S., S. 1874–2416: Ill.; XVII S., S. 2417–2982: Ill.; XVII S., S. 2983–3577: Ill. (Reformatio in Nummis; 2/1–6) [Ausführliches Inhaltsverzeichnis: <https://d-nb.info/1184611688/04>]

26 **Gewissen und Protest – 1521–2021:** die Texte der Wormser Landesausstellung »Hier stehe ich: Gewissen und Protest –

1521 bis 2021« vom 3. Juli bis 30. Dezember 2021/ hrsg. von Volker Gallé. Druck- und Sprachausgabe. Worms: Worms Verlag, 2021. 124 S.: Ill.

27 Hahn, Elmar: »Dr. Luther, runde Medaille. Eisenguss« – Reformationszeugnisse im Bestand zweier Haller Museen. In: 010, 72–91: Ill.

28 #HereIstand: Martin Luther, die Reformation und die Folgen [Luther-Ausstellungen USA 2016]; eine Kooperation des Landesmuseums für Vorgeschichte Halle, der Stiftung Luthergedenkstätten in Sachsen-Anhalt, des Deutschen Historischen Museums und der Stiftung Schloss Friedenstein Gotha Gesamtleitung: Harald Meller; Projektlenkungsgruppe: Martin Eberle; Ulrike Kretzschmar; Stefan Rhein; Projektleitung: Tomoko Elisabeth Emmerling; wiss. Beratung: Mirko Gutjahr; Martin Treu; Timo Trümper; Koordination: Robert Kluth; Konzept: Robert Kluth; Katrin Herbst; wiss. Mitarb.: Ingrid Dettmann … Posterausstellung und elektron. Ressource. [Halle; Lutherstadt Wittenberg; B; Gotha 2016]. 30 Bl.: Ill. (500 Jahre Reformation – Luther 2017) – Siehe: <https://www.academia.edu/41178182/_HereIstand_Martin_Luther_die_Reformation_und_die_Folgen?email_work_card=thumbnail>.

29 Hubach, Hanns: »Ein cleiner debbich mit doctor Luthers contrafactur«: eine wiedergefundene Porträttapisserie aus der Werkstatt des sächsischen Wirkmeisters Seger Bombeck. In: 030, 49–61: Ill.

30 Jacobs, Grit: Martin Luther als »Junker Jörg« – ein Blick auf die Bildnisse und ihre Geschichte. In: 021, 40–74: Ill.

31 Jacobs, Grit: Martin Luther, der Teufel und der Tintenfleck in der Lutherstube. In: 021, 75–96: Ill.

32 Kaufmann, Thomas: Gustav Adolf, Wittenberg und der Dreißigjährige Krieg. In: 040, 83–122: Ill.

33 Krüger, Jürgen: Luther-Erinnerung in Rom. In: 030, 179–195: Ill.

34 Landesausstellung »Hier stehe ich: Gewissen und Protest – 1521 bis 2021« 3. Juli bis 30. Dezember 2021. Online-Ressource: Website. Worms: Museum der Stadt Worms im Andreasstift, 2021. 1 Trailer. In: 019. – Siehe: <https://www.museum-andreasstift.de/museum-andreasstift/Ausstellungen/

Hier-stehe-ich.-Gewissen-und-Protest-1521-bis-2021.php>.

35 Luther und Worms: Hintergründe zum Wormser Reichstag, Lutherschriften, Worms 1521. Datensammlung. Internetredaktion Stadtverwaltung Worms; Daniel Körbel. Online-Ressource: Website. Worms: Stadtverwaltung, 2021. In: 019. – Siehe: <https://www.worms.de/de/web/luther/Worms_1521/>.

36 Luthers Elternhaus: Mansfeld-Lutherstadt; »Ich bin ein Mannsfeldisch Kind«. Flyer. Stiftung Luthergedenkstätten in Sachsen Anhalt, s.a. 1 Faltbl.: Ill. – Siehe: <https://www.martinluther.de/node/1624>.

37 Martius, Ralf: Reformationsmedaillen aus Schwäbisch Hall. In: 010, 156–163: Ill.

38 Neubert, Christhard-Georg: Der schillernde Reformator: die Auseinandersetzung um das neue Luther-Denkmal in Berlin. In: 024, 44–58: Ill.

39 Ohm, Matthias: Die Porträtmedaille: ein neues Bildmedium im Reformationszeitalter. In: 030, 99–112: Ill.

40 Peters, Sarah: »Der Stuhl, auf dem Luther garantiert nie gesessen hat« – eine Ausstellung und ihre Entstehungsgeschichte. In: 010, 100–119.

41 Raus mit der Sprache!: die Mitmachausstellung für Kinder und Jugendliche im Museum Luthers Sterbehaus in Eisleben. Flyer. Stiftung Luthergedenkstätten in Sachsen Anhalt, s.a. 1 Faltbl.: Ill. – Siehe: <https://www.martinluther.de/node/1950>.

42 Die Reformation in der Saargegend: Katalog zur Ausstellung der Fachrichtung Ev. Theologie der Universität des Saarlandes/ hrsg. von Joachim Conrad; Jörg Rauber; Beiträge von denselben; Isabel Kreimes … Saarbrücken: Geistkirch, 2017. 88 S.: Ill. (Beiträge zur evang. Kirchengeschichte der Saargegend; 3)

43 Scheunemann, Jan: Evangelische Erinnerungsorte im atheistischen Staat: Martin Luthers Geburts- und Sterbehaus in Eisleben in der SBZ / DDR. LuJ 87 (2020), 196–248.

44 Schnabel, Bernhard: »Dem Bylde Dr. Luthers eine dreifarbige Concarde angeheftet«: frühe Lutherbilder in pfälzischen Kirchen und ihre Geschichte. BlPfKG 87 (2020), 175–211: Ill.

45 Steiger, Johann Anselm: **Zutritt zum Gnadenstuhl:** Ludwig Münstermanns Altarretabeln in Varel (1614), Rodenkirchen (1629) und Hohenkirchen (1620); zur Exegese des Alten und Neuen Testaments in Bildmedien. (2016, erw.). In: 035, 238–265: Ill.

46 **UNESCO-Welterbe:** Luthergedenkstätten in Eisleben und Wittenberg; Ausgangspunkte der Reformation/ Deutsche UNESCO-Kommission. Internetressource. [Bonn]: Deutsche UNESCO-Kommission, s. a. Website: Ill. Kt. – Siehe: <https://www.unesco.de/kultur-und-natur/welterbe/welterbe-deutschland/luthergedenkstaetten-eisleben-und-wittenberg>.

47 **Unsere Museen entdecken und Weltgeschichte erleben/** hrsg. von der Stiftung Luthergedenkstätten in Sachsen-Anhalt.

Druckausgabe und Online-Ressource. Lutherstadt Wittenberg, [2021]. 23 S.: Ill., Kt. – Siehe: <https://docplayer.org/191407027-Unsere-museen-entdecken-und-weltgeschichte-erleben.html>.

48 **Welterbe Wartburg:** Porträt einer Tausendjährigen/ hrsg. von der Stiftung Wartburg; Text: Jutta Krauß; Fotografien: Ulrich Kneise. 3., aktual. Aufl. Regensburg: Schnell & Steiner, 2016. 174 S.: Ill.

49 Wüst, Wolfgang: **Die fränkischen Reichsdörfer Sennfeld und Gochsheim zwischen alter und neuer Lehre:** Religions- und Konfessionspolitik im Heiligen Römischen Reich deutscher Nation. Sennfeld: Evang.-Lutherische Kirchengemeinde Sennfeld, [2016]. 63 S.: Ill.

B DARSTELLUNGEN

1 Biographische Darstellungen

a) Das gesamte Leben Luthers

50 Lazcano, Rafael: **Lutero:** una vida delante de Dios (Luther: ein Leben vor Gott). Madrid: San Pablo, 2017. 272 S. (Testigos; 75)

51 Metaxas, Eric: **Martin Luther:** the man who rediscovered God and changed the world. Druckausgabe und Online-Ressource. NY: Viking, 2017. XIII, 480 S., 8 S. unpag.: Ill., Kt.

52 Metaxas, Eric: **Luther:** der Mann, der Gott neu entdeckte (Martin Luther: the man who rediscovered God and changed the world <dt>.)/ aus dem Amerikan. übers. von Friedemann Lux. Druckausgabe und Online-Ressource. Holzgerlingen: SCM Hänssler, 2019. 623 S., 16 S. unpag.: Taf., Ill., Kt.

53 Ocker, Christopher: **Luther, conflict, and Christendom:** Reformation Europe and Christianity in the West. Druckausgabe und Online-Ressource. Cambridge; NY; Melbourne; New Dehli; Singapore: Cambridge University, 2018. XII, 526 S.: Ill.

b) Einzelne Lebensphasen und Lebensdaten

54 Allen, Michael: **Disputation for scholastic theology:** engaging Luther's 97 theses. Themelios 44 (LO 2019) Nr. 1, 105–119.

55 Arnold, Matthieu: **La condamnation par Martin Luther (1521).** In: L'Europe des superstitions: une anthologie; XVIe-XXe siècle/ hrsg. von Boris Klein; Philippe Martin; Sébastien Roman. Paris: Cerf, 2020, 21–26.

56 Arnold, Matthieu: **Les »grands écrits réformateurs« de 1520:** une théologie de la liberté chrétienne. PL 68 (2020), 333–350.

57 Askani, Hans-Christoph: **Penser la liberté autrement:** la liberté du chrétien de Martin Luther; relecture d'un livre surprenant. PL 68 (2020), 351–379.

58 Baron, Frank: **Der Mythos des faustischen Teufelspakts:** Geschichte, Legende, Literatur. Druckausgabe und Online-Ressource (PDF; Ebook). B; Boston, MA: De Gruyter, 2019. VIII, 317 S.: Ill. L 48–50. 67–70+". (Frühe Neuzeit; 223)

59 Beyer, Michael: **Die kirchenhistorische Bedeutung der Leipziger Disputation.** In: 037, 11–26.

60 Bonkhoff, Bernhard H.: **War Luther in Speyer?** In: 02, 61–94: Ill.

61 Bowers, Diane V.: **To spite the devil:** Martin Luther and Katharina von Bora's wedding as reform and resistance. Online-Ressource. Religions 11 (2020) Nr. 3. 14 S. –

Siehe: <https://www.mdpi.com/2077-1444/11/3/116/htm>.

62 Bräutigam Michael: **Luther's Heidelberg Disputation and identity formation.** Dialog: a journal of theology 58 (2019) Nr. 1, 70–78. – Siehe: <https://onlinelibrary.wiley.com/doi/full/10.1111/dial.12455>.

63 Bühmann, Henning: **Wittenberg's disputation culture and the Leipzig debate between Luther and Eck.** In: 020, 61–92: Ill.

64 Conrad, Joachim: **»Luther ist in der Stadt«:** die Heidelberger Disputation und ihre Bedeutung für den südwestdeutschen Raum. In: 02, 23–60: Ill.

65 Dingel, Irene: **Von der mittelalterlichen Disputation zum reformatorischen Religionsgespräch:** neu organisiertes Streiten? In: 042, 255–267.

66 Herrmann, Erik H.: **The Babylonian captivity** (1520). LQ 34 (2020) Nr. 1, 249–267.

67 Jung, Martin H.: **Luthers Aufruf »An den christlichen Adel« (1520) und seine Folgen.** In: 031, 57–74.

68 Kaufmann, Thomas: **Les écrits de Luther en 1520.** PL 68 (2020), 305–331.

69 Kaufmann, Thomas: **»Hier stehe ich!«:** Luther in Worms – Ereignis, mediale Inszenierung, Mythos. S: Anton Hiersemann, 2021. 173 S. (Zeitenspiegel Essay)

70 Kaufmann, Thomas: **Luthers Publizistik des Jahres 1520.** Lu 92 (2021), 9–28.

71 Kohnle, Armin: **Die Einschluss- und Ausschlussformeln in reichsrechtlichen Dokumenten der Reformationszeit.** In: 01, 173–187.

72 Kohnle, Armin: **Gewissensreligion?:** Luthers Wormser Rede neu gelesen. Lu 92 (2021), 84–92.

73 Kohnle, Armin: **Luthers »reformatorische« Hauptschriften von 1520:** Beobachtungen zu ihrer Entstehung und zu ihrer Bedeutung nach 500 Jahren. EvTh 80 (2020), 324–336.

74 Kohnle, Armin: **Religionsverhandlungen und Buchdruck:** die Vermittlung theologisch-politischer Regelungsversuche des Reiches an die Öffentlichkeit. In: 042, 269–283.

75 Lähne, Bernd: **Über Leipzig nach Worms – Luthers Reise veränderte die Welt.** Leipziger Volkszeitung: Muldental 127 (2021) Nr. 79 (6. April), 7: Ill. (Sachsen und Mitteldeutschland).

76 Leppin, Volker; Mattox, Mickey L.: **The Leipzig debate:** a Reformation turning point. In: 020, 11–30.

77 McIntosh, Terence: **Luther, Melanchthon, and the specter of Zwingli during the Diet of Augsburg in 1530.** ARG 111 (2020), 78–108.

78 **Multiplex network ties and the spatial diffusion of radical innovations:** Martin Luther's leadership in the early Reformation/ von Sascha O. Becker; Yuan Hsiao; Steven Pfaff; Jared Rubin. American sociological review 85 (Bloomington, IN 2020) Nr. 5, 857–894.

79 Oelschläger, Ulrich: **Luther in Worms:** der Reichstag im April 1521. Worms: Worms Verlag, 2020. 169 S.: Ill.

80 Raatz, Georg: **Der biographische und werkgeschichtliche Kontext der drei Hauptschriften Luthers von 1520.** In: 04, 13–18.

81 Rieske, Uwe: **Keine Spur von Freiheit:** Luther vor Kaiser und Reich und die evangelische Seelsorge. ZZ 22 (2021) Heft 4, 42–44: Ill.

82 Schäufele, Wolf-Friedrich: **Luther auf der Wartburg.** In: 021, 9–22: Ill.

83 Schirmer, Uwe: **Die Wartburg und das Amt Eisenach zwischen 1490 und 1525:** Anmerkungen zu Verwaltung, Funktionswandel und Alltag. In: 021, 90–160: Ill.

84 Schwarz, Hilmar: **Luther auf der Wartburg:** Fakten und Zusammenhänge zu seinem Aufenthalt 1521/22. LuJ 87 (2020), 41–58.

85 Serina, Richard J.: **The excommunication of Martin Luther:** Exsurge Domine (1520) and Decet Romanum Pontificem (1521). LQ 34 (2020) Nr. 2, 194–208.

86 Stegmann, Andreas: **Nachrichten über Luthers Verhalten zu Pestzeiten von Ernst Reuchlin.** Lu 92 (2021), 93–95.

c) Familie

88 **Ahnen und Enkel:** das Buch der Nachkommen und Verwandten von D. Martin Luther und Katharina von Bora. Bd. 1: **Nachfahren des Reformatorenpaares:** die direkten Nachkommen von D. Martin Luther und Katharina von Bora/ hrsg. von der Lutheriden-Vereinigung; Hans Peter Werner; Wolfgang Alt. Druckausgabe und Online-Ressource. Norderstedt: BoD – Books

on Demand, 2020. 652 S.: Ill. (Ahnen und Enkel; 1)

89 **Ahnen und Enkel:** das Buch der Nachkommen und Verwandten von D. Martin Luther und Katharina von Bora. Bd. 2: **Seitenverwandte des Reformators:** die Nachkommen der Geschwister des D. Martin Luther/ hrsg. von der Lutheriden-Vereinigung; Hans Peter Werner; Wolfgang Alt. Druckausgabe und Online-Ressource. Norderstedt: BoD – Books on Demand, 2020. 480 S.: Ill. (Ahnen und Enkel; 2)

90 **Ahnen und Enkel:** das Buch der Nachkommen und Verwandten von D. Martin Luther und Katharina von Bora. Bd. 3: **Stammverwandte des Reformatorenpaares:** die Nachkommen von Cousinen und Cousins des D. Martin Luther und der Katharina von Bora/ hrsg. von der Lutheriden-Vereinigung; Hans Peter Werner; Wolfgang Alt. Druckausgabe und Online-Ressource. Norderstedt: BoD – Books on Demand, 2020. 600 S.: Ill. (Ahnen und Enkel; 3)

91 **Ahnen und Enkel:** das Buch der Nachkommen und Verwandten von D. Martin Luther und Katharina von Bora. Bd. 4: **Namensregister:** Gesamtindex der Personennamen in den Bänden 1–3/ hrsg. von der

Lutheriden-Vereinigung; Hans Peter Werner; Wolfgang Alt. Druckausgabe und Online-Ressource. Norderstedt: BoD – Books on Demand, 2020. 428 S.: Ill. (Ahnen und Enkel; 4)

92 Fuchs, Martina: **Katharina von Bora – Nonne, Ehefrau, Witwe:** das Bild der Lutherin in neuester deutscher Belletristik. In: 024, 59–81: Ill.

d) Volkstümliche Darstellungen seines Lebens und Werkes, Schulbücher, Lexikonartikel

92 **Allgemeinbildung:** der große Kulturführer durch Geschichte, Kunst und Wissenschaft/ von Frank Kolb; mit Beiträgen von Susanne Rebscher ...; Ill. von Hauke Kock. Sonderausgabe. HH: Impian, 2021. 440 S.: Ill. L 170 f".

93 **Deutsche Geschichte von den Anfängen bis heute/** von Christoph Kleßmann; Jens Gieseke; hrsg. von Wolfgang Piereth; Wolfgang Benz; Ill. von Hauke Kock. Lizenzausgabe. 3 Bde. in einem HH: Impian, 2021. 371, 363, 254 S.: Ill. (Allgemeinbildung)

2 Luthers Theologie und einzelne Seiten seines reformatorischen WIrkens

a) Gesamtdarstellungen seiner Theologie

94 Bayer, Oswald: **La teología de Martín Lutero** (Martin Luthers Theologie <span.>)/ übers. von José Manuel Lozano-Gotor. Salamanca: Sigueme, 2020. 411 S. (Verdad e imagen; 215: Teología)

95 Madrigal Terrazas, Santiago: **Lutero y la Reforma:** evangelio, justificación, iglesia (Luther und die Reformation: Evangelium, Rechtfertigung, Kirche). Madrid: Biblioteca de Autores Cristianos, 2019. XXX, 354 S. (Estudios y ensayos; 238)

96 Saak, Eric Leland: **Luther and the Reformation of the later middle ages.** Druckausgabe und Online-Ressource. Cambridge: University, 2017. XII, 399 S. – Siehe: <https://www.cambridge.org/core/books/luther-and-the-reformation-of-the-later-middle-ages/1D85FBAC790C74B88C12DD59C7FFA0D4>.

b) Gott, Schöpfung, Mensch

97 Alfsvåg, Knut: »**Duae res sunt Deus et Scriptura Dei**«: on the relation between unknowability and clarity in the thought of Martin Luther. In: 09, 39–56.

98 Alfsvåg, Knut: **Det guddommelige nærvær – en innføring i kristen teologi** (Die göttliche Gegenwart – eine Einführung in die christliche Theologie). Stavanger: VID, 2020. 120 S. L".

99 Arand, Charles P.: **God's world of daily wonders.** CJ 46 (2020) Nr. 2, 53–71.

100 Bayer, Oswald: **The God who gives himself completely and thoroughly.** Logia: a journal of Lutheran theology 29 (Fort Wayne, IN 2020) Nr. 1, 39–42.

101 Brunner, Benedikt: **Madensack oder Tempel Gottes:** lutherische Bewertungen des Leibes im Angesicht des Todes. BlPfKG 87 (2020), 345–367: Ill. – In: 017, 9–31: Ill.

102 Dalferth, Ingolf U.: **Sünde:** die Entdeckung der Menschlichkeit. Druckausgabe und Online-Ressource. L: EVA, 2020. 422 S.

103 Fischer, Johannes: **Covid-19 und Gott:** die Seuche stellt erneut die Frage: Wie allmächtig und gut ist Gott? ZZ 21 (2020) Heft 9, 8–11: Ill.

104 Hoyum, John: **Luther and some Lutherans on divine simplicity and hiddenness.** LQ 34 (2020) Nr. 4, 390–409.

105 Kam, Vincent: **Luther on God's play with his saints.** LQ 34 (2020) Nr. 2, 138–151.

106 Karimies, Ilmari: **God as hidden and incomprehensible in Luther's biblical lectures between 1513–1521.** In: 09, 57–84.

107 King, Jonathan: **Martin Luther's theology of beauty:** reconsidering the »hiddenness« and »alien work« of God. Mid-America journal of theology 31 (Dyer, IN 2020), 27–56.

108 Mannström, Elina: **Kolmiyhteisen Jumalan persoonien erillisyys ja ykseys Lutherin teologiassa** (Trennung und Einheit der Personen des dreieinigen Gottes in Luthers Theologie). In: 018, 20–24.

109 Mikkola, Sini: **Persoonan ruumiillisuus Martin Lutherin ihmiskäsityksessä** (Körperlichkeit der Person im Menschenbild Martin Luthers). In: 018, 33–39.

110 Norman, Mark: **Luther, Heidegger, and the hiddenness of God.** The Tyndale bulletin: journal of biblical and theological research 70 (Cambridge 2019) Heft 2, 291–316.

111 Raunio, Antti: **Lutherin käsitys ihmispersoonan substantiaalisuudesta ja relationaalisuudesta** (Luthers Auffassung von der Wesentlichkeit und Relationalität der menschlichen Person). In: 018, 25–32.

112 Saarinen, Risto: **In sinu patris:** the merciful trinity in Luther's Exposition of John 1:18. (2007). In: 032, 73–88

113 Saarinen, Risto: **Weakness of will:** Reformation anthropology between Aristotle and the Stoa. (2015). In: 032, 130–144.

114 Wüthrich, Matthias D.: **Raum Gottes:** ein systematisch-theologischer Versuch, Raum zu denken. Druckausgabe und Online-Ressource. GÖ; Bristol, CT: V&R, 2015. 558 S. (Forschungen zur systematischen und ökumenischen Theologie; 143) – Zugl.: BL, Univ., Habil., 2013.

115 Wüthrich, Matthias D.: **Raum Gottes:** ein systematisch-theologischer Versuch, Raum zu denken. Online-Ressource, Open-Access-Publikation im Sinne der CC-Lizenz BY-NC 4.0. GÖ: V&R, 2020. 558 S. (Forschungen zur systematischen und ökumenischen Theologie; 143) – Zugl.: BL, Univ., Habil., 2013. – Siehe: <https://www.vr-elibrary.de/doi/epdf/10.13109/9783666564123>.

c) Christus

116 Hörisch, Jochen: **Kann ein allmächtiger Gott sterben?:** Luthers Lust an Paradoxien und ihre Folgen. Hannover: der blaue reiter, 2020. 158 S. [Siehe die Rez. unten, Nr. 118]

117 Jennings, Brach S.: **Interpreting Martin Luther's theologia crucis eschatologically as deep incarnation for ecological justice.** Communio viatorum 62 (PR 2020), 266–279.

118 Lämmlin, Georg: **Anstößig:** Paradoxien und ihre Folgen. ZZ 21 (2020) Heft 6, 63f: Ill. [Rez. zu oben, Nr. 116]

119 Steiger, Johann Anselm: »**vor die Augen gemalt« (Galater 3,1):** zur Vergegenwärtigung des Sohnes Gottes in den Medien Wort und Bild bei Martin Luther und im Luthertum der Barockzeit. (2017). In: 035, 13–39: Ill.

d) Kirche, Kirchenrecht, Bekenntnisse

120 Csepregi, Zoltán: **Ketzerakten, Glaubenswechsel, Kirchenvisitationen:** Landpfarrer und ihre Gläubigen im Königreich Ungarn. In: 07, 151–172: abstract, 171f. L 164.

121 Hein, Martin: **Kirchengeschichte und Kirchenleitung.** Lu 91 (2020), 66–74.

122 Lehmann, Roland M.: **Kirche glauben!:** Luthers Ekklesiologie nach seiner Schrift »Vom Papsttum zu Rom« (1520). LuJ 87 (2020), 87–124.

123 Lehmann, Roland M.: **Der Sermon »Von den guten Werken«:** eine Einführung in Martin Luthers reformatorisches Christentumsverständnis. Lu 92 (2021), 29–46.

124 Lehmann, Roland M.: **Theologische Einführung zur Adelsschrift.** In: 04, 21–35.

125 Lexutt, Athina: **Theologische Einführung zur »Babylonischen Gefangenschaft«.** In: 04, 55–76.

126 Mennecke, Ute: **Wie eine evangelische Kirche entsteht.** In: 039, 35–51.

127 Mumme, Jonathan: **Luther's later ecclesiology and the Leipzig debate.** In: 020, 265–287.

128 Robinson, Paul: **Councils after Leipzig:** Luther's interpretation of Nicaea from the Leipzig disputation to On the Councils and the Church (1539). In: 020, 245–264.

129 Schmidt, Bernward: **Papalism at stake in the Leipzig debate.** In: 020, 194–221.

130 Serina, Richard J., Jr.: **Frigidissima decreta:** canon law, ecclesiology, and Luther's proposition. In: 020, 145–168.

131 Ullmann, Wolfgang: Εἷς ὁ Θεός – **Der Eine Gott:** die Geschichte von Dogma und Bekenntnis der Kirche/ hrsg. von Jakob Ullmann. Bd. 2. Würzburg: Königshausen & Neumann, 2020. 399 S.

132 Ullmann, Wolfgang: Εἷς ὁ Θεός – **Der Eine Gott:** die Geschichte von Dogma und Bekenntnis der Kirche/ hrsg. von Jakob Ullmann. Bd. 3. Würzburg: Königshausen & Neumann, 2020. 588 S.

133 Witt, Christian V.: **Verheißung und Glaube als Grundfesten der Kirche:** Luthers Schrift De captivitate Babylonica ecclesiae praeludium. Lu 92 (2021), 47–61.

134 Zschoch, Hellmut: **Im »Vorspiel« kommt Luther zur Sache:** von der babylonischen Gefangenschaft der Kirche (1520). Lu 91 (2020), 60–65.

e) Sakramente, Beichte, Ehe

135 Bayer, Oswald: **Sein und Werden:** das zweidimensionale Taufverständnis des reformatorischen Luther. In: 034, 73–83.

136 Gayoba, Francisco D.: **Martin Luther's understanding of faith in relation to infant baptism.** Andrews University Seminary studies 58 (Berrien Springs, MI 2020) Nr. 1, 65–83.

137 Ihsen, Florian: **Ökumenisch und online am Tisch des Herrn?:** Gedanken zu einem Votum des ÖAK und zur Diskussion um das digitale Abendmahl. In: Fides quaerens intellectum: Festschrift für Walter Dietz/ hrsg. von Jutta Koslowski; Thorsten A. Leppek. Druckausgabe und Online-Ressource. L: EVA, 2021, 105–124.

138 Koble, Brandon W.: **From the velvet cushion to the altar:** Luther's theology of the Lord's supper and its relationship to his Christology. Logia: a journal of Lutheran theology 29 (Fort Wayne, IN 2020) Nr. 3, 7–17.

f) Amt, Seelsorge, Diakonie, Gemeinde, allgemeines Priestertum

139 Dreyer Wim A.: **The priesthood of believers:** the forgotten legacy of the Reformation. Hervormde teologiese studies 76 (Pretoria 2020) Nr. 4, 1–7. – Siehe: <https://hts.org.za/index.php/hts/article/view/6021/16221>.

140 Geilhufe, Justus: **Luthers Thesen über das theologische Amt als Impuls für ein gelingendes Leben im Pfarramt.** In: 037, 47–80.

141 Hautala, Harri: **Hallinnoiva diakoni:** diakonian virka Lutherin Ensimmäisen Timoteuskirjeen selityksessä (Administrierender Diakon: das Amt des Diakons in der Erläuterung des ersten Timoteusbriefes von Luther). Druckausgabe und Online-Ressource. Diakonian tutkimus: journal for the study of diakonia 17 (Helsinki 2020), 6–24. – Siehe: <https://journal.fi/dt/issue/view/6516>.

142 Kolb, Robert: **Luther's media for pastoral education.** Lutheran mission matters 28 (Florissant, MO 2020), Nr. 2, 213–220.

143 Ryökäs, Esko: **Diaconia as a place:** Why Luther did not speak about »diaconia«? In: 09, 165–193.

144 Wengert, Timothy J.: **Martin Luther and Philip Melanchthon on the care and feeding of [future] pastors.** Dialog: a journal of theology 59 (2020) Nr. 2, 130–137.

145 Witt, Christian Volkmar: **Pluralität durch Aneignung ohne Pluralisierung des Angeeigneten?:** Beobachtungen zum seelsorgerlichen Grundzug der Theologie Luthers. In: 042, 223–239.

146 Zarychta, Paweł: **3 Briefgenres. 3.17 Trostbrief/Kondolenzbrief/Trauerbrief.** In: 013, 580–593. L 587f.

g) Gnade, Glaube, Rechtfertigung, Werke

147 Bader, Günter: **Luther und die Skepsis, ausgehend von »De servo arbitrio«.** In: 022, 101–121.

148 Estrada, Rui; Toldy, Teresa: **Forgiveness and Luther's Ninety-Five Theses.** Carthaginensia: revista de estudios e investigación 36 (Murcia 2020) Nr. 69, 45–60. – Siehe: <https://revistacarthaginensia.com/index.php/CARTHAGINENSIA/article/view/121/165>.

149 German, Brian T.: **Luther on the fulfillment of the law:** five theses for contemporary Luther studies. CThQ 84 (2020) Nr. 1/2, 83–100.

150 Hüttenhoff, Michael: **Über moralische Dilemmata, Schuld und Sünde.** In: 034, 142–161.

151 Käfer, Anne: **Todesschrecken:** Luthers Freiheitsschrift – ein Traktat wider die Angst. Lu 92 (2021), 62–70.

152 Kuch, Michael: **Theologische Einführung zur Freiheitsschrift.** In: 04, 99–120.

153 Lane, Anthony N. S.: **Why was Luther hostile to article 5 on justification agreed at the religious colloquy of Regensburg, 1541?** Reformation and Renaissance review: journal of the Society for Reformation Studies 22 (Abingdon, UK 2020) Nr. 2, 112–125.

154 Linde, Gesche: **Facettenreiche Freiheit:** Was wir von Luthers Umgang mit der Pest heute lernen können. ZZ 21 (2020) Heft 7, 33–35: Ill.

155 Neddens, Christian: **Doppelte Staatsbürgerschaft?:** geistlicher Morgenimpuls. In: 034, 265–268.

156 Neddens, Christian: **Simul-Existenz:** Einführung ins Thema. In: 034, 11–29.

157 Nickel, Justin: **The work of faith:** divine grace and human agency in Martin Luther's preaching. Lanham, MD: Lexington: Fortress, 2020. 186 S.

158 Raunio, Antti: **Introduction:** faith as darkness and light active in love – Luther on Christian life. In: 09, 7–38.

159 Rütersworden, Udo: **Das »Gesetz« bei Martin Luther.** In: 039, 53–66.

160 Saarinen, Risto: **Desire, consent and sin:** the earliest free will debates of the Reformation. (2011). In: 032, 102–111.

161 Saarinen, Risto: **Luther and beneficia.** (2012). In: 032, 38–57.

162 Slenczka, Notger: **Luthers Freiheitsschrift.** Lu 92 (2021), 4–8.

163 Tranvik, Mark D.: **The freedom of a Christian (1520).** LQ 34 (2020) Nr. 1, 82–92.

164 Weyer-Menkhoff, Stephan: **Simul iustus et peccator.** In: 034, 84–88.

h) Sozialethik, politische Ethik, Geschichte

165 Benad, Matthias: **Diakonie als Reform des Gemeinwesens:** vom Umgang mit Armut und Andersheit seit der Reformation. In: 039, 131–161.

166 Chung-Kim, Esther: **Economics of faith:** reforming poor relief in early modern Europe. Druckausgabe und Online-Ressource. NY, NY: Oxford University, 2021. 276 S.

167 Grobien, Gifford A.: **The natural law and Christian ethics.** Logia: a journal of Lutheran theology 29 (Fort Wayne, IN 2020) Nr. 1, 7–12.

168 Kreß, Hartmut: **Gewissens- und Religionsfreiheit – eine Folge der Reformation?** In: 039, 163–177.

169 Lüpke, Johannes von: **»Über und in allen Ständen«:** christliches Leben in weltlichen Strukturen. In: 039, 103–116.

170 Nieden, Marcel: **Martin Luthers Zwei-Reiche-Lehre in kontextueller Perspektive.** In: 03, 27–52.

171 Nikolajsen, Jeppe Bach: **Christian ethics, Lutheran tradition, and pluralistic society.** NZSTh 62 (2020), 295–310.

172 Nikolajsen, Jeppe Bach: **Christian ethics, natural law, and Lutheran tradition.** Studia theologica: Nordic journal of theology 74 (Oslo 2020), 1–18.

173 Otte, Hans: **Einleitung** [Angewandtes Luthertum]. In: 03, 9–23.

174 Raunio, Antti: **Kirkon mission sosiaalinen ulottuvuus – luterilaisen reformaation käsitys yhteisöstä ja hyvän tekemisestä** (Die soziale Dimension der Mission der Kirche – Die Vorstellung der lutherischen Reformation von Gemeinschaft und Wohltätigkeit). In: Näkökulmia ekumeeniseen missiologiaan (Perspektiven der ökumenischen Missiologie)/ hrsg. von Mari-Anna Auvinen; Jyri Komulainen. Helsinki: Kirkon tutkimuskeskus, 2020, 85–109. (Kirkon tutkimuskeskuksen julkaisula; 133) – Siehe: <https://evl.fi/documents/1327140/75979077/31426865_Nakokulmia_ekumeeniseen_missiologiaan_

NETTIVERSIO_20_07_21.pdf/17b997ae-5da3-2b97-b90f-a8755b3c0dc6?t=1598858726876>.

175 Rink, Sigurd: **Können Kriege gerecht sein?:** Glaube, Zweifel, Gewissen – Wie ich als Militärbischof nach Antworten suche/ unter Mitarb. von Uta Rüenauver. Druckausgabe und Online-Ressource. B: Ullstein, 2019. 285 S.

176 Saarinen, Risto: **Ethics in Luther's theology:** the three orders. (2005). In: 032, 112–129.

177 Saarinen, Risto: **Renaissance ethics and the European reformations.** (2013). In: 032, 162–177.

178 Schilling, Johannes: **Gott in allem vertrauen und dem Nächsten dienen:** Martin Luthers Ermutigung zu humanem Verhalten von Christen in Zeiten der Pandemie. Lu 91 (2020), 128–141.

179 Stopa, Sasja Emilie Mathiasen: **»Durch die Sünde hat die Natur ihr Vertrauen auf Gott verloren«:** Sünde und Vertrauen als formgebende Elemente von Martin Luthers Gesellschaftsverständnis. In: 034, 122–141.

180 Stümke, Volker: **Friedensmahner – Fürstenknecht:** Luther zu den Kriegen und Kriegsgefahren seiner Zeit. In: 040, 21–36: Ill.

181 Wernisch, Martin: **Církevní dějiny jako koncept** (Kirchengeschichte als Konzept). Brno: Centrum pro studium demokracie a kultury, 2021. 96 S. L 37–40+".

i) Gottes Wort, Bibel, Predigt, Sprache

182 Alt, Franz: **Die außergewöhnlichste Liebe aller Zeiten:** die wahre Geschichte von Jesus, Maria Magdalena und Judas. Druckausgabe und Online-Ressource. Freiburg, Br.: Herder, 2021. 320 S. L".

183 Arnold, Matthieu: **Martin Luther, théologien et pasteur:** ses préfaces à la Bible (1522–1546). In: »Une honnête curiosité de s'enquérir de toutes choses«: mélanges en l'honneur d'Olivier Millet, de la part de ses élèves, collègues et amis/ ges. und hrsg. von Marine Champetier de Ribes ... Genève: Droz, 2021, 527–537. (Travaux d'humanisme et Renaissance; 618)

184 Assel, Heinrich: **Martin Luthers und Hermann Cohens Kommentare zu Ps 51.** In: 022, 231–249.

185 Bahl, Patrick: **Geht Paulus mit den Römern spazieren?:** zu Luthers und Melanchthons Auslegung der Adam-Christus-Gegenüberstellung (Röm 5,12–21) und ihrer exegetischen Tragweite. LuJ 87 (2020), 59–86.

186 Beckwith, Carl L.: **Sola scriptura, the fathers, and the church:** arguments from the Lutheran reformers. Criswell theological review 16 (Dallas, TX 2019) Nr. 2, 49–66.

187 Bigl, Sven: **Von der Reformationszeit bis 2017:** die Revisionsgeschichte der Lutherbibel. In: 038, 31–41.

188 Budde, Gunilla: **Der Brief als Forschungsfeld. 1.4 Geschichtswissenschaft.** In: 013, 61–80. L 62.

189 Campbell, W. Gordon: **Collaborative verbal and visual interpretation of revelation in Luther's September-Testament (1522) and Revised New Testament (1530).** Proceedings of the Irish Biblical Association 40 (Dublin 2019), 43–72.

190 Feyll, Cornelia; Forssman, Friedrich: **Zur Neugestaltung der Lutherbibel.** In: 038, S. 21–24, 6 unpag S.

191 Förster, Hans: **Martin Luther und die Veritas Graeca:** eine Positionsbestimmung. Druckausgabe und Online-Ressource. KD 66 (2020), 195–219: summary, 219. – Onlineversion: <https://www.vr-elibrary.de/doi/epdf/10.13109/kedo.2020.66.3.195>.

192 Foord, Martin: **The »Epistle of straw«:** reflections on Luther and the Epistle of James. Themelios 45 (LO 2020) Nr. 2, 291–298.

193 Gradl, Hans-Georg: **Ein Buch wie ein Spiegel:** Anmerkungen zur Auslegungs- und Wirkungsgeschichte der Johannesapokalypse. In: 06, 463–512: Ill. L 489–491+".

194 Gutmann, Hans-Martin: **Menschsein wahrnehmen – Rechtfertigung predigen.** In: 034, 162–174.

195 Hauschildt, Friedrich: **Frischer Blick:** Luthers Schriftlehre. ZZ 21 (2020) Heft 6, 63. [Rez. zu LuB 2020, Nr. 227]

196 **Ist weniger mehr?:** BasisBibel; neue Bibelübersetzung mit kurzen Sätzen, aber wissenschaftlich fundiert/ Gespräch: Christoph Rösel; Kathrin Jütte. ZZ 22 (2021) Heft 1, 20f.

197 Jürgens, Henning P.: **Predigt und Buchdruck in der Reformationszeit.** In: 042, 109–121.

198 Kähler, Christoph: **Die Revision der Lutherbibel zum Jubiläumsjahr 2017 – 500 Jahre Reformation.** In: 038, 7–20.

199 Karrer, Martin: **Ein Meilenstein in der Geschichte der Bibel:** Luthers Übersetzung der Heiligen Schrift. In: 039, 67–101.

200 Kern, Manfred: **Metáphrasis und Metaphorá:** über emblematische Verfahren in den deutschen Übersetzungen antiker Großepik (Minervius' »Odyssea« und Wickrams »Metamorphosen«). In: 014, 287–311: Ill. L".

201 Lehmann, Roland M.: **Reformation auf der Kanzel:** Studien zu Luthers Predigten außerhalb Wittenbergs. Jena, 2018. VIII, 561 S. – Jena, Friedrich-Schiller-Univ., Theol. Fak., Habil., 2018.

202 Lehmann, Roland M.: **Reformation auf der Kanzel:** Luther als Reiseprediger. Druckausgabe und Online-Ressource. TÜ: Mohr Siebeck, 2021. XVI, 615 S.: Ill., Kt. (Beiträge zur historischen Theologie; 199) – Jena, Friedrich-Schiller-Univ., Theol. Fak., Habil., 2018.

203 Lehmann, Roland M.: **Reformation auf der Kanzel:** Luther als Reiseprediger. Online-Ressource. TÜ: Mohr Siebeck, 2021; AnA: ProQuest, 2021. XVI, 615 S.: Ill., Kt. (Beiträge zur historischen Theologie; 199) – Jena, Friedrich-Schiller-Univ., Theol. Fak., Habil., 2018.

204 **Leseproben** [kommentiert, revidierte Lutherbibel 2017]. In: 038, 42–48.

205 Levy, Ian Christopher: **The Leipzig disputation:** masters of the sacred page and the authority of scripture. In: 020, 115–144.

206 Lundeen, Erik T.: **Luther's messianic translations of the Hebrew Bible.** LQ 34 (2020) Nr. 1, 24–41.

207 Mennecke, Ute: **4 16./17. Jahrhundert. 4.2 Briefe Luthers.** In: 013, 675–682.

208 Moulin, Claudine: **Aufstieg der Volkssprachen, der Buchdruck und die Macht der Sprache:** eine Fallstudie zur frühen Grammatikschreibung des Deutschen. In: 042, 145–162: Ill.

209 Müller, Jan-Dirk: **Parameter des Übersetzens.** In: 014, 33–55.

210 **Die neue Lutherbibel 2017:** mit Gottesdienstentwurf zur Einführung/ eingel. von Heinrich Bedford-Strohm: **Die Bibel – Kraftquell des Glaubens.** Flyer. S: Deutsche Bibelgesellschaft, 2017. 14 S.: Ill. – Siehe: <https://www.die-bibel.de/fileadmin/user_upload/Downloads/Magazin_zur_Lutherbibel_2017_fuer_PfarrerInnen.pdf>.

211 Petersen, Silke: **Eine Bibel für den Nachwuchs:** die neue BasisBibel verbindet Verständlichkeit mit Treue zum Ausgangstext. ZZ 22 (2021) Heft 3, 42–44: Ill.

212 Reinert, Jonathan: **Passionspredigt im 16. Jahrhundert:** das Leiden und Sterben Jesu Christi in den Postillen Martin Luthers, der Wittenberger Tradition und altgläubiger Prediger. Jena, 2019. 425 S. – Jena, Friedrich-Schiller-Univ., Diss., 2019.

213 Reinert, Jonathan: **Passionspredigt im 16. Jahrhundert:** das Leiden und Sterben Jesu Christi in den Postillen Martin Luthers, der Wittenberger Tradition und altgläubiger Prediger. Druckausgabe und Online-Ressource. TÜ: Mohr Siebeck, 2020. XIV, 420 S. (Spätmittelalter, Humanismus, Reformation; 119) – Jena, Friedrich-Schiller-Univ., Diss., 2019.

214 Robert, Jörg: **Einleitung:** Poetik und Rhetorik. In: 014, 315–321.

215 Saarinen, Risto: **The allegory of things:** Luther's use of allegoria rerum and metaphora rerum 1519–1521. In: 032, 58–72.

216 Saarinen, Risto: **The language of giving in theology.** (2010). In: 032, 242–275.

217 Saarinen, Risto: **The Pauline Luther and the law:** Lutheran theology re-engages the study of Paul. (2006). In: 032, 204–225.

218 Schmid, Konrad: **Dogmatik als konsequente Exegese?:** Überlegungen zur Anschlussfähigkeit der historisch-kritischen Bibelwissenschaft an die Systematische Theologie. EvTh 77 (2017), 327–338.

219 Schneider, Hans-Otto: »**Die Wahrheit flieht das Licht nicht!**«?: Strategien öffentlicher Kommunikation im Umgang mit dem Interim. In: 042, 241–252.

220 Steiger, Johann Anselm: **Hiob zwischen** »probatio«, »patientia« und »blasphemia«: Bemerkungen zur Auslegungs- und Mediengeschichte des Hiobbuches im Luthertum des 16. und 17. Jahrhunderts. (2015). In: 035, 309–333: Ill.

221 Steiger, Johann Anselm: **Protevangelium:** zur Deutung von Genesis 3,15 bei Martin Luther, Andreas Gryphius sowie in der Ikonographie des 16. und 17. Jahrhunderts. (2017 erw.). In: 035, 41–73: Ill.

222 Steiger, Johann Anselm: »**Der Tauben-Fels, ist diese süße Höle**«: die lyrische Verarbeitung eines Topos der Hohelied-Exegese

in der Kasuallyrik Sigmund von Birkens. (2010). In: 035, 267–287: Ill.

223 Steiger, Johann Anselm: **Ein Zentrum der europäischen Emblematik:** die Kirche in Lucklum und deren Ausstattung. (2018). In: 035, 334–365: Ill. L".

224 Strango, Carmen: **Bibeldruck im ausgehenden 15. und beginnenden 16. Jahrhundert – Worin ist die Zäsur, die durch die Lutherbibel gesetzt wird, ablesbar?** Druckausgabe und Online-Ressource. Saarbrücken: AV Akademikerverlag, 2016. 162 S.: Ill. – Zugl.: W, Univ., Mag. Phil., 2016.

225 Strohm, Stefan: **Das Lebewesen, das Vernunft hat oder Sprache:** Melanchthons und Luthers Verständnis der Rhetorik. In: 022, 123–143.

226 Toepfer, Regina: **Einleitung:** Übersetzungsreflexion und Sprachbewusstsein. In: 014, 27–31.

227 Unterburger, Klaus: **Volkssprachliche Übersetzungen der Bibel im 15. und 16. Jahrhundert:** die Entstehung von Interpretationsvarianten der Heiligen Schrift und die Frage des Auslegungsmonopols der Kirche. In: 042, 163–180.

228 Wegener, Lydia: **»wie das ein grosser vnderscheyd seye zwischen disen Teütschen vnd den vorigen Lateinischen Josephis«:** zur Umsetzung von Caspar Hedios Überbietungsanspruch im »Josephus Teütsch«. In: 014, 93–116. L".

229 Wels, Volkhard: **Kunstvolle Verse:** Stil- und Versreformen um 1600 und die Entstehung einer deutschsprachigen »Kunstdichtung«. Druckausgabe und Online-Ressource. Wiesbaden: Harrassowitz, 2018. 378 S.: Ill. L 34–36. 123–125+". (Episteme in Bewegung; 12)

230 White, Graham: **Luther und die pragmatische Zersetzung der Sprache.** In: 022, 63–81.

231 Wischmeyer, Oda: **Leviticus 19,18:** the text and some stations in the history of its reception. In: 06, 553–569. L".

232 Yonas Dressa, Samuel: **Luther's works in Ethiopian languages.** LQ 34 (2020) Nr. 1, 61–70.

k) Gottesdienst, Gebet, Spiritualität, Kirchenlied, Musik

233 Arnold, Jochen: **Was geschieht im Gottesdienst?:** zur theologischen Bedeutung des Gottesdienstes und seiner Formen. 3., überarb. und erw. Aufl. Druckausgabe und Online-Ressource. GÖ: V&R, 2020. 320 S.: Ill.

234 Barnbrock, Christoph; Hans-Jörg Voigt: **»... dass nichts anderes darin geschehe ...«:** Martin Luthers Gottesdienstbeschreibung aus der Torgauer Kirchweihpredigt in ihrem Kontext. In: 011, 359–379.

235 Barnbrock, Christoph: **Die lutherische Messe:** Einübung in ein komplexes Menschenbild. In: 034, 175–189.

236 Brunner, Daniel L.: **Luther's mysticism, pietism, and contemplative spirituality.** Word & World 40 (St. Paul, MN 2020) Nr. 1, 20–28.

237 Werner-Jensen, Arnold: **Das Buch der Musik/** unter Mitarb. von Franz Josef Ratte; Manfred Ernst. 4., aktual. und erg. Aufl., Jubiläumsausgabe. S: Reclam, 2017. 515 S.: Ill., Noten.

238 Daniell, Clif: **Luther on public worship:** serving God and being served by him. The confessional presbyterian 15 (Dallas, TX 2019), 89.

239 Derksen, John: **»Music is next to theology«:** Martin Luther and music. Touchstone 32 (2019), 49–55.

240 Grime, Paul J.: **An embarrassment of riches:** choosing what to sing. CThQ 84 (2020) Nr. 3/4, 329–349. – Siehe: <http://www.ctsfw.net/media/pdfs/GrimeAnEmbarassmentofRichesChoosingWhattoSing.pdf>.

241 Hofmann, Andrea: **Das gedruckte Lied als Propagandainstrument.** In: 042, 65–81: Ill.

242 Meyer-Blanck, Michael: **Das Gebet.** Druckausgabe und Online-Ressource. TÜ: Mohr Siebeck, 2019. XVI, 435 S. (Mohr Siebeck Lehrbuch)

243 Meyer-Blanck, Michael: **Vom Altar zum Herzen:** Luthers Gottesdienstreform als Quelle moderner Subjektivität. In: 039, 117–129.

244 Michel, Stefan: **Gottesdienststörungen und Gehorsamsgebot:** zugleich ein Beitrag über reformatorische Uniformität und Pluralität der 1520er Jahre. In: 042, 315–330.

245 Robert, Jörg: **Luthers Lieder als Antikenübersetzung?**: Überlegungen zur Ambrosius-Bearbeitung »Nu kom der Heyden heyland«. In: 014, 353–381.

246 Schöne, Jobst: **Theologische Überlegungen zum Kirchenbau.** In: 011, 381–388.

247 Völlm, Martin: **»Ein' feste Burg ist unser Gott, ein' gute Wehr und Waffen«** – Gedanken zu Martin Luthers bekanntem Bekenntnis- und Trostlied. In: 010, 92–99.

248 Wiesenfeldt, Christiane: **»Sie ist mir lieb, die werte Magd«:** Luthers musikalisches Marienbild zwischen Konkretion und Abstraktion. In: 025, 217–239: Ill.

249 Wolfram, Georg: **Ein feste Burg ist unser Gott:** die Entstehungszeit und der ursprüngliche Sinn des Lutherliedes. Druckausgabe und Online-Ressource. Reprint der Ausgabe B; L, 1936. B; Boston: De Gruyter, [2019]. 32 S.

l) Katechismus, Konfirmation, Schule, Universität

250 Hasse, Hans-Peter: **Verbotene Bücher:** Zensur im Protestantismus. In: 042, 301–314.

251 Heinilä, Kimmo: **Confirmation reconsidered with the help of historical perspective:** is confirmation able to strengthen Lutheran faith? In: 018, 75–82.

m) Weitere Einzelprobleme

252 Arnold, Matthieu: **Luther und die Kritik an der Philosophie in seinen akademischen Disputationen.** In: 022, 27–41.

253 Askani, Hans-Christoph; Grandjean, Michael: **Einleitung** [Luther und die Philosophie]. In: 022, 1–12.

254 Barnbrock, Christoph: **Perfekter Tod?:** geistlicher Morgenimpuls. In: 034, 262–264.

255 Bender, Kimlyn J.: **The sola behind the solas:** Martin Luther and the unity and future of the five solas of the Reformation. Evangelical quarterly: an international review of Bible and theology 90 (Carlisle; Leiden 2019) Nr. 2, 109–131.

256 Büttgen, Philippe: **Luther und die Philosophie:** zehn, dreißig und fünfhundert Jahre danach (Schlußbemerkungen). In: 022, 275–282.

257 Friedrich, Markus: **Ideale frühneuzeitlichen Gehorsams:** Maria und die Heilige Familie. In: 025, 157–183: Ill.

258 Hahn-Bruckart, Thomas: **Das Soziale und der Raum:** Marginalisierung und Raumsemantik im Kontext der frühen Wittenberger Reformation. In: 025, 19–34.

259 Jahn, Bernhard; Schindler, Claudia: **Einleitung** [Maria in den Konfessionen ...]. In: 025, 1–8.

260 Jankko, Eriikka: **I do as a child – gladly.** In: 09, 140–164: Ill.

261 Jürgens, Laura: **Martin Luther and women:** theology and lived experience. Druckausgabe und Online-Ressource. NY; Bern; B: Peter Lang, ©2020. 160 S.

262 Leoni, Stefano: **»Medulla ossium, Deus in nobis consummandus«:** relationale Ontologie in der Theologie Luthers und in der Philosophie zwischen Aristoteles und Hegel. In: 022, 165–187.

263 Lies, Jan Martin: **Lügenprediger:** die Behauptung und Verteidigung einer objektiven Wahrheit. In: 042, 285–300.

264 Mattes, Mark C.: **Luther's theology of beauty.** LQ 34 (2020) Nr. 1, 42–60.

265 Pyka, Holger: **Vom Sittlichkeitskampf zur Büttenpredigt:** protestantische Karnevalsrezeption und Transformationen konfessioneller Mentalität. Druckausgabe und Online-Ressource. S: Kohlhammer, 2018. 384 S. – Zugl.: Wuppertal/Bethel, Kirchliche Hochschule, Diss., 2016/2017.

266 Saarinen, Risto: **The heroic virtue in the Reformation and early Protestantism.** In: 032, 145–161.

267 Saligoe, Joseph: **Death until resurrection:** an unconscious sleep according to Luther. Eugene, OR: Wipf & Stock, 2020. 236 S.

268 Schaller, Maria: **»Meminisse et imitari«:** die Jungfrau Maria in den Insignien der Herforder Damenstifte. In: 025, 197–216: Ill.

269 Steiger, Johann Anselm: **»Nulla femina dir gleich«:** Martin Luther und Maria; zugleich ein Beitrag zur Ikonographie des Schutzmantels. In: 025, 25–63: Ill.

270 Trauner, Karl-Reinhart: **Martin Luther und das Paranormale:** die Rolle des Nicht-Alltäglichen im Leben und Denken des Reformators. Szentendre: tpm, 2021. 745 S.: Ill.

271 Adolphi, Rainer: **Luther war kein Idiot:** über mehrerlei Schichten in Nietzsches genealogischer Bestimmung der Reformation. In: 028, 71–89.

272 Arjona, Rubén: **Erik H. Erikson's Young Man Luther:** a classic revisited, again. Pastoral psychology 68 (New York 2019) Nr. 6, 591–603.

273 Dragseth, Jennifer Hockenbery: **A theological review of a Lutheran theology from the subaltern.** Dialog: a journal of theology 59 (2020) Nr. 3, 242–246. – Siehe: <https://doi.org/10.1111/dial.12599>. [Vgl. unten, Nr. 282]

274 Friedell, Egon: **Kulturgeschichte der Neuzeit:** die Krisis der europäischen Seele von der schwarzen Pest bis zum Ersten Weltkrieg/ mit einem Nachwort von Ulrich Weinzierl. Elektronische Ressource. – Entspricht der gedruckten, um ein Nachwort erg. Sonderausgabe 2007. M: Beck, 2017. XVIII, 1580 S. L 268–295+".

275 Friedell, Egon: **Kulturgeschichte der Neuzeit/** Lesung von Achim Höppner. Audiodisk, gekürzte Lesung. B: Der Audio Verlag, [2017]. 1 CD, mp3 (558 min). (Große Werke – große Stimmen)

276 Friedell, Egon: **Kulturgeschichte der Neuzeit:** die Krisis der europäischen Seele von der schwarzen Pest bis zum Ersten Weltkrieg/ mit einem Nachwort von Ulrich Weinzierl. Lizenzausgabe von Beck, München. [Lahnstein]: Rhenania, 2020. XVIII, 1580 S. L 268–295+".

277 Jeanrond, Werner G.: **Martin Luthers betydelse:** tro, bön, konfessionalitet, universitet, kritik (Luthers Bedeutung: Glaube, Gebet, Bekenntnis, Universität, Kritik). In: Andakter i gryningen (Andachten im Morgengrauen)/ Vorwort; Hrsg. und Redaktion: Lina Mattebo; Einführung: Marianne Greip; Beiträge von Albin Tanke ... SH: Verbum, 2020, 185–194.

278 Kaufmann, Sebastian: **Reformation und »Barbarenblut«:** Nietzsches Reaktivierung eines gegenreformatorischen Topos und Luther als »Herrscher-Individuum« in FW 149. In: 028, 117–141.

279 Kaufmann, Thomas: **Hier stehen wir:** und können auch anders!; vor 500 Jahren verteidigte sich Martin Luther auf dem Reichstag zu Worms; das pathosgeladene Ich hat gerade etwas ausgedient. Chrismon: das evang. Magazin (2021) Nr. 4, 38f.

280 Niemeyer, Christian: **Sexualpädagogik der Einfalt?:** über die Hintergründe und die Aktualität von Nietzsches Kritik am »Bauernaufstand des Geistes« – ein Interpretationsversuch zu »Wir Furchtlosen« (FW V) 358 im erweiterten Kontext. In: 028, 225–246.

281 Nolte, Josef: **Das eigentümliche Prinzip des Protestantismus:** Luther-Lob und Luther-Schelte seit der Aufklärung. (1991). In: 029, 199–210: 2 Portr.

282 Pedersen, Else Marie Wiberg: **Response to Jennifer Hockenbery Dragseth's review of Else Marie Wiberg Pedersen (ed.), The alternative Luther:** Lutheran theology from the subaltern. Dialog: a journal of theology 59 (2020) Nr. 3, 247–249. – Siehe: <https://onlinelibrary.wiley.com/doi/10.1111/dial.12601>. [Vgl. oben Nr. 273]

283 Rudolph, Enno: **Philologie und Gegenphilologie:** die »Erfindung« des Philologen in der Reformation und Nietzsches Humanismus der »klassischen Studien«. In: 028, 271–288.

284 Soovali, Jaanus: **Christianity and the fate of intellectual conscience.** In: 028, 189–202.

285 Souladié, Yannick: **Der »logische Christ« und der »unmögliche Mönch«.** In: 028, 103–116.

286 Witt, Christian V.: **Reformation im Spannungsfeld der deutenden Ein- und Zuordnungen:** ein orientierender Prospekt. LuJ 87 (2020), 249–296.

287 Der Ablassstreit/ hrsg. von Theodor Dieter; Wolfgang Thönissen. Abteilung I:
Dokumente zum Ablassstreit. Bd. 1: **Vorgeschichte des Ablassstreits 1095–1517:**
kirchliche Verlautbarungen, Recht, Theologie, Liturgie, Predigten, Ablassbriefe
<latein./dt.>/ hrsg. von Theodor Dieter.
L: EVA; FR: Herder, 2021. 592 S. (Der Ablassstreit: Dokumente, ökumenische Kom-
mentierungen, Beiträge; 1)

288 Anderas, Phil: **Renovatio:** Martin Luther's
Augustinian theology of sin, grace and ho-
liness. GÖ: V&R, 2019. 344 S. (Refo500
academic studies; 57)

289 Bühler, Pierre: **Luther und Aristoteles:** nur
Finsternis, oder doch auch etwas Licht? In:
022, 13–26.

290 Cattarinussi, Milena: **Psalmenkommen-
tar des Österreichischen Bibelübersetzers:**
(Freiburg, UB, Hs. 469). In: 041, 19–24:
Ill.

291 Gellera, Giovanni: **Luthers Kritik an Duns
Scotus in der Disputatio contra scholas-
ticam theologiam (1517):** freier Wille, Pela-
gianismus und Bürgerrecht. In: 022, 43–62.

292 Haberkern, Phillip: **A genealogy of dissent:**
Luther, Hus, and Leipzig. In: 020, 222–244.

293 Hamm, Joachim: **Antikenübersetzung,
frühneuzeitliche Poetik und deutscher
Prosastil:** zur Bamberger Übertragung von
Ciceros »Cato maior de senectute« (1522).
In: 014, 323–351. L 329.

294 Henkel, Nikolaus: **Vor Luther:** die deutsche Bibel im Buchdruck – Typen ihres Gebrauchs. In: 041, 51–77: Ill.

295 Klotz, Jerome D.: **What all things are:** Luther & Dionysius revisited. Heythrop journal 61 (Oxford 2020) Nr. 2, 297–316.

296 Leppin, Volker: **Franziskus von Assisi.**
Druckausgabe und Online-Ressource. DA:
wbg THEISS, 2018. 368 S.: Ill.

297 McFarland, Orrey: **Martin Luther in light
of the old and new perspectives on Paul.**
Lutheran forum 54 (NY, NY 2020) Nr 4,
14–20.

298 Martin, Christopher: **Perikopenhand-
schrift:** (Freiburg, UB, Hs. 335). In: 041,
31–35: Ill.

299 **Meister Eckhart:** Reden der Unterweisung/
hrsg., neu übers. und komm. von Volker

Leppin. L: EVA 2019. 167 S. L 163. (Große
Texte der Christenheit; 8)

300 Michels, Stefan: **Die »Protestantisierung«
des Mittelalters?:** zur Konzeption der evangelischen Wahrheitszeugen als theologie-
geschichtliches Transformationsmuster in
der Wittenberger Reformation. BlPfKG 87
(2020), 369–391: Ill. – In: 017, 33–55: Ill.

301 Mieth, Dietmar: **Der Aufstieg des »Gewerbes«:** Meister Eckhart, Johannes Tauler,
Martin Luther, Max Weber – historisch-
systematische Betrachtungen. In: LuB
2020, Nr. 046, 139–168.

302 Nemes, Balázs J.: **Vor Luther:** deutsche Bibelübersetzungen in der handschriftlichen
Überlieferung des Mittelalters – Ausgewählte Buchtypen. In: 041, 9–11.

303 Nolte, Josef: **Eine andere Renaissance:** Äs-
thetik, Moral und Epochenbewusstsein
bei Savonarola. (1995). In: 029, 71–84: Ill.
L 83f.

304 Nolte, Josef: **Blind in Babylon?:** Luthers
Rom-Aversion und Savonarola-Interesse
seit 1511. In: 029, 107–120: Ill.

305 Nolte, Josef: **Evangelicae doctrinae purum
exemplum:** Savonarolas Gefängnismedi-
tationen und Luthers reformationstheo-
logische Anfänge. (1978). In: 029, 121–152:
Ill.

306 Nolte, Josef: **Eine gänzlich glücklose Reformation?:** zur Wirkung der Schriften Savonarolas und zur Reformtätigkeit seiner
Anhänger. In: 029, 41–52: Ill.

307 Nolte, Josef: **Ein Prophet ohne Waffen?:**
Machiavelli gegen Savonarola. In: 029,
31–40: Ill.

308 Nolte, Josef: **Prophet und Märtyrer seiner
Kirche:** Savonarola fünfhundert Jahre nach
seiner Hinrichtung. (1999). In: 029, 17–30:
Ill.

309 Nolte, Josef: **Die Rückkehr des Verdräng-
ten:** Veränderungen des Savonarola-Bildes
im 20. Jahrhundert. In: 029, 61–70: Ill. L
65+".

310 Nolte, Josef: **Störenfried der ganzen Epoche:** die Nachverurteilung Savonarolas
durch Goethe und Nietzsche. (1999.) In:
029, 53–60. L 58.

311 Redzich, Carola: **Vergil »zü tütsch«:** zur
Programmatik der »Klassiker«-Überset-

zung in Adelphus Mulings »Hirten büch« (1508/12) und Thomas Murners »Aeneadischen Büchern« (1515). In: 014, 151–175. L 154f.

312 Rordorf, Bernard: **Luther und Pascal als Leser von Römer 13.** In: 022, 189–206.

313 Saarinen, Risto: **Martin Luther's use of Peter Lombard, 1. Sent. dist. 17** (Ipsa dilectio deus est: zur Wirkungsgeschichte von 1. Sent. dist. 17 des Petrus Lombardus bei Martin Luther <engl.> [1987]). In: 032, 89–101.

314 Schirr, Fernando: **Deutsche Vollbibel:** die Mentelin-Bibel und ihre handschriftliche Vorlage; (Freiburg, UB, Hs. 22a). In: 041, 43–49: Ill.

315 Stolle, Volker: **Sündig und gerecht bei Luther und Paulus:** Interpret und Autor. In: 034, 89–101.

316 Ulrich, Jörg: **Karl Holl:** lateinische Patristik und Augustin-Interpretation. In: 015, 191–205. L 203 f+".

317 Zahnd, Ueli: **Bildkritik am Vorabend der Reformation:** Stephan Brulefers Thesen zur Darstellung der trinitarischen Personen. In: 030, 217–226: Ill.

318 Zahnd, Ueli: **Luther und die via antiqua:** Spuren einer Abgrenzung. In: 022, 83–99.

319 Zschoch, Hellmut: **31. Oktober 1517:** Wie die Reformation beginnt. In: 039, 19–33.

320 Zschoch, Hellmut: **»Mystik« bei Luther – Einflüsse und Aneignungen.** Lu 91 (2020), 157–170.

5 Beziehungen zwischen Luther und gleichzeitigen Strömungen, Gruppen, Persönlichkeiten und Ereignissen

a) Allgemein

321 Bauer, Gisa: **Evangelisch-orthodoxe Religionsgespräche im 16. Jahrhundert.** In: 044, 43–60.

322 Beutel, Albrecht: **Luthers reformatorische Nebenschriften des Jahres 1520:** ein achtenswertes geschichtliches Komplement. LuJ 87 (2020), 11–40.

323 Kaufmann, Thomas: **Erlöste und Verdammte:** eine Geschichte der Reformation. 3. Aufl. M: Beck, 2017. 507 S.: Ill., Kt., Noten.

324 Kaufmann, Thomas: **Erlöste und Verdammte:** eine Geschichte der Reformation. 4. Aufl. M: Beck, 2017. 507 S.: Ill., Kt., Noten.

325 Kaufmann, Thomas: **I rredenti e i dannati:** una storia della riforma (Erlöste und Verdammte <ital.>)/ übers. von Monica Guerra. Torino: Einaudi, 2018. XVI, 388 S. 20 unpag. S.: Ill. (La biblioteca; 38)

326 Kaufmann, Thomas: **Spaseni i prokleti:** istorija reformacije (Erlöste und Verdammte <serb.>)/ übers. von Maja Matić. Beograd: Clio, 2019. 403 S.: Ill. (Polis)

327 Kaufmann, Thomas: **Vykoupení a zatracení:** dějiny reformace (Erlöste und Verdammte <tschech.>)/ übers. von Jan Dobeš. PR: Argo, 2020. 395 S.: Ill. (Edice Historické myšlení; 83)

328 Kohnle, Armin: **Die politischen Hintergründe der Reichsreligionsgespräche des 16. Jahrhunderts.** In: 044, 13–25.

329 Lang, Thomas: **»Mit geschärfter Feder«:** der reformatorische Flugschriftendiskurs in der Geschichtsvermittlung. Öffentlicher Abendvortrag in der Leucorea-Jubiläumsreihe anlässlich des 500. Jahrestages der Leipziger Disputation gehalten in der Stiftung Leucorea am 2. Juli 2019. Online-Ressource. Wittenberg, 2019. 80 S.: Ill. – Siehe: <https://www.academia.edu/39766838/_Mit_geschrfter_Feder_Der_reformato rische_Flugschriftendiskurs_in_der_Ges chichtsvermittlung?auto=download&em ail_work_card=download-paper>.

330 Nebgen, Christoph: **Zwischen Theologie und Taktik:** die Reichsreligionsgespräche von Hagenau – Worms – Regensburg 1540/ 41. In: 044, 129–139.

331 Rohls, Jan: **Kunst und Religion zwischen Mittelalter und Barock:** von Dante bis Bach. Druckausgabe und Online-Ressource. Bd. 2: **Reformation und Gegenreformation.** B; Boston, MA: De Gruyter, 2021. XI, 710 S.: Ill.

332 Schuchardt, Günter: **Der Garten Luthers und seiner Zeitgenossen.** In: 021, 161–175: Ill.

333 Vocelka, Karl: **Frühe Neuzeit 1500–1800.** 2., überarb. Aufl. Konstanz: UVK; M: UVK/ Lucius, 2017. 257 S.: Ill. (UTB; 2833: basics)

334 Vocelka, Karl: **Frühe Neuzeit 1500–1800.** 3., überarb. Aufl., revidierte Ausgabe. Druckausgabe und Online-Ressource. Konstanz: UTB; Konstanz: UVK, 2020. 258 S.: Ill. (UTB basics)

b) Wittenberger Freunde, Philipp Melanchthon

335 Ashcroft, Jeffrey: **4 16./17. Jahrhundert. 4.4 Künstlerkorrespondenzen der Renaissance:** Albrecht Dürer. In: 013, 692–704. [Dürer und Melanchthon]

336 Bechtold-Mayer, Marion: **»Mit ihm habe ich die Hälfte meiner Selbst verloren«:** Caspar Cruciger der Ältere und Philipp Melanchthon. In: 08, 62–71.

337 Bodenstein von Karlstadt, Andreas: **Kritische Gesamtausgabe der Schriften und Briefe Andreas Bodensteins von Karlstadt/** hrsg. von Thomas Kaufmann. Bd. 3: **Briefe und Schriften 1520/** bearb. von Harald Bollbuck; Ulrich Bubenheimer … GÜ: GVH, 2020. XXXVI, 602 S. (QFRG; 95)

338 Burnett, Amy Nelson: **Caspar Cruciger the Elder and the Exposition of the Psalms.** In: 08, 98–111.

339 Daugirdas, Kęstutis: **Caspar Cruciger der Ältere und die Naturwissenschaften.** In: 08, 37–48: Faks.

340 Dingel, Irene: **Die Rolle Caspar Crucigers des Älteren während des Reichsreligionsgesprächs von 1540/1541.** In: 08 86–97.

341 Domtera-Schleichardt, Christiane: **Die Wittenberger »Scripta publice proposita« (1540–1569):** Universitätsbekanntmachungen im Umfeld des späten Melanchthon. Druckausgabe und Online-Ressource. L: EVA, 2021. 755 S.: Ill. (LStRLO; 39) – Zugl.: L, Univ., Theol. Fak., Diss., 2020.

342 Frick, Julia: **Vergilrezeption im deutschen Humanismus am Beispiel von Stephan Reichs »Bucolica«-Übersetzung.** In: 014, 177–194. L".

343 Gummelt, Volker: **Elisabeth Cruciger, geb. von Meseritz, in Pommern und Wittenberg:** Anmerkungen zu Stationen ihres Lebens. In: 08, 291–302.

344 Heumann, Konrad: **2 Briefpraktiken und** methodische Ansätze. 2.5 Der Brief als Sammlungsobjekt. In: 013, 232–253. L 234.

345 Hille, Martin: **Antichrist und Jüngster Tag:** Welt- und Gegenwartsdeutung im 16. Jahrhundert. In: 042, 209–222.

346 Huiban, Arthur: **Melanchthon und die Philosophie:** der Fall der ersten Loci communes. In: 022, 145–164.

347 Jensen, Mads L.: **A humanist in Reformation politics:** Philipp Melanchthon on political philosophy and natural law. Leiden: Brill, 2020. XII, 222 S. (Early modern natural law; 3)

348 Jungk, Anna Lena: **Der Cordatussche Streit:** Streit um Worte oder Beleg eines Lehrdissenses zwischen Caspar Cruciger dem Älteren und Martin Luther? In: 08, 72–85.

349 Kandler, Karl-Hermann: **Hieronymus Weller – Luthers Famulus.** Lu 92 (2021), 120–132.

350 Lehr Evans, Alyssa: **Defending Wittenberg:** Andreas Bodenstein von Karlstadt and the pre-history of the Leipzig debate. In: 020, 31–60: Ill.

351 **Liste der Briefe von und an Caspar Cruciger den Älteren/** bearb. von Marion Bechtold-Mayer. In: 08, 404–458

352 Lotito, Mark A.: **Wittenberg historiography:** Philipp Melanchthon and the Reformation of historical thought. Druckausgabe und Online-Ressource. Leiden; Boston: Brill, 2019, 2020. XX, 542 S.: Ill., Kt. (St. Andrews studies in Reformation history) – AnA, Univ. of Michigan, Diss., 2019.

353 Melanchthon, Philipp: **Glaube und Bildung/** hrsg., neu übers. und komm. von Armin Kohnle. L: EVA, 2021. 135 S. (Große Texte der Christenheit; 10)

354 Melanchthon, Philipp: **Loci praecipui theologici nunc denuo cura et diligentia summa recogniti multisque in locis copiose illustrati 1559:** lateinisch – deutsch/ hrsg. und übers. von Peter Litwan; Sven Grosse unter Mitarb. von Florence Becher-Häusermann; mit einem Geleitwort von Landesbischof Carsten Rentzing. Bd. 2. Druckausgabe und Online-Ressource. L: EVA, 2020. X, 571 S.

355 [Melanchthon, Philipp]: **Melanchthon deutsch/** begr. von Michael Beyer; Stefan Rhein; Günther Wartenberg †. Bd. 5: **Melanchthons Römerbriefauslegung 1519 bis 1532/** Übersetzungen aus dem Lat. von Rolf

Schäfer; Nicole Kuropka; hrsg. und bearb. von Michael Beyer; Christiane Domtera-Schleichardt; Armin Kohnle unter Mitarb. von Anna Lena Jungk. L: EVA, 2020. 376 S.

356 [Melanchthon, Philipp]: **Melanchthon deutsch/** begr. von Michael Beyer; Stefan Rhein; Günther Wartenberg †. Bd. 6: **Sonntagsvorlesungen und Anekdoten/** hrsg. von Stefan Rhein; Gottfried Naumann; Matthias Dall'Asta. L: EVA, 2020. 405 S.

357 Michel, Stefan: **»Ich halte, er hats besser gemacht, dan ichs geprediget habe«:** Martin Luthers Werke in den Händen Caspar Cruciger des Älteren. In: 08, 49–61.

358 Mundhenk, Christine: **4 16./17. Jahrhundert. 4.3 Protestantische Briefkultur: Philipp Melanchthon.** In: 013, 683–691.

359 Nahrendorf, Carsten: **Antike Universalgeschichte und Säkularisierung im Melanchthonkreis:** Georg Majors Edition des Justinus (1526/37) und die Chronica Carionis (1532). Daphnis 47 (Amsterdam 2019), 407–446.

360 Rhein, Stefan: **Die Crucigers – eine Dichterfamilie?** In: 08, 320–348.

361 Rhein, Stefan: **Philipp Melanchthon und die Pest.** Lu 92 (2021), 96–119.

362 Saarinen, Risto: **Reclaiming the Sentences:** a linguistic loci approach to doctrine. (2012). In: 032, 276–297.

363 Schneider, Hans-Otto: **Elisabeth Crucigers Lied »Herr Christ, der einig Gotts Sohn«.** In: 08, 303–319.

364 Slenczka, Ruth: **»Jesus segnet die Kinder«:** ein Familienepitaph für die Familie Caspar Crucigers des Älteren? In: 08, 349–359: Ill.

365 Träger, Johannes: **Caspar Cruciger der Ältere und Leipzig.** In: 08, 19–36: Faks.

366 Wengert, Timothy J.: **Philip Melanchthon and the earliest report on the Leipzig debates.** In: 020, 171–193.

367 Wolgast, Eike: **Der gemeine Mann zwischen Bauernkrieg 1525 und Religionsfrieden 1555.** In: 07, 23–38: abstract, 37f.

c) Altgläubige

368 Beyer, Michael: **Tetzel in Luthers Sicht.** Lu 91 (2020), 75–89: Ill.

369 Brendle, Franz: **Das Zerbrechen der Glaubenseinheit:** Karl V. und die Reformation In: 012, 129–139: Ill.

370 Bulisch, Jens: **Das Bistum Meißen in der Reformationszeit/** mit einem Geleitwort von Joachim Reinelt. L: Benno, [2016]. 219 S.: Ill., Kt.

371 Dirigl, Stefan: **John Fishers Auseinandersetzung mit Martin Luthers Kritik an der Willensfreiheit.** MS: Aschendorff, 2021. XIV, 569 S. (Reformationsgeschichtliche Studien und Texte; 176)

372 Hausmann, Ulrich: **Hebräisch als Heilmittel gegen »Jüdische und andere Irrungen unnd Ketzereyen«:** der Klosterhumanist Kilian Leib und seine Auseinandersetzung mit Martin Luther. In: 016, 133–168: Ill.

373 Izbicki, Thomas M.: **The papacy's aversion to councils in the time of Leo X:** Leipzig in the context of conciliarism. In: 020, 93–114.

374 Parker, Geoffrey: **Emperor:** a new life of Charles V. New Haven, CT; LO: Yale University, 2019. XIX, 737 S.: 32 S. unpag., Ill., Kt.

375 Parker, Geoffrey: **Emperor:** a new life of Charles V. Online-Ressource. New Haven, CT: Yale University; AnA: Pro Quest, 2019. 791 S.: Ill., Kt.

376 Parker, Geoffrey: **Emperor:** a new life of Charles V. New Haven, CT; LO: Yale University, 2020. XIX, 737 S.: 32 S. unpag., Ill., Kt.

377 Parker, Geoffrey: **Emperor:** a new life of Charles V. Paperback-Ausgabe. New Haven, CT: Yale University, 2020. XIX, 737 S.: 32 S. unpag., Ill., Kt.

378 Parker, Geoffrey: **Der Kaiser:** die vielen Gesichter Karls V. (Emperor: a new life of Charles V <dt.>)/ aus dem Engl. übers. von Thomas Bertram; Tobias Gabel; Michael Haupt. Druckausgabe und Online-Ressource. DA: wbg Theiss, 2020. 879 S., 32 S. unpag.: Ill., Kt.

379 Root, Michael: **The catholic reception of the Leipzig disputation.** In: 020, 288–319.

380 Rosall, Judith A.: **»Obscure and senseless«?:** another look at when Cajetan met Luther. Lutheran forum 54 (NY, NY 2020) Nr 4, 21–27.

381 Standhartinger, Angela: **2 Briefpraktiken und methodische Ansätze. 2.7 Briefzensur und Briefgeheimnis in der Neuzeit.** In: 013, 269–275. L 270.

382 **Der Wandel der Welt** [Der gekaufte Kaiser – Katalogteil]. In: 012, 398–481: Ill., Kt.

d) Humanisten

383 Grubmüller, Klaus: »Widererwaxsung«: Anmerkungen zur sprachgeschichtlichen Bedeutung des deutschen Humanismus. In: 014, 57–71.

384 Leinkauf, Thomas: **Die Philosophie des Humanismus und der Renaissance.** Druckausgabe und Online-Ressource. M: Beck, 2020. 666 S. (Geschichte der Philosophie; 6)

385 Leinkauf, Thomas: **Die Philosophie des Humanismus und der Renaissance.** Sonderausgabe, Lizenzausgabe der Ausgabe M, 2020. DA: wbg Academic in WB, 2021. 666 S. (Geschichte der Philosophie; 6)

386 Lingelbach, John F.: **The influence of humanism on the main magisterial Reformers.** Socio-historical examination of religion and ministry 2 (2020) Nr. 2, 48–64.

387 Saarinen, Risto: **Luther, humanism and philosophy** (Luther und humanistische Philosophie <engl.> [2013]). In: 032, 17–37.

388 Schmidt, Bernward: **Humanistische Kontroverstheologie?:** Rezeption und Originalität in »Luthers Bad und Spiegel«. In: 016, 113–131.

389 Toepfer, Regina: **Einleitung:** Institutionen und Funktionen. In: 014, 119–124. L 121.

e) Thomas Müntzer und Bauernkrieg

390 Baur, Kilian: **Jenseits der reformatorischen Öffentlichkeit?:** Kilian Leibs Flugschrift zum Bauernkrieg. In: 016, 45–74.

391 Flügel, Wolfgang: **Thomas Müntzer in der Erinnerungskultur der DDR.** In: 010, 188–197.

392 Müller, Thomas T.: **Mörder ohne Opfer:** die Reichsstadt Mühlhausen und der Bauernkrieg in Thüringen; Studien zu Hintergründen, Verlauf und Rezeption der gescheiterten Revolution von 1525. Petersberg: Imhof, 2021. 655 S.: Ill. (Schriftenreihe der Friedrich-Christian-Lesser-Stiftung; 40) – Zugl.: Hannover, Gottfried-Wilhelm-Leibniz-Univ., Diss., 2016.

393 Noe, Yannick: **Der Bauernkrieg von 1525:** die zwölf Artikel von Memmingen. Online-Ressource und Print on demand. M: GRIN, 2018. 19 S. (Studienarbeit) – Düsseldorf, Heinrich-Heine-Univ., Philos. Fak., Hausarbeit, 2017.

394 Schultz, Wolfgang: **Reformation und Bau-**

ernkrieg in der Reichsstadt Weißenburg und ihrer Umgebung. In: 02, 367–400: Ill.

395 Treu, Martin: **Der erste Lutheraner?** – **Müntzer in Jüterbog.** Lu 91 (2020), 90–99.

f) »Schwärmer« und Täufer

396 Dingel, Irene: **Integration oder Marginalisierung:** der Umgang mit theologischer Devianz auf der Straßburger Synode von 1533. In: 01, 59–73.

397 Glebe, Ellen Yutzi: »**Ob er auch ein Widerteufer im Herzen habe**« – Die Täuferbewegung(en) in Hessen zur Zeit der Reformation. In: 036, 25–51: Ill.

398 Peters, Christian: **Warum entgleiste die Reformation in Münster?:** der Weg des Bernhard Rothmann. JWKG 113 (2017), 47–96.

399 Schlachta, Astrid von: »**... euch armen Untertanen in dieser fürstlichen Pfalz**« – Hutterische Sendboten und ihre Mission in der Pfalz. In: 036, 7–24: Ill.

400 Schlundt, Rainer: **Johannes Odenbach, Prädikant zu Mscheln unter Landsberg und sein Einsatz für gefangene Taufgesinnte.** In: 02, 401–415: Ill.

401 Voß, Klaas-Dieter: **Das Emder Religionsgespräch von 1578:** zur Genese des gedruckten Protokolls sowie Beobachtungen zum theologischen Profil der flämischen Mennoniten. Druckausgabe und Online-Ressource. L: EVA, 2018. 704 S. L". (AKThG; 50) – Zugl.: Oldenburg, Carl von Ossietzky Univ., Diss., 2016/17.

402 Wels, Volkhard: **Zum theologischen und sozialhistorischen Kontext der neuplatonischen Enthusiasmus-Theorie in Italien, Deutschland und Frankreich.** In: Marsilio Ficino in Deutschland und Italien: Renaissance-Magie zwischen Wissenschaft und Literatur/ hrsg. von Jutta Eming; Michael Dallapiazza unter Mitarb. von Falk Quenstedt; Tilo Renz. Druckausgabe und Online-Ressource. Wiesbaden: Harrassowitz, 2017, 235–273: Ill. (Episteme in Bewegung; 7)

g) Schweizer und Oberdeutsche

403 Grahl, Martin: **Johann Spreter:** Theologe im Schatten von Johannes Calvin in Konstanz. Online-Ressource und Druck on demand. Saarbrücken: Fromm, 2020. 271 S.

404 Micus, Rosa: **Heinrich Bullinger als Kartäuser?**: Bullinger als Schüler und Lehrer. Zw 46 (2019), 3–21.

405 Weigel, Maria Lucia: **Ulrich Zwingli und Johannes Calvin im Bildnis.** In: 030, 227–239: Ill.

h) Juden

406 Ahuis, Ferdinand: **Gräfin Dorothea von Mansfeld-Vorderort:** Luthers judenfreundliche Apothekerin. LuJ 87 (2020), 161–195: Ill.

407 Bodelschwingh, Christoph: **Anton Gottfried Schlichthaber (1699–1758):** ein westfälischer Pfarrer, Historiker, Publizist und Aufklärer. JWKG 113 (2017), 227–271: Ill. auf beigegebener CD. L 248.

408 Brumlik, Micha: **Beobachtungen:** über den Palästinakonflikt. ZZ 21 (2020), Heft 7, 65f: Ill. [Rez. zu unten, Nr. 418]

409 Dubbelman, Samuel J.: **Martin Luther's Jewish assassin.** LQ 34 (2020), 249–267. – Siehe: <https://doi.org/10.1353/lut.2020.0048>.

410 Eriksen, Trond Berg; Harket, Håkon; Lorenz, Einhart: **Judenhass:** die Geschichte des Antisemitismus von der Antike bis zur Gegenwart (Jødehat: antisemittismens historie fra antikken til i dag <dt.>). ©Oslo, 2005)/ aus dem Norweg. von Daniela Stilzebach. Druck und elektron. Ressource. GÖ: V&R, 2019. 687 S.: Ill. L 103–114.

411 Jorgenson, Allen: A **Lutheran response to Luther's unsettling antisemitism.** Consensus 41 (Winnipeg, Manitoba 2020), 1–8.

412 Kalimi, Isaac: **Martin Luther, die Juden und Esther:** Bibelinterpretation im Schatten der Judenfeindschaft. ZRGG 71 (Leiden 2019), 357–394.

413 Kalimi, Isaac: **Martin Luther, the Jews, and Esther:** biblical interpretation in the shadow of judeophobia. Journal of religion 100 (Chicago, Ill. 2020) Nr. 1, 42–74.

414 Kimelmann, Reuven: **My response to Alon Goshen-Gottstein's Luther the Anti-Semite:** a contemporary Jewish perspective. Contemporary Jewry 40 (2020) Nr. 1, 85–107.

415 Lehmann, Daniel: **»Such an illumination cannot occur«:** Anthonius Margaritha, the Reformation, and the polemic against the Jews. ARG 111 (2020), 55–77.

416 Schäfer, Peter: **Kurze Geschichte des Antisemitismus.** Druckausgabe und Online-Ressource. M: Beck, 2020. 334 S. L 170–182+".

417 Stolle, Volker: **»HERR, der vnser Gerechtigkeit ist«** (Jer 23,6). In: 011, 9–27.

418 Stuhlmann, Rainer: **Wir weigern uns, Feinde zu sein:** Hoffnungsgeschichten aus einem zerrissenen Land. Druckausgabe und Online-Ressource. NK: NV, 2020. 223 S.: L 146–152. [Siehe die Rez. oben, Nr. 408]

i) Künstler, Kunst, Bilderfrage

419 Bonnet, Anne-Marie; Kopp-Schmidt, Gabriele: **Die Malerei der deutschen Renaissance/** unter Mitarb. von Daniel Görres. Neuausgabe der Ausgabe M, 2010/2014. M: Schirmer Mosel, 2019. 405 S.: Ill. L 165–191+".

420 Diederichs-Gottschalk, Dietrich: **Reformatorische Kirchenumgestaltung: »Tho Gots ere und guder gedächtnis«** – die Veränderung und künstlerische Neuausstattung der mittelalterlichen Landkirchen in den norddeutschen Marschen Land Wursten und Osterstade von den Anfängen der Reformation bis zum Ende des Dreißigjährigen Krieges: ein Beitrag zur reformationsgeschichtlichen und konfessionskulturellen Erforschung der Frühen Neuzeit in Norddeutschland/ Fotografien: Beate Ulich. Regensburg: Schnell + Steiner, 2020. 400 S.: Ill., Faks. (Kunst und Konfession in der Frühen Neuzeit; 5 = Arts and confession in the early modern period; 5)

421 Frank, Katharina: **Die biblischen Historiengemälde der Cranach-Werkstatt:** Christus und die Ehebrecherin als lehrreiche »Historie« im Zeitalter der Reformation. Druckausgabe und Online-Ressource. HD: arthistoricum.net, 2018. [266] S.: Ill. (Stuttgarter Akademieschriften; 2) – Zugl.: S, Staatliche Akademie der Bildenden Künste, Diss., 2016.

422 Geck, Albrecht: **»Geschichte müssen wir malen«:** Luther, Melanchthon und die Reformation in Wilhelm von Kaulbachs Monumentalgemälde Das Zeitalter der Reformation (1864). In: 030, 197–215: Ill.

423 Ghermani, Naïma: **Das sprechende Porträt:**

Fürstenbildnisse und Konfession zwischen 1520 und 1550. In: 030, 81–98: Ill.

424 Gries, Annett: **»Was Obrigkeit! lern hier verstehn ...« – Sinnbilder der Herrschaft und Frömmigkeit in der St. Otto Kirche Wechselburg/** Mitarbeit: Anne Vent; Leonore Herschel; hrsg vom Landratsamt Mittelsachsen. Chemnitz: Druckerei Gröer; Döbeln, 2020. 56 S.: Ill. L 14 f+". (Denkmale in Mittelsachsen)

425 Hänsel, Sylvaine: **Reformatorenporträts auf Altären und Epitaphien:** dynastische Legitimation und politisches Statement. In: 030 31–48: Ill.

426 Heal, Bridget: **Die Druckerpresse und die Macht der Bilder.** In: 042, 123–144: Ill.

427 Jurkowlaniec, Grażyna; Ptaszyński, Maciej: **Anticlerical motifs in the illustrations of Martin Luther's Hauspostille.** Religions 11 (2020), 633. [Auch als Online-Ressource]

428 Lein, Edgar; Wundram, Manfred: **Manierismus.** Durchges. und bibliograph. aktualis. Aufl. Ditzingen: Reclam, 2020. 347 S.: Ill. (Kunst-Epochen: vom frühen Christentum bis zur Gegenwart; 7) (Reclams Universal-Bibliothek; 18174)

429 Neddens, Christian: **»Doppelspiegel« und »Silberblick«:** zur Wahrnehmbarkeit und Darstellbarkeit von Rechtfertigung. In: 034, 234–261.

430 Neddens, Christian: **Rechtfertigung und Sozialfürsorge in Metaphern und Bildern des frühneuzeitlichen Luthertums.** In: 011, 233–262: Ill.

431 Steiger, Johann Anselm: **Die erste lutherische Kanzel:** das intermediale Bild- und Inschriftenprogramm der Lübecker Kanzel in Zarrentin (1533/34). (2015). In: 035, 102–129: Ill.

432 Steiger, Johann Anselm: **Heilige Schrift für die Augen und das Herz:** das Epitaph für Adolph von Hartitzsch (gest. 1612) in der Kirche zu Weißenborn (Erzgebirge). (2017). In: 035, 192–217.

433 Steiger, Johann Anselm: **Scriptura et pictura:** das reformatorische Bild- und Inschriftenprogramm in der Schloßkapelle zu Winsen (Luhe). (2017). In: 035, 177–191: Ill.

434 Steiger, Johann Anselm: **Trinität, Gnadenstuhl und Henne:** zu Intermedialität und bildtheologischer Konzeption eines Meisterwerkes von Frans Floris. (2013). In: 035, 155–175: Ill.

435 Steiger, Johann Anselm: **Vorwort:** Intermedialität des Wortes Gottes und Multisensualität des Glaubens. In: 035, 7–11.

436 Werner, Elke Anna: **Lucas Cranachs Reformatorenporträts und ihre ästhetischen Evidenzeffekte.** In: 030, 1–14.

437 Zeunert, Susanne: **Bilder in Martin Luthers Tischreden:** Argumente und Beispiele gegen die Laster Hochmut, Abgötterei und Betrug. Elektronische Ressource – Freischaltung: 2019. Hemsbach: Selbstverlag, 2016. 264 S. (Manuskript). – Trier, Univ., Philos. Fak., Diss., 2017. – Siehe: <https://ubt.opus.hbz-nrw.de/opus45-ubtr/frontdoor/deliver/index/docId/1166/file/Dissertation_Zeunert_Luther_Elektronische+Publikation_Trier.pdf>.

j) Territorien und Orte innerhalb des Deutschen Reiches

438 Amberger, Hannes: **Der Zweibrücker Reformator Johannes Schweblin und sein theologisches Netzwerk.** In: 02, 259–292: Ill.

439 Bühler, Michael: **Die frühe Reformation in den Gebieten der reichsfreien Ritterschaften: die Beispiele Kraichgau und Ortenau.** In: 031, 75–103.

440 Burkhart, Ulrich: **»Herberge der Gerechtigkeit«?:** die Reformation in der Herrschaft Dahn – Versuch einer Annäherung. In: 02, 326–366: Ill.

441 Diekamp, Busso: **Ulrich Sitzinger d. Ä – die erste Priesterehe in Worms, 1523.** In: 02, 95–108: Ill.

442 Ehrig-Eggert, Carl: **Johann Bader, der Reformator Landaus.** In: 02, 319–325: Ill.

443 Hinz, Wencke: **Die Reformation im Fürstentum Lüneburg:** Versuch eines Perspektivenwechsels In: 031, 143–169.

444 Hohenberger, Thomas: **Jakob Schorr und die Einführung des evangelischen Glaubens im Herzogtum Pfalz-Zweibrücken:** die Durchsetzung der Reformation als apokalyptisches Geschehen In: 02, 235–258: Ill.

445 Jendorff, Alexander: **Adelsgeschichte oder Reformationsgeschichte?:** Plädoyer für einen Perspektivenwechsel in der Bewertung niederadeliger Religionshaltungen im Reformationszeitalter. In: 031, 19–56.

446 Kampmann, Jürgen: **Die Umgestaltung des kirchlichen Lebens in Herford, im Bereich des Bistums Minden und in der Grafschaft Ravensberg im Zuge der Reformation.** JWKG 113 (2017), 15–45: Kt.

447 Lenhoff, Günther: **Nikolaus Faber, Johanniter und Wegbereiter der Reformation im Oberamt Meisenheim.** In: 02, 293–318: Ill.

448 Rasmussen, Tarald: **Sächsische Pfarrerporträts der Reformationszeit.** In: 030, 133–148: Ill.

449 **Reformace v německojazyčných oblastech českých zemí:** 1517–1945 (Die Reformation in den deutschsprachigen Gebieten der böhmischen Länder: 1517–1945)/ hrsg. von Marcela Zemanová; Václav Zeman. Ústí nad Labem: Muzeum města, 2019. 238 S.

450 Stegmann, Andreas: **Charakteristika der Reformation in der Mark Brandenburg.** Lu 91 (2020), 100–115: Ill.

451 Ziegert, Karl Richard: **Michael Weinmar und die Reformation in Neustadt.** In: 02, 109–144: Ill.

k) Länder und Orte außerhalb des Deutschen Reiches

452 Adamczyk, Aleksandra: **Johann Hess and Georg Bucher:** the portrait of the pastor and his family in Silesian sepuchral commissions. In: 030, 149–164: Ill.

453 Armgart, Martin: **Die Edition der Predigten von Damasus Dürr.** In: 07, 323–335: abstract, 335.

454 Crăciun, Maria: **The voice of pulpits:** word and image in the construction of the confessional identity of Lutheran communities in early modern Transylvania. In: 07, 385–413: Ill.: Zusammenfassung, 412 f.

455 Crim, Jeff P.: **What has Mexico to do with Wittenberg?:** Martin Luther, Juan Diego, and the Virgin of Guadalupe. Lutheran Forum 53 (NY, NY 2019) Nr. 1, 31–34.

456 Firea, Ciprian: **Last wills of Transylvanian Saxon parish priests on the eve of the Reformation (ca. 1500–1580):** some thoughts about their meaning. In: 07, 191–202: Zusammenfassung, 202.

457 Hrdlička, Josef: **Ritterschaft und die deutsche Reformation in Böhmen und Mähren (1520–1620).** In: 031, 191–216.

458 Kolb, Robert: **Damasus Dürr's preaching in Wittenberg context.** In: 07, 337–362: Zusammenfassung, 362.

459 Kreß, Hannah M.: **Reformation und kalkulierte Medialität:** Olaus Petri als Publizist der Reformation im schwedischen Reich. Druckausgabe und Online-Ressource. TÜ: Mohr Siebeck, 2021. XVI, 475 S.: Ill. (Beiträge zur historischen Theologie; 200) – Zugl.: Marburg, Univ., theol. Diss., 2020.

460 Léchot, Pierre-Olivier: **Luther et Mahomet:** le protestantisme d'Europe occidentale devant l'islam; XVIe-XVIIIe siècle. P: Cerf, 2021. 562 S. L 57–91 +".

461 Lipinsky, Jan: **Martin Luther, die Reformation und ihre Auswirkungen auf Ostmitteleuropa.** Entdeckungen: ein Blog zu Ostmitteleuropa (2017): Ill. (Herder-Institut für historische Ostmitteleuropaforschung) – Siehe: <https://www.herder-institut.de/blog/2017/10/17/martin-luther-die-reformation-und-ihre-auswirkungen-auf-ostmitteleuropa/>.

462 Lupescu Mako, Mária; Lupescu, Radu: **Mendicant friars and religious revival in sixteenth century Cluj, Transylvania.** In: 07, 173–190: Zusammenfassung, 189 f.

463 Njåstad, Magne: **The long and winding road – Sweden's path to a Lutheran church in the sixteenth century.** In: The protracted Reformation in the North: volume III from the project »The protracted Reformation in Northern Norway«/ hrsg. von Sigrun Høgetveit Berg; Rognald Heiseldal Bergesen; Roald Ernst Kristiansen. Druckausgabe und Online-Ressource. B; Boston, MA: De Gruyter, 2020, 88–106. (Arbeiten zur Kirchengeschichte; 144)

464 Nolte, Josef: **Luther und Michelangelo:** Hinweise auf ihre reformatorische Nähe und Gedanken über das Format der Reformation überhaupt. In: 029, 171–181: Ill.

465 Nowakowska, Natalia: **King Sigismund of Poland and Martin Luther:** the Reformation before confessionalization. Oxford: Oxford University, 2018. X, 279 S.: Ill.: Kt.

466 Paulau, Stanislau: **Neuvermessung der Ränder des Orbis christianus:** die ambivalente Marginalität des äthiopischen Christentums in protestantischer Wahrnehmung des 16. Jahrhunderts. In: 01, 75–95.

467 Rizzuto, Claudio César: **The comunero revolt and Luther's impact on Castile:** rebellion, heresy, and ecclesiastical reform impulses, 1520–1521. ARG 111 (2020), 31–54.

468 Wien, Ulrich A.: **Supervision of »authority« and »community« by the church as a warden of order:** the positioning of Damasus Dürr between demand and reality. In: 07, 363–381: Ill.: Zusammenfassung, 380f.

6 Luthers Wirkung auf spätere Strömungen, Gruppen, Persönlichkeiten und Ereignisse

a) Allgemein

469 Assel, Heinrich: **Karl Holl:** *15. Mai 1866, †23. Mai 1926. In: 015, 17–132.

470 Assel, Heinrich: **Karl Holls Reformationsrede »Was verstand Luther unter Religion?«** (1917) und das Programm einer Gewissensreligion(1921.1923).In:015,447–471.

471 Benedict, Hans-Jürgen: **Reformation und Denkfreiheit:** geistreiche Religionskritik von Heine bis Brecht. Bielefeld: Luther, 2016. 215 S. (Studienreihe Luther; 11)

472 Ben-Tov, Asaph: **Der Blick nach Osten:** die islamische Maria im konfessionellen Zeitalter. In: 025, 117–123.

473 Christophersen, Alf: **Umkämpfter Protestantismus:** Karl Holls Kritik an Ernst Troeltsch. In: 015, 315–341.

474 **Die Direktorinnen und Direktoren des Evangelischen Predigerseminars Wittenberg.** In: 024, 111–115: Porträts.

475 Helmer, Christine: **How Luther became the reformer.** Druckausgabe und Online-Ressource. Louisville, KY: Westminster John Knox, 2019. XIII, 160 S.: Ill.

476 Holm, Bo Kristian: **Sozial-theoretische Aspekte im Werk Karl Holls exemplifiziert anhand seines Aufsatzes »Luthers Kirchenbegriff«** (1915). In: 015, 413–431.

477 Hrdlička, Josef: **Reformationsjubiläum in der tschechischen Geschichtsschreibung.** Opera historica 20 (České Budějovice 2017) Nr. 1, 56–77: abstract.

478 Karttunen, Tomi: **Mitä on luterilaisuus?:** kirkko, teologia ja yhteiskunta (Was ist Luthertum?: Kirche, Theologie und Gesellschaft). Druckausgabe und Online-Ressource. Tampere: Kirkon tutkimuskeskus, 2020. 230 S. (Kirkon tutkimuskeskuksen verkkojulkaisuja; 62) – Siehe: <https://evl.fi/documents/1327140/45386794/313665

54_Mita_on_luterilaisuus_KTKVJ62_20_03_11_B_netti.pdf/b8cfd95c-84ab-01c5-715a-3496b2999b62?t=1584453993047>.

479 Markschies, Christoph: **Karl Holls Arbeiten zur griechischen Patristik.** In: 015, 208–233. L".

480 Mecklenburg, Norbert: **Luther als Literaturtest – Literatur als Luthertest:** der Wittenberger Reformator im Spiegel der Literatur. In: 024, 9–25: Ill.

481 Mikkola, Sini: **Luther, same-sex marriage, and the Evangelical-Lutheran Church of Finland:** a gender-sensitive historical analysis. Online-Ressource. Religions 11 (Joensuu 2020), 48. – Siehe: <https://doi.org/10.3390/rel11010048>.

482 Nottmeier, Christian: **Freundschaft und Entfremdung:** Karl Holl, Adolf von Harnack und der liberale Protestantismus zwischen Kaiserreich und Republik im Spiegel einer Gelehrtenfreundschaft. In: 015, 283–313.

483 Rebenich, Stefan: **Karl Holl und die Wissenschaften vom Altertum.** In: 015, 343–361.

484 Saracino, Stefano: **Wissen über und Gefühle für die Gottesmutter:** der Marienkult griechischorthodoxer Migranten und die Konfessionen im Heiligen Römischen Reich. In: 025, 125–155: Ill.

485 Schilling, Heinz: **Luther, Karl und der Weg nach Europa:** der Streit um die Glaubensgrundlagen des Christentums und seine Folgen. ZZ 22 (2021) Heft 4, 28–30: Ill.

486 **Sola fide / Pouhou vírou:** Luterská šlechta na Ústecku a Děčínsku a její kulturní dědictví (Allein durch den Glauben: der lutherische Adel in der Aussiger und Tetschener Region und sein kulturelles Erbe)/ hrsg. von Olga Fejtová; Martin Horyna;

Michaela Hrubá. Ausstellungskatalog. PR: Scriptorium, 2019. 288 S.: Ill.

487 Stayer, James M.: **Luther und die Schwärmer:** Karl Holls Wechsel von der Kirchengeschichte zur Systematischen Theologie. In: 015, 433–445.

488 Stegmann, Andreas: **Religion – Sittlichkeit – Kultur:** Karl Holls Entfaltung der ethischen Konsequenzen von Luthers »Gewissensreligion« in seinen Aufsätzen »Der Neubau der Sittlichkeit« und »Die Kulturbedeutung der Reformation«. In: 015, 383–411.

489 Svinth-Værge Põder, Christine: **Karl Holls Entdeckung und Analyse von Luthers Römerbriefvorlesung.** In: 015, 365–381.

490 Vikström, Björn: **Sielunhoito luterilaisen etiikan valossa** (Seelsorge im Lichte der luth. Ethik). In: Sielunhoidon teologia (Theologie der Seelsorge)/ hrsg. von Isto Peltomäki; Suvi-Maria Saarelainen; Joona Salminen. Helsinki: Kirjapaja, 2021, 77–94.

491 Witt, Christian V.: **Wie kam es zu Luthers** »**reformatorischen Hauptschriften«?:** Schlaglichter vom 18. bis zum 20. Jahrhundert. Lu 91 (2020), 142–156.

b) Orthodoxie und Gegenrefomation

492 Albrecht-Birkner, Veronika: **Kirchenstreit – Bekenntniskampf – Kirchenkampf – Konfessionsstreit:** theologische, kirchenhistorische und kirchenpolitische Optionen seit dem 19. Jahrhundert im Spiegel der Darstellung von Paul Gerhardts »Berlinischem Leiden«. In: 011, 131–171.

493 Appold, Kenneth G.: **Frühneuzeitliche Religionsgespräche:** Wandel des Konzepts in Methodik und Diskurs. In: 044, 231–238. L 232.

494 Arend, Sabine: **Bentheim-Tecklenburg im Spannungsfeld reformierter Bekenntnisbildung.** JWKG 113 (2017), 97–116.

495 Barnbrock, Christoph: **Das »zweifache Evangelium« verkündigt:** Beobachtungen zu einer Predigt Valerius Herbergers (1562–1627). In: 011, 43–62.

496 Cassese, Michele: **Der Kardinal Girolamo Seripando:** Augustiner-Eremit, Theologe und Kirchenreformer in der Reformationszeit. LuJ 87 (2020), 125–160.

497 Cherdron, Eberhard: **Das Abendmahlslied in den kurpfälzischen Gesangbüchern (bis 1619).** BlPfKG 86 (2019), 65–84: Ill.

498 Cherdron, Eberhard: **Ein reformiertes Gesangbuch von 1604** [Lobwasser]. BlPfKG 87 (2020), 149–161: Ill.

499 Daugirdas, Kęstutis: **Religionsgespräche und Disputationen mit Beteiligung der Antitrinitarier in Polen-Litauen.** In: 044, 201–215. L 208.

500 Domtera-Schleichardt, Christiane: **Akademische Gelehrsamkeit und Melanchthon-Memoria:** Caspar Cruciger der Jüngere in den Wittenberger »Scripta publice proposita«. In: 08, 166–203: Faks.

501 Ehlers, Corinna: **Caspar Cruciger der Jüngere und der Erbsündenstreit.** In: 08, 233–249.

502 Ehlers, Corinna: **Eindeutiger Außenseiter?:** die Auseinandersetzung des Flaciuskreises mit Schwenckfeld im Vergleich mit anderen innerreformatorischen Debatten. In: 01, 107–130.

503 Fliege, Daniel: »**Per formar vero il bel divino aspetto«:** Vittoria Colonnas Interpretation der Lukasmadonna. In: 025, 313–349: Ill.

504 Fluegge, Glenn K.: **Pastoral care during the** »**Age of Orthodoxy«:** the case of Johann Gerhard's homiletic advice. In: 011, 63–77.

505 Flurschütz da Cruz, Andreas: **Die Bedeutung der Reichsritterschaft für Reformation und Gegenreformation in Franken im 16. und 17. Jahrhundert.** In: 031, 217–244.

506 Funcklin, Jakob: **Die Bühne als Kanzel:** das Spiel vom reichen Mann und armen Lazarus (1550); das Spiel von der Auferweckung des Lazarus (1552)/ hrsg. und mit einer Einführung von Max Schiendorfer. Teil 1: **Einführungen und Dramentexte.** Teil 2: **Kommentare und Anhang.** ZH: Chronos, 2019. 476 S.; S. 481–885: Ill. (Schweizer Texte: NF; 53)

507 Gehrt, Daniel; Gleiß, Friedhelm: **Die Weimarer Disputation von 1560 und der Altenburger Theologenkonvent von 1568/69:** Aspekte innerlutherischer Religionsgespräche. In: 044, 141–159.

508 Gleiß, Friedhelm: **Die Weimarer Disputation von 1560:** theologische Konsenssuche und Konfessionspolitik Johann Friedrichs des Mittleren. Druckausgabe und Online-Ressource. L: EVA, 2018. 344 S. (LStRLO;

34) – Zugl.: MZ, Johann Gutenberg-Univ., Evang.-Theol. Fak., Diss., 2017.

509 Hasse, Hans-Peter: **Caspar Cruciger der Jüngere und die konfessionellen Streitigkeiten in Kursachsen.** In: 08, 204–232: Faks.

510 Hill, Kat: **Mapping the memory of Luther:** place and confessional identity in the later Reformation. German history 38 (Oxford 2020) Nr. 2, 187–210.

511 Jahn, Bernhard: **Das Verschwinden der Gottesmutter:** Maria in protestantischen Kirchenkantaten zu Marienfesten. In: 025, 241–256.

512 Jasniewicz, Aleksandra: **Between controversy and acceptance:** portraits of Aegidius Strauch (1632–1682). In: 030, 165–178: Ill.

513 Just, Jiří: **Biblický humanismus Jana Blahoslava:** překlad Nového zákona z roku 1564/1568 a jeho kontext (Jan Blahoslavs Bibelhumanismus: eine Übersetzung des Neuen Testaments von 1564/1568 und ihr Kontext). PR: Historický ústav, 2019. 317 S.: Ill. L 204f.: abstract. (Opera Instituti Historici Pragae: Series A, Monographia; 91)

514 Kancírová, Aneta: **Kázání jako médium konfesně-politické komunikace v raném novověku:** Matyáš Hoë z Hoëneggu (1580–1645) a jeho kazatelská aktivita v předvečer a v průběhu třicetileté války (Predigt als Medium konfessionell-politischer Kommunikation in der Frühen Neuzeit: Matthias Hoë von Hoënegg und seine Predigtaktivität am Vorabend und im Verlauf des Dreißigjährigen Krieges). Olomouc: Univerzita Palackého, 2020. 308 S.: Zusammenfassung 287f.

515 Koch, Ernst: **»Aus der Tieffen ...«:** zum Entstehungskontext der Kantate BWV 131 von Johann Sebastian Bach. (2009). In: 026, 72–91.

516 Koch, Ernst: **Beobachtungen zum theologischen und frömmigkeitsgeschichtlichen Kontext der Musikalischen Exequien von Heinrich Schütz.** (1996). In: 026, 24–36.

517 Koch, Ernst: **»Die güldne Poesie und süße Musica ...«:** Dichtung und Poesie im persönlichen Beziehungskreis Johann Sebastian Bachs in Mühlhausen. (2009). In: 026, 55–71. L 68.

518 Koch, Ernst: **»Jakobs Kirche«:** Erkundungen im gottesdienstlichen Arbeitsfeld Johann Sebastian Bachs in Weimar. (2006). In: 026, 92–120: Ill.

519 Koch, Ernst: **Musik der Menschen und Musik der Engel:** theologische Aspekte von Orgel und Orgelmusik in Predigten des 17. und 18. Jahrhunderts aus Anlass der Weihe von Orgeln im obersächsisch-fränkischen Raum. (1995). In: 026, 156–183. L 169.

520 Koch, Ernst: **Die Texte der »Cantiones sacrae« von Heinrich Schütz im Kontext der zeitgenössischen Theologie.** In: 026, 37–54.

521 Koch, Ernst: **Tröstendes Echo:** zur theologischen Deutung der Echo-Arie im IV. Teil des Weihnachts-Oratoriums von Johann Sebastian Bach. (1989). In: 026, 121–131.

522 Kohnle, Armin: **Interimskrise und Tod:** die letzten Lebensjahre Caspar Crucigers des Älteren. In: 08, 112–129: Ill.

523 Kolb, Robert: **Joachim Mörlin and the Heidelberg »Defamation« of Martin Luther.** In: 011, 29–41.

524 Kolb, Robert: **Die Kirche als kleine Herde:** die Wittenberger Ekklesiologie des Kreuzes nach 1548. In: 01, 97–106.

525 Kolb, Robert: **Preaching on Luther's hymn texts in the late Reformation.** LQ 34 (2020) Nr. 1, 1–23.

526 Kusche, Beate: **Caspar Cruciger der Jüngere als Universitätsprofessor.** In: 08, 133–165.

527 Leppin, Volker: **Das Maulbronner Religionsgespräch zwischen württembergischen und pfälzischen Theologen 1564.** In: 044, 161–182.

528 Lies, Jan Martin: **Der Lebensweg Caspar Crucigers des Jüngeren nach 1576.** In: 08, 250–288.

529 Mayes, Benjamin T. G.: **Predestination in Lutheranism after the Formula of Concord:** Johann Hülsemann's »Praelectiones in Librum Concordiae«.** In: 011, 103–129.

530 Meinhardt, Matthias: **Ohnmacht – Trauer – Hoffnung:** Wahrnehmung und Deutung der Zerstörung Wittenbergs im Siebenjährigen Krieg. In: 040, 55–82: Ill. L 68f.

531 Müller, Markus: **»Pseudoferum resonet pulpita Cacolicωn«:** die römische Zensur Johann Wilds und ihr Echo beim englischen Puritaner William Crashaw Anfang des 17. Jahrhunderts. In: 01, 131–154.

532 Müller, Matthias: **Bildnis und Bekenntnis:** zum Problem des »protestantischen« Herrscherporträts und seine »Erfindung« in der Cranach-Werkstatt. In: 030, 63–79: Ill.

533 Peters, Christian: **Der Anteil Westfalens an der Ausdifferenzierung des Protestantismus in der zweiten Hälfte des 16. Jahrhunderts.** JWKG 115 (2019), 77–144.

534 Peters, Christian: **»Gesprecke Eines truwen Bichtuaders mit einem boethferdigen Bichtkinde« (1575):** die niederdeutsche Beichtanleitung des Soester Superintendenten Simon Musaeus (1529–1576). JWKG 115 (2019), 145–174.

535 Peters, Christian: **Neues aus Soest:** die »Strenae« (1623) des Johannes Schwartz (1565–1632) und die Soester Kirchenordnung von 1628. JWKG 113 (2017) 117–225: Ill.

536 Rehr, Jonathan: **Das Gleichnis vom Schalksknecht bei Simon Musäus und Johann Sebastian Bach:** ein biblischer Exempeltext für die Appellation an den Gnadenstuhl. In: 011, 263–291: Ill.

537 Richter, Matthias: **Ein feines Theologisches ænigma und Rätzel.** In: 011, 293–307.

538 Schmidt, Johann Michael: **Die Matthäuspassion von Johann Sebastian Bach – die »größte christliche Musik« – mit judenfeindlichen Tönen?** PTh 109 (2020), 134–148.

539 Schmidt, Steffie: **Die Täufer in der römisch-katholischen Häresiographie des konfessionellen Zeitalters.** In: 01, 243–268.

540 Steiger, Johann Anselm: **Augsburger Interim, Jüngstes Gericht und Höllensturz:** ein Lübecker Gemälde der Reformationszeit (1557) im Kontext. In: 035, 130–154: Ill.

541 Steiger, Johann Anselm: **Augsburger Interim und Bildmedien:** zwei Beispiele aus Lübeck und Celle im religionspolitischen und medienhistorischen Kontext. In: 042, 39–64: Ill.

542 Steiger, Johann Anselm: **Glaubens- und Trostbild:** zum Deckengemälde (ca. 1622) in der Kirche zu Weißenborn (Erzgebirge). (2017). In: 035, 219–237: Ill.

543 Steiger, Johann Anselm: **Heilbrunnen:** zwei Gedichtgruppen Johann Rists und Sigmund von Birkens und das transkonfessionelle Bildmotiv des fons vitae. (2013, erw.). In: 035, 289–307. L".

544 Steiger, Johann Anselm: **»Himmel auf Erden«:** das Altarretabel der Kirche zu Sagard auf Rügen (1727) und sein barockes Bild-

und Inschriftenprogramm. (2016, überarb.). In: 035, 366–397: Ill.

545 Steiger, Johann Anselm: **Johann Arndt und die buchexterne Emblematik:** der Emblemzyklus in St. Nikolai zu Kummerow (Vorpommern). In: 011, 309–337: Ill.

546 Steiger, Johann Anselm: **revelatio abscondita seu absconditas revelata:** Anthropomorphie Gottes und Intermedialität von Wort und Bild in der lutherischen Theologie der Barockzeit. In: 035, 75–101: Ill.

547 Strohm, Christoph: **Das Profil des kurpfälzischen Reformiertentums am Beispiel des Abraham Scultetus.** BlPfKG 87 (2020), 41–52.

548 Wegmann, Susanne: **Des Mundschenks Kunststück und weitere Künstlerbildnisse im Kontext der Glaubensstreitigkeiten.** In: 030, 113–132: Ill.

549 Wengert, Timothy J.: **Defending faith:** Lutheran responses to Andreas Osiander's doctrine of justification, 1551–1559. Online-Ressource. Unveränd. E-book-Ausgabe der Druckausgabe TÜ, 2012. TÜ: Mohr Siebeck, 2020. XIV, 468 S. (Spätmittelalter, Humanismus, Reformation; 65)

550 Wenz, Armin: **Auf Brautschau mit Salomo im Weinberg:** Christus und die Kirche in Salomon Glassius' Kommentierung des Hohenliedes. In: 011, 79–102.

551 Wien, Ulrich A.: **Abschied von der Trinitätstheologie?:** zur Komplexität von Disputationen und Religionsgesprächen in Siebenbürgen. In: 044, 77–110.

552 Wiesner, Christian: **Diesseits oder jenseits des katholischen Randes?:** zur Laienkelchdebatte im Spannungsfeld von Tridentinum und Römischer Kurie. In: 01, 155–172. L 166.

553 Wolgast, Eike: **Die Edition von Texten Luthers als Argumentationshilfe in den innerlutherischen Kontroversen der zweiten Hälfte des 16. Jahrhunderts.** In: 042, 183–207.

554 Wolgast, Eike: **Konfessionelle und politische Absichten der Irenik von David Pareus (1606/1614).** BlPfKG 87 (2020), 25–40.

555 Zerbe, Doreen: **»Lutherus et alii«:** Porträts der Wittenberger Reformatoren als identitätsstiftendes Element im konfessionellen Zeitalter. In: 030, 15–29: Ill.

c) Pietismus und Aufklärung

556 Bütikofer, Kaspar: **Prädestination und Providenz:** eine Spurensuche im frühen Zürcher Pietismus. Zw 46 (2019), 149–195. L".

557 Hund, Johannes: »**Mutua tolerantia**« oder »**conciliatio**«?: die Unionsgespräche zwischen dem reformierten Brandenburger Hofprediger Daniel Ernst Jablonski und dem lutherischen Hofrat Gottfried Wilhelm Leibniz in Hannover. In: 011, 173–192.

558 Hund, Johannes: »**Mutua tolerantia**« oder »**conciliatio**«?: die Unionsgespräche zwischen dem reformierten Brandenburger Hofprediger Daniel Ernst Jablonski und dem lutherischen Hofrat Gottfried Wilhelm Leibniz in Hannover. In: 044, 255–274.

559 Kleffmann, Tom: **Hamann und Luther:** die philosophische Vernunft und eine Theologie der Sprache. In: 022, 207–220.

560 Michel, Stefan: **Mandate gegen den Pietismus:** zum Versuch der rechtlichen Ausgrenzung einer protestantischen Gruppe ab 1690 und ihre Systematisierung durch Erdmann Neumeister. In: 01, 207–221.

561 Spehr, Christopher: **Religionsgespräche im 18. Jahrhundert:** historiographische Rezeptionen, kirchenpraktische Innovationen und aufklärerische Transformationen. In: 044, 275–294.

d) 19. und 20. Jahrhundert bis 1917

562 Beck, Bernd: »**Nicht ein totes Denkmal von Erz oder Stein, sondern ein lebendiges ...**« – ein Denkmal in Schwäbisch Hall für Johannes Brenz. In: 010, 146–155.

563 Bonkhoff, Bernhard H.: **Grundlegende Ideen zur Zukunftsgestaltung:** die Reformationspredigten des Jahres 1817. In: 027, 171–210.

564 Bonkhoff, Bernhard H.: **Die Gründung der Rheinischen Bibelgesellschaft in Worms 1816.** In: 027, 163–170.

565 Büscher, Martin: **Von des christlichen Standes Rückzug:** eine wirtschaftsethische Zuordnung von Religion und Wirtschaft. In: 039, 213–226.

566 Chino, Taido: **Reforming promeity:** Feuerbach's misreading of Luther. International journal of philosophy and theology 81 (2020) Nr. 1, 71–86. – Siehe: <https://doi.org/10.1080/21692327.2019.1597756>.

567 Corall, Niklas: **Reformation und Regierungskunst:** Wahrheit als Grundlage normalisierender Macht bei Nietzsche und Foucault. In: 028, 289–305.

568 Dell'Eva, Gloria: **Salto mortale:** Deklinationen des Glaubens bei Kierkegaard. Druckausgabe und Online-Ressource. B; Boston, MA: De Gruyter, 2020. IX, 358 S. (Kierkegaard studies: monograph series; 40) – Zugl.: Überarb. B, Freie Universität, Diss., 2017; Padova, Università degli Studi di Padova, Diss., 2017.

569 Diekmann, Wilfried: **Der lutherischen Sache dienen:** Theodor Braun und die Rettung der Welt. JWKG 113 (2017), 323–391: Ill.

570 Estadieu, Louisa: »**Vom unfreien Willen**«?: Nietzsches Fabel von der intelligibelen Freiheit (MA I 39) vor dem Hintergrund von Luthers Disput mit Erasmus von Rotterdam. In: 028, 37–51.

571 Gerhardt, Volker: **Nietzsche im Spiegel seiner Selbstbeschreibung – mit dem Bewusstsein seiner »innigsten Abhängigkeit vom Geiste Luthers«.** In: 028, 143–155.

572 Giacomelli, Alberto: **Nietzsche als Enkel der Lutherischen Reformation:** Dürers »Ritter, Tod und Teufel« als Sinnbild des nordischen Christentums. In: 028, 157–164.

573 Happe, Michael: **Das 19. Jahrhundert – gesellschaftliche und politische Hintergründe der Lutherverehrung.** In: 010, 18–41.

574 Harmelink, Daniel Nathan: **C. F. W. Walther publishes an impassioned plea:** »compare the word of Christ with the decrees of the pope!«; Missouri Synod's 1878 Saint Louis edition of Martin Luther's Passional Christi and Antichristi. Concordia Historical Institute quarterly 93 (StL 2020) Nr. 2, 138–156.

575 Heit, Helmut; Sommer, Andreas Urs: **Vorwort:** 500 Jahre »Entrüstung der Einfalt«? In: 028, XI–XIII.

576 Himmelmann, Beatrix: **Nietzsche, Luther und die Frage nach dem Bösen.** In: 028, 53–69.

577 Hödl, Hans Gerald: **Doppelte Prädestination und Ewige Wiederkehr.** In: 028, 247–269.

578 Hofmann, Andrea: **Überlegungen zur Ausbildung einer »Zwei-Reiche-Lehre« in wissenschaftlichen Schriften und Predigten des Ersten Weltkriegs.** In: 03, 53–65.

579 Kingreen, Jan: **Gedenken und aktuelle Relevanz der Reformation:** eine Deutung der Reformation und ihrer Wirkungsgeschichte im Anschluss an Georg Wilhelm Friedrich Hegel. Druckausgabe und Online-Ressource. L: EVA, 2021. 213 S. (Arbeiten zur systematischen Theologie; 18) – Zugl.: Geringfügig überarb. B, Humboldt-Univ., Diss., 2020.

580 Lopes, Rogério: **Nietzsche on the banishment of supererogation by Luther and its influence on modern ethical life and moral theorizing.** In: 028, 331–347.

581 Maisch, Andreas: **Die Reformationsjubiläen in Schwäbisch Hall.** In: 010, 120–137.

582 Müller, Armin Thomas: **Nietzsches christliche Jugendlyrik, 165–184.** – Anhang: Verzeichnis der christlichen Jugendgedichte in Nietzsches Nachlass (1852–1869). In: 028, 185–187.

583 Neugebauer, Anton: **Einige bislang unveröffentlichte zeichnerische Darstellungen Franz von Sickingens aus dem 19. Jahrhundert.** BlPfKG 87 (2020), 393–406: Ill. – In: 017, 57–70: Ill.

584 Peters, Sarah: **»Luther, ein deutscher Mann« – die »Lutherfeier« im Jahr 1883 im Hohenloher Boten und im Kocher-Jagst-Boten.** In: 010, 164–173.

585 Reusch, Nina: **Populäre Geschichte im Kaiserreich:** Familienzeitschriften als Akteure der deutschen Geschichtskultur 1890–1913. Druckausgabe und Online-Ressource. Bielefeld: Transcript, 2015. 400 S.: Ill. (Historische Lebenswelten in populären Wissenskulturen; 16) – Zugl.: FR, Univ., Diss., 2014.

586 Sasse, Werner: **Die Reformation – Auswirkungen auf Politik und Alltagsleben.** In: 010, 42–71.

587 **Schleiermacher Handbuch/** hrsg. von Martin Ohst. Druckausgabe und Online-Ressource. TÜ: Mohr Siebeck, 2017. XIII, 535 S. L". (Theologen-Handbücher)

588 Schmidt-Salomon. Michael: **»Feigheit vor jedem rechtschaffnen Ja und Nein«:** warum Nietzsches Kritik an Christentum und Idealismus noch immer aktuell ist. In: 028, 369–387.

589 Theißen, Henning: **Luther und Kant in der deutschen evangelischen Theologie nach der Paulskirche.** In: 022, 221–229.

e) 1918–2017

590 Albrecht-Birkner, Veronika: **Die Zwei-Reiche-Lehre in der DDR.** In: 03, 251–282.

591 Askani, Hans-Christoph: **Heidegger und Luther.** In: 022, 251–273.

592 Bauer, Gisa: **»Bewaffneter Friede«:** Krieg und Frieden oder: Wie Luther in der DDR gelesen wurde. In: 040, 37–54: Ill.

593 Bender, Kimlyn J.: **The reformers as fathers of the church:** Luther and Calvin in the thought of Karl Barth. Scottish journal of theology 72 (Edinburgh 2019), 414–431. – Siehe: <https://doi.org/10.1017/S0036930619000620>.

594 Bönnen, Gerold: **Bemerkungen zur Entwicklung der Luthergemeinde 1912/1918 bis 1933.** In: 05, 10–13: Ill.

595 Borggrefe, Friedhelm: **Der GAV-Pfalz in der NS-Zeit.** In: 043, 89–101: Ill. L".

596 Borggrefe, Friedhelm: **Die pfälzische Gustav-Adolf-Arbeit in der NS-Zeit/** unter Mitarb. von Friedhelm Hans. BlPfKG 87 (2020), 163–174: Ill.

597 Brunner, Benedikt: **Kirche in der zerspaltenen Welt:** Volkskirche und Zwei-Reiche-Lehre als theologische Orientierungspunkte in der frühen Bundesrepublik In: 03, 141–166.

598 DeJonge, Michael P.: **Bonhoeffer's reception of Luther.** Druckausgabe und Online-Ressource. Oxford: Oxford University, 2017. 281 S. [Siehe die Rez. unten Nr. 614]

599 Dörfler-Dierken, Angelika: **Die »Zweireichelehre« in den friedensethischen Debatten in Westdeutschland.** In: 03, 193–233.

600 Duchrow, Ulrich: **Diskussionen um die »Lehre« von Zwei Reichen und Regimenten und die Konsequenzen:** ein persönlicher Rück- und Vorblick. In: 03, 313–335.

601 Fischer, André: **Die Wahrnehmung der Revolution von 1918 und deren theologische Bewältigung im Erlanger Luthertum am Beispiel von Paul Althaus.** In: 03, 66–80.

602 **Handbuch Notfallseelsorge.** 3., vollst. überarb. Aufl./ hrsg. von Joachim Müller-Lange; Uwe Rieske; Rita Unruh; unter Mitarbeit von Martin Autschbach … Ede-

wecht: Stumpf + Kossendey, 2013. 604 S.: Ill., Kt. L".

603 Hans, Friedhelm: **Nachlass Hans Cantzler, Dekan in Speyer:** Archivabgabe vom Januar 2020. BlPfKG 87 (2020), 279–283: Ill. L 280. L".

604 Herms, Eilert: **Systematische Theologie: das Wesen des Christentums: in Wahrheit und aus Gnade leben.** Druckausgabe und Online-Ressource. Bd. 1: §§ 1–59; Bd. 2: §§ 60–84; Bd. 3: §§ 85–100. TÜ: Mohr Siebeck, 2017. XXX, 1168 S.; XVIII S., S. 1172–2390; XVIII S., S. 2392–3468. L".

605 Hüffmeier, Wilhelm: **»Distanzfreies Staatserlebnis«?** – Hans Gerber als Präsident des Gustav-Adolf-Vereins in der Zeit des Nationalsozialismus. In: 043, 33–52: Ill. L 43.

606 Hung, Yu-Yuan: **Heidegger's understanding of the relation between his ontological concept of »being-guilty« and Luther's theological concept of »sin«.** International journal of philosophy and theology 81 (2020) Nr. 2, 120–135.

607 Hurskainen, Heta: **Finnish Lutheran emphasis on social ethics in the dialogue between the Evangelical Lutheran Church of Finland and the Russian Orthodox Church 1970–2014.** In: 09, 116–139.

608 Kalinna, Georg: **Zurück in den »Irrgarten« der Zwei-Reiche-Lehre?:** ein Vorschlag zur Differenzierung im Umgang mit der Zwei-Reiche-Lehre anhand von Helmut Thielickes Theologischer Ethik. In: 03, 121–140.

609 Kampmann, Jürgen: **Die Bedeutung der Zwei-Reiche-Lehre in den politischen Fragen und kirchenpolitischen Auseinandersetzungen in der NS-Zeit.** In: 03, 81–117: Ill.

610 Karttunen, Tomi: **Personalismi modernissa luterilaisuudessa** (Personalismus im modernen Luthertum). In: 018, 40–45.

611 Kiesel, Dagmar: **Umwertung der Umwertung:** zur christlichen Umdeutung von Motiven Nietzsches beim frühen Bonhoeffer. In: 028, 349–367.

612 Klän, Werner: **Kontinuitäten und Diskontinuitäten im Verhältnis zwischen selbständigen evangelisch-lutherischen Kirchen und lutherischen Landeskirchen nach dem II. Weltkrieg.** In: 011, 193–231.

613 Korányi, András: **Bekennen, Überleben und Modernisieren:** die lutherische Kirche in Ungarn in der Zeit der sozialistischen Diktatur (1945–1990). In: 03, 336–347.

614 Mawson, Michael: **Lutheran or Lutherish?:** framing Bonhoeffer's reception of Luther. Modern theology 35 (Oxford 2019), 352–359. [Rez. zu oben, Nr. 598]

615 Morillas, Antonio; Morillas, Jordi: **Ein Verhängnis für die Welt?:** Luther bei Dostoevskij und Nietzsche. In: 028, 203–224.

616 Müller, Hartmut: **Kirchenmusik und Kirchenmusiker in der Luthergemeinde.** In: 05, 194–236: Ill. L".

617 Naumann, Martin: **Das Verhältnis von Staat und Kirche im Verständnis von Bischof Hans-Joachim Fränkel 1973.** In: 03, 283–293.

618 Niemöller, Martin: **Gedanken über den Weg der christlichen Kirche/** hrsg. und eingel. von Alf Christophersen; Benjamin Ziemann. Druckausgabe und Online-Ressource. GÜ: GVH, 2019. 268 S.

619 Nolte, Josef: **Im Dunkel der deutschen Geschichte:** zur Nietzsche-Luther-Konfiguration in Thomas Manns Roman »Doktor Faustus«. In: 029, 211–220.

620 Oelschläger, Ulrich: **Pfarrer August Eckhard – Opfer nationalsozialistischer Justiz im Kirchenkampf.** In: 05, 14–43. L 26.

621 Pelz, Birge-Dorothea: **Von der »Deutschen Demokratischen Republik« zur »Deutschen Pastoren Republik«?:** mecklenburgische und pommersche evangelisch-lutherische Predigten von 1989/90 als Spiegel der Interpretationen einer lutherischen Zwei-Reiche-Lehre im 20. Jahrhundert. In: 03, 294–309.

622 Phaswana, Ndanganeni P.: **20 years of democracy or demo-crazy:** a free and slaverson. In: 03. 365–387.

623 Richter, Cornelia: **»Die Zeit des Schweigens ist vergangen« (Luther 1520) – damals wie heute:** noch einmal: Christliches Ethos angesichts politischer Irritationen. In: 039, 179–202.

624 Roeber, A. G.: **Die Zwei-Reiche Lehre in den Vereinigten Staaten.** In: 03, 348–364.

625 Ruokanen, Miikka: **Remarks on Tuomo Mannermaa's interpretation of Martin Luther's Lectures on Galatians.** International journal of sino-Western studies 18 (2020), 39–63. Siehe: <https://www.sinowesternstudies.com/latest-volumes/vol-18-2020-1>.

626 Saarinen, Risto: **Finnish Luther studies: a story and a program.** (2010). In: 032, 181–203.

375

627 Saarinen, Risto: **Theology of giving as comprehensive Lutheran theology.** (2011). In: 032, 226–241.

628 Saarinen, Sampsa A.: **Need for God?**: on Nietzsche's fundamental disagreement with Luther. In: 028, 91–101.

629 Scherf, David: **Die christologische Akzentuierung der lutherischen »Zwei-Reiche-Lehre« in der politischen Ethik Ernst Wolfs der 1950er und 1960er Jahre.** In: 03, 167–192.

630 Schlie, Ferdinand: **Martin Luther, personnage de télévision en République fédérale:** le Réformateur (1968) de Günther Sawatzki et Rudolf Jugert. Revue d'Allemagne et des pays de langue allemande 52 (Strasbourg 2020), 179–194.

631 Schmidt-Rost, Reinhard: **Frei werden durch Leistung?:** Luthers Provokation für die Leistungsgesellschaft. In: 039, 203–212.

632 Schneider, Thomas Martin: **Eine Nachlese zum Reformationsjubiläum 2017.** Kirchliches Jahrbuch für die Evang. Kirche in Deutschland 145 (2018), 197–214.

633 Schuster, Dirk: **»Führer von Gottes Gnaden«:** das deutsch-christliche Verständnis vom Erlöser Adolf Hitler. ZRGG 68 (2016), 277–285.

634 Ufer, Joachim: **Die evangelische Luthergemeinde zu Worms – Einblicke in fünfzig Jahre Gemeindeleben.** In: 05, 52–193: Ill. L 120. 150 f+".

635 Westhelle, Vítor: **The distinction of régimes and institutional spheres in Latin American context.** In: 03, 401–416.

636 Widmann, Alexander: **Die Debatten im deutschen Luthertum um die Gewaltfrage in den »langen« 1960er Jahren.** In: 03, 234–248.

637 Wiebel, Arnold: **Ein Fund aus Riga von Januar 1935.** – [Enthält:] Iwand, Hans Joachim: **Was ist die Theologie der Kirche schuldig** [Vortrag Riga 1935]. JEKGR 68 (2019), 195–228.

638 Wrogemann, Henning: **Reformation oder Erneuerung?:** über die Frage, ob es Sinn ergibt, im Blick auf den zeitgenössischen Islam von einer »Reformation« zu sprechen. In: 039, 227–241.

7 Luthers Gestalt und Lehre in der Gegenwart

639 Bangert, Mark P.: **On pandemic and singing.** Cross accent 28 (Valparaiso, IN 2020) Nr. 2, 25–30.

640 Beckham, Christopher: **Lessons from Martin Luther:** a teacher who continues to inspire. The churchman 134 (NY, NY 2020) Nr. 1, 29–47.

641 Bedford-Strohm, Heinrich: **Für Luther war's Sekundenschlaf:** wie Bibeltexte die Angst vor dem Tod nehmen. ZZ 21 (2020) Heft 11, 11.

642 **Befreit! – Martin Luthers Hauptschriften von 1520:** theologische Einführungen und Themeneinheiten/ im Auftrag der Kirchenleitung der Vereinigten Evang.-Luth. Kirche Deutschlands (VELKD) hrsg. von Heiko Franke; Georg Raatz. **Arbeitsheft.** L: EVA, 2020. 96 S.: Ill. [Vgl. das »Werkheft« oben, Nr. 04]

643 Beiner, Melanie: **1. Themeneinheit zur Freiheitsschrift – »Freiheit – Du musst Dir nichts beweisen!«** In: 04, 121–130.

644 Beiner, Melanie: **2. Themeneinheit zur Freiheitsschrift – »Liebe kann nur frei fließen«.** In: 04, 131–140.

645 Blaszcyk, Sabine: **»Also kommt nicht mehr der Weihnachtsmann, sondern es kommt das Christkind«:** ethnografische Fallstudie zur religiösen Elementarbildung in mehrheitlich konfessionslosem Kontext. L: EVA, 2020. 695 S. L". (Arbeiten zur praktischen Theologie; 78) – Zugl.: Halle-Wittenberg, Martin-Luther-Univ., Diss., 2019.

646 Brahms, Renke: **Vom gerechten Krieg zum gerechten Frieden?:** aktuelle Auseinandersetzung um den Artikel 16 des Augsburgischen Bekenntnisses. In: 040, 123–132: Ill.

647 Breul, Wolfgang; Himmighöfer, Traudel: **Nachruf auf Prof. Dr. Dr. Otto Böcher (12.3.1935 – 27.2.2020).** BlPfKG 87 (2020), 343 f.: Portr. – In: 017, 7 f.: Portr.

648 Deeters, Hermann: **Ernst Bizer – Eine biographische Skizze und persönliche Erinnerung.** JEKGR 68 (2019), 165–194: Portr.

649 Evener, Vincent: **Luther's idols and ours.** Druckausgabe und Online-Ressource. The Christian century 137 (Chicago, IL 2020) Nr. 17, 28–31. – Siehe: <https://www.chris

tiancentury.org/article/critical-essay/decla ring-whose-lives-matter-martin-luther-fai led-his-own-idolatry-test>.

650 Greschat, Katharina: **Johannes Wallmann (1930–2021) zum Gedenken.** ThLZ 146 (2021), 249f.

651 Härle, Wilfried: **Dogmatik.** 5., durchges., überarb. und bibliogr. erg. Aufl. Druckausgabe und Online-Ressource. B: de Gruyter, 2018. XVIII, 723 S. L". (De-Gruyter-Studium)

652 Jankko, Eriikka: **Lapset ja lapsikäsitteistö haastavat teologisia ja eettisiä ihanteita** (Kinder und Kinderbegriff stellen theologische und ethische Ideale in Frage). In: 018, 83–86. L".

653 Kääriäinen, Jukka A.: **Holistic mission in a wounded world:** retrieving Martin Luther's view of holistic evil as missional resource. International review of mission 100 (2020) Nr. 1, 42–74.

654 Kaiser, Klaus-Dieter: **Die Partei »Alternative für Deutschland (AfD)« und die Evangelische Kirche:** auf der Suche nach einer theologischen und politischen Standortbestimmung. Kirchliches Jahrbuch für die Evang. Kirche in Deutschland 145 (2018), 133–173.

655 Karttunen, Tomi: **Luterilaisen tunnustuksen tausta, sisältö ja soveltaminen tänään** (Hintergrund, Inhalt und Anwendung des luth. Bekenntnisses heute). In: 018, 7–19.

656 **Katholischer werden?:** Streitgespräch/ Stefan Rhein (röm.-kath.) und Alexander Garth (evang.) disputierten mit Katja Schmidtke und Paul-Philipp Braun. Der Sonntag: Wochenzeitung für die Evang.-Luth. Landeskirche Sachsens 76 (2021) Nr. 31 (1. August), 3: Ill. (Blickpunkt).

657 Kohnle, Armin: **Siegfried Bräuer (2. September 1930 bis 19. März 2018).** Kirchliches Jahrbuch für die Evang. Kirche in Deutschland 145 (2018), 215–220.

658 Kolb, Robert: **Luther's treatise On Christian Freedom and its legacy:** mapping the tradition. Lanham, MD: Lexington: Fortress, 2020. 170 S.

659 Lienhard, Marc: **Du chantier historique à l'engagement aujourd'hui.** PL 68 (2020), 381–390.

660 Linebaugh, Jonathan A.: **Incongruous and creative grace:** reading Paul and the gift with Martin Luther. International journal

of systematic theology 22 (Oxford 2020) Nr. 1, 47–59.

661 Meister, Ralf: **Gegen die Krise:** 500 Jahre danach; Luthers Hauptschriften neu gelesen. ZZ 21 (2020) Heft 10, 20–23: Ill.

662 Müller, Friedemann: **1. Themeneinheit zur »Babylonischen Gefangenschaft« – »Abendmahl – Nahrung des Glaubens«.** In: 04, 77–87.

663 Müller, Friedemann: **2. Themeneinheit zur »Babylonischen Gefangenschaft« – »Taufe – Verheißener Glaube«.** In: 04, 89–96.

664 **Noch ein Lutherbuch, Herr Mai?/** Gespräch Benjamin Hasselhorn und Klaus-Rüdiger Mai. Der Sonntag: Wochenzeitung für die Evang.-Luth. Landeskirche Sachsens 75 (2020) Nr. 44 (1. November), 9: Ill. (Feuilleton). [Vgl. unten, Nr. 684]

665 Nolte, Josef: **Historia crucis:** christlich bestimmte Gedanken zu einer metadogmatischen Reformationsgeschichtsschreibung. In: 029, 221–229: Ill.

666 Penßel, Renate: **Ein Zeichen der »christlich-abendländischen« Prägung und Symbol der regionalen Identität?:** juristische und theologische Aspekte einer neuen bayerischen Kreuzdebatte. Kirchliches Jahrbuch für die Evang. Kirche in Deutschland 145 (2018), 3–44.

667 Philip, Mary: **Spiritualia carnalia (Luth).** In: 03, 388–400: Ill.

668 Quenstedt, Jan: **Gaben, Liebe, Schmuddelecken:** Paulus und die offene Tür. PTh 110 (2021), 5 [Göttinger Predigtmeditationen], 374–379.

669 Raatz, Georg; Franke, Heiko: **Zum Anliegen und zur Struktur des Projektes.** In: 04, 9–12.

670 Rekowski, Manfred: **Reformatorisch Kirche sein:** Überlegungen aus kirchenleitender Perspektive – zum Geleit. In: 039, 11–17.

671 Scherzberg, Lucia; Nguyen, Andrea: **»Wirkliches Gerecht-Sein« oder »Simul-Existenz«:** die Kontroverse damals und heute und die dahinter stehenden Menschenbilder. In: 034, 190–205.

672 Schult, Maike: **Der Schrecken vergangener Tage und das Gebot der Stunde.** PTh 109 (2020), 8 [Göttinger Predigtmeditationen], 497–501.

673 Slenczka, Notger: **Extern begründete Iden-**

tität: das »Simul« als Denkangebot für die Gegenwart. In: 034, 30–57

674 Tietz, Christiane: »**Nicht ersehen, sondern erglaubt**«: Trost und Grenze einer plötzlich verborgenen Kirche. ZZ 21 (2020) Heft 9, 17.

675 Ullrich, Wolfgang: **Sündig und gerecht in der Konsumkultur.** In: 034, 223–233.

676 Wittekind, Folkart: **Theologie religiöser Rede:** ein systematischer Grundriss. Druck-

ausgabe und Online-Ressource. TÜ: Mohr Siebeck, 2018. VI, 334 S. L".

677 Zerrath, Martin: **1. Themeneinheit zur Adelsschrift – »Mauersprünge«.** In: 04, 36–44.

678 Zerrath, Martin: **2. Themeneinheit zur Adelsschrift – »Wir sind frei«.** In: 04, 45–52.

679 Zimmerling, Peter: **Die Bedeutung der Leipziger Disputation für die Kirche heute.** In: 037, 27–46.

8 Romane, Schauspiele, Filme, Tonträger, Varia

680 Frontzek, Alice: **Die Pfaffenhure:** ein Roman um Martin Luther. Meßkirch: Gmeiner, 2021. 283 S.

681 Gerok, Karl: »**Jubelgruß zum Lutherfest (1883)**«. In: 010, 180–183.

682 **Jubiläumsjahr »Luther 2021«:** ganzjährige, individuelle Outdoor-Erlebnisse. Online-Ressource: Website. Worms: Tourist Information, 2021. In: 019. – Siehe: <https://www.worms-erleben.de/erleben/planen-und-buchen/luther2021/index.php>.

683 Kranich, Sebastian: **Beliebiger Mann:** Müntzer; eine wahre Geschichte. ZZ 21 (2020) Heft 9, 68 f.; Ill. [Rez. zu unten, Nr. 688]

684 Mai, Klaus-Rüdiger: **Und wenn die Welt voll Teufel wär:** Martin Luther in Worms. Druckausgabe und Online-Ressource. L: EVA, 2020. 361 S.: Ill. [Vgl. oben, Nr. 664]

685 **Musik und Bühne:** Rockoper »Luther: Rebell wider Willen«. Pop-Oratorium »Luther«. Jazzkonzert »Verley uns Frieden«. Konzert »J.S. Bach – Christusoratorium: ein Credo«. Kinderkantate »Und wenn die Welt voll Teufel wär«. Stummfilmkonzert »Luther: ein Film der deutschen Refor-

mation«. CD's 2017: schönstes Klingen; Musik zum Wiederhören und Behalten. Figurentheater »Mit Leib und Seele: ein Abendmahl im Hause Luther«. In: LuB 2020, Nr. 038, 169–185.

686 **Nibelungen-Festspiele 2021:** Uraufführung LUTHER vor dem Wormser Kaiserdom; Nibelungen-Festspiele 16.7.–1.8.2021 / Autor: Lukas Bärfuss; Regie: Ildikó Gáspár. Online-Ressource: Website. Worms: Nibelungenfestspiele der Stadt Worms, 2021. In: 019 – Siehe: <https://www.nibelungenfestspiele.de/nibelungenfestspiele/2021/>.

687 Vuillard, Éric: **La guerre des pauvres: récit.** Arles: Actes Sud, 2019. 68 S. (Un endroit où aller; 288)

688 Vuillard, Éric: **Der Krieg der Armen** (La guerre des pauvres <dt.>)/ aus dem Französ. von Nicola Denis. Druckausgabe und Online-Ressource. B: Matthes & Seitz Berlin, 2020. 64 S. [Siehe die Rez. oben, Nr. 683]

689 Wipfler, Esther P.: »**Katharina Luther**« oder **die Emanzipation einer Filmfigur.** In: 024, 26–43; Ill.

C FORSCHUNGSBERICHTE, SAMMELREZENSIONEN, BIBLIOGRAPHIEN

690 Arnold, Matthieu: **Quelques ouvrages récents relatifs à Martin Luther et à la Réformation (XXX).** PL 67 (2019), 367–392.

691 Arnold, Matthieu: **Quelques ouvrages récents relatifs à Martin Luther et à la Réformation (XXXI).** PL 68 (2020), 409–428.

692 Aßmann, Helmut: **Luthers Disputatio De justificatione, Heidelberg 1518:** von der Kirche der Werkgerechtigkeit zur Kirche

der Glaubensgerechtigkeit; ein Tagungsbericht. BlPfKG 86 (2019) 169–171.

693 Belz, Martin: **Reichstag – Reichsstadt – Konfession:** Worms 1521, 18.06.2021 – 19.06.2021 digital und hybrid; Tagungsbericht. H-Soz-Kult 10.08.2021. – <https://www.hsozkult.de/conferencereport/id/tagungsberichte-9016>.

694 **Bibliographie der gedruckten Beiträge und**

Werke Caspar Crucigers des Älteren und Caspar Crucigers des Jüngeren/ bearb. von Michael Beyer; Christiane Domtera-Schleichardt; Armin Kohnle In: 08, 364–403.

695 Günther, Wolfgang: »**Dreifachjubiläum im Kirchenkreis Recklinghausen**«: 500 Jahre Reformation, 200 Jahre Preußische Union, 110 Jahre Evangelischer Kirchenkreis Recklinghausen; ein Tagungsbericht. JWKG 113 (2017), 493–497.

696 Jurgens, Laura Kathryn: **Women in Luther's life and theology:** scholarship in recent years. Religions 11 (2020), 68. [Auch als Online-Ressource]

697 **Lutherbibliographie 2020**/ bearb. von Michael Beyer mit Knut Alfsvåg ... sowie Eike H. Thomsen. LuJ 87 (2020), 351–403.

698 Schild, Maurice: **Australian Reformation research report 2020.** LuJ 87 (2020), 297–330.

699 **Schriftenverzeichnis Ernst Koch 1960–2020.** In: 026, 184–226.